은혜의 방식

The Method of Grace
in Gospel Redemption

John Flavel

존 플라벨

은혜의 방식

서문 강 옮김

청교도신앙사

C O N T E N T S

신앙의 여정에는 항상 자기 점검이 필요합니다. 순례자처럼 미혹이 많은 세상에서 올바른 믿음을 지키는 것은 쉽지 않기 때문입니다. 그러므로 신자는 깨끗한 마음과 진실한 믿음으로 주님과 동행하며 교회를 섬기며 성도들과 교제하는 것을 최선의 가치로 여겨야 합니다. 청교도들의 작품은 이를 효과적으로 돕습니다.

대표적인 청교도 설교자 중의 한 사람인 존 플라벨의 「은혜의 방식」은 370년 전에 처음 출간된 뒤 영어를 말하는 세계의 여러 세대의 교회들(성도들)을 세우시는 성령의 도구로 크게 쓰임을 받아왔습니다. 우리 한국교회에는 역자를 통하여 14년 전 처음 소개된 후 여러 판을 거듭하면서 많은 이들을 세우시는 성령의 기름 부으심의 방편이 되어 왔습니다. 이제 이전 판에서 보이는 부족한 점들을 보완하여 새롭게 개정판을 내게 하신 주님을 찬미합니다. 주님께서는 이 책을 은혜의 방편으로 계속 사용하실 것이라 확신합니다.

아직도 그리스도 안에 있는 은혜와 그것을 각 사람에게 나눠주시는 보혜사 성령의 역사에 대하여 갈피를 잡기 힘든 분들, 그리스도 안에 서 있으나 확신이 없는 이들, 아직 그리스도를 마음에 모시지 못하고 망설이는 이들, 더 깊은 영적 세계의 비밀을 알고 싶어 하는 이들 모두에게 이 책을 권하는 바입니다. 그러면 이 책으로 주님께서 생명의 성령의 법을 알리시고 그 은혜의 강수로 먹이실 것입니다. 경건한 설교자의 한 모범이었던 저자가 복음의 영광과 능력을 섬세한 영적 촉수로 풀어낸 것을, 역자가 한국어로 품격 있게 번역하였습니다. 성경을 바르게 풀어 놓은 이 책을 여러분 순례길을 인도하는 한 영적 내비게이션으로 삼으라고 적극 추천하는 바입니다.

서창원(전 총신대 신학대학원 역사신학 교수)

본인이 이 책을 읽은 소감을 말씀드리면, 이 책이야 말로 '인간의 심령에 구원을 적용하시는 성령의 효과적인 역사'를 가장 풍성하고 따뜻하게 풀어낸 탁월한 걸작이라는 것입니다. 본인이 확신하기로, 존 플라벨의 이 유명한 책은 조직신학의 구원론(성령론)을 목양적으로 풀어낸 최고의 고전입니다. 성령께서 사람들의 눈을 여시어 그리스도 안에 있는 무한하신 탁월하심을 볼 수 있게 하시는 것이 얼마나 복된 일인지요! 이 책을 읽는 분들은 그러한 성령의 복된 사역을 깊이 맛보게 될 것입니다. 그리스도의 복음이 가져다주는 놀라운 구원의 은혜와 그 능력을 진정 알고 싶은 이는 이 책으로 참된 만족에 이르게 될 것입니다.

강문진 목사
(진리교회 담임. 한국개혁주의 설교연구원 원장)

이 책은 그리스도를 통한 구속과 성화의 과정을 깊이 다룬 탁월한 책입니다. 저자는 신자의 삶에 대한 매우 실천적이고 체계적인 통찰을 제공하며, 특유의 호소력 있는 문체로 성도들의 구원과 성화의 이치를 섬세하게 풀어냅니다. 죄와 거룩함에 대한 인식이 희미해져 가는 우리 시대에 서문강 목사님을 통해서 너무나도 적절하게 번역된 이 책은 여러분에게 강력한 도전과 영혼의 참된 위로를 경험하게 할 것입니다.

김효남(총신대 신학대학원 역사신학 교수)

먼저 이 보배로운 책을 우리말로 옮겨 출간하게 하시어 한국교회 성도들에게 읽히게 하시고 은혜 풍성하게 부어주시는 하나님 아버지께 우리 주 예수님의 이름으로 감사와 찬미와 모든 영광을 돌립니다. 다시 이전 판 속에서 보이는 부족한 부분을 수정하여 개정판을 내게 하심도 감사합니다. 이 책은 이전에 나온 판에서 많이 바꾸지 않았습니다. 오타를 수정하는 정도입니다. 이 책이 이미 한국교회의 수많은 이들에게 읽혀져 큰 은혜를 끼치시는 성령님의 도구로 자리 매김하였습니다. 그러므로 이 책은 앞으로 한국교회의 새로운 세대들에게도 반드시 읽혀져야 합니다. 그래서 여러 어려운 형편 중에도 본 출판사는 그 주님의 선하신 뜻에 순종하는 심령으로 이렇게 새로운 판으로 선을 보이게 되었습니다.

하나님께서는 이미 교회사 중에서 당신의 교회를 세우고 그 지체들을 먹이시기 위하여 당신의 신실한 종들을 세우시어 말씀을 풀어 설교하게 하셨습니다. 그것을 또 책으로 내어 당대만 아니라 후대의 성도들에게 살아있는 영적 양식이 되게 하셨습니다. 이는 성삼위 하나님께서 당신의 사랑하시는 교회(성도들)에게 주신 큰 신령한 선물입니다. 이미 계시의 완결판인 성경을 바르게 풀어 해석하고 경건의 실제에 적용하도록 가르치시는 성령님의 기름 부으심의 소산이 바로 그것입니다. 우리 주님께서 "구하라 그러면 너희에게 주실 것이요…하늘에 계신 너희 아버지께서 구하는 자에게 좋은 것으로 주시지 않겠느냐"(마 7:7,11)고 하셨습니다. 그리고 하늘에 계신 아버지께서

'구하는 자에게 주시려고 예비하신 것'이 구체적으로 무엇인지를 누가복음 11장의 병행대목에서 밝히셨습니다. "…너희가 악할지라도 좋은 것을 자식에게 줄 줄 알거든 하물며 너희 천부께서 구하는 자에게 성령을 주시지 않겠느냐 하시니라"(눅 11:13).

성령께서는 우리 주 예수 그리스도의 것, 곧 아버지의 뜻대로 이루신 구속(救贖)의 효력을 택한 백성 각 자에게 적용하시고, 또한 그것을 가르치시어 경건의 실천에서 그 열매를 맺게 하십니다(요 16:13-15). 교회사의 가치는 그 성령님의 가르치심의 보고(寶庫)에 있습니다. 그러므로 교회사에 주어진 영적인 고전들은 다 성경을 가르치신 성령님의 가르치심의 열매였습니다. 우리가 교회사 중에서 하나님의 영광의 현현이 두드러진 시대와, 그 시대들에서 쓰임 받았던 하나님의 사람들의 사역과 그 열매로 나온 저작들에 지대한 관심을 두는 것도 바로 그 이유 때문입니다.

본서는 대표적인 청교도 목회자요 신학자였던 저자가 하나님께 받은 모든 영적인 은혜와 은사를 총동원하여 성령의 검인 성경말씀을 연구하여 낸 최대의 걸작입니다. 아버지의 뜻을 따른 그리스도의 구속의 신비와 높이와 그 영광, 그리고 그 구속의 효력을 당신의 백성들에게 적용하시는 성령님의 신비한 방식과 그에 준한 경건의 실천을 종합적으로 다루는 책이 여기 있습니다. 저자는 성경 전체를 조감적인 눈으로 살피며 그 은혜의 신비 앞에 감격한 한 설교자로서 목양적으로 증언하고 있습니다.

역자는 이 책의 원저의 의도와 줄기는 전혀 손상하지 않은 범위 안에서 내용을 담아내는 원저의 구조를 탈피하여 현대의 독자들에게 부담을 줄이려 하였습니다. 본래 번역은 원저대로 하였으나, 편집하는 과정에서 독자의 편의를 많이 참조하였습니다. 그것은 당시 17세기의 저작의 구조와 편집 스타일이 현대독자들에게는 내용으로 들어가는 길을 막는 것이 될 수 있다 여겼기 때문입니다. 그래서 편집하는 과정에서 독자들을 위하여 내용 중심의 논리만을 염두에 두어 저자가 말하는 의도에 쉽게 이르게 하려 노력하였습니다.

독자에게 드리는 저자의 편지를 보면 알게 되겠지만, 이 책을 쓴 저자가 바라는 바가 분명하였습니다. 책을 읽는 독자 모두 궁극적으로 '그리스도의 구속의 효력을 적용하시는 성령의 역사를 따라 당신의 백성을 구원하시는 하나님의 은혜의 방식의 신비'를 배우게 하려 하였습니다. 그래서 독자 모두 그리스도 안에 있는 하나님의 은혜에 견고하게 서기를 저자는 바랐습니다. 본 역자도 저자와 동일한 목표를 가지고 이 책을 번역하였습니다.

본서가 주님 다시 오시기 까지 한국교회의 새로운 세대들에게 계속 읽혀지기를 바랍니다. 그래서 그분들이 모든 유혹을 이기고 성경이 말하는 하나님의 구원하시는 은혜의 영광과 신비를 알고 그 안에 견실한 확신으로 서기를 바랍니다. 그리고 경건의 능력을 삶의 실천을 통해 보이기를 바랍니다. 부족하고 어눌한 역자의 표현이 독자의 이해를 모호하게 할 수 있다는 것을 유념하며 애를 쓰기는 했으나 여전히 부족함이 많습니다. 그럼에도 당신의 이름을 위하여 이 책을 읽는 모든 이들에게 성령의 기름 부으심을 주시는 주님을 믿고 다시 개정판을 내었습니다. 이전 판을 정독하시며 오타와 탈자를 꼼꼼하게 체크해 주시어 이 개정판을 내는데 숨은 공을 세우신 인천의 이바울 목사님께도 감사합니다. 저에게 주님께서 주신 은사와 사역을 존중하며 받쳐주시는 중심교회 김태선 담임 목사님과 장로님들과 성도님들, 그리고 제 신실한 아내와 자녀들에게 이 책을 바칩니다. 감사합니다.

2025년 3월 1일

서울 은평구 녹번동

'중심교회 말씀선교사 및 원로목사실'에서

역자 아룀

저자가 독자들에게
드리는 편지

모든 피조물 마다 본성의 본능은 이치에 비추어 위험한 길은 피합니다. 아니면 자기에게 해가 되리라 보이는 길은 벗어나려 애씁니다. 들의 고양이들도 폭풍이 임박하면 얼른 눈치를 채고 숲속의 안전한 곳을 찾아 재빨리 피신합니다. 공중의 새들도 겨울이 다가옴을 알고 동일한 본능으로 온화한 고장으로 때에 맞게 날아갑니다. 자연과학자들도 그 사실을 관찰하였고, 성경도 그 점을 확증합니다. 욥기 37:6-8에서 고양이에 대하여 이렇게 말합니다. "눈을 명하여 땅에 내리라 하시며 적은 비와 큰 비도 내리게 명하시느니라. 그가 모든 사람의 손에 표를 주시어 모든 사람이 그가 지으신 것을 알게 하려 하심이라. 그러나 짐승들은 땅속에 들어가 그 처소에 머무느니라." 예레미야 8:7은 공중에 날아다니는 새들에 대하여 이렇게 말합니다. "공중의 학은 그 정한 시기를 알고 산비둘기와 제비와 두루미는 그들이 올 때를 지키거늘 내 백성은 여호와의 규례를 알지 못하도다."

사람은 신중하게 앞을 내다보는 전망을 가지고 있어 다른 모든 피조물보다 앞일을 내다보고 대비할 수 있는 더 큰 이점을 가지고 있습니다. "땅의 짐승들보다도 우리를 더욱 가르치시고 하늘의 새들보다도 우리를 더욱 지혜롭게 하시는 이가 어디 계시냐고 말하는 이도 없구나."(욥 35:11) "명령을 지키는 자는 불행을 알지 못하리라 지혜자의 마음은 때와 판단을 분변하나니."(전 8:5) 계절이 바뀌는 징후가 있듯이 하나님의 섭리를 따라 시대의 변화를 알리는 징후가 있기 마련입니다(마 16:3). 그런데도 불구하고 거의 모든 사람들은 무심하며 이유도 없이 태연자약합니다. 자기 피부에 와 닿기 전에는 두려워하지 않습니다. 위험이 코앞에 닥쳐와 어찌할 수 없는 지경이 되기 전에는 전혀 생각조차 하지 않을 셈입니다.

잉글랜드 백성들은 오랫동안 영광스러운 복음의 빛을 누려왔습니다. 복음의 빛이 죄악에 물든 이 섬을 명백하게 비추었습니다. 그것도 백년이 넘게 말입니다. 그러나 아무리 길고 길어 보이는 날도 끝이 있는 법입니다. 우리는 밝은 태양이 지고 있음을 두려워할 이유가 있습니다. 잉글랜드에 그림자가 실물의 크기 보다 더 길어지고 있습니다. 해가 중천에 떠 있을 때는 그림자가 실물 보다 더 더 작습니다. 그러나 낮이 기울고 해가 서산에 더 가까워질수록 그림자가 더 길어지는 법입니다. 그것은 밤이 가까웠음을 보여주는 하나의 표징입니다. "너희는 그를 칠 준비를 하라 일어나라 우리가 정오에 올라가자 아하 아깝다 날이 기울어 저녁 그늘이 길었구나"(렘 6:4). "주께서 흑암을 지 어 밤이 되게 하시니 삼림의 모든 짐승이 기어 나오나이다"(시 104:20). 이 또한 밤이 가까웠다는 표징입니다. "종은 저녁 그늘을 몹시 바라고 품꾼은 그의 삯을 기다리나니"(욥 7:2 ; 사 57:1,2 참조). 이는 일할 때가 끝이 나고 더 이상 일한 시간이 없게 된다는 서글픈 징후입니다.

이와 같이 중대한 시기에 사람마다 하나님의 분노의 폭풍을 피하여 그리스도 안에 안전하게 피하는 것을 자기 본무(本務)로 삼아야 합니다. 그래야 정말 복이 됩니다. 하나님의 진노가 죄악에 빠진 열방들에게 떨어지려 하고 있습니다. 애굽 땅에 우박비가 떨어질 위험한 때에 애굽인들 중 어떤 이들의 태도가 어떠하였음을 출애굽기 9:20은 이렇게 말합니다. "바로의 신하 중에 여호와의 말씀을 두려워하는 자들은 그 종들과 가축을 집으로 피하여 들였으나." 그 애굽인들의 신중함과 그리스도인의 지혜와 용의주도함은 서로 통하는 것이 있습니다. 그것을 달리 볼 이유가 없습니다.

모든 피조물들을 위하여 거처와 피난처를 제공하시는 하나님께서 이제는 민족들을 판단하시려 하고 계십니다. 이 가장 냉엄한 시대에 하나님께서 당신의 백성들이 안전하게 보호받는 일에 관심이 없으신 분이 아닙니다. "이 사람은 평강이 될 것이라 앗 수르 사람이 우리 땅에 들어와서 우리 궁들을 밟을 때에는 우리가 일곱 목자와 여덟 군왕을 일으켜 그를 치리니."(미 5:5) 그리고 "내 백성아 갈지어다 네 밀실에 들어가서 네 문을 닫고 분노가 지나기까지 잠깐 숨을지어다."(사 26:20)

사랑하는 동료 그리스도인들이여, 저는 때에 맞게 분명하고 대범하게 말하렵니다. 주님의 판단의 소리가 우리 귀에 들립니다. "여호와께서 성읍을 향하여 외쳐 부르시나니 지혜는 주의 이름을 경외함이니라. 너희는 매가 예비되었나니 그것을 정하신 이가 누구인지 들을지니라."(미 6:9). 우리 주위의 모든 것들이 고통과 곤란의 몸짓을 하고 있는 것 같습니다. 지혜의 사람 중 에 하나님의 진노의 소낙비가 임박함을 미리 보지 못하는 이가 어디 있습니까? "그들이 다 자기를 유익하게 하지 못하는 민족으로 말미암아 수치를 당하리니 그 민족이 돕지도 못하며 유익하게도 못하고 수치가 되게 하며 수욕이 되게 할 뿐임이니라. 네겝 짐승들에 관한 경고라 사신들이 그들의 재물 을 어린 나귀 등에 싣고 그들의 보물을 낙타 안장에 얹고 암사자와 수사자 와 독사와 및 날아다니는 불뱀이 나오는 위험하고 곤고한 땅을 지나 자기 에게 무익한 민족에게로 갔으나 애굽의 도움이 헛되고 무익하니라. 그러므로 내가 애굽을 가만히 앉은 라합이라 일컬었느니라."(사 30:5-7)

많은 이들이 지금 보편적으로 걸려 있는 위험을 보고 있습니다. 그러나 어떤 이들은 오래 전에 그 사실을 알았습니다. 모든 곳에서 경건이 일반적으로 부패한 조짐을 보이고 있습니다. 열방들에 퍼져있는 무신론과 악명 높은 신성모독적인 행태들을 보았습니다. 경건의 능력을 거스르는 적대감과 악행이 어느 곳에나 나타났습니다. 현실은 조용하고 별문제가 없어 보였지만 지혜로운 이들은 마음으로 나라들의 곤비함을 감지하고, 거기에 들어 있는 하나님의 판단과 그 결과로 주어지는 참화의 씨앗을 보고 당혹스러워하였습니다. 잔이 더욱 더 채워지고, 결정적인 하나님의 진노는 더욱 더 커져 이제는 누구나 보게 되었습니다.

그렇게 불의한 가운데서 평온을 꿈꾸는 것이 좋은 일입니까? 만일 이 나라들이 개혁의 마당비로 한꺼번에 다 쓸려진다 해도, 하나님께서는 멸망의 빗자루로 그들을 다 쓸어버리시지는 않으실 것이라는 소망을 가질 수도 있습니다. 그러나 하나님의 노를 고도로 격동하고 있는 일이 그치지 않는 곳에서 무슨 평안을 기대할 수 있다는 말입니까? 그러므로 폭풍이 와서 그들을 덮치기 전에 자신들을 숨길 피난처를 만드는 것이 모든 이들이 관심을 기울여야 하는 큰일입니다. 어거스틴이 잘 관찰하여 말한 것과 같습니다. "밤이 오기 전에 하나님의 속성들과 약속들 안에 거처를 정하라. 그리고 믿음으로 그것들을 자주 바라보아라. 그리고 그 하나님의 속성들과 약속들에 동참하는 일을 확실하게 하라. 그리하여야 그리스도의 사역자들과 세우신 규례들이 여러분을 떠나게 되는 어두운 날에 그리로 피하여 숨을 수 있도다."

많은 이들이 신성모독적인 행실로 하나님의 노를 격동하고, 많은 이들이 자기들의 종들을 때림으로 하나님의 노를 격동하고 있습니다. 그리고 허다한 이들이 고통이 오면 고통의 강물에서 안전과 삶의 우선순위를 낚을 것이라고 결심하고 있습니다. 홍수가 범람하는데도 반드시 그리하리라고 확신하고 있습니다. 그러나 그들은 그 때에 서서 울부짖을 것입니다. 오, 여러분들은 그들의 죄악을 인하여 애곡하며 여러분 자신의 안전을 위하여 거처를 예비하십시오.

독자 여러분,

우리에게 한 가지 꼭 필요한 것은 예수 그리스도 안에 동참하는 일을 가장 확실하게 하는 것입니다. 일단 그 은택을 입으면 여러분은 풍랑을 만나도 담대한 얼굴로 말할 수 있을 것입니다. "오, 너희 고통과 곤란이나 손실이나 시련이나 옥에 갇히는 일이나 죽음이여 올지어다. 내가 너희를 대비하여 준비하였노라. 너희가 아무리 악하게 굴어도 내게 조금도 해를 끼칠 수 없도다. 바람아, 불 테면 불어보아라. 벼락아, 칠 테면 쳐보아라. 비와 우박이여, 너희가 아무리 세차게 나를 후려치어도 내 머리 위에 좋은 지붕이 있으며 나를 위하여 평온한 거처가 준비되어 있도다."

"그는 높은 곳에 거하리니 견고한 바위가 그의 요새가 되며 그의 양식은 공급되고 그의 물은 끊어지지 아니하리라."(사 33:16) 바로 이 책의 내용을 이루는 강론의 목적은 바로 이 큰 일에 여러분을 돕는데 있습니다. 여러 해 전에 그렇게 하겠다고 약속하기는 했지만, 하나님의 섭리로 인하여 적당한 때를 얻지 못하였습니다. 이제 그 일이 가장 긴급하게 필요한 때에 그 일을 시행하게 되었습니다. 이 책은 그리스도의 위대한 구속(救贖 또는 속량, redemption)을 사람들의 영혼에 적용하시는 성령 하나님의 은혜의 방식을 담고 있습니다.

전반부는 예수 그리스도께서 당신 이루실 구속의 내용에 대해 설명하신 것이 들어 있습니다. 하나님께서 바로 그 예수님께서 구속에 대하여 해석하신 부분을 강론하는 저의 사역에 복을 주시어 많은 이들을 유익하게 하셨습니다. 많은 이들이 바로 이것을 출판하기를 원하여 이렇게 책이 나오게 되

14

었습니다. 그런데 그 책을 읽은 이들의 성화에 못 이겨 (제 자신은 그렇게 큰일을 감당할만한 자질이 부족함을 속으로 의식하면서도) 후반부도 감히 함께 출판하기로 마음먹은 것입니다. 후반부의 내용이 없으면 처음에 제가 목적한 것을 이룰 수 없다는 인식이 들어 왔습니다. 특별하게 이 품격 높은 주제가 성령님의 복주심 속에서 이 잠든 세대의 몽롱한 양심을 일깨우는 데 유익할 수 있을 것입니다. 아울러 동시에 정직한 사람들로 하여금 자기들 영혼에 역사하시는 성령님에 대해 분명한 이해를 가지게 하는 데 유익할 수 있습니다.

독자 여러분,

이러한 여러 가지 사항을 고려하고 나니 주저하던 저의 마음이 싹 가시게 되었습니다. 그러면서도 아직 제 영혼의 정서에 대하여 아주 선명하게 말씀드리기는 어렵습니다. 저도 잘 모르겠습니다. 다만 주님께서 다음의 몇 가지 전제 하에서 제 강론을 인도하실 것이라는 사실은 확실 합니다.

만일 독자 여러분이 믿음으로 말미암아 예수 그리스도를 영접하였다면, 이 강론은 성령님의 복 주심 속에서 여러분에게 유익하게 작용할 것입니다. 그리하여 여러분 자신의 여러 증거들을 분명하게 확증하여 줄 것이고, 여러분의 마음이 긍휼을 바라는 심정으로 변화될 것입니다. 그리고 심령이 일깨움을 받아 하나님 앞에서 처신할 마땅한 도리들을 행하는 데 유익할 것입니다. 이 책 속에서 여러분은 주님께서 여러분의 영혼을 위해서 어떠한 큰일을 행하셨음을 알게 될 것입니다. 여러분을 거듭나게 하시고 그리스도 안에서 양자(養子)로 받아주시는 하나님의 이중적인 은택을 받은 여러분이 하나님을 아버지로 부르는 고매한 신분을 얻게 되었습니다. 그 일의 영광을 이 책을 통하여 더 알게 될 것입니다. 그리고 이 책은 자신을 전적으로 하나님께만 드리는 것이 얼마나 합당한지도 깨닫게 할 것입니다.

아울러 이 책을 읽어 가면서 자신의 마음에서 이런 말이 나오는 것을 경험할 것입니다. "주여, 제가 어떠한 자가 되더라도 오직 주님만을 위해서 존재하겠나이다. 제가 무엇을 할 수 있을 지라도 오직 주님만을 위해서 하렵니다. 제가 당하는 고난이 어떠해도 오직 주님만을 위해서 감내하겠나이다. 나의 나 된 모든 것, 할 수 있는 모든 것, 내가 당할 수 있는 모든 고난은 주님께서 제 영혼을 위해서 행하신 것에 비하면 아무것도 아닙니다."

만일 여러분이 거듭남과 믿음에 대하여 외인(外人)이라면, 그리스도를 입으로 고백하기는 해도 능력이 전혀 없는 고백을 하는 셈입니다. 살았다 하는 이름은 가졌으나 실상은 죽은 자입니다. 여러분이 그런 사람이라면, 여러분은 이 책에서 다름과 같은 사실을 배울 것입니다. '아무리 새로운 피조물의 의상(衣裳)을 갖추고 습관을 보여도 여전히 옛 피조물일 수 있다. 그 상태로 있는 것이 얼마나 위험천만한 일인가.' 그리고 여러분의 판단을 어둡게 하는 것이 무엇이 며, 여러분의 멸망을 가장 분명하게 알게 해주는 증거도 이 책에서 만날 수 있을 것입니다. 그런 학습을 통하여 하나님께서 여러분을 깨우치시기를 원합니다. 그리하여 여러분이 그리스도의 이름만 달고 다니는 것이 아니라 진정 그리스도로 옷 입도록 성령께서 여러분을 각성하게 되기를 바랍니다. 이것이야 말로 이 세상에서 여러분에게 떨어질 수 있는 가장 큰 자비입니다.

만일 여러분이 자신의 영혼의 상태를 전혀 알지 못하는 혼미한 지경에 처해 있다 칩시다. 그런 경우, 사람의 변덕이나 흥미를 위하지 않을 말씀의 법칙으로 여러분을 신실하고 편벽되지 않게 검증할 메시지가 필요합니다. 여러분이 진정 그것을 원한다면, 이 책은 의심스러운 여러 생각들을 불식시켜 주는데 도움을 주는 어떤 조력자를 여러분에게 제공할 것입니다. 그리하여 여러분의 기도와 예수 그리스도의 성령님께서 공급하시는 은택 속에서 여러분은 참된 위로를 받으며 마음의 평정을 찾게 될 것입니다.

　만일 여러분이 교만하고 자만심이 강하고 주제넘은 영혼이라고 합시다. 그래서 아는 것도 없으면서 매우 교만하고 자기 사랑에 넘쳐 있다 합시다. 그래서 하나님을 향한 자신의 상태에 대하여 의심이나 양심의 가책도 전혀 받은 적이 없다 합시다. 여러분이 그런 경우라면, 이 책은 여러분의 죄를 깨닫게 하고 진리를 아는 더 나은 지식을 가지게 하는 데 많은 것들을 제공할 것입니다. 여러분이 자신의 비참을 느끼기 전에는 전혀 두려움을 모르는 자입니까? 모든 소망이 끊어지기 전에는 전혀 고통을 느끼지 못하는 자가 여러분입니까? 그렇다면 여러분의 머리 위에 화가 있습니다.

　제가 이런 책을 내기에는 많은 연약을 가지고 있음을 잘 알고 있습니다. 그리고 전체 내용을 이끌어 나가는 제 역량은 이 주제의 고매함에 훨씬 미치지 못함을 알고 있습니다. 그러나 세상에서 설교나 책들이 성공을 거두는 것은 말의 유창함이나 방식의 정밀함에 크게 달려 있지 않다고 저는 생각합니다. 탁월하지 못한 많은 이들도 쓰임새가 있을 수 있습니다. 그래서 저는 모든 겸손과 진지함으로 하나님의 섭리와 성령님의 복 주심에 이 일의 성공을 기꺼이 맡기려 합니다.

　제가 이 책을 읽게 될 하나님의 모든 백성들에게 간절하게 요청하는 오직 한 가지가 있습니다. 그것은 이 책을 읽고 난 후 형제들끼리 다투고 쟁투하는 일을 멈추라는 것입니다. 그러한 다툼은 값진 시간을 허비하고 신앙의 생명력을 소진시켜왔으며, 허다한 이들의 회심을 방해하고 이 시대의 무신론을 더 크게 확대시켜 왔습니다. 그런 다툼으로 인하여 큰 균열이 일어났습니다. 이제 그 틈으로 원수 마귀가 쳐 들어와 우리로 낭패하게 하고 큰 손실을 맞았습니다. 그런 큰 낭패 전에 어서 다툼을 멈추어야 합니다. 오, 하나님의 택하신 자들답게 자비의 심정으로 옷 입고, 사랑과 인내의 정신을 갖추십시오. 여러분 자신을 위해서가 아니고 교회를 위하여 말입니다.

저는 우리 잉글랜드의 역사 속에서 매우 주목할 만한 것 하나를 발견하였습니다. 세번(Severn) 강이 넘쳐 섬머셋쉬(Somersetshir)의 지경까지 흘러 들어왔을 때, 개와 야생토끼와 고양이들과 생쥐들이 자기들에게 일반으로 닥쳐오는 죽음을 피하려고 서둘러 물이 침범할 수 없는 높은 언덕으로 헤엄쳐 올라갔습니다. 그리고는 그들 모두에게 닥친 위험이 지나기까지 서로 싸우지 않고 아주 조용히 함께 있었습니다. 서로들 간에 생태적 본능으로 일어나는 반감이 분출될 만도 한데 그런 것이 전혀 발견되지 않았습니다. 이 이야기는 그 자체로 우리에게 적용될 만합니다. 어디를 가든지 그리스도인들이 서로 반목하고 있습니다. 하나님께서 저주로 이 땅을 치시지 않기 위하여 아버지들의 마음이 자녀들에게 향하고 자녀들의 마음이 아버지들에 게 향할 수 있기를 바랍니다.

여러분의 골방에서 가서 더 시간을 자주 보내며 무릎을 꿇고 열렬히 기도하십시오. 자신의 마음을 세밀하게 시험하고 이전보다 더 철저하게 자기 마음을 키질 하십시오. 날이 겨와 같이 날아가고, 주님의 맹렬한 분노가 여러분에게 임하기 전에 말입니다. 여러분의 성경을 들여다보십시오. 그런 다음에 자신의 마음을 탐사하고 자신의 조건들의 참된 발견을 위하여 하늘을 우러러 보십시오. 이 책을 통한 제 미력이 그 목적에 조금이라도 기여한다면, 그리스도 안에서 여러분의 종 된 제 무가치한 수고에 큰 상급이 될 것입니다.

주후 1681년
그리스도 안에서 독자들을 섬기는 종
존 플라벨(John Flavel)

18

The *Method* of *Grace*
in Gospel Redemption

은혜의 방편 | 그리스도와의 연합 | 복음 사역 | 영혼을 향하신 성령의 역사
그리스도를 적용하시는 성령의 역사 | 믿음의 행사 | 믿음의 적용 | 그리스도와 교제케 하시는 성령

part 1

*"It is because of him that you are in Christ Jesus,
who has become for us wisdom from God--that is,
our righteousness, holiness and redemption."*

1 Corinthians 1:30

1장

은혜의 방편

> "너희는 하나님으로부터 나서 그리스도 예수 안에 있고
> 예수는 하나님으로부터 나와서
> 우리에게 지혜와 의로움과 거룩함과 구속함이 되셨으니"
>
> _고전 1:30

그리스도의 정당한 가치와 존귀함이 무엇이냐고 탐문하는 것은, 땅에 있는 모든 사람들과 하늘에 있는 모든 천사들이 애써 풀려 해도 영원토록 온전한 답을 찾아내기 힘든 질문을 던지고 있는 셈입니다. 이생에서 우리가 그리스도와 그의 사랑을 아는 것은 사람이 도달할 수 있는 지식의 최고봉에 이르는 일입니다(엡 3:19). 그리스도께서는 놀랍도록 탁월하신 분이십니다. 그리스도의 피 안에 영원한 의의 보화가 숨겨져 있습니다. 그리스도의 성육신(成肉身)과 부활은 신자들에게 있어서 넘치는 기쁨과 환희에 찬 위로가 아닐 수 없습니다.

그러나 그리스도의 영광의 실상이 그처럼 탁월하다고 해도 그 모든 것이 '효과 있는 적용(適用)의 방식' 안에서 사람들에게 독특한 은택과 위로로 하사(下賜)되지 않는다면 우리에게 아무런 유익이 되지 않습니다. 좋은 약을 구하

고도 바르지 않으면 상처가 치료될 수 없고, 아무리 값비싼 옷이 있다고 해도 입지 않으면 몸을 따뜻하게 해줄 수 없는 것처럼 말입니다. 사람들의 영혼에 그리스도를 적용시키는 일보다 더 위대하고 엄청난 일은 없습니다.

본문을 통해 사도는 고린도 신자들에게 그리스도의 은택이 주는 크나큰 위로가 무엇인지를 설명하고 있습니다. 말할 수 없이 비참한 조건에 처해 있던 고린도 신자들이 하나님께서 베풀어 주시는 지극히 풍성한 보상을 바라보며 위로받길 원했던 것입니다.

"우리에게 지혜와 의로우심과 거룩함과 구속함이 되셨으니."

이것이 바로 신자들만이 누릴 수 있는 은혜의 특권들인 것입니다.

성경은 예수 그리스도께서 우리의 '지혜'가 되셨다고 말씀하고 있습니다. 그리스도께서는 성령님을 통해 지체된 우리들에게 지혜를 나누어 주십니다. 그리스도 안에 있는 모든 지혜의 부요함을 당신 자신과 연합한 영혼들에게 부어주심으로써 그들이 죄와 그 위험을 분별할 수 있는 은혜를 허락하시는 것입니다.

하지만 만약 그리스도의 성령께서 지혜를 주심으로 우리가 자신의 상태를 깨닫게 하시는 데에만 그친다면 우리의 짐은 더욱 무거워질 수밖에 없습니다. 지혜로 보게 된 죄의 진상을 통해 우리의 양심은 이전보다 더욱 비참한 상태에 빠지게 될 것이기 때문입니다. 그러나 그리스도께서 우리에게 완전하고 철저한 '의(義)'가 되심으로 우리는 본래 받아야 할 형벌에서 자유케 되는 은택을 입었습니다. 그로 인해 우리가 확고하고 안정된 양심의 평안을 가질 수 있게 되는 것입니다.

그러나 그럼에도 불구하고 우리는 완전한 행복을 누릴 수 있다고 말할 수는 없습니다. 왜냐하면 의롭다 하심을 받은 영혼들이라 할지라도 얼마든지 세상이 주는 시험의 유혹에 넘어질 수 있기 때문입니다. 그러한 때에 느끼는 신자들의 고통은 이루 말할 수 없습니다. 정죄의 저주에서 자유롭게 되었음에도 불구하고 날마다 죄로 더럽혀지고 있다면 그것만으로 우리의 삶은 충분히 비참해질 수 있는 것입니다. 이를 위해 그리스도께서는 '지혜와 의'가 되심으로 우리의 무지와 죄책을 해결하셨을 뿐만 아니라, 부패와 오염으로부터 우리를 건져 내시기 위해 '거룩함'(聖化, sanctification)이 되십니다.

"이는 물과 피로 임하신 자니 곧 예수 그리스도시라 물로만 아니요 물과 피로 임하셨고"(요일 5:6).

그리스도께서는 죄를 깨닫게 하시고 용서하실 뿐만 아니라, 우리를 '죄에서 완전히 정결하게' 하시기 위해 이 땅에 오셨습니다. 우리에게 있어 그리스도야말로 얼마나 철저하고 완벽한 처방입니까!

하지만 그러한 그리스도의 '조명하심'과 '의롭다 하심'과 '거룩하게 하심'을 입은 이들에게 남아 있는 문제가 있습니다. 그것은 죄의 무서운 귀추인 죽음에 대한 문제입니다. 우리의 육신은 반드시 죽음을 맞이하게 됩니다. 거듭난 신자들도 죽음을 피할 수는 없습니다. 그리스도의 특권과 전혀 상관 없이 죽어가는 사람들의 몸과 똑같이 말입니다. 하지만 그리스도께서 하나님의 긍휼을 '구속(救贖)'으로 완성하십니다. 그리스도께서는 당신 안에 있는 신자들 중 단 하나의 영혼도 놓치지 않고 하나님께로 인도하실 것입니다.

이것이 그리스도 안에 있는 영혼들만이 누릴 수 있는 고유한 특권입니다. 그리스도의 성령을 통해 주어지는 지혜와 의와 거룩함과 구속함이야말로 우리의 영혼이 필요로 하고 바라는 모든 것을 채워주는 영혼의 참되고 안전한 행복의 전제인 것입니다.

사도는 이어 "하나님으로부터 나서 우리에게…"라는 말씀을 통해 택함 받은 백성들이 그러한 탁월한 특권들을 입게 되는 방식을 지적하고 있습니다. 우리는 여기서 또한 네 가지의 주목할 만한 사항들을 발견하게 됩니다.

가장 먼저 우리가 알 수 있는 사실은 모든 은택들이 그리스도 안에 있다는 것입니다. 그리스도의 인격을 떠나서는 은택을 입을 수 없습니다. 많은 사람들이 그리스도 없이도 그 모든 '특권들'을 누릴 수 있다고 생각하지만 그것은 불가능한 일입니다. 우리는 먼저 그리스도의 인격을 받아들여야 합니다. 그래야만 그리스도께 속한 은택을 함께 받을 수 있는 것입니다.

두 번째는, 우리가 택함 받은 자로 구원의 은혜를 얻기 위해서는 그리스도의 은택이 우리에게 실제로 적용되어야 한다는 사실입니다. 노예를 해방시키기 위해서 먼저 속전(贖錢 - 노예를 자유인으로 만들기 위하여 요구되는 값)이 지불되어야 하는 것처럼, 그리스도께서 영혼들을 구원하시기 위해 피 흘리심으로 속전의 총액을 지불하셨습니다. 하지만 우리가 만약 그리스도밖에 있는 자들이라면 그리스도께서 지불하신 속전은 우리와 무관합니다. 그리스도께서 흘리신 그 피가 '실제로 적용'되지 않는 한 우리는 죄와 비참속에 머물러 있을 수밖에 없는 것입니다. 하나님과 화해함으로 우리의 영혼이 자유케 되는 일은 그리스도의 죽으심이 우리 인격에 적용되어야만 일어날 수 있는 일입니다(롬 5:10,11).

그러나 그리스도를 실제로 우리의 영혼에 적용하는 일은 사람이 할 수 있는 일이 결코 아닙니다. 이것이 우리가 발견할 수 있는 세 번째 요점입니다. 그것은 전적으로 하나님께 속한 일입니다.

"…예수는 하나님으로부터 나와서 우리에게 지혜와 의로움과 거룩함과 구원함이 되셨으니"(고전 1:30).

모든 일을 준비하신 분께서 그 모든 일을 우리에게 적용하셔야 합니다. 그렇지 않다면 우리는 멸망할 수밖에 없습니다. 성부께서는 구원의 모든 계획을 세우시고 친히 그 방편을 지정하셨습니다. 그리고 성자께서 그 모든 계획을 완전히 성취하셨습니다. 하지만 하나님의 성령께서 그것을 우리에게 적용하시지 않는다면 하나님의 위대하신 구원의 계획은 우리와 전혀 상관없는 일이 될 수밖에 없는 것입니다.

네 번째로 우리가 알 수 있는 사실은 오직 그리스도만이 죄인들의 모든 필요에 완전히 부합하시는 분이라는 것입니다. 죄인들을 온전케 하실 분은 오직 그리스도이십니다. 그리스도를 통하지 않고는 우리 영혼은 어떠한 탁월한 유익도 얻지 못합니다. 그리스도는 굶주리고 헐벗은 영혼의 양식이자 의복이십니다. 하나님께서 그리스도를 허락하심으로 우리의 모든 부족함을 채우도록 하신 것입니다.

"예수는 하나님으로부터 나와서 우리에게 지혜와 의로움과 거룩함과 구속함이 되셨다."

성부 하나님께서는 구속의 은사를 우리에게 주시기 위해서 모든 역사를 그리스도께 맡기셨습니다. 그리고 '성령님'께서 회심의 방식을 통해 그리스도께서 완성하신 구속의 은사를 우리에게 실제적으로 적용하시는 것입니다.

그리스도께서 이 땅에서 당하신 일이 사실상 우리에게 그대로 일어난 것과 같습니다. 그리스도께서 죄인인 우리의 공적인 대표가 되신 것입니다. 그래서 성경은 우리가 그리스도와 함께 십자가에 못 박혀 죽어 장사되었고, 그리스도와 함께 다시 살았다고 말합니다. 그리스도께서 당하신 모든 일은 성령님께서 행하실 일의 표본으로 세우신 하나님의 계획과 의도인 것입니다.

성령께서는 그리스도께서 죽임 당하신 표본을 따라 우리 속에서 '죄를 죽이는'(mortification) 일을 적용하십니다. 그리스도께서 십자가에 달려 죽으신 것처럼, 우리가 죄에 대하여 완전히 죽도록 역사하시는 것입니다. 그러나 이것이 전부가 아닙니다. 성령께서는 그리스도의 죽으심 뿐만 아니라, 그리스도의 부활하심까지도 우리에게 적용하십니다. '영적 소성'(spiritual vivification)의 방식을 통해 그리스도께서 부활하셔서 가지신 생명을 우리에게 동일하게 적용하시는 것입니다. 이것이 우리에게 '구속을 적용'하시고, 거룩하게(sanctification) 하시는 성령의 역사(役事)하심인 것입니다.

그리스도를 우리에게 적용하시는 성령님의 사역은, 우리가 의롭다 하심을 받는 일 뿐만 아니라 성경에 드러나 있는 거듭남과 소명과 거룩하게 하심과 회심 등의 모든 역사들을 함축하고 있습니다. 물론 이러한 용어들은 저마다 각각 다른 국면들을 표현하기 위해 사용되는 단어들이지만, '그리스도를 적용하고 옷 입는다'라는 차원 안에 모두 함께 포괄될 수 있는 말들입니다.

"오직 주 예수 그리스도로 옷 입고"(롬 13:14).

'중생'(거듭남)은 성령께서 영혼에 주입하신 초자연적이고 신적인 새로운 성향을 말합니다. 이것이 모든 거룩한 행위들의 원리가 됩니다.

'소명'(召命 - 부르심)은 성령의 부르심에 따라 나아가는 것을 말합니다. 영혼이 구원을 위해 부르시는 복된 소리에 응답하고, 현재의 자리를 떠나 그 부르심의 방향으로 나아가는 것을 말하는 것입니다.

'성화'(거룩하게 하심)는 하나님께 몸과 마음을 거룩하게 드리는 것을 말합니다. 우리의 몸과 마음이 더러운 죄악의 행실을 벗음으로 살아 계신 하나님의 성전(聖殿)이 되어 오직 주님을 섬기는 일에 온전히 자신을 드리는 것을 말하는 것입니다.

'회심'은 성령께서 일으키시는 영혼의 가장 두드러진 변화입니다. 죄와 사탄의 권세에서 자신의 영혼을 돌이켜 하나님께 향하도록 하는 성령님의 강력한 역사인 것입니다.

그리스도를 우리 영혼에 적용시키기 위해 역사하시는 성령님의 행사 속에는 이러한 일들이 포괄적으로 함축되어 있습니다.

성령님의 역사를 통해 사람의 영혼에 그리스도의 죽으심과 부활하심이 적용되기 시작하면, 영혼은 죄를 떠나 하나님께로 나아가게 됩니다. 새로운 원리와 법칙을 따라 삶을 영위해 나가는 새 피조물로 거듭나는 것입니다. 사도는 데살로니가전서 1:5,6에서 이러한 거듭난 이들의 열매를 주목하면서 이렇게 말합니다.

"이는 우리 복음이 말로만 너희에게 이른 것이 아니라 오직 능력과 성령과 큰 확신으로 된 것이니."

그들은 그리스도를 적용하신 성령의 역사로 말미암아 복음의 은혜를 누릴 수 있었습니다.

"또 너희는 많은 환난 가운데에서 성령의 기쁨으로 말씀을 받아 우리와 주를 본받는 자가 되었으니."

그들에게는 부르심의 역사가 있었기 때문입니다.

"너희가 어떻게 우상을 버리고 하나님께로 돌아와서 사시고 참되신 하나님을 섬기며"(살전 1:9).

그리고 마침내 그들은 하나님께 헌신하는 삶, 바로 성화의 삶을 살게 되었습니다. 성령님의 역사하심을 통해서 말입니다.

우리는 사람들의 영혼에 그리스도를 적용하시는 성령님의 역사하심 속에서 하나님께서 우리에게 가지신 위대한 계획과 구상을 발견합니다. 복음은 철저하게 하나님의 뜻을 위해 선언된 것입니다. 모든 복음의 규례들과 그를 위한 직임들은 그러한 위대한 임무를 위해 존재하는 것입니다. 사람들을 그리스도와 연합하도록 하고, 그들을 그리스도 안에서 온전한 자로 세우기 위한 목적을 가지고 있는 것입니다.

"그가 혹은 사도로, 혹은 선지자로, 혹은 복음 전하는 자로, 혹은 목사와 교사로 주셨으니 이는 성도를 온전케 하며 봉사의 일을 하게하며 그리스도의 몸을 세우려 하심이라"(엡 4:11,12).

만약 이 목적이 온전히 완성되는 때가 온다면 복음을 위한 모든 직임자들은 더 이상 필요치 않을 것입니다.

"모든 통치와 모든 권세와 능력을 멸하시고 나라를 아버지 하나님께 바칠 때라"(고전 15:24).

어린양의 혼인 잔치가 시작되고 모든 택한 백성들이 그리스도 안에서 화해한 자로서 본향(本鄕)에 이르는 날이 오면 복음을 위한 사역자들의 직임은 끝이 나는 것입니다.

그러나 하나님께서 계획하시고 그리스도께서 성취하신 구속의 섭리는 반드시 성령님의 역사하심을 전제합니다. 성령께서 우리 영혼에 하나님의 구원의 섭리를 적용하시지 않으면 우리는 결코 구원받을 수 없습니다. 하나님께서는 영원 전부터 우리를 구원하시기 위한 충분하고 완전한 계획을 세우셨습니다. 그리고 그리스도께서 낮아지시고 고난당하심으로 그 뜻을 완전하게 이루셨습니다. 하나님의 뜻을 따라 우리의 구원을 이루시기 위해 친히 철저하고 완벽한 공로가 되신 것입니다. 구원을 위한 모든 계획은 그대로 성취되었습니다. 우리의 구원을 위해 그 어떤 것도 더해져야 할 필요가 없게 된 것입니다.

하지만 구속이 가진 최종적인 목표를 이루기 위해서는 필요한 모든 구원의 친화적 요인들(social causes)이 수반되어야 합니다. 그 모든 요인들이 유기적으로 작용하지 않는 한, 구속의 궁극적인 효과는 일어나지 않습니다. 우리 속에 성령의 역사가 있어야 합니다. 성령께서 성부와 성자의 이름과 권위로 오신 성령께서 모든 택함과 구속의 열매들을 우리 영혼에 적용하셔야 하는 것입니다.

베드로전서 1:2에서 사도는 구원을 위해 필요한 여러 요인들의 유기적 작용 과정을 상세하게 진술하고 있습니다.

"곧 하나님 아버지의 미리 아심을 따라 성령의 거룩하게 하심으로 순종함과 예수 그리스도의 피 뿌림을 얻기 위하여 택하심을 입은 자들에게 편지하노니."

사도는 하나님의 택하심과 그리스도의 피에 성령님의 거룩케 하심이 첨가되어야 함을 진술하고 있습니다. 그렇습니다. 그리스도께서 피를 흘리셨다는 사건 자체가 우리를 구원하는 것이 아닙니다. 성령의 역사하심으로 그리스도께서 흘리신 그 피가 우리 영혼에 실제로 뿌려져야 우리가 구원을 얻을 수 있는 것입니다.

물론 성령님의 역사하심은 철저하게 성부의 주권적인 선택의 범주 내에서 이루어집니다.

"또 미리 정하신 그들을 또한 부르시고"(롬 8:30).

"영생을 주시기로 작정된 자는 다 믿더라"(행 13:48).

"하나님이 우리를 구원하사 거룩하신 부르심으로 부르심은 우리의 행위대로 하심이 아니요 오직 자기 뜻과 영원한 때 전부터 그리스도 예수 안에서 우리에게 주신 은혜대로 하심이라"(딤후 1:9).

구원의 섭리를 위한 성부와 성자와 성령, 성 삼위 간에 평화의 도모 (council)가 있었습니다. 그 도모에는 어떠한 이견도 없었습니다. 성 삼위의 완벽한 조화와 일치 속에서 그 정하신 뜻이 실행되었습니다. 때가 이르러 그 거룩한 경륜을 이루시기 위해 성자께서 오시어 죽으셨습니다. 성부께서 창세전부터 선택하신 자들을 위해서 말입니다.

"세상 중에서 내게 주신 사람들에게 내가 아버지의 이름을 나타내었나이다. 저희는 아버지의 것이었는데 내게 주셨으며 저희는 아버지의 말씀을 지키었나이다"(요 17:6).

"또 저희를 위하여 내가 나를 거룩하게 하오니"(요 17:19).

그리스도는 하나님께서 정하신 자들을 위한 희생 제물이 되셨습니다. 하나님께서 정하신 자들이 바로 성령께서 역사하실 사람들인 것입니다. 택함 받지 못한 자들이 구원의 은택을 입지 못하는 이유가 여기에 있습니다.

"저는 진리의 영이라 세상은 능히 저를 받지 못하나니 이는 저를 보지도 못하고 알지도 못함이라"(요 14:17).

"너희가 내 양이 아니므로 믿지 아니하는도다"(요 10:26).

성령께서 행하시는 경륜은 성부와 성자께서 보내신 사명에 준합니다.

"보혜사 곧 아버지께서 내 이름으로 보내실 성령 그가 너희에게"(요 14:26).

"진리의 성령이 오시면 그가 너희를 모든 진리 가운데에로 인도하시리니 그가 자의로 말하지 않고 오직 듣는 것을 말하시며"

말씀은 성령께서 모든 일을 성부와 성자께서 맡기신 사명에 준하여 행하실 것을 가리키고 있습니다. 아버지께서 행하신 것을 보지 않고는 아무것도 할 수 없다고 하신 그리스도처럼(요 5:19), 성령님 역시 아버지와 성자로부터 들은 것 이외에 어느 것도 스스로 하시지 아니 하십니다. 성부와 성자와 성령은 그 본질이 하나이십니다. 그 뜻과 의도 역시 하나입니다. 모든 일에서 각각 다른 뜻과 의도를 나타내시지 않습니다. 성부와 성자께서 가지신 모든 의도가 그리스도와 그 은택들을 적용하시는 성령님의 역사하심 속에 그대로 드러나는 것입니다.

하나님께서는 미리 정하심을 통해 사람들을 구분 지으셨습니다. 그들은 택하심을 받은 자들과 버리심을 받는 자들로 나뉩니다. 하나님의 택하심은 하나님께서 가지신 절대적인 주권으로부터 비롯되는 것입니다. 물론 하나님께서 택한 백성들도 본질적으로는 '진노의 자녀'입니다(엡 2:3). 사도는 고린도 사람들에게 보내는 편지에 그들이 본래 어떠한 자들이었는지를 지적하고 있습니다.

하나님의 택하심은 성령의 역사하심을 통해 확연하게 드러납니다(살전 1:4-5). '상태의 변화'와 '성품의 변화'등을 통해 그들이 다른 이들과 구분된 하나님의 택한 백성들임이 나타나는 것입니다. 성령의 역사하심을 통해 변화 받은 사람들이 가지는 성품은 그들이 가졌던 원래의 성품과 완전히 다른 차이를 보입니다. 더 이상 그들은 예전의 사람들이 아닙니다. 하나님의 성령께서 그들을 새로운 성향과 성품을 가진 새로운 피조물로 만드셨기 때문입니다.

"그런즉 누구든지 그리스도 안에 있으면 새로운 피조물이라. 이전 것은 지나갔으니 보라 새것이 되었도다."(고후 5:17)

새로운 피조물이 가지는 기쁨은 택함 받지 못한 외인(外人)들은 결코 맛볼 수 없도록 감추어지고 봉인된 즐거움입니다.

"이기는 그에게는 내가 감추었던 만나를 주고 또 흰 돌을 줄 터인데 그 돌 위에 새 이름을 기록한 것이 있나니 받는 자 밖에는 그 이름을 알 사람이 없느니라"(계 2:17).

루터(M. Luther)는 복음으로 느낄 수 있는 진정한 달콤함은 '나', '나의', '나를'이라는 인칭 대명사 안에 들어 있다고 말하곤 하였습니다.

"(나를) 사랑하사 나를 위하여 자기 몸을 버리신…"(갈 2:20).

"'내'주 그리스도를 아는 지식"(빌 3:18).

마태복음 9:2에서도 "소자여 안심하라. '네' 죄 사함을 받았느니라."라고 말씀하셨습니다. 그리스도의 복음에서 '나'라는 대명사를 제거하지 마십시오. 만약 그러한다면 여러분이 택함 받은 자들임에도 불구하고 그리스도를 믿는 것으로 말미암아 느낄 수 있는 달콤함을 온전히 느끼지 못할지도 모릅니다. 이것은 또한 '확신'에 대한 문제이기도 합니다. 복음에 대해서 '나'자신에 대한 '확신'을 빼버린다면 기쁨과 위안을 가질 수 없습니다. 생명책에 자신의 이름이 기록되어 있다고 해도 그에 대한 확신을 가지지 않는 사람이 어찌 기쁨과 위로를 느낄 수 있겠습니까? 위로를 받을 이유가 충분히 있는 사람이라 할지라도 거기에서 어떠한 기쁨도 누리지 못한다면, 그는 아무런 위로도 가질 수 없는 처지에 있는 사람들이 느끼는 마음과 사실상 다르지 않을 것입니다.

성령님의 역사하심은 우리 영혼에 그리스도를 철저하게 적용하심으로 우리를 의(義)롭다 하시는 것으로 시작됩니다. 칭의는 우리와 하나님과의 관계의 변화(relative change)를 말하는 것으로서 이는 단번에 성취되는 일입니다. 그러나 성령께서 그리스도의 지혜와 거룩함을 우리의 삶 속에 '적용하시는 일'은 다릅니다. 완전한 거룩을 이루기까지 느리고 점진적인 단계를 거칩니다. 이는 그리스도께 향해 계속 나아가는 것을 말합니다. 그리스도와의 친밀한 교제를 통한 내면의 성장을 의미하는 것입니다.

"돋는 햇볕 같아서 점점 빛나서 원만한 광명에 이르거니와"(잠 4:18).

성령의 역사하심으로 알게 되는 그리스도에 관한 지식은 아침의 빛같이 영혼 속에서 자라갑니다. 우리는 그것을 느끼지 못할 수도 있습니다. 그러나 성령의 모든 은혜는 계속 자라납니다. 우리가 다 자란 식물을 보고 성장했다는 사실을 아는 것처럼 성화(거룩함)의 성장도 그러합니다. 영적인 습관의 뿌리는 계속 자라나는 것입니다. 영혼의 내면적 성장은 그리스도와 관계를 더욱 친밀하게 하여 마침내 그리스도의 충만함과 완전함을 향유하는 수준에까지 이르게 되는 것입니다.

성령님을 통해 주어지는 그리스도의 의와 지혜와 거룩함과 구속하심은 각각 '전가'(轉嫁, imputation), '새롭게 하심'(renovation), '영화'(glorification)의 방식으로 우리에게 적용됩니다. '전가'의 방식으로 '의'를, '새롭게 하심으로' 지혜와 거룩을, '영화'의 방식으로 구속하심을 우리에게 적용하시는 것입니다.

교황주의자들은 그리스도의 의가 우리에게 '전가'되는 방식으로 주어진다는 사실을 부인하면서 우리 속에 본래부터 내재(內在)되어 있는 의(義)를 주장합니다. 그들은 그리스도의 의가 우리에게 전가된다는 교리 자체를 무모한 것으로 여깁니다. 그러나 그 교리는 참된 것입니다. 하나님께서 그리스도께서 행하신 모든 일을 신자가 직접 행한 것으로 인정하시기 위해서는 그리스도의 의를 신자들에게 전가해주시는 일이 반드시 필요하기 때문입니다. 스스로를 의롭게 할 수 없는 우리가 그리스도께서 전가해 주신 '의' 때문에 하나님으로부터 의로운 자로 여김을 받게 되는 것입니다. 그 때문에 우리가 세상을 이기는 사람들이 될 수 있는 것입니다. 이 사실에 대하여 근거 없는 거짓된 결론을 내리는 것은 매우 어리석은 일이 아닐 수 없습니다. 보증자를 통해 모든 빚을 변제 받았음에도 불구하고 마치 자기가 스스로 그 빚을 변제했다고 착각하는 것과 다를 바가 없는 것입니다.

전가의 방식을 통해서 그리스도의 의가 우리의 것이 되었다는 것은, 그 의가 가진 고유한 가치가 우리에게 옮겨짐으로 우리가 의로운 자들로 인정을 받게 되는 것을 말합니다. 그리스도와의 친밀한 연합으로 이루어지는 '관계적 의'(relative righteousness)인 것입니다.

분명히 그리스도의 의는 '전가'(전달)의 방식을 통해서만 우리의 것이 됩니다. 첫 사람 아담의 죄가 전가의 방식을 통해 우리의 죄가 된 것처럼, 두 번째 아담이신 그리스도의 의 역시 전가의 방식을 통해 우리의 의가 되는 것입니다(롬 5:17). 우리가 구속주의 대속하심으로 하나님으로부터 의로운 자로 인정받는 일은 오직 그러한 방식을 통해서만 가능한 일입니다(고후 5:21). 믿음의 조상 아브라함이 그러한 방식을 통해 하나님으로부터 의롭다 하심을 받은 것처럼 믿음의 후손인 우리 역시 그렇게 의롭다 하심을 받아야 합니다(롬 4:22,23).

그러나 그리스도의 '지혜'와 '거룩함'(성화)을 우리에게 적용하실 때는 '의'와는 전혀 다른 방식을 취하십니다. 그리스도의 '의'가 그리스도와의 연합으로 대표자의 원리 가운데 우리에게 전가된 것과는 달리, 그리스도의 '지혜'와 '거룩함'은 '나누어 주시는'(imparting)방식으로 우리에게 주어집니다. 성령님의 새롭게 하시는 조명(照明)과 거듭나게 하시는 역사(役事)로 말미암아 그리스도의 '지혜'와 '거룩함'의 은혜가 우리 인격의 실제적인 소유로 자리 잡도록 하십니다. 그리스도의 지체가 되기 전에 부패가 거하던 자리에 은혜가 거하도록 하시는 것입니다. 하지만 '거룩'은 '칭의'의 경우에서처럼 단번에 완성되는 것이 아닙니다. 우리의 거룩은 우리 영혼과 몸에 남아 있는 죄의 잔재들로부터 우리가 완전하게 구출되는 '구속(救贖, redemption)의 역사가 일어날 때 비로소 완성될 것입니다. 영혼이 육신을 떠나기 전까지 죄의 효력은 여전히 존재할 것입니다. 하지만 낙심하지 마십시오. 우리는 장차 영화(榮化)로워질 것입니다. 죄가 우리 영혼에 가져다준 모든 비참함에서 우리가 완전한 자유함을 얻는 날이 올 것입니다(엡 5:26,27) 성령의 역사를 통해 거듭남을 입은 사람들에 한해서 말입니다.

그리스도의 은택은 거듭나지 않은 본성을 가진 사람들이 가질 수 있는 것이 아닙니다. 그들에게 성령의 역사가 일어나지 않는 한 그들은 결코 그리스도의 의와 지혜와 거룩함과 구속함을 소유할 수 없습니다. 모든 것은 그리스도 안에 있습니다. 우리 중 그리스도 안에 있는 탁월함을 본래 가지고 있던 자가 누구입니까? 우리 중 누가 그것을 우리의 것으로 자랑할 수 있다는 말입니까?

"네게 있는 것 중에 받지 아니한 것이 무엇이뇨 네가 받았은즉 어찌하여 받지 아니한 것같이 자랑하느뇨"(고전 4:7).

우리 모두는 그리스도의 찬란한 의의 두루마기를 값없이 입은 자들입니다. 그 두루마기의 실 한 올도 뜬 적이 없는 자들인 것입니다. 스스로의 공로를 자랑하려 들지 마십시오. 하나님께서 그 허영과 오만을 참지 않으실 것입니다. 모든 영광은 온전히 그리스도께 돌려져야 합니다. 그분은 여러분으로부터 찬미를 받아야 마땅한 분이십니다. 거룩한 사람들이 그러하였습니다. 그들은 자기들이 가지게 된 모든 것이 은혜임을 아는 자들이었습니다.

"그런즉 이제는 내가 산 것이 아니요 오직 내 안에 그리스도께서 사신 것이라"(갈 2:20).

사도 바울은 언제나 이와 같은 마음의 자세를 잃지 않았습니다. 자신의 정당성을 변증하기 위해 자신이 행했던 업적들을 언급하지 않으면 안 되는 경우에도(고전 15:10) 그는 자신을 부인했습니다.

"내가 아니요 오직 나와 함께 하신 하나님의 은혜로라"(고전 15:10).

정말 그렇습니다. 우리는 겸손해야 합니다. 생각해 보십시오. 우리는 모두 본질상 빈털터리에 불과하지 않았습니까? 모든 영광을 그리스도께 돌리십시오. 그리고 그러한 특권을 받은 자답게 살아가십시오. 복음은 여러분의 방종을 위해 베푸신 하나님의 호의가 아닙니다. 복음의 특권에는 여러분들이 행해야 할 마땅한 의무도 포함되어 있다는 사실을 기억하십시오.

"이 말이 미쁘도다 원하건대 네가 이 여러 것에 대하여 굳세게 말하라 이는 하나님을 믿는 자들로 하여금 조심하여 선한 일을 힘쓰게 하려 함이라"(딛 3:8).

저는 여러분이 '칭의'와 '성화'를 서로 무관한 것으로 여기며 복음을 능멸하는 자들이 되지 않기를 바랍니다. 거룩을 의(義)와 분리시키는 사람들(육적인 삶을 살아간다 해도 자신이 의롭다하심을 받은 상태는 변하지 않을 것이라며 성화에 힘쓰지 않는 자들)은 그리스도를 모독하는 자들입니다. 그들은 그리스도를 자신들의 방종을 가리는 '덮개'쯤으로 여기는 자들인 것입니다. 물론 우리의 성화(聖化)는 이 땅에 사는 동안에는 완성되지 않습니다. 그러나 그럼에도 불구하고 우리가 거룩을 향해 한 걸음씩 나아가는 것이 세상 가운데서 우리가 의롭다 하심을 받은 사람들임을 증거하는 일입니다. 칭의와 성화가 서로 별개의 것이라면 성결은 필요치 않습니다. 성화는 우리 영혼의 체질과 성품을 변화시켜 하늘을 준비하게 하는 것입니다. 받은 은혜의 역사를 통해 우리가 이땅에서 선한 행실을 보여주지 않는다면 우리가 무엇으로 위대하신 구속주(救贖主)를 영화롭게 할 수 있다는 말입니까?

방종을 일삼는 자들은 로마서 4:5의 말씀을 들먹이며 자신들을 합리화하려 합니다.

"일을 아니할찌라도 경건치 아니한 자를 의롭다 하시는 이를 믿는 자에게는 그의 믿음을 의로 여기시나니".

하지만 이 말씀은 의롭다하심을 받은 사람의 게으름과 나태함의 타당성을 말하고 있지 않습니다. 사도가 '일을 아니할찌라도'라는 표현을 사용한 것은 의롭다 하심을 받은 자들이 하나님 앞에서 감사하고 겸손해야 한다는 것을 상기시키기 위함입니다. 게으름과 태만함을 가리키기 위해서 사용된 표현이 아닌 것입니다. 사도는 사람들이 율법을 통해 스스로 자신의 의를 이룰 수 있는 능력을 가지고 있지 않다는 사실을 알길 바랐습니다. '일한 것이 없다'라는 표현으로 그 사실을 강조하고자 했습니다. 완벽한 순종이 아니면 아무것도 인정하지 않는 율법의 엄격함에 부합하기 위해 '일할 수 있는 사람은 아무도 없다'는 것을 말하고 있는 것입니다.

'경건치 않은 자'라는 표현 역시 그러합니다. 이것을 의롭다 하심을 받은 이후의 삶의 모습으로 이해하지 마십시오. 이 표현을 통해 우리는 경건치 않은 자들이었던 우리가 하나님으로부터 의롭다하심을 받았다는 사실을 상기하면서 말로 다 할 수 없는 그 놀라운 은혜를 감사하고 찬미해야 할 것입니다.

하지만 세상에는 여전히 너무나 많은 사람들이 그리스도의 자비와 은택들을 거절하는 불신앙의 죄를 범하고 있습니다. 영적으로 눈이 멀어 있는 그들은 율법의 무서운 선고를 통해 영원한 진노를 받도록 정죄함을 받은 자들입니다. 그들은 자신들의 죄로 물든 영혼이 영원한 비참을 향해 나아가고 있다는 사실을 알지 못합니다. 죄로 결박당한 자신의 처지를 오히려 사랑하고 있는 그들이 하늘의 빛이시며, 자기들의 완전한 의가 되실 그리스도를 영접하려는 마음을 가지지 않는 것은 어찌보면 당연한 일일 것입니다.

오! 죄가 그들을 얼마나 무모한 짐승들로 변하게 했는지요!

"그러나 너희가 영생을 얻기 위하여 내게 오기를 원하지 아니하는도다"(요 5:40).

그들은 마치 사망과 연애하며 자신의 멸망을 달콤하게 느끼는 사람들 같습니다. 하지만 결국 심장 깊숙이 파고든 죄는 그들의 얼굴에 영원한 죽음의 그림자를 드리울 것입니다. 오직 유일한 치료자이신 예수 그리스도께 나아오지 않는 한 말입니다.

"…나를 미워하는 자는 사망을 사랑하느니라"(잠 8:36).

그들도 물론 사망 자체를 사랑하지는 않을 것입니다. 하지만 그들은 분명 사망에 이르게 하는 원인들을 사랑하고 있습니다. 사망과 사망의 원인을 서로 떼어 놓을 수 있습니까? 그렇지 않습니다. 영원히 타오르는 불길은 싫어하면서도 자신을 그 불길에 던지는 죄는 사랑하다니요! 죄의 저주와 결과에 대해 가공스러운 두려움을 느끼면서 정작 그 저주의 원인을 즐거워하다니요! 그들은 영원한 멸망을 두려워하면서도 자신들을 건져내실 유일한 구원자이신 그리스도는 사양합니다. 아니 그들은 원수를 대하듯이 그분을 대합니다. 그들은 지옥으로 통하는 길목에 서있을 뿐만 아니라 자기 스스로를 그 길로 얼마나 힘 있게 밀치고 있는지 모릅니다. 그리스도께서는 그들을 만나길 원하십니다. 영원한 사망의 길목에 서 있는 그들이 깨닫고 그 비참의 발걸음을 멈추길 바라십니다. 하지만 그들은 멈추지 않습니다. 그리스도를 어떻게 해서든지 제치고 자신들이 향하던 사망의 길로 계속 나아갑니다.

그들은 영혼의 문제에는 관심을 가지지 않습니다. 그저 세상의 문제를 해결하기 위한 처방만을 받아들이려 합니다. 그들에게 있어서 그리스도를 거절하는 일만큼 쉬운 일은 없을 것입니다. 여러분, 그리스도를 거부하는 죄는 소돔과 고모라의 죄보다 더 큰 죄악입니다. 그것은 하나님의 자비하심

자체를 경멸하는 일입니다. 죄인을 위하여 값없이 아들을 내어주신 분의 자비를 하찮은 것으로 여기다니요! 그에 대한 하나님의 저주는 너무나도 정당합니다. 그들은 결국 고집스레 택한 길의 결과를 맞이하게 될 것입니다. 말씀으로만 들어왔던 그 길의 결말을 직접 체험하게 될 것입니다. 그들은 구원의 길을 가지 않았습니다. 그 길을 자신만만하게 거부하였습니다. 그들의 멸망은 당연한 결과가 아닙니까?

그들은 그리스도의 복음을 수도 없이 들었을 것입니다. 그들을 위해 무릎을 꿇고 기도하는 많은 사람들이 거듭 강권하였을 것입니다. 때로는 간청하고, 때로는 설득하면서 그리스도의 사랑을 받으라고 제안하였을 것입니다. 하지만 그들은 결코 받아들이지 않습니다. 그들은 침묵합니다. 그들은 사실 자기들의 불신앙을 변호할 어떠한 논증도 가지고 있지 않기 때문입니다. 그러나 그들은 여전히 그리스도를 거부합니다. 말로는 그리스도 안에 있는 자들은 행복한 영혼들일 것이라고 인정하는 척 합니다. 그러나 정작 자기 자신이 그리스도와 친밀해지는 문제에는 관심을 가지지 않습니다.

중한 병에 걸린 사람이 왕진(往診)을 자청하는 의사를 거부할리가 있습니까? 만약 그 의사가 왕진이 불가능한 상황에 처해 있다면 사람을 보내 더 많은 왕진료를 지불하면서까지 와주기를 간청할 것입니다. 세상에 감당할 수 없는 큰 빚을 모두 갚겠다고 나서는 보증자를 거절할 사람이 있겠습니까? 어느 누구도 그를 거절하지 않을 것입니다. 그 친절함에 대해 무슨 감사의 말을 해야 할지 몰라 발을 동동 굴러댈 것입니다. 세상의 일에는 그러하면서 우리의 영혼의 의사이시며 보증자 되시는 그리스도는 거절하며 영원한 멸망을 자초하다니요! 그들은 스스로 멸망의 길을 택하는 어처구니없는 결정을 내리는 자들이 아닙니까! 그들을 어찌 이해할 수 있다는 말입니까!

오 주여! 주께서 그들의 눈을 열어주시기를 원합니다. 그들이 만약 회심한다면 그 날은 가장 놀라운 자비의 날일 것입니다. 그리스도를 받는 그 날이 회개한 영혼에게 얼마나 큰 복락의 날이겠습니까! 그리스도께서 삭개오에게 하신 말씀을 그들이 듣는다고 생각해 보십시오. "오늘 구원이 이 집에 이르렀다"(눅 19:9). 그리스도께서 영혼에 들어오시는 그 날, 그분은 빈손으로 오시지 않습니다. 지혜와 의와 거룩함과 구속함과 부활, 모든 긍휼의 자비의 군대를 대동하고 오실 것입니다. 믿는 영혼이 그리스도를 신랑으로 받아들이고 영접하는 그날은 그리스께서 즐거워하시고 기뻐하시는 날입니다. 그날은 마음의 대관식(戴冠式)이 있는 날인 것입니다. 아가서 3:11에 이렇게 기록되어 있습니다.

"시온의 여자들아 나와서 솔로몬 왕을 보라 혼인날 마음이 기쁠 때에 그 모친의 씌운 면류관이 그 머리에 있구나."

솔로몬이 머리에 왕관을 쓰고 큰 위엄과 영광을 갖추고 나올 때 땅은 백성들의 기쁨의 소리로 진동하였습니다. 이는 우리가 그리스도께 영광과 존귀를 돌려 그 마음을 즐겁게 해 드릴 때에 그리스도께서 가지시는 즐거움을 그리고 있는 것입니다. 우리가 그리스도를 영적 신랑으로 맞아들이는 날은 우리가 그리스도의 마음에 기쁨을 드리는 날입니다. 그것이 그리스도께서 우리를 통해서 존귀함을 입으시고 영화롭게 되시는 방식이기 때문입니다. 그날 우리의 마음은 또 어떠하겠습니까! 모든 은혜와 영광의 보화를 가지시고 하늘로부터 오시어 자신을 값없이 내어 주시고 자신을 우리의 영원한 분깃으로 허락하신 임금님을 뵙는 날에 우리 마음은 얼마나 큰 환희로 가득 차겠습니까! 기뻐하며 뽕나무에서 단숨에 내려온 삭개오를 보십시오(눅 19:6). 기뻐하며 길을 떠난 구스 내시를 보십시오(행 8:39). 빌립보 감옥의 간수가 자기 온 가족과 함께 구주를 믿으며 기뻐하고(행 16:34), 오순절 회개한 사람들이 기쁨으로 음식을 먹으며 하나님을 찬미하고(행 2:42,26), 복음을 통해 그리스도께서 사마리아 사람들 중에 임하셨을 때 그들이 기뻐한 것이 전혀 이상한 일이 아닙니다(행 8:5,8).

그리스도를 영접하는 그 날, 그분이 가지신 가장 작은 복락이라 할지라도 우리가 그 자비하심을 인하여 하나님을 찬미하기에 충분하려면 우리에게 아마도 '영원'이라는 시간이 필요할 것입니다.

여러분은 누구입니까? 그리스도로부터 멀리 떨어져 있는 사람들입니까? 아니면 그리스도 안에 있는 사람들입니까. 여러분이 그리스도를 범사에 영접하는 사람들이라면 여러분은 그리스도 안에 있는 사람들입니다. 하지만 그리스도께 여전히 마음을 문을 열지 않고 있다면 여러분은 그리스도로부터 멀리 있는 사람들입니다. 그러나 여러분이 후자의 경우에 해당된다고 할지라도 그리스도로부터 그리 멀지 않은 곳에 있을 수도 있을 것입니다. 만약 여러분이 이러한 경우에 해당된다면 여러분은 성령님의 예비적 역사의 대상이 되는 사람들입니다. 여러분은 그리스도가 반드시 필요하다는 사실을 들었을 것입니다. 여러분이 치료받는 오직 유일한 길은 그리스도께 있다는 사실을 들어서 알고 있을 것입니다. 그렇다면 하나님의 발아래서 그리스도를 영접하고 진지하게 그리스도와 가까워지기를 소망하십시오. 그리스도를 얻고 그를 소유하기 위한 강렬한 소원을 가지십시오. 그리스도와 구원의 문은 여러분으로부터 멀리 있지 않습니다. 물론 여러분의 영혼이 복되기까지 여러분은 많은 관문들을 통과해야 할 것입니다. 소망과 두려움 사이에서 수많은 단련의 과정을 거쳐야 할 것입니다. 그러나 용기를 내십시오. 그리스도께로 나아가십시오. 그리고 울부짖으며 아뢰십시오. 여러분에게 그리스도가 필요하다는 사실을 아뢰십시오. 그리스도 안에 있는 지혜와 의로움과 거룩함과 구속함을 간구하십시오.

그리스도를 세상에 보내신 성부와 그 사명을 받아 이 땅에 오신 그리스도께서는 여러분의 찬미를 받아 마땅하신 분이십니다. 그분께 고백하십시오. '예수님, 당신은 기름부음 받으사 가난한 자에게 아름다운 소식을 전파하시며 마음이 상한 자를 버티시며 포로된 자에게 자유를, 갇힌 자에게 놓임을 주시는 분이십니다!'라고 말입니다(사 61:1,3).

그리고 이렇게 기도하십시오.

'주여, 저를 돌아보옵소서. 맷돌보다 단단했던 저의 패역한 마음이 하나님으로 인해 녹았나이다. 저의 힘으로는 할 수 없었던 일을 하나님께서 하셨나이다. 완전한 자유로 생각했던 삶이 그렇지 않다는 것을 이제 깨달았습니다. 옥에 갇힌 죄수도 저보다 더 간절하지 않을 것입니다. 주님의 직무와 사명을 감당할 수 있는 영혼으로 만드시옵소서. 저의 구주가 되어 주소서! 주께서 '목마른 자는 누구든지 와서 물을 마시라'고 하지 않으셨습니까. 그 부르심에 제가 나아갑니다. 저의 피가 아무런 유익이 없다는 것을 고백합니다. 저에게 아무런 공로가 없음을 고백합니다. 그리스도께서 저의 의가 되어주시옵소서. 주께서 원하신다면 그 위대한 역사를 막을 자가 누구입니까! 모든 일에 주께서 기뻐하시는 대로 제 자신을 드리겠나이다. 주께서 보시기에 좋으신 대로 행하시옵소서. 저로 하여금 주 예수 그리스도 안에 동참하게 하소서. 세상의 모든 관심거리들을 당신의 발 앞에 내려놓겠나이다.'

그리스도와 그분의 모든 은택들이 여러분의 것이 된다면 그보다 더 큰 만족은 없을 것입니다. 세상의 외적인 어려움으로 불평하고 원망하는 소리를 내지 마십시오. 여러분이 그리스도 안에서 누릴 수 있는 것들과 세상의 것들을 비교해 본다면 여러분에게 부족함이 없다는 사실을 알게 될 것입니다. 이 세상의 모든 면류관들과 금 홀을 전부 팔아 보십시오. 그리스도 안에 있는 가장 작은 긍휼 하나 조차도 살 수 없을 것입니다.

그리스도께서는 여러분에게 지혜와 의와 거룩함과 구속함이 되셨음에도 여러분이 더 받아 누려야 할 것이 무엇입니까? 여러분은 범사에 만족하고 감사해야 할 사람들입니다.

"그리스도 안에서 하늘에 속한 모든 신령한 복을 우리에게 복 주신 우리 주 예수 그리스도의 아버지 하나님께 감사하리로다."

그리스도께서 어떻게 우리의 구주가 되셨습니까? 우리의 구주가 되시기 위해 모든 하늘의 영광을 뒤로 하시고 낮아지시지 않으셨습니까? 대체 우리가 어떤 존재이기에 그리 하셨다는 말입니까? 여러분은 택함을 입었습니다. 버림을 받은 이들과 다를 바가 없던 여러분을 하나님께서 택하신 것을 설명해 보십시오. 그들과 다를 바 없던 여러분이 하나님의 베푸신 모든 자비하심 가운데 그리스도를 통해 그 모든 영광의 특권을 받게 되다니요! 그 놀라운 자비하심에 비교하여 세상에서 잠시 처한 조건들이 대체 무엇이란 말입니까! 하나님을 찬미하십시오. 여러분이 어떠한 조건에 처해 있든지 말입니다. 이것은 마땅한 일입니다.

"주 안에서 항상 기뻐하라 내가 다시 말하노니 기뻐하라"(빌 4:4).

여러분은 자유를 얻은 포로입니다. 결코 갚을 수 없는 빚을 탕감받은 자들입니다. 그런데 어찌 아무 일도 없었던 사람들처럼 살아갈 수 있다는 말입니까?

긴 여정 끝에 마침내 자신의 집이 바라다 보이는 길목에 당도한 사람은 비록 당장 피곤하고 굶주린 상태라 할지라도 기뻐하며 힘을 낼 것입니다. 왜냐하면 얼마 있지 않아 자기가 필요로 하는 모든 것이 있는 집에 도착한다는 사실을 생각할 것이기 때문입니다. 그리스도께서 여러분의 것이 된다는 것이 바로 그러합니다. 기뻐하십시오. 그리고 힘을 내십시오. 여러분이 결코 갚을 수 없었던 공의(公義)의 빚을 그리스도께서 완전히 갚으셨습니다. 구속 얻은 자만이 누릴 수 있는 기쁨은 이제 여러분의 것입니다.

예수 그리스도로 말미암아 하나님께 감사하리로다.

2장

그리스도와의 연합

> "곧 내가 그들 안에 있고 아버지께서 내 안에 계시어
> 그들로 온전함을 이루어 하나가 되게 하려 함은…"
>
> _요 17:23

죄인들에게 그리스도를 적용하시는 성령의 목적은 그리스도의 은택을 전달하시는 것입니다. 그 일은 그리스도와의 연합을 통해서 이루어집니다. 성령의 역사하심 중 가장 주도적인 행사가 바로 그것입니다. 이것이 본 강론의 주제입니다.

본문은 세 가지 형태의 연합을 말하고 있습니다. 성부와 그리스도와의 연합, 그리스도와 신자 간의 연합, 그리고 신자들 간의 연합이 그것입니다.

성부와 그리스도와의 연합은 '아버지께서 내 안에'라는 표현에 나타납니다. 이 연합은 다른 두 연합의 기초가 되는 영광스러운 연합입니다. 성부와 성자의 성품과 속성이 동일하다는 본질적인 차원에서 본다면 그것은 매우 당연한 일입니다. 성부의 인격은 그리스도를 통해 드러나고 계십니다(히 1:8). 성부께서는 신인(神人, God-Man)이신 그리스도 안에 계시면서 신성(神

性, Godhead)의 충만을 전달하시고 공급하시는 것입니다(골 2:9).

'내가 저희 안에'라는 표현은 그리스도와 성도들 간의 신비로운 연합을 말해주고 있습니다. 성부와 성자 간의 연합이 본질적 연합인 것에 반해 그리스도와 성도 간의 연합은 신비로운 연합니다. 신성의 직접적인 교통을 통해 성령의 충만함을 입고 계시는 성부와 성자 간의 연합과는 달리, 그리스도와 성도의 연합은 성령의 교통하심으로 말미암습니다.

"저희로 온전함을 이루어 하나가 되게"라는 표현은 신자들 간의 연합을 의미합니다. 성령님의 내주(內住)하심으로 그리스도와 연합을 이루어 머리 되신 주님의 영향 아래 살아가는 지체(肢體)들인 신자들 간의 사랑스러운 연합을 가리키고 있는 것입니다.

우리가 본 강론을 통해 다루어 볼 것은 두 번째로 묘사된 연합, 즉 그리스도와 신자들 사이의 연합 문제입니다. 성경은 그리스도와 신자들 사이의 신비로운 연합의 성질을 은유적으로 표현하고 있습니다. 곧 여러 나무 조각들을 아교로 접착하여 하나가 되게 하는 일, 가지를 접붙임으로 한 나무가 되게 하는 일, 혼인(婚姻)의 언약을 통해 남편과 아내가 한 몸을 이루게 되는 일, 머리와 지체가 한 영혼에 의해서 생기(生氣)를 갖게 됨으로 하나의 몸이 되는 일들을 통해 그리스도와의 연합에 대한 이해를 돕고 있습니다. 은유적으로 표현된 그러한 자연 속에서의 결합은 한 지체에 이전보다 더 충만한 생기를 불어넣는다는 공통점을 가지고 있습니다. 그러한 예를 통해 한 지체의 결함과 부족함을 다른 지체가 보완해 주는 원리를 우리에게 보여줍니다.

그러나 모든 면에서 그리스도와 신자 사이의 연합의 신비를 완전하게 설명해 주는 예는 없습니다. 그리스도와의 연합은 단순히 두 사물을 붙여 놓는 것과 같은 일이 아니기 때문입니다. 그러한 예들은 그리스도와 우리 사이의 신비한 연합을 묘사하는 희미한 그림자에 불과합니다. 그리스도와의 연합은 생명을 나누는 연합입니다. 그것은 곧 영혼의 연합을 의미합니다.

"주와 합하는 자는 한 영이니라"(고전 6:17).

로마서 6:5에는 그리스도와 신자 사이의 연합을 가지의 접붙임으로 설명하고 있습니다. 가지를 접붙이는 것은 접가지와 원나무 둥치 사이의 생명을 결합시키는 일입니다. 원나무의 가지를 칼로 잘라내고 새로운 가지를 접붙임으로 원나무와 접붙여진 가지는 같은 수액과 진액을 공유하는 하나의 생명으로 결합되기 때문입니다. 하지만 이 예만으로는 그리스도와 연합한 신자들이 누리는 탁월한 은혜를 깊이 있게 설명할 수는 없습니다.

혼인 서약을 통해 남편과 아내가 부부의 연합을 이루는 예 또한 부족함을 가지고 있습니다. 물론 부부의 연합은 부모를 떠난 남자와 여자가 지극한 친밀함으로 한 몸을 이루는 연합입니다. 하지만 이 연합에는 한계가 있습니다. 죽음이 결국 그들의 연합을 깨뜨릴 것이기 때문입니다. 모든 친밀했던 관계나 교통은 중단됩니다. 남은 자는 결국 다시 혼자가 되는 것입니다. 그러나 그리스도와 신자의 연합은 그렇지 않습니다. 그리스도와의 연합은 죽음마저도 깰 수 없는 영원한 연합이기 때문입니다.

머리와 지체들의 연합의 예 역시 그리스도와 신자들의 연합을 완전하게 설명하기에는 부족합니다. 머리와 지체의 연합은 유기적인 육체의 결합입니다(엡 4:15,16). 모든 지체의 활동은 머리의 통제를 받습니다만 육체의 지체 모두가 동일한 경로, 동일한 위치에 연결되어 있는 것은 아닙니다. 어떤 지체는 머리와 가깝지만, 어떤 지체는 머리로부터 매우 멀리 떨어져 있습니다. 이것은 물론 물리적인 차원에서의 관점이긴 하지만, 머리 되신 그리스도와 연합된 신자들 모두가 그리스도와 동등하게 밀접해 있는 사실과는 거리가 있어 보입니다.

사도는 "우리의 사귐은 아버지와 그의 아들 예수 그리스도와 더불어 누림이라"는 말로 그리스도와의 연합을 설명하고 있습니다(요일 1:3). 사귐이란 단순한 만남의 차원을 넘어 공통적으로 가지는 관심에 참여하고 교통하는 것을 말합니다. 히브리서 3:14에서 "우리가…그리스도와 함께 참여한 자가 되리라"함과 같이 말입니다. 시편 45:7에는 '동료'(메카베레카)라는 표현으로 성도를 그리스도의 동료들, 그리스도와 함께 한 동료들로 묘사하고 있습니다. 신자들을 그리스도와 함께, 그리스도로 말미암아 성령의 기름 부으심과 성령의 여러 은혜들을 누리는 그리스도의 동료들로 지칭하고 있는 것입니다. 하지만 그리스도와 성도들 간의 사귐은 필연적으로 그리스도와의 연합을 전제로 합니다. 접붙임이 있어야만 접붙임을 받은 가지와 원나무가 서로 같은 생명 가운데 교통할 수 있는 것입니다. 연합이 없다면 교통이나 교제는 있을 수 없습니다.

"바울이나 아볼로나 게바나 세계나 생명이나 사망이나 지금 것이나 장래 것이나 다 너희의 것이요 너희는 그리스도의 것이요 그리스도는 하나님의 것이니라"(고전 3:22,23).

이점은 그리스도의 의가 신자에게 전가됨으로 말미암아 신자가 의롭다 하심을 받는다는 사실에서 더욱 분명히 나타납니다.

"그리스도 예수 안에 있는 속량으로 말미암아 하나님의 은혜로 값없이 의롭다 하심을 얻은 자 되었느니라"(롬 3:24).

그리스도의 의가 전가의 방식으로 우리의 의가 된다는 사실은 로마서 4:23,24에 상세하게 기록되어 있습니다.

"저에게 의로 여기셨다 기록된 것은 아브라함만 위한 것이 아니요 의로 여기심을 받을 우리도 위함이니 곧 예수 우리 주를 죽은 자 가운데서 살리신 이를 믿는 자니라.”

그리스도와의 연합 없이 그리스도의 의가 우리에게 전가되는 일은 일어나지 않습니다. 고린도전서 1:30이 이 점을 분명하게 역설하고 있습니다.

“너희는 하나님께로부터 나서 그리스도 예수 안에 있고 예수는 하나님께로서 나와서 우리에게 지혜와 의로움과 거룩함과 구속함이 되셨으니”

그러니 인간 자신의 의로 말미암아 의롭다하심을 받는다고 주장하는 교황주의자들의 억측이 얼마나 허망한지요. 그들은 반문합니다. ‘어찌 다른 사람의 의로 우리가 의롭다함을 얻을 수 있단 말인가? 다른 사람의 돈으로 내가 부자가 되며, 다른 사람의 명예로 내가 존경함을 얻을 수 있단 말인가?’ 그에 대한 저의 대답은 ‘그렇다’입니다. 다른 자가 나의 남편이 되어 나의 보증이 되어 준다면 가능한 일입니다. 베드로와 바울이 자기들의 의로 의롭다하심을 받은 것이 아닙니다. 그들 모두 자기들에게 전가된 그리스도의 의로 말미암아 의롭다함을 받을 수 있었던 것입니다. 법은 채무자와 보증자를 하나로 보기 때문입니다.

신자는 그들의 머리 되신 그리스도의 지체로 긴밀하게 연합되어 있었습니다. 머리와 지체들은 한 몸입니다. 접붙인 가지와 그루터기 역시 한 나무입니다. 그것이 그리스도께서 성도들과 함께 즐거워하시고 함께 고통을 느끼시는 이유입니다. 사도 바울은 골로새서 1:24에서 “그리스도의 남은 고난을 그의 몸된 교회를 위하여 내 육체에 채우노라”라고 말하였습니다. 물론 그리스도께서 지셨던 고난의 공로는 완전한 것입니다.

“저가 한 제물로 거룩하게 된 자들을 영원히 온전케 하셨느니라”(히

10:14).

　그분은 자신의 인격 안에서 '중보자'로서의 임무를 완전하게 감당하셨습니다. 그런 의미에서 주님은 더 이상 고난을 받을 필요가 없으십니다. 하지만 그리스도께서는 여전히 고난을 받고 계십니다. 당신의 교회와 그 지체들이 고난 받기 때문이지요. 물론 이 고난은 십자가에서 당하신 것과 동등하지는 않습니다. 십자가에서 받으신 고난이 가진 목적으로 가지는 것은 아닙니다. 이 고난은 지체들로 인한 고난입니다. 지체들인 신자의 고난을 당신 자신의 고난으로 여기시는 것입니다. 이것은 매우 당연한 일입니다. 지체들이 고통 중에 있다면 머리가 그 고통을 느낄 것이기 때문입니다. 만약 그리스도께서 지체들의 고난을 자신의 고난으로 느끼시지 않았다면 사도에게 "사울아, 사울아 어찌하여 네가 나를 핍박하느냐?"(행 9:4)라고 말씀하시지 않으셨을 것입니다.

　그러나 이 역시도 그리스도와의 신비로운 연합이 전제되어야 합니다. 만일 그리스도와 우리 사이의 신비로운 연합이 없다면 그리스도께서 우리의 고난을 똑같이 느끼실 수는 없을 것입니다.

　그리스도와 신자들 사이의 이 신비로운 연합은 마지막 날에 일으키심을 받는 성도들로부터 확실히 입증될 것입니다. 성도의 부활은 심판하시기 위해 불신자들을 일으키시는 하나님의 능력에 의한 것이 아니라 성도들의 머리되시는 그리스도의 부활의 은택으로 말미암는 것입니다. 그리스도의 부활의 은택이 신자들의 죽은 몸을 소생시킵니다. 신자의 영혼뿐만 아니라 몸역시도 그리스도와 연합되어 있기 때문입니다.

　"예수를 죽은 자 가운데서 살리신 이의 영이 너희 안에 거하시면 그리스도 예수를 죽은 자 가운데서 살리신 이가 너희 안에 거하시는 그의 영으로 말미암아 너희 죽을 몸도 살리시리라"(롬 8:11).

이것은 마치 우리가 잠을 자다 깨어날 때 먼저 머리가 일깨움을 받고, 그 다음 몸 전체의 감각들이 활동을 시작하게 되는 것과도 같습니다.

그리스도와의 연합을 보편적인 국면에서 설명한다면, 신자들로 하여금 그리스도를 믿고 그 안에서 살도록 하시는 성령의 역사를 통해 신자들이 그리스도께 친밀하게 결속되는 것이라고 말할 수 있을 것입니다. 그 역사하심을 통해 우리가 영적 생명을 얻을 수 있게 되는 것입니다.

"아버지께서 자기 속에 생명이 있음같이 아들에게도 생명을 주어 그 속에 있게 하셨고"(요 5:26).

이 일을 하시는 분은 성령이십니다.

"이는 그리스도 예수 안에 있는 생명의 성령의 법이 죄와 사망의 법에서 너를 해방하였음이라"(롬 8:2).

그러므로 우리가 그리스도 안에서 새로운 생명을 얻으려면 먼저 성령께 사로잡힘을 받아야 합니다. 성령께서 그 일을 하실 때에라야 우리가 그리스도로 인한 생명을 행사 할 수 있게 되는 것입니다. 믿음의 살아있는 역사가 그 일을 가능하게 합니다.

"살아 계신 아버지께서 나를 보내시매 내가 아버지로 인하여 사는 것같이 나를 먹는 그 사람도 나로 인하여 살리라"(요 6:57). (여기서 '먹다'라는 말은 '믿음으로 나를 적용한다'는 뜻임)

곧 그리스도 편에 계신 성령과 우리 편에서 일하시는 성령의 역사로 말미암는 믿음이 우리를 그리스도께 밀접하게 연결시키는 인대(靭帶)의 역할을 해내는 것입니다. 성령께서는 한 영혼을 그리스도께 접붙이시는 것과 같은 방식으로 그리스도와의 연합의 역사를 진행하십니다. 죽어가는 나무에서 가지를 잘라 내어(깨닫게 하시는 지혜를 통해서) 그것을 생명 있는 그루터기에 동여매는 것과 같은 이치입니다. 접붙여진 가지인 우리가 그리스도와 하나가 되어 생명의 진액을 공급받게 되는 것입니다. 우리 몸도 이와 같은 원리를 가지고 있습니다. 몸의 많은 지체들이 하나의 생명의 힘 아래 생기를 가져 머리와 함께 한 몸이 되는 것입니다.

"몸이 하나요 성령이 하나이시니"(엡 4:4).

그리스도와 성도의 연합은 기발한 착상이나 관념 따위로 만들어낸 상상이 아닙니다. 그리스도와의 연합은 실제로 존재하는 연합입니다. 하나님을 믿지 않는 무신론자들이 그것을 어떻게 상상하든지 간에 신자들은 그것이 실제적인 사실임을 알고 있습니다.

"그날에는 내가 아버지 안에, 너희가 내 안에, 내가 너희 안에 있는 것을 너희가 알리라"(요 14:20).

그러나 그리스도와의 연합을 위격적(位格的, hypostatical)으로 보아서는 안됩니다. 그리스도와 연합하는 것을 사람이 하나님이나 그리스도와 동등한 위치로 변해 간다는 식의 본질적(本質的, essential) 연합으로 보아서는 안되는 것입니다. 이것은 속성과 탁월함에 있어서 우리와 그리스도와의 차이가 무한하다는 것을 간과하길 좋아하는 사람들의 경솔한 언행에 불과합니다.

그리스도와 신자들 간의 연합은 신비로운 연합입니다. 물론 그리스도와 신자들 사이에 연대적(Federal) 연합이 존재하기도 합니다만 그것은 어디까지나 신비로운 연합의 귀추일 뿐입니다.

그리스도와 우리를 하나의 인격으로 만들지도 않고, 그리스도와 하나의 본체(本體, substance)가 되게 하지는 않지만, 우리의 인격을 그리스도의 인격에 가장 친밀하고 가깝게 결합시키는 연합은 정말 놀라운 신비가 아닐 수 없습니다. 교회가 그리스도의 몸이라는 사실은 거대한 신비입니다. 그리스도는 성도의 머리가 되시고, 성도들은 그리스도의 지체가 되어 육체의 각 지체와 같은 유기적인 연합을 이루는 것입니다. 이는 담장과 넝쿨의 관계와 다릅니다. 그리스도와 성도는 접붙임으로 하나가 되는 생명의 연합을 이루는 것입니다.

신비로운 연합은 초자연적으로 하나님의 능력에 의해서 산출됩니다.

"너희는 하나님께로부터 나서 그리스도 예수 안에 있고"(고전 1:30).

우리가 그리스도께 접붙여져 그 생명과 연합을 이루게 되는 일은 오직 하나님께서만 행하실 수 있는 일입니다. 물론 우리가 믿음의 끈으로 그리스도와의 연합을 더욱 단단히 매어야 하지만 이 역사도 사실상 우리의 자의적 행사로 볼 수는 없습니다. 의지란 스스로 주입되는 것이 아니기 때문입니다. 에베소서 2:8은 이 점을 분명하게 말하고 있습니다.

"이것이 너희에게서 난 것이 아니요 하나님의 선물이라"

믿음을 가져야 할 주체는 우리지만, 믿음을 주시는 분은 오직 하나님이십니다(엡 1:19, 20).

그리스도와의 신비로운 연합은 매우 즉각적인 연합입니다. 여기서 '즉각적'이라는 표현은 연합을 위한 방편의 생략이나 배제를 말하는 것이 아닙니다. 하나님께서는 우리와 그리스도 사이를 단단히 결속시키기 위한 여러 방편과 많은 도구들을 사용하십니다. 제가 사용한 '즉각적'이라는 표현은, 그리스도와의 연합이 적용되는 범위와 속도에 관한 문제를 표현하기 위함입니다. 육체의 여러 지체가 저마다 다른 거리에 위치하고 있는 것과는 달리, 그리스도의 신비로운 몸(교회-역자 주)의 지체들은 그리스도와 모두 다 같은 가까움의 정도를 가지고 있다는 것을 말씀드리는 것입니다.

"그리스도에 있는 하나님의 교회 곧 그리스도 예수 안에서 거룩하여지고 성도라 부르심을 입은 자들과 또 각처에서 우리의 주 곧 저희와 우리의 주 되신 예수 그리스도의 이름을 부르는 모든 자들에게…"(고전 1:2)

고린도 교회 내에는 그리스도께서 자기들에게만 속해 있다고 생각하는 자들이 있었습니다. 사도 바울은 이런 잘못을 불식시키기 위해서 그들에게 '그리스도는 저희와 우리의 구주시다'라고 말합니다. 그렇습니다. 그리스도 와 연합한 영혼은 그가 어떠한 사람이든지 누구나가 동일한 친밀함을 가집니다. 그리스도는 연합에 있어서 신자들을 차별하시지 않기 때문입니다.

성도들과 그리스도 사이의 신비로운 연합은 또한 근본적인 연합입니다. '근본적'이라 함은 그리스도와의 연합의 지속적인 유지를 말합니다.

"가지가 포도나무에 붙어 있지 아니하면 절로 과실을 맺을 수 없음같이 너희도 내 안에 있지 아니하면 그러하리라"(요 15:4).

그리스도와의 신비로운 연합은 그리스도의 특권과 위로를 근본적으로 누릴 수 있는 전제가 됩니다.

"다 너희의 것이요 너희는 그리스도의 것이요"(고전 3:23).

우리가 바랄 수 있는 모든 소망은 그리스도와의 신비로운 연합에 근거해야 합니다.

"이 비밀은 너희 안에 계신 그리스도시니 곧 영광의 소망이니라"(고전 1:27).

만약 그리스도와의 신비로운 연합이 파괴된다면, 우리가 누리던 모든 소망의 열매와 특권들은 일거에 소멸되고 말 것입니다.

그리스도와의 신비로운 연합은 매우 유효(有效)한 연합입니다. 우리의 영적 생명은 그리스도와의 신비로운 연합을 통해 보전되기 때문입니다. 그리스도와의 연합이 없이 우리에게 영적 생명은 전달될 수 없습니다(엡 4:16). 그것은 모든 국면에서의 성령의 유효한 역사입니다. 에베소서 4:16에서 사도가 그것을 말하고 있습니다. 그리스도와의 연합을 유지하는 데에는 그 연합이 처음 산출 될 때와 같은 생명력을 필요로 합니다. 처음과 같은 생명력이 없다면 우리는 수많은 시험과 우리 속에 있는 부패의 요소들로부터 영적 생명을 지킬 수 없습니다. 그리스도께서 친히 우리에게 주신 원리를 기억하십시오.

"이는 내가 살았고 너희도 살겠음이라"(요 14:19).

우리가 생명의 진액이 있는 그리스도의 뿌리에 접붙여져 있는 한, 가지인 우리는 결코 말라 죽지 않을 것입니다.

그리스도와의 신비로운 연합의 또 다른 본질은 그 관계가 불가분해적(不可分解的)이라는 것입니다. 이 세상에 있는 어떠한 연합도 그리스도와의 연합을 능가하지 못합니다. 죽음은 사랑하는 부부나 친밀한 친구 사이의 연합을 와해시킬 뿐만 아니라 몸과 영혼의 연합마저도 파괴합니다. 하지만 죽음마저도 그리스도와 영혼 사이의 연합은 끊어내지 못합니다. 그리스도와 신자를 묶어 주는 영원한 끈이 있기 때문입니다. 그 연합의 끈은 무덤 속에서 썩지 않습니다(롬 8:35,38,39).

"누가 우리를 그리스도의 사랑에서 끊으리요?"(롬 8:35)

어떠한 장애물도 그 '신비로운 연합'을 해치지 못합니다. 그것은 죽음이 그리스도의 인성과 신성의 '위격적 연합'을 깨뜨리지 못한 것과도 같습니다. 그리스도의 죽으심은 그리스도의 영혼과 육체 사이의 '본성적 연합'(natural union)을 일시적으로 와해시킨 사건이었지만, 그 경우에도 신성과 인성의 '위격적 연합'은 조금도 와해되지 않았습니다. 우리와 그리스도의 신비로운 연합도 이와 마찬가지입니다. 세상의 모든 연합이 죽음으로 말미암아 붕괴된다고 해도, 그리스도와의 '신비로운 연합'은 결코 깨어지지 않습니다. 아브라함이 흙으로 돌아간지 오랜 후에도 하나님께서는 여전히 당신 자신을 '아브라함의 하나님'으로 칭하였습니다.

그리스도와의 연합은 인간에게 주어질 수 있는 가장 높은 존영이 아닐 수 없습니다. 신격(神格)의 두 번째 위격(位格)을 가지신 분과 우리가 연합을 이루다니요! 이것은 최고의 영예입니다. 그리스도께서 부리시는 종의 신분도 과한 우리가 그리스도의 몸의 지체가 되었습니다. 무엇으로 이 놀라운 영광을 대신할 수 있겠습니까!

"우리는 그 몸의 지체이니라"(엡 5:30).

이 사실이 얼마나 우리에게 큰 위로가 됩니까! 그리스도와의 연합은 우리에게 견실한 위로가 되기에 충분합니다. 그리스도께서 나의 주님이시고, 나는 주님의 소유가 되었습니다. 내가 그리스도의 사람인데 그리스도께서 어찌 사랑하시는 당신 자신의 백성을 돌보지 않으시겠습니까? 주님이 나의 머리가 되셨습니다. 그렇다면 그리스도께서는 당신 자신의 지체의 안전과 안녕을 도모하실 것입니다(엡 1:22,23). 여러분, 생각해 보십시오. 이것은 정말 너무나도 유쾌한 일입니다. 이것을 잊지 않는다면 고통과 궁핍과 곤고함이 여러분에게 닥친다 해도 여러분은 위로를 받고 변함없이 그리스도를 의지하게 될 것입니다.

여러분이 그리스도와의 연합을 통해 열매를 맺는 것은 연합이 가지는 가장 직접적인 목적입니다.

"그러므로 내 형제들아 너희도 그리스도의 몸으로 말미암아 율법에 대하여 죽임을 당하였으니 이는 다른 이 곧 죽은 자 가운데서 살아나신 이에게 가서(그와 결혼하여 - 역자 주) 우리가 하나님을 위하여 열매를 맺게 하려 함이라"(롬 7:4).

우리가 그리스도께 접붙임 당하기 전에 무슨 열매를 맺었습니까? 우리가 맺었던 열매 중 하나님께 열납될 만한 것이 있었습니까? 그렇지 않습니다. 그리스도와 연합하지 않는 한 우리는 어떠한 선한 열매도 맺을 수 없습니다. 오직 그리스도께서만이 접붙임을 받은 모든 가지들로 하여금 좋은 열매를 맺게 하시는 뿌리가 되십니다(요 15:8).

우리가 그리스도의 인격과 연합하는 순간부터 우리는 즉시 그리스도께서 가지신 모든 부요에 참여하게 됩니다(고전 1:30).

"다 너희의 것이요"(고전 3:22).

그렇습니다. 그리스도께서 가지신 모든 것이 다 우리의 것이 됩니다. 그리스도의 아버지(요 20:17), 그리스도의 약속(고후 1:20), 그리스도의 승리(롬 8:28), 그리스도의 영광(요 17:24), 이 모든 것이 그리스도와 연합함으로 말미암아 우리의 것이 되는 것입니다.

콘스탄틴(Constantine)은 로마제국의 수장이 되는 것보다 교회의 한 지체가 되는 것을 더 영화롭게 생각하던 사람입니다. 그는 그리스도의 지체가 되는 일의 존귀함이 지상의 모든 존영과 영예를 능가한다는 것을 알고 있었습니다. 그 존귀함은 어떠한 국면에서 볼 때 영광의 천사들에게 부여하신 존귀함을 넘어서는 것입니다. 천사들이 누구입니까. 그들은 피조물 가운데 가장 높고 존귀한 종들로서 하나님의 얼굴을 계속 우러러 보는 영예를 얻은 자들입니다. 그런데 우리가 그들보다 더 큰 존귀함을 누리게 되었습니다. 그리스도와의 신비로운 연합을 통해 살리심을 받는 영예를 우리가 누리게 된 것입니다. 이것은 천사들도 감히 누리지 못한 영예입니다. 물론 그리스도께서는 성도들뿐만 아니라 하늘에 있는 천사들의 머리이시기도 합니다. 그리스도께서는 하늘에 있는 것과 땅에 있는 모든 것들의 머리가 되시기 때문입니다(엡 1:10). 그러나 천사들에게 있어서 그리스도는 자신들을 다스리시고 지배하는 머리에 한정되십니다. 성도들에게처럼 다스리시기도 하는 머리이신 동시에 '생명에 속한 감화'를 주시는 머리가 되시지는 않는 것입니다. 천사들은 존귀한 그리스도의 신하들입니다. 그렇지만 우리와 같이 그리스도와 신비로운 연합을 이루는 지체들은 아닙니다. 그들은 성도들처럼 그리스도의 품에 있는 '사랑스러운 신부'는 아닌 것입니다. 바로 이 점이 신자를 가장 큰 피조물인 천사보다 더 존귀하게 만드는 것입니다.

그리스도와 성도의 신비로운 연합은 결코 깨어지지 않습니다. 불멸성은 은혜가 가지는 놀라운 본질의 특성입니다. 그 은혜를 입은 모든 성도들은 생명의 원천이신 그리스도로부터 결코 분리되지 않는 특권을 누리게 되는 것입니다.

"너희 생명이 그리스도와 함께 하나님 안에 감추었음이라"(골 3:3).

접붙임을 받은 가지들이 뿌리로부터 끊임없이 생명의 진액을 공급받는 것처럼 신자들은 뿌리요 머리 되시는 그리스도로부터 생명의 능력을 공급받습니다.

"내가 살았으니 너희도 살겠음이라"(요 14:19).

그리스도께서는 신자들의 생명을 당신 자신의 생명과 하나로 묶어 놓으셨습니다. 곧 그리스도의 생명이 신자의 생명이며, 신자의 생명이 그리스도의 생명이 되게 하신 것입니다. 신자들은 때때로 강하고 격렬한 시련의 때를 맞이하곤 합니다. 그럴 경우 신자들의 영적 생명은 아주 낮은 수준의 상태까지 밀려나기도 합니다. 은혜에 대한 지각의 정도가 약화되어 피조물을 복되게 하는 영적인 기쁨과 영적인 위로들이 동이 난 것처럼 느껴질 때가 있는 것입니다. 그러나 우리가 기억해야 할 사실은 그러한 상황에서도 그리스도와 우리의 연합은 결코 깨어지지 않는다는 것입니다. 그리스도와의 연합은 불멸(不滅)의 본질을 가지고 있습니다. 이 사실을 기억하는 것은 곤고한 영혼들에게 분명 적지 않은 위로를 줄 것입니다. 죽음이 영혼과 몸을 묶고 있던 '은줄'을 풀어버릴 수 있을지는 몰라도, 그리스도와의 연합을 묶어주는 '황금 사슬'은 결코 끊어내지 못합니다(전 12:6).

그리스도와의 이러한 강력하고도 친밀한 연합은 우리에게 큰 기쁨과 위로가 될 뿐만 아니라 우리로 하여금 빈곤하고 궁핍한 처지에 있는 그리스도의 지체들을 채워주고 싶어 하는 기꺼운 마음을 가지도록 합니다. 그리스도와 연합한 신자들은 그리스도께서 궁핍한 자들을 바라보시며 함께 곤궁함을 느끼고 계신다는 것을 잘 알기 때문입니다. 물론 그리스도께서는 우리가 채워드려야 할 만큼 궁핍하시거나 부족한 분이 아닙니다. 그분은 모든 영광스러운 부요의 원천에 계신 분입니다(엡 4:10). 그럼에도 불구하고 그리스도께서는 부족을 느끼고 계십니다. 당신의 몸 된 교회가 주림과 갈증과 추위로 고통하고 있기 때문입니다. 하늘과 땅의 주인이신 그리스도께서 단 몇 푼이 모자라 느끼는 궁핍함을 그 지체들과 더불어 느끼고 계시는 것입니다. 주님께서는 친히 우리에게 당신이 느끼시는 궁핍함을 채워주는 방편을 일러 주셨습니다.

"내가 주릴 때에 너희가 먹을 것을 주었고 목마를 때에 마시게 하였고 나그네 되었을 때에 영접하였고 헐벗었을 때에 옷을 입혔고 병들었을 때에 돌보았고 옥에 갇혔을 때에 와서 보았느니라 이에 의인들이 대답하여 이르되 주여 우리가 어느 때에 주께서 주리신 것을 보고 음식을 대접하였으며 목마르신 것을 보고 마시게 하였나이까 어느 때에 나그네 되신 것을 보고 영접하였으며 헐벗으신 것을 보고 옷 입혔나이까 어느 때에 병드신 것이나 옥에 간히신 것을 보고 가서 뵈었나이까 하리니 임금이 대답하여 이르시되 내가 진실로 너희에게 이르노니 너희가 여기 내 형제 중에 지극히 작은 자 하나에게 한 것이 곧 내게 한 것이니라"(마 25:35-40).

한 위대한 성직자는 "우리가 어느 때에 병드신 것을 보고 가서 뵈었나이까?"라고 물었던 의인들을 보면서, 많은 그리스도인들이 그리스도와의 친밀한 연합에 대한 바른 이해를 가지고 있지 못하다는 사실을 깨달았다고 말했습니다. 그렇습니다. 그리스도와 연합한 자라면 궁핍하고 빈곤한 성도들을 돌아보아야 합니다. 그것이 곧 그리스도께 하는 것이라는 것을 알고 있다면 더욱 그래야 합니다. 그리스도께서는 빈곤하고 궁핍한 지체들과 당신이 하나라는 사실을 선언하심으로 모든 그리스도인들이 궁핍한 이들의 어려움을 돌아보는 일에 힘써야 하는 이유에 대한 강력한 논증을 우리에게 제시하셨습니다. 그리스도께서는 우리가 형제들에게 하는 모든 것을 당신 자신에게 한 것으로 여기시는 분이십니다. 하늘과 땅의 주인 되신 그리스도께서 우리가 형제에게 베푸는 빵 한 조각으로 기뻐하신다는 사실을 우리는 기억해야 합니다. 이것을 여러분의 순종과 사랑과 진실함을 증명하는 시금석으로 사용하십시오. 그리스도와 모든 교회의 지체들이 한 몸이라는 사실을 깨달았다면 빈곤한 지체들을 돌아보지 않는 것으로 그리스도를 주리시도록 내버려 두지 말아야 합니다. 그리스도의 지체들을 살피는 것으로 주님에 대한 사랑을 증명해 보이십시오. 주린 이들을 먹이시고, 목마른 자들을 마시게 하십시오. 여러분이 그리스도의 지체라면 말입니다. 그들 역시 여러분과 같이 그리스도께서 피 흘리심으로 값 주고 사신 영혼들이라는 사실을 잊지 마시기 바랍니다.

여러분이 만약 그리스도와 모든 신자가 한 몸이라는 신비를 이해하였다면, 머리 되신 그리스도께 상처를 내는 삶을 살지 말아야 합니다. 그것은 손이 자기의 머리에 상처를 내는 것과 같은 어리석고 부자연스러운 일입니다. 머리의 통제를 받는 손이 그 머리에 상처를 입히다니요. 그러한 일은 '독수리와 나무'라는 동화에서 자신의 깃털로 날개를 단 화살에 상처를 입은 독수리와, 자신의 가지로 자루를 만든 도끼에 쪼개진 나무와 같이 그리스도께서 자신의 손에게 상처를 입는 일입니다. 그러한 무모함이 가진 악함의 정도는 머리이신 그리스도로부터 그동안 받은 은택에 비추어 판단될 것입니다. 죄와 사망의 상태에 영원히 남아 있을 수밖에 없던 우리에게 그리스도께서 생명을 주시지 않았습니까? 그리스도께서는 우리를 '살리시고', '인도하시는' 머리이십니다(골 1:18). 우리에게 생명이 되실 뿐만 아니라 영광으로 인도하시는 분이신 것입니다. 그런데 그 은혜를 죽음으로 되갚는다니요!

여러분들이 이 땅에서 하고 있는 모든 일들이 여러분 자신의 지혜로 진행되거나 운용되는 것이 아니라는 사실을 알아야 합니다. 여러분의 모든 행보와 안위는 하늘로부터 오는 것입니다.

"여호와여 내가 알거니와 내 인생의 길이 자기에게 있지 아니하니 걸음을 지도함이 걷는 자에게 있지 아니하니이다"(렘 10:23).

주께서 베푸신 선을 악으로 갚지 마시기 바랍니다. 죄악은 '존귀하신 머리'되신 그리스도를 상하게 하는 일입니다. 모든 존귀와 영광의 근본이신 분께 가장 저급한 불명예를 끼쳐 드리는 비열한 행위가 아닐 수 없는 것입니다.

여러분이 받은 은택들을 생각해 보십시오. 거기에 부족함이란 찾아볼 수가 없습니다. 인간은 때로 자연의 법칙을 거슬러 자기 자신의 육체에 잔인한 행동을 자행하기도 하지만 그리스도께서는 당신의 신비로운 몸인 교회를 결코 그렇게 대하시지 않습니다. 그리스도께서는 우리들이 당하는 곤고함이 무엇인지 아십니다. 아니 오히려 환난을 당하는 당사자인 우리보다 그 고통의 본질을 더 잘 알고 계시는 분이십니다.

"주여 나의 모든 소원이 주의 앞에 있사오며 나의 탄식이 주의 앞에 감추이지 아니하나이다"(시 38:9).

그리스도께서는 또한 크게 동정하시는 분이십니다.

"우리에게 있는 대제사장은 우리 연약함을 동정하지 아니하는 자가 아니요 모든 일에 우리와 똑같이 시험을 받은 이로되 죄는 없으시니라"(히 4:15).

주님께서 마태복음 25:35에서 "내가 주렸고 목마르고 헐벗었었노라"라고 말씀하신 것처럼, 주님께서는 환난을 당하는 여러분과 같은 아픔을 겪으십니다. 친밀한 연합이 아니라면 그러한 예민한 동정심은 나올 수 없습니다. 신자들과의 신비로운 연합 속에서 그들의 고통을 당신 자신의 것으로 여기시는 것입니다.

하나님께서는 그러한 주님께 모든 것을 다 주셨습니다(눅 10:22). 하늘과 땅에 있는 모든 창고들을 말입니다(빌 4:19). 주님께서는 부족함이 없으신 분이십니다. 우리의 모든 궁핍과 곤고함을 채워 주시고도 남을 넘치는 부요함을 지셨을 뿐만 아니라, 그것을 당신을 대적하는 원수들에게 마저도 베푸시는 분이십니다.

"살찜으로 저희 눈이 솟아나며 저희 소득은 마음의 소원보다 지나며"(시 73:7).

원수들에게마저 넘치도록 베푸시는 주님께서 당신의 백성들을 소홀히 대하실 것 같습니까? 결코 그렇지 않습니다. 뒤를 돌아보십시오. 여러분이 고통당할 때마다 주님이 여러분과 함께 계시지 않았습니까! 주님께서는 결코 우리를 떠나시거나 버리시지 않겠다고 약속하셨습니다(히 13:5 ; 요 14:18).

그 약속은 지금까지 한 번도 지켜지지 않은 적이 없습니다. 모든 것을 가지신 분이 우리의 궁핍과 고통을 함께 느끼고 계십니다. 그분은 결단코 우리를 버리지 아니 하실 것입니다.

불안해하지 마십시오. 여러분은 어떠한 불안감도 느낄만한 하등의 이유를 가지고 있는 사람들이 아닙니다. 만약 그리스도의 지체들인 여러분들을 핍박하는 자가 있다면 그는 곧 그리스도를 핍박하는 것입니다. 그리스도께서는 사울에게 "어찌 네가 나를 핍박하느냐?"라고 말씀하셨습니다(행 9:4). 스가랴 2:8의 말씀을 보십시오.

"너희를 범하는 자는 그의 눈동자를 범하는 것이라."

원수들이 여러분을 해하는 것은 마치 주님의 눈동자를 해하고 있는 것과 같습니다. 주님께서 그들을 그대로 보고만 계시지는 않을 것입니다.

"죽일 도구를 또한 예비하심이여 그 만든 화살은 불화살들이로다"(시 7:13).

만약 그리스도의 지체들을 치고 대적하려는 자들이 있다면, 그들은 차라리 자신의 손이 마르고 그 팔이 어깨에서 떨어져 나가는 것을 택하는 편이 더 나을 것입니다.

사랑하는 성도 여러분, 이것을 무섭게 여기십시오. 여러분이 형제들에게 하는 모든 행동과 말들은 곧 그리스도께 하는 것이라는 사실을 기억하시기 바랍니다.

우리의 머리 되신 그리스도께서 친히 죽은 자 가운데에서 살아나심으로 "잠자는 자들의 첫 열매가 되셨습니다"(고전 15:20). 부활하신 그리스도로 인해 우리는 멸망당하지 않을 것입니다. 신자들은 그리스도의 지체입니다. 지체들이 없다면 그리스도는 결코 온전해지실 수 없습니다. 당신의 지체 어느 한 부분이 지옥에서 불에 타는 일을 그리스도께서 방관하실 것 같습니까? 그렇지 않습니다. 죽음이 여러분의 몸과 영혼을 분리한다 할지라도 그리스도와 여러분 사이의 신비로운 연합은 결코 와해되지 않습니다. 두려워하지 마십시오. 그리고 이것으로 위로를 받으십시오.

"내게 사는 것이 그리스도니 죽는 것도 유익함이라"(빌 1:21).

여러분은 진정 그리스도와 연합한 사람들입니까? 여러분에게서 그것을 증명하는 자연스러운 증거들이 흘러나오고 있습니까? 그리스도와 긴밀히 연합된 사람들은 그리스도의 거룩을 자신의 영혼에 전달 받은 자들입니다. 영혼에 그러한 일이 일어나지 않는다면 그리스도와 진정으로 연합되었다고 말할 수 없습니다. 여러분이 그리스도께 접붙임을 받은 사람들이라면 여러분의 삶 속에서 '죄 죽이기'(mortification)를 실천하여 그리스도의 죽으심과 부활하심을 본받는 자들임을 증명해야만 합니다.

여러분이 그리스도와 긴밀히 연합하였다면 여러분은 그리스도를 사랑하고 그리스도를 존귀하게 여기지 않을 수 없습니다. 연합이 긴밀할수록 그리스도에 대한 애정은 더 강하기 마련입니다. 또한 여러분이 그리스도의 지체라면 그리스도의 명령에 복종할 기꺼운 마음을 가지게 될 것입니다. 몸의 지체가 머리의 명령을 따르는 것은 자연스러운 일입니다(엡 5:24). 만약 여러분 중에 자신의 뜻과 정욕의 명령을 따라 살아가는 사람이 있다면, 그는 그리스도와 연합된 사람으로 볼 수 없습니다.

선한 열매를 맺는 일 역시 그리스도와의 연합을 말해주는 대표적인 증거입니다. 그리스도와 연합한 모든 사람들은 하나님께 합당한 열매를 맺기 마련입니다(롬 7:4). 그리스도의 충실한 뿌리로 인해 자라는 가지들이 좋은 열매를 맺는 일은 너무나도 자연스러운 일일 것입니다.

여러분이 그리스도의 지체라면, 지체로서 행해야 할 마땅한 의무가 있다는 사실을 알아야 합니다. 여러분에게 주어진 영적인 의무를 게을리 하지 마십시오. 그리고 감사하십시오. 그리스도 안에서 여러분은 하나님을 소유하게 된 사람들이 아닙니까! 하나님께서는 그리스도와의 연합을 통해 여러분을 광대하게 하셨습니다. 하나님 앞에서 겸손하고 낮은 마음을 가지십시오.

"네가 뿌리를 보전하는 것이 아니요 뿌리가 너를 보전하는 것이니라"(롬 11:18).

별들이 빛나는 이유는 태양이 그 별을 비추기 때문입니다.

여러분은 그리스도를 더욱 존귀케 하려는 열심을 가져야 합니다. 존귀한 그리스도께서 여러분을 존귀하게 하시지 않으셨습니까. 그러니 기꺼운 마음으로 그리스도께 영광을 돌리십시오. 그 일로 인해 설령 여러분이 세상 가운데서 고난과 수치를 당한다 할지라도 말입니다.

여러분 자신에게 물어 보십시오. 여러분이 누구의 사람이며 누구를 대표하고 있는지 말입니다. 그리스도의 지체가 불의한 도구로 사용된다는 것은 가당치 않습니다.

"만일 우리가 하나님과 사귐이 있다 하고 어두운 가운데 행하면 거짓말을 하고 진리를 행치 아니함이거니와"(요일 1:6).

"저 안에 거한다 하는 자는 그의 행하시는 대로 자기도 행할지니라"(요일 2:6).

마음을 지켜 그리스도와의 연합을 굳건히 하십시오.

"평안의 매는 줄로 성령의 하나 되게 하신 것을 힘써 지키라 몸이 하나이요 성령이 하나이니 이와 같이 너희가 부르심의 한 소망 안에서 부르심을 입었느니라"(엡 4:3,4).

여러분은 그리스도와의 연합으로 그분이 가지신 모든 부요함과 은택을 소유한 사람들입니다. 그리스도께서 온전히 여러분의 소유가 되셨습니다. 여러분의 작고 연약한 팔이 그토록 영화로우신 분을 영접하게 되다니요! 이보다 놀랍고 위대한 일이 또 있습니까?

3장

복음 사역

"이러므로 우리가 그리스도를 대신하여 사신이 되어
하나님이 우리로 너희를 권면하시는 것같이 그리스도를 대신하여 간청하노니
너희는 하나님과 화목하라"

_고후 5:20

그리스도를 영혼에 적용하는 것은 그리스도와의 연합에 있어서 가장 궁극적인 핵심입니다. 그 일은 복음의 최초 전파로부터 시작됩니다. 복음을 듣지 못하여 그리스도를 알지도 못하는 사람들이 그 영혼에 그리스도를 받아들일 것이라고 기대할 수는 없기 때문입니다.

"그런즉 그들이 믿지 아니하는 이를 어찌 부르리요 듣지도 못한 이를 어찌 믿으리요 전파하는 자가 없이 어찌 들으리요 보내심을 받지 아니하였으면 어찌 전파하리요 기록된바 아름답도다 좋은 소식을 전하는 자들의 발이여 함과 같으니라"(롬 10:14,15).

하나님께서는 그리스도의 복음을 전할 '사신들'을 준비하심으로 그리스도와 우리 사이에 있을 신비로운 일을 전할 사명을 맡기셨습니다. 죄인들을 용서하시려는 자비하심과 그리스도와의 연합을 통해 얻게될 놀랍도록 복된 은혜와 언약들로 채워져 있는 성경의 교훈과 율법을 해설하고 역설함으로써

영혼들을 그리스도께 더욱 효과적으로 인도하게 할 직임자들로 그들을 세우신 것입니다.

복음의 사역자들에게 맡겨진 직무의 궁극적인 목적은 '세상을 하나님과 화목시키는' 일입니다. 그들은 하나님을 대적하는 죄악적이고 허망하고 패역한 본성을 버리고 그 영혼이 그리스도께로 향하도록 하는 직무를 위임 받았습니다. 멸망의 상태에 있는 죄인들에게 그리스도의 보혈을 제안하는 것이 그들이 위임받은 직무의 주된 핵심인 것입니다. 그들은 그리스도의 대리인들입니다. 하늘에 계신 그리스도께서 이들을 통해 낮은 세상과 접촉하고 계시는 것입니다.

"너희 말을 듣는 자는 곧 내 말을 듣는 것이요 너희를 저버리는 자는 곧 나를 저버리는 것이요"(눅 10:16).

하나님께서 사신을 쓰신다는 사실은 우리 인간이 매우 치명적인 타락과 결함을 가지고 있는 존재라는 것을 함축합니다. 만약 인간이 하나님과 우호적이고 친밀한 교제의 상태로부터 이탈되지 않았다면 평화의 사신은 필요치 않을 것입니다. 목회직을 세상에 존재케 하신 사실 자체가 세상이 타락했음을 말해주고 있는 것입니다. 복음의 규례들 역시 그러합니다. 우리의 구원자이시며 중보자이신 그리스도의 나라가 완성되면 우리에게 주어진 모든 규례들은 해제될 것입니다. 아담의 타락 이후 흩어졌던 하나님의 택한 백성들이 그날에 완전한 상태로 그리스도께 인도될 것이기 때문입니다.

"저가 모든 정사와 모든 권세와 능력을 멸하시고 나라를 아버지 하나님께 바칠 때라"(고전 15:24).

사실 하나님께서 죄인들과 어떠한 교섭을 시도하신다는 것 자체가 놀라운 일입니다. 죄인들을 향해 자비와 은혜를 베푸시기 위한 방편을 친히 마련하시다니요! 이것은 타락한 천사들에게도 보이지 않으셨던 긍휼입니다. 하나님께서는 그들을 멸망 가운데 내버려 두셨습니다.

"또 자기 지위를 지키지 아니하고 자기 처소를 떠난 천사들을 큰 날의 심판까지 영원한 결박으로 흑암에 가두셨으며"(유 6)

하나님께서는 천사들보다 더한 멸망을 받아 마땅한 우리에게 긍휼을 베푸시기 위해 평화의 조약을 제안하셨습니다. 완악하기 짝이 없는 원수인 우리와 화목하시기 위해 사신들을 보내셨습니다. 우리가 하나님의 사역자들을 존경해야 하는 이유가 여기에 있습니다. 그들은 하나님으로부터 사명을 부여받은 자들이기 때문입니다. 만약 우리가 그들을 멸시한다면 그것은 곧 그들을 보내신 하나님을 멸시하는 것이 됩니다.

"너희 말을 듣는 자는 곧 내 말을 듣는 것이요 너희를 저버리는 자는 곧 나를 저버리는 것이요"(눅 10:16).

만약 여러분 중 누군가가 그들의 사람됨을 비난하고자 한다면 말라기 1:7-9의 말씀을 숙고하시길 바랍니다.

"너희가 더러운 떡을 나의 제단에 드리고도 말하기를 우리가 어떻게 주를 더럽게 하였나이까 이는 너희가 여호와의 식탁은 경멸히 여길 것이라 말하기 때문이라 만군의 여호와가 이르노라 너희가 눈 먼 희생제물을 바치는 것이 어찌 악하지 아니하며 저는 것, 병든 것을 드리는 것이 어찌 악하지 아니하냐 이제 그것을 너희 총독에게 드려 보라 그가 너를 기뻐하겠으며 너를 받아 주겠느냐 만군의 여호와가 이르노라 너희는 나 하나님께 은혜를 구하면서 우리를 불쌍히 여기소서 하여 보라 너희가 이같이 행하였으니 내가 너희 중 하나인들 받겠느냐."

갈라디아 사람들이 사도 바울을 어떻게 대했는지 보십시오. 그들은 바울을 하나님의 천사로, 심지어 그리스도처럼 대우하였습니다(갈 4:14). 사도가 누구의 이름으로, 누구를 대신하고 있는지를 알고 있었기 때문입니다.

그리스도께서는 죄인들과 접촉하시기 위해 사신들을 보내셨습니다. 그들은 자기들을 보내신 그 뜻을 신실하고 충실하게 이행해야 할 사람들입니다.

"내가 복음을 전할지라도 자랑할 것이 없음은 내가 부득불 할 일임이라 만일 복음을 전하지 아니하면 내게 화가 있을 것임이로라"(고전 9:16).

사람을 기쁘게 하려다가 말씀을 혼란하게 만드는 일을 해서는 안됩니다

"우리의 권면은 간사함이나 부정에서 난 것이 아니요 속임수로 하는 것도 아니라 오직 하나님께 옳게 여기심을 입어 복음을 위탁 받았으니 우리가 이와 같이 말함은 사람을 기쁘게 하려 함이 아니요 오직 우리 마음을 감찰하시는 하나님을 기쁘시게 하려 함이라 너희도 알거니와 우리가 아무 때에도 아첨하는 말이나 탐심의 탈을 쓰지 아니한 것을 하나님이 증언하시느니라"(살전 2:3-5).

사역자들의 임무는 사람들을 자기의 제자로 삼는 것이 아니라 그리스도의 제자로 삼는 데에 있습니다. 사역의 내용과 방식과 목적에 있어서 자신들의 인간적인 유익을 추구해서는 안 되는 것입니다(고후 12:14). 그리스도께서는 친히 이에 대한 본을 보이셨습니다.

"내 교훈은 내 것이 아니요 나를 보내신 이의 것이니라"(요 7:16).

하나님께서는 평화의 조약을 세우시기 위해 사역자들을 보내셨습니다. 중보자이신 그리스도께 죄인들을 인도하는 중재자로서의 사명을 그들에게 주셨습니다. 그리스도로 말미암아 하나님의 평화의 조약이 세워지지 않는다면 죄인들은 결코 하나님과 화해할 수 없습니다. 그 어떤 것도 하나님과의 화해를 얻어 낼 수 없습니다. 물론 하나님께서는 이 일을 직접 하실 수

있으신 분이십니다. 그러나 만약 하나님께서 그러하신다면 피조물인 죄인들은 하나님의 위엄 앞에서 고개조차 들지 못할 것입니다.

"나로 다시는 나의 하나님 여호와의 음성을 듣지 않게 하시고 다시는 이 큰 불을 보지 않게 하소서 두렵건대 내가 죽을까 하나이다"(신 18:16. 히 12:21).

'천사들'을 통해 그 일을 하신다고 해도 마찬가지일 것입니다. 천사는 피조물들 중 가장 높은 반열에 있는 존재들입니다. 우리와는 전혀 다른 지위를 차지하고 있는 피조물들인 것입니다. 우리는 그들의 인도를 감당할 수 없을 정도로 연약한 자들입니다. 더욱이 그들은 우리와 같은 타락의 비참에 속해 있지 않는 자들입니다. 그리스도로 말미암은 회복의 은택을 필요로 하는 자들이 아닙니다. 그들이 죄인 된 우리의 고통을 공감할 것이라는 것은 기대하기 어려울 것입니다. 하지만 하나님의 사신들은 다릅니다. 그들은 죄인들이 느끼는 고통을 공감하는 자들입니다. 마음 속에서 끊임없이 활동하고 있는 죄의 작용이 무엇인지 그들도 잘 알고 있기 때문입니다. 그들은 육체와 성령님 사이에서 벌어지는 갈등이 무엇인지 알고 있습니다. 그들도 매일 그러한 영적 전투를 겪고 있기 때문입니다.

"나와 네가 하나님 앞에서 일반이니 나도 흙으로 지으심을 입었은즉 내 위엄으로는 너를 두렵게 하지 못하고 내 권세로는 너를 누르지 못하느니라"(욥 33:6,7).

창조주 하나님께서 죄인들의 수준에 자신을 낮추신 일은 정말 위대한 겸비하심이 아닐 수 없습니다.

"우리가 이 보배를 질그릇에 가졌으니 이는 능력의 심히 큰 것이 하나님께 있고 우리에게 있지 아니함을 알게 하려 함이라"(고후 4:7).

하나님의 사신들이 가져야 할 최대의 관심사는 무엇보다 그리스도를 통해 죄인들이 하나님과 화해하는 일을 성사시키는 일이어야 합니다. 하나님과 화목한다라는 것은 타락 이전의 하나님과의 관계로 돌아가는 것을 말합니다. 인간의 타락으로 시작된 불화에도 불구하고 하나님께서 그들과 화해하려 하신다는 것은 정말 놀라운 일입니다. 아담의 범죄를 생각해 보십시오. 그는 단 한 번의 범죄로 인류 모두를 가공할 멸망 아래 가두었습니다. 그 한 사람이 바닷가의 모래알처럼 허다한 자손 모두를 죽음으로 인도한 것입니다. 하나님께서는 아담을 완전하고 정직한 자로 지으셨습니다. 그는 하나님으로부터 지혜와 맑은 마음과 강인함과 자유함을 부여 받았습니다. 하나님께서는 지으신 다른 모든 피조물들을 다스리는 자로 그를 삼으셨습니다(시 8:5). 그러나 그는 시험 앞에 넘어짐으로 자기의 모든 후손들을 자기와 똑같은 죄책과 비참의 구렁텅이 속으로 몰아넣고 말았습니다. 우리 모두는 그로 말미암아 하나님과 불화한 자들이 된 것입니다.

생각해 보십시오. 하나님께서 그렇게 비열하기 짝이 없는 피조물인 우리를 향하여 화평의 손을 먼저 내미셔야 할 이유가 있습니까? 더욱이 그것은 우리보다 더 탁월한 반열에 있는 '천사들'에게도 주어진 바 없는 손길입니다. 타락한 그들을 회복시킬 어떠한 자비의 손길로 주어진 적이 없습니다. 그들에게는 오직 심판의 날까지 자신들을 묶어 놓을 흑암의 사슬만이 허락되었을 뿐입니다. 하나님께서는 탁월한 존재에게는 엄중하심을, 열등한 존재들에게는 온유하심을 베푸셨습니다. 여러분은 이것을 이해할 수 있습니까? 여러분이라면 황금 항아리를 버리고 질그릇을 택하겠습니까?

타락한 천사들은 하늘의 영광스러운 빛을 받은 자들이기에 더욱 엄중한 율법의 심판을 받았다고 말하는 사람들이 있습니다. 그러나 율법은 심판의 근거에 차등을 적용하지 않습니다. 율법은 언제나 동등한 심판을 행사합니다. 심판의 차이를 만드실 수 있으신 분은 오직 하나님 한분 뿐입니다. 하나님의 자비하심만이 그 차이를 발생시킬 수 있습니다. 여러분은 이 사실이 감격스럽지 않습니까? 타락한 천사들이 쫓겨나 비어있는 영광스러운 자리를 버러지 같은 우리 인생들이 차지하도록 허락하시다니요. 천사는 버리시고 우리는 건지시다니요! 누가 이것을 이해하고, 누가 이 놀라운 자비하심을 표현할 수 있다는 말입니까.

하나님께서 우리를 향해 가지시는 자비하심은 철저하고 완전한 자비하심입니다. 하나님께서는 어떠한 분노의 마음도 남기지 아니 하시길 원하십니다(사 27:4). '사자들'을 보내신 하나님의 의도는 단지 분노를 조금 누그러뜨리시는 정도를 위해서가 아닙니다(물론 그런 의도만을 가지신다고 해도 저주 아래 있는 우리에게 큰 위로가 되겠지만 말입니다). 하나님께서는 우리를 향한 모든 분노를 버리실 의도로 사신을 보내셨습니다. 그러니 하나님의 사역자들이야말로 얼마나 복된 특사들입니까!

"좋은 소식을 전하며 평화를 공포하며 복된 좋은 소식을 가져오며 구원을 공포하며 시온을 향하여 이르기를 네 하나님이 통치하신다 하는 자의 산을 넘는 발이 어찌 그리 아름다운고"(사 52:7).

하나님은 우리와 완전한 화해를 원하십니다. 그것은 죄에 대한 완전한 사면(赦免)을 의미합니다. 하지만 하나님께서는 사면의 대가를 요구하지 아니하십니다. 죄인들에게 완전한 화목의 조건으로 율법에 대한 완벽한 이행을 요구하시지 아니하시는 것입니다. 만약 우리가 천년 동안 지옥에서 받는 고통으로 죄의 빚을 완전히 변제할 수 있다면, 그것만이라도 우리에게는 한없는 자비일 것입니다. 그런데 우리에게 단 한 조각의 죄의 빚도 요구하지 않으시다니요!

많은 사람들이 스스로 율법의 요구를 만족시켜 자신들의 죄책에서 벗어나려고 합니다. 그들은 말합니다. '죄책에 대한 변제 없이 어떻게 하나님의 공의를 만족시킬 수 있다는 말인가?' 그들의 질문은 매우 바람직합니다. 죄책이 남아 있는 한 하나님의 공의를 만족시킬 수 없다는 것은 사실입니다. 공의의 만족과 죄인의 사면은 결코 모순될 수 밖에 없습니다. 그러나 그들은 매우 중대한 사실을 놓치고 있습니다. 그리스도께서 값비싼 대가를 치르심으로 하나님의 공의를 완전히 만족시켰다는 사실 말입니다.

"그리스도 예수 안에 있는 속량으로 말미암아 하나님의 은혜로 값없이 의롭다 하심을 얻은 자 되었느니라"(롬 3:24).

우리의 구주이신 그리스도께서 속량의 방식으로 우리의 모든 빚을 대신 갚으셨습니다. 우리의 보증자 되신 그리스도께서 우리를 대신해 하나님의 공의를 완전히 만족시키신 것입니다. 그를 위해 어린양 예수는 십자가에서 물과 피를 쏟아내셔야 했습니다. 이것은 하나님께서 정하신 일이었습니다. 하나님께서 계획하시고 그리스도를 통해 그 일을 이루셨습니다. 우리가 대체 무엇을 계획하고 무엇을 했다는 말입니까? 우리는 그저 그리스도의 속량으로 말미암아 값없이 그 놀라운 은혜를 받게 되었을 뿐입니다.

그리스도로 말미암아 하나님과 이루어진 화목은 결코 깨어지지 않을 것입니다.

"내가 그들에게 복을 주기 위하여 그들을 떠나지 아니하리라 하는 영원한 언약을 그들에게 세우고 나를 경외함을 그들의 마음에 두어 나를 떠나지 않게 하고"(렘 32:40).

이것이 하나님께서 우리에게 주신 언약입니다. 하나님은 미쁘신 분이십니다. 하나님께서는 약속을 지키시는 분이십니다. 결단코 우리로부터 돌아서지 않으실 것입니다.

하나님과의 화목은 또한 그리스도의 '중재'로 안전하게 보전됩니다.

"나의 자녀들아 내가 이것을 너희에게 씀은 너희로 죄를 범하지 않게 하려 함이라 만일 누가 죄를 범하면 아버지 앞에서 우리에게 대언자가 있으니 곧 의로우신 예수 그리스도시라 저는 우리 죄를 위한 화목 제물이니"(요일 2:1,2).

그리스도는 '죽임 당하신 어린양'이십니다(계 5:6). 그리스도가 계시는 한 하나님과의 화목은 와해되지 않을 것입니다.

복음 사역의 핵심이 바로 이것입니다. 하나님의 '언약'과 그리스도의 '중재'를 알리는 일이 그들에게 부여된 직무의 핵심인 것입니다. 복음 사역은 사람들의 마음을 깨우쳐 죄를 알게 함으로 영혼을 겸손하게 변화시키는 위대한 효력을 가지고 있습니다.

"우리의 싸우는 무기는 육신에 속한 것이 아니요 오직 어떤 견고한 진도 무너뜨리는 하나님의 능력이라 모든 이론을 무너뜨리며 하나님 아는 것을 대적하여 높아진 것을 다 무너뜨리고 모든 생각을 사로잡아 그리스도에게 복종하게 하니"(고후 10:4,5).

복음의 칼은 단단히 굳어 있고 둔한 양심을 찔러 상처를 내어 오랫동안 쌓아왔던 육적이며 허망한 이론들과 상상들을 훼파할 수 있는 능력을 발휘합니다. 오직 그 칼날만이 사람의 영혼으로 하여금 하나님의 진노를 깨닫고 두려워하게 할 수 있는 것입니다. 오순절 베드로의 설교를 들은 자들은 이렇게 말하였습니다.

"그들이 이 말을 듣고 마음에 찔려 베드로와 다른 사도들에게 물어 이르되 형제들아 우리가 어찌할꼬 하거늘"(행 2:37).

그들은 하나님의 진노를 느끼며 두려워했습니다. 그들은 순식간에 가장 깊은 곤고함에 빠지게 되었습니다.

복음이 무감각한 사람들의 양심을 찌르는 일은 드물게 나타나는 일이 아닙니다. 많은 사람들이 복음을 통해 그러한 찔림을 받았습니다. 가난한 자나 부유한 자나, 학식이 있는 자나 그렇지 못한 자나, 젊은이나 노인에 이르기까지 모두 같은 찔림을 받았습니다.

이러한 복음의 능력은 전적으로 하나님의 성령으로부터 나옵니다. 설교자들로부터 전해지는 말씀 자체에서 그 능력이 나오는 것이 아닙니다. 성령께서 개입하셔야만 말씀이 사람들의 마음에 복된 효력을 산출할 수 있는 것입니다. 성령과 분리된 개념적인 논리는 아무런 능력을 가지지 못합니다. 그래서 사도는 전도를 '미련한 것'이라고 말합니다(고전 1:21). 사도는 '미련하다'라는 표현으로 전도자들로부터 전해지는 말씀 자체가 가지는 능력의 한계를 말하고 있습니다. 그렇습니다. 전능하신 손이 말씀을 쥐시지 않는 한, 말씀은 아무런 효력도 발휘하지 못합니다. 만약 그렇지 않다면 사역자의 설교를 듣는 모든 사람들은 하나도 빠짐없이 회심해야 합니다. 그러나 실상은 어떠합니까. 주일마다 얼마나 많은 사람들이 말씀의 능력을 느끼지 못한 채 집으로 돌아가 버립니까(사 53:1 ; 고후 4:3,4).

설교자 역시 마찬가지 입니다. 그들로부터 영혼을 찌르는 강력한 힘이 나오는 것이 아닙니다. 그들이 아무리 탁월한 은사나 수완을 가진 사람들이라 할지라도 말입니다.

"우리가 이 보배를 질그릇에 가졌으니 이는 심히 큰 능력은 하나님께 있고 우리에게 있지 아니함을 알게 하려 함이라"(고후 4:7).

사도는 복음의 모든 보화가 '질그릇'에 담겨져 있다고 말합니다. 마치 기드온과 그의 사람들이 질항아리 속에 등불을 감추고 있었던 것과 같이 말입니다. '질그릇'은 비천하고 가치가 없음을 나타냅니다. 하나님께서는 복음의 존귀한 보배들을 하잘 것 없는'질그릇'에 담으심으로 모든 능력의 탁월함이 사람에게 있지 않고 하나님께 있다는 진리를 보여주고 계시는 것입니다.

"그런즉 심는 이나 물주는 이는 아무것도 아니로되 오직 자라나게 하시는 이는 하나님뿐이니라"(고전 3:7).

그러나 복음 설교자들을 낮추는 일에 이 말씀을 사용하지 마시기 바랍니다. 이 말씀을 '상대적'차원에서 이해해야 합니다. 이 말씀을 복음의 '도구'인 사역자들이 불필요하다는 식의 '절대적인' 의미로 해석하지 마십시오. 그들은 반드시 필요한 자들입니다. 그들은 하나님께서 함께 하시는 자들입니다. 저는 사람들의 영혼에 실질적인 유익을 주는 능력이 그들의 수완이나 의지에 있지 않다는 것을 말씀드리고 있습니다. 복음의 실질적인 효력이 그들에게 있는 것은 아니라는 것입니다. 하나님의 성령으로부터 나오지 않는 모든 것이 그 자체로 부족합니다. 모든 능력은 성령으로부터 나오는 것이기 때문입니다.

영혼을 구원하시는 목회 사역의 목적을 이루시는 분은 성령이십니다. 이를 증명이라도 하시는 것처럼 성령께서는 흔히 미약하고 무시될 만큼의 적은 은사를 가진 자들을 통해 더 큰 능력을 행사하기도 하십니다. 도랑에 흐르는 물의 신선함을 좌우하는 것은 도랑 자체가 아닌 것입니다. 모든 구원의 효력을 주장하시는 분은 성령이십니다.

오늘날 수많은 사람들이 마르다처럼 말합니다.

'주께서 여기에 계셨더라면!'

너무나 안타깝습니다. 그들에게 성령의 역사가 계셨더라면 그들의 영혼이 지금처럼 육신의 상태에 머물러 있지는 않을텐데 말입니다.

여러분은 어떠하십니까? 여러분은 성령의 역사하시는 능력을 통해 하나님과 화목하게 되었습니까? 아니면 여전히 하나님과 원수 된 상태에 머무르고 있습니까? 만약 후자의 경우라면, 두려워하십시오. 사신들을 통한 화해의 간청을 번번히 무시한 여러분이 하나님 앞에서 무슨 핑계를 댈 수 있을 것 같습니까? 여러분은 누구도 치료할 수 없는 병에 걸린 사람과도 같습니다. 여러분은 하나님의 음성이 들리지 않습니까? 하나님의 진노가 전혀 느껴지지 않습니까? 하나님께서 여러분을 향한 오래 참으심과 유순함을 거두어 가버리신다면 어찌할 것입니까? 그때 여러분은 가공할 심판의 하나님을 만나게 될 것입니다. 하나님의 인내의 시간이 지금도 계산되고 있다는 사실을 기억하십시오.

"포도원지기에게 이르되 내가 삼년을 와서 이 무화과나무에서 실과를 구하되 얻지 못하니 찍어버리라 어찌 땅만 버리게 하겠느냐"(눅 13:7).

"유다 왕 아몬의 아들 요시야 왕 열셋째 해부터 오늘까지 이십삼 년 동안에 여호와의 말씀이 내게 임하기로 내가 너희에게 꾸준히 일렀으나 너희가 순종하지 아니하였느니라"(렘 25:3).

하나님께는 여러분에게 보이신 인내의 시간과 진노의 임박을 재는 유리병을 가지고 계십니다. 오래지 않아 인내의 유리병과 진노의 유리병은 가득 찰지도 모릅니다. 화평의 문이 언제 닫혀버릴지 모릅니다(눅 13:15). 그날 소망 없는 여러분은 이렇게 외칠 것입니다.

"우리가 주의 이름으로 선지자 노릇하며 주의 이름으로 귀신을 쫓아내며 주의 이름으로 많은 권능을 행치 아니하였나이까?"(마 7:22)

그러나 그것은 아무런 효력도 없는 변명에 불과합니다. 구원의 소리가 미치지 못한 영역에 살던 자들도 멸망당할 것인데, 하물며 수없이 많은 화해의 제안을 받았던 여러분이 당할 멸망은 어떠하겠습니까? 여러분 중 마태복음 7:22에 나오는 헛된 변명이라도 늘어놓을 수 있는 사람이 몇 명이나 될 것 같습니까? 세상을 향해서는 그토록 지혜로우면서, 왜 그토록 큰 구원에 문제에 대해서는 어리석은 것입니까? 여러분에게 기회가 주어지지 않았다고 말하고 싶으십니까? 그렇지 않을 것입니다. 기억해보십시오. 여러분이 살아온 일생 내내 그리스도의 사역자들은 언제나 여러분 곁에 있었을 것입니다.

그리스도의 사역자들은 하나님과의 화평을 제안하는 자들입니다. 그들은 언제나 세상 가운데 있었습니다. 그러나 세상은 그들을 어떻게 대했습니까? 그들의 직무가 그들을 위한 것이었는데도 말입니다. 그들은 존중받을 이유를 가지고 있는 사람들입니다(히 13:17; 살전 5:12). 좋은 소식을 가지고 세상에 평화를 반포하는 그들이 슬픔의 보상을 받다니요.

"너희 조상들이 선지자들 중의 누구를 박해하지 아니 하였느냐 의인이 오시리라 예고한 자들을 그들이 죽였고 이제 너희는 그 의인을 잡아준 자요 살인한 자가 되나니"(행 7:52).

만약 여러분이 하나님의 사역자들을 멸시한다면 그것은 하나님의 풍성하신 사랑을 멸시하는 것입니다.

"어찌 악으로 선을 갚으리이까마는 그들이 나의 생명을 해하려고 구덩이를 팠나이다 내가 주의 분노를 그들에게서 돌이키려 하고 주의 앞에 서서 그들을 위하여 유익한 말을 한 것을 기억하옵소서"(렘 18:20).

하나님의 목회 사역을 대적하는 사람들의 마음 속에는 사탄의 악의가 자리 잡고 있습니다. 사탄은 시기심으로 가득한 왕자입니다. 그는 그리스도의 사신들을 대적하는 일이라면 수단을 가리지 않습니다. 죄의 노예들에게 자유를 선포하시는 그리스도의 복음의 나팔 소리를 그는 견딜 수 없기 때문입니다. 사탄은 언제나 그리스도께서 보내신 사신들에 맞설 대적자들을 준비합니다. 그들을 통해 어떻게든 그리스도께 세상을 다스리시지 못하도록 훼방하는 것입니다.

그러므로 그리스도의 사신된 자들은 누구보다 끊임없이 자신을 돌아보는 일에 깨어 있어야 합니다.

"내가 내 몸을 쳐 복종하게 함은 내가 남에게 전파한 후에 자신이 도리어 버림을 당할까 두려워함이로라"(고전 9:27).

만일 그리스도의 사신임에도 불구하고 은혜 속에 있지 않는 자가 있다면, 그야말로 모든 이들 중에서 가장 비참한 자일 것입니다. 죄인들을 향하여 외쳤던 교리가 자신의 양심을 더욱 무섭게 찌르게 될 것이기 때문입니다. 수 천의 진리를 연구하여 다른 이들에게 그 진리를 전하는 일보다, 진리의 능력을 직접 체험하는 일이 더 어렵습니다. 영적인 의무를 감당하라고 다른 사람을 가르치는 것보다 자신이 그 의무를 직접 감당하는 것이 훨씬 더 어려운 일인 것입니다.

한 학식 있는 저술가는 그리스도의 은혜가 없는 목회자들의 서글픈 딜레마에 대해 이렇게 말합니다. '죄가 악하다는 것을 누구보다 잘 아는 그대들이 어찌 죄 가운데에서 살고 있는가? 죄의 위험이 무엇인지 아는 그대들이 어찌 그 죄를 무릅쓰고 있는 것인가? 하나님의 경고를 전하는 그대들이 어찌 하나님의 경고를 두려워하지 않는 것인가? 그대들이 전하고 있는 말씀이 그대들 자신에게 적용하지 않아도 될 가벼운 것이라면 말씀을 통해 사람들을 놀라게 하고 괴롭게 할 필요가 없지 않은가?'

주의 사신들 된 종들이야말로 끊임없이 자신을 살펴할 사람들입니다. 다른 이들에게 경계하라고 말한 죄에 자신이 빠지는 어처구니없는 일이 일어나지 않도록 해야 합니다. 죄를 꾸짖는 일보다 자신이 죄를 이기는 일이 더 어렵다는 사실을 잊지 말아야 할 것입니다.

"그러면 다른 사람을 가르치는 네가 네 자신은 가르치지 아니하느냐 도둑질하지 말라 반포하는 네가 도둑질하느냐"(롬 2:21).

자신이 하나님과 원수 된 상태에 있다는 사실을 깨닫지 못하고 있는 자들이 너무나 많습니다. 하나님의 사역자들 중 이러한 자들이 있다는 것은 놀라운 일입니다. 그가 어떠한 사람이든 이것을 깊게 깨닫지 못하는 한, 하나님과의 화해는 불가능합니다. 하나님과 화해하는 일은 죄에 대한 깨달음(회오 悔悟 conviction of sin)과 회개로부터 시작되기 때문입니다. 그러나 이 시대에 그러한 깨달음과 회개로 나아가는 자들이 너무나 적습니다. 만약 진지한 마음 없이 입으로 죄를 자복하는 것으로 합당한 각성과 회개를 대신할 수 있다면, 우리 중 하나님과 화해하지 못하는 사람은 아무도 없을 것입니다. 하지만 그렇지 않습니다. 죄에 대한 진지한 각성과 회개는 그저 몇 마디 말로 뱉어내는 자백과는 전혀 다른 성질의 것이기 때문입니다.

"보라 하나님의 뜻대로 하게 된 이 근심이 너희로 얼마나 간절하게 하며 얼마나 변증하게 하며 얼마나 분하게 하며 얼마나 두렵게 하며 얼마나 사모하게 하며 얼마나 열심 있게 하며 얼마나 벌하게 하였는가…"(고후 7:11).

여러분은 자신의 본성과 죄에 대해 하나님 앞에서 무릎을 꿇고 애통한 적이 있습니까? 죄로 인해 마음이 상한 적이 있습니까? 오, 형제들이여, 돌 같은 여러분의 마음이 부서지길 원합니다. 가책이 주는 고통으로 여러분의 심령이 상하길 원합니다. 그 고통은 상상을 초월할 정도로 여러분을 괴롭게 할지도 모릅니다. 하지만 그 고통이 여러분을 하나님과의 화평으로 인도할 것입니다. 눈물을 흘리며 주님께 나아가십시오. 그리고 모든 불의를 자복하십시오. 영혼의 산고가 없다면 평화의 자식은 결코 태어나지 않습니다.

여러분이 하나님과 화해한 자들이라면, 여러분에게는 성결(聖潔)의 의무가 있습니다. 성결의 길을 걸어가는 것으로 여러분이 하나님과의 화해를 증명할 수 있는 것입니다. 하나님과 화해했다는 말은 우리가 하나님의 모든 것에 '가까워졌다'라는 의미를 가집니다. 하나님과 화해했다고 하면서 하나님의 방식을 멀리하는 것은 합당치 않습니다. 부단히 마음을 점검함으로 엄격하게 스스로를 제어하려고 애를 쓰십시오. 여러분은 육체가 원하는 방식대로 살아가지 말아야 할 사람들입니다. 여러분은 하나님의 법을 즐거워해야 할 사람들입니다. 여러분 자신을 돌아보십시오. 여러분이 하나님과의 교제를 즐거워하는지, 아니면 그러한 모든 것들을 무거운 짐이나 짜증스러운 부담으로 여기는지는 여러분 스스로가 더 잘 알 것입니다.

여러분이 만약 죄를 원수로 삼지 않은 채 여전히 정욕을 사랑하고 있다면 긴 말은 필요치 않을 것입니다. 정욕의 친구가 어찌 하나님의 친구가 될 수 있겠습니까?

"여호와를 사랑하는 너희여 악을 미워하라"(시 97:10).

하나님과 화해한다는 것은 죄와 영원히 절교하는 것을 의미합니다. 이것은 하나님께서 요구하시는 화평의 조건입니다.

"악인은 그 길을, 불의한 자는 그 생각을 버리고 여호와께로 돌아오라 그리하면 그가 긍휼히 여기시리라 우리 하나님께로 돌아오라 그가 너그럽게 용서하시리라"(사 55:7).

여러분은 또한 하나님의 자녀 된 자들을 사랑하고 있습니까? 이것 역시 여러분이 하나님과 화해했다는 것에 대한 또 다른 증거입니다.

"예수께서 그리스도이심을 믿는 자마다 하나님께로부터 난 자니 또한 낳으신 이를 사랑하는 자마다 그에게서 난 자를 사랑하느니라"(요일 5:1).

하나님을 사랑한다고 하면서 하나님의 자녀들을 미워한다면 그것은 분명한 모순입니다. 하나님과 화해한 자들은 하나님의 백성들과도 화해한 자들이라는 사실을 명심하십시오. 여러분이 하나님의 자녀 된 자들을 진정으로 사랑하고 있는지 돌아보십시오. 여러분의 영혼이 과연 사망에 생명으로 옮겨졌는지 알 수 있게 될 것입니다.

하나님과의 화해를 점검할 수 있는 마지막 증거는 '그리스도와의 친밀함'입니다. 예수 그리스도는 중재자이시며 화평을 완성하시는 오직 유일한 분이십니다. 하나님과 사람 사이의 화해를 이루시는 단 한 분의 중보자가 바로 그리스도이신 것입니다. 하나님께서 은혜로 받으시는 모든 자들은 사랑하시는 자 안에서 하나님의 자녀로 받아들여진 자들입니다(엡 1:6). 하나님과 화평을 이루게 되는 사람은 '그리스도의 피로 가까워진'사람입니다(엡 2:13). 그리스도의 피를 통하지 않고 하나님과 화평을 이룰 수 있는 사람은 아무도 없습니다. 하나님의 능력이신 그리스도를 영접하고, 그 능력을 부여잡는 사람만이 하나님과의 화평을 이룰 수 있습. 그러나 너무나 많은 사람들이 하나님과의 화평에서 그리스도를 제외시키면서 자신들이 하나님과 화평한 관계를 이루고 있다고 생각합니다. 이는 멸망을 부추기는 거대한 실수가 아닐 수 없습니다.

하나님의 존귀하심을 입은 화목의 사자인 그리스도의 사신 된 여러분, 여러분은 존귀하고 위대한 책임을 가진 사람들입니다.

"이 사람에게는 사망으로부터 사망에 이르는 냄새요 저 사람에게는 생명으로부터 생명에 이르는 냄새라 누가 이것을 감당하리요"(고후 2:16).

하나님과 사람 사이의 문제를 위임 받은 여러분은 누구보다도 더 큰 진지함과 열정과 인내와 거룩의 태도를 가져야 합니다. 그리스도께서 여러분에게 주신 임무의 중대성을 잘 알고 있다면 말입니다. 여러분은 또한 복음의 본질을 전하는데 있어서 충분한 지혜를 갖추어야 합니다. 복음을 듣는 사람들이 하나님과의 화평의 조항을 받아들이도록 유도할 수 있는 지혜가 여러분에게 필요한 것입니다.

여러분에게 주어진 임무가 중대한 만큼 여러분에게는 반드시 이겨내야 할 교묘한 시험들이 따를 것입니다. 여러분의 양심에 작용하는 여러 요인 또한 그러합니다. 여러분이 만약 신앙의 초보적인 지혜와 판단력과 분별력을 가진 사람이라면 그러한 모든 어려운 국면들을 헤쳐 나갈 수 없을 것입니다.

더욱 진지한 태도를 가지십시오. 여러분은 그리스도의 사신입니다. 여러분은 하늘의 하나님으로부터 영원에 대한 메시지를 받아 사람들의 영혼으로 나아가야 할 자들입니다. 그 메시지는 모든 영혼들에게 집행될 엄중한 하늘의 조례에 대한 선포입니다. 사람들의 영혼을 영원한 사망과 영원한 생명으로 구분 짓는 그 영원한 조례의 선포가 여러분의 사역을 통해 이루어진다는 사실을 기억하십시오.

"이 사람에게는 사망으로부터 사망에 이르는 냄새요 저 사람에게는 생명으로부터 생명에 이르는 냄새라 누가 이것을 감당하리요"(고후 2:16).

하늘과 지옥이야말로 가장 무섭고 엄숙하게 숙고해야 할 문제입니다. 그렇다면 그 문제를 다루는 여러분은 마땅히 진지해야 합니다. 장차 여러분은 하나님 앞에서 여러분이 행한 모든 사역의 활동들을 낱낱이 보고해야 할 것입니다.

여러분의 마음은 사람들의 영혼을 향한 자애로운 열정으로 가득 차 있습니까? 그들은 하나님과의 화목을 위해서 여러분에게 맡겨진 사람들입니다. 그들 앞에서 여러분은 머리의 사람일뿐만 아니라 가슴의 사람도 되어야 하는 것입니다. 영원한 비참의 벼랑에 서 있는 허다한 영혼들을 보십시오. 그들은 자신들의 처지를 전혀 알지 못합니다. 스스로 평안하다고 말하면서 하늘에 대한 허망한 소망으로 자신을 채우는 사람들입니다. 모세와 바울은 그러한 이들이 구원 받지 못하는 것을 보느니 차라리 자기들의 이름이 생명책에서 지워져 저주를 받는 편을 택하겠다고 하였습니다(출 32:33 ; 롬 9:3). 예루살렘을 바라보시며 안타까워하시던 그리스도께서도 그러하셨습니다(마 9:36 ; 23:37). 여러분에게 이러한 자애로움이 있습니까?

"너희 안에 이 마음을 품으라 곧 그리스도 예수의 마음이니"(빌 2:5).

그들의 영혼을 향해 인내를 가지십시오. 그들 하나하나의 영혼은 여러분에게 남아 있는 모든 시간을 다 보내며 기다릴 만큼 가치가 있습니다.

"거역하는 자를 온유함으로 훈계할지니 혹 하나님이 그들에게 회개함을 주사 진리를 알게 하실까 하며 저희로 깨어 마귀의 올무에서 벗어나 하나님께 사로잡힌바 되어 그 뜻을 따르게 하실까 함이라"(딤후 2:25,26).

기다리시며 인내하십시오. 하나님께서 여러분을 오래 참고 기다리셨던 것처럼 말입니다.

여러분 스스로가 모범을 보이는 것으로써 여러분의 권면을 뒷받침하십시오. 여러분이 그들의 영혼을 하나님께 효과적으로 인도하길 원한다면 말입니다. 여러분 스스로가 사람들의 마음을 방해하는 마귀의 도구가 되지 말아야 합니다. 올바른 설교를 하기 위해 노력하는 것 만큼이나 여러분 스스로가 올바른 삶을 살려고 애를 써야 합니다. 여러분이 바르지 못하게 전달한 강론의 잘못보다 여러분 삶 속에 나타나는 한 가지의 잘못된 행동이 더 악한 열매를 맺게 할 수 있습니다. 그것 또한 여러분이 받은 직무 중 하나라는 것을 잊지 마십시오.

여러분 중 여전히 하나님과 화해하지 않은 상태에서 하나님께 적대감을 품고 있는 분들이 계십니까? 저는 여러분의 심령이 하나님과 화해하길 간절히 원합니다. '평화의 사신들'은 아직 여러분 곁에 있습니다. '평화의 조약'은 여전히 유효합니다. 만물의 주인께서는 여전히 긍휼과 소망의 문을 열어 놓고 계십니다. 기다리시고 참으심으로 말입니다. 하나님께서 오래 참으시는 동안 여러분이 구원 받길 바랍니다. 소망의 문은 머지않아 닫힐 것입니다. 하나님께서 더 이상 여러분을 기다리지 않으실 때가 올 것입니다. 그때 하나님과 여러분 사이에는 결코 넘을 수 없는 영원한 '구렁텅이'가 생겨날 것입니다(눅 16:26). 어느 날 그러한 날이 여러분에게 닥친다면 여러분은 어떻게 하시겠습니까? 영원한 진노 아래 이미 갇힌 여러분이 무엇을 할 수 있을 것 같습니까? 여러분은 이렇게 말하시렵니까? '말로만 들었던 그 무서운 자리에 내가 실제로 와 있다니! 내가 이 고통을 영원히 당하게 되었다니!' 하나님의 진노는 수 천, 수 만년이 지나도 끝나지 않을 것입니다. 여러분, 하나님과 화목하지 아니한 자들을 향하여 시간의 날개를 타고 쏜살같이 날아오고 있는 그 크고 무서운 하나님의 진노가 무엇인지 여러분이 안다면, 여러분은 그리스도를 찾지 않고는 견딜 수 없을 것입니다. 영원하신 하나님을 영원한 원수로 삼지 마십시오. 그것은 크고 무한하신 하나님의 은혜와 긍휼을 무시하고 모독하는 일입니다. 그 일에 대한 하나님의 복수가 얼마나 끔찍한 것인지 여러분은 상상조차 할 수 없을 것입니다.

사랑하는 형제들이여, 살아계신 하나님의 진노의 손 안으로 떨어지는 것은 정말 두려운 일입니다. 그것을 알아야 합니다. 여러분 곁에 있는 그리스도의 사신들이 끊임없이 그것을 말해주고 있지 않습니까? 여러분 중 누구도 하나님과 화목하지 않은 상태에 하루라도 자신을 아무렇게나 내 맡기는 모험을 하지 않기를 바랍니다.

저는 또한 그리스도의 사신이 전한 것을 믿고 하나님과 더불어 화평을 얻은 영혼들에게 권면의 말씀을 드리고자 합니다. 여러분은 본래 하나님의 긍휼 밖에 있던 사람이었습니다. 하나님과 멀리 있던 자들이었습니다. 그러나 그리스도 피로 말미암아 하나님과 화평을 누리게 되었습니다.

"그날에 네가(교회가) 말하기를 여호와여 주께서 전에는 내게 노하셨사오나 이제는 주의 진노가 돌아섰고 또 주께서 나를 안위하시오니 내가 주께 감사하겠나이다 할 것이니라"(사 12:1).

하나님을 찬미하십시오! 여러분에게 베푸신 하나님의 자비하심이 얼마나 크고 위대합니까! 그 자비하심으로 '마음과 행실로 원수'였던 여러분과 화평한 상태를 이루셨습니다(골 1:21). 여러분 중 그 놀라운 일을 스스로 이룬 사람이 누구입니까? 여러분 중 누가 영원토록 이어질 화평을 능히 얻어냈다는 말입니까? 여러분은 주님 앞에서 이렇게 외쳐야 마땅한 사람들입니다. '주여 내가 누구관데 천사들에게조차 베푸시지 않았던 그 자비하심과 긍휼하심을 베푸셨나이까! 오, 자비의 풍성함이여! 긍휼과 선하심의 측량할 수 없는 깊음이여!'

하지만 경계를 게을리 하지 마십시오. 하나님과 다시 새로운 틈이 생기지 않도록 말입니다.

"내가 하나님 여호와께서 하실 말씀을 들으리니 대저 그의 백성, 그의 성도들에게 화평을 말씀하실 것이라 그들은 다시 어리석은 데로 돌아가지 말지로다"(시 85:8).

물론 하나님과의 화평은 그 무엇도 깨뜨릴 수 없습니다. 하지만 여러분의 영적인 눈앞에 먹구름이 낄 수는 있습니다. 그런 경우 하나님과의 화평에 대한 의식이 희미해진 나머지 화평이 주는 기쁨과 위로를 전혀 누리지 못하게 될 수 있는 것입니다.

여러분은 또 더 나아가 다른 사람들을 하나님과 화해시키려고 애를 쓰는 사람이 되어야 합니다. 여러분들과 친밀한 관계를 맺고 있는 사람들 중 아직 하나님과 화해하지 못한 자들이 있을 것입니다. 그들에게 그리스도를 알리십시오. 그들도 여러분처럼 하나님과 화목하도록 하십시오. 사도 바울의 마음은 언제나 하나님과 화목하지 못한 '골육의 친척'으로 인해 눌려 있었습니다(롬 9:3). 이스마엘이 하나님 앞에 살기 원했던 아브라함처럼 말입니다(창 17:18).

여러분, 여러분은 하나님과 화목한 사람들입니다. 이 사실을 잊지 마십시오. 이것을 기억하며 세상 가운데서 여러분이 만나는 모든 환난의 무게를 줄이십시오. 그러면 하나님의 평강이 여러분의 마음과 생각을 지키실 것입니다(빌 4:7).

4장

영혼을 향하신 성령의 역사

"나를 보내신 아버지께서 이끌지 아니하시면 아무도 내게 올 수 없으니

오는 그를 내가 마지막 날에 다시 살리리라"

_요 6:44

지난 강론에서 저는 그리스도를 전하는 사신들의 사역의 중요성을 말씀드렸습니다. 사람들에게 그리스도를 제시하는 일은 영혼을 그리스도와 연합시키기에 앞서 선행되어야 할 일입니다. 하지만 그리스도와의 연합이 그러한 권면 자체만으로 산출되는 것은 아닙니다. 그 일을 위해서는 초자연적인 하나님의 능력이 수반되어야 합니다. 하나님께서 영혼을 이끄시기 전에는 누구도 그리스도께 나아갈 수 없기 때문입니다.

"나를 보내신 아버지께서 이끌지 아니하시면 아무도 내게 올 수 없으니 오는 그를 내가 마지막 날에 다시 살리리라."

본문에 사용된 단어들이 지닌 각각의 의미와 무게들을 살펴 보겠습니다.

그리스도께서는 "아무도…"라는 부정적 단어로 누구도 믿음을 스스로 창출해 낼 수 없다는 것을 말씀하고 계십니다. 여기에는 예외가 존재하지

않습니다. 믿음은 사람의 수완 따위로 얻어지는 것이 아닙니다. 인간은 모두 본질상 하나님을 대적하여 죽어있는 자들입니다. 모든 이들에게 하나님의 동일하신 권능이 필요한 것입니다.

주님께서는 그들이 결코 "내게 올 수 없으니"라고 말씀하고 계십니다. 성령의 역사하심이 없이는 구원을 향해 단 한 걸음도 나아갈 수 없음을 말씀하고 계시는 것입니다. 사람들은 교회를 찾아 말씀을 듣습니다. 그리고 전해지는 말씀에 진지한 태도로 주목합니다. 그러나 그러한 일방적인 의욕만을 가지고서는 그리스도께 나아갈 수가 없습니다. 인간은 스스로를 구원할 수 있는 힘을 가지고 있지 않기 때문입니다. 성경은 구원을 이루는 조건의 본질을 그리스도께 나아가는 것과 그리스도를 믿는 것으로 표현하고 있습니다. 그 두 본질은 같은 의미를 가집니다.

"내가 곧 생명의 떡이니 내게 오는 자는 결코 주리지 아니할 터이요 나를 믿는 자는 영원히 목마르지 아니하리라"(요 6:35).

본문은 그리스도께 나아가는 일이나 그리스도를 믿는 일은 오직 성부의 능력에 의해 이끄심을 받는 영혼만이 할 수 있는 일이라는 것을 말하고 있습니다.

"아버지께서 이끌지 아니하면,"

영혼을 이끄시고 주도하시는 분은 '아버지'이십니다. 물론 성자와 성령께서는 성부와 같은 위격을 가지고 계신 분입니다. 하지만 그리스도께서는 영혼을 주도하시고 그 역사의 선두를 지키시는 분은 성부 하나님이시라는 것을 다음의 말씀으로 분명하게 암시하고 계십니다.

"나를 보내신"

하나님께서 성자를 보내심으로 택하신 백성들과 맺으신 믿음의 조약을 이루신 것입니다.

성부께서는 '이끄심'으로 사람의 의지가 그리스도를 향해 나아가도록 주장하십니다. 그것은 '강압적인 작용'이 아닙니다. 그리스도를 거역하던 의지를 녹여 그 의지에 그리스도를 향하고자 하는 강렬하고도 자발적인 마음이 일어나도록 주장하시는 것입니다. 진정으로 그리스도께 나오는 사람은 기꺼운 마음을 가집니다. 이끄심을 통한 분명한 이해로 영혼이 그러한 의지와 소원을 가지게 되는 것입니다.

"너희 안에서 행하시는 이는 하나님이시니 자기의 기쁘신 뜻을 위하여 너희에게 소원을 두고 행하게 하시나니"(빌 2:13).

풀젠티우스(Fulgentius)는 '우리가 가지는 영적인 소원은 은혜에서 나온 것이다. 은혜가 우리에게 그러한 소원을 가지게 하기 때문이다.'라고 말했습니다.

"너희가 그 은혜를 인하여 믿음으로 말미암아 구원을 얻었나니 이것이 너희에게서 난 것이 아니요 하나님의 선물이라"(엡 2:8).

우리의 본성은 그러한 소원을 가지게 할 능력을 가지고 있지 않습니다. 영혼의 방향을 움직일 수 있는 오직 유일한 길은 성령의 역사를 통한 감화뿐입니다. 그것은 모두 은혜의 결과인 것입니다.

강제와 강압은 사람의 의지가 가진 성질에 반할 뿐 아니라, 하나님의 방식에도 해당되지 않습니다. 하나님께서는 자애롭고 기꺼운 마음을 가진 백성들을 원하십니다.

"주의 권능의 날에 주의 백성이 거룩한 옷을 입고 즐거이 헌신하니 새벽이슬 같은 주의 청년들이 주께 나오는도다"(시 110:3).

하나님께서는 '자원하는 심령'을 원하십니다. 이를 위해 마음과 양심에 깨달음을 주시고, 그 의지를 설득하는 방식으로 사람들의 영혼을 이끄시는 것입니다.

"내가 사람의 줄 곧 사랑의 줄로 저희를 이끌었고 저희에게 대하여 그 목에서 멍에를 벗기는 자같이 되었으며 저희 앞에 먹을 것을 두었었노라"(호 11:4).

하지만 하나님께서 이러한 방식을 쓰신다고 해서 모든 문제의 최종 결정권을 사람들에게 두시는 것으로 이해하지는 말아야 합니다. 하나님의 이끄심을 그리스도에 대한 단순한 권유로 생각하지 마십시오. 하나님께서는 지극히 큰 '능력'을 가지신 분입니다. 어떠한 것을 제안하시는 것으로 그 역사를 그치시는 분이 아닙니다. 에베소서 1:19-20이 바로 그 점을 표현하고 있습니다.

"그의 힘의 위력으로 역사하심을 따라 믿는 우리에게 베푸신 능력의 지극히 크심이 어떠한 것을 너희로 알게 하시기를 구하노라 그의 능력이 그리스도 안에서 역사하사 죽은 자들 가운데서 다시 살리시고 하늘에서 자기의 오른편에 앉히사"

하나님께서는 그리스도를 죽은 자 가운데서 살리실 때 그리스도 안에 역사하셨던 강력한 능력으로 사람의 영혼에 역사하시는 것입니다. 하나님의 능력의 역사하심은 또한 강력하실 뿐만 아니라 매우 달콤한 매력을 지니고 있습니다. 사람들의 의지가 가진 완고함은 제압하고 통제하시면서도, 사람들이 가진 자유로운 의지의 활동은 손상시키시지 않으시기 때문입니다.

사람의 영혼을 인도하시는 하나님의 이끄심은 복음적 질서를 따라 점진적으로 수행됩니다. 하나님께서는 가장 먼저 죄인의 영혼에 빛을 비추십니다. 그 빛으로 영혼이 죄에 대한 강한 각성과 가책을 가지도록 하시는 것입니다. 그것이 하나님의 이끄시는 역사의 시작입니다. 죄의 무게를 바르게 인식하게 된 영혼만이 겸비함과 애통함으로 그리스도께 나아가려는 강한 소원을 가질 수 있는 것입니다.

"수고하고 무거운 짐 진 자들아 다 내게로 나아오라"(마 11:28).

양심의 가책이 주는 겸비함은 죄를 깨닫는 영혼들만이 가질 수 있는 것입니다. 자신이 영원한 비참 가운데 처할 죄인이라는 사실을 깨닫지도 못하는 사람이 죄에 대한 애통과 참된 회개의 눈물을 흘릴 리가 있겠습니까? 하나님께서 죄를 비추시지 않고서는 그러한 겸비함은 가질 수가 없습니다. 이것이 하나님께서 영혼을 그리스도께 이끄시는 방식입니다. 죄를 각성케 하시는 빛을 주심으로 그 양심이 가책을 받아 애통한 마음으로 그리스도께 나아가도록 인도하시는 것입니다. 물론 경우에 따라 보다 세분화된 인도하심의 단계를 거치는 그리스도인들이 있을 수 있지만, 인도하심의 과정이 가지는 핵심의 틀은 동일합니다.

하나님의 성령께서는 죄인들을 그리스도께 이끄시는 방식에 있어서 결코 강압적인 방식을 쓰지 않으십니다.

"내가 사람의 줄 곧 사랑의 줄로 그들을 이끌었고 그들에게 대하여 그 목에서 멍에를 벗기는 자 같이 되었으며 그들 앞에 먹을 것을 두었노라"(호 11:4).

성령께서는 사람의 영혼을 짐승 다루듯 하지 않으십니다. 성령께서는 사람들이 가진 분별력과 의지를 설득하는 방식을 통해 마음의 성향이 바뀌도록 역사하시는 것입니다. 본질상 눈멀어 무지한 죄인들의 마음과 정서는 온통 정욕에 사로잡혀 있습니다. 죄의 길에서 벗어나 그리스도께 이끌고자 하는 논증이나 탄원에 그들의 마음이 아무런 반응을 보이지 않는 것은 이상한 일이 아닙니다. 성령께서는 그러한 사람들의 이성의 눈을 여시어 그리스도 안에 있는 무한하신 탁월하심과 선함을 보게 하십니다. 잠시 지나갈 세상의 정욕이 주는 유익보다 그리스도 안에 비교할 수 없이 더 큰 유익이 있다는 것을 그들로 하여금 보게 하시는 것입니다. 그리스도안에 있는 한없는 부요함을 깨닫는 사람은 세상 것에 대하여 귀한 진주를 발견한 '진주 장사'처럼 행동하지 않을 수 없습니다.

"천국은 마치 밭에 감추인 보화와 같으니 사람이 이를 발견한 후 숨겨 두고 기뻐하며 돌아가서 자기의 소유를 다 팔아 그 밭을 사느니라 또 천국은 마치 좋은 진주를 구하는 장사와 같으니 극히 값진 진주 하나를 발견하매 가서 자기의 소유를 다 팔아 그 진주를 사느니라"(마 13:44-46).

예수 그리스도는 비할 수 없는 가치를 지니신 '진주'이십니다. 세상의 모든 것을 끊어 버려도 아깝지 않을 만큼의 무한한 가치를 지니신 분이십니다. 우리가 볼 수 있는 그리스도의 선하심과 탁월하심은 극히 일부분에 불과할 뿐입니다. 그리스도께서는 본질적인 선 자체이십니다. 그러나 세상은 어떠합니까? 세상은 우리가 사는 동안 잠시 우리에게 편의(便宜)를 제공할 뿐입니다.

"이 세상의 외형도 지나감이라"(고전 7:31).

세상은 우리에게 구원을 가져다주지 못합니다. 그렇게 하실 수 있는 분은 오직 그리스도 한 분 뿐입니다. 그리스도께서 주시는 위안은 세상이 결코 줄 수 없는 것입니다. 성령께서 사람들의 이지를 깨우시는 목적은 바로 이것을 알게 하시는 것입니다.

세상이 주는 고난 역시 마찬가지입니다. 하나님의 성령께서는 그리스도 때문에 받을 수 있는 세상에서의 고난과 손실에 대한 넘치는 보상이 무엇인지 우리로 하여금 알게 하십니다. 그 역사를 통해 그리스도를 믿는 영혼들이 세상의 고난을 '잠시'동안 받는 '극히 가벼운'것으로 보도록 역사하시는 것입니다(롬 8:18).

성령께서 영혼을 이끄시는 이러한 방식을 가벼이 여기지 마십시오. 스스로 보고 알게 되었다고 착각하지 마십시오. 성령의 역사 없이 그것은 불가능한 일입니다. 자신들의 행사와 하나님의 행사를 혼동하는 오류를 범하지 마시기 바랍니다.

마음을 비추시는 하나님의 이끄심은 실로 '강력'합니다. 그 인도하심의 힘은 세상을 창조하실 때 흑암 중에 빛을 발하게 하신 권능의 힘과 같습니다.

"여호와의 팔이 누구에게 나타났느냐"(사 53:1).

시편 기자는 영혼이 그리스도께 오는 그 날을 일컬어 "주의 권능의 날"이라고 표현하였습니다(시 110:3).

성경은 영혼의 회심을 '죽은 자 가운데서 다시 살아나는 것'(롬 4:4)과 '창조'(엡 2:10), 또 '승리와 정복'(고후 10:4-5)에 비유하면서 그 일이 전적으로 하나님의 무한하신 능력에 달려 있다는 것을 말하고 있습니다. 세 가지의 비유 모두 전능하신 하나님의 능력 없이는 불가능한 일입니다. 그 중에서도 특히 '승리와 정복'이 그러합니다. 우리의 마음 속에서는 언제나 서로 다른 두 가지 성향 간의 갈등이 존재합니다. 소망과 두려움, 용기와 낙담의 대립이 그렇습니다. 어거스틴은 이를 두고 '옛 자아와 새로운 자아, 육신적 자아와 영적인 자아, 이 두 자아가 서로 싸우며 내 생각과 결심을 찢나이다.'라고 고백하였습니다. 경건을 위한 우리의 결심이 죄의 자아에 의해 얼마나 자주 공격당하는지 모릅니다. 우리의 영혼에 강력한 참호를 구축하고 있는 사탄의 간계 앞에서 스스로 모든 육신의 정욕을 끊고 그리스도의 멍에 아래 나아갈 수 있는 영혼은 없습니다. 그렇게 하실 수 있으신 분은 오직 하나님이십니다. 오직 하나님의 능력만이 모든 영적인 것을 대적하는 악한 것들을 이기고 정복하실 수 있으십니다.

하나님의 이끄심은 매우 실제적인 '효력'를 지니고 있습니다. 외식자들에게서는 찾아 볼 수 없는 것이 바로 이것입니다. 그들의 믿음이나 행위는 '비 없는 구름과 아침 이슬'과 같습니다. 그들이 외적으로 어떤 모습을 보일지 몰라도 그들이 가진 믿음은 이내 사라져 버리고 맙니다(눅 8:13). 잠시 마음의 한 부분을 그리스도께 드릴 수 있을지는 몰라도 그것은 그리 오래 가지 않을 것입니다. 아그립바의 경우가 그러하였습니다.

"네가 적은 말로(짧은 시간에) 나를 권하여 그리스도인이 되게 하려 하는도다"(행 26:28).

그러나 하나님이 택한 백성들 속에서 나타나는 효력은 그렇지 않습니다. 마음의 일부가 아닌 마음 전체가 그리스도를 영접하게 되는 효력을 발휘하게 되는 것입니다. 효력있는 하나님의 이끄심을 받은 영혼은 죄의 길을 떠나기 시작합니다. 가장 유쾌한 것으로 여겨왔던 죄악들을 벗어 던지고 그리스도께 나아가게 되는 것입니다.

"아버지께서 내게 주시는 자는 다 내게로 올 것이요"(요 6:37).

그리스도께서 제자들에게 "너희도 가려느냐?"라고 물으셨을 때, 베드로는 "주여 영생의 말씀이 주께 있사오니 우리가 누구에게로 가오리이까?"(요 6:68)라고 대답하였습니다. 이것이 하나님의 이끄심을 받은 자들이 그리스도께 나아가는 효력 있는 모습인 것입니다. 그렇습니다. 본성이 가진 모든 힘을 전부 동원한다 할지라도 하나님의 이끄심이 없이는 그리스도께 나아갈 수 없습니다.

"너희는 그 은혜에 의하여 믿음으로 말미암아 구원을 받았으니 이것은 너희에게서 난 것이 아니요 하나님의 선물이라"(엡 2:8).

그리스도께 나아가는 일은 그저 머리로 생각하는 정도의 일이 아닙니다. 그 일은 그리스도와 영혼을 실제적으로 묶는 일입니다. 인간이 가진 본성으로는 도저히 불가능한 일인 것입니다. 그것은 오직 하나님의 전능하신 능력으로만 가능한 일입니다. 하나님께서 우리에게 그리스도께 나아가는 믿음을 주시는 것은 우리에게 독생자 그리스도를 내어주신 것 만큼이나 놀라운 은혜입니다. 눈멀어 무지한 죄인의 본성적인 마음에 빛이 있으라 명하시는 하나님의 말씀이 있지 않는 한, 그 마음을 비출 수 있는 것은 아무것도 없습니다. 사람들이 수많은 방편들을 사용하여 스스로 얻을 수 있는 빛이란 지성을 채우는 지식에 불과합니다. 지성이 가진 지식의 빛은 영혼을 그리스도께 인도할 수 없습니다. 오히려 사람들의 영적 눈을 더욱 멀게 하여 전보다 더 큰 반감과 선입견을 가지게 할 수도 있는 것입니다(고전 1:21-26).

인간의 본성이 가지는 자기중심적 모습을 보십시오. 사람들은 자기밖에 알지 못합니다. 마음이 꿈꾸는 모든 계획과 목적을 자신에게 두며 자기 자신의 의만을 인정하려 합니다(롬 10:3). 그러한 본성 가운데 있는 자들이 스스로 자아를 포기하고 세상의 모든 이익을 버리면서 그리스도께 나아갈 것이라고 기대하는 것은 어리석은 일입니다. 교만하고 거만하기 짝이 없는 그들은 결코 순순히 그리스도께 나오지 않습니다. 그것은 이스라엘을 치려고 에워싸고 있는 아람의 왕 벤하닷의 종들이 갑자기 베옷을 걸치고 머리를 줄로 동인 채 이스라엘 왕에게 항복할 것이라고 기대하는 일과도 같습니다.

인간이 가지는 본성은 스스로 그리스도께 나아가려는 마음을 가지려 하지 않습니다. 그리스도께 나아가기 위해서는 부패한 본성의 도도한 흐름을 버려야 하기 때문입니다. 그들이 그리스도께 나아가기 위해 벗어 던져야 할 것들을 보십시오. 그것은 이제껏 자신들을 유쾌하게 했던 달콤한 세상의 유익들입니다. 그들은 결코 그것들을 포기하지 않으려 할 것입니다. 죄들과 결별하는 아픔 대신 그들은 차라리 영원한 저주를 택할지도 모릅니다.

그리스도께 나아가기 위해서 죄악적인 자아를 포기하는 것은 전적으로 자기 자신의 의를 부인하는 일입니다. 이 역시 그들에게는 너무나 어려운 일입니다.

"하나님의 의를 모르고 자기 의를 세우려고 힘써 하나님의 의에 복종하지 아니하였느니라"(롬 10:3).

그들은 하나님의 의 앞에 무릎을 꿇지 않습니다. 아무것도 없는 자로서 그리스도를 값없이 받고, 그리스도께 나아간다고 하는 것을 그들은 매우 비굴한 것으로 여기기 때문입니다. 그들은 그리스도의 피로 값없이 차려진 진수성찬을 선뜻 먹으려 하지 않습니다. 그에 대한 값을 스스로 치러 보겠다는 자세를 가지고 말입니다. 이보다 더한 교만은 없습니다. 하나님께서 친히 그리스도에 대한 믿음으로 의의 자리를 옮기셨는데도 그들은 여전히 율법을 통해 얻는 자기 자신의 의를 기대합니다. 마치 벌통이 옮겨진 이후에도 원래 벌통이 있던 자리로 돌아가 죽음을 맞이하는 벌들처럼 말입니다.

그리스도께 나아가는 일, 다시 말해 자신의 무가치함을 깨닫고 그리스도께 모든 것을 거는 일은 인간이 가진 본성의 능력을 넘어서는 일입니다. 사도가 묘사한 바와 같이 그러한 일은 그리스도를 죽은 자 가운데서 일으키신 전능하신 하나님의 능력만이 행하실 수 있는 일입니다. 하나님의 능력 없이 영혼이 스스로 그리스도께 나아갈 수 있다고 상상하는 일은 마치 땅에 있는 돌이 스스로 떠올라 수많은 별들 중 하나가 되는 일만큼이나 불가능한 것입니다.

더욱이 그리스도께 나아가는 길에는 믿음의 원수가 진을 치고 있습니다. 고린도후서 10:4에 언급된 견고하고 강력한 요새가 그리스도께 나아가려는 길을 막아서고 있습니다. 사탄은 그리스도께로 나아가려는 사람들이 가진 육신적인 정욕을 부추기며 이렇게 말할 것입니다. '고작 이런 외로운 삶을 살기 위해 너를 기쁘게 해주었던 동료들을 떠나려 하는가? 이렇게 하면서까지 얻으려고 하는 유익을 그대는 눈으로 본적이 있는가? 어떠한 확실성도 없는 상상을 위해 세상에서 얻었던 신뢰와 평판을 내팽개치려 하다니. 본 적도 없는 확실하지도 않은 것들을 위해 빈털터리가 되려 하다니. 생각해 보라. 하나님의 말씀이 요구하는 엄격하고 냉엄한 삶을 그대가 살 수 있을 것 같은가? 그 일을 위해 부모와 아내와 자녀들, 그리고 자신의 목숨까지 버릴 각오가 되어 있는가? 세상에 살아가고 있는 수많은 사람들을 생각해 보라. 그들 모두가 지옥에 가게 된다면 하나님의 사랑과 자비하심은 모순이 아닌가? 그대가 새로운 길을 찾아 어울리게 될 사람들을 생각해 보라. 그들 대부분이 가난하고 하찮은 존재들이 아닌가? 거룩하게 신앙을 고백한다고 말하면서 그들이 보여주는 거만과 위선을 그대는 참아낼 수 있을 것 같은가?'

오, 우리의 힘만으로 이러한 사탄의 간계를 이겨낼 수 없습니다. 우리는 무너질 수밖에 없습니다. 그러나 하나님께서 우리의 영혼을 이끄시는 순간부터 상황은 달라집니다. 그 어떤 사탄의 공격도 그리스도께로 향하는 우리의 영혼을 막아 설 수 없습니다. 우리는 이끄시는 분은 사탄보다 훨씬 더 강력한 분이시기 때문입니다.

인간이 가진 부패한 본성은 스스로 그리스도께 나아가는 길에서 가장 못된 원수의 역할을 톡톡히 수행하고 있습니다.

"그러나 너희가 영생을 얻기 위하여 내게 오기를 원하지 아니하는도다"(요 5:40).

생명은 소중한 것입니다. 누구도 이를 부인하지 않을 것입니다. 그렇다면 그들 모두가 영원한 생명을 더욱 소중한 것으로 여겨 구해야 합니다. 하지만 그들은 그렇게 하지 않습니다. 부패한 본성이 그것을 원하지 않기 때문입니다. 만일 그리스도께서 사람들에게 포도원과 밭과 양과 소와 금과 은, 세상의 명예와 쾌락을 약속하셨다면 그들은 앞 다투어 그리스도께 나아가려 했을 것입니다. 그러나 그리스도께서는 그러한 것을 약속하시지 않았습니다. 그리스도께서는 죄를 죽이고 자신을 부인하는 엄격한 삶을 살라고 명하셨습니다. 이를 위해 고난도 마다하지 않아야 한다고 말씀하셨습니다. 타락한 인간의 본성이 그런 주님의 제안을 좋게 여길리가 있겠습니까. 타락한 본성은 하나님께 대한 강한 적대감을 가집니다. 그들은 스스로 그리스도께 나아갈 수 없을 뿐만 아니라 나아가고 싶어 하지도 않습니다. 의지와 감정이 하나님께 대한 반감을 가지는 일은 원죄가 가지는 주요한 뿌리 중 하나입니다. 어떠한 논리도 그 적대감을 무너뜨리지 못할 것입니다. 성부의 이끄심으로 그 영혼이 제압당하고 힘을 얻기 전까지 말입니다.

사탄은 영혼이 그리스도께 다가가지 못하도록 방해하기 위해 친족들을 동원하기도 합니다. 가장 가까운 자들이 그리스도께 나아가는 길목에서 마주치는 가장 큰 원수가 되는 것입니다. 그들은 마치 마귀에게 고용된 사람들답게 자기 가족의 영원한 복락을 필사적으로 막아섭니다. 용기를 주고 도움을 주어야 할 부모와 형제자매들이 조롱하는 눈으로 그리스도로 나아가는 그 위대한 복락의 길을 막다니요! 마귀는 이 일을 위해 그들을 즐겨 사용합니다. 그들이 그리스도께 나오려는 자들에게 어떠한 영향력과 권위를 행사할 수 있는지 그는 누구보다 더 잘 알고 있기 때문입니다. 부모가 자녀의 멸망을 위해 열심을 다하는 모습을 보십시오. 그보다 서글픈 일은 없을 것입니다. 그것은 자신 뿐 아니라 자기의 자녀들을 또 다른 마귀의 도구로 양육합니다. 자기의 손으로 자녀들이 받아 누릴 위대한 복락을 막아서는 것도 모자라 새로운 마귀의 도구로 그들을 인도하다니요! 이들에게 하나님께서 은혜를 베푸시길 바랍니다.

여러분은 제 자리를 지키지 못하는 방탕하고 느슨한 그리스도인의 삶이 마귀의 효과적인 도구로 이용된다는 사실을 아십니까? 그들은 사람들이 그리스도께 나아갈 마음을 가지지 못하게 하는 가장 큰 논증을 마귀에게 제공하는 장본인들입니다. 그리스도께 처음 나와 회심하려는 자들을 다시 지옥의 문턱으로 보내는 일을 앞장 서는 그리스도인이 되지 마시기 바랍니다.

영혼이 회심하는 일은 전적으로 하나님 아버지의 이끄심에 달려 있습니다. 그러니 누구도 그 일에 대해 절망하지 말아야 합니다. 여러분 중 사역자가 있다면 오랫동안 복음의 설교를 들었음에도 베데스다 연못가에 누워 있던 병자처럼 아무런 변화가 없는 사람들을 흔히 발견할 수 있을 것입니다. 하지만 낙심하지 마십시오. 성령께서 물을 동하실 때가 올 것입니다. 여러분의 설교에 사람들의 영혼을 회심하게 하는 능력이 부어질 때가 올 것입니다.

여러분 중에는 지금 가족과 친지들을 위해 눈물로 기도하고 있는 분이 계실 것입니다. 그들을 위한 선한 소망을 놓지 마십시오. 경건한 수고를 그치지 마십시오. 아버지께서 여러분을 이끄신 것처럼 그들을 이끄실 때가 올 것입니다. 그때가 되면 여러분은 세상의 모든 것을 끊고 그리스도께 나오는 그들의 모습을 보게 될 것입니다. 하나님께서 이끄시기 시작하시면 누구도 그리스도께 나아가려는 영혼을 막지 못합니다. 그들을 위해서 계속 기도하십시오. '주여, 저의 간구함에도 불구하고 그들은 아무런 변화가 없습니다. 이렇게 오랜 세월이 지나갔는데도 말입니다. 이 일은 제게 너무나도 벅찬 일입니다. 한 발자국도 더 나갈 수 없을 정도로 말입니다. 하지만 오직 주님께서는 그 일을 하실 수 있습니다. 당신의 능력으로 그들을 이끌어 주옵소

서. 그들이 기뻐하며 주의 권능의 날에 주께 나아오리이다.'

하나님께서 영혼을 이끄시는 한, 그 영혼은 그리스도 안에서 안전하게 지켜지고 보호받습니다.

"그들을 주신 내 아버지는 만물보다 크시매 아무도 아버지 손에서 빼앗을 수 없느니라"(요 10:29).

우리가 전에 어떠한 사람들이었습니까? 우리는 그리스도께 나아갈 수도 없었을 뿐만 아니라, 나아가는 것 자체를 싫어하고 거역하는 자들이었습니다. 그러나 하나님의 권능이 그 모든 것을 깨뜨리셨고, 우리는 하나님을 두려워하며 하나님을 떠날 수도, 떠나고 싶어 하지도 않는 마음을 가지게 되었습니다. 세상은 '내가 너를 넘어뜨리고 말겠다. 너를 멸하고야 말겠다.'라고 끊임없이 위협하지만 우리의 하나님은 그들보다 강력한 분이십니다. 하나님께서는 그들로부터 우리를 안전하게 지키기에 충분한 능력을 가지신 분이십니다. 우리를 이끄신 하나님께서 그 권능의 손으로 우리를 끝까지 지켜주실 것입니다.

"내가 결코 너희를 버리지 아니하고 너희를 떠나지 아니하리라"(히 13:5).

사랑하는 여러분, 하나님께서 주님을 예비하도록 세우신 규례들과 의무들에서 멀어지지 마십시오. 그러한 규례와 의무 속에 언제 성령님께서 임하실지 모릅니다.

"나를 찾지 아니하던 자에게 찾아냄이 되었으며…"(사 65:1)

그토록 오랫동안 베데스다 연못가에 누워 있던 병자가 '아무리 오랫동안 여기 누워 있었지만 소용이 없구나. 더 이상 기다리는 것이 무슨 의미가 있겠는가'라고 생각하며 그 자리를 떠났다면 그는 어찌 되었겠습니까? 자리를 떠난 후 얼마 지나지 않아 천사가 내려왔다는 소식을 듣게 된다면 그의 마음이 어떠하겠습니까? 여러분이 출석하지 않아 놓쳐버린 그 주일의 설교가 여러분의 영혼에 이제까지 일어난 적이 없던 일을 이루게 하는 것이었다면 여러분은 어쩌시겠습니까!

하나님께서 여러분의 영혼을 위해 얼마나 큰일을 행하셨는지 생각해 보십시오. 죄와 진노의 비참함에서 여러분은 건짐을 받았습니다. 본질상 진노의 자녀인 여러분이 그리스도와 연합하여 그 영광스러운 주권을 누리게 되지 않았습니까! 감사하십시오. 힘을 다해 섬기십시오. 여러분을 구원해 내시기 위해 모든 능력을 쏟으신 분께 말입니다.

예수 그리스도로 말미암아 하나님께 감사하리로다.

5장

그리스도를 적용하시는 성령의 역사

"그는 허물과 죄로 죽었던 너희를 살리셨도다"

_엡 2:1

    지금까지의 강론들을 통해서 우리는 그리스도와의 연합이 가지는 일반적인 성질과 그것을 가능하게 하는 방편들을 살펴보았습니다. 또 복음이 전해지는 '외적인' 방편과, 성부께서 이끄심으로 말미암아 이루어지는 그리스도와의 연합의 '내면적' 과정도 숙고해보았습니다. 우리가 성경을 더 자세히 관찰함으로 그리스도와의 연합의 성질을 숙고해보면, 그리스도와 우리 사이에는 그 연합을 묶어주는 두 끈이 있다는 것을 발견할 수 있습니다. 그 두 끈 중 하나는 바로 '성령'이십니다. 성령은 그리스도의 편에서 우리의 영적 생명의 끈이 되십니다. 또 하나의 끈은 우리 편에서 그리스도를 붙잡는 '믿음'입니다. 그래서 성경은 주 예수 그리스도와의 연합을 성령의 역사로 표현하기도 하고, 믿음으로 말미암은 것으로 표현하기도 합니다.

    우리는 성경이 그리스도와의 연합을 그리스도께서 우리 안에 계신 것으로 자주 묘사하고 있는 것을 발견합니다.

"이 비밀은 너희 안에 계신 그리스도시니 곧 영광의 소망이니라"(골 1:27).

"또 그리스도께서 너희 안에 계시면 몸은 죄로 인하여 죽은 것이나"(롬 8:10).

반대로 우리가 그리스도 안에 있는 것으로 설명하는 경우도 있습니다.

"또한 우리가 참된 자 곧 그의 아들 그리스도 예수 안에 있는 것이니"(요일 5:20).

"그런즉 누구든지 그리스도 안에 있으면 새로운 피조물이라"(고후 5:17).

어떤 저술가는 그리스도와의 연합에 대한 이 두 가지 관점에 대해 이렇게 말합니다. "그리스도께서는 '성령'으로 말미암아 신자들 안에 계시고, 믿는 자는 '믿음'으로 말미암아 그리스도 안에 있다. 그리스도께서는 '내주(內住) 하심'을 통해서 신자들 안에 계시며, 신자는 '심겨짐'으로 말미암아 그리스도 안에 있다. 그리스도께서는 신자 안에 계시되 머리가 몸과 함께 있는 것과 같이 계시며, 신자들은 그리스도 안에 있되 지체들이 머리와 함께 있는 것과 같이 있다. 그리스도께서 신자 안에 계신 것으로 연합을 말할 때는 '거룩하게 되는 것'(성화)을 가리켜 말하는 것으로 이해해야 하며, 신자가 그리스도 안에 있는 것으로 연합을 말할 때는 '의롭다 하심'(칭의)을 가리키는 말로 이해해야 한다."

우리가 예수 그리스도를 잡을 수 있는 것은 예수 그리스도께서 먼저 우리를 잡으셨기 때문입니다(빌 3:12). 우리가 먼저 그리스도를 붙잡을 수는 없습니다. 생명의 원리가 먼저 우리 속에서 효력을 발휘하기 전에는 우리로부터 살아있는 믿음의 행사는 나올 수 없는 것입니다.

그리스도와의 연합을 이루시는 성령님의 역사를 보다 자세히 살펴보겠습니다.

"그는 허물과 죄로 죽었던 너희를 살리셨도다."

성령께서는 영적 생명의 샘이십니다. 우리가 믿음의 행사를 취하기 위해서는 먼저 성령의 역사하심을 통해 신적 생명의 원리가 우리 영혼에 주입되어야만 합니다. 따라서 그리스도와의 연합을 위해서 '살리시는' 성령님의 역사가 가장 먼저 우선되어야 합니다. 우리가 행하는 모든 믿음과 순종의 과정 전체가 바로 그 영적 생명의 샘에서 나는 것이기 때문입니다.

잔키 보디우스(Zanchy Bodius)와 같은 사람은 이 '살리심'을 우리의 '영생'으로 즉시 해석합니다. 성령님의 '살리심'의 역사 자체를 영원한 죽음에 대한 불식으로 보는 것입니다. 물론 포괄적인 차원에서 그러한 이해가 바르지 않다고 볼 수는 없습니다. 하지만 이 본문에서 표현되어 있는 성령님의 '살리심'을 '죄와 허물로 죽어 있던' 우리의 영혼이 신비로운 방식 안에서 하나님을 위한 삶을 영위하도록 하시는 역사로 보는 것이 보다 옳을 것입니다.

본문은 '허물과 죄로 죽어 있던 너희'라는 말로 우리가 처했던 상태를 말하고 있습니다. 본성적으로 생명에 속한 어떠한 기능이나 역할도 감당할 수 없을 정도로 무능력할 뿐만 아니라, 영적인 모든 것을 완전히 거부하고 있었다는 사실을 말해주고 있는 것입니다. 우리는 '정죄'(定罪, condemnation)'의 관점에서 완전히 죽어 있던 자들입니다. 우리 모두가 율법의 저주 아래 있었던 것입니다. 영적 생명의 차원에서도 마찬가지입니다. 우리 모두는 의롭다하심을 받거나 거룩하게 되는 일들로부터 동떨어진 자리에 있던 자들인 것입니다.

사도는 영혼을 죽이는 치명적 원인을 '허물과 죄'로 지적하고 있습니다. '죄와 허물'을 하나님으로부터의 단절의 결정적 원인으로 강조하고 있는 것입니다. 어떤 사람들은 '죄와 허물'을 따로 구분지어 말합니다. '죄'는 '원죄'

로, '허물'은 실제로 범해지는 '죄악'들로 이해하는 것입니다. 하지만 사도는 '죄와 허물'을 구분하고 있지 않습니다. 두 가지 모두가 영적 죽음과 멸망의 근거임을 말하고 있는 것입니다. 그렇습니다. 우리 모두는 '죄 가운데' 죽어 있는 자들이었습니다. 그리스도와 연합을 위해 한 발자국도 움직일 수 없는 자들이었습니다. 그런 우리를 살리시기 위해서 성령께서 일하기 시작하신 것입니다.

하나님의 성령은 그저 관념적으로 존재하는 분이 아니십니다. 그리스도와의 연합을 이끄시기 위해 우리 영혼에 생명의 효력을 불어넣어 주시는 능력을 실제로 행사하시는 분이십니다. 카메로(Camero)는 이점에 대해 매우 바른 이해를 가지고 있었습니다. '그리스도와의 연합은 그리스도와 신자를 하나로 이어주는 성령의 역사가 전제되어야 한다. 그 연합은 공식적으로 두 인격이 하나로 결합하는 것을 의미한다. 우리가 가지는 믿음은 그리스도와 우리를 더욱 친밀하게 이어주는 끈임에는 분명하지만, 생명의 원리를 전달하시는 성령의 역사 없이 생명의 속한 행사인 믿음을 가진다는 것은 사실상 불가능하다.' 생명을 위한 믿음의 행사는 영혼을 살리시는 성령님의 역사로부터 비롯됩니다. 사도 역시 로마서에서 이 점을 분명히 지적하며 그리스도 안에 있는 자들이 누리게 되는 복된 은혜가 어떠한 과정을 통해 주어지는지를 설명하고 있습니다.

"그러므로 이제 그리스도 예수 안에 있는 자에게는 결코 정죄함이 없나니 이는 그리스도 예수 안에 있는 생명의 성령의 법이 죄와 사망의 법에서 너를 해방하였음이라"(롬 8:1,2).

우리의 거듭남은 성령의 살리시는 역사로부터 시작됩니다. 성령의 역사를 통해 그리스도의 '생명'이 우리에게 적용되는 것입니다. 그 '생명'은 우리 영혼의 품격과 섭리를 놀랍게 변화시키는 일로 드러납니다. 성령께서 생명을 위해 필요한 모든 능력과 기능들 속에 그러한 원리를 주입하시고 이식하시는 것입니다. 영혼에 일으키시는 그러한 생명의 변화는 영혼을 사망에서 생명으로 옮기는 놀라운 결과를 산출합니다.

그리스도와 연합하지 않은 영혼을 가진 사람은 '영적으로' 이미 죽어 있는 사람입니다(눅 15:24 ; 골 2:13). 그가 눕고 일어나고, 먹고 마시는 생명의 활동을 하고 있다 해도 말입니다. 그리스도와의 연합을 이루시는 성령님의 생명의 역사가 있기 전까지는 누구도 그 영혼을 살아있다고 말할 수 없습니다. 이는 어떤 사람이 말한 바와 같습니다. '사람들의 모습은 때때로 많은 변화를 나타낸다. 매우 방탕한 삶을 살던 사람이 높은 교양을 가진듯한 사람이 되기도 하고, 근사한 삶의 모습을 보이며 종교적인 삶을 살아가는 것처럼 보이기도 한다. 하지만 그런 모습을 보인다고 해도 그 사람이 세상의 권세로부터 완전히 벗어났다고 단정지어 말할 수는 없다. 주의 성령께서 새로운 영적 생명으로 살리시지 않는 한 누구도 영적으로 새로운 '초자연적인 존재'는 될 수 없다. 성령의 역사하심이 부어진 사람만이 옛 흔적들을 벗고 새로운 것으로 옷 입은 '새로운 피조물', 또는 '새 사람'으로 불릴 수 있는 것이다.'

"이전 것은 지나갔으니 보라 새 것이 되었도다"(고후 5:17).

영적 변화는 단지 생활의 무질서함을 바로잡는 것으로 일어날 수 있는 것이 아닙니다. 육신적인 마음의 품격과 체질을 여전히 가지고 있는 상태라면 그런 외적인 변화는 의미가 없습니다. 영적으로 새로워지는 변화는 오직 초자연적인 영구한 원리가 영혼에 주입될 때 일어납니다.

"그 속에서 영생하도록 솟아나는 샘물이 되리라"(요 4:14).

샘에서 흘러나오는 물이 시내와 강줄기를 만들어내는 것처럼 진실한 외적 행동의 진로는 영적인 샘 근원에서부터 비롯되는 것입니다. 새롭게 된 영혼이 경건함을 일관성있게 유지할 수 있는 이유는 바로 여기에 있습니다. 경건의 샘 근원은 우리 자신의 노력으로 얻을 수 있는 것이 아닙니다. 어떤 일들을 자주 반복하여 습관화되는 식으로 얻어지는 것이 아닌 것입니다. 물론 반복되는 일을 통해 만들어진 어떠한 성향이 후천적 성격으로 자리를 잡는 일이 있습니다. 하지만 영적 원리는 그렇게 형성되는 것이 아닙니다. 오직 하나님의 성령님으로 말미암아 영혼에 그 원리가 심겨져야만 진정한 영적 변화가 일어나는 것입니다.

"또 새 영을 너희 속에 두고 새 마음을 너희에게 주되 너희 육신에서 굳은 마음을 제하고 부드러운 마음을 줄 것이며"(겔 36:26).

새 마음은 오직 성령께서 부여하시는 방편을 통해 주입되는 것입니다. 우리는 그것을 결코 스스로 얻지 못합니다. 요한계시록 11:11에 등장하는 두 증인들이 좋은 예입니다. 그 두 증인들은 '일반적인 의미에서' 죽은 자들이었습니다. 그러나 사흘 반 뒤에 하나님께로부터 온 '생명의 성령'께서 그들의 죽어있던 마음 속에 들어가십니다. 그 일은 성령의 초자연적인 주입의 방식을 통해 이루어졌습니다.

어떤 사람들은 그것을 인간이 가진 영혼의 기능들에 여러가지 제약을 가하는 일로 이해를 합니다. 하지만 그렇지 않습니다. 그것은 오히려 우리 영혼의 기능들에 은혜와 생명이 부어지는 일입니다.

"이전 것은 지나갔으니 보라 새 것이 되었도다"(고후 5:17).

성령의 역사를 통해 우리가 기존에 가지고 있던 '이해와 의지와 생각들과 정서들'은 새로움을 입게 됩니다. 우리 내면의 전인(全人)이 완전히 새롭게 변화되는 것입니다. 내면의 변화는 자연스럽게 외적 모습의 변화를 산출합니다. 말과 행동 같은 외형적 '방식' 역시 새로움을 입게 되는 것입니다.

그리스도와 연합된 영혼은 베드로후서 1:4에서 보는 바와 같이 '신의 성품에 참여하는 자'로 여김을 받습니다. 하지만 이 표현은 매우 조심스럽게 이해해야 할 필요가 있습니다. '신의 성품에 참여하는 자'가 되었다는 말을 '본체론(本體論)적으로'(essentially) 해석하지는 마시기 바랍니다. 신의 본질 자체가 피조물에게 전달될 수는 없는 것입니다. 우리가 '신의 성품에 참여'한다는 것은 우리 속에 하나님의 성령께서 내주하시는 것을 의미합니다. 그 일을 통해 우리가 신의 성품에 참여하는 자가 되는 것입니다.

"너희는 너희가 하나님의 성전인 것과 하나님의 성령이 너희 안에 거하시는 것을 알지 못하느냐"(고전 3:16).

본질상 하나님과 같은 분이신 성령께서 사람의 영혼 안에 거하시고 영혼을 거듭나도록 역사하시고, 영혼을 거룩하게 하심으로 '신적 생명'을 영위할 수 있게 하시는 것입니다. '신적 생명'은 이 땅에 살아가는 모든 사람들이 누릴 수 있는 모든 것을 완전히 초월하는 탁월한 것입니다. 거듭나지 아니한 사람들의 본성적인 정서에서 나올 수 있는 합리적이고 도덕적인 삶 따위가 감히 상상할 수 있는 것이 아닌 것입니다. 세상이 주는 즐거움과 안락에 성경은 결코 '생명의 이름'을 붙여 주지 않습니다.

"향락을 좋아하는 자는 살았으나 죽었느니라"(딤전 5:6).

복되신 하나님께서는 우리의 인성(人性)을 그리스도 안에서 신의 성품에 종속적으로 연합시키시거나, 우리의 인격을 그리스도께 연합시키시는 방식을 사용하심으로 하늘의 천사들보다 우리를 더욱 존귀하게 하십니다. 영적 생명은 언제나 그 두 가지의 방식을 통해 우리에게 전달되어집니다. 특히 후자의 방식은 우리에게 더욱 특별한 긍휼이 아닐 수 없습니다. 그리스도께 접붙여진 가지가 되어 그리스도와 더불어 삶을 영위한다는 사실은 정말 놀라운 긍휼이 아닐 수 없습니다. 그것은 영광스러운 특권입니다. 그것이 영원한 멸망으로부터 우리를 지켜줄 것이기 때문입니다.

거듭나게 하시는 성령의 역사를 통해 부여되는 이 생명은 정말 유쾌한 것입니다. 이 유쾌함은 환각적이거나 기만적으로 얻어지는 세상의 기쁨과는 비교할 수 없습니다.

"영의 생각은 생명과 평안이요"(롬 8:6).

영적인 생명은 평온과 정결을 가져다줍니다. 우리의 영혼 속에 그 생명이 있는 한, 우리 영혼은 평안을 보장받습니다. 생명과 평안은 같은 성질을 가지고 있기 때문입니다. 영적 생명으로 누리게 되는 즐거움은 오직 거듭난 신자들만이 누릴 수 있는 감추어진 기쁨입니다.

"마음의 즐거움도 타인이 참여하지 못함이라"(잠 14:10).

영혼의 거듭남으로부터 시작되지 않은 즐거움은 결코 참되다고 말할 수 없습니다. 거듭나지 않은 영혼은 결코 참된 즐거움을 누릴 수 없습니다. 오직 하나님 안에 참된 즐거움이 있습니다. 누가복음 15:24에 등장하는 '탕자'가 그러하였습니다. 그는 자기 아버지의 집에 돌아와서야 비로소 참된 즐거움을 누릴 수 있었습니다. 새롭게 된 영혼이 주님과 교제함으로 느끼는 즐거움은 거듭나지 못한 이들이 결코 이해할 수 없는 즐거움입니다. 어떠한 설명으로도 그 즐거움을 이해시키지 못할 것입니다. 그들은 썩은 웅덩이에서 나는 육신의 즐거움을 더 사랑하는 자들이기 때문입니다.

거듭난 사람들이 얻는 영적 생명은 점점 자라나야 하는 생명입니다. 고린도후서 4:16은 "속사람이 날마다 새롭게" 되는 것에 대해 말하고 있습니다. 또 베드로후서 3:18은 "예수 그리스도의 은혜와 그를 아는 지식 가운데에서 자라나라"고 권면하고 있습니다. 만약 신자들의 성화가 칭의의 경우와 같이 단번에 완전히 이루어지는 일이라면, 그러한 권면은 사실 필요가 없습니다. 하지만 사도는 "평강의 하나님이 친히 너희로 온전히 거룩하게 하시고" 라고 기도하는 것으로 영적 생명의 성장의 필요성을 말하고 있습니다(살전 5:23). 그렇습니다. 우리가 얻게 된 새 생명은 더욱 자라야만 합니다. 물론 우리의 완전한 성화는 이 땅에서 이루어지지는 않을 것입니다. 누군가가 만약 이 세상에서 완전한 거룩을 이루었다고 떠벌인다면 그는 스스로 크게 속고 있는 자일 것입니다. 성경이 이 점을 말하고 있습니다.

"우리가 부분적으로 알고 부분적으로 예언하니 온전한 것이 올 때에는 부분적으로 하던 것이 폐하리라."

성경은 새로운 피조물이 완전하다고 말하지 않습니다(고전 13:9,10). 갈라디아서 5:17은 새로운 피조물들이 겪게 될 갈등과 싸움을 말하고 있습니다. 은혜는 영혼 안에서 성장해야 합니다. 아침에 떠오른 해가 정오에 완전한 빛을 발하게 되는 것처럼 말입니다.

"의인의 길은 돋는 햇살 같아서 점점 빛나 한낮의 광명에 이르거니와"(잠 4:18).

성령의 역사하심을 통해 거듭난 사람들이 하나님의 생명으로 살리심을 받아 그리스도와 연합되는 일은 정말 유쾌한 일입니다. 그 생명 말고 우리가 더 기대할 만한 가치가 있는 것은 없습니다.

"또 증거는 이것이니 하나님이 우리에게 영생을 주신 것과 이 생명이 그의 아들 안에 있는 그것이니라"(요일 5:11).

하나님께서 생명의 씨앗을 주셨습니다. 거듭난 영혼 안에서 그 씨앗은 영원토록 존재할 것입니다(요일 3:9). 그저 잠시 있다가 사라져버리는 것이 아닌 것입니다. 사람들은 종종 자기가 받은 '은사'들을 상실하기도 합니다. 그러나 '은혜'는 상실되지 않습니다. 몸과 영혼은 분리될 수 있어도 은혜는

영혼으로부터 분리되지 않습니다. 모든 것들이 우리를 떠나간다 해도 은혜
는 결코 우리를 떠나지 않습니다.

우리를 살리시는 성령의 역사하심은 매우 '신비롭게' 이루어집니다.

"바람이 임의로 불매 내가 그 소리를 들어도 어디서 오며 어디로 가는지
알지 못하나니 성령으로 난 사람은 다 이러하니라"(요 3:8).

어느 누구도 바람에 대한 기원을 알지 못합니다. 바람으로 느낄 수 있는
효력을 묘사할 수 있을 뿐입니다. 그러니 성령의 초자연적인 역사하심에 대
해서는 얼마나 더욱 그러하겠습니까.

"내가 은밀한 데서 지음을 받고 땅의 깊은 곳에서 기이하게 지음을 받은
때에…"(시 139:15).

여러분 중 자신이 어떻게 모태에서 어떻게 지어졌는지 알고 있는 분이 계
십니까? 바질(Basil)은 '날아다니는 파리 하나에 대한 몇 가지의 질문만으
로도 위대한 철학자 한 사람을 어리둥절하게 만들 수 있다. 누가 자연에 대
한 형질과 본질을 설명할 수 있겠는가.'라고 말했습니다. 하물며 깊고 심오
한 영적인 일들을 누가 설명할 수 있겠습니까. 이 일은 전능하신 하나님의
권능으로 이루어지는 일입니다(엡 1:19). 성경은 이것을 '새로운 창조'로 표
현합니다. 아무것도 없는 곳에서 있도록 하시는 하나님의 역사로 이 신비를
말하고 있는 것입니다. 사도는 이를 '지극히 크신'일로 말하고 있습니다(엡
2:10).

사람은 이미 존재하는 것을 기초로 일할 수밖에 없습니다. 사람이 가진
능력은 수동적인 수용성(受容性)이나 수납성(收納性)의 한계에 국한됩니다.
어느 누구도 성령의 역사하심에 기여할 만한 것을 가지고 있지 않습니다.
초자연적인 생명이 인간의 본성적인 원리에서 산출된다는 것은 결코 기대할

수 없습니다. 그 일은 사람이 가진 능력의 범주를 초월하는 것이기 때문입니다. 아무것도 없는 곳에 새 생명을 불어넣으시는 성령의 역사하심이 창조와도 같은 이유가 바로 여기에 있습니다.

성령의 역사를 통해 주어지는 새로운 생명은 영혼이 본성적으로 가지고 있는 기능들과 능력들 하나하나에 빠짐없이 주입됩니다(살 5:23). 온 영과 혼이 신적 생명을 받아들이는 주체가 되는 것입니다. 성경은 바로 이러한 영혼을 가리켜 새 피조물, 또는 새 사람이라고 말합니다. 완전하고도 통합적인 충만함을 입은 영혼이 바로 새 피조물, 새 사람인 것입니다. 새 생명은 사람들의 이지(mind) 속에서 빛이 됩니다(요 17:3). 의지 전체가 순종하게 되고(벧전 1:2), 정서 전체가 하늘에 속한 품격과 온유함을 입게 되는 것입니다(골 3:1,2). 그러나 외식자들이 보여주는 변화는 이와 차이가 있습니다. 거듭난 영혼이 하나의 원리 아래 모든 기능과 정서가 새로움을 입는 것과는 달리 외식자들이 보이는 변화는 이처럼 영혼 전체의 영향을 미치지 못합니다. 몇 가지의 악이 개선된 것처럼 보이지만 사실상 전체적인 그들의 삶의 경로에는 전혀 변화가 없습니다.

영적 생명의 주입이 창조의 일과 매우 흡사한 또 하나의 특징은 그 일이 매우 '즉각적으로' 이루어진다는 점입니다. 한 순간에 어둠에서 빛을 비취게 하셨던 그 '창조적 능력'이 우리 마음에 빛을 비추십니다.

"어두운 데서 빛이 비취리라 하시던 그 하나님께서 예수 그리스도의 얼굴에 있는 하나님의 영광을 아는 빛을 우리 마음에 비취셨느니라"(고후 4:6).

경우에 따라 성령의 역사는 여러 예비적인 단계를 거치기도 합니다. 죄인으로 하여금 죄를 깨달아 자기를 낮추기까지의 시간을 허락하시기도 하는 것입니다. 베데스다 연못가에 있던 38년 된 병자가 그러했습니다. 그러나 성령께서 그 영혼을 살리시는 일은 사람에게 영혼이 주입되는 것과 같이 순식간에 이루어집니다. 사람의 몸이 예비되고 그 형질이 이루어지기까지는 시간이 걸리지만, 배아(胚芽)가 되는 즉시 그 생명이 영을 주입을 받는 것처럼 영적인 변화 역시 그러합니다. 그때야말로 정말 복된 순간이 아닐 수 없습니다. 우리의 영원한 행복이 순식간에 이루어지는 순간이니 말입니다.

하나님께서는 성령의 '살리시는 역사'를 통해 우리로 하여금 '순종의 삶'을 살게 하십니다. 하나님을 영화롭게 하고, 내세의 삶 속에서 하나님을 즐거워하게 하려는 것이 성령님의 역사의 목적과 의도인 것입니다.

"우리는 그가 만드신 바라 그리스도 예수 안에서 선한 일을 위하여 지으심을 받은 자니 이 일은 하나님이 전에 예비하사 우리로 그 가운데서 행하게 하려 하심이니라"(엡 2:10).

"또 새 영을 너희 속에 두고 새 마음을 너희에게 주되 너희 육신에서 굳은 마음을 제거하고 부드러운 마음을 줄 것이며 또 내 영을 너희 속에 두어 너희로 내 율례를 행하게 하리니 너희가 내 규례를 지켜 행할지라"(겔 36:26,27).

이것이 바로 생명의 원리를 영혼에 주입하시고 그 영혼을 활력있게 하시는 성령님의 역사의 직접적인 목적인 것입니다. 영혼에 주입된 영적 생명의 원리는 먼저 참된 '순종'의 열매를 맺게 합니다. 은혜로 주입된 내면적 생명의 원리로부터 순종의 열매가 나오는 것입니다. 이는 외식이 '외적'인 것으로부터 영향을 받는 것과는 반대의 경우입니다. 외식자들은 사람들의 박수갈채나 육신적인 이익의 영향을 받습니다. 내면에서 외치는 양심의 소리는 외면하면서도 마치 자기들이 하늘에 대한 참된 소망을 가지고 있는 것처럼 행동합니다. 거룩한 행실을 나타내는 내면적인 원리를 가지고 있지 않으면서 말입니다. 사람을 진정으로 유익하게 하는 것은 내면적 원리입니다. 진실한 행실의 열매는 내면의 원리가 정서와 조화를 이룸으로 나오는 것입니다. 하나님을 향해 진정 주리고 목말라하는 간절함을 가질 수 있는 사람들은 내면에 은혜가 주입된 사람들뿐입니다. 여러분은 어떠하십니까? 거룩한 의무를 행하고자 하는 여러분의 열의가 여러분의 내면에 있는 은혜로부터 나온 것입니까? 여러분은 여러분 속에 있는 초자연적인 원리에 따라 일하고 있습니까?

영적 생명의 원리로부터 나오는 순종은 매우 큰 '탁월성'을 지닙니다. 왜냐하면 순종이란 즐겁고 기꺼운 자원하는 마음을 가진 것이기 때문입니다. 억지로 마지못해 하는 것은 참된 순종이라고 볼 수 없습니다. 자원하는 순종은 마치 벌집에서 꿀이 흘러넘치고(아 4:7), 샘물에서 물이 솟구쳐 나오는 것과도 같습니다(요 4:14). 이러한 자원하는 순종은 오직 은혜를 주입 받은 사람들만이 행할 수 있습니다. 여러 영적 의무들을 매우 무거운 압박으로 느낀다면 그가 신앙고백자라고 해도 은혜를 받은 사람이라고 말하기는 어려울 것입니다. 하나님께서는 순종을 크게 여기십니다(고전 9:17). 자원하는 순종만이 일관성을 가질 수 있기 때문입니다. 그것은 순종이 가지는 매우 특별한 또 하나의 탁월성입니다. 일관성 있는 순종은 일상적인 삶에 균형을 가져옵니다. 보편적인 삶의 자세에 있어 일관성 있는 거룩함을 드러낼 수 있는 것입니다. 외적인 목적이나 우발적이고 순간적인 동기로 움직이는 사람은 그러한 일관성을 가지지 못합니다.

"저는 자의 다리는 힘없이 달렸나니 미련한 자의 입의 잠언도 그러하니라"(잠 26:7).

그리스도인의 삶 속에서 나타나는 순종의 일관성과 균형은 성령께서 주입하신 영적 생명의 대표적인 증거 중 하나입니다.

생명의 원리를 주입하시는 하나님의 또 다른 목적과 의도가 있습니다. 그것은 영혼에게 하늘에서 하나님을 즐거워할 수 있는 자격을 부여하기 위함입니다.

"예수께서 대답하여 이르시되 진실로 진실로 네게 이르노니 사람이 거듭나지 아니하면 하나님의 나라를 볼 수 없느니라"(요 3:3).

하늘의 기업은 거듭난 자만이 얻을 수 있습니다(벧전 1:3,4). 성령으로 말미암아 주입되는 이 은혜의 원리는 장차 하늘에서 누리게 될 영광의 씨앗입니다. 이 원리가 영생의 뿌리가 되어(요 17:3) 영혼으로 하여금 영광스러운 날을 맞이할 준비를 갖추게 하는 것입니다. 하나님을 바라보고 영혼이 하나님을 닮아가는 것이야말로 가장 큰 영광입니다. 성도들은 그 영광을 통해 즐거움을 얻습니다. 이것은 말로 다 할 수 없는 특권입니다. 은혜의 원리를 받지 못한 자들이 결코 누릴 수 없는 특권인 것입니다.

"이는 내 마음에 그들을 싫어하였고 그들의 마음에도 나를 미워하였음이라"(슥 11:8).

영적 생명이 없는 자들에게 거룩한 의무와 규례들은 그저 무미건조한 속박에 지나지 않습니다(말 1:13). 그들에게 있어서 하늘은 결코 영광스러운 것일 수가 없습니다.

"육으로 난 것은 육이요 성령으로 난 것은 영이니…바람이 임의로 불매 네가 그 소리를 들어도 어디서 오며 어디로 가는지 알지 못하나니 성령으로 난 사람은 다 이러하니라"(요 3:6,8).

신자들은 인간이 감히 가늠할 수 없는 방식을 통해 역사하시는 성령님의 창조의 소생들입니다. 그 일을 성취하시는 하나님의 방식을 온전히 이해할 수 있는 능력을 우리는 가지고 있지 않습니다. 주께서 '바람이 어디서 불어

오는지 아느냐'라고 물으신다면, 우리는 '모릅니다'라고 대답할 수밖에 없습니다. 여러분은 바람이 어디를 향해 가는지 아십니까? 여러분은 알지 못하실 것입니다. 하지만 바람이 불 때 여러분은 그 바람을 느끼실 것입니다. 바람의 소리를 귀로 듣고, 바람의 느낌을 피부로 느낄 수 있을 것입니다. 성령의 역사 역시 그러합니다. 거듭난 이들이라 할지라도 자기 속에서 그 모든 것들이 어떻게 산출되었는지 온전히 알 수 있는 사람은 없습니다. 그러나 그들은 자신들의 영혼에 역사하시는 성령의 효력과 능력을 느낍니다. 이 느낌은 지성이 가질 수 있는 것이 아닙니다. 육신적인 마음을 가진 사람들은 결코 느낄 수 없습니다.

우리는 생명의 원리를 부여 받는 일에 어떠한 능동적인 기여도 할 수 없습니다. 하지만 우리 안에 이 생명의 원리를 받아들이고 수용하는 것으로 성령의 역사하심을 따를 수는 있습니다. 영혼 속에 영적 원리를 산출하는데 있어서 우리가 아무런 역할도 할 수는 없지만, '성화(聖化)의 과정'에 있어서 우리가 성령의 역사하심에 대해서 부응할 수는 있는 것입니다.

그러나 여전히 자기 자신의 구원을 위하여 스스로 무엇인가를 할 수 있다고 믿는 사람들이 있습니다. 그들은 결코 자기 자신을 부인하지 않습니다. 성경은 은혜의 문제에 있어서 인간이 어떠한 일도 해낼 수 없을 뿐만 아니라 오히려 그 일에 매우 큰 적대감을 가지고 있다는 사실을 말하고 있습니다. 그들이 가지는 무능력함과 적대감 말고 그들이 가지는 실상을 설명하기 위한 다른 논리는 필요 없을 것입니다.

"육신의 생각은 하나님과 원수가 되나니"(롬 8:7).

"전에 악한 행실로 멀리 떠나 마음으로 원수가 되었던 너희를…"(골 1:21)

인간의 본성이 산출할 수 있는 것은 그 본성 자체를 망하게 하는 것들뿐입니다. 육신으로부터 나오는 것은 육신적인 것일 수밖에 없습니다. 이것은 분명한 원리입니다. 모든 결과는 그에 대한 직접적인 원인들로부터 비롯되는 것입니다. 그 이상은 기대할 수 없습니다. 그러나 영적 생명의 원리는 그렇지 않습니다. 이 생명의 원리는 영생하도록 솟아나는 샘물입니다(요 4:14). 거듭난 영혼 속에 남아 있는 하나님의 생명의 씨앗이며(요일 3:9) 그것은 결코 "썩지 아니할 씨"인 것입니다(벧전 1:23).

우리의 영혼이 거듭나 새롭게 되는 것은 우리가 본성을 벗고 새로운 피조물로 다시 태어나는 것입니다. 이것이 성경이 표현하고 있는 거듭남의 개념입니다. 성경은 거듭나는 것을 죽은 자 가운데서 살아나는 것으로 말하고 있습니다(엡 5:14). 죽어있는 존재를 살리는 것은 분명한 창조의 개념입니다. 그것은 이전에 어떠한 존재도 없었다는 것과 다르지 않습니다. 우리의 거듭남은 말할 수 없는 은혜입니다(고후 10:4). 모든 것이 은혜로 말미암습니다. 만약, 우리의 본성이 이 영적 생명을 스스로 얻어 낼 수 있는 능동적인 능력을 행사할 수 있다면 천성이 선하고 매우 도덕적인 사람이 가장 먼저 그 새 생명을 얻을 것입니다. 하지만 현실은 그렇지 않습니다. 가장 악한 본성을 타고난 사람이 가장 훌륭하다고 여겨질 만한 사람들보다 더 빨리 살리심을 받는 일을 우리는 얼마나 자주 보게 되는지 모릅니다. 세상에서 존경 받을 만한 많은 이들이 여전히 영적인 사망의 상태에 머물러 있는 것이 그것을 말해 주고 있습니다.

마태복음 19장에 나오는 젊은 청년을 보십시오. 그는 멋지고 풍부한 '교양미'를 갖춘 사람이었을 것입니다(마 19:21). 하지만 그는 그리스도의 은혜에 결국 참여하지 못했습니다. 오히려 자신의 죄악으로 애통해 했던 막달라 마리아가 그 은혜를 입었습니다(눅 7:37). 크고 화려하게 장식된 그릇은 버려지고, 보잘 것 없는 질그릇이 귀히 쓰여 진다는 사실은 우리에게 정말 큰 위로가 아닐 수 없습니다.

그리스도와의 연합을 위해서는 무엇보다 세상에 대하여 가지고 있던 육신적인 소망을 끊어 버려야 합니다. 이를 위해 우리의 본성적이고 죄악적인 자아를 포기해야 하는 것입니다. 그렇지 않고서는 그리스도를 영접할 수 없습니다(롬 10:3). 자아를 온전히 만족시키는 것처럼 치장된 세상의 유익들을 우리는 모두 부인해야 합니다. 그렇지 않는다면 그리스도를 영접하는 일은 가능하지 않습니다. 그러나 우리가 가진 본성은 영원한 저주에 자신을 거는 무모한 모험을 택하면서까지 자아를 놓지 않으려고 할 것입니다. 초자연적인 원리가 사망의 법에서 우리의 영혼을 해방시키지 않는 한 우리는 그 본성을 떠날 수 없습니다(롬 8:2).

그리스도께 마음을 온전히 열어 그리스도를 받아들이는 일은 성령님의 살리시는 역사로 일어나는 생명의 효력입니다(계 3:20). 태양의 빛을 공급 받지 않고서는 꽃 봉우리가 피어날 수 없듯이 그리스도로부터 파생된 영적인 생명의 원리가 없이는 마음의 의지는 그리스도께로 열리지 않습니다. 우리의 본성은 무능력함과 적대감으로 굳게 닫혀져 있기 때문입니다. 누구도 이 사실에 의문을 제기할 수 없습니다(요 5:40). 인간이 가진 본성은 스스로 그리스도께 나아갈 능력도, 나아가고 싶어하는 의지도 갖지 않습니다. 누군가가 그러한 의향을 가지게 되었다면 그것은 마음을 여시는 전능하신 성령의 역사하심으로 주입된 생명의 원리에 의한 효력임에 틀림없습니다.

여러분은 이러한 의문을 제기할 수도 있을 것입니다. '생명의 원리가 주입되고 난 후에야 믿음을 행사할 수 있고, 그 믿음을 행사하기 전까지 그리스도를 영접하지 못한다면, 생명의 원리가 주입 된 이후 그 믿음을 미처 행사하기도 전에 불의의 죽음을 맞이하게 되는 자들은 결국 거듭나지 못한 상태로 멸망하는 것인가?'라고 말입니다. 하지만 먼저 우리 측에서 능동적인 믿음을 행사하기 전에 성령의 살리시는 역사가 선행되어 한다는 개념은 시간의 우선성이 아닌 본질의 우선성을 말한다는 사실을 알아야 합니다. 그것은 본질의 질서를 의미합니다. 좋은 생명의 기운을 내기 위해 먼저 좋은 생명의 원리가 주입되어야 하는 자연의 본질적 질서의 원리로 이를 이해해야 하는 것입니다. 하나님께서는 한 영혼을 구원하시기 위해 세우신 계획을 끝까지 이루시는 분이십니다. 하나님께서 그 영혼을 위해 생명의 원리를 주시기로 작정하셨다면, 그 영혼이 완전한 구원을 얻을 때까지 그를 지키실 계획 또한 가지고 계시다는 사실을 기억하십시오. 영혼을 위한 하나님의 위대한 은혜의 계획은 시작과 완성을 모두 포함합니다(빌 1:6).

'신적 생명'을 가지지 못한 '거듭나지 않은 사람들'은 '이미 죽어 있는 자들'입니다. 그들은 '허물과 죄로 죽은 자'들입니다. 그들이 육체적으로는 살아있다고 해도 말입니다. 그들은 이해와 논리를 가지고 대화를 나누며 여러 가지 계획을 세우기도 합니다. 먹고 마시고 집을 짓는 등의 여러 일들을 행하며 이 땅을 살아가고 있습니다. 하지만 그들이 생명의 활동은 본성적 측면에서의 활동일 뿐입니다. 그들은 욥기에 묘사된 것과 같이 "소고와 수금으로 노래하고 피리 불어 즐기며 그들의 날을 행복하게 지내다가 잠깐 사이에 스올에…" 내려갈 자들인 것입니다(욥 21:12,13). 야고보서 5:5는 "너희가 땅에서 사치하고 방종"한다고 말합니다. 그들은 물속에 사는 물고기가 생명을 유지하기 위해 물 속의 양분을 취하는 것처럼 움직일 뿐입니다. 성경은 그들을 분명히 죽어 있는 자들이라고 말하고 있습니다(딤전 5:6). 영적인 차원에서 볼 때 그들의 본성적이고 육감적인 삶은 '살았다'하는 이름을 붙일 수가 없습니다. 그들은 사회 속에서 매우 기민하고 기술적인 세련된 모습을 보입니다. 누가 봐도 그들은 가장 활발히 살아 있는 자들입니다.

"이 세대의 아들들이 자기 시대에 있어서는 빛의 아들들보다 더 지혜로우니라"(눅 16:8).

세상의 지혜에 있어서 그들은 매우 탁월한 모습을 보입니다. 그러나 영적인 차원에서 그들은 죽어 있는 자들입니다. 하나님과 위에 있는 것들에 대한 감각은 전혀 가지고 있지 않는 자들인 것입니다. 그들은 그것을 알 수 있는 총명(understanding)을 가지고 있지 못합니다(고전 2:14). 하나님께로부터 나온 어떠한 것들도 그들은 이해하지 못합니다. 그들의 정서가 예수 그리스도를 향해 단 한 발자국도 움직일 수 없다는 것은 이상한 일이 아닙니다(요 6:65). 탁월한 영적인 대상들을 전혀 느끼지 못하는 무감각함, 이것이 거듭나지 아니한 그들이 가지는 가장 서글픈 정황입니다. 그들을 위해 기도하십시오. 그들을 권면하는 일을 중단하지 마십시오. 성령께서 그들의 죽어 있는 영혼에 임하시면 그들의 영혼은 살아날 것입니다.

"이 마른 뼈들이 능히 살겠느냐?"(겔 37:3)

그렇습니다. 하나님께로부터 오는 생명의 성령께서 그들에게 임하시면 그들은 살아날 것입니다. 가장 심각한 무지와 적대감 속에 그들이 죽어 있다 할지라도 말입니다. 친족들을 위한 여러분의 금식 기도가 지금 당장 소용없어 보일 수도 있습니다. 하지만 낙담하지 마십시오. 신학자인 존 로저스(John Rogers)는 어릴 적 가족들의 근심의 대상이었습니다. 그 시절 그는 정말 버릇없고 빗나간 젊은이였기 때문입니다. 그러나 주님께서 그를 변화시키신 후 그의 형제들은 그를 보고 이렇게 말했다고 합니다. '로저스는 두 사람이 가지고 있을 만한 은혜를 입었음에도 불구하고 마치 하나의 은혜도 가지고 있지 않은 사람처럼 더 큰 은혜를 갈망하고 있다.'

그리스도인들은 거듭남으로 영예로운 존재가 된 이들입니다.

"이는 혈통으로나 육정으로나 사람의 뜻으로 나지 아니하고 오직 하나님께로서 난 자들이니라"(요 1:13).

그들은 육체의 방식으로 난 사람들이 아닙니다. 그들은 가장 신령하고 초자연적인 방식으로 난 사람들입니다. 그들은 하나님의 소생이며, 지존자의 자녀들입니다. 거듭남으로 그들은 하나님의 자녀가 된 것입니다. 그것은 인성(人性)이 도달할 수 있는 최고의 영예가 아닐 수 없습니다. 오, 소망 없던 가련한 죄인들이었던 우리가 하나님의 생명을 소유하게 되다니요! 세상에서 누릴 수 있는 가장 화려한 존영(尊榮)들이라 할지라도 그 영광에 비하면 한낱 지푸라기에 불과합니다. 그리스도로 말미암아 거룩한 하나님의 성전이 되는 존영에 어찌 그것들을 비교할 수 있다는 말입니까!(고전 6:19)

거듭난 이들의 존영이 영광스러운만큼 거듭나지 아니한 사람들의 조건은 더욱 비참하기 짝이 없습니다. 그들은 이미 죽은 사람과 다를 바가 없습니다. 죽은 사람이 어떠한 아름다움이나 사랑스러움도 가질 수 없는 것처럼 거듭나지 않은 사람들에게서는 어떠한 탁월함도 발견할 수 없습니다. 그들이 아무리 도덕적인 '교양과 덕행'으로 자신을 단아하게 꾸민다 해도, 그것은 죽은 시체를 장식하고 있는 꽃에 불과합니다. 그들은 결코 거듭난 그리스도인들이 누리는 기쁨을 가질 수 없습니다. 생명이 없는 자가 어찌 '즐거움'이나 '기쁨'을 느낄 수 있겠습니까?

"영의 생각은 생명과 평안이니라"(롬 8:6).

아버지의 집에 돌아와 비로소 즐거워할 수 있었던 탕자처럼, 그들이 하나님께 돌아오지 않는 한 즐거움은 없습니다. 그들은 진흙처럼 식어져 버린 자들입니다. 정욕을 향해서는 매우 뜨거운 마음을 가질 것입니다. 그러나 하나님과 위에 있는 것들을 향한 그들의 정서는 완전히 '얼어붙어' 있습니다. 죽은 시체의 몸이 차갑게 식어 있는 것처럼 말입니다.

"당신들 중에 내게 매장할 소유지를 주어 내가 나의 죽은 자를 내 앞에서 내어다가 장사하게 하시오"(창 23:4).

죽은 자가 땅에 묻히는 것처럼 그들은 하나님의 면전을 떠나 영원한 흑암 가운데 장사될 것입니다. 가장 낮고 어두운 지옥에 영원토록 묻히게 될 것입니다(요 3:3). 오, 거듭나지 아니한 사람들이여! 그대들은 차라리 나지 않았으면 좋을 뻔하였도다!

여러분 스스로를 돌아보십시오. 여러분은 그리스도와 연합하여 그 생명의 은택을 누리며 살아가고 있는 사람들입니까? 입으로 내뱉는 고백과 외적으로 행하는 여러가지 영적 의무들을 그리스도의 은택의 특권 아래 있는 것에 대한 증거라고 생각하고 있지는 않습니까? 여러분의 영혼 속에 영적인 것에 대한 바른 지각이 있는지 살펴보십시오. 만약 그렇지 못하다면 여러분에게 영적 생명이 있다고 볼 수 없습니다. 죽은 사람이 아무것도 느낄 수 없는 것처럼 영적으로 죽어 있는 사람들은 죄에 대한 무게를 느낄 수 없습니다. 죄에 대한 애통함은 영적으로 살아있는 자들만이 느낄 수 있는 감정입니다. 물론 그들도 양심이 주는 빛을 통해 죄가 악하다는 사실을 압니다. 하지만 죄에 대해 더 이상의 진지함은 가지지 않습니다. 죄가 얼마나 심각한 위험성을 가지고 있는지 알지도 못할 뿐만 아니라 알려고 하지도 않습니다. 저주를 받는 일은 싫어하면서도 저주로 향하고 있는 자신들의 오염된 처지에 대해서는 관심이 없습니다. 지옥은 몸서리치면서도 정작 자신을 지옥으로 몰아가는 극악한 범죄는 대수롭지 않게 여깁니다.

신령한 것에 대한 '주림과 목마름'은 영적 생명을 가진 영혼들이 느끼는 두드러진 마음입니다. 그 마음이 곧 영적 생명에 대한 증거가 되는 것입니다.

"갓난 아기들 같이 순전하고 신령한 젖을 사모하라 이는 그로 말미암아 너희로 구원에 이르도록 자라게 하려 함이라"(벧전 2:2).

영적 생명을 가진 영혼은 갓난 아이가 생명을 유지하기 위해 젖을 빠는 것과 같은 본능을 가집니다. 아기들에게 엄마의 젖을 먹을 필요성을 상기시켜 줄 필요가 없는 것처럼 영적 생명을 가진 영혼은 언제나 주님과의 교통에 대한 허기짐을 느끼는 것입니다.

마음에서 일어나는 '신령한 갈등' 역시 영적 생명의 좋은 증거가 됩니다.

"육체의 소욕은 성령을 거스르고 성령은 육체를 거스르나니 이 둘이 서로 대적함으로 너희가 원하는 것을 하지 못하게 하려 함이니라"(갈 5:17).

여러분의 마음이 가지는 성향과 나아가려고 하는 방향을 자세히 살펴보십시오. 이와 같은 영적 생명의 신령한 증거들을 여러분이 가지고 있는지 말입니다. 여러분은 죄를 미워하고 두려운 것으로 여기고 계십니까? 또 하늘에 속한 영적인 사람들의 모임을 허망한 육신적 모임보다 더 기쁘게 여기십니까? 그렇다면 여러분은 영적 생명을 가지고 있는 사람들입니다. 여러분 중에서 이렇게 말하는 분이 계실지 모르겠습니다. '오, 저는 영적으로 죽어 있는 자입니다. 이제 저는 어찌 해야 한다는 말입니까!' 영적으로 '무기력'(deadness)한 것과 아예 '죽은'(death) 것은 다릅니다. 낙심하지 마십시오. 완전히 죽어 있는 자는 이러한 생각을 갖지 않습니다. 이러한 지각을 가졌다는 것 자체가 생명의 표증인 것입니다.

아기들을 보십시오. 태어난 지 얼마 되지 않는 갓난 아기는 걸어서 엄마에게 갈 수 없지만 힘차게 우는 것으로 엄마를 자기에게 불러들이지 않습니까. 여러분이 가진 영적 생명 역시 그러합니다. 때로는 병이 날 수도 있고, 어떠한 부분에서 매우 연약할 수도 있습니다. 하지만 영적 생명이 가지는 다른 기능들이 여전히 살아 있다면 여러분은 살아 있는 영혼을 가진 사람들입니다.

6장

믿음의 행사

"영접하는 자 곧 그 이름을 믿는 자들에게는
하나님의 자녀가 되는 권세를 주셨으니"
_요 1:12

하나님의 성령으로 말미암아 살리심을 받는 일에 대해 영혼이 '믿음'을 가지는 것은 그리스도를 영접함으로 하나님의 역사에 능동적으로 부응하는 일입니다. 본문이 바로 이 점을 말해주고 있습니다. 그리스도에 참여하여 영원한 복락을 누리는 문제를 '믿음의 행사'가 좌우한다는 사실을 보여주고 있는 것입니다. 이 문제를 몇 가지 부분으로 나누어 살펴보겠습니다. '이 높고 영광스러운 특권(하나님의 자녀가 되는 권세를 주셨으니)이 무엇이며, 이 특권을 누리는 주체(영접하는 자)가 누구인지, 그 이름을 믿는 자들이 누구인지 말입니다.

"하나님의 자녀가 되는 권세를 주셨으니"라는 말씀에서 "권세"(power)라는 말은 매우 광범위한 의미를 가지고 있습니다. 어떤 사람들은 그 말을 '권리'(right) 또는 '존영(尊榮)'(dignity)으로 번역하기도 하며, '특전'(prerogative), '특권'(privilege) 또는 '명예'(honor)로 번역하는 이들도 있습니다. 하지만 이러한 여러가지 표현 모두는 다같이 '양자(養子)의 직위나 권리'를 함축하고 있습니다. 모두가 하나님의 자녀들로서 누리게 되는 현세의 은택과 내세에서 받게 될 하늘의 복된 기업에 대한 권한을 말하고 있는 것입니다. 그로티우스(Grotius)는 하나님의 자녀로서의 신분을 '미완성'의 상태와 '완성'의 상태로 나누어 말했습니다. 그것은 현세에 살아가는 하나님의 자녀들이 장차 내세에서 누리게 될 하나님과 하늘의 완전한 충만함을 염두에 둔 개념일 것입니다. 그렇습니다. 하나님의 자녀들은 죄를 용서 받고 하나님의 총애를 입은 자들입니다. 그들은 이후 하늘에서 하나님의 면전에서 하나님과 충만한 교제를 누리는 완전한 상태에 들어가게 될 것입니다.

그들은 바로 "영접하는 자"들 입니다. 곧 하나님의 자녀가 되는 특권을 부여 받을 장본인들인 것입니다. 본문은 그들을 '믿음'을 가진 자들로 자세히 묘사하고 있습니다. '믿음'을 통해 그들이 그리스도와 연합하여 하나님의 은택을 누릴 지위와 권리를 부여 받게 된다는 것을 설명하고 있는 것입니다. '영접'은 '믿음'의 구체적인 행사를 의미합니다. 그 믿음의 행사가 우리에게 그리스도의 인격과 그리스도께서 가지신 모든 은택에 참여할 권리를 부여하는 것입니다. 많은 은혜 가운데서도 우리에게 그리스도께 참여하는 권리를 주는 은혜는 오직 '믿음' 뿐입니다. '믿음'의 행사로서 '그리스도를 영접'하는 자들은 그가 누구이든지 의롭다 하심을 받고 구원을 얻게 되는 것입니다.

"거기에는 헬라인이나 유대인이나 할례파나 무할례파나 야만인이나 스구디아인이나 종이나 자유인이 차별이 있을 수 없나니 오직 그리스도는 만유시요 만유 안에 계시니라"(골 3:11).

본문은 이를 위한 매우 구체적인 방안을 제시하고 있습니다. 곧 '영접하다'라는 표현을 사용함으로(우리의 것으로 '받다' 또는 '취하다'라는 의미) 믿음의 본질과 그에 대한 적절한 행사가 무엇인지를 직접적으로 드러내고 있는 것입니다. 또 '그 이름을'이라는 목적어로 믿음의 행사가 나아가야 할 방향을 분명히 가리키고 있습니다. 그것은 곧 '그분의 인격'을 말합니다. 우리가 믿음의 행사로 취해야 할 목표가 그리스도의 인격 자체라는 것을 우리에게 말하고 있는 것입니다. 하지만 그러한 믿음의 행사는 결국 복음이 약속하는 모든 것들을 필연적으로 수반하게 됩니다.

"복음에는 하나님의 의가 나타나서 믿음으로 믿음에 이르게 하나니."(롬 1:17).

복음은 죄인들에게 예수 그리스도를 주시겠다는 분명한 약속을 말하고 있습니다. 예수 그리스도를 영접하는 일만이 죄인들을 의롭다하시고 구원을 베풀도록 하시는 오직 유일한 길임을 말하고 있는 것입니다.

본문은 '영접하는 자'와 더불어 '그 이름을 믿는 자들에게는'이라는 표현을 함께 사용함으로 믿음의 행사를 보다 구체적으로 묘사하고 있습니다. '그 이름'은 그리스도를 가리킵니다. 곧 그리스도의 이름을 믿는 것은 그리스도를 믿는 것과 같은 의미를 가지고 있는 것입니다.

예수 그리스도를 영접하는 것은 영혼으로 하여금 그리스도 자신과 그 은택들을 소유함으로 구원을 얻게 하는 살아있는 믿음의 행사입니다. 지난 강론에서 살펴본 바와 같이 우리가 영적인 삶을 살아가기 위해서는 우리의 영혼이 반드시 영적인 생명을 가져야만 합니다. 생명의 성령께서 영혼을 살리시는 일을 통해 그리스도와 우리를 연합시키시는 일이 일어나야만 우리가 예수 그리스도를 부여잡고 영접하는 영적인 삶을 살아가는 일이 가능한 것입니다. 몸의 생명은 영혼이며, 영혼의 생명은 믿음입니다. 그리고 그 믿음의 생명이 바로 그리스도이십니다. 물론 의롭다하심을 받아 구원을 받게 할 만한 믿음의 행사 외에도 다른 종류의 여러가지 믿음의 행사들이 있습니다만 우리는 여기서 그리스도를 영접하는 믿음의 행사를 다룰 것입니다. 그것은 우리의 의와 영원한 복락이 달려 있는 행사를 말합니다. 구원의 문제와 직접적인 연관성을 가지고 있는 믿음의 행사를 말합니다.

"영접하는 자들에게는 하나님의 자녀가 되는 권세를 주셨으니."

성경의 여러 부분에서 우리는 그리스도를 영접하는 것의 여러가지 표현들을 발견합니다. 때로는 "그리스도께 나오는 것"(요 6:35)으로, 때로는 '그리스도를 신뢰하거나 그리스도에게 머무는 것'(사 50:10) 등으로 그것을 묘사하고 있습니다. 하지만 어떠한 표현들로 그것이 묘사되었든지 간에, 모두가 이 구원 받을 만한 믿음의 행사를 함축하고 있음에는 틀림이 없습니다. 그러나 그리스도를 영접하는 일이 매우 깊이 있는 신비를 가지고 있음에도 불구하고 그 문제를 매우 가벼이 여기는 사람들이 있습니다. 그러나 분명히 말씀드리면 그들은 영혼을 비추시고, 지혜롭게 하시며, 겸비케 하시는 성령님의 역사 아래 한 번도 들어간 적이 없는 자들일 것입니다. 구원 받을 만한 믿음을 가지는 일은 일반적인 찬동이나 수긍(Common Assent)과는 전적으로 다른 본질을 가지고 있습니다. 그러한 것들을 진정한 믿음으로 착각하는 것은 매우 치명적인 실수를 범하는 것입니다.

본성적인 무지의 흑암 속에 있는 자들은 예수 그리스도를 영접할 수 없습니다. 영접해야 할 분이 누구이신지, 그분의 거룩한 직무들이 무엇인지 이해하지 못하는 사람이 어떻게 그리스도를 영접할 수 있을 거라고 기대할 수 있겠습니까. 더욱이 그리스도의 '신성'과 '인성'을 인정하지 않으면서 그리스도의 영광스러운 직무들 중 어느 것 하나라도 부인하는 사람이라면 그가 아무리 그리스도의 모범적인 삶과 죽음을 높게 평가하는 사람이라 할지라도 그분을 영접할 수 없습니다. 그러한 흠있고 갈라진 생각의 작은 틈이 영적인 전체의 틀을 무너뜨릴 수 있습니다.

'무지는 통하지 않는다'(Ignorantis non est consensus)는 말처럼 구원 받을 만한 믿음은 영적인 빛으로부터 나옵니다. 성경은 분명하게 영적인 지식을 말하고 있습니다(사 53:11). '아는 것'과 '믿는 것'은 불가분해의 관계에 있기 때문입니다(요 6:40). 주님께서는 아버지께 배운 자들이 당신께 나아온다고 말씀하셨습니다(요 6:45). 그리스도를 영접하는 믿음의 행사는 지식의 인도와 안내를 받는 것입니다. 그 빛이 우리로 하여금 오직 그리스도만이 모든 필요를 채우시고 영혼의 문제를 해결하실 분이심을 알도록 하는 것입니다. 이 사실을 알거나 깨닫지 못하는 자는 그리스도를 영접할 수 없습니다. 그리스도의 진리를 이해하는 일은 그리스도를 영접하는데 있어서 매우 필연적인 일입니다. 그리스도를 영접하려면 그리스도의 인격과 성품은 물론, 하나님의 공의를 만족시키신 그리스도의 성육신과 죽으심에 대해 알고 깨닫는 지식이 있어야 하는 것입니다. 물론 그러한 지식 자체가 구원 받을 만한 믿음으로 인정되는 것은 아닙니다만 그것이 구원 받을 만한 믿음의 기초와 터전이 된다는 것은 분명한 사실입니다.

영혼은 자신의 시각에서 불확실한 것에 대해 믿음을 행사하지 않습니다. 믿음을 가지기까지 영혼은 추정(Conjecture)과 견해(Opinion)의 단계를 거칩니다. 추정의 단계에 있는 영혼은 여러 반론들을 염두에 둔 채 매우 중립적인 상태를 견지합니다. 그러나 자신의 견해가 형성 되는 단계에 이르게 되면 영혼은 보다 기울어진 쪽으로 찬동하는 경향을 가지기 시작합니다. 그러한 경향이 지속되면 결국 영혼은 확고한 찬동, 즉 믿음의 단계에 도달하게 되는 것입니다. 믿음의 단계에 돌입한 지성(知性)은 흔들리지 않는 확고한 지각을 가지게 됩니다. 불은 뜨겁고, 꿀은 달다는 사실에 어떠한 의구심도 가지지 않는 것처럼 말입니다. 또 믿음의 단계에 이른 영혼은 '원인은 결과보다 앞선다'라는 식의 원리적 명제들에 대한 이해력을 가지게 될 뿐만 아니라 '부분이 있는 곳에 전체가 있을 것이다'라는 추론의 능력을 가지기도 합니다. 믿음을 행사하는 지성은 보이지 않는 것에까지 찬동하는 수준으로 나아가는 것입니다. 이것은 곧 지성의 승낙(assent)의 단계입니다. 영혼이 하나님의 '신적 진실성'(prima veritas, divine verity)을 공식적인 믿음의 대상으로 삼는 단계에 이르게 되는 것입니다. 주님께서는 그 대상을 향한 믿음의 기초 위에 우리의 지적 찬동의 집을 지어야 한다고 말씀하셨습니다.

그리스도의 성육신(成肉身)에 대한 심오한 신비를 믿는 과정이 그러합니다. 그러한 과정을 통해 영혼의 지성이 그리스도의 놀라운 인격 안에 있는 신성과 인성이 격위적(格位的) 연합(Hypostatical union)과 그리스도와 신자들 간의 신비로운 연합을 믿는 수준으로까지 나아가게 되는 것입니다. 우리가 가진 본성적 지성의 능력만으로는 이러한 것들에 대한 바른 이해를 가질 수가 없습니다. 말씀의 굳건한 터 위에서만 믿음으로 지적 찬동의 집을 지을 수 있는 것입니다. 확고한 지적 찬동이 없다면 그리스도를 영접하는 일도 있을 수 없습니다. 그러한 상태에서 행하는 모든 영적 행사는 표적을 겨누지 않고 공중을 향해 아무렇게나 쏘아 버린 화살에 지나지 않습니다. 사탄이 사람들에게 그토록 무신론적 사상을 주입시키려고 애를 쓰는 이유가 여기에 있습니다. 믿음의 근거들에 대한 불확실성을 마음에 심어 믿음이 영혼 속에서 깊이 뿌리내리지 못하도록 하려는 것입니다.

그리스도를 영접한다는 것은 또한 우리 마음이 그분을 높으신 분으로 인정하고 평가한다는 것을 함축합니다. 그리스도를 우리의 모든 궁핍과 죄와 위험을 치료하는 가장 탁월하고 완전한 처방이시라는 사실을 인정하는 것입니다. 그렇습니다. 우리는 그러한 신뢰감으로 그리스도를 영접해야 합니다. 그리스도만이 우리의 상처에 대한 유일한 처방이십니다. 그분께서는 우리의 높은 평가와 인정을 받아 마땅하신 분이십니다. 죄인들을 위하여 예수 그리스도로 말미암아 취하신 하나님의 주권적인 은혜와 지혜를 우리가 어찌 찬탄하지 않을 수 있겠습니까. 그 탁월한 방식이 하나님의 공의의 영광과 우리들의 선을 모두 만족시켰습니다. 그것을 인정하는 사람만이 그리스도를 위해 세상의 모든 것을 끊어 버릴 수 있을 것입니다.

그리스도께서는 아주 작은 연약함도 가지고 계시지 않습니다. 또 모든 능력으로 충만하신 분이십니다. 그분께서는 당신께 나아가는 자들 중 단 한 사람도 잃어버리지 않고 구원하실 능력으로 충만한 분이십니다. 또한 '거만'하지도 않으십니다. 그리스도께서는 당신께 나오는 가련한 영혼을 결코 조롱하거나 멸시하시지 않습니다. 한 번 받으셨던 영혼을 다시 쫓아버리는 '변덕스러움'이나 '경솔함'도 가지시지 않습니다. 그분은 어떠한 작은 '티'도 가지고 계시지 않는 분이십니다.

"그 전체가 사랑스럽구나…"(아 5:16).

그리스도께서는 모든 부요로 충만하신 분이십니다. 모든 지혜와 의로움과 거룩함과 구속함이 그분께 있습니다. 우리의 영혼은 이렇게 말하지 않을 수 없을 것입니다. '나는 주리고 목마르다. 나는 율법의 정죄를 받은 죄인이다. 그 율법의 저주가 임할까 나는 얼마나 두려워하며 살아왔는가. 나는 얼마나 죄의 더러운 오염 속으로 내 자신을 빠뜨려 왔는가. 그러나 그리스도께 내 영혼을 의롭다 하실 의가 있다. 나의 부정함을 완전히 씻을 샘을 가지고 계신다. 그분의 피는 공로의 샘이며, 그분의 영은 거룩과 순결의 샘이다. 그리스도 외에 누가 나의 궁핍과 곤고함과 두려움을 해결할 수 있다는 말인가. 우리를 위해 그리스도를 예비하신 하나님의 측량할 수 없는 놀라운 사랑과 지혜여! 오, 내가 그리스도를 얻을 수만 있다면! 내가 그리스도 안에 있을 수만 있다면! '

이것이 그리스도를 영접하며 모든 영광을 하나님께 돌리는 사람이 가지는 모습입니다(롬 4:21).

'마음의 승낙과 선택' 역시 그리스도의 영접이 함축하고 있는 것입니다. 그것은 온 마음을 다해 그리스도를 맞이 하는 것입니다.

"주의 권능의 날에 주의 백성이…즐거이 헌신하니…"(시 110:3).

죄인들의 의지를 이처럼 변화시키는 것이 복음이 가진 목적과 의도입니다. 유대인들은 바로 그러한 차원에서 그리스도의 질책을 받았던 것입니다.

"그러나 너희가 영생을 얻기 위하여 내게 오기를 원치 아니하는도다"(요 5:40).

믿음 안에는 '단순한 지적 수긍' 뿐 아니라 '완전한 의지의 승낙'이 수반되어야 한다는 사실을 이해하지 못하는 사람이 많습니다. 저는 여기서 그들의 어리석은 논증에 대한 반론을 제기함으로 본 강론을 산란하게 하고 싶지는 않습니다만, 믿음이 지성만의 결과가 아니라는 사실은 분명히 말씀드립니다. 바스귀이즈(Vasquez)가 말한 것처럼, 어떠한 것을 마음에 받아들이는 일(믿음)은 지성과 함께 반드시 마음의 의지를 필요로 합니다. 믿음은 지성으로만 가질 수 있는 것이 아닙니다. 그것이 구원 받을 만한, 곧 의롭다 하심을 받을 만한 믿음의 문제라면 더 더욱 그러해야만 합니다. 의지의 승낙은 전능하신 하나님께서 주시는 은혜의 산물입니다(엡 1:19). 우리의 의지를 인도하시어 '여러 줄'로 우리를 그리스도께 향하게 하시는 것입니다. 우리의 의지는 하나님께서 이끄시는 합리적인 논증의 인도를 받습니다.

죄로 인해 맞게 될 임박한 진노를 피할 소망의 문이 그리스도라는 사실을 알게 하심으로 우리의 의지가 그리스도를 받아들이고 선택하도록 인도하시는 것입니다.

그리스도를 영접하는 일에 함축된 주목할 만한 또 한 가지의 요소는 복음에 대한 부응입니다. 믿음은 복음적 제안에 부응하는 것입니다.

"그러므로 나나 그들이나 이같이 전파하매 너희도 이같이 믿었느니라"(고전 15:11).

복음은 주님을 받아들이라는 것 외에 다른 조항을 제시하고 있지 않습니다. 우리는 그 조항에 대해 단 두 가지의 선택만을 할 수 있습니다. 그리스도를 영접하든지, 그렇게 하지 않든지 말입니다. 많은 사람들이 그리스도 대신 영원한 저주를 택하고 있다는 것은 참으로 안타까운 일이 아닐 수 없습니다. 그들의 선택으로 하나님께서 제시하신 조약은 깨어지고 마는 것입니다.

복음은 매우 '진지하고 사실적으로' 그리스도를 우리에게 제시하고 있습니다. 만일 우리가 어떠한 일에 있어서 가장 진지해야 한다면 바로 이 일에 대하여서야 할 것입니다. 자기를 추적하는 '피의 복수자(復讐者)'를 피해 '도피성'으로 황급히 달아나는 사람의 마음이 어떠하겠습니까? 죄를 깨닫는 사람은 그리스도를 영접하는 일에 있어서 진지하지 않을 수 없을 것입니다. 복음은 완전한 제사장과 선지자, 그리고 왕의 직분으로 갖추신 분으로 그리스도를 제시하고 있습니다. 자기의 무지함을 깨닫는 자는 '선지자'로서의 그리스도가 필요하다는 것을 압니다. 자기의 죄책을 아는 자는 '제사장'이신 그리스도가 필요하다는 것을 알 것입니다. 그리고 자기를 넘어뜨리려는 강력한 죄악의 부패를 아는 자만이 그것을 제압하실 '왕'이신 그리스도께서 필요하다는 사실을 압니다. 그리스도 안에 이 세 가지의 직무 모두가 있다는 것을 아는 신자들은 그 은혜를 감복해하며 그리스도 전체를 받아들이지 않을 수 없는 것입니다. 그리스도를 부분적으로만 받아들이려 하는 것은 외식자가 취하는 전형적인 모습입니다. 그들은 자신들이 받아들이지 않는 부분은 달가워하지 않습니다. 그리스도의 용서는 받아들이면서 그리스도의 다스림은 거부합니다. 그들은 그리스도를 향하여 '주' 또는 '선생님'이라고 부르지만, 그 호칭 속에는 진지함이 들어있지 않습니다. 그들에게 마음 깊이 그리스도를 자신들의 '주'로 받아들이는지 물어보십시오. 자신들이 보이는 외적인 모습과 은밀한 행실이 서로 일치하는지 자문해 보라고 해보십시오. 그리스도와 세상 중 자신들을 실질적으로 주관하는 '선생'이 누구인지 말해 보라고 해보십시오.

우리가 그리스도를 영접하면서 그리스도 안에 하나된 것을 조각조각 분리해 내는 것이야말로 하나님의 지혜와 선하심에 대하여 퍼붓는 가장 큰 모독입니다. 그리스도의 세 가지 직무 중 어느 하나만 빠진다고 해도 우리의 구원은 완성될 수 없습니다. 그리스도께서 가지신 그 삼중직 모두를 함께 받아들이지 않는다면 그리스도와의 연합은 완전해질 수 없습니다. 우리는 그리스도 전체를 받아들여야 합니다. 그리스도로 말미암아 받는 구속하심 뿐만 아니라, 그리스도께 복종함으로 거룩한 그리스도의 삶을 살아가야 하는 것입니다.

그리스도의 보혈과 중보 이외에 어떠한 것도 섞지 마십시오. 그리스도만이 오직 유일한 구주이십니다. 오로지 주님만을 의뢰하고 의지해야 합니다 (행 4:12 ; 고전 3:11). 그것이 믿음입니다.

"내가…주의 의 곧 주의 의만 진술하겠나이다"(시 71:16).

그리스도의 의를 부분적으로 의뢰하고 나머지를 자기 자신의 의로 채우려고 하는 것은, 한 발은 바위 위에, 또 다른 발은 모래 위에 두는 것과 같습니다. 의와 구원의 관점에서 볼 때, 그리스도는 우리에게 모든 것 중에 오직 유일한 것이 되시든지, 아니면 그렇지 않으시든지 둘 중 하나입니다. 그분은 구원의 일 '전체'를 이루신 분이시기 때문입니다. 그리스도는 홀로 '찬미'를 받으셔야 마땅하신 분이십니다. 그리스도를 불완전한 분인양 만들지 마십시오. 구원에 있어서 그리스도는 완전한 분이십니다.

하나님께서는 그 완전하신 분을 '값없이 주는 선물'로 우리에게 베푸셨습니다!(요 4:10 ; 사 55:1 ; 계 12:17) 어떠한 공로도 없을 뿐만 아니라 지옥에 떨어져야 마땅한 우리에게 말입니다.

"일을 아니할지라도 경건치 아니한 자를 의롭다 하시는 이를 믿는 자에게는 그의 믿음을 의로 여기시나니"(롬 4:5).

성경은 자기 자신의 죄를 깨닫고 뉘우치는 겸손한 죄인을 가리켜 '일을 아니한 자'로 말하고 있습니다. 자기 자신에게 율법을 만족시킬 수 있는 능력이 없음을 깨닫고 상한 마음으로 머리 숙여 그리스도께 나아가는 자들을 성경은 그렇게 표현하고 있습니다. 사실상 '일을 아니한'이라는 표현은 매우 타당합니다. 율법의 관점에서 그들은 어떠한 일도 하지 않은 자들이기 때문입니다. 그들은 율법이 가진 목적과 의도 중 어느 한 가지라도 해내지 못한 자들입니다. 그리스도께 나아가기 위해서는 이 사실을 반드시 먼저 깨달아야 합니다. 자신들이 하나님 앞에 설 수 있는 근거로서의 의가 오직 그리스도께 있다는 것을 아는 자만 그리스도께 나아가지 않을 수 없습니다. 그것을 알지 못하거나 인정하지 않는 사람은 그리스도께 감사하지도, 그리스도를 영접하지도 않습니다. 자신들의 구원이 오직 그리스도의 의에 달려 있다는 것을 아는 사람은 그리스도를 인정하고 그리스도께 나아갑니다.

복음은 그리스도를 제시함에 있어서 분명한 과정을 제시합니다. 그리스도의 '인격'을 먼저 제시한 후 그리스도 안에 있는 특권을 제시하는 것입니다. 이것은 하나님께서 하신 일의 질서와도 같습니다. 먼저 아들을 주신 후, 아들과 함께 모든 것들을 선물로 주시는 것입니다(롬 8:32). 그러므로 우리가 그리스도를 영접하는 일 역시도 그와 같은 순서를 따라야 합니다. 신자는 먼저 그리스도 안에 있는 '은혜'를 받기 전에 그리스도의 '인격'자체와 결혼해야 합니다. 그것이 신자가 누리는 가장 큰 행복이 되어야 하는 것입니다. 물론 그리스도의 은택들에 시선을 두는 것을 합당치 않다고 말하는 것은 아닙니다. 우리는 그 은택으로 말미암아 진노로부터의 구원 받게 되기 때문입니다. 깊은 곤고와 두려움에 처해 있는 영혼이 주님을 바라볼 때 어찌 자신의 처지를 생각하지 않을 수 있겠습니까.

"땅의 모든 끝이여 내게로 돌이켜 구원을 받으라 나는 하나님이라 다른 이가 없느니라"(사 45:22).

하지만 저는 분명히 말씀드립니다. 먼저 예수 그리스도의 인격을 받아들이는 것이 순서입니다. 하늘의 복락은 의심할 여지없이 우리가 소망을 가질 만한 가치가 있는 것입니다. 하지만 먼저 그리스도가 앞서야 합니다.

"하늘에서 주 외에 누가 내게 있으리요⋯"(시 73:25)

이것은 매우 온당한 이치입니다. 그리스도와의 연합 없이 어떻게 그리스도의 특권을 기대할 수 있다는 말입니까. 우리가 행사해야 하는 믿음은 반드시 이 순서와 방식을 따라야 합니다.

그리스도는 하나님의 영원하신 계획의 결과로 제공되신 분이십니다. 하나님께서는 '많은 생각 끝에' 그리스도를 죄인들에게 주시기로 하셨습니다.

"이 둘 사이에 평화의 의논이 있으리라 하셨다 하고"(슥 6:13).

따라서 신자들도 그리스도를 영접하는 것에 대하여 가장 깊고 진지한 생각을 가져야 합니다. 영혼이 그리스도와 혼인하는 것은 하나님 편에서 뿐만 아니라 우리 편에서도 분명한 분별이 있는 행사이기 때문입니다. 주님께서는 앉아서 계산해 보라고 말씀하셨습니다(눅 14:28). 믿음으로 그리스도를 영접하는 일은 영혼이 숙고한 결과입니다. 그리스도를 영접하는 문제에 대하여 거듭 생각하고 생각한 결과인 것입니다. 영혼은 복음이 담고 있는 자기 부정의 조항들과, 또 우리 자신을 비열한 죄인으로 규정하는 것에 대한 반론들과, 그로부터 파생된 여러 낙심의 요소들과의 격한 번뇌를 겪게 됩니다. 그러한 숙고를 거쳐 영혼은 그리스도를 모심으로 자신의 영혼 전체를 걸어야 겠다는 결론에 도달하게 되는 것입니다. 그러한 과정 속에서 영혼은 자신을 깊이 부인하고, 그리스도의 십자가를 따라야 한다는 것을 알게 됩니다(마 16:24). '죄악적인' 자아뿐 아니라 '종교적'으로 잘못 형성된 자아까지 버려야 한다는 것을 알게 되는 것입니다. 물론 그것은 매우 어려운 일입니다. 그러나 영혼 스스로가 그리스도의 놀라운 탁월성이 자신에게 얼마나 필요하고 적합한 것인지 깨닫게 되면 영혼은 그러한 결심을 가지지 않을 수 없게 됩니다.

그리스도를 영접하는 일은 하나님의 자녀가 되어 그 지위와 권리, 모든 특권과 은택을 누리게 되는 일입니다. 그리스도를 영접하는 것은 구원 받을 만한 분명한 믿음의 행사입니다.

"너희가 다 믿음으로 말미암아 그리스도 예수 안에서 하나님의 아들이 되었으니"(갈 3:26).

구원 받을 만한 믿음은 그리스도의 인격과 연합함으로 하나님의 자녀가 되어 하늘의 기업에 대해 권한을 갖게 하는 효력을 가지고 있습니다.

"영접하는 자 곧 그 이름을 믿는 자들에게는…"

특권을 누릴 자들은 영접하는 자, 곧 그 이름을 믿는 자들입니다. 그 특권은 거짓된 믿음 따위로는 결코 누릴 수 없습니다. 믿음이 없는 자에게 주어질 존귀한 특권은 존재하지 않습니다. 그리스도 밖에 있는 외인들에게 물려주실 기업이란 없는 것입니다.

참된 신자들 속에는 구원 얻을 만한 믿음이 발견됩니다. 그러한 믿음을 가진 자들만이 그리스도를 진실로 영접할 수 있는 것입니다. 믿음은 정도와 성질에 따라 '찬동(assent), 영접(acceptance), 그리고 확신(assurance)'으로 나누어 생각해 볼 수 있습니다. 일반적으로 교황주의자들은 '찬동'의 요소에 구원 받을만한 믿음의 진수를 국한시키려 합니다. 하지만 분명히 말씀드려서 '찬동' 자체만으로는 구원 받을 만한 믿음의 진수라고 볼 수 없습니다. 그러한 수준의 행사는 참신자가 아닌 거듭나지 않은 이들도 가질 수 있는 정도에 불과한 것입니다. 심지어 귀신들까지도 말입니다(약 2:19). 의롭다하심을 받을 만한 믿음에 '찬동'이 포함되어 있는 것은 분명한 사실입니다만, 그것 자체만으로는 의롭다하심을 받을 만큼의 행사가 될 수 없는 것입니다.

하지만 '확신'은 다릅니다. 단순한 찬동과 달리 '확신'은 매우 탁월한 신자들 속에서만 발견되는 높은 수준의 믿음의 행사인 것입니다. 물론 언제나 같은 정도의 '확신'을 유지하는 것은 쉬운 문제가 아닙니다. 참된 신자라 해도 특별한 외적 영향으로 인해 확신이 주는 기쁨과 위안을 상실할 때를 맞이할 수 있기 때문입니다. 참된 신자들도 때로 '어둠 가운데에서 행하며 전혀 빛을 보지' 못하는 경우가 있는 것입니다(사 1:10). 하지만 그러한 경우가 있다 하더라도 '확신'은 단순한 '찬동'과 달리 그리스도의 구원의 역사에 대한 보다 구체적인 관점을 가집니다. '확신'은 그리스도께서 '나'를 위하여 죽으셨다는 것과 그로 말미암아 '내가' 구원 받았다고 믿는 믿음의 행사입니다. 이는 '지적 찬동'이 매우 포괄적인 차원에서 믿음의 본질을 바라보는 것에 그치는 것에 비해 상당히 구체적입니다. 믿음의 본질이 적용되는 범위를 자기 자신으로 구체화하는 것입니다.

하지만 그럼에도 불구하고 제가 가장 주목하는 믿음의 성질은 바로 '영접'입니다. '영접'은 그리스도 전체를 주로 받아들이는 것입니다. 이것이야말로 참된 신자들이 가질 수 있는 진정한 믿음의 행사인 것입니다. 모든 시대를 막론하고 참된 신자들은 '영접'의 개념을 진정한 믿음의 진수로 이해하였습니다. 그리스도를 '영접'하는 것이 의롭다하심을 받고 구원 받을 만한 가장 적합한 믿음의 행사라는 사실을 알았던 것입니다. 에베소서 3:17에서 '그리스도께서 우리 마음에 거하신다.'라는 표현으로 '영접'을 묘사하고 있습니다. 그것은 단순한 '지적 찬동'으로 이루어 질 수 있는 일이 아닙니다. '확신'도 그러합니다. '확신'은 마음 속에 그리스도를 모신 자들만이 가질 수 있는 믿음의 행사입니다. 그리스도를 '영접'하는 것은 매우 큰 수고를 동반하는 일입니다. '지적 찬동'은 피해갈 수 없는 진리 앞에서 이를 동의하고 순복하지 않을 수 없을 때 자연스레 얻어질 수 있지만, '영접'은 인간이 가진 부패한 본성을 중심 자리에서 전적으로 몰아내고 부인(否認)하는 일이 수반되어야 하기 때문입니다.

성경은 믿음을 '보배롭고'(벧후 1:17), '역사하고'(약 2:5), '하나님께서 하시는 일'(요 6.29), '경건의 큰 비밀'(딤전 3:16)등의 칭호와 수식어로 높여 말하고 있습니다. 믿음은 '질적'인 차원에서 다른 은혜들이 가지고 있는 탁월함을 압도합니다. 물론 다른 은혜 역시 세상의 모든 영광을 초월하는 탁월한 영광을 가지고 있지만, 그리스도의 의를 전가하는 구원하는 믿음의 은혜가 가지는 탁월한 영광에는 미치지 못합니다. 그래서 성경은 믿음을 정금보다 보배로운 성령의 열매로 말하고 있는 것입니다(잠 3:10,19). '그리스도를 영접'하는 은혜는 은혜 중의 은혜입니다. 그 은혜가 가진 존귀함은 다른 어떠한 은혜보다 뛰어납니다. 믿음은 구원하시는 그리스도를 우러러보는 보배로운 눈입니다. 광야에서 놋뱀을 바라보았던 사람의 눈처럼, 믿음은 그리스도로부터 영혼을 치료하는 은택을 끌어내는 통로이자 도구이며(엡 2:8) 그리스도의 영광스러운 구원의 문을 여는 황금 열쇠인 것입니다. 또한 믿음은 그리스도와의 연합을 이루는 '띠'입니다. 영적 생명을 얻을 실질적인 '방편'이 바로 믿음입니다.

"믿음으로 말미암아 그리스도께서 너희 마음에 계시게 하시옵고…"(엡 3:17).

믿음은 많은 부유한 복락이 영혼에 들어오도록 열려져 있는 문입니다. 그리스도와의 연합을 통해 하나님의 특별한 은총을 향해 나아가는 문인 것입니다(엡 1:6). 믿음은 그리스도를 배우자적 사랑의 특별한 대상이 되게 합니다(엡 5:29). 믿음이 그리스도의 마음으로 하여금 우리의 모든 비참에 대한 연민을 유도해 내는 것입니다(히 4:15).

믿음으로 그리스도를 영접하기까지는 정죄 아래 있을 수밖에 없습니다. 하지만 그리스도로 말미암아 믿는 모든 자들은 정죄와 죄책으로부터 의롭다 하심을 받습니다(행 13:38 ; 롬 8:1). 죄인들은 믿음으로 주 예수 그리스도의 순전하고 완전한 의를 포용하고 영접합니다. 곧 믿음으로 하나님의 면전에서 흠 없는 자로 서게 되는 것입니다. 죄인들의 모든 죄책이 그리스도를 향한 믿음으로 면제되어 완전한 용서로 인쳐지는 것입니다.

오, 복된 믿음이여! 누가 그것의 가치를 헤아릴 수 있다는 말입니까. 죽음의 망대에 달려 있던 여러분이 믿음으로 끌어내려짐을 받다니요! 믿음의 손이 여러분에게 기쁨의 눈물 없이는 읽어 내릴 수 없는 용서의 사면장을 전달할 것입니다. 믿음이 전달하는 그 용서의 은혜로 우리의 더러운 영혼은 가려지고 대신, "그리스도 안에서 하나님의 의"가 되게 할 것입니다.

"주의 의로우심과 같이 의롭고"(요일 3:7).

교황주의자들은 이 탁월하고 위로 어린 전가(轉嫁)된 의(義)를 '부인'하고 조소합니다. 우리는 하나님을 찬미해야 합니다. 그러한 수많은 대적들의 모든 시도에도 불구하고 그 진리가 보전되고 있으니 말입니다. 하나님을 대적하는 악한 자들이 무슨 말을 하든지 그냥 내버려 두십시오. 그들이 무슨 말을 하든 그리스도의 의가 믿음의 방식으로 전가 되는 것이라는 진리는 변하지 않습니다. 아담의 죄가 우리에게 전가 되어 그것이 우리의 죄가 된것처럼, 그리스도의 '의'는 전가의 방식으로 우리의 것이 되는 것입니다(롬 5:17). 아무 죄가 없으신 그리스도께서 우리의 죄를 친히 전가 받으심으로 죄인이 되신 것처럼, 아무 의도 없던 우리가 그리스도의 의를 전가 받음으로 의인이 되는 것입니다(고후 5:21). 믿음의 조상 아브라함도 그 방식을 통해 의롭다 여기심을 받은 것처럼 우리도 그와 같은 방식으로 의롭다하심을 받는 것입니다(롬 4:22-24).

믿음이 이와 같이 우리 영혼으로 하여금 그러한 효력을 발휘한다면 이 한 가지의 국면만으로도 믿음은 누구도 헤아릴 수 없을 정도로 가치가 있습니다. '칭의'의 도구로서 믿음은 우리의 영적 평안과 기쁨과 위로의 샘인 것입니다.

"그러므로 우리가 믿음으로 의롭다 하심을 받았으니 우리 주 예수 그리스도로 말미암아 하나님과 화평을 누리자"(롬 5:1).

믿음은 우리를 그리스도와 연합시키고 그리스도의 의를 우리의 삶에 적용시키는 평안과 기쁨의 씨앗입니다. 그 씨앗의 열매가 바로 구원인 것입니다.

"믿음의 진보와 기쁨을 위하여…"(빌 1:25).

"믿고 말할 수 없는 영광스러운 즐거움으로 기뻐하니 믿음의 결국 곧 영혼의 구원을 받음이라"(벧전 1:8,9).

믿음으로 말미암아 자신이 그러한 주권의 상태에 있게 되었다는 사실을 아는 영혼은 기뻐하지 않을 수 없습니다. 그것이 그리스도와 연합한 영혼만이 누릴 수 있는 즐거움입니다. 그래서 믿음은 우리의 영적 생명력을 보전해 주는 '방편'이 됩니다. 신자들이 누리는 기쁨과 평안, 소망, 인내가 모두 믿음으로부터 기인하기 때문입니다. 만약 신자로부터 믿음이 제거된다면 모든 은혜는 한꺼번에 사라지고 말 것입니다. 그것은 마치 몸의 지체들에게 생명을 전달해주는 혈관의 기능이 정지되는 일과도 같습니다.

"이제 내가 육체 가운데 사는 것은 나를 사랑하사 나를 위하여 자기 자신을 버리신 하나님의 아들을 믿는 믿음 안에서 사는 것이라"(갈 2:20).

하지만 여기서 우리는 잘못된 선입견에 빠지지 않도록 주의할 필요가 있습니다. 그리스도께서 홀로 받으셔야 할 영광과 존귀함을 믿음을 가지는 주체가 가로채는 일들이 일어나서는 안 되기 때문입니다. 그것이 바로 믿음으로 의롭다 하심을 받는 것에 대해 가지는 '교황주의자들'의 관점입니다. 그들은 믿음을 가지는 일을 자신들의 공력으로 여깁니다. 그러면서 하나님께서 자신들의 믿음의 '행위'자체를 율법의 성취로 여기실 것이라는 생각을 하는 것입니다. 그들은 그것을 '복음적인 우리의 의'라고 말합니다. 알미니안들이 가지는 의식 역시 그들과 다르지 않습니다. 이러한 잘못된 관점은 개혁주의 신학자들에게서도 나타납니다. 그들은 믿음의 행위 자체가 자신들을 의롭게 한다고 주장합니다. 그것이 하나님께서 주신 새 언약의 조건인 것처럼 생각하는 것입니다. 하지만 그들은 스스로 "그리스도 예수 안에 있는 속량으로 말미암아 하나님의 은혜로 값없이 의롭다 하심을 얻은 자"가

되었다는 로마서 3:24의 칭의의 관한 말씀을 부정하고 있습니다. 그들의 말대로라면 칭의는 '은혜'가 아니라 '빚'입니다. 그들은 그렇게 그리스도의 죽으심을 헛된 것으로 만들고 있습니다. 그들의 말대로 믿음이 율법을 만족시키는 자신들의 공력이 되는 것이라면 의롭다하시기 위해 죽으신 그리스도의 죽음이 무슨 필요가 있겠습니까(갈 2:21). 믿음으로 의롭다하심을 받는 것을 그런 식으로 생각하는 것은 로마서 3:26,27의 말씀을 완전히 부정하는 것이 됩니다. 믿음이 오히려 사람들에게 자랑의 빌미를 제공하는 것이 되는 셈인 것입니다. 그렇다면 그들은 사실상 '믿음으로 말미암아 의롭다 하신다'는 칭의의 교리 자체를 부정하고 있는 것과 다름 없습니다. 자신들 스스로 '행위'로 의롭다 하심을 받는다고 주장하며 사도가 가장 주의 깊게 말한 부분을 부정하고 있는 셈이 되는 것입니다!(빌 3:9 ; 롬 4:6) 알미니안들의 생각도 다르지 않습니다. 그들은 '믿음의 행위'가 율법의 의를 대신하여 하나님께 인정될 것이라는 식의 논리를 가지고 있지만 이는 교황주의에서 조금 진보한 것에 지나지 않습니다.

어떠한 경우라도 우리의 믿음을 세우기 위해서 그리스도를 영광의 보좌에서 끌어 내리는 일은 일어나지 말아야 합니다. 우리의 믿음이 그리스도의 영광을 박탈하는 근거가 되다니요! 상전보다 종을 더 존귀하게 여기는 일은 합당치 않습니다. 우리는 그리스도께서 가져다 주신 것 외에 그 어느 것도 인정하지 말아야 합니다. 하나님의 공의를 완전히 이루신 분은 그리스도이십니다. 우리는 그분이 흘리신 피로 말미암아 하나님 앞에서 의롭다하심을 받게 되는 것입니다. 만약 그리스도인들이 자신의 연약하고 불완전한 공로 위에 용서와 평안을 놓는다면, 그리스도인들이 가지는 위로는 위태하기 짝이 없는 것이 될 것입니다. 불완전한 기초 위에 세워진 것들은 불안정한 것일 수밖에 없습니다. 칭의와 소망을 그러한 불완전한 기초 위에 쌓으려 하지 마십시오. 이는 하나님의 공의와 진리를 매우 낮은 수준의 것으로 떨어뜨리는 일입니다. 스스로 하나님의 완전하신 공의를 만족시킬 수 있다는 상상을 하다니요! 어떠한 행위로도 우리 스스로는 하나님의 완전하신 공의를 만족시킬 수 없습니다. 우리가 가진 모든 것을 다 동원한다 할지라도 하나님께 돌려야 할 그 광대한 총액에는 조금도 미치지 못할 것입니다.

저는 믿음을 칭의의 '도구'로 보는 견해에 찬동합니다. 이것은 믿음을 그리스도의 의를 받는 '손'으로 여기는 견해입니다. 이는 그리스도를 향한 믿음의 가치를 가장 높이는 견해인 것입니다. 다이아몬드 반지를 보면서 다이아몬드를 감싸고 있는 금의 가치보다 다이아몬드 자체의 가치를 바라보는 관점이 바로 그것입니다.

"그러므로 사람이 의롭다 하심을 얻는 것은 율법의 행위에 있지 않고 믿음으로 되는 줄 우리가 인정하노라"(롬 3:28).

7장

믿음의 적용

"영접하는 자 곧 그 이름을 믿는 자들에게는
하나님의 자녀가 되는 권세를 주셨으니"

_요 1:12

지금까지 우리는 구원 받을 만한 믿음의 본질이 가지는 탁월성을 칭의(稱義)와 관련하여 생각해 보았습니다. 그리고 그리스도와 그 의를 받아들이는 도구로서의 믿음을 숙고해 보았습니다. 이제 저는 믿음을 적용하는 것에 대한 문제를 다루어 보려고 합니다.

구원 받을 만한 믿음의 행사는 영혼으로 하여금 그리스도를 영접하고 그리스도의 인격과 특권들에 참예하는 권리를 가져다줍니다. 그러나 이와는 정반대로 '불신앙'으로 그리스도를 거부하는 일은 그리스도로부터 영혼을 끊고, 영혼을 그리스도께서 피로 사신 모든 은택들과 분리시켜 영원한 저주 아래 멸망케 합니다. 그리스도를 영접하는 것에 생명이, 그리스도를 거절하는 것에는 사망이 있는 것입니다.

'믿음보다 더 탁월한 은혜는 없다'라는 사실에 비추어 본다면 불신앙만큼이나 혐오스럽고 가증스러운 죄는 없습니다.

"믿고 세례를 받는 사람은 구원을 얻을 것이요 믿지 않는 사람은 정죄를 받으리라"(막 16:16).

죄인이 의롭다하심을 받기 위해서는 반드시 그 복된 효력을 내기 위한 요인들이 함께 작용해야 하는데 그것은 바로 값없이 베풀어 주시는 은혜와 하나님의 공의를 만족케 할 그리스도의 피입니다. 또한 그것을 받아들일 도구인 믿음도 있어야 합니다. 하나님의 값없이 베풀어 주시는 은혜와 그리스도의 피의 공로를 자신에게 적용하기 위해서는 반드시 믿음이 필요합니다.

"그에 대하여 모든 선지자도 증언하되 그를 믿는 사람들이 다 그의 이름을 힘입어 죄 사함을 받는다 하였느니라"(행 10:43).

"이 비밀은 너희 안에 계신 그리스도시니 곧 영광의 소망이니라"(골 2:27).

그리스도께서는 죄인들을 위해 육체로 오셨고 십자가에서 죽으셨습니다. 그리고 죽은 자 가운데서 다시 살아나셨습니다. 하지만 이 사실을 믿지 않는다면 그리스도께서 하신 모든 일은 죄인을 오히려 '죄 가운데서' 죽게 하는 것이 됩니다(요 8:24). 죄 가운데서 죽는 것보다 더 무시무시한 죽음은 없습니다. 죄 가운데서 죽는 자는 죄 가운데서 다시 살아나 여전히 죄 있는 상태 그대로 그리스도의 심판대 앞에 서게 될 것이기 때문입니다.

오, 저주스러운 불신앙처럼 우리의 영혼을 파멸로 몰아가는 것이 무엇이란 말입니까! 불신앙으로 하나님을 모독하고, 예수 그리스도를 우습게 여기다니요! 그것은 그리스도의 피를 통한 하나님의 영광스러운 구속의 계획을 업신여기며 좌절시키는 일이 아닐 수 없습니다! 불신앙은 가장 나쁘고 위험한 죄 중에 죄입니다!

그러나 바른 믿음을 가지는 것은 결코 쉬운 일이 아닙니다. 세상에 참된 믿음을 가지고 진실로 그리스도를 영접하는 사람이 많지 않습니다. 많은 사람들이 어처구니없게도 자기 자신의 의를 의지하고 있습니다. 유대인들의 경우가 대표적인 예입니다.

"하나님의 의를 모르고 자기 의를 세우려고 힘써 하나님의 의에 복종하지 아니하였느니라"(롬 10:3).

하나님께서는 사람들의 의를 '행하는 곳'에서 '믿는 곳'으로 옮겨 놓으심으로 사람들이 자신의 의를 내려놓고 그리스도의 의를 향하도록 하셨습니다. 그러나 사람들은 하나님께서 정하신 새로운 자리로 나아가려 하지 않습니다. 자기들의 의를 결코 부인하려들지 않는 것입니다. 그렇게 하느니 그들은 차라리 저주를 받는 모험을 택할 것입니다. 믿음에는 복종이 함축되어 있습니다. 바른 믿음에는 하나님께서 새로이 정하신 명령에 복종하고 자신을 부인하는 일이 있어야 하는 것입니다. 그러나 그들은 자기를 자랑하는 거만한 마음을 버리지 않으려 합니다. '그리스도의 멍에는 무겁지 않고 그 멍에를 멘 목은 은혜롭다'는 것이 진리임에도 불구하고 그들은 그리스도를 주로 영접하거나 그 거룩한 교훈에 복종하지 않습니다. 육적인 마음을 가진 사람들에게 있어서 정욕에서 벗어나는 것이 탈콤하다는 진리는 결코 달가운 것이 아닙니다. 그들로 하여금 세상의 것들을 버리고 그리스도를 따르도록 설득하는 일은 정말 어렵습니다. 모든 신령한 일들이 눈에 보이지 않기에 더욱 그러한 것입니다.

하지만 그들이 어떠한 태도를 가졌든지 그것은 그리스도를 영접하는 사람이라면 반드시 행해야 할 일입니다. 오직 믿음으로 그리스도를 영접하지 않고는 마음을 미혹하는 육신적인 의식들과 논리들, 영혼을 당황하게 만드는 사탄의 간교한 획책을 막아낼 도리가 없기 때문입니다. 그것이 '경건의 큰 비밀들' 위에 굳게 서있어야 하는 이유입니다(딤전 3:16). 이렇듯 세상에는 구원 받을 만한 믿음의 진수를 단순한 지적 찬동쯤으로 여기며 자기 자신의 영혼을 스스로 파멸로 몰아가는 사람들이 너무나 많습니다. 그들은 단순한 지적인 찬동을 완전한 '확신'으로 착각하고 있는 사람들입니다. 이는 진실하게 그리스도를 영접하였음에도 불구하고 그 사실을 인지하지 못하여 괴로워하는 그리스도인들이 가지는 모습과는 대조적입니다. 그들은 '주는 우리의 하나님'이라고 고백하면서 '나는 하나님의 백성'이라고 생각하지 못하는 사람들입니다. 그리스도를 진실로 영접하여 하나님의 자녀의 권세를 가지게 된 자들이라 할지라도 그 사실을 체감하지 못하게 된다면 그것은 그들에게 있어서 매우 큰 '고통거리'가 아닐 수 없습니다. 참된 신자들이 겪는 그러한 마음의 고통은 복된 '전제'에 대한 증거를 찾지 못하는 것에 기인합니다. 모든 그리스도인들은 그 복된 '전제'에 대한 확신을 다음과 같은 삼단논법(三段論法, syllogism)에서 산출할 수 있습니다.

- 예수 그리스도를 영접한 자는 하나님의 자녀가 되는 권세를 가진다.
- 나는 진실로 주 예수 그리스도를 영접하였다.
- 그러므로 나는 하나님의 자녀다.

하지만 많은 신자들은 '나는 진실로 주 예수 그리스도를 영접하였다'라는 부분에서 시험에 빠지곤 합니다. '예수 그리스도를 영접한 자는…' 성경에 기록되어 있는 부인할 수 없는 분명한 기초 전제(前提, proposition)지만, 두 번째 '나는 진실로…'라는 명제는 자신의 체험을 통해서 가질 수 있는 부분이기 때문입니다. 바로 이 부분이 수많은 그리스도인들의 마음을 고통스럽게 만드는 것입니다. 참된 평안을 저해하는 반론들은 신자들에게 이렇게 말합니다.

'예수님을 바르게 영접하기 위해 많은 빛과 지식을 가져야 하는데 나는 너무나 무지하다. 거듭나지 못한 육적인 자들이 오히려 나보다 더 많은 것을 알고 있다니…'

이러한 반론이 내면에서 일어나는 이유는 지식이 그 '종류'나 '정도'에 따라 구분되어져야 한다는 것을 알지 못하기 때문입니다. 그것을 알기만 한다면 자신이 느끼는 무지함이 그리스도를 영접하는 데에 결코 방해가 되지 않는다는 사실을 깨닫게 될 것입니다. 지식은 본성적(natural)으로 습득하는 지식과 영적(spiritual)으로 주어지는 지식으로 구분할 수 있습니다. '본성적' 지식은 교육을 통해 얻어지는 것을 말합니다. 그 대상이 영적인 것이라 할지라도 교육을 통해 누구나 어느 수준 이상의 지식도 습득이 가능한 것입니다. 하지만 그렇게 높은 수준의 영적인 지식을 가진다고 해도 그 지식을 영적인 것들을 분별할 수 있는 빛으로 보기는 어렵습니다. 빛의 차원에서 여전히 본성의 영역 이상을 벗어나지 못하는 것입니다.

그러나 영적으로 주어지는 지식은 그렇지 않습니다. 그것은 '신령한 것을' 깨닫는 일이며, 요한일서 2:27의 말씀처럼 '기름 부으심의 가르침'(Teaching of anointing)입니다. 영적으로 주어지는 지식은 영혼에 역사하시는 성령님의 열매입니다. 참된 '영적' 지식을 가진다고 하는 것은 바로 그 은혜의 작용을 느끼고 이해하는 것으로, 본성적인 지식을 훨씬 능가하는 탁월한 것입니다. '가장 훌륭하고 탁월한 것에 대한 단 하나의 지식이, 그렇지 못한 수많은 지식을 능가한다'라는 말처럼, 예수 그리스도를 아는 단 하나의 신령한 지식이 가지는 생명과 향기가 거듭나지 못한 사람들이 가지고 있는 거대한 지식보다 훨씬 더 탁월한 것입니다. 영적인 빛과 지식은 결코 '양'의 문제가 될 수 없습니다. 그것이 어떠한 종류인지, 어떠한 향기와 열매를 내는지에 대한 것이 핵심이 되어야 하는 것입니다. 하나님께서 예비하신 하늘은 그저 명석하고 섬세한 두뇌를 가진 자들을 위한 곳이 아닙니다.

신자들의 평안을 해치는 반론은 또 이렇게 이야기합니다.

'나는 너무나 많은 의아심을 가지고 있다. 때로 나는 가공스러운 무신론적 생각들을 하곤 한다. 복음의 진리들에 찬동하는 것 자체가 의롭다함을 받게 하거나 구원을 얻게 하는 직접적인 행위가 아니라는 것은 알지만, 바른 믿음을 갖기 위해서 확고한 지적 찬동은 필요하지 않을까?'

사탄으로부터 격렬한 무신론적 암시의 공격을 받는 경우, 사람들이 가진 지적 찬동은 흔들릴 수 있습니다. 하지만 그러한 무신론적 암시가 마음 속에서 일어난다 해도 그 암시에 거부감을 느끼거나 인정하고 싶지 않은 마음이 있다면 그 자체가 바람직한 지적 찬동을 여전히 가지고 있다는 증거가 됩니다. 지적 찬동에 대한 사탄의 무신론적 공략은 매우 빈번히 일어나는 일입니다. 사탄은 죄에 대한 두려움을 대수롭지 않게 여기도록 하거나, 영적인 의무들을 가볍게 여기도록 끊임없는 시험을 가합니다. 하지만 그러한 시험의 때에 어떻게든 양심의 끈을 놓치지 않으려는 마음이 든다면 그들이 가지는 지적 찬동은 진실하다고 볼 수 있습니다. '나는 자식을 진실로 사랑하지 않는 것 같아'라는 생각을 하는 아버지가 있다고 해보십시다. 그런데 자식이 병들자 아버지는 누구보다도 슬퍼하며 자식의 건강을 회복시키기 위해 분주하게 움직입니다. 마음 속에 어떠한 생각을 가졌든지 간에, 그는 누가 봐도 자녀를 사랑하는 아버지가 아닙니까? 누가 그를 보면서 '저 사람은 자녀를 사랑하지 않는구나'라는 생각을 가질 수 있겠습니까. 그렇습니다. 마음에 '나는 예수 그리스도의 존재와 필요성, 또는 탁월성에 대해서 지적으로 진실로 찬동하지 않고 있지 않은가'라고 생각이 든다고 해도, 마음에 그 생각으로 인한 근심과 염려가 가득하다면 그는 분명히 그리스도에 대한 강렬한 소원을 가진 사람입니다.

하지만 이러한 반론들에 충분한 답변을 제시하지 못하게 되면, 신자들이라 해도 자신의 영혼에 대해 어떠한 결론도 내리지 못하는 상태에 빠집니다. 자신의 영혼에 대한 확고한 결론을 내리는 일은 신자들에게 있어서 매우 중요한 문제입니다. 그것은 평안과 안식의 문제이기 때문입니다. 그들에게 있어서 그보다 무거운 짐은 없습니다. 영혼에 대한 결론을 내리는 것을 두려워하는 사람들은 사실 그것의 중요성을 알고 있습니다. 그들은 그 중요성에 비추어 자신들이 턱없이 부족하다는 것을 알고 있습니다. 예수님의 제자들은 그리스도의 부활을 전하는 여인들의 말을 믿지 않았습니다. 제자들에게 있어서 그것은 물론 더할 나위 없이 좋은 소식입니다. 하지만 그들은 선뜻 받아들이지 못했습니다. 오늘날 사람들이 자기 자신의 영혼 상태에 대한 결론을 내리지 못하는 모습이 그와 같습니다. 사람들은 자기 자신이 내리는 결론이 거짓으로 판명 날까봐 걱정입니다. 자기 마음 속에 있는 위선의 속임수 때문에 선뜻 그 거대한 요점에 대해 결론을 내려 하지 않는 것입니다. 그들은 헛된 확신과 주제넘음으로 치명적 오류에 떨어지느니 차라리 결론을 유보하는 것이 더 나을 거라고 생각합니다. 오늘날 많은 그리스도인들이 이러한 태도를 취하고 있습니다. 세상에는 자기 스스로 참된 믿음을 가지고 있다고 착각하는 사람들만큼이나, 자기 자신이 참된 신자임을 알지 못하고 있는 그리스도인이 많습니다.

예수 그리스도를 영접하는 일, 곧 구원 얻을 만한 믿음을 가지게 되는 일은, 그것이 설령 작고 낮은 수준의 정도라 할지라도 하나님의 은혜의 풍성함과 부요함을 찬탄(讚嘆)하기에 충분한 이유를 가지고 있습니다. 여러분에게 구원을 얻을만한 참 믿음이 주어졌다면, 그것이 아무리 적은 분량이라 할지라도 여러분은 하나님의 엄청난 후대(厚待)를 받은 사실을 기억해야 합니다. 하나님께서 베푸신 가장 작은 자비하심만으로도 이 세상에서 여러분이 겪을 수 있는 모든 환난과 고통을 상쇄하기에 충분하다는 사실을 잊지 마십시오.

"세상에 대하여는 가난한 자를 택하사 믿음에 부요하게 하시고…"(약 2:5)

여러분의 마음이 하나님의 풍성하심에 대한 의식으로 충만하기를 바랍니다.

"찬송하리로다 하나님 곧 우리 주 예수 그리스도의 아버지께서 그리스도 예수 안에서 하늘에 속한 모든 신령한 복을 우리에게 주시되"(엡 1:3).

이 단 한 가지의 자비로 여러분은 죽는 날까지, 아니 영원토록 찬미하고 감사할 충분한 이유를 가진 것입니다. 믿음을 가지는 것은 예수 그리스도를 영접했다는 것의 증거가 됩니다. 영혼이 믿음으로 그리스도를 영접했다면 그리스도 안에서 누리지 못할 긍휼이란 없습니다(롬 8:32). 오, 믿는 여러분, 여러분이 가진 믿음의 팔이 유약할지 모릅니다. 하지만 그렇다 할지라도 여러분은 위대하신 그리스도를 영접할 수 있습니다. 하나님께서 베푸시는 가장 큰 선물을 받기에 그 작은 손이라도 충분합니다.

여러분이 참된 믿음을 가지는 순간부터 그리스도께서는 여러분 안에 계십니다. 여러분은 하나님의 자녀가 되는 권세를 받게 됩니다. 그 귀한 신분을 확증해 주는 하늘의 거대한 양자로의 인침을 통해서 말입니다.

"영접하는 자 곧 그 이름을 믿는 자들에게는 하나님의 자녀가 되는 권세를 주셨으니"(요일:12).

믿음으로 그리스도를 영접하여 자녀의 권세를 받은 자는 누구나 '하나님은 나의 아버지이시오, 하늘은 내가 받을 기업이라'라고 말할 수 있습니다. 그것은 결코 주제넘은 생각이 아닙니다. 그러니 믿음은 얼마나 보배로운 것입니까! 무엇으로 그 특권을 살 수 있다는 말입니까! 그것은 세상의 천만 보화를 들여 살 수 있는 것이 아닙니다. 세상에 있는 모든 왕들의 왕관과 홀

(鉐)에 박혀 있는 보석들을 모아 팔아 보십시오. 하나님의 자비의 부스러기 조차도 살 수 없을 것입니다.

구원 받을 만한 믿음은 적은 분량이라도 영혼을 완전한 칭의의 상태에 들어가도록 합니다. 예수 그리스도를 영접한 믿음이라면 그리스도 안에서, 그리스도와 함께 값없이 베풀어 주시는 은혜롭고 완전한 죄의 용서를 받기에 충분합니다. 가장 작은 믿음으로 가장 큰 죄의 사면을 받아내는 것입니다.

"이 사람을 힘입어 믿는 자마다 의롭다 하심을 얻는 이것이라"(행 13:39).

그리스도와 연합하는 믿음을 가진 자에게는 정죄함이 없습니다(롬 8:1). 그의 죄가 아무리 많다 할지라도 말입니다. 하지만 누구나 쉽게 믿음을 가질 수 있는 것은 아닙니다.

"믿음은 모든 사람의 것이 아니니라"(살후 3:2).

믿음을 선물로 받지 못한 세상의 귀인들과 힘 있는 자들을 보십시오. 그들은 많은 재물과 권세를 가진 사람들입니다. 하지만 그들은 믿음을 가지고 있지 않습니다. 그들에게는 그리스도도, 용서도 없습니다. 세상의 모든 권세를 가지고 있지만, 하나님의 자녀가 되는 특권은 가지지 못했습니다(고전 1:26-27). 그러니 여러분, 여러분이 믿음을 가지고 있다면, 여러분이 세상 가운데 가장 낮고 비천하고 곤고한 조건에 처해 있더라도 이렇게 외치십시오.

"내 영혼아 네 평안함으로 돌아갈지어다 여호와께서 너를 후대하심이로다"(시 116:7).

믿는 자들은 "혈통으로나 육정으로나 사람의 뜻으로 나지 아니하고 오직 하나님께로부터 난 자들"입니다(요 1:13). 믿음의 모든 행사는 그리스도를 향하게 하시는 아버지의 이끄심의 효과입니다(요 6:44). 하나님께로부터 나온 영광스럽고 저항할 수 없는 능력으로부터 그것이 산출되는 것입니다.

그것은 전적인 "하나님의 역사"입니다(골 2:12). 여러분의 믿음이 작게 느껴지십니까? 하지만 그렇다 할지라도 그 안에 쌓여 있는 무한히 거대하신 하나님의 놀라운 자비하심은 간과하지 마십시오.

세상에 가득한 수천만의 불신자들을 보십시오. 그들은 구원 받을 만한 믿음을 알지 못합니다. 믿음을 가지지 않은 자들은 오직 유일한 구원이신 그리스도께 나아갈 수 없습니다. 그 유일한 구원의 문을 열 수 있는 자들은 오직 믿음의 열쇠를 가진 이들 뿐입니다. 하지만 잔인하고 무지한 안내자들은 수세기에 걸쳐 사람들로부터 구원의 열쇠를 무참히 강탈해왔습니다. 교황주의가 득세하는 곳에서는 언제나 그러한 일이 일어났습니다. 물론 그들도 믿음을 거론합니다. 그러나 턱없이 부족할 뿐입니다. 왜냐하면 그들은 사람들의 귀에 믿음의 교리가 익숙하게 들려지는 것을 싫어하기 때문입니다. 그들은 믿음을 매우 낮은 수준으로 묘사합니다. 의롭다하심을 받고 구원을 얻을 만한 믿음의 본질을 단순한 지적 찬동 속에 넣어버리는 식으로 말입니다. 그런 정도의 지적 찬동은 믿음이 없는 사람은 물론 귀신들도 가질 수 있습니다(약 2:19). 그들은 믿음에 대해 그 이상으로 강조하는 법이 없습니다. 일 년에 단 한 번 정해진 때에 찬동하는 것으로도 충분하다고 가르치기까지 하는 그들을 보면, 그들은 마귀의 하수인들보다 오히려 더 심하게 믿음을 낮추는 자들이라고 말하지 않을 수 없습니다. 그들은 상황이 여의치 않다면 12년에 한 번만 믿어도 충분하다고 말할 지도 모릅니다. 아니 전 생애를 통틀어 단 한 번만 찬동해도 괜찮다고 말할지도 모릅니다. 저는 그들이 대체 어떠한 교리를 가지고 있는지 알지 못하겠습니다. 만약 여러분이 교황의 교훈으로부터 벗어난 곳에 살고 있다면 하나님께 감사하십시오. 여러분이 오직 복음을 자랑하고, 모든 은혜의 방편만을 사모하길 원한다면 그러한 교황의 교훈 아래 들어가지 않기를 바랍니다.

구원받을 만한 믿음을 가지는 것은 주 예수 그리스도를 바르고 정당하게 영접하는 일입니다. 우리 모두는 바로 이 요점이 가지는 진리에 스스로를 비추어 보아야 합니다. 그리스도와 여러분의 영혼 사이에 있었던 거룩한 거래를 엄숙하게 숙고해 보십시오. 그것은 그저 앉아서 지켜볼 만한 남의 문제가 아닙니다. 여러분은 사라질 세상의 것들에 대해 어떠한 관심을 보이십니까? 보석 감정사가 여러분 소유의 보석을 감정하고 있을 때 여러분은 팔짱을 낀 채 남의 일처럼 보고 있지 않을 것입니다. 하지만 이것은 사라질 세상의 것들에 대한 문제가 아닙니다. 그저 건성으로 해치우고 넘어갈 문제가 아닌 것입니다. 여러분이 지금 바닥이 썩어 있는 배에 타고 있다면 어찌하시겠습니까? 그 배를 타고 지금 영혼의 대양을 항해하고 있다면 어떻게 하시겠습니까? 주님께서 불같은 눈으로 각 사람의 믿음을 시험하고 계신다는 사실을 잊지 마십시오. 여러분이 진실한 믿음을 가지고 있다면, 그 믿음은 여러분으로 하여금 모든 시험을 견뎌내도록 할 것입니다. 그러나 여러분이 가지고 있는 믿음의 실상이 그렇지 않다면 어떻게 하실 것입니까? 믿음의 문제는 여러분의 영원한 운명과 직결된 문제입니다. 이 문제에 대하여 지극히 진지하고 세심한 태도를 가져야 한다는 것은 누구에게나 당연한 일입니다.

　　여러분이 믿음의 진실성을 분변하고자 한다면 먼저 여러분의 믿음에 '선행되는 사항들' 즉 성령의 예비적인 역사(役事)가 영혼 속에서 일어났는지 돌아보십시오. 성령의 역사들은 흔히, 하나님의 선택하신 백성의 영혼 속에서 그 믿음으로 안내하는 역할을 합니다. 그 사람의 마음을 비추시어 사람들로 하여금 자신이 죄인이라는 사실을 깨닫게 하십니다. 그 일을 통해 하나님을 향하여 간절한 마음을 가지도록 하시는 것입니다. 성령께서 영혼에 '빛을 비추시는 일'(illumination)은 믿음에 있어서 필수적인 선행사항입니다.

하나님께서 우리 영혼의 눈을 열어 우리 자신의 죄를 보게 하시고, 주 예수 그리스도 안에서만 그 문제의 해결책이 있음을 알게 하시기 전까지는 믿음은 일어나지 않습니다. 성령의 이 작용이 믿음의 본질과 시간적 순서에 있어 가장 처음에 놓이는 것이 이치입니다. 이후 영혼 속에서 일어날 모든 일들의 서곡인 것입니다.

"그 눈을 뜨게 하여 어두움에서 빛으로, 사탄의 권세에서 하나님께로 돌아가게 하고"(행 26:18).

이처럼 믿음에 있어서 가장 먼저 선행되어야 할 그 분명한 '빛'이 없다면, 그 믿음은 '눈먼' 것에 불과합니다. 정말 그러합니다. 하나님께서 여러분의 눈을 열어 그 전에는 보지 못하던 죄와 비참함을 보게 하셨습니까? 하나님께서 구원을 위해서 빛을 비춰주심으로 여러분의 영적인 눈을 열어 주셨다면 죄를 바라보는 여러분의 관점은 이전과 완전한 차이를 보일 것입니다. 벽이나 종이 위에 그려진 '사자'만 보다 길에서 진짜 사자를 만나는 것처럼 말입니다. 죄에 대한 이러한 새로운 지각은 '죄를 뉘우치는 일'(conviction)을 수반합니다.

"회개하고 복음을 믿으라"(막 1:15).

여러분의 헛되고 부질없는 마음은 죄로 인한 각성으로 찔리고 고통을 당해야 합니다. 여러분이 그리스도께 나아가는 바른 믿음을 가지려 한다면 말입니다. 회심하는 자들이 당하는 영적 고통은 정도나 기간에 있어서 차이가 있지만, 믿음은 어떠한 고통도 없이 그냥 생겨나는 것이 아닙니다. 죄의 각성은 하나님께서 우리 마음에 빛을 비추신 결과입니다. 그 빛이 우리의 실상을 적나라하게 드러내도록 조명하는 것입니다. 자신의 비참을 알게 된 영혼은 아픔을 느끼지 않을 수가 없을 뿐만 아니라 크게 '절망'하지 않을 수없게 되는 것입니다. 그 절망감은 자신 속에 구원의 소망이 없다는 것을 아는 것으로부터 나오는 것입니다. 곧 믿음은 자신의 힘으로 그 비참에서 벗어나지 못한다는 것을 깨달으면서 느끼는 절망감에서 비롯됩니다.

"형제들아 우리가 어찌할꼬?"(행 2:37)

이 말은 자신들의 구원에 대해 깊은 절망감을 느낀 사람들의 울부짖음이었습니다. 비참에 처해 있는 자신을 깨닫고 그 비참에서 도망치려는 자들의 외치는 음성인 것입니다. 그들은 탈출의 방도를 알지 못했습니다. 정말이지 큰 절망감에 빠진 자들이었던 것입니다. 그들은 마치 요새에 사로잡힌 자들과 같습니다. 도망칠 수 있는 오직 하나의 비상문을 찾으려고 우왕좌왕하며 절규하는 자들과 같은 것입니다. 영혼이 멸망을 피할 수 있는 길은 오직 그리스도 한 분 뿐이십니다. 그들의 절망감이 그들을 그리스도 앞으로 몰아갑니다.

그들은 영적인 여러 의무들을 행하는데 열심을 내었던 자들입니다. 또 자신의 마음을 고쳐먹기 위해 부단히도 노력을 했던 자들입니다. 그러나 그들이 느끼는 절망감은 그들을 '그리스도'께 나아가지 않으면 안 되도록 그들을 몰아세웁니다. 오직 그 한 길밖에 없다는 사실을 깨닫게 되기 때문에 말입니다.

저 역시도 한때는, 그저 조금 회개함으로 마음을 고쳐먹고 더 엄격한 행실을 하면 다가올 진노를 피할 수 있을 거라고 생각했었습니다. 하지만 머지않아 그런 저의 생각의 침대가 너무 짧다는 사실을 깨닫게 되었습니다. 예수 그리스도와 비교해 그런 모든 것들은 찌끼와 배설물과 같다는 사실을 알게 되었습니다. '애굽의 갈대'와 같은 그것들을 의지하는 것은 오히려 나를 넘어지게 하고 나를 찔러 상처나게 하는 것이라는 사실을 깨닫게 되었습니다. '본성적 감각의 세계' 안에 구원에 대한 어떠한 소망도 없음을 발견하게 된 것입니다.

결국 이러한 각성과 절망은 영혼으로 하여금 그리스도로 말미암아 하늘로부터 오는 도움을 향해 '갈망하고 울부짖게' 합니다. 자신의 영혼을 건져 구원할 강한 반석으로 옮겨 주시기를 탄원하게 되는 것입니다. 폭풍의 바다를 피할 수 있는 안전한 항구는 오직 그리스도라는 것을 알았기 때문입니다.

영혼은 자기 자신에게는 그리스도께로 마음을 열어 능히 영접할 능력이 없음을 알고 있습니다. 곧 믿음의 역사가 전적으로 초자연적인 하나님의 행사임을 알게 되는 것입니다. 그것을 알게 된 영혼이 어찌 "주여, 나의 믿음 없음을 도와주옵소서"(막 9:24)라며 울부짖지 않을 수 있겠습니까? 영혼은 이렇게 외칠 것입니다.

'주여, 저로 하여금 그리스도께 나갈 힘을 주소서. 그리스도께 나아가지 않으면 저는 영원히 망할 수밖에 없나이다. 저의 피는 아무런 유익이 없다는 것을 압니다. 오, 주여, 믿음의 일은 하나님의 일이시오며 가장 영광스러운 일이나이다. 그 일을 저의 영혼에 하시옵소서! 그리스도를 주옵소서! 믿음을 주소서!'

독자 여러분, 여러분이 살아왔던 지난날의 삶의 자취들을 되돌아보십시오. 하늘을 우러르며 그러한 울부짖음으로 하나님께 간구한 적이 있었습니까? 만약 그러하였다면 그것은 믿음이 영혼 속으로 들어왔다는 하나의 좋은 증거입니다. 왜냐하면 그러한 애통한 마음의 울부짖음은 믿음의 길을 닦는 '믿음의 선구자'이기 때문입니다.

또한 여러분은 믿음이 여러분의 영혼에 어떤 것들을 '수반'하는지 점검함으로써 여러분의 자신의 믿음에 대한 진실성을 검증할 수 있습니다. 이것은 여러분의 영혼이 믿음을 통해 그 전과는 다른 심령의 기풍(氣風, frame of spirit)을 가지게 되었는지에 대한 문제입니다. 그리스도를 바르게 영접한 사람들의 심령에는 분명 함께 수반되어 나타나는 여러가지 기풍이 있기 마련입니다.

믿음을 가진 자는 영적인 문제에 대해 매우 '진지'한 기풍을 가지게 됩니다. 세상의 그 어떤 것보다 믿음의 문제에 대해 더 큰 진지함을 가지는 것입니다. 빌립보 간수의 경우를 보십시오. 그는 "뛰어 들어가 무서워 떨며"(행 16:29) 구원의 문제를 가장 엄숙하고 중요하게 여기는 사람이 되었습니다.

사람들은 '나와 내 권속들이 무엇을 먹을까, 무엇을 마실까'에 대해 온 마음을 씁니다. 자기 자신의 육신에 관련된 일이라면 어찌나 민감한 반응을 보이는지 모릅니다. 그러나 영혼이 구원에 대한 심각성을 깨닫게 되면 빌립보의 간수가 던진 것과 같은 질문들, 즉 "선생들이여 내가 어떻게 하여야 구원을 얻으리이까?"라는 질문을 던질 수밖에 없게 됩니다. 자기가 무엇을 먹고 무엇을 마실지에 대한 문제보다 마음에 훨씬 더 깊은 진지한 인상을 가지게 되는 것입니다. 물론 영적인 문제에 대해 생각하는 무게의 분량은 사람마다 차이를 보입니다. 하지만 그들 모두가 세상의 그 어떤 일보다 그 문제를 더욱 엄숙하고 외경스럽게 염려하는 모습을 가지는 것입니다. 장난기 어린 의미 없는 농담들은 사라지고, 자기의 영원한 상태에 관해 가장 진지한 염려의 상태에 들어가게 되는 것입니다.

그런 상태에 들어가는 자의 마음은 겸비하고 자신을 낮춥니다. 자기 스스로는 구원을 위해 아무 일도 할 수 없다는 것을 알고 있는 영혼이 어떠한 심령의 자세를 가지겠습니까? 의롭고 거룩하신 하나님의 저주 밖에는 기대할 수 없었던 영혼에 그리스도의 여명이 밝아온다면, 그 심령이 어찌 겸비한 마음을 가지지 않을 수 있겠냐는 말입니다.

'오 주여, 제가 누구관대 저를 먹이시고 보존하시나이까! 제가 누구관대 이렇게 오랫동안 저를 아끼시고 참으시나이까! 제가 누구관대 예수 그리스도를 저에게 주시나이까! 저 같은 자가 그리스도의 인격과 연합하여 영광을 누리고 용서와 평강의 피로 구원을 받게 되다니요! 벌레 같은 저에게 어찌 그런 일이 일어날 수 있다는 말입니까! 저를 위해 그리스도를 내어 주시다니요! 어찌 저에게 그 큰 복락을 베푸시나이까! 하나님을 그토록 대적했던 저에게 말입니다!'

"이는 내가 네 모든 행한 일을 용서한 후에 너로 기억하고 놀라고 부끄러워서 다시는 입을 열지 못하게 하려 함이니라. 나 주 여호와의 말씀이니라"(겔 16:63).

겸비한 영혼은 울며 눈물로 그리스도의 발을 씻습니다. 완전히 녹아버린 심령을 가지고 말입니다

"예수의 뒤로 그 발 곁에 서서 울며 눈물로 그 발을 적시고…"(눅 7:38).

예수 그리스도께서는 "수고하고 무거운 짐 진 자들아 다 내게 오라"(마 11:28)고 말씀하셨습니다. 사람들이 자신의 영혼을 들여다 볼 수 있는 눈을 가진다면 자기 속에 '안전함'이나 '평안'이 전혀 없다는 것을 알게 될 것입니다. 무거운 죄의식은 날마다 그들을 짓누를 것입니다. 그 무거운 죄의 짐은 그들을 깊은 심연으로 가라앉힐 것입니다.

자신의 곤비함을 깨달은 영혼은 곧 '갈망하는' 상태에 들어가게 됩니다. 시냇물을 간절히 찾는 사슴이나, 그늘에 들어가 쉬기를 간절히 바라는 말도 예수 그리스도를 갈망하는 영혼만큼 간절하지는 않을 것입니다. 법정에서 '유죄 판결을 받은 사람'이 사면(赦免)을 소원한다고 해도 예수 그리스도를 갈망하는 영혼만큼은 아닐 것입니다. 다윗은 말하였습니다. "누가 베들레헴의 샘물을 길어 나로 마시게 할까!" 겸비해진 죄인은 말합니다. '누가 나로 하여금 그리스도의 피의 샘을 마시게 할까! 그 보배로운 피 한 방울만

이라도 내게 떨어뜨려 주었으면! 나에게 그리스도의 한 줄기의 미소(微笑)라도 허락하신다면! 오, 내가 그리스도를 살 수만 있다면! 내가 세상에서 버림받고 평생을 곤고하게 산다할지라도 하나님께서 내게 그리스도를 주기만 하신다면!'

그리스도를 영접하기 직전 영혼은 '갈등의 상태'에 빠집니다. 영혼은 소망과 두려움, 용기와 좌절 사이에 서있게 됩니다. 그러한 영혼은 그리스도께 나아가는 길목에서 몇 번이고 발걸음을 멈추어 섭니다. 헤아릴 수 없이 많은 자신의 죄에 대한 생각은 그를 한 발자국도 나아가지 못하도록 합니다. 그러다가도 그리스도의 자비하신 은혜의 풍성함에 대한 소망이 그를 다시 세워줍니다. 사탄은 쉽게 포기하지 않습니다. '너 같이 더러운 자가 자비하심을 얻다니. 그런 일이 가능할 것 같은가?' 이 말을 들은 사람들은 고개를 떨굴 수밖에 없습니다. 그러나 여러분, 여러분은 둘 중 무엇인가를 택해야 한다고 생각하십니까? 그렇지 않습니다. 구원의 길은 오직 하나 밖에 없습니다. 여러분에게 어떠한 어려움이 있더라도 오직 한 길을 향하여 나가는 수밖에 없는 것입니다. 여러분과 같은 수많은 이들이 하나님의 자비하심을 얻었다는 사실을 기억하십시오.

"내게 오는 자는 결단코 내어 쫓지 아니하리라"(요 6:37).

이 말씀을 의지하여 일어나십시오. 이 소망으로 영혼을 고양시키십시오. 여러분의 믿음을 가지고 나아가십시오.

믿음을 가진 영혼은 하나님의 은혜와 긍휼 앞에서 완전히 녹아내린 마음을 가집니다.

"내가 다윗의 집과 예루살렘 주민에게 은총과 간구하는 심령을 부어 주리니 그들이 그 찌른바 그를 바라보고 그를 위하여 애통하기를…"(슥 12:10).

또한 믿음을 가진 영혼은 그리스도와 그의 길들과 그 백성들을 사랑하게 됩니다. "사랑으로 역사하는 믿음"(갈 5:6)은 영혼으로 하여금 하나님의 사랑을 표현함으로 모든 순종의 행위를 하도록 합니다. 하나님의 그리스도를 향한 사랑은 믿음의 확실한 표증 중 하나인 것입니다.

또한 믿음은 정결한 마음을 가지게 합니다.

"믿음으로 저희 마음을 깨끗이 하사"(행 15:9).

믿음은 '손'의 행실뿐 아니라 '마음'을 깨끗케 합니다. 믿음이 아닌 다른 원리로는 마음을 정결케 하는 일은 불가능합니다. 도덕성이 그 행실로 내면의 부패를 감춘다고 해도 그 내면의 부패는 결코 '정결'하게 만들지 못하는 것입니다. 오직 믿음만이 그 마음을 부패로부터 '정결'하게 할 수 있습니다.

마지막으로 진실한 믿음을 가진 자는 그리스도의 계명에 순종합니다(롬 14:26). 믿음은 곧 순종으로 말할 수 있습니다. 왜냐하면 믿음으로 그리스도를 주로 받아 영혼으로 하여금 순종하도록 하는 강력한 논증을 그 영혼에게 부과하기 때문입니다.

여러분이 이러한 믿음의 표증들을 가지고 있다면 여러분은 그리스도의 사람입니다. 그런데도 아직 진실한 믿음을 가졌는지에 대해 확신이 없으십니까? 여러분이 만일 죄에 대한 깊은 각성을 가지고 이전에 의지했던 모든 육신적인 피난처를 벗어나 그리스도께 나아간 일이 있다면, 더 이상 의심하지 마십시오. 여러분이 그리스도를 가장 높고 존귀한 분으로 여기며, 마음으로 진정 그분을 갈망하여 세상 어느 것보다 그리스도의 형상을 닮아 가는 일을 사모하고 있다면 여러분은 그리스도의 사람입니다. 여러분의 집이 금과 은으로 가득 채워지기보다 여러분의 영혼이 그리스도의 성령으로 충만하게 되는 것을 더 소원하십니까? 그리스도께서 여러분을 사랑하신다는 단 하나의 표증으로 미소 지어 주시는 것을 세상이 주는 어떠한 영예보다 소중히 여기려는 마음을 가지십니까? 그렇다면 여러분은 더 이상 의심할 필요가 없습니다.

그렇습니다. 그리스도를 여러분의 팔로 부여잡으십시오. 제가 말씀드린 모든 것이 그리스도께 진실로 친밀함을 보여주는 의심할 여지없는 표지들입니다. 여러분은 스스로 가장 불쌍한 자라고 생각할지 모르지만 여러분은 분명 가장 부요한 사람들입니다. 불신앙으로 그리스도를 멸시하고 거부하는 이들 속에서는 전혀 발견할 수 없는 것들을 여러분은 가지고 있으니 말입니다.

여기서 저는 불신자들에게 몇 가지 권면을 하려고 합니다. 권면의 요점은 복음의 규범입니다. 곧 예수 그리스도를 영접하는 것에 대한 문제입니다.

그리스도 안에 과연 무엇이 있는지 숙고해 보십시오. 여러분이 그것을 알기만 한다면, 지금처럼 그분에 대해 무관심하거나 거절하는 일은 없을 것입니다.

'그리스도 안에는 하나님께서 계십니다'(고후 5:19). 하나님의 신성의 충만이 예수 그리스도의 육체에 거합니다. 그리스도는 '육체로 나타나신 하나님'이신 것입니다(딤전 3:16). 그러니 그리스도를 영접하면 하나님을 영접하는 것이 되는 것입니다.

또한 '그리스도 안에는 하나님의 권위가 있습니다'.

"너희는 삼가 그의 목소리를 청종하고 그를 노엽게 하지 말라 그가 너희의 허물을 사하지 아니할 것은 내 이름이 그에게 있음이니라"(출 23:21).

그리스도께서는 여러분을 구속(救贖)하시고 구원하시는 위대한 하늘의 사명을 띠고 이 땅에 오셨습니다(요 6:27). 하나님께서는 하늘과 땅에 있는 모든 권세를 그리스도께 주셨습니다(마 23:18). 그리스도께서는 아버지의 이름으로 여러분에게 오신 것입니다.

그리고 '그리스도 안에는 무한하신 하나님의 지혜가 있습니다'.

"그리스도는 하나님의 능력이요 하나님의 지혜니라"(고전 1:24).

"그 안에는 지혜와 지식의 모든 보화가 감추어져 있느니라"(골 2:3).

하나님께서는 그리스도에게 만큼 당신 자신의 지혜를 드러내신 일이 없습니다. 그 지혜는 "천사들도 살펴보기를 원하는 것"이었습니다(벧전 1:12).

또한 '성령의 충만함'이 그리스도 안에 있습니다. 그렇습니다. 하나님께서는 그 어떤 피조물에게도 그리스도에게와 같이 한 없는 성령으로 충만케 하신 일이 없습니다.

"이는 하나님이 성령을 한량없이 주심이니라"(요 3:34).

다른 존재들에게 주어진 성령의 분량은 한계가 있습니다. 그들 가운데서도 서로 간에 차이가 있습니다. 그러나 오직 그리스도께는 성령이 한없이 계십니다. 그리스도는 '자기의 동료들'보다 더 크게 성결의 영으로 기름부음을 받으신 분입니다(시 45:2,7). 사람들은 저마다 각각의 다른 은혜들을 가지고 있습니다. 어떤 사람은 지혜를, 어떤 사람은 믿음을, 그리고 어떤 사람은 인내를 받습니다. 하지만 그리스도 안에는 그 모든 것이 하나도 빠짐없이 들어있습니다. 모든 강물을 담는 대양처럼 말입니다.

그리스도 안에는 '하나님의 의(義)'가 있습니다. 그 의는 죄책을 가진 죄인을 하나님 앞에서 의롭다하심을 받게 할 의입니다(고후 5:21). 우리는 오직 그리스도의 의로만 하나님 앞에서 의롭게 될 수 있습니다. 그리스도께서는 "여호와 우리의 의"이시며(렘 23:6), 우리 의의 원조(元祖, author)가 되시는 것입니다.

여섯 번째로, '하나님의 사랑'이 그리스도 안에 있습니다. 그리스도께서는 혈과 육으로 감싸이신 하나님의 사랑입니다(요 1:4,9-10).

"하나님의 사랑이 우리에게 이렇게 나타난바 되었으니"(요일 4:9).

하나님께서는 우리를 위해 당신의 아들을 보내셨습니다. 세상에 이보다 높은 차원의 사랑이 있을 수 있습니까? 이것이야말로 하나님께서 행하신 최고의 사랑이 아니고 무엇이겠습니까!

그뿐이 아닙니다. 그리스께서는 사랑과 함께 '하나님의 자비하심과 긍휼하심'을 가지고 계십니다(유 21). 가련한 죄인들이 원하는 것은 하나님의 자비하심입니다. 마지막 숨을 내쉬면서 울부짖으며 바라는 것도 바로 그것입니다. 그 큰 심판의 날에 자비를 얻을 수만 있다면 무엇을 드리지 않겠습니까! 그리스도를 영접하는 일은 그리스도 안에 있는 자비하심을 얻게 되는 것입니다. 그리스도를 떠나서는 어떠한 하나님의 자비도 기대하지 말아야 합니다. 하나님께서는 결코 당신의 공의를 만족시키지 않으신 채 자비를 행사하시지 않을 것이기 때문입니다. 오직 그리스도께 나아가는 일만이 하나님의 공의를 만족시킬 수 있다는 사실을 잊지 마십시오.

이 모든 것이 그리스도께 있기에, 그리스도는 곧 '하나님의 구원'이 되시는 것입니다. 구원을 얻게 할 다른 이는 없습니다. 오직 그리스도께서 구원의 문이십니다. 그리스도를 영접하지 않고 구원 얻기를 바라는 자가 누구입니까? 그것은 마귀들도 기대하는 것입니다. 그리스도를 영접하는 일은 하나님께서 우리의 구원을 위해 제시하신 위대한 방식입니다. 그 누구도 그리스도를 영접하지 않고는 구원의 소망을 가질 수 없는 것입니다.

그것이 바로 복음입니다. 그 복된 소식이 바로 여러분에게 주어졌습니다. 타락한 천사들에게도 주어지지 않았던 복음이 말입니다. 하나님께서는 혹암의 사슬에 메어 있는 타락한 천사들의 본성을 바꾸어 회복시키실 계획을 가지고 계시지 않습니다. 그들을 치료할 어떠한 계획도 가지고 계시지 않습니다. 그러나 그들보다 낮은 피조물인 여러분에게 당신의 아들이신 그리스도를 주시다니요! 저주 받은 옛 사람들과의 평화의 조약은 이미 끝이 났습니다. 그들에게는 어떠한 제안도 주어지지 않을 것입니다. 지금 현세를 살아가고 있는 사람들 중에서도 이와 같은 복된 제안을 받은 사람이 많지 않습니다. 오직 특별한 은총과 하늘의 풍성한 은혜를 받을 대상이 여러분에게 하나님께서 그리스도를 제안하고 계시는 것입니다. 여러분은 어떻게 하시겠습니까? 만약 그럼에도 불구하고 여러분이 복음의 소리에 귀를 계속 막고 있다면, 타락한 천사들과, 귀신들과, 저주 받은 사람들과, 이방 사람들이 여러분의 그러한 어리석음을 얼마나 크게 질책하겠습니까! 그들은 이렇게 말할 것입니다. '당신들에게 그토록 많이 주어졌던 긍휼의 제안을 내가 단 한 번만 들을 수만 있었다면…!'

더구나 그 귀한 제안이 값없이 주어지는 하나님의 '선물'이라니요! 하나님께서는 여러분에게 물질을 요구하시지 않습니다. 그저 그리스도를 영접하라고 하시는 것입니다.

"너희 목마른 자들아 물로 나아오라 돈 없는 자도 오라 너희는 와서 사 먹되 돈 없이 값없이 와서 포도주와 젖을 사라"(사 55:1).

하나님께서 대체 언제까지 그리스도를 영접하라고 여러분에게 간청해야 합니까?

"이러므로 우리가 그리스도를 대신하여 사신이 되어 하나님이 우리로 너희를 권면하시는 것같이 그리스도를 대신하여 간구하노니 너희는 하나님과 화목하라"(고후 5:20).

오! 자비의 하나님께서 여러분을 위해 얼마나 당신 자신을 낮추셨습니까! 온 우주의 창조자이신 하나님께서 피조물인 여러분에게 간청하고 계시다니요! 여러분은 어떻게 하시렵니까! 여러분이 슬피 울며 부르짖어도 여러분의 기도를 듣지 않으실 때가 오면 여러분은 어떻게 하실 것입니까!

그리스도를 제안하시는 하나님의 간청을 거절하고 무시하는 죄악과 위험에 주목해 보십시오. 그것은 정말 엄청난 죄입니다. 모든 죄의 극악함과 비참의 총체가 바로 그 죄 속에 들어 있는 것입니다. 그리스도를 거절하는 것은 피조물이 할 수 있는 한 창조주 하나님을 가장 경멸하는 처사를 저지르는 것입니다. 하나님께서는 당신의 공의와 자비, 지혜와 모든 속성을 다 동원하여 그리스도 안에서 가장 영광스럽게 빛나도록 하셨습니다. 하나님의 영광이 그처럼 확연하게 과시된 적은 없었습니다. 그런 예수 그리스도를 멸시하다니요! 그것이야말로 인간들이 하나님의 영광에 대해서 할 수 있는 가장 커다란 모욕이 아니고 무엇이겠습니까?

그리스도를 부인하는 것은 복음의 계획과 중요성을 무의미한 것으로 만들어버리는 극악한 행동입니다. 불신앙은 "하나님의 은혜를 헛되이 받는" 악이 아닐 수 없습니다(고후 6:1). 차라리 여러분에게는 그리스도께서 세상에 오지 않았다면 더 나을뻔 하였습니다. 아니면 그리스도께서 세상에 오셨다 할지라도 지극히 어두운 곳에 떨어지셨다면 괜찮을지도 모르겠습니다. 그런 곳에 오셨다면 그리스도의 이름을 아예 듣지 못했을 것이니 말입니다. 아니 여러분은 그리스도를 영접하지 않을 바에는 여러분이 차라리 세상에 나지 않는 편이 더 나았을 것입니다.

여러분은 어찌하여 그리스도를 거부함으로써 자기 자신의 영혼을 살해하고 있는 것입니까?

"그러므로 내가 너희에게 말하기를 너희가 너희 죄 가운데서 죽으리라 하였노라 너희가 만일 내가 그인 줄 믿지 아니하면 너희 죄 가운데서 죽으리라"(요 8:24).

불신앙은 자신을 살해하는 행위입니다. 생명과 구원의 길을 거부함으로 자신의 영혼을 죽음으로 내모는 악을 행하는 것입니다. 그리스도를 거절하는 것은 그리스도를 모른 채 멸망한 다른 사람보다 더 큰 정죄가 있는 것이 아닙니까? 오, 여러분이여, 심판날에 여러분보다 이방인들이 견디기 쉬울 것입니다. 가장 큰 진노가 가장 악한 죄인들을 위해 예비되었다는 사실을 기억하십시오. 그 가장 큰 죄인은 그리스도의 복음을 듣고도 믿지 않는 자들일 것입니다.

이제 저는 믿는 자들에게 권면의 말씀을 드리겠습니다.

여러분이 만약 예수 그리스도를 진실로 영접한 사람이라면, 여러분 스스로 그러한 확신이 들 때까지 여러분은 결단코 쉬려 하지 않을 것입니다. 그리스도를 영접했다는 확신을 가진 신자가 누리는 기쁨과 행복은 정말이지 귀한 것입니다. 이제는 안전하고 행복한 자리에서 이전에 빠져있던 위험의 자리를 떠올리며 느끼는 안도감이 어떨지 생각해 보십시오. 그리고 장차 들어가게 될 영광의 처소를 생각하는 그 기쁨을 세상 무엇과 바꾸겠습니까.

그리스도를 영접한 여러분이 그리스도와 연합함으로 얻는 위로를 받지 않을 리가 있겠습니까? 그리스도를 영접한 것에 대해 여러분으로 하여금 흔들리지 않는 확신을 갖도록 도와주는 표증들을 놓치지 마십시오. 여러분이 가지는 그리스도와의 연합에 대한 확신은 곧 구원의 확신의 터가 될 것입니다. 여러분에게 주어진 요한복음 1:12의 믿음의 표지가 여러분 속에 있습니다. 그 말씀대로 여러분 자신의 마음 속에서 그것을 느낄 수 있을 것입니다. 하나님의 성령께서 여러분을 인치실 준비를 끝내셨습니다. 그것은 성령께서 기쁘게 감당하시는 직무입니다.

더 열심을 내십시오. 자신을 돌아보고 살피는 일을 게을리 하지 마십시오. 어떠한 경우라도 하나님의 거룩한 성령님을 근심시키지 않아야 합니다. 그러면 여러분의 마음이 간절히 바라는 구원의 확신에 도달하게 될 것입니다.

"그러므로 너희가 그리스도 예수를 주로 받았으니 그 안에서 행하되"(골 2:6).

여러분의 행실을 믿음의 탁월한 원리들과 원칙들에 부합하도록 하십시오. 믿음대로 사십시오. 여러분은 그리스도를 영접한 사람들입니다. 이 사실을 여러분이 사는 모든 방식에 적용하여 진지하게 죽는 날까지 유지하십시오. 그리스도께서 명하신 그 어떤 것도 예외 없이 거스르지 마십시오. 여러분은 그리스도의 모든 것을 받아들인 사람들입니다. 여러분은 그리스도를 다른 모든 것들보다 '귀하게' 영접하였습니다. 그러니 다른 것을 돌아보지 마십시오. 그리스도의 보혈의 공로에 여러분 자신의 공로를 섞는 어리석음을 범하지 말아야 합니다. 하나님께서 여러분에게 더 많은 은사와 성취를 허락하신다고 해도 말입니다.

여러분은 그리스도를 '신중히 숙고한 후에' 영접하였습니다. 여러분은 그릇된 모든 반론을 이겨내고 스스로를 온전히 부인함으로써 그리스도를 영접한 사람들입니다. 그러니 그 숙고가 진실하였다는 것을 보여주십시오. 세상에서 어떤 일을 만나든지 그리스도와의 거래에 어떠한 후회도 없다는 것을 보여주십시오. 세상으로 하여금 그리스도로 인한 모든 고난 속에 말할 수 없는 기쁨이 있다는 것을 알게 하십시오. 언제나 한결같이, 십자가를 지신 그리스도를 가장 가치 있게 여긴다는 것을 보이십시오.

"그러므로 너희가 그리스도 예수를 주로 받았으니 그 안에서 행하되"(골 2:6).

끝으로 저는 주 예수 그리스도를 영접하려는 기꺼운 의향을 갖게 된 분들께 말씀드리겠습니다.

처음 그리스도를 영접하는 시기는 고통과 두려움의 큰 시험이 오는 시기입니다. 여러분이 크게 주의를 기울이지 않는다면, 위험스러운 결과들을 너무나 쉽게 초래할 것입니다.

가장 먼저 '그리스도를 영접하는 방편과 목적을 혼동하지 않도록 조심하십시오'. 이 문제에 대해 많은 이들이 실수를 범하고 있습니다. 기도와 설교를 듣는 일은 분명 여러분을 그리스도께 인도하는 방편입니다. 그 자체가 그리스도는 아닙니다. 그러한 방편들을 친밀히 행하는 것과 그리스도와 친밀하게 되는 것은 전혀 별개의 문제입니다. '배'는 승객을 원하는 목적지까지 데려다 주는 도구입니다. 바다나 강을 건너게 하는 방편인 것입니다. 이 경우도 그러합니다. 여러분이 행하는 영적인 의들은 여러분을 태워 그리스도에게로 가도록 해주는 방편인 것입니다.

또한 여러분은 '현세의 고요함만을 위해 그리스도를 영접하지 않기를 바랍니다'.

많은 사람들이 그러합니다. 양심의 가책이 주는 공포와 죄책으로부터 해방되기 위해서만 그리스도의 피를 찾는 이들이 많습니다. 그러나 그러한 양심의 폭풍이 잦아들면, 그들은 더 이상 그리스도를 말하지 않습니다. 그들이 원하는 것은 그리스도가 아니라 마음의 고요함이었던 것입니다. 평안과 그리스도를 혼동하는 실수를 범하지 않도록 주의하십시오.

그리고 '그리스도께 나오는 여러분의 손은 언제나 비어있어야 합니다'.

"경건치 아니한 자를 의롭다하시는 이를 믿는 자에게는…"(롬 4:5).

스스로가 아무런 가치도 없다는 깊은 의식은 그리스도와 함께 하는 가장 훌륭한 마음의 상태입니다. 어쩌나 많은 사람들이 이 문제에 대하여 깨닫지 못하는지 모르겠습니다. 그들은 여전히 그리스도로부터 멀찌감치 떨어져 있습니다. 자신들이 너무나 부족하여 그리스도를 영접할 마땅한 준비를 하지 못한다는 이유로 말입니다. 그들은 결코 빈손으로 나아가려 하지 않습니다. 그리스도께 나아갈 어떠한 자격을 갖춰야 한다는 생각을 하는 것입니다. 오, 어처구니없는 마음의 교만이요, 마귀의 올무입니다. 여러분이 자격을 갖춘 후에 그리스도께 나아갈 수 있다고 생각하십니까? 그렇지 않습니다. 여러분이 그리스도께 먼저 나와야만 자격을 갖출 수 있는 것입니다. 여러분이 진정 갖추어야 할 자격은 여러분 자신이 아무런 가치도, 어떠한 탁월함도 없다는 것을 깨닫는 겸비한 마음뿐입니다.

그리스도를 영접하는 일을 더 이상 미루지 마십시오. 그것은 위험천만한 발상입니다. 하나님 나라에 거의 닿을 뻔한 사람들이 얼마나 많았는지 모릅니다. 호세아 선지가가 말한 것을 주목하십시오.

"내가 저희를 스올의 권세에서 속량하며 사망에서 구속하리니 사망아 네 재앙이 어디 있느냐 스올아 네 멸망이 어디 있느냐 뉘우침이 내 눈앞에서 숨으리라"(호 13:14).

이것만큼 위험천만한 일이 어디 있습니까? 그러기에는 우리의 생명은 한 치 앞도 내다볼 수 없을 정도로 불확실한 삶을 살고 있지 않습니까! 사람을 죽인 자가 전후사정을 따질 겨를도 없이 도피성으로 도망치는 것은 지극히 당연한 일이 아닙니까!

그러니 지체하지 말고 여러분의 온 마음을 다해 그리스도 전체를 영접하십시오. 그리스도 전체를 영접한다는 것은 그리스도의 인격(Person)과 그의 모든 직무(職務, Office)를 다 한꺼번에 받아들이는 것을 의미합니다. 여러분의 총명과 의지와 정서 전체를 모두 동원하여 온전히 그리스를 영접하십시오(골 1:9-12). 그리스도 안에는 여러분이 받아들이지 않고 남겨둘만한 것이 하나도 없습니다.

　주 예수 그리스도를 영접하는 일은 여러분 자신의 능력으로 되어지는 일이 아닙니다. 그 일에 주의 팔이 필요합니다(사 53:1). 그러니 간구하십시오. 하나님의 발 앞에서 엎드려 여러분의 마음을 쏟아 간구하십시오. 그리스도를 영접하도록 해 주시길 말입니다.

　주 예수 그리스도로 인하여 하나님께 감사하리로다.

8장

그리스도와 교제케 하시는 성령

"왕은 정의를 사랑하고 악을 미워하시니

그러므로 하나님 곧 왕의 하나님이 즐거움의 기름을 왕에게 부어

왕의 동료보다 뛰어나게 하셨나이다"

_시 45:7

　지난 강론에서는 영혼을 예수 그리스도와 연합하게 하시는 은혜의 방식을 살펴보았습니다. 성령께서는 하나님의 택한 백성들에게 그리스도를 적용시키십니다(성령의 직무가 바로 그것입니다). 그 일을 통해 성령께서 그리스도의 은혜와 은택 속에서 우리를 그리스도와 교제(communion)케 하시는 것입니다. 그리스도와의 '신비로운 연합'(mystical union)은 우리 영혼을 달콤하게 하고 부요하게 하는 교제의 터이자 근거입니다. 그리스도의 신비로운 연합으로 우리가 모든 영적인 특권을 누리게 되는 것입니다. 우리는 먼저 그리스도께 접붙인바 되어야 합니다. 접붙여진 가지가 새로운 뿌리의 진액과 영양분을 공급받듯이 우리는 먼저 그리스도의 인격과 혼인해야만 비로소 그리스도의 특권과 은택을 부여받고 그 안에 설 수 있는 것입니다. 본문을 통해 우리가 살펴볼 내용의 중심이 바로 그것입니다.

　본문은 탁월한 사랑의 노래의 한 부분입니다. 그것은 곧 하늘의 결혼 축

가와도 같습니다. 이 노래는 그리스도의 영적인 신부된 교회를 축하하고 있습니다. 아가서 전체의 주제와 같이 말입니다. 이 시편은 솔로몬과 결혼하는 애굽의 딸을 통해 신랑 되신 그리스도와 영적 신부인 교회를 상징적으로 표현하고 있습니다. 우리가 읽은 본문은 영광스러운 신랑이신 그리스도를 찬미하는 환희에 찬 노래의 한 부분입니다.

"그러므로 하나님 곧 왕의 하나님의 즐거움의 기름으로 왕에게 부어 왕의 동료보다 뛰어나게 하셨느니라".

이 말씀은 두 가지 사실을 드러내고 있습니다. 그것은 곧 성도들의 존귀함과 그리스도의 탁월함입니다.

본문은 성도들을 그리스도의 '동료'로 표현함으로써 성도들의 존귀함을 드러내고 있습니다. 성도들이 '동료들' 또는 '동반자들', '참여자들'로 성령의 기름 부으심에 그리스도와 함께 참여하는 자들이 되었다는 것입니다. 성도들은 자신들에게 주어진 분량의 한도 내에서 같은 성령님을 받게 되고, 동일한 은혜로 기름 부으심을 받으며, 같은 칭호로 존귀하게 불리어지는 것입니다(요일 2:27 ; 계 1:6). 이러한 차원에서 그리스도와 성도들은 서로 공통적인 부분을 소유하게 됩니다. 성령께서 성결의 영으로 그리스도 안에 거하시는 것처럼 성도들 안에 역시 같은 성결의 영으로 거하시는 것입니다.

그리스도와의 연합의 은혜로 말미암아 성도들은 그리스도와 같이 하나님 앞에서 왕과 하나님께 대하여 왕과 제사장입니다. 그것은 전적으로 그리스도와 연합하는 은혜로 말미암습니다. 그리스도께서 우리로 하여금 왕이 되게 하셨고, 성부 하나님께 대하여 제사장이 되게 하셨습니다. 그러니 그리스도의 동료 혹은 동반자가 된다는 것이 성도들의 존귀가 아니면 무엇이겠습니까? 그리스도께서는 그 신령한 은혜와 탁월함을 혼자만 누리려하지 않으시고 성도들이 함께 누리게 하시니 말입니다.

그리스도께서는 받으신 성령의 충만함을 성도들을 위해서 쓰려고 하십니다. 마치 태양이 다른 존재들을 비추기 위해 빛을 발하는 것처럼 말입니다. 그래서 어떤 사람은 본문을 '동료들 보다 높게'라고 번역하지 않고 '동료들을 위하여'라고 번역하는 것입니다. 이는 매우 큰 진리입니다. 성도들의 존귀는 그리스도와 동반자의 관계에서 비롯되는 것입니다. '왕의 동료들 보다 뛰어나다'고 번역한 것이 바로 그 지위의 범주를 가장 적합하게 나타내고 있습니다.

그러나 성도들에게 그러한 '존귀함'이 부여된다 할지라도 그리스도께 돌려야할 '전제적 탁월함'을 인정하는 일이 생략되어서는 안 됩니다. 성도들이 받는 성령의 기름 부으심은 전적으로 그리스도의 풍성한 은혜에 기인하기 때문입니다.

"하나님이 즐거움의 기름으로 왕에게 부어 왕의 동료보다 뛰어나게 하셨나이다"

기름은 유대의 왕들이나 제사장들이 취임할 때에 하나님께 자신들을 구별하여 드리는 거룩하고 엄숙한 용도로만 사용된 것은 아니었습니다. 일반적인 시민 사회에서 기름은 자신의 용모에 광채와 신선함을 주고 몸의 유연함을 주기 위한 용도로 사용되었을 뿐만 아니라, 빛을 밝히는 등불의 연료로써 사용되기도 하였습니다. 그리스도와 그 백성들에게 부어진 성령의 은혜가 미치는 작용 역시 그러합니다.

그리스도께서는 성령과 그 능력으로 기름 부으심을 받으시어 헌신의 직무를 위해 예비되셨습니다(행 10:38). 그리고 그리스도의 머리에 부어져 흘러내린 기름은 옷단을 타고 신자들에게까지 흘러내려 그들의 얼굴을 아름다운 영광으로 빛나게 하며 그들로 하여금 모든 선한 일을 하도록 유연한 마음을 준비하게 합니다. 기름은 신자들의 영혼 속에 신적 사랑의 화염을 일으키고 유지시키며 등불처럼 그 마음을 비추어 영적인 일들을 아는 지식을 갖게 합니다. 기름부음이 그들을 가르치는 것입니다. 기름부음은 또한 신자들의 즐거움입니다. 신자들에게 부어진 기름은 그들에게 있어서 환희와 기쁨의 원인입니다. 앞에서 말씀드린 바와 같이 기름은 왕의 즉위식 때 사용되었습니다. 하지만 즉위식이 있는 날은 왕 뿐만 아니라 모든 백성들에게 있어서 '잔치'의 날입니다. 슬픈 날에는 기름이 사용되지 않습니다. 이러한 사실에 비추어 볼 때 우리는 기름이 성령의 탁월한 본질을 표현한다는 사실을 알 수 있습니다. 신자들 속에 있는 모든 기쁨의 원인들과 그 기쁨을 일으키시는 장본인이 바로 성령이시기 때문입니다(요 17:13).

그리스도께서는 동료들보다 은혜의 성령을 훨씬 더 많이 받으셨습니다. 하나님께서 우리에게는 "그리스도의 선물의 분량대로 은혜를"(엡 4:7) 주셨지만, 그리스도께서는 '한량없이' 성령을 부어주셨습니다.

"하나님의 보내신 이는 하나님의 말씀을 하나니 이는 하나님이 성령을 한량없이 주심이니라"(요 3:34).

"아버지께서는 모든 충만으로 예수 안에 거하게 하시고"(골 1:19).

"우리가 그 충만한데서 받으니 은혜위에 은혜러라"(요 1:16).

그리스도의 동료들인 모든 성도들은 그리스도와 함께, 그리스도로 말미암아 은혜의 성령에 참여합니다. 하지만 하나님께서 주 예수 그리스도께 부어주신 분량에는 미칠 수 없습니다. 성도들이 누리는 성령의 은혜와 영적인 특권은 그리스도와의 연합으로, 그리스도와의 복된 교제로 말미암아 나타나는 결과입니다.

"찬송하리로다 하나님 곧 우리 주 예수 그리스도의 아버지께서 그리스도 안에서 하늘에 속한 모든 신령한 복으로 우리에게 복 주시되"(엡 1:3).

하나님께서는 성도들에게 당신의 아들과 함께 모든 것을 값없이 주셨습니다(롬 8:32).

"하나님께로부터 나서 그리스도 예수 안에 있고 예수는 하나님께로서 나와서 우리에게 지혜와 의로움과 거룩함과 구속함이 되셨으니"(고전 1:30).

"다 너희의 것이요 너희는 그리스도의 것이요"(고전 3:20,23).

그리스도께서 가지신 모든 것은 복된 교통을 통해 성도들에게 주어집니다. 성경은 이와 같은 그리스도와의 교통과 교제를 한 남자와 아내와의 '혼인적 연합'의 비유를 통해 상징적으로 표현하고 있습니다(엡 5:31,32). 혼인으로 여자가 한 남자와 연합을 이루었다는 것은 곧 그 아내가 남편의 재산과 명예에 참여할 수 있는 권한을 가지게 되었다는 것을 말합니다. 아내가 조상으로부터 물려받은 유산이 아무리 빈약하다 해도 말입니다. 또한 그리스도와 성도들의 연합은 머리와 몸의 지체들 간의 '본질적 연합'으로 표현되고 있습니다(고전 12:12). 그 둘 사이에 교제와 교통을 탁월하게 예중해 주는 것이 바로 그것입니다. 그리스도와 신자들 사이의 신비로운 연합을 표현하기 위해서 사용하는 몸의 머리와 지체들 사이의 자연적 연합은(고전 12:12) 그리스도와 신자들 사이의 교제, 또는 교통을 매우 탁월하게 비유하고 있습니다.

"온 몸이 각 마디를 통하여 도움을 받음으로 연결되고 결합되어 각 지체의 분량대로 역사하여 그 몸을 자라게 하며 사랑 안에서 스스로 세우니라"(엡 4:16).

나무 원 둥치와 가지 사이의 접붙임 역시 우리와 그리스도 사이의 연합을 나타내는 또 다른 상징입니다(요 15:1). 가지를 원 둥치에 접붙이는 순간부터 원 둥치의 생명의 진액이 가지에 전달되고, 그 이후로 가지가 원 둥치로부터 받는 수액을 의지하며 살아갑니다. 그것으로 그리스도와 성도들 간의 교통과 동반의 관계를 요점적으로 나타내고 있는 것입니다.

하지만 그리스도와 신자들의 교제에는 분명한 범주가 존재합니다. 성도들은 그리스도의 '신성'에 속한 것들에게는 참여할 수 없습니다. 성부와 본체로 하나이시며, 동등하시며, 동일하게 영원하신 것과 같은 본질적 부분에는 참여할 수가 없는 것입니다. 16,17세기 유럽의 신비주의 종파 중 하나였던 훼밀리스트(Familist)들은 사람이 본질적으로 하나님처럼 되거나 그리스도처럼 될 수 있다는 신성모독적인 발언들을 하곤 했습니다. 하지만 그들이 무슨 말을 지껄였던 간에 사람은 물론, 천사들이라 할지라도 그리스도께서 가지시는 '신적(神的)' 속성에는 결코 참여할 수 없습니다. 그 속성은 오직 예수 그리스도께서만 가지신 고유한 영광입니다. 우리에게는 결코 나누어 주실 수 없는 범주에 속한 부분인 것입니다.

그리스도의 '중보자적 사역' 역시 그러합니다. 우리는 결코 그것의 존귀와 영광을 함께 나눌 수 없습니다. 하나님의 공의를 만족시키고 택한 백성들을 구속(救贖)하신 그리스도의 사역에 성도들은 참여할 수 없습니다. 우리는 그저 그리스도의 중보 사역으로 인한 구속의 은택과 열매를 누릴 수 있을 뿐입니다. 우리는 중보하심과 구속하심으로 받으시는 그리스도의 영광에는 결코 참여할 수 없습니다. 우리는 그분으로부터 전가된 의(義)를 통해 의롭다하심을 받을 뿐입니다. 우리 속에 그리스도께서 가지고 계신 고유한 의가 있습니까? 우리가 그리스도처럼 다른 사람을 의롭게 하거나 구원할 수 있는 힘이 있습니까? 구속의 영광은 오직 그리스도께서만 받으실 수 있습니다. 우리는 그분의 구원하심의 은택을 받은 자들이지 그 구속하심의 영광을 함께 나눌 수 있는 처지가 되지는 못하는 것입니다. 우리 중 누가 그리스도께서 하신 일의 영광을 함께 누릴 수 있다는 말입니까. 우리가 그리스도의 구속하심으로 누리게 된 영광과 존귀를 구주로서 누리는 영광과 존귀로 착각하지 마십시오. 그리스도로 말미암아 전가 받은 의는 그것이 우리의 구원을 위해 필요했기 때문입니다. 전가 받은 의로 우리가 다른 이들을 구원할 수 있다고 생각한다면 그것은 매우 큰 착각입니다.

하지만 신자들이 본질적인 차원에서, 그리고 구속의 사역으로 말미암아 받으실 영광에 참여할 수는 없지만 그리스도와 함께 함으로 누릴 수 있는 영광스러운 탁월함은 너무나 많습니다. 그리스도께서는 모든 탁월함을 가지신 분입니다. 그리고 그 탁월하심의 빛을 태양처럼 발하십니다. 신자들이 내는 빛은 바로 그 빛을 받음으로 말미암습니다.

신자들은 그리스도의 '이름들과 칭호들'에 함께 참예한 자가 되었습니다. 그리스도로부터 그리스도인이란 칭호를 얻어 일컬음을 받게 된 것입니다. 하늘과 땅의 그리스도의 사람들이 모두 이름을 얻었습니다(엡 3:15 ; 약 2:7). 신자들은 하나님의 아들이신 그리스도와 연합함으로 하나님의 아들들이 되는 권세를 누리게 되었습니다(요 1:12). 그리스도는 모든 것들의 후사이며, 우리는 그리스도로 말미암아 후사가 되었습니다(롬 8:17). 왕과 제사장이신 그리스도께서 신자들로 하여금 왕과 제사장이 되게 하셨습니다(계 1:6). 신자들은 단지 이름만 받은 것이 아닙니다. 칭호에서뿐만 아니라 모든 실제적인 문제에서 은택을 입는 것입니다. 그것은 바로 우리가 그리스도의 '의'에 참여하게 되었다는 것입니다. 그리스도의 의는 신자의 의가 되었습니다(고후 5:21). 그리스도께서 '우리의 의'가 되신 것입니다(렘 23:6). 그 의는 우리 속에 있었던 의가 아닙니다. 전가의 방식으로 그리스도의 의가 '우리의 의'가 된 것입니다(계 4:5,11). 의가 전가되어 우리가 의롭다하심을 받아야만 비로소 우리가 그리스도와 연합할 수 있는 것입니다(고후 5:21).

"우리가 그 안에서 하나님의 의가 되게 하심이라"(빌 3:9).

그리스도와 신자들을 율법의 구조 안에서 한 사람으로 인정됩니다. 남편과 아내가, 빚진자와 보증인을 하나로 보는 것과 같은 이치입니다. 그렇습니다. 우리가 갚지 못할 빚을 대신 변제하심으로 하나님의 공의를 만족시키신 그리스도의 사역을 우리가 한 일로 인정하는 것입니다. 여러분, 이보다 더한 복락과 자비의 증거가 무엇입니까. 우리가 갚을 길 없던 죄의 빚을 생각해보십시오. 그리스도께서는 단 한 번의 순종으로 그 엄청난 빚을 호리라도 남김없이 대신 갚아주셨습니다. 마치 가난한 여인이 부유한 남자와 결혼함으로 그 남편이 자신의 모든 빚을 갚아준 은택을 입게 되는 것처럼 말입니다.

"내게 대한 어떤 자의 말에 공의와 힘은 여호와께만 있나니"(사 45:24).

이뿐만이 아닙니다. 그리스도께서는 하나님께로 나와 신자들의 '의'가 되셨을 뿐만 아니라, 신자들의 '거룩'이 되셨습니다. 전자(前者)의 특권은 그리스도의 피 안에 있는 공력의 덕을 힘입어 의롭다 하심을 받는 경우이지만, 성화의 경우는 신자들을 거룩하게 하시는 그리스도의 성령을 모시고 있는 경우에 해당됩니다(고전 1:30).

"우리가 다 그의 충만한데서 받으니 은혜 위에 은혜러라"(요 1:16).

말씀의 표현 그대로입니다. 은혜가 부어진 곳에 또 다시 은혜가 부어집니다. 은혜를 위해 또 다른 은혜가 부어지는 것입니다. 주어진 은혜를 더욱 합당케 하시는 은혜, 곧 이미 받은 은혜와 똑같은 성질의 은혜가 또 다시 신자들에게 주어진다는 것입니다. 인주를 묻힌 도장을 종이에 찍어 도장에 새겨진 문안이 그대로 종이에 묻어나는 경우와 같이 말입니다. 성화(聖化)는 우리 영혼을 은혜로 충만케 하시는 경우를 말합니다. 이를 위해 주어진 은혜 위에 다시 은혜가 주어지는 것입니다. 신자들은 넘쳐나는 거룩의 은혜 안에서 예수 그리스도와 교제하게 되는 것입니다.

거룩은 가장 보배로운 것입니다. 거룩은 곧 하나님의 형상입니다. 그러니 어찌 사람에게 있어서 거룩이 가장 뛰어난 탁월함이 아닐 수가 있겠습니까. 그것은 영광의 증거이자 열매입니다. 우리의 머리이신 그리스도께로부터 나온 은혜는 지체인 우리에게 전달됩니다. 우리의 거룩은 곧 거룩하게 하시는 그리스도와 하나라는 사실을 증거합니다(히 2:11). 여러분, 여러분이 귀하게 여기는 것이 무엇입니까. 그것이 설령 금화가 가득 들어있는 돈 가방이라 할지라도 그리스도의 의와 거룩이 여러분 자신의 것으로 여겨져 여러분이 의롭다 하심을 받고, 거룩하게 하심을 받는 것에 비하면 하찮기 짝이 없는 것입니다.

신자들은 그리스도와 함께 죽은 자들입니다.

"내가 그리스도와 함께 십자가에 못 박혔나니"(갈 2:20).

여러분은 그리스도와 함께 본성과 정욕의 부패들을 십자가에 못 박았습니다. 그리스도께서 우리의 죄를 위해 죽으신 것은 곧 우리가 우리의 죄에 대하여 죽었다는 것을 의미합니다. 곧 영원한 죽음을 '추방'하기 위해서 그리스도께서 친히 죽으신 것입니다. 그리스도의 죽으심은 곧 신자들 안에 있는 죄의 죽음을 말합니다. 여러분의 죄는 죽고, 여러분의 영혼은 생명을 얻게 된 것입니다. 여러분 안에 죄가 죽지 않는다면 여러분은 영원한 저주의 죽음을 맞이할 수밖에 없습니다. 만약 그리스도께서 죽지 않으셨다면, 몸의 행실을 죽이는 하나님의 성령의 역사는 여러분에게 결코 허락되지 않았을 것입니다. 죄의 신하로 평생을 살다가 결국 죄 가운데서 죽어야 했을 것입니다.

그리고 그리스도께서는 죽은 자 가운데서 살아나셨습니다. 이것이 신자들이 그리스도와 연합함으로 얻는 다섯 번째 은택입니다. 그리스도께서 살아나신 것처럼 신자인 여러분도 그러할 것입니다. 그리스도의 부활의 능력으로 얻는 생명력 있는 은택으로 말미암아서 말입니다. 그리스도 예수 안에 있는 생명의 성령께서 우리를 죄와 사망의 법에서 자유케 하십니다(롬 8:2). 우리는 그리스도로 인해 영적 생명을 얻은 것입니다.

"허물과 죄로 죽었던 너희를 살리셨도다"(엡 2:1).

그래서 사도는 그리스도께서 믿는 자 안에서 사신다고 말하고 있는 것입니다.

"이제는 내가 사는 것이 아니요 오직 내 안에 그리스도께서 사신것이라"(갈 2:20).

그리스도의 생명에 참여하는 특권을 누리다니요. 그 특권은 그 어떤 피조물도 누릴 수 없는 탁월함입니다. 그리스도의 생명을 가지게 된 성도들의 행복을 무엇으로 표현할 수 있다는 말입니까! 결코 죽지 않을 생명을 가지게 되었으니 말입니다.

우리는 장차 하늘에서 '그리스도의 영광' 안에 동참하게 될 것입니다.

"그리하여 우리가 항상 주와 함께 있으리라"(살전 4:17).

그 영광은 아버지께서 그리스도께 친히 부여하신 영광입니다. 지금은 우리가 마치 열쇠 구멍으로 희미하게나마 하늘의 그리스도의 복되신 얼굴을 볼 수 있을 뿐입니다. 하지만 주님께서 말씀하신대로 장차 우리는(요 17:22,24) 그리스도와 함께 보좌에 앉아 왕 노릇하게 될 것입니다(계 3:21). 그리스도께서 세상을 심판하러 오시는 그날, 그리스도께서는 모든 성도들로부터 영광을 받으실 것입니다(살후 1:10). 그날 여러분이 보게 될 광경을 상상해 보십시오. 그 큰 영광을 받으시는 그리스도와 함께 여러분이 얼마나 큰 영광을 누리게 되는지 말입니다. 여러분은 그리스도의 칭호와 의와 거룩하심과 죽으심과 부활하심과 누리실 모든 영광을 그리스도와 함께 누리게 될 것입니다.

그러나 이 모든 은택이 저절로 이루어지는 것은 아닙니다. 우리가 가진 본성으로는 결코 그리스도와 교제할 수 없습니다. 엄청난 노력을 통해 본성을 계발하고 개선한다 해도 그것은 불가능한 일입니다. 그 일은 오직 예수 그리스도와 자기를 연합시키는 '믿음'으로만 가능합니다. 그것은 육체의 탄생으로 우연히 주어지는 것이 아니라 오직 거듭남으로 주어지는 특권인 것입니다. 요한복음 1장 12,13절은 이 점을 분명하게 말하고 있습니다.

"영접하는 자 곧 그 이름을 믿는 자들에게는 하나님의 자녀가 되는 권세를 주셨으니 이는 혈통으로나 육정으로나 사람의 뜻으로 나지 아니하고 오직 하나님께로부터 난 자들이니라"(요 1:12,13).

우리는 본질상 진노의 자식들입니다(엡 2:3). 우리는 죄의 비참함 안에서 사단과 교제하던 자들입니다. 나쁜 열매를 맺는 가지는 잘려진 후 좋은 둥치에 접붙여지지 않는 한, 결코 좋은 열매를 맺을 수 없습니다. 좋은 뿌리와 즉각적인 연합이 이루어지지 않는 한 그 일은 불가능할 수밖에 없는 것입니다(요 15:1,2).

그리스도와 연합함으로 주어지는 은택과 특권의 분량 또한 그러합니다. 분명 동일한 정도의 은택과 특권이 향유되도록 허락되는 일이 있지만, 모든 신자들이 동등한 정도의 은택과 특권을 향유할 수 있게 되는 것은 아닙니다. 그 일은 각 사람에게 나누어 주신 선물의 분량에 따라 정해지는 것입니다.

의롭다 하심을 받는 면에서는 모든 신도들은 동등한 은택을 입습니다. 약한 신자나 강한 신자나 모두 같이 의롭다하심을 받는 것입니다. 그리스도의 의는 하나의 완전한 의입니다.

"그러므로 이제 그리스도 예수 안에 있는 자에게는 결코 정죄함이 없으니"(롬 8:1)

설령 믿음이 매우 연약하다 할지라도, 또 은혜의 분량이 아주 적은 경우라도 그리스도의 의는 신자 모두를 의롭게 하십니다. 그러나 성화(거룩하게 됨)에 있어서는 분량에 대한 차이가 나타납니다. 어떤 신자들은 강하지만, 어떤 신자들은 마치 갓난아이들 같습니다(고전 3:1). 어떤 사람의 믿음은 번성하여 힘있게 자라나지만(살후 1:3), 믿음이 거의 기진하여 살았다하는 이름만 가진 사람들도 있습니다(계 3:2). 이렇듯 성화의 은혜는 신자마다 아주 다양한 차이를 드러내곤 합니다. 그들 모두가 동일한 칭의의 은혜를 입었음에도 불구하고 말입니다.

은혜를 누리는 방편과 방식에 있어서도 그러합니다. 성도들이 저마다 다른 분량의 은혜를 누리는 것처럼, 성도들은 자신들이 참여하는 은택의 성질에 따라 각각의 여러 가지 방편들을 통해 그리스도와 교제하는 것입니다. 그리스도의 성결에 참여하게 되는 것은 거룩하심을 주입하는 하나님의 방식을 따라 이루어집니다. 하늘의 영광에 신자들이 참여하는 일은 기쁨에 넘치는 영적 시야를 통해 이루어집니다. 의롭다하심을 받는 것은 관계적인 변화의 문제입니다. 그러나 우리가 거룩하게 되는 것은 실질적인 변화이며, 영화롭게 되는 것은 완전한 변화입니다. 죄의 비참의 모든 잔재로부터 구속함을 받는 것으로 시작으로 그러한 변화들이 주어지는 것입니다.

하나님께서는 그리스도를 믿는 신자들을 위해 여러 복락들을 지정하셨습니다. 그리스도로부터 우리가 복락을 누리도록 하기 위한 여러 통로들을 지정하신 것입니다. 그리스도께 전가된 의로 말미암아 우리는 죄책에서 자유함을 얻고, 그리스도의 거룩을 힘입어 죄의 지배로부터 해방되며, 그리스도와 함께 영화의 옷을 입음으로써 마침내 모든 비참에서 벗어나 완전한 자유를 얻게 되는 것입니다.

예수 그리스도께서는 모든 신자들에게 당신 안에 충만한 영적 복락들을 나누어 주십니다. 당신과 연합한 어떤 사람으로부터도 그 은택을 거두어 가지 않으십니다. 그리스도께서 주시는 복락은 실로 위대한 것입니다. 만약 그 복락이 그처럼 위대하지 않다면 신자들은 모두가 가장 초라하고 멸시받을 만한 사람들일 것입니다.

"거기에는 헬라인이나 유대인이나 할례파나 무 할례파나 야만인이나 스구디아인이나 종이나 자유인이 차별이 있을 수 없나니 오직 그리스도는 만유시요 만유 안에 계시니라"(골 3:11).

외모로만 본다면 하나님께 자신을 추천할 특권을 가진 사람도 없으며, 하나님께 부족함 없이 나아갈 만한 사람이 아무도 없습니다. 세상에서 가장 아름답고 존귀하고 부유하고 고상하며 지적인 사람이 있다고 합시다. 그가 가진 모든 탁월함이 하나님 앞에서 무엇입니까. 하나님께서는 그러한 것을 보지 않으십니다. 하나님께서는 누구든, 그가 그리스도 안에 있는지를 보십니다. 그리스도 안에 있는 자들을 존귀히 여기시고 당신의 은총을 베푸시는 것입니다. 그리스도는 만물 안에서 만물을 충만케 하시는 분이십니다. 성령의 은사들과 복락 모두가 다 그리스도 안에 있습니다. 그리스도의 복락은 외적인 차별로 주어지는 것이 아닙니다. 세상에서 가장 미약하고 멸시받을 만한 사람들 속에 탁월한 은혜의 보화가 있는 것을 우리는 얼마나 많이 보게 되는지 모릅니다. 세상적으로는 가난하나 믿음에 부요하고 하나님의 나라를 상속받은 자들이 얼마나 많습니까. 세상의 그 무엇도 그리스도 안에 있는 복락에 참여하지 못하도록 막을 수 있는 것은 없습니다.

"다 너희의 것이요 너희는 그리스도의 것이요"(고전 3:22,23).

"자기 아들을 아끼지 아니하시고 우리 모든 사람을 위하여 내주신 이가 어찌 그 아들과 함께 모든 것을 우리에게 주시지 아니하겠느냐"(롬 8:32).

신령한 은택에 그리스도와 함께 누리는 교제는 거듭나지 않은 이들은 이해할 수 없는 크나큰 신비입니다. 그래서 사도는 "그리스도의 측량할 수 없는 부"(엡 3:8)라고 말합니다. 그렇습니다. 이는 너무나 깊은 신비입니다. 천사들도 가만히 살펴볼 정도의 일인 것입니다(벧전 1:12).

"기록된바 하나님이 자기를 사랑하는 자들을 위하여 예비하신 모든 것은 눈으로 보지 못하고 귀로도 듣지 못하고 사람의 마음으로도 생각지 못하였다 함과 같으니라 오직 하나님이 성령으로 이것을 우리에게 보이셨으니 성령은 모든 것 곧 하나님의 깊은 것이라도 통달하시느니라"(고전 2:9,10).

사람에게 있어서 예수 그리스도와 교제를 누리는 것보다 더 큰 영광과 존귀는 없습니다.

"내게 주신 영광을 내가 저희에게 주었사오니 이는 우리가 하나가 된 것 같이 저희도 하나가 되게 하려 함이니이다"(요 17:22).

우리가 주 예수 그리스도와 교제하여 수를 다 헤아릴 수 없는 존영의 무리에 들어가게 되다니요(계 12:22). 이는 천사들도 누리지 못하는 영광입니다. 그리스도는 천사들에게 머리되십니다. 그러나 천사들에게 생명의 감화를 주시는 머리는 아니십니다. 그리스도께서는 오직 당신의 몸 된 신비로운 교회에 대해서 생명의 감화를 주시는 머리이신 것입니다. 이는 천사들에게 커다란 신비입니다. 그래서 그들이 그것을 깊이 알아보기를 원하는 것입니다.

우리는 그리스도로부터 존귀의 칭호를 얻어 예수 그리스도와 '동료'요, 동역자'가 되었습니다. 본질상 흙일뿐만 아니라 죄악적인 흙에 불과한 우리가 말입니다. 율법의 선고 아래 마귀와 함께 영원토록 전능하신 하나님의 진노를 받아야 마땅한 우리가 말입니다. 그런 우리가 주 예수 그리스도 안에서 그리스도의 은택을 누리게 되다니요. 이것은 실로 놀랍고 기이한 일입니다. 그러나 우리가 볼 수 있는 기이함이란 아주 작은 부분에 불과합니다. 우리가 본 영광은 장차 나타날 영광의 지극히 작은 일부에 불과한 것입니다.

"사랑하는 자들아 우리가 지금은 하나님의 자녀라 장래에 어떻게 될 것은 아직 나타나지 아니하였으나 그가 나타내심이 되면 우리가 그와 같을 줄을 아는 것은 그의 계신 그대로 볼 것을 인함이니"(요일 3:2).

그의 계심 그대로 본다는 것을 상상해 보십시오. 우리가 계신 그대로의 주님을 뵈오며 주님의 형상대로 변화된다니요!

우리가 그리스도와 교제케 되는 방식보다 더 탄복할만한 것은 없습니다. 사도는 고린도후서 8장 9절에서 이를 매우 특이하게 설명하고 있습니다.

"우리 주 예수 그리스도의 은혜를 너희가 알거니와 부요하신 자로서 너희를 위하여 가난하게 되심은 그의 가난함을 인하여 너희로 부요케하려 하심이니라".

그리스도께서는 우리로 하여금 충만케 되게 하시기 위해 당신의 영광을 스스로 비우셨습니다. 우리로 복락을 누리게 하시려고 기꺼이 저주를 받은 바 되셨습니다. 우리로 영광과 존귀의 관을 쓰게 하시려고 친히 가시 면류관을 쓰셨습니다. 우리를 위해 스스로 벌레처럼 낮아지셨습니다. 우리로 하여금 천사들과 동등하게 되게 하시려고 말입니다(시 22:6). 누가 이 은혜를 상상할 수 있다는 말입니까!

　그리스도와의 교제는 일방적인 것이 아닙니다. 우리가 그리스도께 참여할 뿐만 아니라, 그리스도께서도 친히 우리에게 참여하십니다. 우리의 모든 부족과 슬픔과 비참과 환난 가운데 그리스도께서 함께 하시는 것입니다. 우리가 그리스도의 의와 은혜와 아들되심의 영광에 참여할 때, 그리스도께서는 우리의 비참을 분담하십니다. 우리의 고난을 그리스도 당신의 고난으로 여기시는 것입니다(골 1:24). 오! 아무런 시선도 받지 못할 가련한 존재인 우리가 그러한 영예를 안다니요! 만왕의 왕이시요 만군의 주이신 그분이 가련하기 짝이 없는 우리를 불쌍히 여기시어 함께 고통당하시고 피를 흘리시다니요! 왜 그리스도께서 우리의 곁에서 우리가 당하는 모든 고통을 함께 하셔야 합니까? 그분께 우리에게 당신의 정중함을 내 보이셔야 할 이유가 있습니까? 주님께서는 우리의 고통을 당신 자신의 고통이라고, 우리의 환란을 당신 자신의 환란이라고 말씀하셨습니다. 우리는 대체 이 은혜에 어떠한 이름을 붙여 불러야 마땅하겠습니까!

　그리스도와 우리의 교제는 영원히 끝나지 않습니다. 우리는 장차 그리스도와 함께 영화롭게 될 것입니다(롬 8:17). 우리는 그리스도께서 차지하시는 모든 영광에 잠여할 것입니다. 실로 고린도전서 15:24의 말씀처럼, 그리스도께서 나라를 그 아버지께 돌리실 때가 올 것입니다. 그것은 그리스도께서 성도들의 머리되심을 멈추신다는 뜻이 아닙니다. 성도들이 그리스도의 지체들이 되는 것을 중지하신다는 의미도 아닙니다. 그 관계는 결코 끝나지 않습니다. 우리를 아들로 받아들이신 일은 영원한 일입니다. 그것을 우리에게서 박탈해 갈 수 있는 것은 세상에 존재하지 않습니다.

　그리스도의 모든 성도들은 사실상 세상에서 가장 존귀함을 받아야 마땅합니다. 그들은 그리스도의 동료들이니 말입니다. 세상의 어떤 임금이 총애하고 영예로운 작위를 부여한 사람이 있다면 모든 사람들은 그를 존중하고 주목하지 않겠습니까? 그러나 그리스도의 성도들이 예수 그리스도로 말미암아 누리는 영광과 특권에 비한다면 그것은 한없이 보잘 것 없는 영예에 불과합니다. 우리의 주님은 하나님의 아들이십니다. 우리는 하나님의 자녀들입니다. 그리스도께서는 만물의 후사이시며, 우리는 그리스도와 함께 한 후사들입니다. 그리스도께서 영광 중에 왕 노릇하실 때 우리 모든 성도들도 그리스도와 함께 왕 노릇 할 것입니다. 그리스도께서 보좌에 앉으실 때 우리는 그리스도와 함께 그 보좌에 앉게 될 것입니다. 오, 여러분이 그리스도로 말미암아 주어지는 행복과 특권을 이해하기만 한다면 작은 고통 가운데 신음하고 좌절하는 일은 없을텐데 말입니다.

그리스도께서는 복락과 자비하심으로 가득 찬 보고(寶庫)이십니다. 그 그리스도께서 신자들을 위해 모든 것이 되십니다. 그로부터 신자들은 은혜의 풍성함과 의의 선물들을 받습니다(롬 5:17).

"그의 충만한데서 받으니 은혜 위에 은혜러라"(요 1:16).

그리스도의 모든 충만은 신자들의 부족을 채우기 위해 열려져 있습니다.

"나의 하나님이 그리스도 예수 안에서 영광 가운데 그 풍성한대로 너희 모든 쓸 것을 채우시리라"(빌 4:19).

여러분의 모든 부족은 하나님의 부요로 남김없이 채워질 것입니다. 세상 가운데 고생과 수고와 염려와 두려움으로 살아가고 있다고 말하지 마십시오.

"나의 하나님이 너희의 모든 쓸 것을 채우시리라."

오, 여러분은 감동어린 마음으로 외쳐야 합니다. 나는 충만하신 그리스도를 모시고 있지 않은가! 그분의 의로 내가 의롭다하심을 받았고, 그분의 거룩하심으로 내가 거룩하게 되었고, 그분의 지혜로 내가 지혜롭게 되지 않았는가! 그분의 위로가 나를 위로하고, 그분의 능력이 나를 보호하고, 그분의 충만하심이 나를 채우시지 않는가라고 말입니다! 힘을 내십시오. 그리고 감사하십시오. 그리스도로 말미암아 여러분은 결코 부족하지 않을 것입니다.

그러니 그리스도인이 그리스도께서 소유하신 것을 부인하거나 바라지 않는다면 그것은 얼마나 무가치하고 무모하며 불손한 일입니까. 그리스도께서는 가지신 모든 것을 여러분에게 주셨습니다. 그런데 어찌 한 가지도 그리스도부터 받지 않은 사람처럼 행동할 수 있습니까? 그리스도께서는 그 모든 것이 내 것이라고 말씀하지 않으셨습니다. 오히려 우리의 것, 나와 너희의 것이라고 말씀하셨습니다.

"내가 내 아버지 곧 너희 아버지, 내 하나님 곧 너희 하나님께로 올라간다 하라 하신대"(요 20:17).

우리는 왜 그토록 그리스도께 인색한 것입니까! 그리스도께서 자신을 그토록 낮추셨음에도 불구하고 왜 여전히 그리스도를 전적으로 신뢰하지 않는 것입니까! 그리스도께서는 우리를 위해 보배피를 아낌없이 쏟으셨습니다. 그런데 왜 우리는 여전히 그리스도를 위해 단 한 방울의 피도 흘리려하지 않는 것입니까! 우리의 모습을 보십시오. 우리는 그리스도의 곤고한 지체들을 위해 단 한 푼을 나누려 하지 않습니다.

"우리 주 예수 그리스도의 은혜를 너희가 알거니와 부요하신 자로서 너희를 위하여 가난하게 되심은 그의 가난함을 인하여 너희로 부요케 하려 하심이니라"(고후 8:9).

오, 은혜를 잊은 자들이여! 비열하고 순전치 못한 심령들이여! 그리스도께서 우리에게 그토록 큰 것을 주셨는데도 우리는 지극히 작은 것 하나도 그리스도께 드리려 하지 않는다니요! 우리 중 누가 그리스도께서 주신 것을 먼저 가지고 있었다는 말입니까? 본질상 그리스도께 받은 모든 것은 우리에게 속한 것들이 아니었습니다. 우리가 하나님 앞에서 무슨 공로를 쌓아올렸습니까? 우리가 그리스도께 드리지 않으려고 하는 것들을 보십시오. 그것은 사실상 본래 그리스도의 소유가 아닙니까? 그리스도께서는 전혀 받을 자격이 없는 자들에게 모든 것을 주셨습니다. 하지만 우리가 그리스도께 드려야 할 것은 마땅히 받으셔야 할 분에게 드리는 것입니다. 그리스도께서는 우리가 가진 모든 것보다 무한히 더 많은 것을 받아 마땅하신 분이십니다. 그리스도께서 당신의 부요함에 값없이 참여하도록 배려하실 때 우리는 그리스도의 원수였습니다. 그러함에도 불구하고 우리는 그리스도의 값없이 베푸신 은혜에 참여하게 되었습니다. 아주 사소한 것들도 그리스도께 드리려 하지 않으면서 그리스도를 사랑한다고 말하지 마십시오.

종교가 나를 망하게 할 것이라고 말하는 사람들이 있습니다. 그들은 영적인 출생으로 얼마나 놀라운 기업을 소유하는지를 알지 못하는 사람입니다. 주님의 용서와, 화평과, 양자로 받아들여 주심과, 거룩함과, 하늘과 같은 영적인 것들을 아무 것도 아닌 것처럼 생각하는 사람들은 눈에 보이지 않는 것은 존재하지 않는 것이라고 생각합니다. 그들은 회심한 영혼이 그리스도를 위해 재산이나 목숨을 기꺼이 내놓는 모습을 이해하지 못합니다. 그들은 금 대신 구리를 받기 원하는 사람이나 다름없습니다. 신앙은 가지는 일은 결코 손해를 보는 아닙니다. 사라질 세상의 위로 대신 영원한 하늘의 유익을 받는 것이 손해입니까?(막 10:19) 만약 그렇게 생각하는 사람이 있다면 그는 자신의 이생에서만 자기의 몫을 받은 사람일 것입니다. 그들은 성도들이 그리스도와 함께 공동의 상속자(相續者)라는 사실을 알지 못합니다. 또 그리스도의 허락 없이는 성도들에게 주어진 그 기업이 다른 데로 양도될 수 없다는 사실도 모릅니다. 만일 신자들의 기업이 손해를 본다면 그것은 그리스도 자신의 손해입니다. 우리의 공동 상속자이신 그리스도로 말미암아 우리의 기업에는 인침이 주어졌습니다. 그 기업은 결코 다른 데로 양도되지 않습니다. 은혜의 언약은 가장 안전한 보유권(保有權, tenure)을 지니고 있습니다. 은혜의 언약이 가장 훌륭한 궁휼이듯이, 그 언약은 가장 충만한 안전책을 제공하는 것입니다.

예수 그리스도의 충만하심과 부요하심은 결코 동이 나는 법이 없습니다. 모든 성도들이 받은 것들을 다 합친다고 해도 그리스도께서 가지신 부요하심에 미치지 못할 것입니다. 아브라함의 믿음, 모세의 온유함, 욥의 인내, 솔로몬의 지혜, 다윗의 열심, 바울의 부지런함, 요시아의 너그러운 마음, 이 모든 것들과 함께 이제껏 택한 백성들에게 부어진 모든 은혜를 더한다고 해도 그리스도 안에 남아 있는 탁월한 부요함에는 미치지 못합니다.

"왕은 정의를 사랑하고 악을 미워하시니 그러므로 하나님 곧 왕의 하나님이 즐거움의 기름을 왕에게 부어 왕의 동료보다 뛰어나게 하셨나이다"(시 45:7).

여러분의 머리 위에 있는 반짝이는 수많은 별들을 보십시오. 그러나 그 별들의 빛을 모두 더한다고 해도 태양의 빛에는 미치지 못합니다. 은혜는 사람의 자녀들을 아름답게 하지만 그리스도의 아름다움에는 미치지 못하는 것입니다.

"왕은 인생보다 아름다워 은혜를 입술에 머금으니 그러므로 하나님이 왕에게 영영히 복을 주시도다"(시 45:2).

성도들이 누리는 모든 은혜는 모두 그리스도로부터 나온 것입니다. 그리스도는 모든 은혜의 근원이시기 때문입니다(히 5:9). 그리스도 안에는 절대적이고 완전한 은혜로 충만합니다(골 1:19). 성도들 안에서는 은혜가 수많은 부패와 섞일 수 있습니다. 하지만 그리스도 안에 있는 은혜에는 조금의 불순함도 섞여있지 않습니다. 은혜를 정면으로 대적할 수 있는 그 어떤 것도 완전하게 차단되어 있는 상태인 것입니다(히 7:26). 죽을 인생의 눈으로 볼지라도 그분은 모든 사람으로부터 사랑과 감탄을 받지 않을 수 없습니다. 그분은 전체가 사랑스러운 분이시기 때문입니다(아 5:16).

그러니 그 모든 은혜와 은택 안에서 그리스도와 교통을 나누는 성도들과의 교제 속에는 얼마나 놀라운 기쁨과 유익이 있겠습니까!

"우리가 보고 들은 바를 너희에게도 전함은 너희로 우리와 사귐이 있게 하려 함이니 우리의 사귐은 아버지와 그 아들 예수 그리스도와 함께 함이라"(요일 1:3).

예수 그리스도 안에서 하나님과 교제를 누리는 사람들과 교제하는 것은 정말 달콤한 일입니다. 모든 은혜의 샘 근원이신 그리스도로부터 모든 것을 받은 성도들끼리 서로를 고양시키는 것만큼이나 신명이 나는 일은 없을 것입니다. 많은 신자들이 그러한 교제를 통해 더 탁월한 은혜 가운데 거하곤 합니다. 강한 자가 약한 자를 도울 수 있기 때문입니다. 아다나시우스는 신중하고 능동적인 사람이었습니다. 바실(Basil)은 천성적이고 달콤한 기품을 지닌 사람이었고, 크리소스톰(Chrysostom)은 허식 없이 근면한 사람이었습니다. 암브로우스(Ambrose)는 결연에 차고 용감한 사람이었으며, 루터(M. Ruther)는 용기 있는 사람이었으며, 칼빈(John Calvin)은 예리하고 분별력있는 사람이었습니다. 이들 모두는 은혜의 샘 근원이신 그리스도로부터 각각의 고유한 은사를 받았습니다(고전 7:7). 하지만 곧은 판단력을 가지고 일을 기민하게 처리하는 사람에게 섬세한 준비성이 없을 수 있습니다. 성실하긴 하지만 정당성이 희박할 수도 있고, 원칙을 준수하나 소심할 수 있습니다. 그렇습니다. 은사와 은혜와 경험들을 교제를 통해 겸손하게 나누어 가질 필요가 있는 것입니다.

그리스도의 은혜에 진실로 참여하는 사람은 반드시 일상적인 삶 속에서 여러 마땅한 의무들을 통해서 '그리스도와 능동적인 교제'가 있음을 나타내기 마련입니다. 여러분이 샘 근원으로부터 날마다 새롭게 참여하고 있다면 여러분의 성화는 증진되어야 합니다. 옷감은 물감 통 속에 자주 오래 담글수록 더 깊은 색깔을 내고, 더 진한 색조를 띠게 됩니다. 그리스도와의 교제 역시 이와 같습니다. 하나님과 바른 교제를 하는 사람은 자신의 비열함을 더 깊게 자각하는 영적 겸손함을 가질 수 밖에 없습니다. 그가 누구이든 하나님께 더 많이 나아가고 하나님을 더 친숙하게 섬기고 하나님을 더 닮아 가면 갈수록, 자기 자신 속에 있는 야비함과 비열함에 대한 지각이 더욱 예민해질 수밖에 없기 때문입니다(욥 42:5,6 ; 사 6:5). 또 이러한 사람은 하나님을 충만하게 누리고자 하는 더욱 강렬한 갈망을 가집니다(벧전 1:8 ; 롬 8:23). 처음 익은 열매를 가지게 된 사람은 추수 때에 만족할 만한 열매를 거두는 일을 간절히 바라기 마련입니다. 그러한 갈급한 영혼을 가진 이들은 땅에 있는 것에 사로잡히지 않습니다. 지상의 것들을 좇음으로 자기에게 허락된 영원한 분깃을 버리는 어리석은 일 따위는 하지 않습니다.

여러분, 여러분이 만약 그리스도와의 교제를 통해 얻는 물방울의 달콤함을 깨달았다면 한 번 생각해보십시오. 그리스도와 교제를 통해 얻는 물방울이 이처럼 달콤하다면 샘 근원이신 그리스도 안에 있는 것들의 달콤함은 과연 어떠하겠습니까?

'예수 그리스도도 인하여 하나님께 감사하리로다. 아멘'

나

The *Method* of *Grace*
in Gospel Redemption

part 2

""Come to me, all you who are weary and burdened,
and I will give you rest."

Matthew 11:28

9장

그리스도의 초청

"수고하고 무거운 짐진 자들아 다 내게로 오라

내가 너희를 쉬게 하리라"

_마 11:28

지금까지 우리는 우리를 구원하시기 위한 그리스도의 구속(救贖)의 방편을 알아보았습니다. 이제부터 우리가 숙고해야 할 것은 그리스도를 죄인들에게 적용하시기 위해 권면의 방식으로 모든 사람들을 초청하시는 성령님의 방편을 알아보고자 합니다. 그리스도는 이제 향기로운 의복을 입으시고 상아궁(象牙宮)에서 나와 모든 이들을 당신께로 부르시는 분으로 소개될 것입니다(시 45:8).

"수고하고 무거운 짐진 자들아 다 내게로 오라 내가 너희를 쉬게 하리라."
이 말씀은 우리를 부르시는 주 예수 그리스도의 목소리입니다. 여러분의 귀에 매일 이 기쁨의 목소리가 들린다면 그것이야말로 커다란 은혜가 아닐 수 없습니다.
그리스도의 이 초청의 말씀은 앞 구절과의 즉각적인 연관성을 가지고 있습니다.

"내 아버지께서 모든 것을 내게 주셨으니 아버지 외에는 아들을 아는 자가 없고 아들과 또 아들의 소원대로 계시를 받는 자 외에는 아버지를 아는 자가 없느니라"(마 11:27).

이 말씀으로 주님은 당신 자신의 사명과 권위와 구원하시는 능력의 충만함을 말씀하고 계십니다. 다른 어떠한 길로도 하나님께 나아갈 수 없음을 선언하고 계시는 것입니다. 그러나 주님은 바로 28절의 말씀을 주심으로 죄를 깨달아 겸비해진 영혼이 너무 큰 낙담에 빠지지 않도록 위로하셨습니다. 다시 말해 다음과 같은 반론을 제기할 사람이 있을 수 있다는 상정을 하시고 그와 같은 말씀으로 위로를 하신 것입니다.

'주여, 주께서 구원하시는 능력의 충만하심을 저는 확신하고 있습니다. 그러나 그러한 주님의 능력의 은택을 제가 누리게 될지에 대하여는 큰 의문입니다. 왜냐하면 저는 정말 말로 다할 수 없는 죄와 죄책을 가진 자로서 진정 크게 비열하고 무가치한 존재라는 것을 잘 알고 있기 때문입니다. 제 영혼은 낙담하여 있습니다.'

주께서는 죄인들의 이러한 마음을 미리 아시고 "수고하고 무거운 짐 진 자들아 다 내게로 오라"고 말씀하시는 것입니다. 이는 주님께서 다음과 같은 뜻으로 하신 말씀일 것입니다.

'너희 자신의 죄와 비참에 대한 의식으로 그것을 치료할 오직 유일한 처방책을 가리지 말라. 내게 오라. 너희가 안고 있는 그 무거운 죄 짐을 가지고 오라. 나는 의인을 부르러 온 것이 아니라 너희와 같은 죄인을 부르려고 왔도다.'

우리는 본문의 말씀을 보다 자세히 살펴 보겠습니다.

먼저 두 강조적인 동사로 표현된 영혼의 신령한 곤고함을 보십시오. 본문은 '수고하다' 그리고 '짐을 지다'로 영혼이 처한 부담을 표현하고 있습니다. '수고하다'라고 번역된 단어는 기진하여 완전히 쇠미한 상태에 이르렀다는 것을 말해줍니다. 또 '짐 진'이라는 단어로 더 이상 그 무게를 감당할 수 없는 지경의 상태를 말하고 있는 것입니다.

이 '짐'의 성질에 대해서는 해석자들마다 약간의 차이를 보입니다. 크리소스톰(Chrysostom)이나 그를 추종하는 이들은 그 짐을 '율법의 의식(儀式)과 예식(禮式)'으로 해석합니다. 그들의 해석대로 사실 그것은 정말 무거운 짐임에 틀림없습니다. 사람들은 이 율법적 규례를 지키는 임무와 부담 아래서 땀을 흘리며 수고하여 하나님 앞에서 의롭다 하심을 받을 만한 의(義)를 성취하려고 애를 썼습니다. 그러나 그들의 모든 노력은 허사였습니다.

또 다른 사람들은 그것을 '죄의 짐'이라고 말합니다. 본성의 부패와 악한 행실에 대한 무거운 죄책의 의미를 가진다고 그들은 말합니다. 죄책의 무게를 느끼고 있는 영혼이라면 그 영혼은 자신이 저주 아래 있다는 것까지도 알게 됩니다. 그 죄책으로 말미암아 자신이 지옥에 떨어질 수밖에 없다는 사실을 아는 것입니다. 그래서 그들은 사력을 다해 지옥에 가지 않으려고 발버둥칩니다. 자신들의 영혼을 개선하여 지옥에 가지 않아도 될 정도로 스스로를 깨끗게 하려고 애를 쓰는 것입니다. 그러나 그들의 그러한 노력 역시 소용이 없습니다.

본문은 이어서 '내게로 오라'고 표현되고 있습니다. 그 표현으로 주님께서는 '나를 믿으라, 무거운 짐을 지고 신음하는 영혼을 내게 맡기고 쉬라. 내가 너희 모든 짐을 가볍게 하겠다. 율법의 의식을 통한 노력이 주지 못한 의와 평안을 내가 주겠다. 스스로를 개선하여 의로워지려는 헛된 노력에 시달린 너희들을 쉬게 하겠다. 내게로 오라'고 말씀하고 계시는 것입니다. 그리스도께 나아가는 것은 다른 말씀들을 통하여 믿음의 행사로 기록되어 있습니다(요 6:37, 7:37). 우리가 여기서 더 주목해 보아야 할 것은 주님께서 '모든' 짐 진 영혼들을 부르고 계시다는 것입니다. 곧 죄와 죄책의 종류와 정도를 불문하고 그들을 부르시는 것입니다.

그리고 그리스도께서는 죄인들에게 소망과 용기를 주시는 말씀을 하십니다.

"내가 너희를 쉬게 하리라"

이는 그리스도께서 당신께 나오는 자들에게 모든 곤고와 수고로부터 쉴 수 있도록 하시겠다는 말씀입니다. 죄인들로 하여금 평안과, 용서와, 고요함 즉 하나님께서 허락하시는 평강과 은총을 주시겠다고 약속하고 계십니다. 당신의 죽음을 통해서 죄인들이 누릴 평안의 값을 지불하시겠다고 말입니다.

물론 그리스도께서 주시겠다고 하신 약속은 죄의 상태를 고집하거나, 수고하고 무거운 짐을 내려놓지 않으려는 사람들에게는 전혀 해당되지 않습니다. 오직 그리스도께 나아가는 사람들, 그리스도를 믿는 사람들만이 그 은택을 입는 것입니다. 자기 죄 때문에 마음 상하여 눈물을 핏방울처럼 흘리는 사람이 있다 할지라도, 그가 그리스도께 나아가지 않는다면 아무런 소용이 없습니다. 그의 참회는 결코 그를 구원하지 못할 것입니다. 그의 슬픔이 결단코 참된 안식에 이르게 하지 못할 것입니다.

정말 많은 사람들이 영혼을 누르는 무거운 죄의식에 시달리고 있습니다. 물론 모든 사람들이 그 고통을 느끼는 것은 아닐 것입니다. 왜냐하면 '미련한 자는 죄를 심상히 여기기' 때문입니다(잠 14:9). 어떤 이들은 죄에 대하여 이처럼 대수롭지 않게 여길 뿐만 아니라 죄를 아주 즐거운 것으로 생각합니다. 미련한 자는 악을 행하는 것을 낙으로 삼습니다(잠 10:23). 죄를 무거운 짐으로 느끼는 사람들은 죄의 악함을 알고, 죄가 가져오는 영원한 비참을 아는 이들입니다. 그들에게는 그것보다 더 영혼을 누르는 무거운 짐이 없는 것입니다.

"심령이 상하면 그것을 누가 일으키겠느냐"(잠 18:14).

하나님의 율법은 그 영적 성질과 능력으로 사람에게 임하여 그 양심이 죄를 깨닫게 함으로 죄에 대한 회개와 회오감(悔悟感)을 가지게 합니다. 그런 경우 자신이 저지른 죄에 대한 기억은 매우 오랫동안 지속됩니다. 마치 그 죄를 어제 지은 것처럼 생생하게 느껴질 때도 있습니다. 예전에는 그렇지 않았습니다. 죄를 지은 후 그 죄에 대해 쉽게 잊곤 했습니다. 그런데 이제는 죄에 대한 기억이 쉽게 지워지지 않고 새롭게 떠오르며 양심에 고통을 가합니다. 심지어 아주 오래 전에 지었던 죄까지 생각나 두려움을 느끼게 하기도 합니다.

"주께서 나를 대적하사 괴로운 일들을 기록하시며 내가 젊었을 때에 지은 죄를 내가 받게 하시오며"(욥 13:26).

과거를 기억하는 양심이 지난 날 지었던 죄로 인한 새로운 벌책을 부과합니다(창 42:21). 우리가 이제껏 행한 모든 것은 양심의 책에 다 기록되어 있습니다. 주님께서 죄인들의 마음을 각성시키시어 죄를 깨닫게 하실 때에 바로 그 책을 펼쳐 보이시는 것입니다. 그것은 마치 고소장의 내용을 들고 서 있는 '법원 서기(書記)'를 연상케 합니다. 그는 사람들의 모든 불의가 적혀 있는 서류들을 가방 속에 넣습니다. 판결의 근거로 사용될 그 서류들을 말입니다. 이것이 양심의 첫 번째 직무입니다.

양심의 '송사(訟事-고발)'는 정말 무섭습니다. 그 송사는 분명한 근거를 가지고 있습니다. 누구도 부인할 수 없는 명백한 증거들을 가지고 있습니다. 양심은 그렇게 진노의 하나님으로 영혼을 몰아가는 것입니다. 양심은 모든 것을 들추어냅니다. 드러난 것이든 감춰진 것이든 모든 죄 속으로 침투하여 모든 구실과 변명들을 부수어 버립니다. 양심은 하나님 앞에서 행한 하나님의 자비와 은혜를 거스려 행한 모든 죄 속으로 파고들 것입니다. 시편 19:6의 말씀에 비추어 양심은 태양과 같습니다.

"그의 열기에서 피할 자가 없도다."

사마리아 여인은 예수님에 대해서 이렇게 말하였습니다.

"나의 행한 모든 일을 내게 말한 사람을 와서 보라 이는 그리스도가 아니냐?"(요 4:29)

예수님께서는 말씀을 통해서 그녀의 죄 하나를 지적하여 깨닫게 하셨습니다. 그러나 그녀의 양심은 주께서 지적하신 그 하나의 죄로 말미암아 그녀가 지었던 모든 죄를 상기시켰습니다. 양심의 송사가 그렇습니다. 누구도 부인할 수 없는 완전한 근거를 제시하는 것입니다.

양심을 통해 자신의 죄를 깨닫게 된 사람은 자신을 방어하기 위한 핑계나 구실을 댈 힘을 가지지 못합니다. 어떠한 송사에 대하여 수천의 증인들이 일어선다고 해도, 양심의 증거만큼 투명하게 증거할 수는 없을 것입니다.

"저가 유구무언(有口無言)이어늘"(마 22:12).

이 말씀은 양심의 분명한 증거로 할 말을 잃은 자의 상태를 말하고 있습니다. 이것이 양심의 2차적인 사역입니다. 피해나갈 수 없는 근거를 제시하는 양심의 고발이 가지는 직무 중 하나인 것입니다.

양심의 세 번째 직무는 곧 '선고와 정죄'입니다. 이는 정말 감내하기 힘든 짐입니다. 양심의 정죄는 율법의 정죄와 맞먹는 것입니다. 율법이 율법을 범한 모든 이를 저주하듯이(갈 3:10), 양심이 죄책을 느끼는 영혼을 저주하는 것입니다. 양심은 하나님의 이름과 권위로 선고를 내립니다. 그 선고 앞에서 어떠한 변명도 늘어놓을 수 없습니다. 양심의 소리는 곧 하나님의 소리이기 때문입니다.

"우리 마음이 혹 우리를 책망할 일이 있어도 하나님은 우리 마음보다 크시고 모든 것을 아시기 때문이라"(요일 3:20).

이는 그 누구도 참아낼 수 없는 고통입니다. 가인과 가룟 유다의 마음에 그 양심이 어떠한 효과를 발휘했는지 생각해 보십시오. 그들에게 그것은 지옥의 고통을 미리 맛보는 것이었습니다. 그 고통은 결코 타서 죽지 않을 구더기와도 같습니다(막 9:24). 몸 안에 있는 기생충이 그 속에 존재하는 부패를 먹고 자라듯 양심의 고발과 정죄도 영혼 안에 존재하는 부패와 죄책으로 말미암아 자라납니다. 몸 안에 있는 기생충이 내장을 갉아 먹듯이 양심도 영혼의 가장 예민한 부분을 찌르는 것입니다.

양심은 거기서 그치지 않습니다. 양심은 죄인을 그 비참 아래 가두어 놓은 채 끊임없이 그를 책망합니다. 이것이 양심의 네 번째 직무입니다. 양심의 이 효력으로 말미암아 사람은 매우 큰 공포심을 가지게 됩니다. 정죄로 인해 이미 비참 가운데 있는 자를 질책하고 책망을 퍼부어대는 것은 고통을 몇 배나 증가시킵니다. 그리스도께서 그 저주의 나무 위에서 고통 당하실 때 그 대적들이 퍼부었던 혀의 능욕은 주님의 고통을 더욱 가중시켰을 것입니다. 그러나 그보다 더 참아내기 어려운 것은 자기 속에 있는 양심의 비난입니다. 그것은 그 사람의 뼛속까지 파고들어 고통을 주는 것입니다.

오! 양심이 찌르는 그날 죄인은 르우벤처럼 외칠 것입니다.

"내가 너희더러 그 아이에 대하여 죄를 짓지 말라고 하지 아니 하였느냐 그래도 너희가 듣지 아니 하였느니라 그러므로 그의 피 값을 치르게 되었도다"(창 42:22).

양심은 그처럼 말할 것입니다.

'내가 너희에게 경고하지 않았느냐. 그때마다 이러한 악을 행치 말라고 설득하지 아니하였느냐. 그러나 네가 내 말을 청종하지 않았도다. 너는 영원한 고통을 당할 것이다. 불 일듯 일어나는 하나님의 진노가 보이지 아니하느냐. 모든 것은 너희 고집 센 광기와 완고함의 열매이다. 네가 받을 고통은 하나님을 대적하여 지은 죄에 대한 대가이다!'

이는 정말 끔찍한 일입니다! 양심이 쏘아대는 화살에 그 불쌍한 영혼이 어찌할 바 몰라 놀라며 울부짖을 것입니다! 지옥의 맛을 미리 보는 고통이여! 누가 이것을 능히 견뎌낼 수 있단 말입니까! 이것이 양심의 네 번째 효력입니다.

그러나 화(禍)에 또다른 화가 이릅니다. 그것은 곧 임박한 진노에 대한 가공스러운 두려움입니다. 이것은 죄인의 영혼에 생겨나는 공포입니다. 히브리서 10:27을 읽어보십시오.

"오직 무서운 마음으로 심판을 기다리는 것과 대적하는 자를 태울 맹렬한 불만 있으리라"(히 10:27).

인간의 표현으로는 임박할 진노를 바라보며 느끼는 이 공포심을 형언할 길이 없습니다. 아무리 완강한 죄인이라도 그 두려움 앞에서는 쇠미해질 수밖에 없습니다.

"여호와께서 너를 땅 이 끝에서 저 끝까지 만민 중에 흩으시리니 네가 그곳에서 너와 네 조상들이 알지 못하던 목석 우상을 섬길 것이라 그 열국 중에서 네가 평안함을 얻지 못하며 네 발바닥을 쉴 곳도 얻지 못하고 오직 여호와께서 거기서 너의 마음으로 떨게 하고 눈으로 쇠하고 정신으로 산란하게 하시리니 네 생명이 위험에 처하고 주야로 두려워하며 네 생명을 확신할 수 없을 것이라 네 마음의 두려움과 눈의 보는 것으로 말미암아 아침에는 이르기를 아하 저녁이 되었으면 좋겠다 할 것이요 저녁에는 이르기를 아하 아침이 되었으면 좋겠다 하리라"(신 28:64-67).

신명기에 등장하는 이 사람은 세상에 사는 날 동안 정함이 없이 늘 불안함을 느끼는 경우를 말하고 있습니다. 영원한 하나님의 복수의 불이 임할 것을 알고 그것이 다가올 것을 내다보는 사람이 두려워 떠는 모습이 이러한 것입니다.

형제 여러분, 어떠한 말로도 이 두려움과 양심의 쏘는 것을 감당치 못하여 안절부절 못하는 그 가련한 형제들이 무엇을 느끼지는 표현할 수 없을 것입니다. 죽은 자들과 저주받은 자들 사이에 유리하며, 언제 끊어질지 모르는 연약한 생명에 밧줄에 걸려 언젠가는 떨어질 영원한 불에 대한 공포로 살아가는 그들이 무엇을 먹어 어떠한 맛을 느낄 수 있겠습니까!

이것이 양심이 주는 고통의 짐입니다. 그 어떤 고통도 그와 같이 무겁지 않을 것입니다. 가장 사랑하는 사람을 여읜 슬픔도 영혼 깊숙히 이러한 고통을 주지는 못할 것입니다.

양심의 내면적 고통을 받고 있는 자는 그 어떤 피조물로부터 오는 즐거움도 달갑게 느끼지 않습니다. 다른 고통들은 피조물의 즐거움으로 잠시 잊거나 경감시킬 수 있습니다. 그러나 양심의 고통 가운데 있는 자들에게는 그러한 것들이 아무짝에도 소용이 없습니다. 그 상처는 너무나 깊어 예수 그리스도의 피 외에는 어느 것으로도 치료되지 않습니다. 양심은 자기가 만족할 만큼의 수준을 요구합니다. 하나님께서 당신 자신의 완전함에 따라 만족시키실 정도를 요구하시듯이 말입니다. 양심은 말합니다.

'하나님께서 그대와 더불어 화평하신다면 나도 그대와 더불어 화평할 것이다. 그러나 그러기 전까지는 나로부터 오는 안식이나 평안은 기대하지 말

라. 세상의 무엇도 내 입을 막지 못할 것이다. 그대가 어딜 가든지 나는 그대를 따라갈 것이다. 그대는 세상에서 취하는 모든 달콤함의 단맛을 느끼지 못할 것이다. 그대가 하나님의 용서를 받아내기까지는 말이다.'

이처럼 죄로 인한 내면의 고통은 그 전에 가졌던 즐거움과 모든 기쁨에서 생각을 멀리 떼어냅니다. 마치 계란 흰자의 맛처럼 그것들로부터 어떠한 기쁨과 즐거움도 느끼지 못하는 것입니다. 조율되지 않은 악기의 소리를 듣는 것처럼 모든 것은 그저 시끄럽게 느껴질 것입니다. 어떠한 장식들도 아름답게 보이지 않을 것입니다. 영혼의 죄의 도구로 사용된 몸은 영원한 비참 속에서 그 영혼과 함께 고통 당할 것입니다. 그렇게 죽을 몸을 먹이고 살피고 있다니, 그 마음은 얼마나 곤고하겠습니까.

죄로 인한 이러한 내적 고통들은 영혼이 이전에는 전혀 느끼지 못했던 사망에 대한 무시무시한 두려움을 갖게 합니다. 그러한 영혼에게 있어서 죽음은 '공포'의 대왕입니다. 죽음 뒤에 따라올 지옥을 생각하면 '사망'이라는 이름만 들어도 두려워 떠는 것입니다. 그들은 내면의 고통은 너무나 큰 나머지 외면의 고통에 대한 감각 따위는 집어삼킵니다.

안타깝습니다! 그들의 영혼은 마치 실개천이 광대한 바다에 함몰되어 전혀 그 모습을 드러내지 못하는 것처럼 깊은 슬픔 속에 빠져 있습니다. 마음에 슬픔의 고통을 가진 사람은 외적인 고통에 반응조차 하지 못합니다. 내면적 슬픔에 비하면 외적으로 오는 슬픔은 너무나 작기 때문입니다. 전에는 마음에 동요를 주었던 외적 일들에 이제는 아무런 감각도 느끼지 못할 수가 있는 것입니다. 그들은 이렇게 말할 것입니다.

'난 영원한 지옥의 불구덩이 속으로 갈지도 모른다. 만약 그렇게 된다면 지금의 형편이나 조건이 무슨 의미가 있겠는가. 거기에 불만을 가진들 내가 무엇을 더 얻겠는가. 하나님을 상실하고 지옥에 가는 일 앞에서 그러한 일들을 거론하는 것이 내게 무슨 유익이 있겠는가. 하나님의 영원한 진노 앞에 서있는 나에게 그러한 일들이 무슨 가치가 있냐는 말이다.'

저는 여기서 이처럼 양심의 고통을 받고 있는 이들에게 몇 가지 위로의 말씀을 드리지 않을 수 없습니다.

양심의 고통을 겪는 시간은 영혼에게 있어서 매우 서글픈 시간입니다. 하지만 양심의 고통을 느끼는 영혼들은 아주 가라앉지 않습니다. 하나님께서 여러분을 버리지 않으실 것이기 때문입니다. 첫 번째 언약을 파기하고도 하나님으로부터 그리스도의 약속을 최초로 받았던 아담에게처럼, 여러분을 자애롭게 돌보시며 여러분에 대한 관심을 끊지 않으실 것이기 때문입니다. 여러분을 받쳐주시는 강한 팔이 여러분의 영혼을 가장 깊은 밑바닥 심연에까지 가라앉지 않도록 하실 것입니다. 만약 여러분이 지금껏 내버려져 있었다면, 여러분은 지금까지 그것을 견뎌올 수 없었을 것입니다. 애통하는 자들의 영혼을 돌보시고, 낙담하지 않도록 하시는 하나님의 은혜가 아니었다면 말입니다. 여러분은 하나님께서 지으신 영혼들이며, 그리스도께 인도될 하나님의 택하신 백성들이라는 사실을 잊지 마십시오.

하나님께서는 고통 받고 있는 여러분의 영혼 속에 하나의 소망을 남겨두십니다. 여러분 속에 남아 있는 소망이 여러분의 마음을 최후까지 견지해 줄 것입니다.

"그대의 입을 땅의 띠끌에 댈지어다 혹시 소망이 있을지로다"(애 3:29).

여러분과 같은 고통 중에 있었던 수많은 사람들의 체험을 보십시오. 그들의 영혼도 그러하였습니다. 사도는 자신이 이를 위해 예비되었다고 말하고 있습니다.

"그러나 내가 긍휼을 입은 까닭은 예수 그리스도께서 내게 먼저 일체 오래 참으심을 보이사 후에 주를 믿어 영생 얻는 자들에게 본이 되게 하려 하심이니라"(딤전 1:16).

믿음의 탁월한 선진들이 가진 체험은 그 뒤에 오는 모든 가련한 죄인들에게 큰 용기를 북돋아 줍니다. 그들의 체험을 통해 위로와 힘을 얻고 그리스도의 긍휼의 소망을 놓지 않는 것입니다. 자신의 병이 무엇인지 알지 못하고 고통 당하는 사람에게 누군가가 와서 '두려워하지 마세요. 저도 당신과 똑같은 병에 걸렸었죠. 저는 지금의 당신보다 더 심한 상태에 있었습니다. 그러나 보세요. 결국 다 나았잖아요'라고 말해준다고 생각해 보십시오. 그가 어떠한 힘과 위로를 받겠습니까?

또 그리스도로 말미암아 값없이 베풀어주시는 하나님의 부요함에 대해 생각해 보십시오. 하나님의 은혜는 풍성하고 부요합니다.

"여호와께는 인자하심과 풍성한 속량이 있음이라 그가 이스라엘을 그 모든 죄악에서 속량하시리로다"(시 130:7,8).

그 은혜는 가장 악한 죄인들에게도 값없이 주어지는 것입니다(사 1:18). 은혜를 받은 영혼은 고통 가운데서도 긍휼을 발견합니다. 본문이 그것을 분명히 진술하고 있습니다.

돌아온 탕자를 기쁨으로 맞이한 아버지를 보십시오. 그 아버지는 자신의 아들을 멀리서 보자마자 달려가 그 아들의 목을 안고 입을 맞추었습니다.

여러분은 이 시점에서 이러한 질문을 던질지 모르겠습니다.

'긍휼의 하나님이 왜 사람들의 영혼에 죄의 짐을 무겁게 얹어 놓으시는 것입니까?'

여러분의 질문에 제가 대답해 드리겠습니다.

하나님께서는 우리로 하여금 죄의 쓴 맛과 체험함으로써 우리 마음이 죄에서 멀리 떠나길 바라십니다. 우리의 마음은 본성적으로 죄의 길로 가려는 성향이 있습니다. 세상의 어떠한 설득을 다 동원한다고 해도 죄를 쫓는 우리의 마음은 통제되지 않습니다. 죄의 조각들은 우리의 본성에게 너무나 달콤한 것이기 때문입니다. 우리가 죄에서 떠나려는 마음을 가질 때는 죄의 쓴 맛을 느낄 때 뿐입니다. 죄의 쓴 맛으로 그 위장이 경련을 일으키며 죄를 거부하게 만들 필요가 있는 것입니다. 이는 죄인의 영혼이 자기 정욕을 떠나게 하는데 매우 효과적이고 훌륭한 방식입니다. 예레미야 4:18의 말씀에 묘사된 것처럼 양심이 주는 고통을 받는 영혼은 다음과 같이 말하게 되기 때문입니다.

"네 길과 행위가 이 일들을 부르게 하였나니 이는 네가 악함이라 그 고통이 네 마음에까지 미치느니라"(렘 4:18).

그것은 또한 영혼이 예수 그리스도를 아주 달갑고 간절하게 영접하도록 하기 위해 하나님께서 취하시는 방식입니다. 죄가 우리에게 '쓴 것'이 아닌 상태에서는 그리스도를 결코 달게 여기지 않습니다.

"예수께서 들으시고 이르시되 건강한 자에게는 의원이 쓸데 없고 병든 자에게라야 쓸데 있느니라"(마 9:12).

죄의 찌르는 아픔으로 상처난 영혼은 예수 그리스도를 가장 보배로운 분으로 여깁니다. 그러한 영혼은 세상에서 빈곤하고 환난에 처할지라도 그리스도를 모시는 것을 가장 갈망합니다. 그런 영혼이 하나님께서 그리스도를 통해 값없이 베풀어 주시는 은혜를 어떻게 바라보겠습니까. 죄가 죄로 드러나기 전까지는 은혜가 은혜로 보이지 않습니다. 죄에 대한 의식이 깊어질수록 그리스도 안에서 베푸시는 하나님의 은혜에 대한 지각이 깊어지는 것입니다. 바울은 죄인 중의 괴수인 자신에게 은혜가 주어졌다고 말했습니다(딤전 1:15). 반역자로 옥에 갇혀 죽을 날을 기다리고 있던 자가 왕의 사면을 받았다면, 그 왕의 은총에 대하여 그가 어떤 마음을 가지겠습니까.

양심의 고통을 주시는 하나님은 우리로 하여금 다시 죄로 미끄러져 들어가지 않도록 하시려는 의도를 가지십니다. 불에 데인 적이 있는 아이는 불을 무서워하게 됩니다. '매'에게 잡혔다가 풀려난 새는, 이제 매의 방울 소리만 들어도 두려워 떱니다.

"우리가 어찌 다시 주의 계명을 거역하고 이 가증한 백성들과 통혼하오리이까?"(스 9:14)

죄의 고통을 경험한 회개한 영혼에게 물어보십시오. '다시 예전의 죄의 길로 돌아가겠는가?' 그것은 그 사람에게 '불 가운데로 다시 들어가겠는가?', '파멸의 길로 다시 가겠는가?'라는 말로 들릴 것입니다. 죄에 값에 대해 치른 값비싼 대가가 무엇인지 알기 때문입니다.

하나님께서는 한 영혼에게 이러한 과정을 겪게 하심으로써 같은 고통 중에 있는 또 다른 영혼을 위로할 수 있는 긍휼에 찬 사람으로 만드십니다. 그러한 고통 중에 있는 사람을 가장 효과적으로 위로하고 이해할 수 있는 사람은 몸소 같은 일을 경험한 사람일 것입니다. 그러한 경우 하나님께서 준비하신 이들은 합당한 말로 곤고한 그들을 위로할 수 있는 학식있는 혀를 갖춘 사람입니다.

"하나님께 받는 위로로써 모든 환난 중에 있는 자들을 능히 위로 할 수" 있는 것입니다(고후 1:4).

우리의 짐은 이렇듯 무겁습니다. 그러니 우리 모두의 짐을 짊어지신 그리스도께서는 어떠하시겠습니까.

"우리는 다 양 같아서 그릇 행하여 각기 제 길로 갔거늘 여호와께서는 우리 무리의 죄악을 그에게 담당 시키셨도다"(사 53:6).

우리가 죄짐을 지고 있었을 때 우리는 많은 위로와 도움을 받습니다. 우리의 친구들이 우리를 위로하기도 하고 불쌍히 여겨주기도 했습니다. 또 하늘로부터 오는 위로를 받기도 했습니다. 그러나 그리스도께는 그러한 것이 전혀 없었습니다. 고통의 날에 그리스도의 모든 친구들은 다 그를 버렸습니다. 그리스도께서는 하늘로부터 진노하시는 하나님의 얼굴을 보셔야 했습니다.

"나의 하나님 나의 하나님 어찌 나를 버리셨나이까?"

그리스도께서 당하신 그 고통을 생각하면 죄의 짐에 대한 대가는 실로 가공할 만하다는 것을 알 수 있습니다. 우리가 헛된 날에 누렸던 죄에 대한 즐거움은 반드시 값비싼 대가를 치르게 될 것입니다. 입에 꿀처럼 달았던 그 죄들이 뱃속에는 쓸개즙처럼 쓸 것입니다.

오, 죄인이여, 그대의 웃음은 곧 애통으로 변할 것입니다. 그대가 지금 느끼고 있는 달콤함은 찌르는 고통으로 변할 것입니다.

"속이고 취한 음식물은 사람에게 맛이 좋은 듯하나 후에는 그의 입에 모래가 가득하게 되리라"(잠 20:7).

"포도주는 붉고 산에서 번쩍이며 순하게 내려가나니…그것이 마침내 뱀 같이 물 것이요 독사 같이 쓸 것이며"(잠 23:31,32).

"그는 비록 악을 달게 여겨 혀 밑에 감추며 아껴서 버리지 아니하고 입천장에 물고 있을지라도 그의 음식이 창자 속에서 변하며 뱃속에서 독사의 쓸개가 되느니라"(욥 20:12-14).

"너희가 그 때에 무슨 열매를 얻었느냐 이제는 너희가 그 일을 부끄러워하나니 이는 그 마지막이 사망임이라"(롬 6:21).

오, 그대는 유쾌한 기분에 들떠 있는 왕이 분벽에 손가락이 나타나 글을 쓰는 것을 볼 때 느꼈던 바로 그 느낌을 갖게 될 것입니다(단 5:5).

그러니 마음으로 그 이치를 생각해 보십시오. 죄를 회개하지 않으면 결국 하나님의 진로를 받아 영원토록 지옥의 가장 밑바닥에서 신음하고 고통 당할 것이라는 것은 피할 수 있는 사실입니다. 여러분은 둘 중 하나를 선택해야만 합니다. 모세의 선택을 보십시오. 그는 얼마나 지혜로운 선택을 했습니까!

"하나님의 백성과 함께 고난 받기를 잠시 죄악의 낙을 누리는 것보다 더 좋아하고"(히 11:25).

그러니 이들은 그 혀로 무슨 말을 하느니 무엇보다 긍휼을 애원하며 부르짖어야 할 것입니다. 그들은 욥이 그 친구들에게 말한 것처럼 여러분들에게 말할 것입니다.

"나의 친구야 너희는 나를 불쌍히 여겨다오 나를 불쌍히 여겨다오 하나님의 손이 나를 치셨구나"(욥 19:21).

여러분 중 양심의 고통 가운데서 곤고함을 느껴본 분들이 계시다면 이와 같은 고통 중에 있는 자들을 불쌍히 여기고 도와주는 법을 배워야 합니다.

"형제들아 사람이 만일 무슨 범죄한 일이 드러나거든 신령한 너희는 온유한 심령으로 그러한 자를 바로잡고 너 자신을 돌아보아 너도 시험을 받을까 두려워하라"(갈 6:1).

하나님께서는 이스라엘 자손들에게 나그네를 친절히 대접하라고 명하셨습니다. 왜냐하면 이스라엘 백성들은 누구보다도 나그네의 마음을 잘 알 수밖에 없는 세월을 보냈기 때문입니다. 여러분도 그래야 합니다. 누군가가 여러분에게 동정심이나 자비어린 처사를 구한다면 그렇게 하십시오. 부모이며 상전인 여러분은 마땅히 그래야 합니다. 여러분도 그들이 느끼고 있는 영적 고통을 겪지 않았습니까. 그들의 고통을 대수롭지 않은 것으로 여겨서는 안됩니다. 그리스도께서 여러분에게 느끼셨던 연민을 기억하시고 그들을 그렇게 대하십시오. 하나님께서 여러분을 불쌍히 여기시지 않았습니까. 여러분의 죄가 만들어 낸 그 상처에 기름을 발라주지 않으셨습니까.

영혼이 죄의 짐으로 느끼는 고통은 실로 무겁습니다. 그런데 그 영혼이 만약 그리스도께 나아가 그 짐을 내려 놓고 구원을 받을 소망을 전혀 갖지 못한다면 이는 얼마나 더 가공스러운 일입니까.

"거기에서는 구더기도 죽지 않고 불도 꺼지지 아니하느니라"(막 9:48).

이 세상에 살고 있는 우리 중, 영혼의 영원한 고문 장소인 지옥의 비참함을 온전히 아는 자가 누구입니까? 믿음으로 기쁨의 열매를 맛본 사람들에게 하나님의 얼굴을 뵈올 때 느끼는 영광이 알려지지 않은 것처럼, 이 땅에서 저주 받아 양심의 가장 쓴 맛을 느끼고 있는 사람들에게 지옥의 고통은 상상할 수 없는 것입니다. 신자들이 이 땅에서 그저 희미한 거울로 하늘을 보는 것처럼 그들 역시 그렇게 지옥을 볼 뿐입니다.

지상에서 고통을 받는 영혼들은 때로 잠시 숨 돌릴 겨를을 갖기도 합니다. 그러나 지옥의 고통은 단 한 순간의 쉼도 허락하지 않을 것입니다. 그리고 결코 중단되지 않을 것입니다. 누가 세상에서 죄의 길을 택한 것으로 인해 받는 잠깐의 고통, 아니 그것이 평생의 고통이라 할지라도 영원토록 끝나지 않을 저주와 그것을 바꾸려 하겠습니까.

양심의 찌름으로 이 땅에서 고통 당하는 영혼에게는 소망이 있습니다. 복음은 소망으로 가득 차 있기 때문입니다. 그리스도가 바로 그들의 소망입니다. 그러나 지옥에는 어떠한 소망도 존재하지 않습니다. 저주받은 자들은 절망 속에서 영원토록 양심이 찢기는 고통을 당할 것입니다. 이 저주 받은 자들이 영원히 느낄 고통을 무슨 말로 표현할 수 있겠습니까!

그러니 이 땅에서 죄의 짐에 짓눌려 양심의 찌름으로 고통 당하는 자가 용서받는 일을 생각해 보십시오. 그것은 사슬에 묶여 사형만을 기다리고 있는 죄수가 어느날 갑자기 풀려나는 것과 같은 일입니다. 빚진 자가 그 모든 빚을 탕감받고 그 채무로부터 완전히 자유롭게 되는 일과도 같은 일입니다. 무거운 죄 짐으로 괴로워하던 영혼이 그 두려워 떠는 양심 속에서 용서와 평안의 음성을 듣게 되다니요! 이는 공포스러운 밤을 보낸 사람이 여명을 보는 상쾌함과도 비교할 수 없을 것입니다. 혹독한 추위가 지나고 새해의 봄을 맞이하는 유쾌함도 이와 같진 않을 것입니다. 양심의 고통과 두려움 아래 살아가던 영혼이 하나님의 은총과 평강과 용서를 알게 될 때처럼 달콤한 일은 이 세상에 존재하지 않습니다. 시간이 흐른 뒤 그 위험천만한 구덩이에 빠졌던 아찔한 일과 함께 거기서 구원받아 도피할 수 있었던 사실을 기억하는 일은 어떠하겠습니까! 오, 용서의 달콤함은 정말 상상할 수 없습니다! 누가 그 기쁨을 말로 표현할 수 있단 말입니까! 우리가 양심의 송사와 정죄에서 자유롭게 되다니요! 죄에 대한 고뇌를 해 본 일이 없는 사람에게 대체 무슨 방법으로 이 기쁨을 표현할 수 있겠습니까!

그들은 자신의 죄 때문에 긴 밤을 지새우며 쉬지 못하고 안타까워 한 적이 없는 사람들입니다. 자신의 서글픔이 무엇인지도 알지 못하는 사람들입니다. 이들은 '어리둥절한 영혼'입니다. '무거운 짐을 진 양심'은 그로 말미암은 고통을 수반하지만, 이 '어리둥절한 영혼'은 엄청난 '위험'을 수반합니다. 이들은 더 무서운 처지에 있는 자들입니다. 자신들의 처지를 바라보며 누구보다 서글픔을 느껴야 할 자들입니다. 왜냐하면 그 무감각함이 그리스도로 향해야 할 영혼의 눈을 가리기 때문입니다. 이것이야말로 지옥의 전조가 아니면 무엇이겠습니까. 고열에 시달리며 혼미해진 정신으로 자기를 위해 울고 있는 자들을 비웃으며 바보들이라고 말하는 사람을 보신 적이 있습니까? 그들을 보는 일이 얼마나 서글픈지 모릅니다. 그는 웃으며 자기 자신이 괜찮을 거라고 말합니다. 오늘날 수천, 수만의 영혼들이 그런 서글픈 처지에 놓여 있습니다. 긍휼의 하나님께서 그들을 불쌍히 여기시기를 바랍니다.

저는 죄 짐으로 곤비해 있고 무거운 고통 가운데 있는 자들에게 몇 가지 권고의 말씀을 드리겠습니다.

가장 먼저, 다른 사람들에게 불평을 늘어놓는 일로 자기 자신을 만족시키지 마십시오. 그것은 분명 열매 없는 일입니다. 만일 여러분이 가장 훌륭하다고 생각하는 어떤 이에게 여러분의 고통을 쏟아내느라 그리스도를 망각하게 된다면 이것은 분명 여러분들의 눈을 가리려는 마귀의 술책입니다. 그리스도를 무시한 여러분 앞에 서있는 사람은 여러분을 위해 어떠한 치료도 해줄 수 없는 의사들에 불과합니다. 만약 그가 분명하지 못한 믿음의 교리를 가지고 있다면 어떻게 하시겠습니까. 여러분처럼 어둡고 고통스러운 심령을 가지고 있는 사람이라면 어떻게 하시겠습니까. 여러분의 상태는 이전보다 더 악화될 것입니다. 욥은 이렇게 말했습니다.

"나의 원망이 사람을 향하여 하는 것이냐 내가 어찌 조급하지 아니하겠느냐"(욥 21:4).

여러분이 그리스도와 은밀한 교재를 나누는 짧은 시간이 세상에 있는 위로자들과 보내는 긴 시간보다 여러분 영혼의 참된 소생을 위하여 더 많은 것을 해 줄 것입니다.

그리고 '거짓된 평안'을 경계하십시오. 이것은 죄의 고통보다 훨씬 더 위험 천만한 것입니다.

사람들을 가장 망하게 하는 평안이 있습니다. 그것은 '죄에도 불구하고 가지는 평안' 또는 '죄로 인해 가지는 평안'입니다. 사람들은 죄의 각성으로 느껴지는 고통이 사그라들면, 마치 말라리아에 걸린 사람이 학질열(?疾熱) 이 떠난 것을 병에서 완전히 나은 것으로 여기는 것처럼 생각하며 기뻐합니다. 병이 자신을 떠나기는 커녕, 오히려 더 깊은 소모열(消耗熱) 속으로 자신이 빠져 들어갔다는 사실을 모르면서 기뻐하는 것처럼 말입니다. 여러분은 고통을 제거하려고 애를 씁니다. 그 상처를 그저 덮으려고만 합니다. 여러분의 고통을 제거하실 오직 유일하신 분께 그 상처를 열어 보이는 것이 나은데도 말입니다. 자신도 평안을 누리지 못한 상태에서 여러분의 상처를 치료하겠다고 덤비는 사람들에게 자신을 맡기지 마십시오. 입으로 평안을 외치면서 다가오는 그들의 기만적인 제안을 거절하십시오. 그들이 주겠다고 하는 평안으로 여러분은 더 큰 상처를 입게 될 것입니다(렘 6:14).

여러분은 결코 현재 받고 있는 내면적 고통을 근거로 자신의 영혼에 대한 절망적인 결론을 내리지 말아야 합니다. 여러분이 그리스도께 이르는 길로 계속 나아가고 있다면 여러분이 겪고 있는 지루하고 곤고한 밤이 지나 빛을 보게 될 것입니다. 죄에 대하여 애통한 마음을 가지는 것은 마땅한 의무입니다. 그러나 그런 마음을 가지고 자신에게 소망이 없다고 결론을 내리고 포기하는 것은 죄입니다. 하나님께서 여러분에게 친히 예비하신 긍휼의 소망을 포기함으로 여러분의 죄를 더하지 마십시오. 어떠한 희망의 근거도 없이 주제넘게 '평안하다'고 하는 것도 죄요, 하나님의 긍휼을 포기하면서 외면하는 것도 죄입니다. 여러분이 매우 서글픈 마음을 가지고 있다는 것을 저는 알고 있습니다. 하지만 분명히 말씀 드리지만 그 고통을 전혀 느끼지 않았던 예전보다 여러분은 더 나은 처지에 있는 것이라는 사실을 잊지 마십시오. 죄에 대해 무뎠던 여러분의 지각이 이제는 깨어났습니다. 그것은 결코 작은 긍휼이 아닙니다. 여러분은 하나님의 긍휼과는 동떨어진 사람이었습니다. 그러나 이제는 하나님의 택한 백성들을 만나는 길목에 들어서기 시작한 것입니다. 여러분은 소망을 가질 만한 사람들입니다.

그 소망이 죄책의 고통을 겪고 있는 여러분의 영혼 속에서 어떠한 열매를 맺고 있는지 살펴보십시오.

진실로 죄의 무게를 진지하게 느끼는 사람은 자기 자신을 은밀한 죄행 속에 살도록 그대로 내버려두지 않을 것입니다. 사도는 이를 고린도후서 7:11에서 말하고 있습니다.

"보라 하나님의 뜻대로 하게 된 이 근심이 너희로 얼마나 간절하게 하며 얼마나 변증하게 하며 얼마나 분하게 하며 얼마나 두렵게 하며 얼마나 사모하게 하며 얼마나 열심 있게 하며 얼마나 벌하게 하였는가 너희가 그 일에 대하여 일체 너희 자신의 깨끗함을 나타내었느니라."

또한 그러한 이들은 자기 자신을 낮게 평가하고 자신이 비열하다는 생각을 가집니다. 이전에 '교만'으로 덮여 있던 마음에 하나님의 깨달음으로 느끼게 된 죄에 대한 '수치감'이 가득 차게 되는 것입니다(롬 6:21).

죄의 짐을 진 영혼은 하나님 앞에 스스로 의롭다 함을 받으려고 덤비거나, 하나님께 죄를 아뢰고 고백할 때 무엇인가를 숨기거나 완곡하게 말하는 일을 하지 않을 것입니다(시 51:3,4).

또 이들은 세상의 환난을 매우 가벼운 것으로 여길 것입니다(애 3:22 ; 미

7:9). 죄에 대해 느끼는 마음의 고통이 클수록 세상에서의 환난의 아픔은 덜 느끼게 됩니다.

그들은 이 세상의 어떠한 일에서도 마음 깊은 기쁨이나 위안을 얻지 못합니다. 그리스도께서 오셔서 그들의 영혼에 평안을 주시기까지는 말입니다 (에 3:28). 세상이 왁자지껄 떠들며 즐거워하는 소리는 그들에게 소음에 불과합니다.

저는 여러분의 죄에 대한 고통이 필요 이상으로 길게 지속되지 않도록 조심하라는 말씀을 드립니다. 많은 불쌍한 영혼들이 두려움과 공포를 오랫동안 붙잡아 놓는 오류와 실수를 범하곤 합니다.

그들은 구원 받을 만한 믿음의 본질과 그 믿음의 필요성에 대해 무지합니다. 믿음을 갖기까지는 평안을 얻을 수 없습니다. 그러니 그들이 평안의 길을 그토록 오랫동안 찾지 못하는 것은 이상한 일이 아닙니다.

그들은 또 그리스도와 그 의를 무시하는 실수를 범하곤 합니다. 그들은 율법이 자신들에게 낸 상처를 치료하겠다고 결심을 하고선 그리스도 대신 율법을 준행하는 길로 나아가는 어리석음을 범하고 마는 것입니다.

왜 그들은 하나님께서 자신들을 위해서 행하신 일을 그토록 주목하지 않는지 모르겠습니다. 하나님께서 그리스도로 말미암아 율법의 모든 요구를 만족시키셨습니다. 그들이 자신들의 지금과 이전 상태를 진지하게 비교해 본다면 자기들이 어떤 은혜를 입었는지 알게 될 것입니다.

그리스도께 믿음으로 나아가지 않는 한, 평안이나 안식은 없습니다. 믿음으로 말미암아 그리스도께 나아가자마자, 여러분은 평안과 안식으로 들어갈 것입니다. 여러분들이 그동안 동원해 왔던 모든 방법들이 다 허사이지 않았습니까? 그리스도와 평강은 함께 있습니다. 그리스도께 여러분의 모든 짐을 맡기시고, 그리스도를 온전히 받아들이십시오. 여러분의 영혼은 쉼을 얻을 것입니다.

"그러므로 우리가 믿음으로 말미암아 의롭다함을 받았으니 우리 주 예수 그리스도로 말미암아 하나님과 더불어 화평을 누리자"(롬 5:1).

그리스도께서는 죄 짐으로 괴로워하는 영혼들을 부르고 계십니다. 그리스도의 부르시는 이 음성은 죄인에게 있어서 영혼이 들었던 것 중 가장 기쁨에 찬 소리입니다. 그 소리는 그리심 산에서 들려오는 복락의 음성, 시온 산에서 들려오는 황홀한 음성입니다.

"너희는 중보자(中保者, madiator) 예수님께 나아오라."

'그리스도께 나아간다'는 것은 '그리스도를 믿는 것'과 같은 의미를 가집니다. 두 말 모두가 믿음의 본질과 필연성을 담고 있습니다. 그래서 '그리스도께 나아간다'는 말이 '그리스도를 믿는 것'과 교대적으로 쓰이는 것입니다.

"내게 오는 자는 결코 주리지 아니할 터이오 나를 믿는 자는 영원히 목마르지 아니하리라"(요 6:35).

이렇듯 '나아가는 것'과 '믿는 것'은 '동의어'적 표현으로 사용됩니다. 다만 '믿음'이라는 단어 속에는 우리에게 많은 탁월하고 부요한 것들을 암시해 주는 개념들이 있습니다. 죄의 각성을 받고 죄짐으로 무거워하던 영혼들이 믿음으로 그리스도의 '실체'를 보기 시작합니다. 그들은 이제 그리스도의 필요성을 인식하는 자들입니다. 그리스도와 연합하는 것에 자기들의 영원한 생명이 있음을 분간하는 것입니다. 그들의 믿음은 확정된 대상을 암시합니다. 그 대상은 바로 그리스도이십니다. '하나님께 나아가는 자는 그가 계신 것'을 믿는 것입니다(히 11:6). 그들에게서 이 믿음의 대상을 제거한다면, 믿음의 모든 활동은 단번에 중단될 것입니다. 그리스도께 나오는 자들은 '그리스도께서 계신 것'을 분명히 압니다. 자기들의 생명과 행복이 그리스도와의 연합에 있다는 것을 압니다. 만약 그렇지 않다면 그들이 그런 식으로 그리스도께 나오는 일은 없을 것입니다.

'그리스도께 나온다'는 것에는 구원을 위한 다른 방도가 없음을 그 영혼이 인식하고 있다는 것을 함축하고 있습니다. 영혼은 모든 본성적인 방도가 무익함을 깨달을 때 믿음의 길을 시도합니다. 자기들의 유일한 마지막 처방책이 그리스도라는 사실 아래 그리스도께 나아가게 되는 것입니다.

그리스도께 나아가는 영혼은 자기 자신의 본성적인 모든 능력들을 훨씬 뛰어넘는 행동입니다. 곧 그리스도께 나아가는 일은 초자연적이고 전능하신 능력에 의한 일임을 암시하고 있는 것입니다.

"나를 보내신 아버지께서 이끌지 아니하시면 아무도 내게 올 수 없으리니…"(요 6:44)

만약 사람의 본성적 능력이 거대한 산들을 움직이는 것과 같은 일을 할 수 있다면, 사람들 모두는 스스로 그리스도께 나아갈 수 있다고 말할 수 있을 것입니다. 베드로가 바다의 물결을 밟고 그리스도께 나아간 일이 아주 자연스러운 일이라면, 영혼이 그리스도께 나아가는 일은 어렵지 않은 일이라 말할 수도 있을 것입니다.

그리스도를 향하여 움직이는 사람의 영혼에는 기꺼운 마음이 존재합니다. 아버지의 이끄심에는 인격을 억제하는 강제력이 없습니다. 그 영혼의 자발성을 파괴시킴으로 영혼을 이끄시지는 않는다는 말입니다. 권능과 압도적인 달콤함을 통해 그 의지를 설득하여 그리스도 나아가게 하시는 것입니다.

"주의 권능의 날에 주의 백성이 거룩한 옷을 입고 즐거이 헌신하니 새벽 이슬 같은 주의 청년들이 주께 나오는도다"(시 110:3).

그때 그들은 이렇게 말할 것입니다. '나에게 그리스도가 필요하다. 그리스도는 내게 생명보다 귀한 분이시다. 나의 온 마음을 다해 그리스도께 나아갈 수만 있다면! 무엇과 그리스도의 가치를 비교할 수 있겠는가!'

그리스도께 이끌리는 영혼은 자원하는 심령을 가집니다. 그러한 심령을 가져야만 그리스도께 나아간다고 말할 수 있는 것입니다.

하지만 그리스도께 나아감에 있어서 어떠한 의무들이나 규례들을 목적으로 삼지 말아야 합니다. 그것은 그리스도께 나아가는 영혼이 취하는 방편입니다. 그저 방편에 머물러 있지 말아야 하는 것입니다. 물론 하나님 앞에서 마땅히 행해야 할 의무들이나 규례들은 그 자체만으로 정말 탁월한 것들입니다. 그러한 방편들이 제 위치에서 바른 용도로 쓰인다면 말입니다. 그러한 방편 자체가 수고하고 무거운 짐 진 영혼에 안식을 가져다 주는 것이 아닙니다. 그 방편 속에 영혼이 그대로 안착할 만한 것은 존재하지 않는 것입니다. 신자가 궁극적으로 도달하여야 할 목적지는 그리스도입니다. 그리스도께서 순례의 종착지가 되어야 합니다. 규례와 의무는 분명 우리를 그리스도께 인도하는 성질과 용도를 가지지만 결코 그리스도를 대신할 수는 없는 것입니다.

'그리스도께 나온다'는 것은 또한 영혼이 그리스도에 대한 기대와 소망을 가지고 있다는 것을 함축합니다. 만일 그러한 기대나 소망이 없다면 누가 그리스도를 향해 움직여 나가겠습니까? 그리스도로 말미암아 구원을 얻을 것이란 기대를 가질 수 없다면 가만히 앉아 멸망 당하기를 기다리는 편이 나을지도 모릅니다. 소망은 활동의 샘입니다. 소망이 사라지면 모든 활동은 중단됩니다. 그리스도로 말미암은 구원에 대한 소망을 가지고 있지 않은 사람은 결코 그리스도께 나아가지 않을 것입니다. 그러나 말씀은 그리스도에 대한 소망에 관해 분명하게 말하고 있습니다.

"아버지께서 내게 주시는 자는 다 내게로 올 것이요 내게 오는 자는 내가 결코 내어쫓지 아니하리라"(요 6:37).

"그러므로 자기를 힘입어 하나님께 나가는 자들을 온전히 구원하실 수 있으니…"(히 7:25)

이러한 말씀들이 그리스도께 나아가는 자들이 가지는 소망에 생명력을 불어넣어 부지런히 활동하도록 할 것입니다.

'그리스도께 나아가는 것'에 함축되어 있는 또 다른 것은, 행복에 대한 정확한 영적 안목에 관한 것입니다. 그리스도께 나아가는 사람들은 자신들의 행복이 그리스도와의 친밀함에 달려 있다는 것을 압니다. 그들은 진정한 영혼의 안식을 원하며, 구원을 소망합니다. 이것이 그들의 목표입니다. 영혼이 자신의 유익을 위하여 선한 목적을 세우는 것의 합법함을 그리스도께서는 말씀으로 친히 보여주셨습니다.

"그러나 너희가 영생을 얻기 위하여 내게 오기를 원하지 아니하는도다"(요 5:40).

이 말씀을 하신 그리스도께서 영생을 얻으려고 당신께 나아가는 영혼을 책망 하시겠습니까?

결론적으로 우리가 '그리스도께 나아가는 것'에는 그리스도 안에 모든 충분함이 있다는 것을 함축하고 있습니다. 곧 그리스도께는 당신께 나아가는 자들의 생명과 모든 필요를 채우실 충분함이 있다는 것을 말하고 있는 것입니다. 그리스도의 충분함이야말로 사람들이 그리스도께 나아가야 할 정당한 근거입니다.

"그러므로 자기를 힘입어 하나님께 나아가는 자들을 온전히 구원하실 수 있으니…"(히 7:25)

그리스도께서는 어떠한 큰 난관과 위험 속에서도 능히 우리의 영혼을 구원하실 수 있는 능력을 가지신 분입니다. 이점은 그리스도께 나아가는 영혼들에게 큰 격려가 아닐 수 없습니다. 그리스도께서 우리의 구주가 되시기에 충분하다는 사실을 인지한다는 것은 무엇입니까? 그것은 곧 상대적으로 자신의 영혼이 아무런 능력도 가지고 있지 못하다는 것을 인식하고 있다는 것을 말해줍니다. 그러한 사실을 인지하지 못하는 교만한 본성을 가진 영혼은 그리스도께 나아가지 않습니다. 깊은 곤고함과 겸비함을 가진 영혼만이 로마서 10:3에서 말하는 '복종'으로 그리스도께 나아갈 확신을 가질 수 있는 것입니다. 그래야만 그리스도의 충만함을 온전히 의존할 수 있는 것입니다. 그것이 믿음의 길인 것입니다.

그렇다면 이제 그리스도께서 어떠한 방식으로 사람들을 초청하시는지 대해 알아봅시다.

그 일은 하나님의 성령께서 주장하시는 일입니다. 하나님의 성령께서 우리 영혼의 내면에서 그 일을 주장하시는 것입니다(요 5:26). 사명 받은 사신들이 복음을 설교하는 일은 '외면적'인 방편입니다. 그들은 그리스도를 대신하여 사람들에게 하나님과 화해하라고 강권하는 사람들입니다. 다시 말해 믿음으로 그리스도께 나아가 하나님과 화목하고 평화하라고 요청하는 사람들인 것입니다. 그러나 사람을 그리스도께 인도하는 이러한 모든 외적 방편들은 전적으로 성령의 역사하심에 의존합니다. 하나님의 성령께서 역사하시지 않으면 그 모든 것들은 아무런 의미가 없습니다. 가장 탁월한 목사들의 설교라 할지라도 그 설교에 성령께서 역사하시는 일이 없다면 어떠한 영혼도 그리스도께로 인도하지 못할 것입니다. 우리가 살펴볼 부분이 바로 이것입니다. 곧 사람들의 마음을 그리스도께로 향하게 하시는 성령의 여러 활동들을 살펴볼 것입니다.

성령은 죄인들의 의지에 '예증적(例證的) 일'을 하십니다. 죄인들의 눈을 열어 자기들이 처한 위험과 장래의 비참을 바르게 볼 수 있게 역사하시는 것입니다. 자기가 처한 위험과 비참을 알지 못하는 사람은 결코 현재의 자리를 떠나려 하지 않습니다. 자신의 위험을 인식하는 사람만이 다급히 허둥대며 구원의 방도를 찾아 나설 것입니다.

성령은 말씀 안에서 '권위있는 부르심'을 발하십니다. 그 음성은 법적 위엄과 권세가 충만한 음성입니다.

"그의 계명은 이것이니 곧 그 아들 예수 그리스도의 이름을 믿고 그가 우리에게 주신 계명대로 서로 사랑할 것이니라"(요일 3:23).

그리스도께로 나오라는 이 성령의 부르심은 사람들의 영혼이 가질 수 있는 커다란 장벽을 제거합니다. 그 장벽은 영혼이 그리스도께 나아갈 때 느낄 수 있는 주제넘음에 대한 두려움을 말합니다. 그 부르심을 통하여 하나님의 성령은 두려움을 핑계로 그리스도께 나아가지 않는 사람들의 고집스러운 마음을 일축하고 있습니다. 곧 자신의 무가치함과 죄책을 구실로 그리스도께 나아가지 않는 사람들의 마음을 반역으로 단정지으시는 것입니다. 이와는 반대로 성령의 부르심은 영혼에게 커다란 격려가 됩니다. 성령의 강권하심이 죄인의 영혼 속에 그리스도께 나아갈 용기를 심어주기 때문입니다. 성령은 그리스도께 나오는 영혼을 '약속들'로 격려합니다. 이는 물론 조건적 약속입니다.

"아버지께서 내게 주시는 자는 다 내게로 올 것이요 내게 오는 자는 내가 결코 내쫓지 아니하리라"(요 6:37).

자신의 무가치함을 생각하고 두려워하며 그리스도께 나아갈 엄두를 내지 못하는 불쌍한 영혼에게 성령께서 이러한 약속으로 용기를 불어넣어 주시는 것입니다.

성령께서는 또한 격려뿐 아니라 그리스도께 나오기를 꺼려하고 거부하는 모든 어두운 생각들을 다그치는 '가공스러운 위협'을 발하십니다. 성령의 이 위엄찬 음성은 영혼을 그리스도께 재촉하는데 큰 효과를 발휘합니다.

"믿고 세례를 받는 사람은 구원을 얻을 것이요 믿지 않는 사람은 정죄를 받으리라"(막 16:16).

"아들에게 순종치 아니하는 자들은 영생을 보지 못하고 도리어 하나님의 진노가 그 위에 머물러 있느니라"(요 3:36).

이 말씀들은 이러합니다. '죄인들이여, 그리스도를 가상(假想)의 인물로 여기는가? 그리스도께 나오지 않는 영혼은 반드시 멸망 당할 것이다. 그리스도의 피는 너희 머리 위에 떨어질 것이다!'

성령께서는 또한 '감동적인 실례'를 통해 영혼을 움직이십니다. 가장 깊은 죄책과 낙담 아래 있던 죄인들이 그리스도께 나와 긍휼을 얻었다는 사실에 대한 실례를 말씀으로 영혼에게 주시는 것입니다.

"미쁘다 모든 사람이 받을 만한 이 말이여 그리스도 예수께서 죄인을 구원하시려고 세상에 임하셨다 하였도다 죄인 중에 내가 괴수니라 그러나 내가 긍휼을 입은 까닭은 예수 그리스도께서 내게 먼저 일체 오래 참으심을 보이사 후에 주를 믿어 영생 얻는 자들에게 본이 되게 하려 하심이라"(딤전 1:15,16).

만약 이와 같은 실례에 대한 말씀을 듣고도 그리스도께 나오지 않는 자가 있다면, 무서운 실례의 말씀이 그들 앞에 떨어질 것입니다.

"그가 또한 영으로 옥에 있는 영들에게 선포하시니라 그들은 전에 노아의 날 방주 예비할 동안 하나님이 오래 참고 기다리실 때에 복종하지 아니하던 자들이라"(벧전 3:19-20).

이 말씀은 노아의 홍수 전에 살았던 죄인들에 대한 말씀입니다. 그들에게는 은혜의 제안이 주어졌었습니다. 그러나 그들은 그 제안을 무시하였고, 그들은 지금 지옥에 있습니다. 불순종의 죄인들이 하나님의 진로를 받아 가장 낮은 지옥에 거하게 되었다는 무서운 실례를 우리에게 보여주시는 것입니다.

성령께서는 또 '효과적인 설득'을 통해 죄인들의 마음과 의지에 역사하십니다. 이 점은 앞의 4장에서 이미 자세히 설명드린 바 있습니다. 죄인의 영혼을 설득함으로 그리스도께 나오지 않으면 안 될 마음을 가지도록 역사하시는 방식인 것입니다.

여러분은 제게 '그런데 성령께서는 왜 우리 죄인들을 그토록 그리스도께로 인도하려 하시는가? 왜 그리스도께서는 수고하고 무거운 짐 진 영혼들, 즉 죄의 짐을 무겁게 느끼는 자들을 초청하시는 것인가?'라고 묻고 싶으십니까?

그것은 하나님 아버지께서 그리스도께 친히 주신 사명입니다.

"주 여호와의 영이 내게 내리셨으니 이는 여호와께서 내게 기름을 부으사 가난한 자에게 아름다운 소식을 전하게 하려 하심이라 나를 보내사 마음이 상한 자를 고치며 포로된 자에게 자유를, 갇힌 자에게 놓임을 선포하며"(사 61:1).

그리스도께서는 이러한 사명을 받으시고 이 땅에 오셨습니다.

"너희는 가서 내가 긍휼을 원하고 제사를 원하지 아니 하노라 하신 뜻이 무엇인지 배우라 나는 의인을 부르러 온 것이 아니요 죄인을 부르러 왔노라"(마 9:13).

"나는 이스라엘 집의 잃어버린 양 외에는 다른 데로 보내심을 받지 아니하였노라"(마15:24).

그러나 그리스도의 초청에 앞서 성령의 역사가 선행되어야 합니다. 죄에 대한 각성을 먼저 받지 않고는 어느 누구도 의롭다 하심을 받을 만한 것이 오직 그리스도 안에만 있다는 사실을 인정하지 않을 것입니다. 죄에 대한 각성으로 고통 당하지 않는 사람은 그리스도께 나아가지 않습니다(요 16:8,9). 이것이 복음의 질서입니다.

안타깝습니다! 죄의 악함을 알지도 느껴보지도 못한 사람들에게 그리스도 안에 있는 안식과 평안과 용서를 누리라고 말하다니요! 그런 사람들은 복음의 초청을 가치 없는 것으로 멸시합니다.

"건강한 자에게는 의원이 쓸 데 없고 병든 자에게라야 쓸 데 있나니"(눅 5:31).

자신이 건강하다고 생각하는 사람은 의사에게 가지 않습니다. 그는 의사에게 가라는 사람의 말을 비웃어 버릴 것입니다. 하지만 그런 그가 병들어 자신의 생명이 절박한 위험에 처해 있다는 사실을 알게 되면 그는 사람들을 보내 의사가 오기를 간청할 것입니다. 어떠한 쓴 약이라도 달게 먹을 것입니다. 그렇게 건강을 회복하게 되면 자신을 돌본 의사의 의술에 감탄해 할 것입니다.

이러한 과정으로 환자와 의사는 동시에 각각 안전과 명예를 얻게 되는 것입니다. 은혜의 방식도 이러합니다. 죄인이 자신의 죄를 깨달아 그리스도께 나아감으로 구원을 얻어 영혼의 안전과 안식을 취하는 동시에, 그 영혼을 치료하신 그리스도의 영광은 그로 인해 높아지게 되는 것입니다.

그리스도께서 죄인을 부르시는 말씀 속에 등장하는 '다'(all)라는 단어를 주의 깊게 관찰해 보십시오. 그것은 죄인들에게 커다란 용기를 북돋아 주기 위한 단어입니다.

"수고하고 무거운 짐 진 자들은 다 내게로 오라."

이 말씀은 이러합니다. '상한 심령을 가진 죄인 중 누구라도 내 긍휼을 받지 못할 자는 없도다. 나의 은혜는 그들의 것이다. 사탄은 그들에게 주제 넘다고 말하며 내게 나오려는 마음을 막아서지만, 그럼에도 그들이 나에게 나와야 하는 것은 마땅한 도리이다.'

여러분은 여기서 이러한 의문을 가질는지 모릅니다. '그러나 마태복음 12:31의 말씀은 성령을 훼방하는 죄는 용서하시지 않는다는 것을 말하고 있지 않은가? 그렇다면 그것은 나를 말하는 것이 아닌가. 나는 그동안 얼마나 가공스러운 성령 모독적 생각들을 내 영혼에 주입하곤 하였는가'라고 말입니다.

그러나 저는 분명히 말씀드립니다. 마음에 그러한 깨우침을 가지고 있다면 여러분은 분명 수고하고 무거운 짐 진 영혼입니다. 긍휼을 받지 못할 죄에 대한 말씀은 여러분에게 해당되는 말씀이 아닙니다. 용서 받을 수 없는 죄는 회개하지 않는 사람에게서만 발견되기 때문입니다. 성령을 훼방하는 죄를 짓는 사람의 영혼은 죄에 대한 뉘우침과 슬픔을 가지지 못합니다.

여러분은 또 이렇게 말하고 싶으십니까? '그러나 나는 너무나 많은 가증한 일들을 저지르지 않았는가? 그 큰 죄들을 지은 내가 긍휼을 받을 자격이 있겠는가? 내가 감히 그리스도께 어떻게 나아갈 수 있겠는가!'

여러분, 여러분의 죄가 그토록 크다면, 여러분은 예수 그리스도께 나아갈 더 많은 필요성을 가지고 있는 것입니다. 그리스도께 나아가야 할 '동기'를 그리스도께 나아가지 못하게 하는 '방해물'로 삼지 마십시오. 얼마나 숱한 죄인들이 그리스도의 부르심에 응답하였습니까! 여러분이 자신의 큰 죄를 구실로 그리스도의 피와 하나님의 긍휼로 나아가지 않는다면 그것은 그리스도의 피와 하나님의 긍휼을 크게 모독하는 일입니다. 하나님의 긍휼은 그리스도로 말미암아 값없이 주어진 것이 아닙니까? 여러분이 아무리 큰 죄를 지었다 할지라도 하나님의 긍휼이 감당치 못함은 없습니다. 그리스도의 피의 효력은 그 어떤 죄에도 효력을 미칠만큼 충분한 능력을 가지고 있다는 것을 잊지 마십시오.

여러분 중 아직도 이러한 반론을 제기하는 분이 없길 바랍니다. '오! 그러나 때가 너무 늦지 않았는가? 나는 그동안 얼마나 많이 복음의 초청을 받았는지 모른다. 난 그때마다 그 부르심을 거부하였다. 그래야 한다는 마음은 있었으나 나는 결국 나아가지 않지 않았는가? 나의 때는 이미 지난 것이 아닌가? 그런데 내가 어찌 그리스도께 나아갈 엄두를 내겠는가?'

제가 여러분에게 묻겠습니다. 만일 여러분의 말처럼 모든 은혜의 때가 지나갔다면, 지금 여러분 마음 속에서 일어나는 죄에 대한 깨달음은 어떻게 설명하시겠습니까? 여러분이 느끼는 마음의 고통은 희망이 없는 사람이 가질 수 없는 마음가짐입니다. 소망이 없는 사람들에게는 여러분과 같은 표증이 나타나지 않습니다. 대체 언제까지 고통스러워하기만 할 것입니까? 그리스도께 나오는 것은 여러분에게 분명히 제시된 의무입니다. 어째서 여러분은 머뭇거리기만 하시는 것입니까? 여러분이 이러한 반론을 제기하는 것 자체로 여러분은 그리스도께 나아가고 싶어 하는 마음을 가지고 있다는 것을 말하고 있는 것이나 마찬가지입니다. 여러분이 만약 그러한 불안감에도 불구하고 계속 주님께 나아가려고 기를 쓰고 있다면, 계속 달려 가십시오. 주님께서 오라하실 때 나아가는 것은 결코 주제넘거나 뻔뻔한 일이 아닙니다. 그것은 그리스도의 은혜의 부르심에 대한 순종입니다. 주님께서 여러분에게

'다 내게로 오라'고 말씀하고 계시지 않습니까.

히어론 사비니안은 이렇게 말했습니다. '그 어느 것도 내 마음을 슬프게 하지 못한다는 사실보다 더 나를 슬프게 하는 것이 없도다.'

하나님께서 여러분의 마음을 쳐서 괴로운 죄의 의식이 일어난다면 기뻐하십시오. 여러분이 느끼는 고통은 하나님의 영광을 위해 주어진 것입니다. 만약 여러분의 친지들이나 친구들이 죄 때문에 애통하고 혼자 시간을 가지려고 한다면, 여러분은 그들을 위해 기도하십시오. 그리고 생각하십시오. '그들에게 그처럼 행복한 일이 일어나다니. 새로운 탄생의 복된 진통을 겪고 있구나. 그들에게 지금과 같은 소망스러운 상태에 있었던 적이 있었더가?' 오! 부모들이여, 여러분의 자녀들이 그와 같은 상태에 있을 때에 그들을 방해하지 마십시오. 그들의 영혼을 사랑한다면 말입니다. 그들이 그 길을 걷지 않는다면 그들의 머리 위에 '영혼의 피'가 떨어지지 않을 것입니다.

영혼이 거듭나 그리스도와 연합하는 일에는 반드시 죄의 각성으로 인한 슬픔의 고통이 수반됩니다. 생명의 출산을 위해 산모가 진통을 겪는 것처럼 말입니다. '양심의 큰 가책'을 가지기 시작한 사람은 이전에는 죄의 악에 대해 어떠한 신중한 생각도 해본 적이 없었을 것입니다. 분명 그는 죄 짓는 것을 전혀 두려워하지 않던 사람이었을 것입니다. 그러나 이제 그는 '지옥의 타는 불'을 두려워합니다. 독자 여러분, 여러분은 어떠합니까? 죄에 대한 고통은 아침 안개처럼 사라져 버리곤 하지 않습니까? 양심의 가책을 씻어버리기 위해 선술집으로 달려가지 않습니까? 만약 여러분이 아직 그러하다면 여러분은 아직 죄의 비참함을 제대로 맛보지 못한 사람들입니다. 그리스도의 피 뿌리심만이 양심을 가라앉힐 수 있는 유일한 방법이라는 사실을 알지 못하는 것입니다. 죄의 비참함을 맛보지 못하고 그리스도의 달콤함을 맛볼 수 있는 사람은 아무도 없습니다.

  여러분이 만약 그리스도의 부르시는 소리가 자주 들리는 지역에 살고 있다면 그것 자체로 큰 자비라는 사실을 알아야 합니다. 수천 수만의 사람들이 이교도와 교황주의자들이 득세하는 지역에 살고 있습니다. 그들도 우리와 똑같은 양심의 고통을 겪고 있을지 모릅니다. 그러나 그들은 양심의 고통을 치료할 유일한 처방책과 너무나 멀리 떨어져 있습니다. 어떤 교황주의자의 양심이 죄책의 무거운 짐으로 고통 당하고 있다고 합시다. 그는 그 마음의 짐을 털어내기 위해 몸을 괴롭게 하여 영혼을 잠시 잠잠케 할 방편을 사용할 것입니다. 고해성사나 순례의 행진들이 그들이 찾아내는 방법일 뿐입니다. 그들은 그리스도를 아는 지식이나 그리스도로 말미암아 주어지는 만족을 전혀 알지 못합니다. 그들의 본성은 이렇게 말합니다. '너희의 죄를 너희 장자(長子)로 갚으라. 너희의 죄를 위해 너의 몸을 내놓으라.' 그들은 양심의 가책을 무마시키기 위해 자기 자신을 채찍질 합니다. 그러나 왜 그들은 마음의 안식을 얻지 못하는 것입니까? 그들에게는 왜 "수고하고 무거운 짐 진 자들아 다 내게로 오라"는 사람의 음성 대신, '너희 저주받은 자들이여! 나를 떠나거라!'는 음성만 들리는 것입니까?
  그러니 중보자 되신 예수님의 평화의 음성을 듣는 여러분은 얼마나 복된 사람들입니까. 이 특권의 가치를 누가 제대로 매길 수 있다는 말입니까.

  영혼을 괴롭게 하는 양심의 가책은 영혼에게 있어서 가장 예리한 고통입니다. 그러나 가련한 영혼은 쉬기를 원하지만 어떻게, 어디서 쉬어야 할 지를 모릅니다. 이런 저런 방법들을 써보지만, 안식에 이르지 못합니다. 그러한 영혼이 그리스도를 발견합니다. 그리스도 앞에 자신의 모든 짐을 내려놓습니다. 그리고 자기가 그렇게도 바라던 안식을 얻습니다.

이는 굶주리고 지쳐 방황하던 '길 잃은 양'이 우리에 들어오는 것과도 같습니다. 강한 풍랑에 요동치던 배가 고요한 항구에 비로소 들어온 것과 같습니다. 파손 당한 배에 타고 있던 선원이 해안을 바라보는 마음이 어떠하겠습니까? 여러 날 행로에 곤한 사람이 조용한 방의 푹신한 침대에 눕는 기분이 어떠하겠습니까?

그러나 그러한 모든 달콤함도 부서진 마음을 가진 죄인이 그리스도를 만나서 느끼는 달콤함에는 비할 수 없습니다. 폭풍 가운데 생사를 넘나들던 선원들이 육지를 발견한 달콤함도 그리스도를 만나 느끼는 달콤함에 비하면 아무것도 아닙니다.

"이미 믿는 우리들은 저 안식에 들어가는도다…"(히 4:3)

율법은 우리로 하여금 죄를 깨닫게 하고 겸손하게 하는 데 지극히 유용한 것입니다. 그러나 '우리를 의롭다 하심을 얻게' 하는데 있어서는 전혀 쓸모가 없습니다. 율법은 우리를 각성시키고 일깨울 수는 있어도, 우리를 개선시키거나 우리에게 안식을 주지는 못합니다. 그것이 율법의 기능입니다. 율법은 맑은 거울과 같아서 죄의 얼굴을 우리에게 보여줍니다. 율법은 '불 뱀'과 같이 양심을 찔러 고통스럽게 합니다. 그 '불 뱀'이 높이 들린 '놋 뱀'을 보게 한 것처럼, 율법이 그리스도를 보게 하는 것입니다. 율법은 '질병'을 깨닫게 합니다. 그래서 우리로 하여금 그 병을 낫게 해줄 '의사'를 간절히 찾도록 만드는 것입니다.

"전에 율법을 깨닫지 못할 때에는 내가 살았더니 계명이 이르매 죄는 살아나고 나는 죽었도다"(롬 7:9).

율법은 사람들의 완고하고 교만한 마음을 부수어 가루로 만들 망치와도 같은 것입니다.

따라서 율법의 각성을 받은 사람들은 지체하지 말고 그리스도께 나아가야 합니다. 그리스도께 나아가는 일에 대해 소홀하거나 무관심한 것은 죄입니다. 여러분이 율법으로 말미암아 죄를 깨달았다면 빌립보의 '간수'처럼 "내가 어떻게 하여야 구원을 얻으리이까?"라고 울부짖어야 하지 않겠습니까? 사도들은 망설이지 않고 그 간수에게 권고하였습니다.

"주 예수 그리스도를 믿으라. 그리하면 너와 네 집이 구원을 받으리라"(행 16:30,31).

여러분, 주님께서는 여러분의 무거운 짐이 무엇인지 알고 계십니다. 여러분의 죄가 어떠하였는지, 여러분이 지금 어떤 고통을 당하고 있는지 알고 계십니다. 그럼에도 불구하고 주님께서 여러분을 부르고 계시지 않습니까? 여러분의 죄가 그리스도의 부르심을 가리지 못하였습니다. 그런데 여러분 스스로가 자신의 죄로 그리스도께 나아가는 길을 가리는 것입니까? 여러분을 부르신 그 분만이 여러분을 쉬게 하실 수 있습니다.

"그러므로 자기를 힘입어 하나님께 나아가는 자들을 온전히 구원하실 수 있으니…"(히 7:25).

그리스도께서는 여러분을 구원하실 충만한 능력을 가지고 계십니다. 그 분은 당신께 나오는 가련한 영혼도 거절하지 아니하십니다.

"아버지께서 내게 주시는 자는 다 내게로 올 것이요, 내게 오는 자는 내가 결코 내어쫓지 아니하리라"(요 6:37).

두려워하지 마십시오. 여러분 중 누구라도 주님으로부터 거절을 받는 유일한 사례가 되지 않을 것입니다.

예수님께 나아가지 않는다면 여러분은 어디로 가려고 하는 것입니까? 그리스도께 나오기까지는 어떠한 안식도 없습니다. 여러분은 그리스도께 나아가 누릴 행복한 필연 위에 서있습니다.

곤비한 영혼에게 '쉼'(안식)은 정말 달콤한 단어입니다. 세상에 있는 모두가 다 그것을 추구하지만 그것은 그들 모두에게 주어지는 것이 아닙니다. 사도는 분명히 말하고 있습니다.

"이미 믿는 우리들은 저 안식에 들어가는도다"(히 4:3).

믿는 자들의 영적인 안식은 양심의 평온으로 말미암아 이미 지상에서 시작됩니다. 그렇게 시작된 안식은 하늘에서 완성될 것입니다. 곤비한 영혼에게 그리스도는 방주와도 같습니다. 물로 가득한 세상에서 날개를 접고 쉴 곳을 찾지 못한 비둘기에게 자신을 안착시킬 방주와도 같은 것입니다. 믿음은 안정되지 못한 사람의 심령을 그리스도께 안착시킵니다. 그리고 그렇게 안착된 심령은 자기의 모든 짐을 그리스도 앞에 부립니다. 그리스도는 폭풍 가운데 배를 고정시키는 닻과도 같은 것입니다. 그것은 마치 폭풍 속에서 영혼이 닻을 내리는 것과 같습니다. 그 닻이 폭풍 속에 흔들리던 영혼을 고정시키고 머물게 하는 것입니다.

걱정스러운 생각들을 불러일으켰던 수많은 논박을 끝낸 영혼은 그리스도께 나아갈 결심을 가지고 이렇게 말할 것입니다. '이제 나는 모든 것을 그리스도께 걸겠다. 그리스도께 나의 모든 것을 맡기겠다'라고 말입니다. 영혼은 그제서야 안식을 맛보기 시작할 것입니다. 자기 어깨에서 무거운 짐이 벗겨지는 것을 발견하게 될 것입니다. 이것은 '재창조'와도 같습니다. 영혼이 그리스도께 자신을 온전히 맡김으로 회복되고 새로워져 재창조 되는 것입니다. 신자들이여, 믿음은 이 세상에 알려진 것들 중 가장 높은 재창조를 불러

일으킨다는 사실을 잊지 마십시오. 더 이상 실수하지 마십시오. 더 이상 문턱에 걸려 넘어지는 일이 없도록 하십시오. 다시는 길을 잃지 않도록 주의하십시오.

하지만 그리스도와 연합하게 되자마자 모든 영혼의 두려움과 고통, 슬픔 모두가 단번에 종식된다고 생각하지는 말아야 합니다. 그리스도와 연합한 후에라도 얼마든지 세상의 많은 고통거리가 찾아 올 수 있습니다. 아니 오히려 더 큰 고통이 찾아 올지도 모릅니다. 사도 바울은 "우리 육체가 편치 못하고"(고후 7:5)라고 말하였습니다. 사탄은 더 맹렬한 공격을 퍼부을지 모릅니다. 뼈가 흔들리고 배가 뒤틀리는 고통을 여러분에게 가할지도 모릅니다. 여러분이 이 세상에 살고 있는 한, 여러분은 죄와 고통에서 완전히 해방되기를 기대하지 말아야 합니다.

안식과 위안 또한 마찬가지입니다. 그리스도와 연합함으로 우리가 즉시로 온전한 안식을 누릴 수 있는 것은 아닙니다. 물론 우리는 그리스도와 연합함으로써 하나님과의 화평의 상태에 즉시 들어갑니다. 하지만 우리는 화평을 열매가 아닌 씨앗으로 받습니다. 곧 믿음으로 말미암아 장차 하늘에서 성취될 약속을 받는 것입니다. 우리가 지상에서 누릴 수 있는 안식은 그 약속을 바라보는 데서 오는 안식입니다. 자신의 집에 거액의 어음이나 지급 보증서를 가지고 있는 사람은 설사 지금 당장 수중에 동전 몇 닢 밖에 지니고 있지 않다할지라도 자신을 결코 가난하다고 생각하지 않습니다. 신자는 그처럼 하나님의 손에서 보증 받은 안식과 평안의 약속을 가진 사람들입니다. 우리는 하나님의 진실하심과 미쁘심이 신자들에게 하신 약속 모두를 보증하고 있음을 알고 있습니다. 그러므로 우리가 온전한 실제적 안식에 들어가지 못했음에도 불구하고 하나님의 약속을 바라보며 믿음으로 안식을 향유하게 되는 것입니다.

또한 쉽사리 그리스도께 나아갈 수 있다고 생각하지 마십시오. 그리스도께 나아가는 길에는 많은 어려움이 있습니다. 그 어려움은 여러분의 영혼을 짓누르고 슬프게 하고 불안하게 만들 것입니다. 그러나 두려워하지 마십시오.

"그러므로 이제 예수 안에 있는 자들에게는 결코 정죄함이 없나니"(롬 8:1).

여러분은 더 이상 법 아래 있는 사람들이 아닙니다. 여러분은 은혜 아래 있는 사람들입니다. 여러분은 아무런 두려움이나 거리낌 없이 당당히 법정으로 들어갈 수 있는 사람들이 된 것입니다.

여러분이 그리스도께 나아간 후에 여러분의 모습을 보십시오. 여러분은 아직 남아 있는 옛 사람의 잔재를 발견할 수 있을 것입니다. 그때 여러분은 매우 낙담할 수 있습니다. 여러분의 안식은 그로 인해 순식간에 사라질 수도 있을 것입니다. 여러분이 그리스도께 나아감으로 한 순간에 완전히 정결해질거라고 기대했다면 말입니다. 우리가 믿음을 가지고 그리스도께 나아간다는 것은 우리의 영혼에 마음을 정결케 하는 새로운 원리가 심겨졌다는 것입니다. 그 심겨진 원리는 차츰 우리의 더러운 오염의 샘을 맑게 할 것입니다. 결국 그 원리는 영혼을 그 오염의 샘에서 벗어나게 할 것입니다.

"믿음으로 그들의 마음을 깨끗이 하사"(행 15:9).

그리스도께서 그 영혼을 정결케 하고 깨끗케 하실 것입니다. 점도 티도, 주름 잡힌 것도 전혀 없이 완전한 자로 그 영혼을 아버지께 인도하실 것입니다!(엡 5:26) 그리하여 죄의 오염이 완전히 파괴되는 날을 맞이하게 될 것입니다!

여러분의 영혼은 죽음과 저주에 대한 계속적인 두려움으로 감당할 수 없는 짐을 지고 있습니까? 어느 날 밤 갑자기 자기가 죽을 수도 있다는 두려움에 매여 사는 것이야말로 서글픈 인생입니다. 그러나 믿음이 그 두려움을 조장하는 죄책을 제거해 줄 것입니다. 죄책이 제거되면 두려움도 사라집니다. 루터는 이렇게 말했습니다. '주여, 때리소서 때리소서 제 죄가 용서 받았나이다.' 믿음이 있는 자에게는 두려움이 없습니다.

그리스도께 나오는 자들에게는 모든 것이 다르게 보입니다. 사방 어디를 보더라도 그들에게는 소망과 위로를 주는 것들 뿐입니다.

"바울이나 아볼로나 게바나 세계나 생명이나 사망이나 지금 것이나 장래 것이나 다 너희의 것이요 너희는 그리스도의 것이요 그리스도는 하나님의 것이니라"(고전 3:22,23).

사도는 모든 것이 신자의 유익과 은택과 위안을 위한 것이라고 말하고 있습니다. 우리가 그리스도께 나올 때 더욱 그러합니다.

과거의 일들을 생각해 보십시오. 여러분의 영혼이 지금까지 보전되어 건짐 받은 일들 속에 하나님의 은혜로운 목적과 계획이 보일 것입니다. 지나간 모든 일들이 하나님의 은혜로운 목적에 따라 이루어졌던 것입니다. 만약 그 때 같은 자리에 있던 여러분의 친구들이 아직 건짐 받지 못했다면 감사하십시오. 같은 죄와 허영 가운데 있었지만 여러분은 건짐 받았습니다.

여러분이 겪었던 심령의 깊은 고통 또한 그러합니다. 그 곤고함이 여러분을 시금 이 복된 연합으로 인도하여 들이지 않았습니까!

현재의 일은 어떠합니까? 여러분 중 아직 만족하지 못한 분들이 있을 것입니다. 여러분들이 보기에 아직 충분한 안식으로 들어가지 못한 것처럼 보일 수도 있습니다. 그리스도도 확실하게 보이지 않고 마음도 충분히 깨끗하지 못한 것이 느껴질 수도 있습니다. 은혜보다 죄가 여전히 강하게 득세하고 있는 것처럼 보입니다. 아직도 많은 것들이 어긋나 있는 것처럼 보이는 것입니다. 그러나 여러분, 죄를 깨닫지도 못하고 죄 가운데서 허우적거렸을 때를 생각해 보십시오. 여러분은 그리스도께 나아감으로 하나님의 약속을 받았습니다. 여러분이 만족하지 못할지도 모르지만 죄를 깨닫고 고통스러워하며 몸부림치던 때를 생각해 보십시오. 지금 여러분의 상태가 얼마나 달콤한 것입니까. 지금은 적어도 여러분이 어디로 가야할지 알고 있지 않습니까! 여러분은 분명히 결심했습니다. '나는 그리스도께 가리라. 그리스도의 명령과 부르심에 모든 것을 걸리라!'라고 말하면서 말입니다. 하나님께서 주신 약속을 바라보십시오. 아직 그 약속의 증거를 조금 밖에 가지고 있지 못한다 할지라도 말입니다. 그리스도께 모든 것을 맡기기로 결심했다는 것 자체가 정말 복된 일입니다.

말씀은 장래의 모든 것이 우리의 것이라고 말하고 있습니다. 장래에 대한 소망을 가지지 못하는 사람은 이렇게 말할 것입니다.

'모든 고통이 다 지나갔다고 말할 수는 없다. 또 내가 더 이상 환난을 받지 않을 것이라고 말할 수도 없다. 그러나 나는 나의 영혼과 함께 모든 것을 그분께 맡긴다. 사탄으로부터 올 수 있는 그 지독한 공격을 생각하는 것은 끔찍하다. 그러나 죄의 정욕 아래서 사탄에게 굴복하던 비참한 때와 비교하면, 사탄을 대항하여 깨어 기도하고 싸우는 것이 분명 나에게 무한한 유익이 아닌가. 나는 결국 죽음에 이를 것이다. 그러나 주님 안에 죽을 수 있다는 것이 나에게 있어서 얼마나 복된 것인가. 그분은 죽임을 죽이신 분이시다. 사망의 쏜 것을 제거하신 분께 내가 나아가리라!'

그리스도께 나아감으로 여러분이 누리는 이 지상에서의 안식은 영원한 안식의 시작에 불과하다는 것을 기억하십시오!

여러분, 믿음으로 굳게 서 계십시오. 믿음이 없이는 마음의 정함도 없습니다. 마음의 정함이 없다면 그리스도께 나아갈 수 없습니다.

그리스도께 나아가지 않는다면 여러분은 평안을 어디에 찾을 수 있다고 생각하십니까. 그리스도 밖에서 그 평안을 찾아 보십시오. 스스로를 개선하고 새로운 뜻 가운데 더욱 엄격한 삶의 자세를 실현하려고 노력해보십시오. 그리스도께 나아가지 않고는 조금의 쉼도 얻을 수 없습니다. 여러분의 상처에서 계속 피가 흘러나올 것입니다. 물론 그러한 노력의 유익이나 용도는 저도 인정합니다. 그러나 그리스도를 배제하고 그것만으로 무엇을 기대할 수 있다는 말입니까. 왜 여러분은 믿음의 길을 시험해 보지 않는 것입니까? 왜 여러분은 그 무거운 짐을 그리스도께 부리려 하지 않는 것입니까? 여러분은 언제까지 자신의 유익과 정반대되는 방향으로 나아가는 것입니까? 언제까지 양심의 고통 속에서 살아가려는 것입니까. 여러분은 그것을 견디는 일이 쉽지 않다는 것을 잘 알고 있습니다. 저는 여러분이 평안을 찾고 영혼이 치료되기를 간절히 원하고 있다는 것을 압니다. 그러나 저는 분명히 말씀드립니다. 여러분은 결코 어떠한 평안도 찾지 못할 것입니다. 여러분은 어떤 유익도 얻지 못할 것입니다. 그런 일은 계속 될 것입니다. 믿음의 길에 들어서지 않는 한 말입니다.

그리스도께 대체 무엇이 부족하다고 생각하십니까? 하나님께서 우리에게 보내 주신 예수께서는 신자의 부족을 채우고도 남을 것을 가지고 계신 분입니다. 그리스도께는 죄인들의 죄책을 제거하실 완전한 의가 있습니다. 그리스도 안에는 오염된 우리 영혼을 씻어낼 생명의 샘이 있습니다. 또 충만한 성령이 있습니다. 하나님께서 이 충만한 그리스도를 우리에게 보내주시지 않으셨습니까.

그러니 신자가 그리스도를 믿는 믿음의 자리에서 뒤로 물러나 깊은 심연에 빠져 죄를 짓는 것은 얼마나 더 핑계댈 수 없는 일이 되는 것입니까? 신자들은 이미 그리스도 안에서 안식을 얻은 자들이 아닙니까. 모든 것이 효험 없는 의사와 같았을 때 그리스도의 손길로 치료받은 자들이 아닙니까. 그런 자들이 다시 그리스도로부터 물러가 깊은 심연으로 들어가려 하다니요! 이것은 정말 미친 짓입니다. 올바른 정신을 가진 사람이라면 어찌 수정 샘에서 흘러나오는 깨끗하고 상쾌한 물을 버리고 더러운 웅덩이의 물을 마시겠습니까.

"너희도 가려느냐?"(요 6:67)

주님의 서글픈 물으심에 여러분은 이렇게 대답할 수 있기를 바랍니다.

"주여 영생의 말씀이 주께 있사오니 우리가 누구에게로 가오리이까!"

여러분, 그리스도를 떠나는 자에게 안식이란 없습니다.

"마음이 굽은 자는 자기 행위로 보응이 가득하겠고"(잠 14:14).

"여호와에게서 떠난 그 사람은 저주를 받을 것이라 그는 사막의 떨기나무 같아서 좋은 일이 오는 것을 보지 못하고 광야 간조한 곳, 건건한 땅, 사람이 살지 않는 땅에 살리라"(렘 17:5,6).

그리스도인은 그리스도로 말미암아 어떠한 조건 속에서도 안식을 얻을 수 있는 사람들입니다. 그리스도가 곧 평강이시기 때문입니다.

"이것을 너희에게 이르는 것은 너희로 내 안에서 평안을 누리게 하려 함이라 세상에서는 너희가 환난을 당하나 담대하라 내가 세상을 이기었노라 하시니라"(요 16:33).

10장

영혼의 의사

"예수께서 들으시고 이르시되
건강한 자에게는 의사가 쓸 데 없고 병든 자에게라야 쓸 데 있느니라"

_마 9:12

지금까지의 강론을 통해서 우리는 그리스도를 죄인들에게 적용시키는 성령의 역사의 본질과 방식을 생각해 보았습니다. 이제 저는 하나님께로부터 오는 평안과 용서를 기대하는 각 영혼마다 예수 그리스도를 옷 입어야 한다는 것을 강조하려 합니다.

우리는 복음을 통해 예수 그리스도를 값없이 베풀어 주시는 자애로운 은혜의 배를 놓지지 말아야 합니다. 믿음으로 말미암아 우리의 영혼이 그리스도와 연합하는 일이 있어야만 합니다. 이 문제에 대한 이해를 돕기 위하여 저는 '예수 그리스도의 칭호(稱號)들(Titles)'과 '예수 그리스도의 특권'들을 중심으로 논증을 펼칠 것입니다. 특히 우리가 그리스도의 '칭호'에 대해 숙고해 보는 일은 우리로 하여금 그리스도께 나아가도록 하는 많은 합당한 동기들을 발견하도록 할 것입니다.

본문은 세리였던 마태를 부르시는 장면을 배경으로 주님께서 하신 말씀입니다. 마태는 마음을 열어 그리스도를 자기 집으로 모셨습니다. 이 사실은 모든 이웃들에게 즉시 알려졌고 많은 세리들과 죄인들이 마태의 집에 몰려들었습니다. 문제는 이러한 사실이 교만한 바리새인들의 비위를 상하게 했다는 점입니다. 그들은 이 사실을 그리스도를 공격할 빌미로 삼았습니다. 그들의 불경건한 반론에 그리스도께서는 당신 자신이 누구이신를 말씀해 주셨습니다.

"예수께서 들으시고 이르시되 건강한 자에게는 의사가 쓸 데 없고 병든 자에게라야 쓸 데 있느니라."

이 말씀은 그리스도께서 세리들과 죄인들과는 달리 바리새인들을 변화시키지 않으신 것에 대한 질문의 답변이기도 했습니다. 그렇습니다. 그리스도께서는 이 땅에 살아가는 병든 영혼들의 의사로 오셨습니다. 자신들이 병든 자라는 사실을 모르는 교만한 바리새인들에게 이 사실은 대수롭지 않은 일에 불과했습니다. 자신의 병에 대해 더 많은 의식을 가지고 있는 자들에게 그리스도께서 자신을 쏟으신 것은 당연한 일이 아닙니까?

우리는 이 사건에서 자신의 상태가 온전하다고 착각하고 있는 안연한 죄인들의 모습을 발견합니다. 그들은 그리스도 귀하게 여기거나 높이 평가하지 않습니다. 그들에게 그리스도는 필요하신 분이 아닙니다. 왜냐하면 그들은 스스로 건강한 자라고 자부하는 자들이기 때문입니다.

"건강한 자에게는 의사가 쓸 데 없고…"

하지만 자신의 죄를 깨닫고 겸비해진 죄인들은 다릅니다. 그들은 자기 자신이 병들어 있다는 것을 알고 있는 사람들입니다. 그들은 그리스도를 귀하게 여기고 진실로 그리스도를 필요로 합니다. 그리스도께서만이 자기들 영혼의 병을 고치실 유일한 의사라는 사실을 인식하고 있기 때문입니다.

"의사가…병든 자에게라야 쓸 데 있느니라."

이 두 부류의 사람들에게 그리스도께서 어떠한 태도를 보이셨는지 보십시오. 그리스도께서는 자신의 영혼이 병들었음을 인식하고 그리스도를 필요로 하는 자들을 치료하시기 위해 친히 다가가셨습니다. 그러나 그리스도께서는 자신을 온전하다고 믿는 사람들을 그냥 지나치셨을 뿐, 어떠한 관심도 두지 않으셨습니다. 그리스도는 병든 영혼만을 위한 의사이신 것입니다.

세상은 병들어 죽어가는 영혼들로 가득 차 있습니다. 허다한 사람들의 영혼이 '죄'라는 질병으로 신음하고 있습니다. 그러나 그들 전부가 자신의 질병을 인식하고 있는 것은 아닙니다. 그들은 자신의 비참이 무엇인지, 그로 인한 고통이 무엇인지에 대해 아무런 느낌도 가지지 못하는 사람들입니다. 자신들의 병을 치료해줄 누군가에 대한 필요성을 그들이 느끼지 못하는 것은 당연한 일일 것입니다. 치료자를 찾아 헤매는 모습은 자기의 병이 무엇인지, 그로 인한 자신의 비참이 무엇인지를 알고 있는 사람들만이 가질 수 있습니다. 자기들의 조건을 알고 그것으로 애통하고 탄식하는 사람들이라야 치료자를 애타게 찾게 되는 것입니다.

그처럼 갈급해 하는 영혼들에게 하나님께서는 충만하신 긍휼의 풍성하심으로 한 의사를 보내셨습니다. 그 의사께서는 하늘의 인장(印章)이 찍혀진 명령장을 지니고 오셨습니다(사 61:1,2). 그리고 모든 사람들이 듣도록 그 명령장을 펴서 읽으셨습니다.

"주의 성령이 내게 임하셨으니 이는 가난한 자에게 복음을 전하게 하시려고 내게 기름을 부으시고 나를 보내사 포로된 자에게 자유를, 눈먼 자에게 다시 보게 함을 전파하며 눌린 자를 자유롭게 하고"(눅 4:18).

죽어가는 세상에 오신 그분은 만국을 소성케 하시는 '생명의 나무'이십니다. 병든 영혼을 치료하시는 '여호와 라파'이시며, 죄의들의 의되신 '여호와 찌드케누'이십니다. 이스라엘 백성들 가운데 높이 들렸던 놋 뱀은 우리의 위대한 의사이신 그리스도에 대한 모형이었습니다. 광야에서 이스라엘을 치료했던 놋 뱀은 바로 우리의 위대한 의사이신 그리스도를 탁월하게 그려주었던 모형이었습니다.

"모세가 광야에서 뱀을 든 것 같이 인자도 들려야 하리니"(요 3:14).

그리스도께서는 당신께 나오는 어느 누구도 거절치 아니하시는 분이십니다. 그가 어떠한 종류의 질병을 가지고 있던지 말입니다.

병든 영혼들이 가지는 죄책을 보십시오. 죄책이란 영혼에게 있어 매우 치명적인 상처입니다. 불쌍한 죄인의 심장을 찌르는 치명적인 상처가 되는 것입니다. 교황주의자들은 치명적인 죄악과 가벼운 죄를 구분지으려 합니다. 하지만 그것은 어떠한 근거도 없는 착각에 불과합니다. 그것이 어떠한 죄이든지 간에, 모든 죄는 그 본질 자체에 치명적인 요소를 가지고 있습니다.

"죄의 삯은 사망이요"(롬 6:23).

그러한 죄책의 상처를 치료하실 분은 오직 그리스도 한 분이십니다.

"우리는 그리스도 안에서 그의 은혜의 풍성함을 따라 그의 피로 말미암아 속량 곧 죄 사함을 받았느니라"(엡 1:7).

죄를 지은 영혼이 영원한 형벌과 비참에 처해지는 것은 사실상 당연한 입니다. 그들의 죄의 책임을 물으시어 그들이 하나님의 영원한 진노에 들어가는 것에 누가 이의를 제기할 수 있다는 말입니까? 죄책에 기인한 하나님의 정죄의 선고는 가히 두려운 것입니다. 세상에서 처할 수 있는 궁핍과 환난을 모두 더한다고 해도 하나님께서 내리시는 정죄의 무게보다 가벼울 것입니다. 단 하나의 달란트가 수많은 깃털들 보다 무거운 것처럼 말입니다. 죄책은 오직 그리스도께서만 치료하실 수 있으십니다. 그 치료는 마땅히 받아야 할 하나님의 진노와 정죄로부터 영혼을 풀어내시는 일입니다(골 1:13,14 ; 시 6:12 ; 미 7:17-19). 그리스도로부터 이 사면(赦免)의 은혜를 받은 영혼은 죄로 인해 받을 수밖에 없었던 모든 책임에서 온전히 벗어나게 됩니다.

"그러므로 이제 그리스도 예수 안에 있는 자에게는 결코 정죄함이 없나니"(롬 8:1).

영혼을 옭아매고 있던 모든 결박은 해체됩니다. 영혼에게 부과되었던 모든 죄의 책임이 그리스도로 인해 완전히 제거되기 때문입니다. 그것이 원죄이든, 자범죄(自犯罪)이든, 또 큰 죄이든 작은 죄인든 그 모든 죄의 책임에서 완전한 자유를 얻게 되는 것입니다.

이것은 오직 그리스도의 피로 말미암아서만 시행됩니다. 그리스도의 피 외에 하늘이나 땅에서 그 질병을 치료할 수 있는 것이란 없습니다.

"율법을 좇아 거의 모든 물건이 피로써 정결케 되나니 피 흘림이 없은즉 사함이 없느니라"(히 9:22).

그리스도의 상처에서 흘러나오는 피 외에 그 일을 해낼 수 있는 피는 존재하지 않습니다.

"그가 채찍에 맞음으로 우리는 나음을 받았도다"(사 53:5).

그리스도의 피만이 효력있는 피입니다. 그 피만이 무한한 가치를 지니고 있습니다. 그 피는 바로 그 목적을 위해서 예비하신 하나님의 피이기 때문입니다(히 10:5).

모든 신자 여러분, 영혼의 위대한 의사를 찬미하십시오. 그리고 그 의사를 우리에게 보내주신 하나님께 영광을 돌리십시오.

"우리를 사랑하사 그의 피로 우리 죄에서 우리를 해방하시고 그 아버지 하나님을 위하여 우리를 나라와 제사장으로 삼으신 그에게 영광과 능력이 세세토록 있기를 원하노라. 아멘"(계 1:5,6).

죄인들의 영혼을 지배하는 죄의 영향력 또한 매우 치명적인 것입니다. 죄의 지배를 받는 영혼은 서글픈 조건에 처할 수밖에 없습니다. 영혼의 총명은 무뎌지고 그 양심은 둔감해집니다. 마음은 굳어져 그 의지는 아무런 힘을 쓰지 못합니다. 모든 정서는 무질서하게 뒤죽박죽 엉켜있을 뿐입니다. 영혼이 가지고 있던 모든 기능은 죄의 권세 아래 완전히 상실 당해 있습니다. 사람들 중, 아니 천사들이라 할지라도 누가 이 질병을 치료할 수 있겠습니까? 오직 그리스도만이 그 질병을 치료하실 수 있으신 분이십니다. 그분께서만이 그 일을 담당하시어 완벽히 치료하실 분이십니다. 보배로운 피로 우리의 죄책을 치료하시는 그분께서 당신의 성령을 부어주심으로 우리 영혼을 지배하고 있던 죄의 문제를 해결하십니다. 곧 죄책의 치료로 칭의(稱義, justification)를, 죄의 지배에 대한 치료로 성화(聖化, sanctification)를 이루시는 것입니다.

죄의 지배에 대한 치료는 어두워진 총명을 밝히시는 일입니다(고전 2:14). 그리스도께서 당신의 백성들에게 주시는 성결(聖潔)의 영이신 성령께서는 어두워지고 무뎌진 총명의 기능을 치료하시는 것입니다. 그것은 모든 것을 제자리에 돌려 놓는 일입니다(엡 5:8). 어두움에 속하게 된 자들이 다시 주님의 빛 가운데 거하게 하시는 것입니다. 성령의 기름 부으심으로 말입니다(요일 2:27).

죄의 권세 아래 있는 양심은 더러워지고 부패하여(딛 1:15) 그 직무와 역할을 감당하지 못하는 지경에 이르게 됩니다. 그러한 양심을 가진 영혼은 말씀으로 죄를 깨닫거나 두려워하지 않습니다. 그러나 성결의 영이 그 양심을 소생케 하시면, 양심은 매우 예민한 감각을 가지게 됩니다. 아주 작은 일에도 영혼을 책망하고 찌르는 본연의 역할을 충실히 감당하게 되는 것입니다. 죄에 대한 강한 거부감은 다시 예민함을 찾은 양심을 가진 영혼만이 가질 수 있습니다.

밝혀진 총명을 가지게 된 사람은 이렇게 말할 것입니다. "주여, 무엇하기를 원하십니까!"(행 9:6) 그리스도의 치료하심으로 거룩해진 의지는 하나님의 뜻에 순종하려는 성향을 가지게 되기 때문입니다. 죄의 지배 가운데 있는 영혼은 어느 것으로부터도 깊은 인상을 받지 못합니다. 그 굳어진 마음이 무엇인가에 감동을 느낀다는 것은 불가능한 일입니다. 하지만 거룩함을 입은 영혼은 자신의 지난날의 죄에 대해 깊고 경건한 슬픔을 가집니다. 그리고 자기들의 영혼을 거룩하게 하신 하나님의 풍성한 긍휼 앞에 마음을 녹입니다.

"또 새 영을 너희 속에 두고 새 마음을 너희에게 주되 너희 육신에서 굳은 마음을 제거하고 부드러운 마음을 줄 것이요"(겔 36:26).

어떠한 위협 앞에서도 그들의 녹아진 마음은 다시 굳어지지 않을 것입니다(왕하 21:19 ; 렘 31:18). 그런 그들이 하나님의 은혜와 긍휼 앞에서 어떤 마음을 가지시겠습니까?(눅 7:88)

하나님의 성령은 죄의 지배로 인해 무질서해진 정서를 바로 잡아 제자리에 돌려놓으십니다(히 4:6,7). 그 일을 통해 영혼이 하나님 앞에서 마땅한 상태를 유지하도록 하시는 것입니다. 물론 성령께서 하시는 일을 통해 거룩하심이 마음을 주장하여 영혼을 괴롭혀 왔던 징후들에 대한 치료가 이 땅에 사는 동안 완전하게 이루어지지는 않을 것입니다. 거룩하게 된 영혼이라 해도 그 안에 옛 질병의 잔재가 여전히 남아 있을 수 있습니다. 하지만 성령님의 거룩케 하시는 역사를 통해 죄가 그 지배의 권좌를 잃게 되었다는 것은 분명합니다. 성령님의 영혼의 치료는 시작되었습니다. 영혼은 거룩을 향해 한 걸음씩 나아갈 것입니다. 그리고 결국 완벽한 치료의 상태에 이르게 될 것입니다.

죄는 인간이 태어날 때부터 영혼에 존재하는 지독한 질병입니다. 우리의 모든 건전치 못함의 뿌리가 바로 그것입니다. 사도는 이를 매우 고통스럽게 여기며 탄식했습니다(롬 7:17). 거룩함을 입은 모든 사람들이 애통하는 부분이 바로 이것입니다. 우리가 죄책과 죄의 지배에 대한 치료를 받았다 하더라도 우리의 본성 속에 내재하는 죄의 문제 자체가 지료되기 전까지는 완전한 상태로 볼 수 없기 때문입니다. 그러나 우리의 위대하신 의사께서 우리를 위해 그 일을 완전히 이루실 것입니다. 우리를 영화(榮化, glorification)롭게 하심으로 말입니다. 이것이 구원의 마지막 단계입니다.

그러니 이 세상에 사는 날 동안 우리가 온전하게 치유되는 일은 기대하지 않는 것이 바람직합니다. 처음부터 벽에 자상하게 된 넝쿨의 뿌리는 그 벽을 허물기 전까지는 뽑을 수 없습니다. 벽이 허물어지는 날 그 담장에 붙어 있던 넝쿨은 뿌리 채 단 번에 뽑여나갈 것입니다. 우리가 온전한 치유를 받는 일이 그러합니다. 그 일은 우리의 영혼이 우리의 몸을 떠날 때 이루어질 것입니다. 바로 그때 그리스도께서 그 일을 수행하실 것입니다.

만약 그리스도께서 그 일을 수행하시지 않는다면 우리는 하늘에 들어갈 허락을 받지 못합니다. 죄의 잔재를 가지고는 결코 하늘에 들어가지 못하기 때문입니다(엡 5:27 ; 히 12:23 ; 계 21:27).

우리가 영화롭게 되는 일은 우리의 몸과 영혼이 분리되는 시점에 이루어집니다. 모태에서 영혼과 몸이 연합하는 순간 죄가 임하였던 것처럼 영화는 다시 우리의 몸과 영혼이 분리되는 때에 이루어지는 것입니다. 영화롭게 된 영혼은 죄로부터 어떠한 영향도 받지 않습니다. 죄가 그 영혼을 유혹하거나, 그들을 더럽혀 그 마음을 슬프게 하는 일도 업을 것입니다. 어두워진 총명으로 하나님과 교통하지 못하는 일은 다시 일어나지 않을 것입니다. 영혼과 완전히 분리된 죄가 효력을 발휘하지 못하는 것은 당연한 일입니다. 죄의 불행한 효과들은 두 번 다시 발견하지 못할 것입니다. 하지만 지상에 있는 동안만큼은 그러한 완전함은 아직 기대할 수 없습니다.

"우리가 오늘날 여기서는 각기 소견대로 하였거니와 너희가 거기서는 하지 말지니라 너희가 너희 하나님 여호와의 주시는 안식과 기업에 아직은 이르지 못하였거니와"(신 12:8,9).

여러분의 총명은 여전히 온전치 못함으로 실수를 범할 수 있습니다. 여러분의 생각은 진리에서 벗어날 수도 있고, 여러분의 정서는 메마르게 될 수도 있습니다. 하나님과의 교통은 매일 방해를 받을 것입니다. 그러나 힘을 내십시오. 여러분이 하늘에서는 결코 그러하지 않을 것입니다. 복된 치료는 하늘에서 완전히 끝날 것입니다. 하늘에서 여러분은 더 이상 지상에서 하나님을 알거나 사랑하거나 즐거워하는 수준으로 행하지 않을 것입니다. 그러니 위로를 받으시고 용기를 내십시오. 그리고 명심하십시오. 여러분은 죄의 질병을 치료하시는 그리스도의 방식을 전적으로 의존해야 할 사람들이라는 것을 말입니다.

모든 성도들은 하늘의 가기 전에 '박해'의 골짜기를 지나야 합니다. 하나님과 화해한 뒤에도 성도들은 이 땅에서 주어지는 외면적 고통 때문에 얼마나 많은 눈물을 흘리는지 모릅니다. "하나님 나라에 들어가려면" 우리는 많은 환난을 겪어야 합니다(행 14:22). 이 세상에서 겪는 고통과 환난들의 종류들이 무엇인지를 좀 더 살펴보는 것은 이곳에서 다루어야 할 주제를 훨씬 벗어나는 일이 될 것입니다. 저는 다만 큰 곤고함과 고통 중에 있는 가련한 영혼을 예수 그리스도께서 온전히 돌보신다는 사실을 강조하고 싶습니다.

그리스도께서는 성도들이 당하는 고통의 문제들을 당신께 속한 영혼들을 거룩하게 하실 재료로 삼으십니다. 그들의 고통을 영혼을 치료하는 약으로 사용하시어 작은 고통으로 더 큰 고통을 미연에 방지하시는 것입니다. 외면의 슬픔으로 내면의 슬픔을 치료하시는 것입니다.

"야곱의 불의가 속함을 얻으며 그의 죄 없이함을 받을 결과는 이로 말미암나니 곧 그가 제단의 모든 돌로 부숴진 횟돌 같게 하며 아세라와 태양상이 다시 서지 못하게 함에 있는 것이라"(사 27:9).

또 그리스도께서는 내면적 위로를 통해서 외적인 고통을 치료하십니다. 내면적 위로의 거대한 파도로 외적 고통의 물결을 덮도록 만드시는 것입니다(고후 1:5). 그리스도께서 주시는 신령한 위로 한 방울은 겉 사람이 받는 고통의 전 대양(大洋)을 달콤한 것으로 바꾸기에 충분합니다. 사랑하는 독생자를 내어주신 고통을 겪으신 하나님께서 베푸시는 위로를 생각해 보십시오. 그분의 위로야말로 세상의 모든 고통을 삼켜버릴만큼 충분한 가치가 있는 것이 아닙니까?

"이것을 너희에게 이르는 것은 너희로 내 안에서 평안을 누리게 함이라 세상에서는 너희가 환난을 당하나 담대하라 내가 세상을 이기었노라"(요 16:33).

성도에게 있어서 이 땅을 떠나는 것은 세상이 주는 모든 슬픔과 결별하는 순간을 맞이하는 일입니다. 성도의 죽음은 슬픔의 장소에서 영원한 평안과 안식의 처소로 옮겨지는 복된 전환점입니다. 이제 하나님께서 친히 그들의 눈물을 닦아 주실 것입니다. 그들의 모든 애통의 날들은 끝나고, 찬란한 옷을 입은 채 영원한 평안으로 들어가게 하실 것입니다(사 57:2). 그곳은 눈물과 탄식을 알지 못하는 사람들이 사는 곳입니다. 그곳은 죽음 한 발자국 너머에 있습니다. 그 너머에 고통과 슬픔의 광경과 비명 소리는 들리지 않을 것입니다.

　　예수 그리스도는 우리를 치료하실 완전하신 의사이십니다. 그리스도께서는 우리가 가진 영혼의 질병의 본질과 그 위험을 온전히 이해하시는 분이십니다. 그분만이 죄의 무게와 죄가 가져온 내면적 고통의 깊이를 이해하시는 지혜를 가지고 계십니다. 그러니 그리스도가 아닌 누가 우리의 영혼의 상태를 낫게 할 수 있다는 말입니까? 병의 본질을 온전히 알지 못하는 자가 어찌 치료의 방편을 알고 있을 수 있겠습니까? 병든 영혼을 치료할 수 있는 처방을 가지신 분은 오직 그리스도 한 분이십니다. 죄책으로 두렵게 떠는 양심과 그 양심을 가진 영혼의 죽을 수밖에 없는 질병을 무엇으로 치료할 수 있겠습니까? 할 수 있다고 말하는 사람들이 있다면 그 모든 방도를 사용해 보라고 하십시오. 그들은 모두 값비싼 체험을 하게 될 것입니다. 그리고 그제서야 자기들의 생각이 어리석었음을 깨닫게 될 것입니다. 그리스도의 피 말고는 세상 어느 것도 두려워 떠는 영혼을 잠잠케 할 수 없습니다(히 16:22).

　　그리스도밖고 병든 영혼을 불쌍히 여기는 자애로운 마음을 가진 자는 아무도 없습니다. 그 자애로운 심령은 오직 그리스도만이 가지실 수 있습니다. 왜냐하면 당신께서 친히 그 고통을 당하셨기 때문입니다(히 5:2). 그리스도께서는 우리가 당하는 외적 고통의 고뇌가 무엇인지, 하나님의 진노와 하나님께 버림을 받는 것의 두려움을 체험하셨습니다. 그리스도께서 곤고한 영혼들을 향해 가지시는 자애로운 마음은 당신께서 직접 체험하신 일에 기인하는 것입니다.

"상한 갈대를 꺾지 아니하며 꺼져가는 등불을 끄지 아니하고"(사 42:3).

그리스도께서 우리를 살리시기 위해서 어떠한 방식을 쓰셨습니까. 그는 채찍에 맞으셨습니다. 그리고 십자가에 달려 죽으셨습니다. 우리의 상처를 치료하시기 위해 그분은 상처나시고 피를 흘리셔야 했습니다. 죄 있는 환자를 살리시기 위해 선하신 의사께서 죽으셨습니다. 이 세상의 의사 중 다른 사람을 치료하기 위해 자신의 목숨을 내놓는 자가 누구입니까?

그리스도께서는 병든 영혼을 위해 기꺼운 마음을 가지십니다. 곤고한 영혼을 위해 언제나 나설 준비가 항상 되어 계신 분이십니다. 여러분은 진정 죄와 결별하기를 원하십니까? 그렇다면 그리스도께 나아가십시오. 그리스도께서는 조금도 지체하지 않으시고 여러분과 함께 하실 것입니다. 돌아온 탕자를 보자마자 달려가 입을 맞추며 맞아 주었던 그 아버지처럼 말입니다(눅 15:20). 그리스도께서는 당신께 나오는 어느 누구도 거절하지 아니하십니다.

"내게 오는 자는 결코 내어 쫓지 아니하리라"(요 6:37).

그들의 죄가 무엇이든지, 그들의 슬픔이 어떠하든지, 그들이 어떠한 죄책을 가지고 있든지, 그가 세상에서 가장 절망적인 자라 할지라도 그리스도께서는 결단코 자신께 나오는 이들을 물리치시지 않습니다(사 1:18,19).

그리스도께서는 완벽한 의사이십니다. 당신이 맡으신 자들의 치료를 결코 실패하시지 않습니다. 저는 그리스도의 손에서 실패를 맛보았다는 자를 만나보지 못하였습니다(요 3:15,16). 세상의 의사들은 실수와 무지와 무관심으로 교회의 뒤뜰을 죽은 자들로 넘치게 하지만, 그리스도께서는 당신께 자신을 맡기는 어느 사람도 망하게 하시지 않습니다.

더군다나, 그리스도의 치료는 값없이 주시는 치료입니다. 그리스도께서는 모든 일을 은혜로 행하십니다. 무한한 가치를 지니신 그 처방을 아무런 대가 없이 죄인들에게 주시는 것입니다.

"돈 없는 자도 오라"(사 55:1).

그리스도께서는 가난한 자나 궁핍한 자를 결코 그냥 돌려보내시는 법이 없습니다(눅 1:53). 그리스도께서 돌려보내신 자들은 오히려 부자들이었습니다(마 19:21,22). 그들은 값없이 주시는 그리스도의 치료를 선물로 받아들이려 하지 않는 자들이었습니다. 그들은 자신들의 뜻에 대한 값을 톡톡히 치르게 될 것입니다.

그리스도만큼이나 회복된 영혼들을 기뻐하시는 분은 없습니다. 오! 당신의 피로 영혼의 회복을 보시는 것이야말로 그리스도께 말할 수 없는 즐거움입니다.

"그가 자기 영혼의 수고한 것을 보고 만족하게 여길 것이라(자기의 죽음의 고난의 열매를 보고 만족하게 여길 것이다)"(사 53:11).

복음이 세상에 미칠 효력을 미리 보신 주님께 대해 성경은 "그때에 예수께서 성령으로 기뻐하시며"라고 기록하고 있습니다(눅 10:21).

병들어 죽어가는 죄인의 영혼을 고치실 그리스도를 보내주신 하나님의 은혜의 풍성함을 우리가 어찌 찬미하지 않을 수 있겠습니까!

그리스도는 완전한 의사이십니다. 그분께서 고치시지 못할 죄의 질병은 없습니다. 물론 성령을 훼방하는 죄와 같이 치료되지 않는 병이 있습니다. 그러한 죄 아래 있는 자들의 인격은 너무나 손상된 나머지 그리스도께 나아가고자 하는 마음을 조금도 가지지 않기 때문입니다. 그러나 죄를 깨닫고 예수 그리스도께 기꺼이 나오려고 하는 사람들의 영혼은 그러한 경우에 해당되지 않습니다. 그리스도께서는 당신께 나오는 자들을 결코 내어 쫓지 않으십니다. 오! 말로 다 할 수 없는 자비하심이여! 가장 극악한 죄의 병도 치료하신다니요! 여러분은 얼마나 많은 사람들이 멸망의 문 앞에서 그리스도의 구원하심을 받았는지 아십니까? 가장 흉악한 죄인들도 그리스도로 말미암아 완전하게 회복되었습니다(딤전 1:15 ; 고전 6:11). 오! 이 자비하심의 깊이를 무엇으로 측량할 수 있다는 말입니까!

"그가 채찍에 맞음으로 우리는 나음을 받았도다"(사 53:5).

소망 없는 질병 가운데 있던 우리를 살리시기 위해 그리스도께서 죽으셨습니다. 하늘에서나 땅에서나 오직 그리스도의 보배 피만이 우리를 치료할 수 있기 때문입니다(히 9:22,26). 그 피를 기억하십시오. 여러분의 영혼이 또 다시 죄 가운데 빠진다면 그것은 그리스도의 몸에 새로운 상처를 내어 다시 피를 쏟게 하는 일입니다(요일 2:1-2). 이 점을 명심하십시오. 여러분 중 죄를 짓는 일을 대수롭지 않은 일로 여기는 분이 계십니까? 그렇다면 기억하십시오. 여러분의 영혼이 치료되기 위해서 어떠한 대가가 지불되었는지 생각하십시오. 그리스도께서 우리를 낫게 하시기 위해 채찍에 맞으셨습니다. 그런데 우리가 어찌 다시 그리스도를 고통 중에 계시도록 한다는 말입니까. 우리는 아무런 대가도 치루지 않았습니다. 그 대가가 얼마나 참혹한 것인지 알지 못합니다. 그리스도께서 모든 대가를 홀로 감당하셨으니 말입니다. 우리가 성도입니까? 우리가 스스로를 그렇게 부르고 있습니까? 그렇다면 그리스도와 우리 자신의 영혼에 다시 흠집을 내는 일을 결코 가벼이 보지 말아야 합니다. 애통해 하고 회개하십시오. 죄로 병들어 소망 없던 때를 기억하십시오. 그리고 여러분이 어떻게 나음을 입었는지 생각하십시오. 여러분은 죄를 저항하는 삶을 살아야 합니다. 여러분이 성도라면 마땅히 그래야만 합니다.

세상은 오직 유일한 영혼의 의사이신 그리스도를 거부하고 스스로 자기의 병을 고치려는 어리석은 사람들로 가득 차 있습니다. 그리스도의 피는 제쳐 놓은 채 자신의 몸을 괴롭게 함으로 영혼을 치료할 수 있다는 생각을 하다니요. 그들은 정신이 나간 자들임에 틀림 없습니다. 눈 먼 교황주의자들과 육적인 프로테스탄트들을 보십시오. 그들은 자신의 죄를 입으로 고백하거나 자신의 삶의 길을 엄격하게 고치려고 애를 쓰는 것으로 자신들의 영혼에 난 상처를 치료하려고 합니다. 그리스도의 피에 대해서는 어떠한 존영심도 가지지 않으면서 말입니다. 그들의 노력은 아무 열매도 거둘 수 없습니다. 잠시 동안 외적인 효력이 나타날지 모르지만 죄가 낸 영혼의 상처는 결코 치료할 수 없습니다. 깊은 영혼의 상처에서는 다시 피가 흐를 것입니다.

그들은 치명적인 상처를 가진 채 살아갑니다. 영혼의 참된 치료를 받지 못한 채 그들은 그 병으로 죽어가고 있습니다. 그리스도의 복음을 충분히 접할 수 있는 환경에서 살아가고 있는 대부분의 경우가 그렇다는 것이 얼마나 서글픈지요. 그들에게는 자기들의 죄와 비참을 볼 수 있는 시력을 가지고 있지 않습니다. 영혼의 치료는 자신의 비참을 아는 것으로부터 시작되는데도 말입니다(행 26:18). 우리는 그들로부터 눈을 어둡게 하시어 신령한 것을 보는 눈을 허락지 아니하신 하나님의 무서운 판단만을 볼 수 있을 뿐입니다(사 1:9,10). 그들의 눈이 열려 자기들의 죄와 비참을 보기 전까지 그들은 치료의 소망을 가질 수 없습니다. 그리스도의 치료하심이 아니라면 그들을 정욕에서 벗어나게 할 만한 것은 아무것도 없습니다.

영혼의 의사이신 그리스도께서 치료를 시작하시면 영혼으로 하여금 가장 먼저 이제껏 사랑하던 죄를 미워하도록 하십니다. 지금까지 가장 즐겁고 유익한 것으로 여겨왔던 정욕들에 대하여 '나가라'고 명하십니다(사 30:22). 만약 이와 같은 표적이 마음 속에 일어나지 사람이 있다면 그는 그리스도께서 자신의 영혼을 치료하고 계시다는 근거를 전혀 가지고 있지 않다고 보아야 합니다. 그러한 사람들이 그리스도에 대해 절박한 필요성을 가지지 않는 것은 당연한 일입니다. 치료와 회복의 길목에 들어선 사람은 언제나 그리스도에 대한 간절함을 가질 수밖에 없기 때문입니다. 그런 일이 계속된다면 그들은 실로 무서운 결과를 맞이하게 될 것입니다(사 1:9,10).

병으로 고통받던 몸이 건강을 찾아 다시 활력을 찾는 것은 매우 기쁜 일입니다. 그렇다면 하물며 영혼이 생명력을 다시 회복하는 일은 얼마나 즐거워해야 할 일입니까? 영혼이 회복되는 일은 무지하고 어두웠던 총명이 밝아짐으로 영혼이 영원한 생명의 소망을 가지는 것입니다. 이는 정말 기뻐 뛸 일이 아닙니까(요일 2:27). 하나님의 뜻을 대적하였던 의지가 "주여 주께서 내가 무엇 하기를 원하나이까?"(행 22:10)라고 말하게 되다니요! 단단한 돌보다 더 굳어 있던 마음이 비로소 죄에 대한 애통으로 녹아 내리게 되다니요! 그 기쁨은 죽은 줄만 알았던 사랑하는 외아들이 다시 돌아왔을 때 그를 맞이하는 아버지가 느끼는 기쁨과도 같을 것입니다.

치료받는 영혼이 가지는 영적인 일들에 대한 즐거움은 날로 자라날 것입니다. 영적인 의무를 갈망하고 그것을 가장 즐거운 일로 여기게 될 것입니다. 그 일에 있어서 외식은 제거될 것입니다. 마음으로 하는 모든 것을 사람에게가 아닌 주께 하듯 할 것입니다(골 3:23 ; 살전 2:4). 은밀한 죄는 그들에게 가장 가슴 아픈 골칫거리가 됩니다(시 119:118). 살아난 양심의 감각은 소홀히 했던 영적 의무들에게 대한 가책으로 고통스러워 할 것입니다(마 6:5,6). 하나님의 모든 계명에 대하여 깊은 존중심을 가지게 될 것입니다(시 119:8). 우리가 하나님의 거룩하시고 두려우신 눈앞에 있음을 기억하게 될 것입니다. 영혼을 압도하시는 하나님의 위엄있는 눈을 느끼게 될 것입니다(창 17:1).

이것이 회복하는 영혼에게 나타나는 달콤한 표증들인 것입니다.

여러분 중에 죄에 대한 신령한 아픔을 처음으로 느끼기 시작한 분들이 계실 것입니다. 그러한 분들에게 몇 가지 권고의 말씀을 드리겠습니다.

여러분이 가장 먼저 조심해야 할 것은 그리스도를 알지 못하는 육적인 사람들이나 친지들의 위험천만한 권고입니다. 그들은 신령한 고통에 대해서 아무것도 알지 못하는 자들입니다. 그들이 여러분의 고통에 어떠한 처방을 제시한다고 해도 어떠한 효력이 없다는 사실을 기억하십시오. 죄에 대한 고통을 느껴보지 못한 그들이 어떤 효력 있는 처방을 제시할 수 있겠습니까? 마귀는 늘 그런 사람들의 손을 통해 곤고한 영혼들을 시험합니다. 그들을 통해 여러분이 가지는 죄에 대한 신령한 인식들이 충분히 약해질 수 있다는 것을 잘 알고 있습니다. 사탄이 그 목적을 달성하기 위해 언제나 그러한 사람들은 즐겨 고용한다는 사실을 기억하십시오.

여러분은 마음은 아마도 고통에서 하루 빨리 벗어나는 것에만 집중되어 있을 것입니다. 하지만 저는 오히려 여러분이 고통 가운데서 느껴지는 하나님의 섭리와 방식을 발견하시라고 말씀 드리고 싶습니다. 고통에서 벗어나는 일에만 관심을 가지지 마십시오. 고통의 시간이 더디게 지나갈 수도 있습니다. 하지만 지속되는 고통의 때가 여러분에게 더 큰 유익이 될 수 있다는 사실을 아시기 바랍니다. 거짓된 평안만큼 위험한 것은 없습니다.

여러분이 느끼는 고통을 지혜롭고 분별력 있고 경험 많은 그리스도인들, 특히 그리스도의 참된 사역자들 앞에 가져가십시오. 그들의 직무는 어려움에 처한 여러분을 권고하고 지도하는 일입니다. 여러분 자신의 가슴 속에 은밀하게 불타고 있는 죄의 고통을 그대로 담아두지 마시기 바랍니다. 물론 죄를 깨달은 여러분에게 자신의 은밀한 죄를 노출시키는 것은 매우 어려운 일일 것입니다. 하지만 그럼에도 불구하고 그것이 여러분에게 유익이 될 것입니다. 여러분 주변에 반드시 그리스도 안에 있는 의를 보여줄 사람이 있을 것입니다. 그들을 찾아 가십시오. 그들은 자신이 그러한 일에 쓰임받는 일을 감사히 여길 것입니다.

여러분은 은밀한 가운데 보시는 하나님과 누구보다도 더 많은 시간을 보내야 할 사람들입니다. 하나님께 가까이 나아가 마음을 열고 여러분 가슴 속에 있는 모든 것을 털어놓으십시오. 여러분은 자비하신 하나님의 손을 발견하게 될 것입니다. 하나님께서는 여러분의 영혼이 치료되길 원하십니다. 용기를 내시고 하나님께 나아가십시오. 그리고 힘써 간구하십시오.

"내가 말하기를 여호와여 내게 은혜를 베푸소서 내가 주께 범죄하였사오니 나를 고치소서 하였나이다"(시 41:4).

하나님께서 상한 여러분의 마음을 싸매기 위해 그리스도를 보내주셨습니다(사 61:1). 주님께서 친히 '내가 온 것은 잃은 자를 찾아 구원하려고 세상에 왔다'고 하신 말씀을 의지하십시오. 그리고 바로 여러분이 자신이 잃은 자임을 토로하십시오. '주여, 제 피에 무슨 유익이 있으리이까? 주께서 마른 잎을 추적하심처럼 하시겠나이까? 내 마음이 죄를 깨닫고 상심하오니 눈을 여사 나를 고치소서!' 여러분이 자신의 비참을 발견하기 시작했다면 그것은 여러분에게 긍휼을 베푸시는 하나님의 행사의 시작을 알리는 표증입니다. 긍휼의 역사는 시작되었습니다.

평강은 오직 그리스도 안에 있습니다. 믿음으로 그리스도의 안식에 이르십시오. 영혼이 그리스도께 나아가는 믿음을 온전히 이해하는 일은 우리 생애에 있어 가장 큰 과제입니다.

그리스도 안에 오래 있었음에도 불구하고 여전히 고통 가운데 있는 분들에게 권고의 말씀을 드리겠습니다. 저는 여러분 중 상당수가 그러한 경우에 해당될 것이라고 짐작합니다.

여러분에게 묻겠습니다. 죄에 대한 각성을 처음 받은 이후 지금까지 여러분은 그리스도와의 친밀한 관계를 유지해 왔다고 생각하십니까? 여러분은 그리스도인답게 살아가려고 애를 쓰셨습니까? 만약 그렇지 않다면 여러분의 상처가 여전히 피를 흘리고 있는 것은 이상한 일이 아닙니다. 여러분의 영혼이 평안과 멀리 떨어져 있는 것을 의아해 하지 마십시오. 하지만 만일 여러분이 그리스도와의 교제를 위해 힘써 왔음에도 불구하고 평안을 느끼지 못한다면 그 고통은 여러분의 천성적 기질로부터 나오는 것으로 의심해 볼 만 합니다. 보다 우울한 감성을 지닌 사람이라면 충분히 그럴 수 있습니다. 만약 그렇다면 사탄에게 그것은 여러분의 영혼이 더욱 개선되지 못하도록 막는 방편으로 사용될 수 있습니다.

여러분은 의롭다하심을 받을만한 믿음의 본질에 대해서 더 깊이 알아가야 할 사람들입니다. 여러분이 그 본질이 말하는 요점을 상기하지 않는다면 여러분이 처한 고통의 기간은 더욱 연장될 수밖에 없습니다. 여러 신앙의 의무들을 행하는 것으로 그 본질을 간과하는 오류를 범하지 말아야 합니다.

여러분이 제가 말씀드린 두 가지의 경우 중 어디에 해당 되든지 간에, 여러분이 죄를 부끄러워하게 되었다는 것을 더 감사히 여기십시오. 가리어진 눈으로 아무것도 분별하지 못한 채 누리는 평안은 그 자체로 위험천만한 것입니다. 주님의 성령을 근심시키느니 차라리 고통을 당하는 길을 택하십시오. 그리고 아뢰십시오. 고통 가운데 있으면서 죄를 짓지 않도록 해주시고, 믿음의 길에 하나님을 바라며, 끝까지 죄에 대한 민감한 심령을 견지할 수 있도록 해주시길 간구하십시오. 위대한 의사이신 그리스도께서 여러분의 상처를 낫게 하실 것입니다.

예수 그리스도로 말미암아 하나님께 감사하리로다.

11장

그리스도의 긍휼

"우리 조상을 긍휼히 여기시며 그 거룩한 언약을 기억하셨으니"

_눅 1:72

이 성경 본문은 밝은 별과 같이 그리스도의 선구자로 앞서 사람들에게 나타날 요한에 대한 사가랴의 예언의 말씀입니다. 사가랴는 자신의 불신앙 때문에 벙어리가 되었다가 다시 하나님께서 그 혀를 풀어주셨을 때 한 첫 번째 예언의 부분입니다. 사가랴는 풀어진 혀로 예수 그리스도로 말미암은 하나님의 풍성하신 긍휼을 선포하였습니다. 이제 그의 혀가 풀어져 자유롭게 온 세계를 향하여 예수 그리스도로 말미암은 하나님의 풍성하신 말로 할 수 없는 긍휼을 선포하게 되었습니다. 이 예언의 말씀은 하나님의 찬탄할 만한 긍휼, 곧 그리스도로 말미암은 구속(救贖)의 역사를 중심에 둔 찬미의 노래입니다. 우리는 본문에서 대가 없이 주시겠다고 약속하신 하나님의 긍휼과 그 약속을 신실하게 이루시는 하나님을 발견할 수 있습니다.

그 긍휼의 약속은 창세전부터 하나님 아버지께서 대가 없이 베푸시겠다고 제안하신 것입니다. 이후 그 약속은 이어지는 세대 속에서 조상들에게 거듭 반복적으로 언약되었습니다. 그 긍휼은 바로 예수 그리스도십니다.

"우리를 위하여 구원의 뿔을 그 종 다윗의 집에 일으키셨으니"(눅 1:69).

이 긍휼에 대한 약속은 모든 피조물에게 대가 없이 주어진 은총입니다. 그 은총은 받을 자격이 없는 피조물에게 뿐만 아니라, 은총과는 정반대의 것을 받아야 마땅한 존재에게도 주어진 것입니다. 타락한 사람뿐만 아니라 무지한 사람도 은총을 받을 만한 자격이 없는 것은 매 한 가지 입니다. 물론 타락한 자들은 사실 은총은 커녕 하나님의 진노를 받아 마땅한 자들입니다. 그러나 하나님께서는 무지한 자들과 타락한 자들에게 모두 은총을 베푸셨습니다. 긍휼은 이러한 차원에서 받아들여져야 합니다.

모든 피조물의 영혼에 있어서 주도적이고 우선적인 은총은 하나 밖에 없습니다. 그 은총은 바로 그리스도십니다. 그리스도는 긍휼의 장자(長子)이십니다. 다른 모든 긍휼에 대한 근원이십니다. 그리스도가 없이는 단 한 방울의 긍휼도 사람들의 영혼에 흘러 들어갈 수 없습니다. 가련한 죄인들을 향해 쏟으시는 하나님의 긍휼의 모든 자애로우신 내용이 다 그분 속에 들어있기 때문입니다. 그분은 아담에게 처음 주어진 '약속된 긍휼'이십니다(창 3:15). 그 약속은 이후 아브라함에게, 또 다윗에게 확인 되었습니다. 본문이 말하고 있듯이 여러 세대의 조상들에게 그 약속이 자주 되풀이 강조되었습니다.

또 말씀은 "그 거룩한 언약을 기억하셨으니"라는 말로 신실한 긍휼의 성취를 나타내고 있습니다. 이는 하나님의 미쁘심에 따라 이행되는 약속의 성취입니다. 긍휼 중의 긍휼이신 예수 그리스도에 대한 신실한 약속의 성취인 것입니다.

그리스도는 값으로 따질 수 없이 무한한 가치를 지닌 '긍휼'이십니다. 죄인들을 향하신 하나님의 가장 값진 긍휼의 열매이신 것입니다. 하나님의 긍휼은 실로 무한합니다. 모든 것은 하나님의 긍휼로부터 출발합니다. 긍휼로 세상을 만드시고, 우리를 지으시고, 필요한 모든 것을 주셨습니다. 이 모든 것은 하나님께서 대가 없이 베풀어 주신 은혜의 선물들입니다. 그 중 최고의 선물은 그리스도십니다. 그리스도에 비하면 다른 모든 긍휼들은 그 숨에서 나온 열매이며, 흘러나온 물줄기들입니다. 하나님의 모든 긍휼은 다 그리스도 안에 있습니다(눅 1:78). 긍휼하신 하나님의 심정이 다 그리스도 안에 있는 것입니다.

그리스도께서 긍휼 자체이신 또 다른 이유는, 하나님의 긍휼은 그리스도를 통해서 죄인들에게 전달되기 때문입니다(요 3:16 ; 골 2:3 ; 엡 4:7). 그리스도께서는 하나님과 죄인들을 연결하시는 은혜의 통로이십니다. 하나님께로부터 나오는 긍휼의 물줄기가 그리스도를 통해 우리에게 전달되는 것입니다. 따라서 그리스도를 떠나서 긍휼을 기대하는 것은 허망한 일이 아닐 수 없습니다. 하나님의 구원하시는 한 방울의 긍휼도 이 통로를 떠나서는 흘러가지 못합니다.

그리스도는 또한 모든 긍휼의 원천이십니다. 모든 긍휼들이 가지는 본질과 가치는 긍휼의 샘이신 그리스도로부터 받습니다. 그러므로 그리스도로부터 파생되지 않은 긍휼은 아무런 의미가 없습니다(잠 1:32). 여러분의 관점에서 존귀한 긍휼로 여겨지는 것이라 할지라도 그것이 그리스도와 함께 하지 않는다면 어떠한 의미도 가지지 못합니다. 어떤 사람에게도 그 자체로는 위안이나 은택이 되지 못하는 것입니다.

또한 모든 긍휼은 그 본질 뿐 아니라 가치에 있어서도 그리스도께 의존되어 있습니다. 그리스도로부터 비롯되지 않은 긍휼은 아무런 가치를 지니지 못합니다. 세상에서 얻는 명예나 성공을 보십시오. 그것이 영혼의 영원한 결과에 무슨 유익이 되겠습니까!

모든 긍휼의 풍미 또한 그러합니다. 그리스도 밖에 있는 사람들은 본질의 맛만을 느낄 뿐 영적인 것의 맛을 느낄 수가 없습니다. 본질의 맛 뿐만 아니라 그리스도의 언약을 초자연적인 단맛으로 느끼는 사람들은 신자들 뿐입니다. 어떤 사람들은 매일 먹는 일용한 양식에서 다른 이들이 주님의 성만찬에서 느끼는 것 보다 더 신령한 단맛을 느끼기도 합니다. 그러니 그런 이들은 일상의 식탁에서마저 몸과 영혼을 채우는 양식의 긍휼을 누리게 되는 것입니다.

긍휼은 그리스도로 말미암아 영구히 지속되는 가치를 지니게 됩니다. 그리스도 안에 있지 않는 사람이 세상에서 누릴 수 있는 긍휼을 평생 동안 붙잡았다 할지라도 그것은 거기까지 입니다. 그가 죽은 후 그에게는 한 방울의 긍휼도 남아있지 않습니다. 그러나 성도들이 그리스도 안에서 누리는 긍휼은 영원토록 지속됩니다. 그들에게 있어서 지상에서의 긍휼의 끝은 하늘의 영원한 긍휼의 시작입니다. 긍휼은 경우에 따라 이처럼 두 가지 모습을 취합니다. 하나는 완전함이요, 또 하나는 끊어지는 것으로 말입니다.

그리스도께서는 그 어떠한 자격도 없는 우리에게 값없이 베풀어지신 긍휼이십니다. 그리스도는 가장 귀한 하나님의 선물인 것입니다(요 4:10). 하나님께서는 우리와 원수 되었을 때에 그리스도를 내어주심으로 그 선물이 얼마나 놀라운 은혜로 베풀어진 것인지를 보여주셨습니다(롬 5:8). 그 긍휼에는 어떠한 조건이나 대가도 존재하지 않습니다. 하나님께서는 긍휼을 받을 만한 자격이 없는 자들, 아니 오히려 그 정반대의 것을 받아 마땅한 자들에게 긍휼을 주셨습니다. 한 없는 자애로우심으로 말입니다(요 3:16).

그리스도께서는 죄인들의 부족함이나 소원 모두를 채워주기에 충분하신 능력의 긍휼이십니다. 그리스도로 말미암아 하나님의 공의가 만족을 얻고, 우리 영혼은 모든 필요한 것들을 공급받습니다. 어느모로 보나 그리스도께서는 긍휼의 완성이십니다. 그분 안에 모든 종류의 긍휼이 다 들어있는 것입니다.

"아버지께서는 모든 충만으로 예수 안에 거하게 하시고"(골 1:19).

하나님께서는 지혜로 그리스도의 성육신의 가장 적합한 때를 정해 놓으셨습니다. 또 개개인의 영혼에 그리스도의 은택을 적용하실 가장 적당한 때를 정하셨습니다. 그리스도는 가련한 영혼이 곤고하고 길을 잃어 모든 것을 포기하고 멸망만을 기다리고 있는 그때에 오십니다. 우리의 때에 맞게 하나님께서 그리스도를 '긍휼'로 주시는 것입니다(롬 6:5-6). 모든 하나님의 일이 때에 맞게 이루어지지만 구원을 위해 그리스도를 주실 때처럼 정확한 때에 맞게 이루어지는 일은 없을 것입니다.

주린 영혼에게 있어서 그리스도는 떡이십니다. 성경은 그리스도를 가리켜 '생명의 떡'이라고 말합니다(요 6:40). 목마른 영혼에게 그리스도는 '생명의 물'입니다(요 7:37). 또한 그리스도는 포로로 잡힌 자를 위한 속전이시며(마 20:28), 벌거벗은 자의 의복이십니다(롬 13:14). 죄인의 영혼에게 있어서 그리스도처럼 필요한 것은 없습니다. 우리 영혼의 생명이 예수 그리스도께 달려 있는 것입니다.

우리는 '당신 안에 나의 모든 샘 근원이 있나이다'라고 고백할 수밖에 없습니다. 우리의 구속하심, 의롭다 하심, 거룩하게 하심, 그리고 성령으로부터 흘러 넘치는 평강과 기쁨 모두가 다 그리스도로부터 나오는 것이기 때문입니다. 장차 올 내세의 복락이 다 그리스도 안에 있습니다.

"그 날에 죄와 더러움을 씻는 샘이 다윗의 족속과 예루살렘 주민을 위하여 열리리라"(슥 13:1).

그리스도로 충만한 사람은 그 어느 것에도 부족함을 느끼지 않습니다.

"내가 너희 중에서 예수 그리스도와 그가 십자가에 못 박히신 것 외에는 아무것도 알지 아니하기로 작정하였음이라"(고전 2:2).

영혼의 광대한 소욕을 채우실 분은 오직 그리스도 한 분이십니다. 그 분은 영혼의 안식이십니다. 외적인 조건에 있어서 아무리 풍성하고 충만함을 가진 자라 할지라도 그리스도께 나오기 전에는 어떠한 만족도 느낄 수가 없습니다. 그리스도께 나아가지 않는 한, 안식 없는 영혼의 공허한 몸부림은 멈출 수가 없습니다.

어떤 이들은 그리스도의 구속을 전 세계에 일반적으로 적용되는 것으로 말합니다. 그러나 복음은 그리스도를 믿는 사람들에게만 국한된 것입니다. 성경이 그들을 '소유된 백성'이라고 말하고 있지 않습니까?(벧 2:9) 물론 그리스도를 믿으라는 복음의 제안은 보편적으로 주어지는 것이지만, 복음을 들은 그들 모두가 그리스도께 나오는 것은 아닙니다(사 53:1).

우리는 하나님과 원수 되었던 자들이 아닙니까? 또 죄와 사탄에 팔려 율법의 정죄를 받은 자들이 아닙니까? 우리는 길을 잃고 죄 가운데 방황하던 자들이었습니다. 그러나 그리스도께서 우리의 화평이 되셨습니다. 그리스도께서 우리를 구속하셨고 그리스도께서 우리의 의가 되셨습니다. 우리의 죄와 부정한 것을 모두 씻으신 샘이신 그분이 말입니다. 죄인에게 있어 그분처럼 합당한 분이 누구입니까? 곤비한 자에게 그분처럼 합당한 안식이 어디 있습니까?

그리스도의 긍휼은 정말 놀랍고 기이하지 않습니까? 그분은 정말 기묘하신 분이십니다.

"크도다 경건의 비밀이여, 그렇지 않다 하는 이 없도다 그는 육신으로 나타난 바 되시고…"(딤전 3:16)

그분의 낮아지심은 또 어떠합니까!

"그는 근본 하나님의 본체시나 하나님과 동등됨을 취할 것으로 여기지 아니하시고"(빌 2:6).

그분의 구속의 사랑은 정말 놀랍지 않습니까? 어찌 우리가 그분을 영원토록 찬탄해 마지 않을 수 있단 말입니까!

무엇과 그리스도를 비교할 수 있겠습니까? 하늘과 땅에서 그분과 동등될 자가 없습니다. 그분 앞에 모든 것은 태양 빛 아래 촛불과 같습니다. 그리스도의 가장 작은 것이라도 세상에서 가장 큰 것보다 탁월합니다. 그리스도의 책망이 세상의 즐거움보다 낫습니다(히 11:25). 세상이 주는 것 같은 모든 평안과 위로, 기쁨들을 다 합쳐 보십시오. 그분을 당해낼 수 없을 것입니다. 하늘에 그리스도께서 안계시면 하늘이 무슨 의미가 있단 말입니까?

"하늘에서는 주 외에 누가 내게 있으리요?"(시 73:25)

만일 그리스도께서 성도들에게 말씀하시기를, '너희는 하늘에 있으라 나는 여기서 떠나겠다'라고 하신다면 어떻게 되겠습니까?

누가 그리스도의 기이함을 표현할 수 있겠습니까?(잠 30:4) 누가 그리스도의 풍성함을 측량할 수 있겠습니까?(엡 3:8) 그리스도와 그리스도의 사랑을 연구하는 영혼들은 결단코 지루해 할 수 없을 것입니다. 새로운 놀라움이 영원토록 우러나올 것이기 때문입니다. 천사의 총명도 그 그리스도의 풍성의 깊이에는 도달 할 수 없습니다.

모든 것은 끝이 있습니다. 때가 차면 기울어지고, 때가 되면 사그러듭니다. 그러나 그리스도는 '영원한 긍휼'이십니다.

"예수 그리스도는 어제나 오늘이나 영원토록 동일하시니라"(히 13:8).

그리스도의 은혜는 언제까지나 떨어지지 않는 은혜입니다(요 4:14). 모든 피조물은 꽃과 같습니다. 꽃은 피었다가도 어느새 시들어버립니다. 그러나 샤론의 수선화요 골짜기의 백합화 되신 그리스도의 은혜는 결단코 시들지 아니할 것입니다.

그리스도를 주시겠다는 하나님의 은혜의 약속은 정확히 이루어졌습니다. 하나님께서 그 약속을 분명하게 실행하신 것입니다. 그리스도께서 육체로 오신 일은 환영(幻影)이 아닙니다. 그것은 명백한 사실입니다.

"태초부터 있는 생명의 말씀에 관하여는 우리가 들은 바요 눈으로 본 바요 자세히 보고 우리의 손으로 만진 바라"(요일 1:1).

이는 그리스도를 증거하는 자들 뿐만 아니라, 이교도의 저술가들도 증거하고 있습니다. 그들은 로마인과 유대인들이었습니다. 수에토니어스나 타키투스나, 풀리니어스나, 고대 유대인 연구 요세프스도 인정하는 바입니다.

하나님께서는 우리의 조상들에게 약속하신 그대로, 아주 미세한 부분에까지 정확하게 약속을 이루셨습니다. 그리스도의 인격과 품격은 하나님께서 예고하신 그대로 주어졌습니다. 우리는 성경의 여러 부분에서 장차 오실 그리스도의 본질과 탄생, 그리고 죽음과 부활하심 등, 그리스도의 모든 부분에 관한 예언들을 발견할 수 있습니다. 또 그 예언들이 모두 성취되었다는 것을 알 수 있습니다.

미가 5:2의 말씀은 측량할 수 없는 영원한 그리스도의 본질을 예언하였습니다.

"이스라엘을 다스릴 자가 네게서 내게로 나올 것이라 그의 근본은 상고에, 영원에 있느니라"(미 5:2).

이 예고는 그리스도 자신이 확증하신 바입니다.

"나는 처음이요 마지막이니 곧 살아있는 자라"(계 1:17).

"아브라함이 나기 전부터 내가 있느니라"(요 8:58).

또한 신성과 인성의 연합이신 그리스도에 대해서 예언 하였으며 사람을 당신의 동료라고 하신 예언도 이루어졌습니다(시 55:13). 다니엘 9:24은 그리스도의 흠 없는 순결과 거룩을 예언하였으며, 신명기 18:15에서는 그리스도의 선지자직에 대한 예언이 기록되어 있습니다. 또 그리스도의 제사의 직분과(시 110:4) 왕으로서의 직무(미 5:2)가 예언되었습니다.

성경은 그리스도의 본질 뿐 아니라 그리스도께서 나신 시점과 장소까지 상세하게 예언하고 있습니다. 그리고 그 예언은 정확하게 이루어졌습니다.

왕의 홀이 유다 지파로부터 떠날 때 그리스도께서 오실 거라는 예언은 그리스도께서 어둠의 사람 헤롯이 왕이 될 때 태어나심으로 이루어졌습니다. 또 그리스도의 탄생의 시기에 관한 예언은 학개 2:7,9와 말라기 3:1에 기록되어 있습니다. 곧 두 번째 성전이 서있는 동안 그리스도께 오실거라는 예언을 하고 있는 것입니다. 사람들은 이 예언을 통해 그 때에 그리스도께서 오신다는 기대감을 가지고 있었습니다(요 1:19). 그리스도는 그때 오셨습니다.

미가 5:2에는 에브라다 베들레헴에서 그리스도께서 나실 것을 예언하였습니다. 그 예언은 그대로 이루어졌습니다(마 2:5,6). 스가랴 6:12절 말씀 "보라 싹이라 이름하는 사람이 자기 곳에서 돋아나서"에서 사용된 넷쳐 (Netzer)라는 단어는 '나사렛 사람'이라는 말을 파생시켰습니다. 나사렛은 우리 주님께서 자라셨습니다(마 2:23).

그리스도께서 처녀에게서 나실 것이라는 예언(사 7:14) 역시 그대로 성취되었습니다(마 1:20-23).

또 그리스도의 지파가 유다일 것이라는 예언(창 49:9,10)도 그대로 이루어 졌습니다(히 7:14).

말라기 4:5-6에는 그리스도도보다 앞서 사람들에게 나타나날 선구자를 예언하고 있습니다. 그 예언은 세례 요한을 통해 성취되었습니다(눅 1:16,17).

이사야 53:1,2, 그리고 스가랴 9:9은 그리스도의 출생이 보잘 것 없어 보일 것이라고 예언합니다. 말씀처럼 그리스도의 탄생은 그러하였습니다(눅 2:12).

그리스도의 교리와 이적들 역시 예고 된 바입니다(사 16:1,2 ; 35:4,5). 모든 복음서 기자들의 역사적인 증언으로 그것이 모두 성취되었음이 드러나 있습니다.

선지자들은 그리스도의 죽음에 말하였습니다.

"예순 두 이레 후에 기름 부음을 받은 자가 끊어져 없어질 것이며…"(단 9:26).

"그가 찔림은 우리의 허물 때문이요"(사 53:5).

선지자들의 예언은 모두 이루어졌습니다(요 11:50).

광야의 놋 뱀의 형상은 그리스도의 죽으심을 모형으로 나타냈습니다. 그리스도는 십자가에서 죽으셨습니다(요 3:14).

이사야 53:9에서는 그리스도께서 부자의 묘실에 장사되실 것을 예언하였습니다. 역시 그대로 성취 되었습니다(마 27:59).

3일간 물고기 뱃속에 있다가 나온 요나는 죽은 자 가운데서 부활하실 그리스도의 모형입니다. 그리스도는 사망 가운데 계시다가 제3일에 부활하셨습니다.

이사야 49:6에는 그리스도의 복음이 이방의 섬들까지 전파될 것이라고 예언하였습니다. 우리가 바로 그 예언의 증인들입니다.

하나님께서 약속하신 긍휼, 곧 긍휼이신 그리스도에 대한 약속은 모두 성취되었습니다.

그러니 우리가 긍휼의 약속을 성취하시기 위해 하나님께서 우리에게 주신 그리스도를 떠나서 긍휼을 생각한다는 것은 있을 수 없는 일입니다. 하나님께서는 우리에게 베푸실 긍휼을 중개하실 중보자로 그리스도 외에 다른 이를 보내신 일이 없기 때문입니다.

병상에 누워있는 많은 사람들은 자비하시고 긍휼에 풍성하신 하나님을 생각하며 자신들을 위로합니다. 하나님께서 자비하시다는 것은 물론 사실입니다. 그분의 자비하심은 하늘보다 높습니다. 그러나 하나님의 모든 자비와 긍휼은 그리스도 안에 있습니다. 죄인들의 위로와 구원이 될 하나님의 긍휼하심 모두가 그리스도 안에 있는 것입니다. 그리스도를 떠나서는 죄인들의 영혼을 구원하실 하나님의 자비 중 단 한 방울의 긍휼도 찾을 수가 없습니다.

혹, 여러분 중 이스마엘이 잠시 세상에서 누린 여러가지 긍휼을 생각하는 분이 계십니까?(창 17:20,21) 물론 하나님께서는 그러한 풍족함을 허락하실 수 있습니다. 하지만 그것이 여러분의 영혼의 만족이 되겠습니까? 세상의 풍족함이 하나님의 구원하시는 긍휼을 대신해도 괜찮은 것입니까? 많은 사람들이 그리스도를 통하지 않고는 하나님의 언약을 누릴 수 없다는 사실을 매우 불편한 것으로 여깁니다. 그리스도 밖에서는 어떠한 자비하심도 기대할 수 없다는 것을 말입니다. 하지만 이것은 피할 수 없는 사실입니다. 이 점에서 여러분 자신을 속이지 마십시오. 그리스도와 연합하지 않고는 여러분의 죄책과 죄의 오염은 결코 제거 되지 않습니다.

그럼에도 불구하고 여러분 중에 여전히 이렇게 말하고 싶은 분들이 계실지 모르겠습니다.

'하나님 앞에서 내 죄를 회개하고, 나의 모든 악행에 대한 보응을 달게 받으며, 하나님의 계명을 지키려고 애를 쓰면서, 다시는 죄를 짓지 않겠다는 강한 결심과 서약을 하나님께 하며 울부짖으면 되지 않겠는가?'

여러분은 그러한 시도들이 하나님의 긍휼을 얻어낼 수 있는 공덕이 된다고 생각하십니까? 결코 그렇지 않습니다.

율법은 그야말로 완전무결한 만족을 요구합니다. 율법은 아주 미세한 부족함도 허용하지 않습니다. 율법 요구를 만족시켜 그 정죄의 사슬에 풀려날 수 있는 영혼은 없습니다. 율법은 여러분을 결코 인정하지 않을 것입니다. 여러분이 흘리는 죄에 대해 애통해 하는 눈물의 양이 인류가 창세부터 지금까지 흘린 모든 눈물의 양만큼 된다고 할지라도, 여러분이 지은 단 한 가지 죄의 용서에 대한 값도 되지 못할 것입니다.

여러분이 회개하려고 하십니까? 그러나 그리스도를 통하지 않은 여러분의 회개는 결코 하나님께 열납되지 않습니다.

있는 힘을 다해 하나님의 계명에 순종하겠다는 결심을 하셨습니까? 그리스도께서는 이렇게 말씀하십니다.

"내가 너희에게 이르노니 너희 의가 서기관과 바리새인보다도 낫지 못하면 결코 천국에 들어가지 못하리라"(마 5:20).

여러분이 깊은 후회와 뉘우침을 가지는 것 역시도 마찬가지입니다. 가롯 유다를 보십시오. 그는 후회하고 뉘우쳤을 뿐만 아니라, 자신의 죄를 스스로 처결하였습니다. 하나님께서 그의 뉘우침을 받으셨을거라 생각하십니까? 그렇지 않습니다. 여러분이 후회하고 뉘우치고, 심지어 죄에 대한 보응을 달게 받거나 스스로 결행한다고 해도, 하나님은 이를 인정하시지 않으실 것입니다. 죄사함은 여러분의 행사가 아니라 하나님의 행사입니다. 죄책의 사슬에서 양심을 풀어내시는 분은 하나님이십니다.

하나님은 공의로운 재판관이십니다. 율법의 정당한 선고는 번복되지 않을 것입니다. 여러분이 울부짖으며 긍휼을 베풀어주십사 애원한다고 해도 말입니다. 하나님 앞에서 전심을 다해 율법을 지킬것이라고 서약하려고 하십니까? 여러분이 어떠한 결심으로 서약한다고 해도 그 서약은 지켜질 수 없을 것입니다. 아니 서약을 지켰다고 합시다. 그렇다면 과거에 지은 죄에 대한 하나님의 진노는 무슨 수로 무마시키려 하십니까? 율법의 공의는 완전히 만족되어야 합니다. 그러하기 전까지 사죄란 없습니다(롬 3:25, 26).

오, 여러분, 그리스도 안에 있음으로, 그리스도께서 공의를 만족시킨 효력에 참여하지 않고는 하나님의 공의를 만족시킬 수 없습니다. 그리스도 밖에서 여러분이 어떠한 행위를 한다고 해도 말입니다. 여러분이 그리스도 밖에 있는 한, 긍휼은 기대하지 말아야 합니다.

그리스도의 긍휼이 아니라면 결코 만족하지 마십시오. 세상의 좋은 것들로 여러분의 외적인 삶이 풍족하다고 할지라도 말입니다. 그러한 것들을 풍족히 누린다 한들 여러분의 영혼에 무슨 유익이 있겠습니까?(욥 21:7-11 ; 시 17:10, 73:3, 12) 정죄 받아 멸망할 영혼에게 그러한 것들이 무슨 위로가 되겠습니까?(요 3:18) 여러분들이 누리는 세상의 것들 속에 무슨 거룩함이 있습니까? 그것으로 무슨 거룩함을 입겠냐는 말입니다(시 37:16 ; 잠 10:22). 거룩함에 들지 못하는 수 천 가지의 것들이 신령한 위로 한 방울에 미치지 못할 것입니다. 세상에서 누리는 모든 것들은 죽음과 함께 사라지고 맙니다.

여러분은 반드시 죽을 것입니다. 그렇다면 지금까지 수고하여 얻은 모든 것들은 누구의 것이란 말입니까? 큰 이름을 남기는 것은 의미 있는 일이 아닌가라는 생각일랑은 아예 하지 마십시오. 후세에 빛나는 이름을 남긴 자가 지금 현재 지옥의 고통을 받고 있다는 사실을 생각해 보십시오. 그것처럼 을씨년스러운 일은 없을 것입니다. 여러분이 세상에서 누린 풍요가 클수록 지옥의 고통은 더욱 참아내기 힘들 것입니다. 지상에서의 즐거움은 지옥에서의 고통을 가중시키는 경향을 가지고 있습니다. 그것이 죄의 도구로 사용되었다면 말입니다. 그 즐거움이 사람들의 영혼을 저주 가운데로 인도하는 성향을 가지고 있다는 것을 왜 모르십니까?

"어리석은 석은 자의 퇴보는 자기를 죽이며 미련한 자의 안일은 자기를 멸망시키려니와"(잠 1:32).

여러분은 세상의 것이 아닌 하늘의 것으로 만족하는 법을 배워야 합니다. 세상 사람들이 지상에서 대단한 집들을 가지고 있을 모르지만, 여러분은 "손으로 짓지 아니한 하늘에 있는 영원한 집"을 가지고 있지 않습니까!(고후 5:1) 여러분은 값 비싼 세상의 옷이 아닌 그리스도의 희고 깨끗한 의의 두루마기를 입고 있지 않습니까!

"내가 여호와로 말미암아 크게 기뻐하며 내 영혼이 나의 하나님으로 말미암아 즐거워하리니 이는 그가 구원의 옷을 내게 입히시며 공의의 겉옷을 내게 더하심이 신랑이 사모를 쓰며 신부가 자기 보석으로 단장함 같게 하셨음이라"(사 61:10).

풍성한 식탁과 두둑한 지갑과 드넓은 땅을 가지고 있으면서도 그리스도를 모시고 있지 않은 사람들을 부러워하지 마십시오. 그들은 불쌍히 여겨야 할 자들입니다. 짚더미 안에서 뒹굴며 배불리 먹고 살진 황소가 배고픈

집 고양이보다 비참하지 않습니까? 여러분이 당한 궁핍과 곤궁이 여러분을 거룩하게 하는 유익으로 인도하고 있다면 불평하지 마십시오.

하나님께서는 여러분에게 그리스도를 주시지 않으셨습니까? 그 이름은 곧 긍휼이 아닙니까? 낙담한 죄인들이여, 용기를 잃지 말고 믿음을 고수하십시오. 여러분이 그분께 나아가고 있다면, 그분이 여러분에게 긍휼이 되실 것입니다. 그분은 결코 상한 마음을 가지고 당신께 나아가는 여러분을 물리치시지 않을 것입니다. 만약 그러하신다면 그것은 그 이름과 성품에 위배되는 일입니다. 그분은 죄인 중 괴수라도 받으시고 용서하시는 분이십니다(딤전 1:15 ; 고전 6:11). 가장 악한 자들이 그리스도의 피 뿌리심으로 깨끗함을 입었습니다(행 2:37-38). 주께서 수고하고 무거운 모든 죄인들을 부르시고 있지 않습니까.

"누구든지 목마르거든 내게로 와서 마시라"(요 7:37).

순교자 빌레니(Bileney)는 이런 설교를 들었습니다.

'평생 마귀를 섬겨온 늙은 죄인들이여, 그리스도께서 지금도 그대들을 부르고 계신다는 사실을 아는가?'

그리스도께서는 모든 죄인들을 구원할 충분한 공로와 긍휼을 가지고 계십니다. 당신께 나오는 죄인들, 그들 중 가장 비열한 자가 있더라도 그들 모두가 그 공로와 긍휼을 힘입을 것입니다. 그분은 아무도 꾸짖지 아니하실 것입니다(겔 18:22). 또 어떠한 영혼도 꾸짖지 아니하실 것입니다(사 13:3). 그리스도께 나아가지 않는 것보다 그리스도를 슬프게 하는 것은 없습니다(요 5:40). 죄인들에게 긍휼을 베푸시려고 그분은 지금도 기다리고 계십니다(롬 10:21 ; 마 23:37). 그분께 있어서 죄인들에게 긍휼을 베푸시는 것은 가장 큰 기쁨입니다(눅 15:5,6).

포기하지 마십시오. 스스로 긍휼을 받을 없는 자로 여기지 마십시오. 여러분의 자신의 기준으로 하나님을 측량하는 잘못을 범하지 마십시오.

"사람이 그의 원수를 만나면 그를 평안히 가게 하겠느냐"(삼상 24:19).

그렇습니다. 여러분은 그렇게 하지 않을 것입니다. 그러나 하나님께서는 복종하는 원수를 평안히 가게 하시는 분이십니다. 예수 그리스도께 나아가십시오. 그리고 그분을 시험해 보십시오. 그분이 어떠한 분이신지 알아보십시오.

너무 늦었다고 생각하지 마십시오. 판단하실 분은 하나님께 속한 일입니다. 그것은 하나님의 생명책에 기록된 비밀입니다. 여러분은 그것을 판단할 수 없습니다. 여러분이 죄로 인한 곤고함을 느끼고 있다면 아직 늦은 것이 아닙니다.

여러분 중 어떤 분들은 너무 오래 기다렸는데도 불구하고 긍휼이 오지 않았다고 생각할지 모르겠습니다. 물론 그러할 수 있습니다. 하지만 긍휼이 임하지 않은 것이 아니라 여러분이 긍휼을 보지 못한 것일 수도 있습니다. 겸손과 믿음의 길에 여러분이 서있다면, 분명 그 긍휼과 만나게 될 것입니다.

하나님께서 조상들에게 약속하신 긍휼의 언약은 위대한 긍휼이신 그리스도를 보내주심으로 말미암아 이루어졌습니다. 그런 하나님께서 그리스도의 긍휼 보다 아래에 있는 긍휼을 이행하시지 않으시겠습니까? 아들이신 그리스도를 내어주신 하나님께서 일용할 양식을 주시지 않으시겠습니까? 몸과 영혼이 필요로 하는 모든 것을 주시지 않으시겠습니까? 여러분 중 어느 누구도 세상을 사기 위해 가룟 유다처럼 영혼을 포기하는 흥정을 하는 이가 없기를 바랍니다.

긍휼의 긍휼이신 예수 그리스도로 말미암아 하나님을 찬미하리로다!

12장

그리스도의 호칭으로부터 이끌어 낸 일반적 권면

"그 전체가 사랑스럽구나…"

_아 5:16

아가서에는 예루살렘의 딸들이 한 여인에게 '너의 사랑하는 자가 다른 이보다 나은 것이 무엇인가?'라는 질문을 던졌습니다. 그 여인은 다음 이어지는 구절 속에서 자기의 사랑하는 남자의 탁월성을 역설하고 있습니다.

"내 사랑하는 자는…많은 사람 가운데에 뛰어나구나"(10절).

여인은 16절까지 자신의 사랑하는 자의 구체적인 탁월함을 국면을 열거합니다. 16절에서 그에 내한 잔사를 이렇게 마무리 짓습니다.

"그 전체가 사랑스럽구나"

여러분이 알고 있는 바와 같이 이는 예수 그리스도의 초월적 사랑스러움을 표방하는 것입니다.

여인이 사랑하는 주인공은 바로 주 예수 그리스도이십니다. 그녀는 그리스도를 갈망하고 사랑함으로 병이 났습니다. 예루살렘 딸들은 그런 그녀에

게 의구심을 가졌던 것입니다. 그녀는 그들에게 그리스도에 대한 상세한 탁월함을 아주 상세히 묘사해야만 했습니다.

여인 먼저 그분을 사랑스럽고 간절히 바라고 탐하고 갈망하고 감탄할 만한 분으로 묘사하고 있습니다. 그리스도께 모든 즐거움과 유쾌함의 진수 자체이며, 모든 강물의 물줄기가 흘러들어가는 대양이시라는 것을 말하고 싶었던 것입니다.

그녀가 표현한 방식대로 그리스도는 모든 면에서, 모든 부분이 사랑스러운 분이십니다. 마치 그녀는 그들에게 이렇게 말하고 있는 것 같습니다.

'너희가 알고자 하는 국면에서 그분을 자세히 살펴보라. 시선을 집중하고 너희들이 원하는 방식으로 그분을 살펴보라. 그분의 인격, 직무, 행사들, 그분이 가진 모든 것을 관찰하여 보라. 너희는 그분이 얼마나 전적으로 사랑스러운 분이신지 알게 될 것이다.'

예수 그리스도께서는 모든 영혼들이 시선을 집중할만큼 가장 사랑스러운 인격을 가지고 계시는 분이십니다.

"왕은 사람들보다 아름다워…"(시 45:2)

이 말씀은 예수 그리스도가 아닌 그 어느 피조물에게도 적용될 수 없는 말씀입니다. 예수 그리스도께서는 '그 전체로 사랑스러운 분'이십니다. 이 탁월한 표현을 먼저 살펴보겠습니다. 이 표현은 곧 예수 그리스도께는 어떠한 사랑스럽지 못한 것도 없음을 말해줍니다. 바타블러스(Vatablus)가 '그분 속에 호감을 주지 못하는 것은 하나도 없다'고 말한 것처럼 말입니다. 예수 그리스도의 완전한 탁월하심은 그 정반대의 속성에 대한 존재의 여지를 완전히 배제시킵니다. 그리스도 안에 있는 탁월하심을 저해할 만한 성질이

나 속성은 그분께 존재하지 않습니다. 이러한 국면으로만 그리스도를 살펴본다고 해도, 그리스도께서는 세상에서 가장 탁월해보이고 사랑스러워 보이는 피조물들을 무한히 능가하시는 분이시라는 것을 알 수 있습니다. 아무리 사랑스러워 보인다 해도 그 속에 혐오를 일으킬만한 성질을 가지고 있지 않은 피조물은 없습니다. 가장 훌륭한 그림이라 해도 결점을 가지고 있으며, 완벽해 보이는 보석도 그 보석을 물고 있는 박(箔)으로 인해 아름다움이 현저히 떨어지기도 합니다. 피조물은 언제 서로 상반되는 요소를 가지고 있기 마련입니다. 유쾌한 속성을 가지고 있다면 반드시 그와 정반대되는 속성, 즉 유쾌하지 못한 속성을 가집니다. 우리 중 누군가가 사람들을 유쾌하게 하는 천성적인 탁월성을 가지고 있다면, 그에게는 사람들을 불쾌하게 만드는 본성적인 부패가 반드시 존재하기 마련인 것입니다. 그러나 '그 전체로 사랑스러우신 그리스도'는 그렇지 않습니다. 그분은 모든 국면에서 순전한 탁월함을 가지고 계시는 분입니다. 단 한 방울 쓸개즙도 떨어진 적이 없는 달콤함의 샘이십니다.

그분은 사랑스러운 것들만 가지고 계십니다. 사랑스럽지 않은 것은 어느 것이라도, 단 하나라도 가지고 계시지 않습니다. 그분 안에 있는 것은 모든 것이 다 사랑스럽습니다. 하나님이 가지신 모든 광채나는 보배로움을 다 가지고 계시기 때문입니다. 누가 그분을 천칭(天秤)에 달아 가치를 매길 수 있다는 말입니까?

"대저 지혜는 진주보다 나으므로 원하는 모든 것을 이에 비교할 수 없음이니라"(잠 8:11).

그리스도께서는 그야말로 모든 사랑스러움의 총합(總合)이십니다. 저마다 그 나름의 영광의 광채를 발산하는 모든 것들이 그리스도 안에 있습니다.

"아버지께서는 모든 충만으로 예수 안에 거하게 하시고"(골 1:19).

피조물들도 나름의 유익과 가치를 지니고 있습니다. 하지만 그리스도처럼 모든 탁월함을 함께 가지고 있는 피조물은 존재하지 않습니다. 그리스도는 주린 자에게 떡이시며, 목마른 자에게 물이시며, 헐벗은 자에게 의복이시며, 상처 받은 이에게 치료자이시지 않습니까? 영혼이 무엇을 구하든지, 구하는 모든 것이 그리스도 한 분 안에 있습니다(고전 1:30).

그러니 그리스도를 대적하거나 그리스도를 떠난다는 것은 그분께서 지니신 모든 사랑스러움과 분리되는 것이 아니면 무엇이겠습니까? 그리스도를 떠나 어떤 사랑스러운 것으로 만족을 누릴 수 있겠습니까? 그리스도를 떠나 최고의 위안이 될 만한 것들을 찾아 보십시오. 설사 찾는다 해도 그것은 고인 웅덩이에 불과합니다. 그리스도를 떠나면 그 웅덩이로부터 여러분이 어느 것을 누린들 사랑스럽겠습니까? 그리스도 밖에서 최고의 위안을 주는 피조물이라 할지라도 그것은 깨어진 항아리에 불과합니다. 그 항아리에 한 방울의 참 위로라도 담아낼 수 있을 것 같습니까? 노을에 비친 피조물의 아름다움은 대체 어디로 사라지는 것입니까? 거울에 비친 미소가 그 거울에 그대로 남아 있을 수 있습니까? 그 모든 것들이 가진 아름다움이란 그리스도 앞에서 지푸라기에 불과합니다.

할 수 있는 한 가장 탁월하다고 생각하는 것들을 그리스도 앞에 모두 가져다 놓아 보십시오. 그리스도께서 그것들이 가진 탁월함과 아름다움을 흡수해 버리실 것입니다.

"그가 만물보다 먼저 계시고"(골 1:17).

사도의 이 표현은 시간적 관점에서의 존재 질서만을 말하고 있는 것은 아닙니다. 본질적인 차원에서의 존엄성과 영광에 있어서 그리스도가 다른 모든 것들을 능가한다는 것을 말하고 있는 것입니다.

피조물들이 가지는 사랑스러움은 지극히 파생적이고 부수적입니다. 그 아름다움 모두가 사랑스러움의 원천이신 그리스도로부터 비롯되어 나온 것이기 때문입니다. 천사들과 사람들, 세상 중에 존재하는 바람직한 것들의 탁월성은 모두 그리스도로부터 받은 것입니다. 샘으로부터 흘러나온 물줄기가 탁월하다면 그 물줄기를 내는 샘은 얼마나 더 그러하겠습니까? 그 샘에서 멀리 떨어질 수록 물줄기가 가진 탁월함은 그만큼 더 감소하지 않겠습니까?

다른 모든 것들의 사랑스러움과 탁월성은 모두가 그리스도의 영광을 위해 부수적으로 존재하는 것들입니다. 그리스도와의 연관성이 없는 한 그것들은 큰 의미를 가질 수 없습니다. 그리스도를 위해 존재할 때만 그것들의 바람직함이 의미가 있는 것입니다.

그리스도의 사랑스러움이 영원토록 항상 새로운 것과는 달리 그것들은 그 자체만으로 지속적인 아름다움과 사랑스러움을 가지지 못합니다. 결국 지고 마는 꽃의 아름다움에 불과한 것입니다.

"장막 줄이 그들에게서 뽑히지 아니하겠느냐 그들은 지혜가 없이 죽느니라"(욥 4:21).

정말 그러합니다. 몸의 천성적 탁월함이나 마음이 부여받은 그 재능, 모든 사랑스러운 특성이나 매력은 잠깐 피었다가 지는 꽃들처럼 말라지고 쇠미해지고 맙니다.

그러나 예수 그리스도는 "어제나 오늘이나 영원토록 동일"하십니다(히 13:8).

피조물이 가지는 아름다움과 거룩함은 사람의 영혼을 위험으로 인도하기도 합니다. 그것의 아름다움이 사람에게 우상이 될 수도 있기 때문입니다. 그럴 경우 사람은 자기에게 부과된 절제의 한계를 벗어나 망령된 행동으로 나아갈 수 있습니다. 그러나 그리스도를 사랑하는 일에는 과도함이란 존재하지 않습니다. 그리스도를 사랑하여 병이 났다면 그때가 가장 건강한 영혼의 상태일 것입니다(아 5:8).

그리스도께 더 가까이 나아가보십시오. 가까이 할수록 더 달콤하고 바람직한 분이라는 것을 알게 될 것입니다. 그러나 피조물의 사랑스러움은 어떠합니까. 더 가까이 그것들에게 다가가 보십시오. 멀리서 바라보았을 때의 아름다움은 찾아보지 못할 것입니다. 그것들은 가까이 할수록 싫증나고 물리는 성질을 가지고 있기 때문입니다.

그 어떤 피조물도 사람의 영혼이 마음껏 활보할 충분한 공간을 제공하지 못합니다. 그것은 마치 배를 돌릴 여유가 없는 좁은 해협과도 같습니다. 사람의 영혼을 만족시키기는 커녕 오히려 더 큰 괴로움을 주는 경우가 얼마나 많은지 모릅니다. 영혼의 광대한 소욕을 채우실 분은 그리스도 한 분 뿐입니다. 그리스도 안에는 영혼을 위한 충분한 공간이 있습니다. 그리스도는 우리의 영혼이 좌초의 염려 없이 얼마든지 마음대로 항해할 만한 광활한 대양이십니다.

그리스도의 인격은 전체로 사랑스럽습니다. 그분의 인격 가운데 신성(神性)이 거하십니다(요 1:14). 그리스도 안에서의 신성과 인성의 놀라운 연합과 완전한 조화는 천사들과 사람들의 감탄과 소망의 대상이 되었습니다(딤전 3:16). 예수 그리스도의 인성이 성령의 모든 은혜와 함께 어떻게 충만함을 입었는지를 생각해 보십시오. 이 점이 그리스도를 어찌나 사랑스럽게 만드는지요!

"하나님이 보내신 이는 하나님의 말씀을 하나니 이는 하나님이 성령을 한량 없이 주심이니라"(요 3:34).

이 점이야말로 그리스도께 모든 피조물들보다 아름다우신 가장 큰 이유입니다(사 45:2). 만일 어떠한 성도 안에 은혜의 작은 분량이 있어 주변의 성도들이 그를 아름답고 바람직한 신자로 여긴다면, 성령의 부요함과 충만함을 충일하게 견지하고 계시는 예수 그리스도께서는 성도들의 눈에 어떤 분으로 보이겠습니까? 이것이야말로 그리스도의 놀라우신 영광을 각인시키는 것이 아니면 무엇이겠습니까?

그분이 가지신 직무의 관함에 있어서도 그리스도께서는 전체로 사랑스러운 분이십니다. 그리스도께서 담당하신 직무를 보십시오. 비참하고 궁핍한 죄인들에게 그리스도의 직무는 얼마나 적합합니까! 하나님께서 그리스도께 분부하신 무한한 지혜를 우리가 어찌 찬탄하지 않을 수 있습니까! 우리는 본질상 눈멀고 무지한 자들이 아닙니까? 우리는 그저 본성의 희미한 빛 속에서 하나님을 찾으려고 더듬어 대는 일밖에는 할 수 없는 자들이 아니었습니까?(행 17:27) 그런 우리에게 예수 그리스도께서 빛이 되셨습니다(사 49:6). 그리스도께서 이 세상에 오심으로 우리에게 빛이 비춰졌습니다(눅 1:78). 하나님으로부터 멀리 떨어져 하나님을 대적하던 우리가, 세상의 속죄 제물되신 그리스도로 말미암아 십자가의 피로 하나님과 화평을 이루게 되었습니다(골 1:20). 왕적 권능으로 오신 그리스도께서 사탄에게 잡혀 서글픈 노예로 살 수밖에 없던 우리를 구출하셨습니다.

그리스도께서 가지신 직무에 대한 충만함을 보십시오. 그분은 "자기를 힘입어 하나님께 나가는 자들을 온전히 구원하실" 수 있는 분이십니다(히 7:25).

그리스도의 직무는 죄인들의 영혼에 있어 말할 수 없는 위로가 아닐 수 없습니다. 어둠 속에 있던 우리에게 의의 태양으로부터 내리 쬐는 생명의 빛이 얼마나 유쾌하겠습니까!(말 4:2) 율법의 정죄로 두려움에 떨던 우리의 양심에 예수님의 피 뿌리심이 얼마나 반길만한 것이겠습니까! 사형 선고를 받은 강도가 사면을 받고, 잔인한 폭군에게 사로잡혀 있던 자가 풀려나는 일을 생각해 보십시오. 그러한 일이 기대할 수 없을 정도로 기쁨을 주는 것이라면, 하물며 영원한 멸망의 선고를 받은 우리가 해방과 구원의 소식을 듣는 것은 어떠하겠습니까! 하나님께서 죄인들에게 허락하신 새 언약의 물줄기는 모두 그리스도의 직무의 샘 근원에서 흘러나옵니다. 그리스도로부터 영원을 상쾌하는 모든 평안과 기쁨의 물줄기가 흘러나오는 것입니다. 그리스도의 선지자 직무에서 깨우침이, 그리스도의 제사장직에서 화해와 평안과 용서가, 그리스도의 왕직으로부터 성도들을 지켜주시는 은혜에 대한 모든 약속이 흘러나오는 것입니다. 모든 하나님의 약속을 살펴 보면 그 근원에는 이와 같은 그리스도의 삼중직이 있습니다. 이 직무들이 예수 그리스도를 더욱 전체로 사랑스럽게 하는 것입니다.

그리스도와 우리와의 관계의 관점에서는 어떠합니까? 그분은 죄인된 우리의 구속주(救贖主)이십니다(사 61:1). 깊은 비참의 옥문을 여시기 위해 이 땅에 오신 구속주이신 그리스도는 우리에게 얼마나 사랑스러운 분이십니까! 그분이 우리를 '임박한' 진노로부터 구원하시지 않았습니까!(살전 1:10) 자신들을 구해 낸 디도 장군이 헬라인의 눈에 얼마나 사랑스럽게 보였겠습니까? 이 해방의 선포를 보기 위해 운집한 사람들은 악기를 동원하여 온 밤을 새며 디도 장군의 장막을 맴돌았습니다. 그리고 한 목소리로 '구원자여, 우리의 구원자여'라고 외쳐댔습니다. 그러니 우리의 영원한 생명의 구속주이신 그리스도에게 우리가 어찌 이렇게 노래하지 않을 수 있겠습니까.

"그들이 새 노래를 불러 이르되 두루마리를 가지고 그 인봉을 떼기에 합당하시도다 일찍이 죽임을 당하사 각 족속과 방언과 백성과 나라 가운데

서 사람들을 피로 사서 하나님께 드리시고…"(계 5:9)

우리는 금과 은으로 구원 받은 자들이 아닙니다. 그리스도께서는 당신의 자신의 피로 값 주어 우리를 구속하셨습니다(벧전 1:18,19). 권능의 영광스러운 팔로 우리를 구속해 내셨습니다(골 1:13). 우리는 값없이 구속 받은 자들입니다(엡 1:7). 우리가 받은 구속은 부족함 없는 온전한 구속입니다(롬 8:1). 임박한 멸망의 때 바로 직전에 말입니다(갈 4:4). 그 구속하심의 사랑이 얼마나 기묘합니까(요 17:9). 우리가 받은 구속은 번복되지 않습니다. 우리는 결코 다시 속박 당하지 않을 것입니다(벧전 1:5 ; 요 10:28). 오! 예수 그리스도께서 우리의 구원자가 되시다니요! 예수 그리스도야말로 우리에게 얼마나 사랑스러운 분이십니까!

그리스도께서는 또한 우리를 신부로 받아 주신 사랑스러운 신랑이십니다.

"예루살렘 딸들아 이는 바로 내 사랑하는 자요 내 친구로다."(아 5:16)

하늘과 땅 가운데 그와 같으신 이는 없습니다. 그런 분께서 흉물스럽고 더럽고 쓸모 없는 영혼을 가진 우리들을 당신의 신부로 맞으시다니요! 그리스도께서 보시기에 흠모할 만한 아름다움이나 탁월함이 우리에게 있습니까? 그리스도께서는 오직 자비하심과 인애하심으로 우리를 택하셨습니다. 우리가 그리스도를 택한 것이 아닙니다. 그분이 우리를 택하셨습니다. 우리를 사랑스럽게 만드시려고 말입니다(엡 5:27).

그리스도께서는 우리에게 어느 것도 요구하시지 않으시고 당신 자신을 온전히 베푸셨습니다. 우리를 위해서 가지신 모든 것을 아낌 없이 쏟으셨습니다. 우리를 부요하게 하시려고 친히 궁핍을 자처하셨습니다(고후 8:9 ; 고전 3:22).

어떤 남편이 그리스도께서 자기 백성들을 사랑하신 것처럼 자기 아내를 사랑할 수 있다는 말입니까?(엡 5:25) 그리스도께서는 자신을 내어주시기까지 교회를 사랑하셨습니다.

누가 그리스도처럼 인내할 수 있으며, 누가 불멸하는 영원한 남편이 되겠습니까? 죽음도 남편되신 그리스도와 신부된 교회의 관계를 끊지 못합니다. 아니 신자의 죽는 날은 그리스도의 충만을 누리러 시집가는 날입니다. 그 어떤 남편이라도 자기 아내에게 "내가 과연 너희를 떠나지 아니 하리라"고 말씀하신 그리스도처럼 말할 수 없습니다(히 13:5).

그리스도만큼 자기의 신부를 영예롭게 할 신랑도 없습니다. 그리스도의 아내 된 교회가 하나님을 아버지로 부를 수 있게 되고, 영광스럽고 능한 천사들이 그 아내를 섬기게 됩니다(히 1:14). 신부의 아름다움과 영광에 감탄하면서 말입니다(계 21:9).

그리스도와의 혼인은 엄숙한 승리의 절정입니다.

"수 놓은 옷을 입은 그는 왕께로 인도함을 받으며 시종하는 친구 처녀들도 왕께로 이끌려 갈 것이라 그들은 기쁨과 즐거움으로 인도함을 받고 왕궁에 들어가리로다"(시 45:14,15).

유대인들은 혼인집을 가리켜 '찬미의 집'이라고 부릅니다. 그곳에 있는 모든 이마다 기쁨이 있다는 뜻으로 그렇게 부르는 것입니다. 하지만 그들 모두가 가지는 기쁨이 어떠할지라도 하늘에서 그리스도의 신부인 신자들이 인도함을 받을 때 그 모습을 바라보는 모두가 느끼는 기쁨과는 비교할 수 없을 것입니다. 성부께서 당신의 사랑과 영광의 계획이 확정적으로 성취된 모습을 보며 기뻐하실 것입니다. 신랑 되신 예수 그리스도 역시 기뻐하실 것입니다. 고난을 통해 탄생된 복된 결과를 보시고서 말입니다(사 53:11). 성령께서도 당신의 손에 맡겨져 행하신 그 거룩한 직무가 완성된 것을 보시고 기뻐하실 것입니다(고후 5:5). 지금 빛나고 정제된 돌들과 같은 영혼은 거친 돌과 같지 않았습니까. 그 모습을 보시는 성령께서는 매우 흡족히 여기실 것입니다. 천사들은 이 모든 구원의 계획이 기초로 놓여지던 때, 곧 그리스도께 성육신하신 때부터 기뻐하던 자들이었습니다(눅 2:18). 마지막 꼭대기 돌이 놓여지는 순간, 그들은 하늘이 떠나가도록 '은혜! 은혜!'라고 외칠 것입니다. 신부인 모든 성도들의 기쁨은 어떠하겠습니까? 이제 왕의 궁정에 들어가 주님과 영원토록 함께 있게 되었으니 말입니다!(살전 4:7) 그날은 실로 모든 손들에 기쁨이 넘치는 날입니다. 귀신들과 저주받은 자들에게는 울며 이를 갈고 시기할 날이겠지만 말입니다.

그리스도께서는 우리에게 있어서 정말 사랑스러운 대언자(代言者, advocate)이십니다.

"만일 누가 죄를 범하여도 아버지 앞에서 우리에게 대언자가 있으니 곧 의로우신 예수 그리스도시라 그는 우리 죄를 위한 화목 제물이니…"(요일 2:1,2)

그리스도는 신자들을 대변하여 탄원하시는 분이십니다. 하나님과 신자들 사이에 그 어떤 새로운 불화도 일어나지 않게 하심으로 하나님과의 친밀한 상태를 지속시키시는 분이신 것입니다.

그리스도께서는 우리의 문제를 당신의 것으로 삼으시고, 하늘에서 우리를 대신하여 말씀하십니다(히 4:15). 마치 당신 자신의 고통과 위험에 대처하시듯이 우리의 곤고함에 대하여 매우 민감하게 대처하십니다. 우리의 대표자로서, 또 동정과 애정으로 우리와 하나 되십니다. 그리스도께서는 우리의 일을 당신의 크고 주요한 일로 여기십니다.

"자기를 힘입어 하나님께 나가는 자들을 온전히 구원하실 수 있으니 이는 그가 항상 살아계셔서 그들을 위하여 간구하심이라"(히 7:25).

그리스도께서는 당신 전부를 우리의 관심거리에 드리십니다. 우리의 일을 떠나서는 하늘에서 당신께 주어진 모든 영광과 영예가 존재하지 않는 것으로 여기시는 것처럼 말입니다.

우리를 위한 그리스도의 대의(大義, cause)가 그분이 흘리신 피로 말미암아 세워진 것입니다. 세상의 대언자들처럼 그저 웅변조의 말 정도로 그 일을 수행하시지 않으셨습니다. 당신 자신께서 흘리신 피로 우리의 간구를 대언하시는 것입니다.

"새 언약의 중보자이신 예수와 및 아벨의 피보다 더 나은 것을 말하는 뿌린 피니라"(히 12:24).

주께서 지상에서 받으신 고통과 상처는 우리를 위해 하나님께 탄원하시려고 열려진 입과 같습니다. 요한계시록 5:6에 묘사하고 있는 바와같이 그리스도는 하나님 앞에서 우리를 위해 '일찍 죽임을 당하신 어린 양'입니다. 하나님의 공의 앞에서 우리를 대신하여 받으신 그 치명적인 상처들을 내보이십니다. 세상의 대언자들처럼 말을 하기 위해 호흡을 사용하시는 대신, 주님께서는 피를 흘리셨습니다. 세상의 대언자들은 보상을 요구합니다. 그들은 의뢰인들의 지갑을 텅 비게 만들지만, 그리스도께서는 어떠한 대가도 요구하지 않으십니다. 흘리신 피의 탄원은 결코 실패로 끝나지 않을 것입니다(롬 8:33-34). 오, 그러니 그리스도는 신자들에게 얼마나 사랑스러운 대언자이십니까!

뿐만 아닙니다. 그리스도는 신자들의 사랑스러운 친구가 되십니다(눅 12:4,5). 세상 어디에 그리스도와 같은 친구가 있습니까? 그들이 자신의 애정과 우정을 여러 방편들로 나타낼지 모르지만 그들은 결코 그리스도처럼 하지 못합니다.

그리스도께서는 당신의 모든 마음의 뜻과 비밀들을 밝혀 주시는 친구이십니다.

"이제부터는 너희를 종이라 하지 아니하리니 종은 주인이 하는 것을 알지 못함이라 너희를 친구라 하였나니 내가 내 아버지께 들은 것을 다 너희에게 알게 하였음이라"(요 15:15).

세상 어떤 친구가 그리스도처럼 자기 친구에게 관대하고 풍성하게 할 수 있습니까. 그리스도는 당신의 친구인 신자들에게 당신 자신의 피를 나누어 주신분이십니다.

"사람이 친구를 위하여 자기 목숨을 버리면 이보다 더 큰 사랑이 없나니"(요 15:13).

그리스도께서는 우리의 빚을 대신 대신 갚으시기 위해서 자신의 그 보배로운 피를 흘리셨습니다. 세상 어디에서 이러한 친구를 찾을 수 있다는 말입니까? 세상의 가장 자애로운 친구라 할지라도 예수 그리스도께서 신자인 당신 친구들에게 가지신 것과 같은 동정심은 가지지 못합니다. 그리스도는 모든 우리의 질고과 궁핍과 짐을 당신 자신의 것으로 여기셨습니다. 그래서 골로새서 1:24에서 신자들의 고난을 가리켜 그리스도의 고난이라고 부르는 것입니다.

"모든 일에 우리와 똑같이 시험을 받으신 이로되 죄는 없으시니라"(히 4:15).

그리스도께서는 당신의 백성들을 얼마나 영광스러운 마음으로 즐거워하는지요! 친히 신자들에게 베푸신 장식들을 얼마나 기뻐하시며 즐거워하시는지요!

"내 누이, 내 신부야 네가 내 마음을 빼앗았구나 네 눈으로 한 번 보는 것과 네 목의 구슬 한 꿰미로 내 마음을 빼앗았구나"(아 4:9).

세상 어느 누구도 그리스도께서 신자들을 향해 가지시는 강한 열정으로 사랑하지 못합니다. 야곱은 라헬을 사랑함으로 여름의 뙤약볕과 겨울의 추위를 견뎠습니다. 그러나 그리스도께서는 우리를 위해 하나님의 진노의 광풍과 의분(義憤)의 열기를 참아 내셨습니다. 다윗은 "차라리 너 대신 내가 죽었더라면"이라고 말하는 것으로 압살롬에 대한 지극한 사랑을 나타내었습니다. 그러나 그리스도는 어떠하셨습니까? 그리스도는 우리를 위하여 정말로 죽으심으로 우리에 대한 사랑을 나타내시지 않았습니까!

누가 그리스도처럼 끝까지 변하지 않는 우정을 가질 수 있습니까?

"유월절 전에 예수께서 자기가 세상을 떠나 아버지께로 돌아가실 때가 이른 줄 아시고 세상에 있는 자기 사람들을 사랑하시되 끝까지 사랑하시니라"(요 13:1).

예수께서 인내심을 가지고 우정을 깨지 않았던 대상들이 누구인지 생각해 보십시오. 그리스도에 대한 악행과 모독을 일삼는 자들이 아니었습니까? 주님께서는 자신을 배반했던 베드로와 의절(義絶)하지 않으셨습니다. 주님은 부활하신 후에 오히려 "가서 제자들과 베드로에게 말하라"고 이르심으로 베드로에 대한 변함 없는 마음을 나타내셨습니다(막 16:7).

오, 그리스도의 사랑스러움을 다 말하고자 한다면 끝이 없을 것입니다. 그렇게 사랑스러우신 그리스도께 우리는 어떠해야 하겠습니까. 여러분은 아직도 그리스도에 대해 차가운 가슴과 굳은 마음을 가지고 있습니까? 그 사랑스러우신 예수님을 가로막는 허망한 것들과 작별을 고하십시오. 여러분은 그분이 얼마나 탁월한 분이신지, 그분이 여러분을 위해 어떤 일을 하셨는지 이미 알고 있지 않습니까? 여러분을 사랑하시는 그분을 여러분도 사랑해야 한다는 저의 논증이 아직도 여러분께 필요합니까?

피조물을 사랑함으로 여러분이 얻은 것이 무엇입니까? 피조물이 가진 적당한 유익과 가치의 선을 넘어 그것에게 애정을 가짐으로 여러분이 얻은 열매가 무엇입니까? 그리스도를 떠나 피조물들을 사랑하는 것으로 여러분이 얻게 되는 것은 죄뿐입니다. 그리스도 안에서 향유되고 그리스도를 위해서 활용되는 것이 아니라면 그 어떤 것도 사랑스러운 것으로 여기지 마십시오. 예수 그리스도를 떠나 있는 그 어떤 것에도 애정을 주거나 사랑할 만한 가치는 존재하지 않습니다. 그러나 우리는 그처럼 전체로 사랑스러운 그리스도를 사랑하라는 설득에 대해 얼마나 완고한지 모릅니다. 헛된 피조물들을 사랑하고 즐거워하는 마음의 물줄기는 그처럼 세차게 흘러 내면서 말입니다. 왜 여러분은 '자네는 왜 그리 고통스러워 하는가?'라는 친구의 말에 '예수 그리스도를 더 열렬하게 하게 사랑하지 못하고 있는 나를 보는 일이 슬프네'라고 말한 요하네스 몰리우스(Joannes Mollius)처럼 생각하지 않습니까?

여러분은 그리스도의 사랑스러움을 다른 이들과 나누어 가지려고 애를 써야 합니다. 아가서의 여인처럼 사람들로 그리스도께서 얼마나 탁월함을 알게 하십시오. 그분의 사랑스러움을 선포하십시오. 그러나 그분의 아름다움이 여러분의 품행으로 인해 손상되도록 하지 말아야 합니다. 주 앞에서 합당하게 행함으로 범사에 기쁘시도록 하십시오(골 1:10). 그리함으로 그분의 아름다운 덕을 선포하십시오(벧전 2:9). 여러분을 영광스럽게 하신 그분을 영화롭게 하시고, 여러분에게 가지는 그분의 신뢰를 배반하지 마십시오.

여러분 중 그리스도를 인정하는 것을 부끄러워 하는 분이 계십니까? 그분을 여러분이 부끄러워할 만한 것을 가지고 계시는 분이 아닙니다. 그분이 여러분에게 어떤 누를 끼치시겠습니까. 그분을 부끄러워 하는 것은 정말 큰 죄입니다. 어떻게 자신을 영광스럽게 하시는 분을 부끄러워할 수 있습니까? 여러분이 부끄러워해야 할 것은 여러분이 지은 죄뿐입니다. 그리스도를 부끄러워 하는 자는 친히 천사와 영광 중에 나타나시는 그때에 그 사람을 부끄러워 하실 것입니다.

여러분은 주 예수 그리스도와 함께 하기 위해 이 땅의 사랑스러운 것들을 버릴 각오가 되어 있습니까? 세상의 사랑스러운 것을 버릴 뿐 아니라, 그리스도를 위해 고통과 손해를 감수할 각오가 되어 있습니까?

"주께서 너희 마음을 인도하여 하나님의 사랑과 그리스도의 인내에 들어가게 하시기를 원하노라"(살후 3:5).

그리스도를 닮아 가려고 안간 힘을 쓰십시오. 여러분은 하나님과 사람 앞에 더욱 사랑스러워질 것입니다. 성령께서 그리스도의 사랑스러움의 빛이 여러분에게 비춰지게 하심으로 여러분을 사랑스러운 사람으로 만드실 것입니다.

여러분, 피조물 속에 있는 사랑스러움이 그처럼 매력적입니까? 저는 여러분 모두가 그리스도의 사랑스러우심을 알게 되길 바랍니다. 여러분 모두가 마음의 눈을 멀게 한 세상 신으로부터 벗어나 그리스도 안에 있는 아름다움을 보게 되길 원합니다.

13장

열방의 보배

"모든 나라의 보배가 이르리니…"

_학 2:7

학개 1장은 주로 유대인들의 게으름들을 책망하기 위해서 할애된 부분입니다. 유대인들은 자주 낙담하여 성전을 재건하는 일을 지연시키곤 하였습니다. 그들은 이렇게 말했습니다. '솔로몬 시대와는 달리 지금은 재물이 말라버린 상태이다. 어찌 처음 성전과 같이 복원할 수 있겠는가.' 이들은 성전의 외양적 아름다움만을 생각하고 있었던 것입니다.

선지자는 "모든 나라의 보배"가 이른다는 메시지로 그들을 낙심에서 일으키려 하였습니다. 이 말씀은 곧 이 두 번째 성전에 그리스도께서 육신을 입으시고 오실 것이라는 것에 대한 분명한 암시입니다. '모든 나라의 보배'가 곧 그리스도를 나타내고 있는 것입니다. 이것은 곧 하나님의 택한 모든 백성들이 바라고 기다리는 대상이 그리스도이심을 나타냅니다. 모든 족속과 나라들에 있는 자들이 간절히 소망하는 분, 즉 죄로 말미암아 다 망할 수밖에 없었던 모든 지역에 흩어져 있는 하나님의 백성들에게 땅끝까지 구원을 베푸시도록 정해지신 분이 바로 그리스도이신 것입니다.

"거기에는 헬라인이나 유대인이나 할례파과 무할례나 야만인이나 스구디아인이나 종이나 자유인이 차별이 있을 수 없나니 오직 그리스도는 만유시요 만유 안에 계시니라"(골 3:11).

이 말씀에 대해 더 자세히 살펴 보겠습니다.

먼저, '그리스도를 모든 나라의 보배'라고 부르는 점을 생각해봅시다.

성부 하나님께서는 세상의 모든 지역과 모든 나라에 흩어져 있는 하나님 백성의 죄와 비참을 치료하는 보편적 처방으로 그리스도를 지명하셨습니다. 그리스도를 통해 구속의 언약, 곧 성부와 성자와 성령, 성 삼위 간에 맺어진 그 '구속(救贖)의 언약'을 이루시려 하신 것입니다.

"그가 이르시되 네가 나의 종이 되어 야곱의 지파들을 일으키며 이스라엘 중에 보전된 자를 돌아오게 할 것은 매우 쉬운 일이라 내가 또 너를 이방의 빛으로 삼아 나의 구원을 베풀어서 땅 끝까지 이르게 하리라"(사 49:6).

"그가 나라들을 놀라게 할 것이며"(사 52:15).

만일 하나님께서 그리스도를 그렇게 지명하지 아니하셨으면 모든 나라들은 그리스도를 소원할 수 없었을 것입니다. 더욱이 하나님께서는 어떠한 공로도 요구하지 않으셨을 뿐만 아니라, 가장 야만적인 족속들 역시 그리스도로 말미암은 구속의 은택에서 제외시키지 않으셨습니다. 사도 바울은 이에 큰 감동을 받았습니다(딤전 3:16). 우상 숭배의 흑암 속에 버려진 사람들에게도 성부 하나님께서 그리스도를 주셨으니 말입니다.

"내게 구하라 내가 이방 나라를 네 유업으로 주리니 네 소유가 땅끝까지 이르리로다"(시 2:8).

그리스도를 '모든 나라가 바라는 보배'로 표현한 것은 그리스도 안에 있는 충분성을 분명하게 함축하고 있습니다. 태양이 모든 땅을 비추기에 충분함을 가지고 있듯이, 그리스도께서는 온 세계의 궁핍을 모두 채우시기에 충분함을 가지고 계시는 것입니다. 그리스도는 의의 태양이십니다. 세상 모든 이들의 구속과 칭의, 성화와 구원을 이루실 수 있는 의의 태양이십니다.

"땅의 모든 끝이여 내게로 돌이켜 구원을 받으라…"(사 45:22).

이는 경건의 실상을 말해줍니다. 경건은 공상이 아닙니다. 세계 모든 나라들 중에 믿음을 가지고 있는 자들의 마음 속에 나타나는 동일한 효과들을 보십시오. 수많은 바늘이 하나의 커다란 자석에 달라붙듯이 복되신 대상되신 그리스도 안에서 그들 모두가 가진 경건한 소욕은 하나로 만납니다. 만약 온 세계의 믿는 하나님의 백성들이 한 곳에 모일 수 있다면, 이전에 서로 알지 못했던 그들은 자신들이 같은 짐과 같은 궁핍, 같은 비참을 가지고 있었음을 알게 될 것입니다. 그리고 모두가 같은 방식으로 그리스도께 향하여 움직이려는 경건한 소욕을 가지고 있다는 것을 확인하게 될 것입니다. 기독교 신앙이 공상에 지나지 않는다면 그런 일은 있을 수 없습니다. 한 번도 서로 만난 적이 없는 그들이 어떠한 논리를 도모하거나 동맹함으로 같은 생각을 가지게 된다는 것은 불가능한 일입니다.

그리스도께서는 '모든 나라의 보배'이십니다. 이것은 그리스도의 나라가 광대한 영토라는 것을 함축하고 있습니다. 그 영토는 전 세계입니다. 그리스도는 해 아래 있는 그 모든 족속을 하늘에 인도하십니다. 물론 그 모든 나라들 속에 있는 허다한 경건치 않는 자들과 비교할 때 하나님의 택한 백성의 수는 적은 무리에 불과할 것입니다. 하지만 그들 자체로 따지면 그 수는 어마어마한 것입니다.

"또 너희에게 이르노니 동서로부터 많은 사람이 이르러 아브라함과 이삭과 야곱과 함께 천국에 앉으려니와"(마 8:11).

복음은 하늘에 떠있는 해처럼 온 세계를 두루 운행하며 구원받을 자를 찾습니다.

"고관들은 애굽에서 나오고 구스인은 하나님을 향하여 그 손을 신속히 들리로다"(시 68:31).

아직 흑암 중에 있는 자들을 위해 기도하십시오. 그들이 복음을 움켜쥐기를 말입니다.

하나님께서 사람들의 눈을 열어 자신의 죄와 위험을 보게 하시면, 그들 모두는 그리스도 외에는 자신에게 만족을 줄 수 있는 것이 없다는 것을 깨닫게 됩니다. 그들에게 있어서 지금 누리고 있는 풍요함과 즐거움은 더 이상 자신들을 만족시킬 만한 것이 아닙니다. 그들은 오직 그리스도만을 필요로 하고 바람직하게 여기게 되는 것입니다. 세상의 나라들은 넘치도록 풍요롭습니다. 하나님의 섭리가 그들 나라들에게 이생에 속한 좋은 것들을 허락해 주셨습니다. 그러나 그럼에도 불구하고 자신의 죄를 깨달은 자들은 예수 그리스도 없이는 만족하지 않으려고 합니다. 자기들에게 필요한 오직 한 가지 보배가 예수 그리스도라는 것을 알았기 때문입니다.

그러나 이 진리를 대적하는 큰 반론이 있습니다. 그들은 이렇게 말합니다.

'그리스도께서 모든 나라의 보배라면 세상 모든 나라가 그리스도를 환영하지 않는 이유는 무엇인가? 그 나라들은 기독교를 억압하고 그리스도인들을 탄압하고 있다. 그리스도의 아름다움을 전혀 보지 못하는 그들이 어찌 그리스도를 보배로 알고 소원하는 일이 일어날 것이라 기대할 수 있겠는가?'

세상의 나라가 회심하여 그리스도를 영접한 시기는 저마다 다릅니다. 이전에는 그리스도를 환영하였던 나라들이 지금은 그리스도를 잃어버렸습니다. 그리스도를 누구보다 아름답게 경배하던 곳을 우상들이 빼곡히 차지하고 있습니다. 복음의 빛은 이제 그들을 떠나 지구의 전혀 다른 곳에서 빛나고 있습니다. 이처럼 세상의 어떤 나라가 깨우침을 받는 일은 특별한 시기가 있는 것입니다. 그 나라가 현재 어떠한 상태에 있다 할지라도, 성부께서 지정하신 때가 이르면 그 나라는 그리스도를 아는 지식으로 풍성해질 것입니다.

"이스라엘의 구속자 이스라엘의 거룩한 이이신 여호와께서 사람에게 멸시를 당하는 자, 백성에게 미움을 받는 자, 관원들에게 종이 된 자에게 이같이 이르시되 왕들이 보고 일어서며 고관들이 경배하리니 이는 이스라엘의 거룩하신 이 신실한 여호와 그가 너를 택하였음이라"(사 49:7).

또한 이와 함께, 그리스도를 그토록 배척하는 나라라 할지라도, 그리스도를 보배로 여기는 하나님의 택한 백성들이 분명히 있다는 것을 기억하시기 바랍니다.

택한 백성들 모두는 본질상 율법의 정죄와 저주 아래 있던 자들입니다(엡 2:13). 하늘과 땅 어느 곳에서도 그들의 본질적인 상태를 변화시켜 그들의 양심을 안식하게 할 수 있는 것이 없었습니다. 그런데 그런 그들이 예수님의 흘리신 피로 말미암아 순전하고 완전한 의를 가지게 되었습니다. 그러니 그리스도께서 그들에게 있어서 어찌 놀라운 보배가 되시지 않겠습니까? 만약 그들이 그리스도가 아닌 다른 일로 자신들의 양심을 죄책과 두려움에서 벗어날 수 있었다면, 그리스도를 그처럼 놀라운 보배로 볼 리가 없을 것입니다.

예수 그리스도는 죄의 더러움으로 오염된 세상의 모든 나라들을 씻으실 오직 유일한 샘이십니다. 죄의 깨달음으로 비탄에 빠져 있는 그들에게 예수 그리스도는 오직 유일한 처방이십니다. 그들은 얼마나 그리스도를 환영해야 마땅한지요(요 1:5,6).

복음의 빛이 비춰지면, 죄인들은 자신의 죄를 깨닫고 자신들이 죄책과 죄의 오염으로 말미암아 하늘에 갈 수 없다는 사실을 알게 됩니다. 그리스도가 아니고서는 그 닫혀진 하늘의 문 안으로 들어갈 수 없는 것을 알게 되는 것입니다.

"나로 말미암지 않고는 아버지께로 올 자가 없느니라"(요 14:6).

"다른 이로서는 구원을 얻을 수 없나니 천하 사람 중에 구원을 받을만한 다른 이름을 우리에게 주신 일이 없음이라…"(행 4:12).

그들은 사슴이 시냇물을 찾듯이 주님을 찾아 갈급해 할 것입니다.

복음의 빛이 밝히 드러났는데도 불구하고 예수 그리스도를 배척하는 것은 정말 비열한 죄입니다. 이들은 욥기 21:14에 나오는 자들처럼 말합니다.

"그러할지라도 그들은 하나님께 말하기를 우리를 떠나소서 우리가 주의 도리 알기를 바라지 아니하나이다"(욥 21:14).

그들은 그리스도를 경배하지 않습니다. 그리스도의 통치를 인정하지 않음으로 그리스도의 종이 되는 일을 거부합니다.

"우리는 이 사람이 우리의 왕 됨을 원하지 아니하나이다"(눅 19:14).

유대인들 역시 그러하였습니다(행 13:46). 그들은 그리스도를 배척하며, 스스로 영생 얻기에 합당치 않은 자로 자처한 자들입니다. 이것은 정말 무서운 죄요, 무시무시한 표적이 아닐 수 없습니다. 그들의 죄에 임하는 보응이 소돔만큼이나 신속히 닥칠 것입니다. 세상 끝까지 전파된 복음은 곧 모든 나라들에 대한 경고입니다. 암탉이 병아리를 날개 아래 모으는 것같이 하나님께서 이스라엘 자손들을 그 날개 아래 모으시지 않았습니까? 그러나 그들은 응하지 않았습니다. 병아리를 잡아 채려고 호시탐탐 노리는 독수리와 같은 로마의 발 아래 그들의 집은 곧 황폐하게 되었고 그들의 성전과 성들은 누더기가 되지 않았습니까!

예수 그리스도께서 모든 나라의 보배이실진대, 그들 중에서도 복음의 규례들의 능력과 순결성 속에서 자유롭게 그리스도를 향유할 수 있는 나라는 얼마나 더 복되고 행복한 나라이겠습니까. 복음의 밝은 빛 아래서 그분의 얼굴을 똑바로 쳐다볼 수 있는 나라는 얼마나 영광스러운 곳입니까.

오, 잉글랜드여, 그대의 행복과 그대의 축일(祝日)을 알지어다! 다른 나라들이 소원하는 바를 그대는 가지고 있지 않은가! 부디 그대가 예수님을 떠나시게 하지 않길 바란다. 주님께 드리는 예배를 부패시키고 우상 숭배의 탐심으로 그리스도의 사신들을 업신여기고, 믿는 성도들을 압제함으로 예수께서 그대를 떠나시게 하는 일이 없길 바란다.

여러분은 어떠합니까? 여러분에게 그리스도를 향한 신령한 간절함이 있습니까? 여러분의 영혼이 그리스도를 가장 놀라운 보배로 여기며 바라고 있습니까? 여러분의 마음의 상태와 성향을 되돌아보십시오. 그리스도를 사랑함으로 말미암아 그리스도를 따르고자 하는 간절한 열망이 있었던 베드로처럼 '주여, 주께서는 모든 것을 다 아시나이다. 내가 주님을 간절히 바라는 것을 아십니다'라고 말할 수 있습니까?

여러분의 심령이 그처럼 강렬한 갈급을 가지고 있는지, 여러분이 가지는 소원 중, 그리스도가 최상위의 자리를 차지하고 있는지, 주 예수 그리스도의 탁월성과 비교하여 모든 것을 찌끼와 분토로 여기고 있는지 돌아

보십시오(빌 3:8). 여러분은 그리스도를 유일한 도피성으로 여기십니까?(시 6:18,19) 여러분이 만약 그리스도를 메마른 사막의 샘처럼, 내리쬐는 태양 아래 그늘처럼 귀중히 여기신다면(사 32:2), 여러분은 참된 소원을 가지고 있는 것입니다.

여러분은 그리스도의 이름으로 칭해지기는 하나, 정작 자신의 힘으로 살아가고(사 4:1) 있지는 않습니까? 그것은 외식자들과 창기들이 택하는 이중적인 삶의 방식입니다. 그들을 가리켜 어찌 그리스도를 삶 전체의 소욕으로 삼는 자들이라고 말할 수 있겠습니까?

세상의 원하는 것들을 성취하기 위해 그리스도를 방편으로 삼는 자들이 너무나 많습니다. 그리스도를 소원하고 있다고 말하지만, 그들은 사실 다른 것들을 소원하고 있습니다. 여러분이 만약 그리스도를 향한 바른 소원을 가지고 있다면, 자신에게 가장 유익해 보이고 즐거워 보이는 죄의 길을 버리고 그리스도를 택하기 위해 오른손을 찍어내고, 오른눈을 뽑아낼 각오를 가하고 있을 것입니다.

여러분은 그리스도를 바라는 지속적인 소원을 가지고 있습니까? 여러분들이 가진다는 소원이 잠깐 나타났다가 아무 열매도 없이 끝나버리는 충동적인 것은 아닙니까? 만일 여러분의 마음 속에서 그리스도를 향한 소원이 지속되고 있다면, 그 정도와 수준에 있어서 차이가 나타난다고 할지라도 여러분은 바르게 그리스도에 대한 소원을 가지고 있는 것입니다.

그리스도를 향한 바른 소원을 가지고 있는 사람은 그리스도를 향유하기까지 쉬지 않고 만족할 줄 모릅니다. 그리스도께 이르기까지 그들은 쉬지 않습니다(고후 5:2,6 ; 빌 1:23). 세상 사람들은 마귀가 주는 세상의 부요함과 즐거움으로 만족하지만, 그리스도에 대한 간절한 소욕을 가지고 있는 영혼은 그리스도가 아니고서는 결코 만족하는 법이 없습니다. 또한 그들은 겸비합니다. 자신의 궁핍을 깨닫고 자신에게 그리스도께서 절대적으로 필요하다는 의식을 가집니다. 여러분은 어떠합니까? 무거운 짐을 지고 있는 자신의 비참을 깨닫고 오직 주 예수 그리스도 안에 여러분을 치료하실 처방이 있다는 것을 알고 있습니까? 만약 알고 있다면 여러분은 옳은 소원을 가지고 있는 것입니다.

여러분 자신을 시험해 보십시오. 여러분에게 그리스도에 대한 간절한 소원이 있는지 자신을 살피는 일을 게을리 하지 말아야 합니다.

그리스도를 간절히 소원하는 사람은 복된 영혼을 소유한 자들입니다. 왜냐하면 그리스도를 소원한다는 것은 그리스도에 대한 절대적 필요성과 가치를 볼 수 있는 눈이 열려져 있다는 것을 말해주기 때문입니다. 마음의 눈이 열리지 않은 사람이 그리스도를 소원할 리 없습니다. 그리스도께서 그렇게 해주시지 않으셨다면 여러분은 아가 5:9에 나오는 이들처럼 말할 수밖에 없습니다.

"너의 사랑하는 자가 남의 사랑하는 자보다 나은 것이 무엇인가?"(아 5:9)

주님께 눈 열어주심의 복을 받지 않은 영혼은 장차 사라질 것들 뒤에 숨이 있는 허망함을 결코 볼 수 없습니다.

그리스도께서는 당신 자신에 대해 강한 간절함을 가진 자들에 대하여 같은 간절함을 가지십니다. 그것은 곧 그리스도께서 먼저 그들을 간절히 원하셨다는 것을 말합니다. 여러분의 간절함은 여러분에게 가지시는 그리스도의 간절함으로부터 비롯되는 것입니다. 그러니 어찌 이를 복되다고 말하지 않을 수 있겠습니까?

만약 여러분이 그리스도를 향한 간절한 소원을 가지고 있다면, 그 소원은 분명하게 이루어 질 것입니다.

"의에 주리고 목마른 자는 복이 있나니 그들이 배부를 것이며"(마 5:6).

"의인은 그 원하는 것이 이루어지느니라"(잠 10:24).

다른 이들이 세상의 풍부와 쾌락과 영예를 쫓을 때, 여러분은 하늘에서나 땅에서나 가장 탁월한 대상을 소원할 수 있게 되다니요! 이것은 정말 큰 복이 아닙니까? 그들은 마치 나비를 잡으려고 쫓아다니는 어린 아이들 같습니다. 나비를 잡음으로 그들이 얻는 것이 무엇입니까? 그저 나비의 날개에 묻어 있는 가루가 손가락에 남을 뿐입니다. 그들이 그와 같은 헛된 수고를 하는 동안 하나님께서는 여러분으로 하여금 그리스도를 소원하도록 인도하셨습니다. 오, 복된 영혼이여, 그리스도가 아니면 결코 만족하지 않는 영혼이여!(시 4:6)

그리스도를 향한 소원은 여러분의 영혼이 마땅한 도리의 길을 계속 걷도록 인도할 것입니다.

"내가 여호와께 바라는 한 가지 일 그것을 구하리니 곧 내가 내 평생에 여호와의 집에 살면서 여호와의 아름다움을 바라보며 그의 성전에서 사모하는 그것이라"(시 27:4).

그 간절한 소원이 여러분의 영혼으로 하여금 마땅한 도리의 길에서 부지런하고 근면하게 일하도록 힘을 줄 것입니다. 그 소원하는 목적을 이루기까지 여러분의 영혼을 끊임없이 자극할 것입니다(잠 18:1). 여러분에게는 다른 사람들처럼 영혼의 깊은 잠을 자는 일이 오히려 어려울 것입니다. 그리스도를 향한 소원으로 영혼이 불타고 있을 것이기 때문입니다.

이러한 복을 가진 사람은 죽음마저도 달콤하게 여기게 됩니다.

"내가 그 둘 사이에 끼었으니 차라리 세상을 떠나서 그리스도와 함께 있는 것이 훨씬 더 좋은 일이라"(빌 1:23).

그리스도께 갈 의향이 전혀 없는 사람에게 죽음은 결코 달콤한 것이 아닙니다. 대부분의 사람이 그러합니다. 그러나 제가 그리스도와의 삶과 이생에서의 삶을 지금 당장 택해야 한다면, 저는 주저하지 않고 그리스도와의 삶을 택할 것입니다.

저는 여러분에게 부디 예수 그리스도를 여러분 영혼의 최고의 소원으로 삼으라고 권면하는 바입니다. 모든 피조물은 본성적으로 자신을 보존하려는 욕구를 가지고 있습니다. 사람들은 자신의 몸을 돌보기 위해 얼마나 세심하게 주의를 기울입니까? 여러분도 그러하지 않습니까? 그렇다면 그리스도를 여러분의 최상의 소원으로 삼으십시오. 그리스도 없이는 여러분의 영혼은 보존될 수 없습니다. 그리스도와 연합되기를 구하십시오. 영혼과 몸이 분리되는 죽음의 때에 여러분은 영원한 행복의 문으로 들어가게 될 것입니다(고후 5:1,2). 그리스도와 함께 영원한 행복을 누리게 될 것입니다.

세상 사람들이 그토록 얻으려고 하는 세상의 유익이란게 무엇입니까? 그를 위해 일찍 일어나고 늦게 눕고 수고의 떡을 먹습니다. 그러나 그것은 먼지에 불과합니다. 그 모든 것은 반드시 사라질 것들입니다. 그리스도가 없는 삶을 영위함으로 누리는 세상의 소원들로부터 여러분이 무슨 유익을 얻을 것이라고 기대하십니까? 세상의 모든 것들을 다 가졌다고 합시다. 그것들로부터 과연 얼마나 오랫동안 위로를 받을 수 있을 것 같습니까?

그리스도께서는 어떠한 사랑스러움이나 바람직한 것도 없는 여러분을 사랑하시고 계시지 않습니까. 그런데 어찌 여러분은 이 땅에서나 하늘에서나 가장 사랑스럽고 바람직하신 그리스도를 향해 아무런 바람을 가지지 않는 것입니까?

"(내가)…인자들을 기뻐하였느니라"(잠 8:31).

떡이나 물이나 호흡이나 생명도 그리스도처럼 절대적으로 필요하지 않습니다.

"한 가지만이라도 족하니라"(눅 10:42).

바로 그 한 가지가 그리스도십니다. 여러분들이 다른 모든 것들에 대한 소원을 이룬다고 해도, 그리스도를 얻지 못한다면 여러분은 영원히 불행할 수밖에 없습니다.

여러분의 영혼에 있어 그리스도는 얼마나 합당한 선이십니까! 그리스도는 여러분의 영혼이 구하는 모든 것을 충족시키실 분이십니다(고전 1:30). 세상의 것들이 여러분을 만족시킬 것 같습니까? 그렇지 않습니다. 그 어느 것도 그리스도처럼 여러분의 영혼을 채워주고 만족시키는 것은 없습니다.

예수 그리스도를 소원하는 여러분에게는 놀라운 은택이 주어질 것입니다. 그리스도 안에서 여러분은 풍부한 기업을 물려받게 될 것입니다. 그리스도의 모든 것이 다 여러분의 것이 될 것입니다(고전 3:22).

여러분은 어찌하시겠습니까? 아직도 그리스도를 갈망하지 않으려 하십니까? 모든 영광과 소망은 그리스도와의 연합됨을 기초로 세워집니다(고전 1:21). 그리스도가 없으면 소망도 없습니다. 머지 않아 서게 될 심판의 보좌 앞에 어떻게 서려고 하십니까? 그 큰 날에 양과 염소가 나뉘어 질 것입니다. 위대하고 위엄에 찬 재판장께서 의인에게 사죄의 판결을, 악인에게 저주의 판결을 선고하실 것입니다. 여러분이 그 심판대 앞에 담대하게 서길 원한다면 바로 지금 그리스도를 여러분 영혼의 보배로 삼아야 합니다.

묵상을 위한 시간을 따로 떼어 드리십시오. 세상의 부산함과 시끄러움에서 잠시 벗어나서 말입니다(시 4:4). 여러분은 자신의 영혼의 현재 상태가 어떠한지 진지하게 숙고하시고, 장차 들어가게 될 영원의 상태에 대한 생각을 그치지 마십시오. 모든 건전한 회심은 거기에서부터 시작됩니다(시 69:29).

여러분은 서글픈 상태에 처한 자들이었습니다. 누구도 예외 없이 여러분 모두가 율법의 정죄와 저주 아래 본질상 진노의 자녀였습니다. 여러분의 영혼의 상태가 변하지 않는 한 여러분은 불가피하게 저주를 받을 수밖에 없는 처지에 있던 사람들입니다(요 3:3). 여러분이 지금껏 걸어온 삶의 자취를 생각해 보십시오. 불 위를 걷는 삶이 아니었습니까? 하나님 계명 중 여러분이 어기지 않은 것이 하나라도 있습니까? 여러분이 지은 수를 헤아릴 수 없는 죄를 생각해 보십시오. 여러분은 이제 죄에서 떠나든지, 하나님을 영원히 떠나든지 둘 중 하나의 길을 선택해야 합니다. '죄의 삯은 사망'입니다(롬 6:23). 여러분이 지은 모든 죄에 하나님의 응분의 진노가 있을 것입니다. 그 하나님의 진노를 어떻게 견디시려고 하십니까? 예수 그리스도 안에 있지 않는 한, 하나님의 진노는 여러분 머리 위를 떠나지 않을 것입니다(요 3:36).

예수 그리스도로 말미암아 용서와 평안을 얻은 사람들이 누리게 된 그 행복한 상태와 조건을 생각해 보십시오(시 32:12). 공로 없이, 값없이 주어진 그 은혜의 길을 걸어가십시오. 그들은 그 길을 걷고 있는데 여러분은 왜 그렇게 할 수 없다는 말입니까. 여러분의 때가 불확실하다는 것을 정말 진지하게 생각하십시오. 그 귀한 구원의 기회가 지나 다시는 돌아오지 않을지 모릅니다(요 9:4). 모든 구원의 기회가 다 지나가서 자신의 어리석음을 비탄하는 지경에까지 이르지 않길 바랍니다.

진지한 그리스도인들과 더 많은 교제를 가지십시오. 그들과 친분을 유지하시고 도움을 구하십시오. 여러분을 위해 기도해 달라고 말입니다.

저는 덧붙여 모든 하나님의 백성들이 삶의 부주의함과 누추함으로 말미암아 다른 이들의 마음 속에 그리스도를 향해 불타오르기 시작하는 연약한 소원들을 끄지 말라는 당부를 하고 싶습니다. 임신한 여인을 때려 그 태의 열매를 죽게 한 일에 대해 하나님의 율법이 무엇을 명하고 있는지 보십시오.

"사람이 서로 싸우다가 임신한 여인을 쳐서 낙태하게 하였으나 다른 해가 없으면 그 남편의 청구대로 반드시 벌금을 내되 재판장의 판결에 따라 낼 것이니라. 그러나 다른 해가 없으면 갚되 생명은 생명으로…갚을 지니라"(출 21:22,23).

그러니 어느 사람이 그리스도를 향하여 가진 소망스러운 소욕을 꺼버림으로 말미암아 영혼의 피를 흘리는 일에 대해서는 어떤 대가를 치뤄야 하겠습니까?

14장

영광의 주

> "이 지혜는 이 세대의 통치자들의 한 사람도 알지 못하였나니
> 만일 알았더라면 영광의 주를 십자가에 못 박지 아니 하였으리라"
>
> _고전 2:8

고린도교회에는 사도의 목회사역을 가벼이 여기는 태도를 보이는 자들이 있었습니다. 인간적인 수식(修飾, ornaments)이 모자라다는 이유로, 또 사도의 영적 단순성을 업신여기며 사도의 목회사역을 깔보는 이들이 있었던 것입니다

그들은 사도가 가진 목회의 목적과 의도를 바로 보지 못하였습니다. 사도가 가진 목회의 목표하는 바가 "예수 그리스도와 그의 십자가에 못 박히신 것 외에는 아무것도 알지 아니하기로 한 것"이라는 것을 간과하고 있었던 것입니다(고전 2:2). 그러한 그들의 태도는 자신들의 영혼의 유익에 있어서 아무런 도움을 주지 못했습니다. 그들은 견실한 믿음과 위로를 가질 수가 없었습니다(고전 2:4,5). 육적인 생각을 가진 그들은 탁월한 사도의 강론을 무의미한 것으로 받아들였습니다. 사도의 설교는 거듭나지 아니한 사람들의 세상 지혜를 훨씬 초월한, 아니 가장 뛰어나고 가장 높은 수준을 가진

자들의 이해의 수준을 훨씬 능가하는 지혜였습니다.

"이 지혜는 이 세대의 통치자들이 한 사람도 알지 못하였나니"(고전 2:8).

이 말씀에 등장하는 '통치자들'이란 학식 있는 랍비들과 서기관들, 그리고 바리새인들을 말합니다. 그들은 높은 학식과 지혜로 명성이 있는 자들이었고, 그 때문에 큰 존경을 받고 있는 자들입니다. 그러나 사도는 그들의 그러한 영광을 일축합니다. 그들이 이 세상의 주도자들일지는 모르지만, 다른 세계의 지혜에 대해서는 매우 문외한이라고 말하고 있습니다.

사도는 "만일 알았더라면 영광의 주를 십자가에 못 박지 아니 하였으리라"라는 말씀으로 그 점을 더욱 분명하게 증거하고 있습니다. 그들이 무지함으로 못 박은 자는 다름 아닌 '영광의 주'였습니다.

성경은 예수 그리스도의 위대하고 탁월하신 영광을 무수히 선포하고 있습니다.

"그 날에 여호와의 싹이 아름답고 영화로울 것이요"(사 4:2).

요한은 "아버지의 독생자의 영광"이라고 묘사하며 그리스도의 영광을 높여 지칭하고 있습니다(요 1:14). 하나님의 아들로서 합당한 영광을 지니신 분으로 그리스도를 말하고 있는 것입니다. 그것은 그리스도께 있어서 마땅히 지니실 영광이요, 다른 누구와도 공유할 수 없는 독특한 영광인 것입니다. 사도 야고보는 더 나아가 그리스도를 '영광 자체'로 묘사합니다.

"내 형제들아 영광의 주 곧 우리 주 예수 그리스도에 대한 믿음을 너희가 가졌으니…"(약 2:1).

그렇습니다. 그리스도께서는 영광 그 자체이십니다. 하늘의 영광, 시온의 영광, 우리 영혼의 영원한 영광이 바로 그리스도이신 것입니다.

히브리서 기자는 "하나님(아버지)의 영광의 광채"(히 1:3)라고 지칭합니다.

하나님 아버지의 영광을 빛으로 발산하시는 분으로 묘사하고 있습니다. 이것은 곧 그리스도께서 신적 영광의 광휘 또는 광채라는 것을 말하고 있는 것입니다.

우리 주 예수 그리스도께서는 하늘의 빛나는 보석이시며, 천사들과 성도들의 영광 위에 빛나시는 분입니다. 사도 바울은 자기에게 나타나신 그리스도를 이렇게 표현하였습니다.

"왕이여 정오나 되어 길에서 보니 하늘로부터 해보다 더 밝은 빛이 나와 내 동행들을 둘러 비추는지라"(행 26:13).

그리스도의 영광은 정말 말로 다 할 수 없이 큰 영광입니다. 당신 자신은 물론, 함께 있는 모든 자들의 영광이 되십니다(요 17:24). 당신께 속한 모든 자들에게 영광의 빛을 주심으로 그들을 자유케 하셨습니다(롬 8:21). 교회는 그리스도의 신비로운 몸 된 영광스러운 교회이며(엡 5:27), 그를 계시하는 복음은 또한 영광스러운 복음이 아닐 수 없습니다(딤전 1:11).

그리스도께서 가지신 본질적 영광은 영원 전부터 하나님께서 가지고 계시던 영광입니다. "그는 근본 하나님과 본체시나 하나님과 동등 됨을 취할 것으로 여기지 아니하시고…"(빌 2:6)

그리스도께서는 영광에 있어서 하나님 아버지와 동등한 분이십니다.

"나와 아버지는 하나이니라"(요 10:30).

"무릇 아버지께 있는 것은 다 내 것이라"(요 16:15).

아버지와 아들이신 그리스도께서는 이름과 성품과 속성들에 있어서 본질적으로 하나이시며 그 뜻과 영광에 있어서도 하나이십니다.

또한 그리스도께서 가지신 영광은 '중보자'(中保者)적인 영광입니다. 이 영광은 피로 사신 교회의 머리이신 그분께 지극히 합당한 영광입니다.

"이러므로 하나님이 그를 지극히 높여 모든 이름 위에 뛰어난 이름을 주사 하늘에 있는 자들과 땅에 있는 자들과 땅 아래에 있는 자들로 모든 무릎을 예수의 이름에 꿇게 하시고…"(빌 2:9-10).

이는 그리스도께서 본래 고유하게 가지고 계신 은혜의 충만함입니다.

"은혜와 진리가 충만 하더라"(요 1:14).

그 어떤 피조물도 살아계신 예수 그리스도께서 은혜의 성령으로 충만하신 것처럼 충만함을 입은 적이 없습니다.

"하나님이 보내신 이는 하나님의 말씀을 하나니 이는 하나님이 성령을 한량 없이 주심이니라"(요 3:34).

그리스도의 중보자로서의 영광은 천사들과 성도들로 말미암아서도 드러날 것입니다. 신학자들은 이것을 가리켜 '수동적'(受動的)인 영광이라고 말합니다. 이는 곧 그리스도로 말미암아 구속받은 자들로부터 받는 영광을 말하는 것입니다.

"그 두루마리를 취하시되 네 생물과 이십사 장로들이 그 어린 양 앞에 엎드려 각각 거문고와 향이 가득한 금 대접을 가졌으니 이 향은 성도의 기도들이라 그들이 새 노래를 불러 이르되 두루마리를 가지시고 그 인봉을 떼기에 합당하시도다 일찍이 죽임을 당하사 각 족속과 방언과 백성과 나라 가운데서 사람들을 피로 사서 하나님께 드리시고 그들로 우리 하나님 앞에서 나라와 제사장들을 삼으셨으니 그들이 땅에서 왕 노릇 하리로다 하더라"(계 5:8-10).

그러니 영광의 그리스도께서 가장 비열하고 죄악적인 먼지에 불과한 우리를 위해 그 영광의 의복을 벗으시고 우리와 같은 초라한 육체를 입으셨다는 것이 얼마나 놀랍습니까! 대체 그분은 우리를 위해 얼마나 자신을 낮추신 것입니까? 세상에서 가장 높은 군왕이 궁핍한 거지의 행색을 취한다 할지라도, 하늘에서 가장 영화로운 천사가 벌레로 변형된다고 해도, 우리 영광의 주님이 낮아지심에 비하면 아무것도 아닙니다.

주님의 낮아지심은 정말 놀랍고 기이한 일입니다(딤후 3:16 ; 빌 2:8 ; 롬 8:3).

"마치 사람들이 그에게서 얼굴을 가리는 것같이 멸시를 당하였고 우리도 그를 귀히 여기지 아니하였도다"(사 53:3).

우리는 그 낮아지신 주님을 벌레처럼 여겼습니다.

"나는 벌레요 사람이 아니라 사람의 비방거리요 백성의 조롱거리니이다"(시 22:6).

공중의 새나 땅의 짐승들도 영광의 주님보다는 더 나은 거처를 가지고 있었습니다(마 8:20). 오, 그 엄청난 낮아지심이여! 오, 그 말할 수 없는 사랑이여!

"부요하신 이로서 너희를 인하여 가난하게 되심은 그의 가난함으로 말미암아 너희를 부요하게 하려 하심이라"(고후 8:9).

그리스도는 영광의 면류관을 벗으시고 가시 면류관을 쓰셨습니다.

그리스도의 낮아지심으로 말미암아 우리는 인성이 취할 수 있는 가장 높은 존영을 받게 되었습니다. 영광의 주님과 신비롭게 연합하는 것은 우리 인격이 누릴 수 있는 최대의 영광입니다. 그로 말미암아 우리가 그의 뼈 중의 뼈요, 살 중에 살이 되는 것입니다. 오, 죄악의 먼지에 불과한 가증스러운 우리와 당신 자신을 연합시키다니요! 곤고한 우리를 품에 안으시다니요! 오, 하늘과 땅이 이 일을 보고 놀랄 지어다!

이는 하늘의 천사들도 굽혀 살펴 본 위대한 신비입니다. 사람이 그와 같은 존영을 입는다는 것이 가당치나 한 일입니까? 만약 그리스도께서 먼저 그리하지 않으셨다면 우리가 마음 속에 그러한 일이 일어날 거라고 생각하는 것은 매우 무례한 신성모독이 아닐 수 없습니다. 주님은 여러분의 승낙을 얻기 위해 얼마나 오랫동안 기다리셨는지 모릅니다. 여러분이 주님의 첫 번째 부르심을 거절하였을 때 하나님께서 여러분을 단번에 지옥에 던져 넣으셨다고 해도 하나님께는 허물이 없지 않습니까? 여러분은 '주여, 내가 누구이며 무엇이관대 그처럼 위대한 임금께서 자신을 숙이시나이까!'라고 말해야 합니다. 영광의 능력되신 주님께서 스스로 연약해 지심으로 우리와 연합하시다니요! 오, 은혜, 은혜여, 영원토록 찬탄할지로다!

그리스도 때문에 세상에서 받는 모독을 부끄럽게 여기지 마십시오. 그리스도는 영광의 주이십니다. 주께서 여러분이 당하는 세상에서의 고난에 영광을 부여하십니다.

"그리스도를 위하여 받는 수모를 애굽의 모든 보화보다 더 큰 재물로 여겼으니 이는 상 주심을 바라보았음이라"(시 11:26).

애굽의 왕관은 주님의 영광의 작은 티끌에도 미치지 못하는 것입니다. 시편 기자는 그리스도의 이름을 위해 능욕받는 것을 택하였습니다. 그리스도 때문에 받는 능욕은 우리에게 주어진 영예입니다(행 5:41). 그리스도를 위하여 여러분에게 주어진 은혜는 믿을 뿐 아니라 그분을 위해서 고난도 받게 하려 함입니다(빌 1:29). 고난의 선물은 믿음의 선물과 동등한 가치를 지니고 있습니다. 주님을 위해 당하는 고난은 존귀의 표요, 상급입니다. 이는 모든 사람이 하늘에서 영광의 면류관을 쓰지 못하는 것처럼, 이 땅에서 그리스도를 위하여 사슬에 메이는 존영도 누구나 가질 수 있는 것이 아닙니다.

프랑스 기사인 루도비쿠스 마르사쿠스(Ludovicus Marsacus)는 사슬에 묶인 순교자들의 무리 속에 섞여 끌려가고 있었습니다. 하지만 그의 고귀한 신분 때문에 그는 결박 당하지 않았습니다. 그는 소리쳤습니다. '어찌 나를 사슬로 묶지 않아 나로 하여금 더 존귀한 영예를 받지 못하도록 하는가!'

"내 형제들아 너희가 여러가지 시험을 만나거든 온전히 기쁘게 여기라"(약 1:2).

다윗 역시도 하나님을 위해 천하게 여김을 받는 것을 존귀하게 생각하였습니다. 영광의 주님을 위해서 받는 푸대접이라면 그것마저도 영광스럽게 여긴 것입니다.

그러니 영광의 주님과 함께 하늘에서 그 영광에 참여하게 되는 날은 성도들에게 얼마나 더 영광스럽겠습니까?

"내게 주신 영광을 내가 그들에게 주었사오니…"(요 17:22).

그 날은 신자들의 천한 몸이 그리스도의 영광의 몸과 같이 되는 날입니다(빌 3:21). 물론 본질적인 그리스도의 영광은 공유될 수 없습니다. 신자들은 영광의 존영의 비췸을 받는 것입니다.

"그 날에 그가 강림하사 그의 성도들에게 영광을 받으시고 모든 믿는 자들에게서 놀랍게 여김을 얻으시리니"(살후 1:10).

가장 보잘 것 없는 신자라도 그때에는 모든 왕보다 더 영화롭게 될 것입니다. 루터는 하나님을 믿지 않는 알렉산더 대제가 되느니 차라리 천한 신분으로 그리스도인 되는 것을 택하겠다고 말했습니다. 거대한 집에 살던 은혜 없는 귀족보다 작고 쓰러져가는 집에 살던 그리스도인이 훨씬 더 탁월하다는 것이 증명되는 날이 올 것입니다. 그날은 분명히 옵니다. 그들이 아버지의 나라에서 해같이 빛날 날이 말입니다.

그런데도 불구하고 세상의 영예를 위해 자기들의 영원한 행복을 버리려 하다니요! 사도 바울을 보십시오. 그는 히브리인 중의 히브리인으로 출생하였습니다. 바리새인으로 존귀와 대접을 받는 사람이었습니다. 그는 율법적으로, 도덕적으로 흠 없는 사람이었습니다. 하지만 그는 그 모든 것을 자기 발밑에 던져 버렸습니다. 예수 그리스도와 비교하여 모든 것이 분토와 같다는 사실을 알았기 때문입니다. 모세 역시 그리하였습니다. 로마의 영광도 갈리시우스(Galeacius)를 그리스도로부터 떼어 내지 못했습니다. 그러나 대부분의 사람들은 그리하지 않습니다. 눈부신 세상의 영광에 눈이 멀어 그것을 놓지 않으려고 발버둥칩니다.

"너희가 서로 영광을 취하고 유일하신 하나님께로부터 영광은 구하지 아니하니 어찌 나를 믿을 수 있느냐?"(요 5:44)

거듭나지 못한 세상의 사람들은 성도들을 보며 의아하게 생각할 것입니다. 그리스도를 위해 능욕 받는 것을 자랑하고, 세상의 유익에 자기들처럼 관심이 없는 것을 이상히 여기면서 말입니다. 하지만 신자들도 마찬가지입니다. 그처럼 하찮은 노리개나 텅 빈 그릇 따위를 얻으려고 영원한 행복을 아무렇지도 않게 포기하는 그들이 이상하기 짝이 없습니다.

그리스도는 여러분에게 영광이 되셨습니다. 그런데 여러분이 그리스도에게 부끄러움이 된다면 어찌하시겠습니까? 그리스도인들이야말로 자기들의 모든 행동과 노선을 정확하게 끌어가는데 세심한 주의를 기울여야 할 사람들입니다. 그리스도께서 영광스러우신만큼 여러분은 그만큼 더 주도면밀하게 행동해야 할 필요가 있습니다. 여러분의 삶을 통해 하나님의 교훈과 예수 그리스도를 세상 중에서 아름답게 보이도록 하십시오. 여러분은 영광의 주님을 세상에 드러내는 사람들입니다. 그리스도의 영예는 여러분의 행동으로 수반되는 것이라는 것을 잊지 마십시오. 여러분의 부주의한 삶으로 예수 그리스도께서 여러분의 구주로 불리시는 것을 부끄러워하시게 해서는 안됩니다.

이스라엘이 하나님을 배반했을 때 하나님께서는 모세에게 말씀하셨습니다.

"여기서 속히 내려가라 내가 애굽에서 인도하여 낸 내 백성이 스스로 부패하여…"(신 9:12).

하나님께서는 이들을 더 이상 자기 백성으로 여기기를 부끄러워하시는 것처럼 말씀하셨습니다.

야고보서 2:7은 주밀하지 못한 신앙 고백자들의 양심을 깨우는 예리한 질문을 던집니다.

"그들은 너희에 대하여 일컫는 바 그 아름다운 이름을 비방하지 아니하느냐"(약 2:7).

품행을 통해 복음을 빛나게 하는 것은 그리스도인 된 여러분의 마땅한 도리입니다(약 2:10). 여러분의 삶을 통해 복음을 장식하고 단장하여 보는 자들의 눈에 보기에 좋고 사랑스럽도록 하십시오.

기도와 묵상과 말씀을 듣는 일을 통해 끊임없이 영광의 주님과 교제하십시오. 여러분은 그리스도와의 교제의 의무를 부여 받은 자들입니다. 그것은 피조물들이 이 세상에서 받을 수 있는 최고의 특권입니다. 그런데도 그저 존귀함을 입혀 주셨다는 의식을 가지는 정도에 그치려 하십니까? 예수 그리스도의 존전에 나아가는 것이 두려우십니까? "내 얼굴을 구하라"는 주님의 부르심에 부응하여 대답하십시오. '주여, 우리가 주의 얼굴을 구하겠나이다'라고 말입니다.

세상의 사람들은 죽음을 견뎌내기 어려워 하지만, 신자들은 이 땅에서 사는 것이 견디기 어려워야 합니다. 바울은 영광중에 계신 예수 그리스도를 뵙기 위해서 죽음의 고통도 능히 감당할 만 하다고 생각했습니다(빌 1:23).

"주께서 너희 마음을 인도하여 하나님의 사랑과 그리스도의 인내에 들어가게 하시기를 원하노라"(살 3:5).

여러분 스스로에게 물어보십시오. 그리스도와 떨어져 있는 이 세상의 삶을 견디기 위해서 여러분이 큰 인내심을 필요로 하고 있는지 말입니다.

15장

이스라엘의 위로

> "이 사람은 의롭고 경건하여 이스라엘의 위로를 기다리는 자라"
>
> _눅 2:25

우리는 지금까지 그리스도의 여러 호칭에 대해서 알아보았습니다. 그리스도의 여러 호칭이 가진 의미는 신자들에게 많은 위로를 제공합니다. 영혼의 의원이신 그리스도는 상처 난 영혼을 치료하십니다. 긍휼의 그리스도는 정죄 받아 자기가 무가치한 영혼이라고 생각하는 자들에게 큰 위안이 됩니다. 그리스도의 사랑스러움, 보배로우심, 영광 등 이 모든 호칭들이 신자들의 위로의 샘이 되는 것입니다.

이 장에서 저는 그리스도께 그러한 호칭을 통해 신자들에게 위로를 주실 뿐 아니라, 그리스도 자체가 신자들의 '위로'이심을 보여드리려고 합니다. 그리스도야말로 '혈과 육에 감싸여 있는 순전한 위로'이십니다.

우리는 먼저 이 본문을 통해 시므온이란 사람의 인격과 품성을 발견하게 됩니다. 시므온의 행실이 천상적이고 거룩하다는 것이 나타납니다. 다시 말해 그가 의롭고 경건한 사람이었음이 본문을 통해 드러나고 있는 것입니다. 그가 가진 의와 거룩의 원천적인 원리는 그리스도 안에 있는 믿음이었습니다.

"이 사람은 의롭고 경건하여 이스라엘의 위로를 기다리는 자라."

이 본문은 완곡법(緩曲法)을 사용하여 그리스도와 신자를 묘사하고 있습니다. 곧 이스라엘의 위로로 그리스도를 묘사하고 있고, 그분을 기다리는 자로 신자를 묘사하고 있는 것입니다. 누가복음 2:28에는 시므온이 아기이신 그리스도를 안고 만족해 하는 모습이 그려져 있습니다. 그는 그처럼 오랫동안 기다려 왔던 이스라엘의 위로이신 그리스도를 보게 된 것입니다.

신자들은 그리스도의 성육신 이전부터 그리스도를 바라고 기다렸습니다. 그들은 그 복된 날이 오길 손꼽아 기다려왔습니다. 그 복된 날에 시므온이 살아 그분을 직접 보게 된 것입니다. 시므온과 함께 그리스도를 기다리던 많은 사람들도 약속의 때가 왔다는 것을 감지하였습니다. 시므온은 성령의 특별한 계시를 받았습니다. 그것은 곧 "그가 죽기 전에 그리스도를 볼 것이라"는 계시입니다. 그러니 그가 그리스도를 만날 것에 대한 강한 기대감을 가지지 않을 수 있었겠습니까.

성경은 성령님을 흔히 '파라크레테스'(위로자)라고 부릅니다. 요한복음 16:14에 그에 대한 이유가 드러나 있습니다. 그리스도께서 성령님께 대하여 말씀하시기를, "그가 내 것을 가지고 너희에게 알리시겠음이라"라고 기록되어 있기 때문입니다. 말씀은 위로의 '소재(素材)'로 그리스도를, 참된 위로를 하나님에게 적용하시는 분으로 성령님을 언급하고 있습니다.

이 장에서 제가 강조하고 싶은 요점은 두 가지입니다. 그것은 곧 그리스도 외에는 그 어떤 것에서도 위로를 찾을 수 없다는 것과, 그 위로가 '이스라엘' 즉 '참 신자들'에게만 한정되게 주어진다는 사실입니다.

"하나님의 성령으로 봉사하며 그리스도 예수로 자랑하고 육체를 신뢰하지 아니함은 우리가 곧 할례당이라"(빌 3:3).

그리스도께서는 진심으로 하나님을 섬기는(예배하는) 신자들에게만 위로가 되십니다. 우리의 기쁨이 그리스도 예수님 안에 있습니다. 참 신자들은 그리스도 밖에서 위로를 찾지 않습니다. 세상의 어느 것도 그들을 만족시키지 못합니다. 그들은 육체를 신뢰하지 않는 자들이기 때문입니다. 복음은 기쁘고 좋은 소식입니다. 그러나 복음이 복음 되는 것은 전적으로 그리스도 때문입니다. 신자들을 위로할 수 있는 것은 오직 그리스도로 인한 복음 뿐입니다.

신자들에게 있어서 위로란 무엇입니까? 신자들에게 있어서 위로는 심령의 힘을 북돋는 것을 의미합니다. 위로를 얻는 심령은 힘이 나고, 두려워하지 않으며, 모든 악에 강하게 대항하게 됩니다. 영혼에게 있어서 위로는 병을 털고 일어나 다시 몸이 건강을 찾는 것과 같습니다. 지루하고 추운 겨울과 같던 영혼에 지면을 소생케 하는 봄이 찾아온 것과 같은 것입니다. 마음의 성향과 기질에 따라 위로에는 세 종류가 있습니다. 본성적 위로와, 죄악적 위로와, 영적 위로가 그것입니다.

본성적 위로는 하나님의 선한 피조물들을 통해서 우리 본성적 심령들을 시원케 하는 것을 말합니다.

"음식과 기쁨으로 여러분의 마음에 만족케 하셨느니라"(행 14:17).

죄악적 위로란 하나님의 피조물들을 남용함으로써 자기들의 정욕을 만족시키는 쾌락을 의미합니다.

"너희가 땅에서 사치하고 방종하여 살육의 날에 너희 마음을 살찌게 하였도다"(약 5:5). - 그들의 삶이 육감적이고 죄악적인 삶이었다는 말입니다.

영적 위로는 믿음과 소망의 은혜들을 통해 영혼이 그리스도 안에서 평안과 기쁨을 누리는 것을 말합니다(롬 5:2). 사실상 이 영적 위로만이 참되고 견실한 은혜라는 이름을 얻기에 합당합니다.

영적 위로는 탁월하고 영속적인 유익을 소재로 합니다. 만약 그런 것이 소재가 되지 않는다면 그것은 가시나무가 재빨리 타 없어지는 것이나, 순간적으로 번개가 번쩍였다가 사라지는 것과 같습니다. 이 영적 위로의 견고하고 영속적인 소재들은 전적으로 그리스도로부터 나옵니다. 그리스도의 의와 용서, 은총, 그리고 영광의 소망이 신자들을 실질적으로 위로하는 영속적인 소재가 되는 것입니다(롬 5:2 ; 마 9:2 ; 시 4:6,7 ; 벧후 1:8).

그러나 그러한 위로의 소재를 자신의 것으로 소유하고 참여하지 않으면 누구도 그것으로 위로를 받을 수 없습니다.

"내 마음이 하나님 내 구주를 기뻐하였음은 …"(눅 1:47).

잔치를 보는 것만으로는 주린 배를 채우지 못합니다. 보물을 보는 것만으로는 부유해지지 않습니다.

또한 그 위로의 소재를 분변하는 지식과 증거 역시 실질적 위로를 위해 필요한 것입니다. 그러한 지식과 증거가 없는데도 불구하고 위로의 상태에 있는 것 같이 보이는 사람이 있다면, 그는 그것이 자신에게 필요하다는 사실을 전혀 알지 못하는 자일 것입니다.

신자들의 영혼을 위로하시고, 그 영혼들이 불안해하는 모든 것을 제거하실 분은 그리스도십니다. 오직 그리스도만이 신자들의 위로가 되시는 것입니다. 그리스도께서는 신자들에게 위로가 되는 모든 것을 가지고 계십니다. 정죄 아래 있는 자들에게 용서만큼 큰 위로가 있습니까? 세상의 그 무엇이 진노 아래 있는 자들을 위로할 수 있겠습니까? 용서는 그리스도 안에 있습니다.

"그의 날에 유다는 구원을 받겠고 이스라엘은 평안히 살 것이며 그의 이름은 여호와 우리의 공의라 일컬음을 받으리라"(렘 23:6).

죄인들에게 있어서 이 말씀은 엄청난 위로가 아닐 수 없습니다. 그리스도의 의는 성령 안에서 신자들의 평강과 희락과 기쁨이 되십니다(롬 14:17).

"공의의 열매는 화평이요 공의의 결과는 영원한 평안과 안전이라"(사 32:17).

무거운 죄 짐을 짊어진 낙담한 영혼에게 그저 '기운을 내라. 모든 것을 잘될 것이다'라고 말해 주는 것이 무슨 의미가 있습니까? 그 말을 들은 사람은 후에 이렇게 말할 것입니다. '만약 자네가 나에게 하늘의 좋은 소식을 말해 주었다면, 나의 죄가 용서 받을 수 있는 길을 알려 주었다면 내가 위로 받을 수 있었을 텐데…'

그리스도 안에서 받는 위로는 하늘의 영광에 대한 소망과 기대감으로 시작됩니다. 정말 그렇습니다. 그것이 아니면 우리는 위로 받지 못합니다.

"하나님의 영광을 바라고 즐거워하느니라"(롬 5:2).

사도는 이 소망에 대한 근거를 분명히 제시하고 있습니다.

"이 비밀은 너희 안에 계신 그리스도시니 곧 영광의 소망이니라"(골 1:27).

다른 것으로 사람의 영혼에 참된 위로를 주려고 시도해보십시오. 그 어떤 것을 거론한다고 할지라도 소용이 없을 것입니다. 사람의 영혼에 진정한 위로를 주는 근거는 오직 그리스도 밖에서는 발견되지 않습니다.

소망과 기대감으로 시작된 그리스도의 위로는 신자들이 가지고 있는 모든 불안감을 제거하는 단계로 나아갑니다. 그들에게 고통과 슬픔이 되는 모든 것들을 제거하시고 방지하시어 그들의 영혼을 평안케 하시는 것입니다. 죄야말로 신자들의 가장 큰 고통의 짐이 아닙니까. 바울이 말한 것처럼 그들은 말합니다.

"오호라 나는 곤고한 사람이로다. 이 사망의 몸에서 누가 나를 건져내랴"(롬 7:23).

그리스도 피를 통한 완전한 공의의 완성(엡 5:2), 성령님의 거룩하게 하심(요 3:5,6), 죄로부터 완전히 구원하시는 일(엡 5:26,27), 이것이 신자들의 죄에 대한 모든 고통과 슬픔의 근거들을 말씀히 씻어낼 것입니다.

사탄의 시험은 또 신자들에게 있어서 얼마나 무거운 고통입니까? 그렇습니다. 모든 신자들이 이 땅에서 시험으로 인한 심령의 무거움을 지니며 살고 있습니다. 시험은 신자들의 영혼에 큰 상처를 입힙니다. 그 상처는 너무나 커다란 고통을 신자들에게 줍니다. 시험의 고통으로 괴로워하는 그들이 영혼의 힘을 가질 수 있는 길은 오직 그리스도뿐입니다. 그리스도만이 시험을 당하는 신자들의 영혼에 힘을 주는 오직 유일한 소재를 가지고 계시기 때문입니다. 그리스도의 중보자로서의 직무는 지상에 사는 신자들에게 특별한 위안이 됩니다.

"그러나 내가 너를 위하여 내 믿음이 떨어지지 않기를 기도하였느니…"(눅 22:32)

"평강의 하나님께서 속히 사탄을 너희 발아래에서 상하게 하시리라"(롬 16:20).

여러분은 하나님께서 마치 자기를 버리시고, 그 얼굴을 가리우신 것 같다는 생각이 들 때가 없었는지요? 아니 분명 그러한 때가 있었을 것입니다. 그때 여러분의 마음은 매우 곤고했을 것입니다. 어느 것에서도 위안을 받지 못했을 것입니다.

"여호와여 주의 은혜로 나를 산같이 굳게 세우셨더니 주의 얼굴을 가리시매 내가 근심하였나이다"(시 30:7).

이러한 곤고함의 때에는 그리스도말고 그 어떠한 것도 위로가 되지 못합니다. 그리스도께서도 친히 하나님께 버림을 받으신 적이 있었습니다. 그 마음을 누구보다 잘 아시는 그리스도께서 여러분을 위로하실 것입니다. 하나님과 믿는 자들 사이의 연합은 결코 깨어지지 않을 것이라는 약속을 통해서 말입니다(시 13:4 ; 렘 32:40). 외적 은혜가 잠시 중지될 수 있습니다. 그러나 하나님은 다시 돌아오시어 여러분을 위로하실 것입니다(사 54:7). 사탄이 여러분을 거세게 잡아두려고 할지라도 하나님께서는 결단코 여러분을 손에서 놓지 않으실 것입니다(요 10:20). 오! 이 약속이야말로 얼마나 큰 위로입니까!

외적 환난과 낙담 역시 고통의 소재가 아닐 수 없습니다. 하나님의 징계가 우리를 아프게 하실 때 우리의 심령은 얼마나 낙담하게 되는지 모릅니다. 그러나 그런 우리의 위로가 예수 그리스도 안에 있습니다.

"무릇 내가 사랑하는 자를 사랑하여 징계하노니 그러므로 네가 열심을 내라 회개하라"(계 3:19).

"주께서 그 사랑하시는 자를 징계하시고 그가 받아들이시는 아들마다 채찍질하심이라"(히 12:6).

우리의 선을 도모하시는 그리스도의 계획이 분명하게 성취될 것입니다(롬 8:28). 그 선한 뜻이 이루어지면 더 이상의 환난은 없습니다.

"하나님은 친히 그들과 함께 계셔서 모든 눈물을 그 눈에서 닦아 주시니"(계 21:3,4).

우리의 영혼을 위로할 수 있는 모든 것은 그리스도 안에 있습니다. 그리스도 밖에 있는 위로는 모두가 다 죽은 위로입니다. 세상의 즐거움과 풍요로움, 영예와 건강, 여러 인간적인 관계들은 결코 영혼을 위로하지 못합니다. 그리스도께서 '봉인된 샘이요 닫힌 우물'을 여기시지 않는 한, 세상 무엇을 가진다 한들 위로가 되지 못할 것입니다. 그 어떤 고통과 슬픔도 그리스도의 위로 앞에서 사라지지 않을 것은 없습니다.

"근심하는 자 같으나 항상 기뻐하고"(고후 6:10).

신자는 어떠한 고통 중에서도 위로 받는 자가 될 수 있습니다. 그 결론은 견고합니다. 그 결론은 이미 허다하게 입증된 것입니다.

이렇듯 그리스도의 위로는 신자들만이 누릴 수 있는 고유한 위로입니다. 불신자들은 신령한 위로를 만들어내는 소재를 가지지 못합니다. 그들은 신령한 위로를 주는 견실하고 영적이고 영원한 성결의 선, 곧 그리스도와 그 언약들을 가지고 있지 않기 때문입니다.

그들이 세상 가운데서 사수하려고 하는 것들이 무엇입니까? 그들이 즐거워하는 것이 무엇입니까?(암 6:13)

"그들은 소고와 수금을 노래하고 피리 불어 즐기며"(욥 21:12).

그들이 느끼는 환희가 그리스도와 그 언약으로 말미암아 느끼는 즐거움입니까? 그들의 환희는 선한 양심의 운율이나 성령으로 인한 기쁨이 아닙니다. 그들은 그와 같은 음악을 알지 못합니다.

그리스도와 그 약속들은 불신자들을 위해 주어진 것이 아닙니다. 그들은 거기에 대한 권한을 조금도 가지고 있지 않습니다. 그러니 그리스도와 약속들이 그들에게 어떠한 의미가 있겠습니까. 그것은 마치 다른 사람이 가지고 있는 돈과 같습니다. 남의 돈으로 자기를 먹이고 입힐 수 있겠습니까? 영혼을 의롭다 하시고 구원하실 그리스도가 자신의 그리스도가 아니라면, 그리스도가 그들에게 무슨 의미가 있겠습니까?

불신자들은 평강은 하나님과의 화평에 대한 어떠한 증거도 가지고 있지 않습니다. 특별한 약속에 대한 은혜도 없습니다. 어떠한 성령님의 인치심도 없습니다. 성령께서 왜 거룩하게 하신 자들이 아닌 그들을 인치시겠습니까? 그러한 그들이 그리스도 예수 안에 자신들의 영혼을 위로할 수 있는 소재들이 있다는 사실을 믿을리가 있겠습니까.

그들은 피조물을 통해 위로를 얻고 피조물을 통해 기쁨을 누립니다. 그들의 얼굴은 기쁨으로 가득 차 있는 것처럼 보입니다. 그러나 그것이 전부입니다. 그들이 받고 있는 위안이 그들에게 주어진 기쁨의 전부인 것입니다.

"그러나 화 있을진저 너희 부요한 자여 너희는 너희 위로를 이미 받았도다"(눅 6:24).

그 기쁨은 그리 오래 가지 못합니다.

"그들의 날을 행복하게 지내다가 잠깐 사이에 스올에 내려가느니라, 악인의 등불이 꺼짐이나 재앙이 그들에게 닥침과 하나님이 진노하사 그들을 곤고하게 하심이 몇 번인가"(욥 21:13,17).

그들의 마음 속에는 알 수 없는 양심의 번민이 존재합니다.

"웃을 때에도 마음에 슬픔이 있고 즐거움에도 근심이 있느니라"(잠 14:13).

그들이 누리던 즐거움은 곤고한 날에 흔적도 없이 사라질 것입니다. 참된 위로의 문은 모두 닫혀버릴 것입니다. 그리스도의 위로는 그들에게 단 한 방울도 주어지지 않을 것입니다. 그리스도의 위로는 오직 하나님의 자녀들을 위한 것이기 때문입니다.

그러니 신자인 여러분은 한 순간이라도 풀이 죽어 있는 모습을 보일 이유가 없습니다. 여러분에게는 불신자들이 결코 소유할 수 없는 그리스도의 위로의 뿌리와 씨앗이 심겨졌습니다.

"의인을 위하여 빛을 뿌리고 마음이 정직한 자를 위하여 기쁨을 뿌리시는도다"(시 97:11).

여러분들이 가지고 있는 그리스도와 약속에 대한 위로는 씨앗의 형태로 주어졌습니다. 여러분이 설령 지금 그 위로들을 향유하고 있지 못할지라도 위로의 씨는 기쁨의 싹을 틔울 것입니다. 때가 되면 여러분은 충만한 위로의 열매를 얻게 될 것입니다.

물론 모든 신자들이 동일한 위로를 얻지는 않을 것입니다. 모든 신자들이 다 같은 거룩함을 가지거나, 동일한 믿음을 행사하는 것은 아니기 때문입니다. 어떤 이들은 부요한 믿음과 엄격한 순종으로 죄에 대한 탁월한 분변력을 가집니다. 이들은 많은 위로를 소유하게 될 것입니다. 그러나 은혜 안에 연약한 자들, 믿음에 있어서 가난한 자들, 부주의함으로 자주 하나님의 선하신 성령님을 근심시키며 자신의 양심을 상하게 하는 자들은 큰 위로와 기쁨을 경험하지 못합니다. 양심은 신령한 위로가 부어지는 그릇이기 때문입니다.

그리스도의 위로를 베푸시는 것은 성령님의 주권적인 행사입니다. 성령님의 원하시는대로 각 사람에게 베푸시는 위로의 분량과 때를 정하십니다. 그 모든 것은 위로자이신 성령님의 주권적인 정하심에 따라 좌우되는 것입니다.

"그리스도 예수로 자랑하고 육체를 신뢰하지 아니하는 우리가 곧 할례 파라"(빌 3:3).

이것이 바로 참된 신자들의 기조입니다. 참된 신자는 자신의 위로를 위해서 그리스도께 한 발, 피조물에게 한 발을 놓는 식으로 행하지 않습니다. 여러분 스스로가 생수를 담아 놓지 못할 웅덩이를 만들지 말아야 합니다.

"내 백성이 두 가지 악을 행하였나니 곧 그들이 생수의 근원이 된 나를 버린 것과 스스로 웅덩이를 판 것인데 그것은 그 물을 가두지 못할 터진 웅덩이들이니라"(렘 2:13).

만일 여러분이 어떤 피조물을 자신의 위로의 샘 근원으로 삼으려 한다면 하나님께서는 분명 그 샘을 마르게 하실 것입니다. 그 피조물이 여러분으로부터 떠나간다면 여러분은 어디서 위로를 찾을 수 있겠습니까?

육적인 사람들은 육적인 것들을 먹고 삽니다. 하지만 영적인 사람들은 신령한 것을 먹으며 살아갑니다. 여러분은 어떠합니까? 육적인 것이 여러분의 마음의 만족과 위로가 됩니까? 그렇다면 여러분은 육적인 사람입니다.

모든 피조물들은 은혜와 위로를 위한 방편과 도구일 뿐입니다. 그 자체가 위로의 근거나 근원이 될 수 없습니다. 위로의 샘물이 나는 우물은 아닌 것입니다.

여러분은 세상에서 가장 행복하고 위안 어린 삶을 살 수 있습니다. 여러분이 그리스도를 불쾌하게 여기지만 않는다면 그리스도께서 매일 여러분의 위로자가 되실 것입니다. 여러분의 삶은 유리한 장점들로 차고 넘치게 될 것입니다. 여러분은 여러분에게 주어진 위로를 보장하시는 주님의 분명한 명령을 받지 않았습니까!

"주 안에서 항상 기뻐하라 내가 다시 말하노니 기뻐하라"(빌 4:4).

이 세상에서 여러분이 많은 환난을 당한다 할지라도 그 고통은 머지않아 기쁨으로 변할 것입니다. 그러나 그리스도 안에 있는 위로는 결코 고통으로 반전되지 않을 것입니다. 낙담하지 마십시오. 여러분이 당하는 고통이 그리스도께서 주시는 위로를 방해하도록 그대로 내버려 두지 마십시오(롬 8:28). 믿음의 원리대로 힘차게 나아가십시오. 여러분의 양심은 그리스도의 피뿌리심을 얻게 될 것입니다. 여러분은 기뻐할 수밖에 없는 이유를 가지게 될 것입니다. 하늘에 계신 아버지를 모시고 있는 사람은 지상에서 가장 기뻐할 만한 이유를 가진 자입니다. 여러분은 사망의 쏘는 것과 해하는 것으로부터 건짐 받을 것입니다. 그것이야말로 여러분이 낙담하지 말아야 할 가장 최상의 이유가 되지 않습니까?

그리스도께 나아가십시오! 그리고 그리스도로부터 주어지는 참된 위로를 누리십시오!

16장

죄 사함

> "우리는 그리스도 안에서 그의 은혜의 풍성함을 따라
> 그의 피로 말미암아 속량 곧 죄사함을 받았느니라"
>
> _엡 1:7

저는 이제 그리스도께 오는 모든 사람들에게 값없이, 그리고 온전하게 주어진 영광스러운 복음인 '죄 사함의 특권'을 살펴 보려합니다.

'죄 사함'은 그리스도를 통하여 얻을 수 있는 모든 은택 중 최고의 특권입니다. 그리스도께서는 이를 위해 피의 값을 지불하셨습니다. 그 복된 특권이 신자들에게 '은혜의 풍성함'으로 대가 없이 주어진 것입니다. 그 주체는 '그리스도 예수 안에 있는 신실한 성도'들을 말합니다. 하나님께서 창세 전에 그리스도 안에서 택하시어 자기의 아들로 예정하신 자들인 것입니다. 바로 그들이 풍성한 은혜로 주어지는 그리스도의 피로써 값없이 속량함을 받는 것입니다.

그리스도 안에 있는 모든 이들은 죄 용서함의 상태에 속한 자들입니다. 죄의 용서는 그리스도 안에서, 그리스도로 말미암아 하나님께서 베푸시는

은혜로운 행사입니다. 믿는 자의 모든 죄책을 면하여 주심으로 모든 죄와 그 죄의 인해 받을 형벌로부터 그들을 자유케 하여 주시는 것입니다. 그것은 오로지 하나님만이 하실 수 있는 일입니다. 하나님이 아니고서는 그 누구도 그들의 죄를 용서할 수 없습니다(막 2:7). 죄는 하나님에 대한 갚을 수 없는 악의 빚입니다(시 51:4). 그 빚의 채권자이신 하나님말고 누가 그 빚을 탕감해줄 수 있다는 말입니까?(마 6:12) 죄인을 용서하는 것은 전적인 하나님의 행위입니다. 모든 죄의 채무와 허물들을 '도말(塗抹)'하심으로 죄와 형벌에 묶인 자들을 자유롭게 해 주시는 것입니다.

이는 하나님의 은혜로운 행사입니다. 그 모든 일이 그분 자신의 이름을 위하여 행사되는 순전한 은혜의 효력으로 이루어지는 것입니다(사 43:25). 하나님께서는 그 용서에 어떠한 대가도 바라지 않으십니다. 은혜는 바로 여기에 있습니다. 그리스도께서 우리의 빚에 대한 보증인이 되시기 때문입니다. 이것은 곧 그리스도를 통한 하나님의 행사를 말합니다. 그리스도의 충족성이 우리의 용서의 근거가 됨으로, 하나님께서 자신의 의로우심을 선포하시게 되는 것입니다(롬 3:25).

"여호와는 은혜로우시며 의로우시며"(시 116:5).

죄의 용서는 공의와 긍휼의 융합으로 난 것입니다.

"그의 안에서 우리가 속량(구속) 곧 죄사함을 얻었느니라"

죄인으로 하여금 죄와 형벌에서 자유케 하시는 하나님의 은혜인 '죄 사함'은 어떠한 다른 대가로도 살 수 없는 것입니다(미 6:6,7). 그래서 그것이 신자들이 누리는 절대적인 '특권'이 되는 것입니다. 그 특권에는 신자들의 용서를 위한 모든 요소들이 연합되어 있습니다. 용서의 동력인 하나님의 긍휼, 하나님의 공의를 만족시키실 그리스도의 피, 용서 받고 구원 받을 만한 믿음, 이 모든 것이 신자들의 사면을 위해 연합하여 협력하는 것입니다(렘 31:34 ; 미 7:19). 그들은 또한 죄사함의 특권을 받은 것에 대한 표지를 받습니다. 그것은 곧 다른 사람들을 향한 긍휼과(마 6:14) 양심에 임하는 복된 평안(롬 5:1)입니다.

그리스도의 피 외에 그 어떤 것도 신자들의 죄의 용서의 대가로 맞바꾸어 지불될 만한 것이 없습니다. 그리스도의 피는 결백하며, 흠 없는 어린 양의 피이기 때문입니다(벧전 1:19). 이 피는 한없이 소중하고 가치 있는 하나님 자신의 피이기 때문입니다(행 20:28). 그리스도의 피는 그 목적을 위한 하나님의 영원한 약정으로 준비된 것입니다(히 10:5). 그 약정은 그리스도의 나심과 죽음으로 완전히 성취되었습니다.

그리스도의 피는 단지 상징적으로 예비된 것이 아닙니다. 우리의 죄 사함을 위해, 하나님의 공의를 만족시키기 위해 그리스도께서는 실제로 피를 쏟으셨습니다(사 53:5). 하나님의 공의는 분명하고 엄중하였습니다. 죄 사함은 그리스도의 피의 대가로 그렇게 우리에게 주어진 것입니다.

"피 흘림이 없은즉 사함이 없느니라"(히 9:22).

신자들에 대한 죄사함을 통해 하나님께서는 말로 할 수 없는 은혜의 풍성함을 나타내 보이셨습니다.

"죄가 더한 곳에 은혜가 더욱 넘쳤나니"(롬 5:20).

"우리 주의 은혜가 그리스도 예수 안에 있는 믿음과 사랑과 함께 넘치도록 풍성하였도다"(딤전 1:14).

하나님의 죄 사하심은 그 대가를 지불하신 그리스도를 제외한 모든 긍휼 중 가장 부요한 긍휼입니다. 정죄 받은 죄인에게 있어서 죄 사함의 긍휼보다 더 큰 은혜가 어디 있겠습니까? 세상의 법정에서 아무리 큰 죄에 대한 사면을 받았다고 해도 하나님께 받은 용서만큼 달콤할 수는 없습니다.

그 긍휼의 풍성함은 용서의 방식을 통해 더욱 명백하게 드러납니다. 하나님의 용서는 '그리스도의 피로 말미암아' 이루어 졌습니다. 그리스도를 통해 우리를 향한 하나님의 사랑을 확증하신 것입니다(롬 5:8). 만약 그리스도의 희생이 없었다면 공의는 만족되지 않은 채 하나님의 긍휼로 만족할 수밖에 없었을 것입니다.

하나님의 용서하심은 흔한 호의가 아닙니다. 하나님의 용서하심은 세상 누구에게나 주어지지 않습니다. 심지어 타락한 천사들에게도 주어지지 않은 것입니다. 오직 적은 무리, 곧 사람들 중 소수의 '남은 자들'에게만 주어진 것입니다(눅 12:32 ; 요 17:3).

죄 사함의 특권을 누리는 우리가 본래 어떤 자들이었습니까? 본질적으로 다른 이들과 동일한 죄와 비참함에 빠져 있던 자들이 아닙니까?(엡 2:3) 바울은 말하기를, "내가 전에는 훼방자요 핍박자요 포행자였으나 도리어 긍휼을" 입었다고 하였습니다.

"너희 중에 이와 같은 자들이 있더니 주 예수 그리스도의 이름과 우리 하나님의 성령 안에서 씻음과 거룩함과 의롭다 하심을 얻었느니라"(고전 6:11).

그렇습니다. 하나님께서는 사람들 가운데서 가장 멸시받고 경멸 당할 만한 자들을 골라 이 영광스러운 특권을 누리게 하셨습니다(고전 1:26).

범주의 차원에서 하나님의 은혜의 풍성함은 어떠합니까? 우리의 무수한 죄과를 생각해 보십시오.

"자기 허물을 능히 깨달을 자 누구리요?"(시 19:12)

그리스도의 피는 작거나 크거나 알려졌거나 혹은 은밀하거나, 오래되었거나 새로 지었거나 우리의 모든 죄에 대하여 예외 없이 적용됩니다(요일

1:7). 오, 은혜의 풍성함이여! 오, 하나님의 측량할 수 없는 선하심이여!

"이스라엘아 여호와를 바랄지어다 여호와께는 인자하심과 풍성한 구속이 있음이라 저가 이스라엘을 그 모든 죄악에서 구속하시리로다"(시 130:7,8).

은혜로 주어진 용서는 그 영구함에 있어서 더욱 풍성한 빛을 발합니다. 모든 죄를 예외 없이 용서하신 은혜는 결코 다시 번복되지 않을 것입니다. 용서 받은 영혼은 '다시 심판에 이르지' 않습니다(요 5:24).

"동이 서에서 먼 것 같이 우리 죄과를 우리에게서 멀리 옮기셨으며"(시 103:12).

용서 받은 영혼과 그 영혼이 지었던 죄가 다시 만나는 일은 결코 일어나지 않습니다. 히스기야는 "주께서는 나의 모든 죄를 주의 뒤로 던지셨나이다"라고 했습니다. 긍휼의 하나님께서는 회개하는 신자의 얼굴 앞에 있는 죄들을 등 뒤로 던지시고 그것들을 다시 보지 않으십니다. 이는 죄에 대한 책임을 용서 받은 백성들에게 지우지 않게 하시는 하나님의 풍성하신 긍휼인 것입니다.

죄의 짐을 커다란 고통으로 느껴보지 못한 사람들은 그 풍성한 긍휼이 무엇인지 알지 못합니다. 죄의 괴로움과 두려움 속에 있어 본 사람들만이 그 용서가 얼마나 풍성한 긍휼인지 알 수 있는 것입니다. 다윗이나 헤만 (Heman), 그리고 많은 성도들이 그러하였습니다. 양심이 정죄하는 고통을 당했던 그들은 죄 용서의 가치가 얼마나 큰 것인지 알았습니다. 오, 용서 받은 자의 복됨과 행복이여!

"허물의 사함을 받고 그 죄의 가리움을 받은 자는 복이 있도다 마음에 간사가 없고 여호와께 정죄를 당치 않은 자는 복이 있도다"(시 32:1,2).

하나님의 용서가 여러분에게 주어지기까지 얼마나 엄청난 대가가 치루어졌는지를 생각해 보십시오. 여러분에게 죄의 용서란 '경이로운 긍휼'로 밖에 보이지 않을 것입니다. 우리를 이 특권으로 인도하시기 위해서 하나님께서는 강력한 빗장들을 산산조각 내셨습니다. 곧 중재자 되시는 그리스도를 통해서 말입니다. 그리스도가 없다면 용서란 있을 수 없습니다. 하나님의 아들이신 그리스도께서 우리의 보증자로 친히 그 빚을 지셨습니다. 우리 대신 하나님의 진노를 감당하시어 갚을 수 없는 우리의 빚을 완전히 갚아 주신 것입니다. 그리고 성령을 통하여 우리의 눈을 여시고, 우리의 단단한 마음을 부수시어 우리를 그리스도께로 인도하셨습니다. 우리가 믿음의 방식 안에서 그리스도께로 나아가지 않는다면 하나님의 죄 사함은 우리에게 적용될 수 없기 때문입니다.

하나님의 용서는 그 자체로 완전하고 온전한 긍휼입니다. 하나님의 죄 사하심이 값싼 복에 지나지 않는다면, 그 대가로 아들이신 그리스도의 피를 대가로 치루지 않으셨을 것입니다. 그러니 용서받은 영혼들이여, 기뻐하십시오! 여러분은 충분히 기뻐할 만한 사람들입니다!

"그러므로 우리가 믿음으로 말미암아 의롭다 하심을 얻었은즉 우리 주 예수 그리스도로 말미암아 하나님으로 더불어 화평을 누리자"(롬 5:1).

저는 모든 신자가 완전한 양심의 평안을 누리고 있다고 생각하지 않습니다. 용서받은 영혼이라 할지라도 여전히 많은 두려움과 괴로움을 가질 수 있습니다. 그러나 믿음이 용서받은 영혼을 완전한 양심의 안식으로 인도한다는 것은 의심할 여지가 없는 진실입니다. 그리스도께서 흘리신 피가 충분한 효력을 가지고 있다는 사실을 믿으십시오. 그 피는 모든 죄에 대하여 제한적이거나 예외를 두지 않습니다. 그 피는 무한한 존귀성과 가치를 지니는 것이기 때문입니다. 죄의 용서는 단 한 번에, 모든 것이 동시적으로 이루어지는 일입니다. 만약 그렇지 않다면 그것은 복음과 조화를 이루지 않는 것이 됩니다. 용서 받은 영혼을 끝까지 구원해 내지 않으신다면 무엇 때문에 죄를 사해 주시겠습니까? 용서할 수 없는 죄를 남겨 놓으신다면 그것은 다른 모든 죄의 용서를 무효화 하는 일입니다. 만약 그렇다면 하나님의 죄 사함의 계획과 목적은 실패되는 것입니다.

저는 분명히 말씀드립니다. 그런 일은 결코 일어나지 않습니다. 믿음을 부여잡으십시오. 그 믿음이 용서 받은 여러분의 영혼을 안식과 평안의 상태로 인도해 줄 것입니다.

그리스도가 없으면 용서도 없습니다. 믿음이 없으면 그리스도도 없습니다. 그러나 수많은 영혼들은 그리스도 없이 하나님의 절대적인 긍휼에 호소하며 용서를 구합니다. 그들의 간구에는 예수 그리스도의 피가 생략되어 있습니다. '우리는 죄를 범하였으나 하나님은 자비로우시지 않습니까!'라고 말하는 식입니다. 어떤 이들은 자기 스스로의 공로를 용서의 대가로 착각합니다. '내가 죄를 지었으나 뉘우치고 나 자신을 제어하여 개선한다면 하나님께서는 용서하실 것입니다'라고 생각하는 것입니다. 그런 자들은 자신들의 죄악의 극악성을 축소하고, 하나님의 공의를 과소평가 하는 자들입니다. 자신들의 영혼이 거짓된 속임수에 미혹되어 있다는 사실도 모른 채 그리스도의 피를 얕잡아 보고 있는 자들인 것입니다. 그리스도를 배제하고 용서를 기대하는 것은 결단코 열리지 않을 문을 두드리는 격입니다(롬 3:20). 용서의 근거는 오직 그리스도의 피에 있습니다. 어떠한 영혼도 믿음으로 그리스도께 참여하지 않고는 용서받지 못한다는 진리를 기억하십시오. 물론 회개나 개선들은 바람직한 행위입니다. 그러나 그것이 구세주는 아니라는 사실을 기억하십시오. 그것들로 하나님의 공의를 만족시킬 수 없습니다.

하지만 여러분은 분명히 알아야 합니다. 은혜의 풍성함을 더 자유롭게 죄 짓는 구실로 삼는 일은 악한 것이라는 사실을 말입니다.

"은혜를 더하게 하려고 죄에 거하겠느뇨 그럴 수 없느니라"(롬 6:1,2).

그것은 세상에서 가장 탁월한 것을 남용하는 악함입니다. 그리스도께서 죄를 사하시기 위해 흘리신 피를 죄의 구실로 삼다니요! 그것은 하나님께서 결코 허락하지 않으시는 일입니다. 선을 악으로 갚은 것은 세상 가운데서도 배은망덕한 것이 아닙니까. 하물며 세상에 주어진 하나님의 가장 위대한 긍휼을 불명예로 갚다니요!

"사유하심이 주께 있음은 주를 경외케 하심이니다"(시편 130:4).

이 말씀은 주님의 죄 사함의 은혜를 남용하라고 주신 말씀이 아닙니다. 술취함을 경계하라고 말씀하신 하나님께서 아들의 보배로운 피를 남용하는 것을 어찌 여기시겠습니까?

그리스도가 없는 모든 사람들은 하나님의 정죄 아래 있는 자들입니다.

"저를 믿지 아니하는 자는 하나님의 독생자의 이름을 믿지 아니하므로 벌써 심판을 받은 것이니라"(요 3:18).

그리스도께서 자유롭게 하시지 않는 한, 그들은 율법의 저주에서 떠날 수 없습니다(요 8:36). 믿음으로 그리스도 안에 거하여 의롭다하심을 받는 일이 없다면 그 어떠한 영혼도 죽음에서 생명으로 옮겨질 수 없습니다. 그들의 눈먼 양심이 자신들에게 무죄를 선언한다고 해도, 그들은 하나님의 정죄를 피할 수 없을 것입니다.

하나님의 정죄하심 아래 있는 것이 얼마나 끔찍한 일인지 생각해 보십시오. 본질상 가장 비참한 속성을 지닌 것들도 하나님의 정죄 아래 있는 상태의 비참함과는 비교할 수 없습니다. 모든 질병, 가난, 치욕 그리고 모든 폭군들에 의해 고안된 고문들을 저울 한 편에 놓고, 다른 편에 하나님의 정죄하심을 놓아보십시오. 하나님의 정죄하심에 비해 그러한 것들이 깃털처럼 가볍다는 것을 알게 될 것입니다. 정죄는 크시고 두려우신 하나님의 선고입니다. 그것은 여러분을 영원히 지속되는 진노 가운데 가두시는 선언입니다. 그리스도의 피가 아니면 결코 번복될 수 없는 선고인 것입니다. 오, 영혼들이여, 누가 하나님의 분노를 견뎌낼 수 있다는 말입니까! 여러분 중 혹시 그럴 수 있다고 생각하는 분이 계십니까? 아닙니다. 결코 그럴 수 없을 것입니다. 여러분의 양심에 떨어지는 단 한 방울의 진노가 여러분이 누리던 이 세상에서의 모든 즐거움과 편안함을 한 순간에 빼앗아 갈 것입니다!

그러나 하나님께서는 그 누구도 멸망받기를 원치 않으신다고 말씀하십니다(벧후 3:9). 가장 흉악한 죄인에게도 기회가 있습니다. 모두에게 열려 있는 은혜의 문이 있습니다(히 3:15). 그러나 그 문이 언제까지나 열려 있지는 않을 것입니다(눅 13:25). 하나님께서 언제 그 촛대를 옮기실지, 언제 그 문을 닫으실지 알 수 없습니다. 이것은 참으로 두려워해야 할 심판입니다. 그러니 두려워 하십시오. 모든 은혜의 수단이 여러분으로부터 제거될 수 있습니다. 죽음이 여러분에게서 모든 구원의 기회를 빼앗아갈 수도 있습니다. 한 번 닫혀진 긍휼의 문은 다시 열리지 않을 것입니다. 여러분은 모든 용서와 구원의 가능성을 잃게 될 것입니다. 일할 수 없는 밤이 찾아올 것입니다 (요 9:4).

매일 아침 하루가 주어지듯이, 용서는 날마다 모든 사람들에게 허락되고 있습니다. 지금 이 시간에도 한 때 긍휼에서 멀리 떨어져 있던 누군가가 자신에게 주어진 용서로 기뻐하고 있을 것입니다. 세상은 용서하시는 하나님의 풍성한 은혜의 예로 가득 차 있습니다. 오, 그러므로 하늘을 향해 부르짖으십시오. 주님을 쉬게 하지 마십시오. 그분이 무감각한 여러분의 마음을 깨뜨리시고, 여러분의 완고한 의지를 꺾어 주실 때까지 간청하십시오. 그리스도의 피로 서명된 용서를 받기까지 말입니다.

하나님께서는 그 누구도 멸망하기를 원치 않으십니다(벧후 3:9).

17장

그리스도의 구속 안에서
우리를 받아주시는 하나님의 은혜

> "이는 그의 사랑하는 자 안에서 우리에게 거저 주는바
> 그의 은혜의 영광을 찬미하게 하려는 것이라"
>
> _엡 1:6

본문은 예수 그리스도를 '믿는 자들을 받아 주시는' 하나님의 특권에 대해 말하고 있습니다. 우리는 죄 사함과 더불어 우리를 받아주시는 은혜와 함께 의롭다 하심을 받습니다. 우리를 받아주시는 특권은 본질상 탁월하고 부요한 복락입니다. 본문은 이를 "그의 사랑하시는 자 안에서 우리에게 거저 주시는 바"라고 표현하고 있습니다. 이것을 원문인 '에카리스토센 헤미스'를 직역하면 '우리와 영합하셨다'(he has ingratiated us), 또는 '우리를 이끄사 아버지 하나님의 은혜와 총애와 받아들이심 속으로 들어오게 하셨다'(brought us into the grace, favour and acceptance of God the Father)로 번역할 수 있습니다. 곧 그리스도를 통해 우리가 하나님 앞에서 은혜를 얻게 되는 것을 의미하는 것입니다.

또 우리는 본문에서 우리가 누리도록 지불된 공로의 근거가 '그의 사랑하시는 자 안에' 있다는 것을 발견합니다. '그의 사랑하시는 자'는 물론 그리

스도를 말합니다. 하나님의 마음을 최고로 기쁘시게 하는 사랑의 대상이신 그리스도를 그렇게 표현하고 있는 것입니다. 믿는 자들은 그분을 통해 하나님의 은택을 입을 수 있습니다. 아니, 그분 자체로만으로도 하나님께 열납될 수 있습니다. 그분 때문에 하나님께서 우리를 받으시는 것입니다.

"그의 은혜의 영광을 찬미하게 하려는 것이라"는 부분은 믿는 자들에게 특권을 주시는 목적을 가리키고 있습니다. 믿는 자들에게 특권을 주심으로 그분의 은혜가 찬송 가운데 영화롭게 되게 하시는 것입니다.

우리를 받아 주시는 하나님의 행사는 풍성한 은혜가 아닐 수 없습니다. 하나님을 상고하고 감탄하며 그 광대하심을 높이는 일은 이 은혜를 받은 자들이 해야 할 일일 것입니다.

그리스도께서는 자기 안에 있는 모든 이들을 위해 하나님의 특별한 호의와 받아들이심을 얻어내셨습니다. 성경은 이 점을 분명하게 말하고 있습니다.

"이제는 전에 멀리 있던 너희가 그리스도 예수 안에서 그리스도의 피로 가까워졌느니라"(엡 2:13).

'가까워졌다'라는 말은 하나님께서 받아들이실만 하도록 사랑스럽고 소중하게 보이게 되었다는 의미입니다. 예수 그리스도께서는 하나님을 위하여 신자들을 나라와 제사장으로 삼으셨습니다(계 1:5,6). 곧 하나님의 고귀한 사랑을 받을 만한 자들로 그들을 삼으신 것입니다.

하나님께서는 사람을 외모로 취하시지 아니하시는 분이십니다(갈 2:6).

"이는 하나님께서 외모로 사람을 취하지 아니하심이니라"(롬 2:11).

세상의 재판장들은 사람의 품격에 대한 편견으로 소송의 정당성을 간과

해버리기 일쑤이지만, 이는 하나님께서 철저하게 경계하시는 부분입니다. 하나님께서는 풍성한 긍휼의 자비로 사람들을 받으십니다. 전적인 은혜의 행사인 것입니다. 물론 그 행사는 그리스도로 말미암습니다. 그리스도 때문에 호의롭게 신자들의 인격을 받으시는 것입니다. 이것은 하나님의 은혜의 행사 가운데 믿는 자들의 죄책이 모두 제거되었다는 것을 말해줍니다. 그리스도의 의가 신자들에게 전가됨으로써 말입니다.

"그러므로 우리가 믿음으로 의롭다 하심을 얻었은즉 우리 주 예수 그리스도로 말미암아 하나님으로 더불어 화평을 누리자 또한 그로 말미암아 우리가 믿음으로 서 있는 이 은혜에 들어감을 얻었으며 하나님의 영광을 바라고 즐거워하느니라"(롬 5:1,2).

하나님께서 누군가를 받아들이려고 하신다면, 그는 먼저 반드시 의롭다 하심을 얻은 자여야만 합니다.

하나님께서 신자들을 받으신다는 것은 그리스도께서 그들을 하나님께 알현시켰다는 것을 함축합니다. 그것은 하나님께서 받으시기에 합당한 자들로 그리스도께서 그들을 준비하셨음을 말합니다.

"이제는 그의 육체의 죽음으로 말미암아 화목케 하사 너희를 거룩하고 흠 없고 책망할 것이 없는 자로 그 앞에 세우고자 하셨으니"(골 1:22).

그리스도께서 신자들의 손을 잡으시고 은혜로운 하나님의 존전 앞으로 나아가십니다. 그리고 이렇게 말하실 것입니다. '아버지시여, 여기 죄 가운데 태어난 가난한 영혼이 있습니다. 그는 그의 사는 날 동안에 아버지를 거역하며 살았고, 아버지의 법을 어겨 왔으며, 아버지의 모든 진노를 받을 만한 자입니다. 그러나 그는 이 세상이 있기 전부터 아버지께서 내게 주신 자들 중에 하나입니다. 십자가의 피로써 그의 죄는 이미 속하였습니다. 그의 눈을 열어 자신이 죄인이며 그 처한 상태가 비참함을 보게 하였습니다. 그리고 아버지께 대항하는 그의 완고한 마음을 깨뜨렸고, 아버지께 순종하도록 그의 의지를 꺾어 믿음으로 나의 몸에 하나의 살아 있는 지체로서 연합시켰습니다. 아버지 하나님이시여, 이제 그를 특별하게 받으시어 아버지의 소유 삼으소서. 아버지께서 나를 사랑하시는 그 사랑으로 이제 나의 소유가 된 그를 동일하게 품어 주소서.'

우리가 이러한 진술을 통해 가장 먼저 알 수 있는 사실은 하나님의 은혜의 행사는 우리와의 적대적인 원수 관계에서부터 시작되었다는 사실입니다. 하나님께서 호의로 받으신 이들은 본래 하나님의 호의 밖에 있던 자들입니다. 우리의 경우 역시 그러합니다.

"그 때에 너희는 그리스도 밖에 있었고 이스라엘 나라 밖의 사람이라 약속의 언약들에 대하여는 외인이요 세상에서 소망이 없고 하나님도 없는 자이더니 이제는 전에 멀리 있던 너희가 그리스도 예수 안에서 그리스도의 피로 가까워졌느니라"(엡 2:12,13).

사도 베드로도 역시 이 점을 지적하고 있습니다.

"너희가 전에는 백성이 아니더니 이제는 하나님의 백성이요 전에는 긍휼을 얻지 못하였더니 이제는 긍휼을 얻은 자니라"라고 했습니다(벧전 2:10).

타락은 하나님과 사람 사이에 무서운 간격을 만들어냈습니다. 마치 두꺼운 구름처럼 죄는 하나님의 모든 은혜의 빛을 차단했습니다. 그 구름은 그리스도께서 하나님의 공의를 만족시킴으로써 비로소 걷히게 된 것입니다.

"내가 네 허물을 빽빽한 구름의 사라짐같이, 네 죄를 안개의 사라짐같이 도말하였으니"(사 44:22).

믿음으로 그리스도 안에 참예한 모든 자들에게 하나님의 은혜와 사랑의 광채가 다시 비춰지게 된 것입니다.

주님께서 신자들을 영화롭게 하시고 존귀케 하시는 여러 사랑스럽고 영예로운 호칭들을 부여하십니다. 신자들을 가리켜 하나님의 권속(엡 2:19), 하나님의 벗(약 2:23), 하나님의 사랑을 입은 자녀(엡 5:1), 하나님의 택하신 족속(벧전 2:9), 아름다운 면류관과 왕관(사 62:3), 하나님의 기쁨의 대상(시 147:11) 등으로 일컫습니다. 당신의 백성들을 향해 사용하신 그 호칭들은 얼마나 사랑스러운지 모릅니다. 백성들을 향한 사랑스러운 호칭은 하나님의 특별한 은혜를 그대로 드러내고 있습니다.

하나님께서는 신자들이 담대하게 당신 은혜의 보좌 앞으로 나오도록 허락하십니다. 그 은혜의 보좌 앞에서 그들을 은혜로운 방식으로 대우하십니다(히 4:16). 이것 또한 그들이 하나님의 특별한 은혜 안에 있는 자들임을 말하여 주는 것입니다. 그들은 아버지와 자녀의 관계 안에서 담대하게 그분께 나아가게 되는 것입니다.

"너희가 아들인 고로 하나님이 그 아들의 영을 우리 마음 가운데 보내사 아바 아버지라 부르게 하셨느니라"(갈 4:6).

이는 하나님께서 아이들이 사랑하는 자기의 아버지를 편하고 익숙한 어구로 부르는 것처럼 백성들로 하여금 자신을 부르게 하셨다는 말입니다. 이것은 정말 크신 하나님의 놀라운 겸손입니다.

"이스라엘의 거룩하신 자 곧 이스라엘을 지으신 여호와께서 가라사대 장래 일을 내게 물으라 또 내 아들들의 일과 내 손으로 한 일에 대하여 내게 부탁하라"(사 45:11).

특별한 주의를 기울이지 않는다면 신자들을 향한 하나님의 충만하고 특별한 은혜에 대한 이 표현을 이해할 수 없습니다. 이는 하나님의 손에서 나오는 모든 행사를 성도들의 기도에 종속시키셨다는 것을 의미합니다. 하나님께서는 곧 이렇게 말씀하시는 것과 같습니다. "기도로 나아오라, 너희가 나에게 요청한다면 전능한 능력으로 너를 위해 무엇이든지 하리라."

그러나 여러분, 그럼에도 불구하고 본래 인간과 하나님의 무한한 거리를 잊어서는 안됩니다. 하나님의 사랑을 특별하게 받는 누구라 할지라도 말입니다. 아브라함은 특별한 하나님의 사랑을 받은 자였습니다. 그는 '하나님의 친구'와도 같았습니다. 그러나 그가 하나님께 어떠한 겸손함과 경외함을 잃지 않았는지 보십시오.

"티끌과 같은 나라도 감히 주께 고하나이다"(창 18:27).

자유롭게 구하도록, 또 그 구함을 기꺼이 들으신다는 것은 믿는 자들을 향한 하나님의 특별한 호의가 아닐 수 없습니다. 하나님은 신자들의 소망에 언제라도 응답하실 마음을 가지십니다(마 7:7). 그 은혜의 문은 기도의 열쇠로 열 수 있습니다. 왕에게 '네가 원하는 것을 그 백지에 다 적으라. 네가 원하는 것을 주리라'는 말을 들은 신하는 왕의 총애를 누구보다 크게 받는 자 일 것입니다.

"너희가 내 안에 거하고 내 말이 너희 안에 거하면 무엇이든지 원하는 대로 구하라 그리하면 이루리라"(요 15:7).

하나님의 자녀들이 가지는 이 특권은 얼마나 복된 것입니까!

"여호와여 원컨대 아히도벨의 모략을 어리석게 하옵소서"(삼하 15:31)라는 다윗의 기도는 신속히 응답되었습니다. "태양아 너는 기브온 위에 머무르라"라는 여호수아의 외침은 즉시 이루어졌습니다. 더 놀라운 사실은 신자들의 입술에서 기도가 나오기도 전에 이미 하나님께서는 값없는 은혜로 기꺼이 응답하실 준비를 하고 계신다는 사실입니다.

"그들이 부르기 전에 내가 응답하겠고 그들이 말을 마치기 전에 내가 들을 것이며"(사 65:24).

하나님께서는 믿음이 없는 자의 기도는 미워하시며 거절하시고(잠 15:8) 그 기도를 다시 그들의 면전에 던져버리시지만(말 2:3) 성도들의 탄원에 대해서는 그 탄원 이상의 값없는 은혜로 응답하십니다. 우리 편에서 감히 구할 엄두도 내지 못하는 것까지도 주시는 것입니다. 때로 신자들은 자신들의 기도가 이미 응답되었다는 사실을 인지하지 못한 채 오랜 시간을 보내기도 합니다. 그러나 분명한 것은 신자들이 인지하든지 못하든지 간에 하나님의 뜻에 따라 드려지는 모든 기도는 즉시 응답을 받는다는 사실입니다.

또한 하나님께서 당신 자신의 마음의 비밀을 우리로 하여금 값없이 알게 하신다는 것은 정말 특별한 호의가 아닐 수 없습니다. 마음의 은밀한 계획은 가장 친한 친구들에게나 보여줄 수 있는 것입니다. 자신의 원수나 낯선 이에게 그것을 열어 보여 주려고 하는 사람은 없을 것입니다.

"여호와의 친밀함이 경외하는 자에게 있음이여 그 언약을 저희에게 보이시리로다"(시 25:14).

소돔을 멸하실 계획을 가지고 계셨던 하나님께서는 심판을 실행하시기 전 아브라함에게 그 의도를 전하셨습니다.

"여호와께서 가라사대 나의 하려는 것을 아브라함에게 숨기겠느냐?"(창 18:17)

이스라엘의 왕을 뽑으실 때에도 그리하셨습니다. 모든 백성들에게 그 정하신 왕을 알리시기 전날, 그 사실을 먼저 사무엘에게 말씀해 주셨습니다.

"사울이 오기 전날에 여호와께서 사무엘에게 알게 하여 이르시되 내일 이맘 때에 내가 베냐민 땅에서 한 사람을 네게로 보내리니 너는 그에게 기름을 부어 내 백성 이스라엘의 지도자로 삼으라…"(삼상 9:15,16)

하나님께서는 신자들의 아주 작은 것이라도 은혜와 사랑으로 기꺼이 받으시는 분이십니다. 이 역시 백성들에 대한 하나님의 특별한 호의입니다. 하나님께서는 당신의 백성이 아닌 자들로부터는 그 어떤 최고의 것이라도 받지 않으십니다. 하나님께서는 사라의 말에 주의를 기울이시며 칭찬하셨습니다.

"사라가 아브라함을 주라 칭하여"(벧전 3:6).

또 어린 아비야에게 매우 특별한 관심을 기울이셨습니다.

"이는 여로보암의 집 가운데서 저가 이스라엘 하나님 여호와를 향하여 선한 뜻을 품었음이니라"(왕상 14:13).

이 말씀이 그리스도를 향해 이제 막 발걸음을 옮기기 시작한 젊은이들을 격려할 것입니다. 그들이 신실함을 버리지 않는 한, 하나님께서는 결코 그들을 버리지 않으실 것입니다. 하나님께서는 진실하게 토해지는 작은 신음도 거절하지 않으시는 분이시기 때문입니다(롬 8:26). 여러분에게 더 이상 하나님께 드릴 것이 없다고 생각하십니까? 그렇지 않습니다. 하나님께는 드리고 싶어하는 여러분의 작은 의지마저도 훌륭한 선물이 됩니다(고후 8:11). 실행되지 않은 여러분의 선한 목적도 그러합니다.

"여호와께서 내 부친 다윗에게 이르시되 네가 내 이름을 위하여 전을 건축할 마음이 있으니 이 마음이 네게 있는 것이 좋도다"(왕상 8:18).

그러나 믿지 않는 자들의 선물, 곧 그것이 엄숙하게 지켜지는 안식일과 거룩해 보이는 기도라 할지라도 하나님께서는 그 모든 것을 거절하십니다.

"그것이 내게 무거운 짐이라 내가 지기에 곤비하였느니라"(사 1:14).

시바에서 온 유향과 원방에서 온 향품을 드려보십시오. 다른 사람의 손이 바치는 달콤한 희생제사를 드려보십시오(렘 6:20). 결코 받지 않으실 것입니다.

신자들이 누리는 하나님의 특권은 그리스도께서 당신 자신의 피로 얻어내신 것입니다. 다시 말해 하나님의 공의를 그 피로 만족시켜 하나님께 그 모든 은택을 확보하셨다는 것입니다.

"곧 우리가 원수 되었을 때에 그 아들의 죽으심으로 말미암아 하나님으로 더불어 화목 되었은즉"(롬 5:10).

하나님과의 우정은 먼저 하나님과의 화해를 전제합니다. 그리고 그 하나님과의 화해는 그리스도의 피를 전제로 하는 것입니다. 그리스도의 피 없이는 화해란 있을 수 없습니다. 하나님께서는 그리스도의 육체의 장막을 통해 거룩하게 구별된 자들만을 받아들여 주시는 것입니다. 신자들이 지성소로 들어갈 담력을 얻는 것은 모두 예수 그리스도의 피로 인한 것입니다(히 10:19,20).

모든 하나님의 호의는 신자와 그리스도와의 신비로운 연합을 통해서만 베풀어집니다. 그 신비로운 연합은 신자들이 그리스도의 몸의 지체, 곧 그분의 살과 뼈라는 것을 말해줍니다(엡 5:30). 본성적인 머리인 아담의 지체였던 그들이, 이제 그리스도의 몸의 신비로운 지체가 되어 그 영적인 머리되신 그리스도를 향하신 하나님의 호의를 그리스도와 더불어 누리게 된 것입니다.

"곧 내가 저희 안에, 아버지께서 내 안에 계셔 저희로 온전함을 이루어 하나가 되게 하려 함은 아버지께서 나를 보내신 것과 또 나를 사랑하심같이 저희도 사랑하신 것을 세상으로 알게 하려 함이로소이다"(요 17:23).

그리스도는 신자들의 거룩한 제단이 되십니다. 신자들의 모든 것은 그 제단 위에 올려져 하나님께 드려집니다. 거룩한 제단이 우리의 제물을 거룩하게 하시는 것입니다. 모든 성도들의 기도는 그리스도의 금제단 위에서 그리스도의 공로의 향기와 함께 하나님의 보좌로 올라갑니다.

"또 다른 천사가 와서 제단 곁에 서서 금향로를 가지고 많은 향을 받았으니 이는 모든 성도의 기도들과 합하여 보좌 앞 금단에 드리고자 함이라 향연이 성도의 기도와 함께 천사의 손으로부터 하나님 앞으로 올라가는지라"(계 8:3, 4).

사랑하는 독자 여러분, 여러분은 하나님의 호의를 구하는데 있어서 때때로 많은 목소리가 필요하다는 것을 아십니까? 때때로 여러 신자들의 목소리가 하나님에게 더욱 소중하게 들리신다는 것을 아십니까? 왕이 꾸었던 모호한 꿈을 해석하기 위해 다니엘은 친구들을 찾아갔습니다.

"이에 다니엘이 자기 집으로 돌아가서 그 친구 하나냐와 미사엘과 아사랴에게 그 일을 알리고 하늘에 계신 하나님이 이 은밀한 일에 대하여 불쌍히 여기사 다니엘과 친구들이 바벨론의 다른 지혜자들과 함께 죽임을 당하지 않게 하시기를 그들로 하여금 구하게 하니라"(단 2:17, 18).

합심하여 기도함으로 서로 돕는 것에 대한 유익은 그리스도께서도 지적하신 사항입니다.

"너희 중에 두 사람이 땅에서 합심하여 무엇이든지 구하면 하늘에 계신 내 아버지께서 저희를 위하여 이루게 하시리라"(마 18:19).

하나님께서는 사람들의 선한 조화를 기쁘게 여기십니다. 합심하여 기도하는 자들의 간구에 응답하심으로 많은 이들이 기뻐하길 바라십니다. 하나님을 설득하는 방법을 알고 있는 사람들과 가까이 하십시오. 그들과 연합하는 것이 큰 유익이 될 수 있을 것입니다.

로마는 수세기에 걸쳐 수백만 신자들이 드려 하늘로 올라간 기도의 힘을 느꼈을 것입니다. 그것은 수많은 순교자들의 피의 외침이었습니다. 그 외침은 곧 죄인들에 대한 심판을 의미합니다.

"향연이 성도의 기도와 함께 천사의 손으로부터 하나님 앞으로 올라가는지라. 천사가 향로를 가지고 단 위의 불을 담아다가 땅에 쏟으매 뇌성과 음성과 번개와 지진이 나더라 일곱 나팔 가진 일곱 천사가 나팔 불기를 예비하더라"(계 8:4-6).

물론, 성도의 한 명의 기도도 놀라운 힘을 가진다는 것은 의심할 여지가 없는 사실입니다.

"내가 환난에서 여호와께 아뢰며 나의 하나님께 부르짖었더니 저가 그 전에서 내 소리를 들으심이여 그 앞에서 나의 부르짖음이 그 귀에 들렸도다 이에 땅이 진동하고 산의 터도 요동하였으니 그의 진노를 인함이라"(시 18:6,7).

루터의 대적들은 루터 한 사람이 하는 기도의 무게를 느꼈을 것입니다. 하나님의 교회는 그 한 사람이 한 기도의 유익을 얻었습니다. 존 낙스(John Knox) 역시 그러했습니다. 스코틀랜드 여왕은 십만 명의 군대보다 존 낙스 한 사람의 기도가 더 두렵다고 고백했습니다.

단 한 사람의 기도가 그러한 힘을 가진다면 천둥 같은 기도의 군단이 가지는 힘은 어떠하겠습니까! 여러분 모두가 합심하여 하나님과 씨름하시기 바랍니다. 끊임없이 그분의 귀에 외치십시오. '얼마나 더 기다려야 합니까? 주님, 얼마나 말입니까!'라고 말입니다. 여러분의 기도는 외면 당하지 않을 것입니다.

여러분은 세상의 외면을 당할지 모릅니다. 그러나 세상에게서 가장 나쁜 대우를 받는 것이 신자들의 가장 좋은 몫이라는 사실을 기억하십시오. 세상이 감당할 수 없는 사람들은 세상에서 아무런 가치도 인정받지 못했던 자들이었습니다(히 11:38). 바울과 그의 동역자들을 보십시오. 그들은 최고의 영성을 가진 사람들이 아니었습니까? 그러나 그들은 세상으로부터 업신 여김을 받았습니다.

"비방을 당한즉 권면하니 우리가 지금까지 세상의 더러운 것과 만물의 찌끼같이 되었도다"(고전 4:13).

그들은 세상으로부터 멸시와 혐오함을 받은 존재들이었습니다. 그러나 하늘에서는 어떠합니까? 세상에서 오물과 찌끼로 불리는 자들을 하나님께서 가장 기이한 보물이요, 영광의 면류관으로 부르시지 않습니까? 신자들이여, 눈 먼 세상의 부당한 비난에 마음을 빼앗기지 마십시오. 그들은 알지도 못하는 것을 판단하는 자들입니다.

"신령한 자는 모든 것을 판단하나 자기는 아무에게도 판단을 받지 아니하느니라"(고전 2:15).

그들은 여러분의 존귀함을 분별하지 못합니다. 여러분들이 가진 영혼의 탁월함을 보지 못합니다. 등불의 빛에 눈이 부서하는 사람이 자기 얼굴을 비추고 있는 사람의 얼굴을 볼 수가 없는 것처럼 말입니다. 하지만 여러분은 어떠합니까? 여러분은 등을 비추는 자들이 아닙니까? 여러분의 눈에 그들 영혼이 가진 저속함이 보이지 않습니까?

세상 것들에 대한 결핍을 두려워하지 마십시오. 당신 자신의 대적들에게까지 관대함을 베푸신 그분께서 하물며 친구이며 자녀인 여러분에게 좋은 것을 아끼려 하시겠습니까? 하나님께서 베푸는 호의에는 모든 것이 포함되어 있습니다. 그분은 정직히 행하는 자에게 좋은 것을 베푸시겠다고 약속하신 분이십니다(시 84:11). 하나님께서는 여러분의 필요를 아십니다. 그리고 그 필요에 대해 공급하실 분입니다. 여러분의 영혼뿐 아니라, 여러분의 몸도 보호하시는 분인 것입니다.

"여호와여 주는 의인에게 복을 주시고 방패로 함같이 은혜로 저를 호위하시리이다"(시 5:12).

신자인 여러분은 하나님을 기쁘시게 해드려야 할 의무가 있는 사람들입니다. 여러분만큼은 결코 하나님을 슬프게 하는 사람들이 아니어야 합니다. 당신의 가슴에 품으시고, 특별한 사랑으로 이 땅의 모든 사람들보다 더 많은 은혜를 받은 여러분이, 죄를 지음으로 하나님을 슬프게 하다니요. 어찌 하나님께서 은혜의 대가로 여러분의 불친절을 받아야 하는 것입니까? 다윗에게 하신 하나님의 말씀을 들어 보십시오.

"이스라엘의 하나님 여호와께서 이처럼 이르시기를 내가 너로 이스라엘 왕을 삼기 위하여 네게 기름을 붓고 너를 사울의 손에서 구원하고 네 주인의 집을 네게 주고 네 주인의 처들을 네 품에 두고 이스라엘과 유다 족속을 네게 맡겼느니라. 만일 그것이 부족하였을 것 같으면 내가 네게 이것저것을 더 주었으리라 그런데 어찌하여 네가 여호와의 말씀을 업신여기고 나 보기에 악을 행하였느뇨?"(삼하 12:7-9)

사랑하는 독자 여러분, 지금 이 시간 하나님께서 여러분에게 이렇게 말씀하신다면 어찌 하시겠습니까? '나는 그리스도를 내주어 사탄의 손에서 너를 건져 내었다. 나는 너의 수백 만 가지의 죄를 용서하지 않았느냐. 너에게 풍성한 긍휼과 호의를 베풀지 아니하였느냐. 너에게 이러한 모든 것들이 너무 적은 것이었느냐?'

여러분, 여러분 모두가 하늘에 빚진 자들입니다. 여러분은 그리스도의 피로 하나님께 받아들여진 사람들입니다. 우리에게 내어 주신 그리스도는 하나님의 "사랑하는 아들"입니다(골 1:13). 여러분은 하나님의 아들의 피에 빚을 진 자들인 것입니다. 이것을 기억하십시오. 빛을 경험한 이후에 맛보는 어두움은 회심 전의 어두움보다 더 비참하다는 것을 잊지 마십시오. 선하신 하나님의 성령님을 근심케 하지 마십시오. 세상에서 가장 서글픈 사람이 되지 마십시오.

영혼이 하나님께 거절 당하거나, 그 부르짖음을 외면 당하는 것은 정말 두려운 일입니다. 그 때가 만약 크고 두려운 심판의 날이라면 더욱 그러할 것입니다. 그리스도 없이 하나님께 받아들여지지 않는 사람들은 그날의 가공할 공포를 결국 맛보게 될 것입니다(마 7:22 ; 눅 13:26). 아벨의 때까지 거슬러 올라가 보십시오. "육으로는 하나님을 기쁘시게 할 수 없다"는 사실을 알 수 있지 않습니까? 이제껏 신자들을 제외하고 하나님의 받아들이심을 받은 자는 단 한 사람도 없습니다. 여러분은 진정 어떠한 상태에 처한 사람들입니까? 만약 이것이 여러분 중 누군가의 상태라면 모든 것을 내려놓으시고 그것의 비참함을 자세히 숙고해 보시기를 간청하는 바입니다. 여러분은 분명 세상과 작별을 고해야 할 날을 맞이할 것입니다. 그날은 곧 세상으로부터 완전히 버림받는 날입니다. 만약 그날 하나님께서도 여러분을 거절하신다면 어찌 하시겠습니까? 여러분이 죽음을 맞이하는 그날 하늘과 땅이 모두 여러분을 버린다면 그 슬픔과 공포를 어찌 견디시겠습니까? 여러분이 계속 헛된 소망으로 잠잠하고자 한다면, 그 일이 바로 여러분의 경우가 될 것임을 분명히 아시기 바랍니다. 긍휼의 문은 다시 열리지 않을 것입니다. 여러분은 사울과 같이 말하게 될 것입니다.

"블레셋은 나를 향하여 군대를 일으켰고 하나님은 나를 떠나서…"(삼상 28:15).

그러나 하나님께서는 아직 여전히 긍휼의 하나님이십니다. 여러분이 지금 살아있다면 여러분은 아직 복되신 하나님과 화해할 수 있는 기회를 가지고 있는 것입니다(고후 5:19 ; 사 27:5). 하지만 기회의 시간이 영원할거라고 기대하지 마십시오. 여러분의 기대와는 달리 그다지 오래 지속되지 않을 수도 있습니다.

오, 그리스도께 나오십시오. 복음이 제시하는 그분을 믿으십시오. 하나님께서 여러분을 받아주실 것입니다.

18장

값 주고 사신 자유

"그러므로 아들이 너희를 자유롭게 하면 너희가 참으로 자유로우리라"

_요 8:36

요한복음 8:30-36에서 그리스도는 말씀을 듣는 자들의 심령에 미치는 감화에 대해 말씀하고 계십니다. 이는 믿는 이들이 믿음 안에 계속 거할 것을 격려하시는 말씀입니다.

"너희는 진리를 알찌니 그리하면 진리가 너희를 자유케 하리라"(요 8:32).

이 말씀을 들었던 유대인은 그리스도의 말씀에 반론을 제기합니다.

"우리가 아브라함의 자손이라 남의 종이 된 적이 없거늘"(요 8:33).

그들은 자신이 아브라함의 자손이며 노예가 아니라는 것으로 그리스도를 반박하였습니다. 그들은 그리스도께서 죄의 속박에 대해 말씀하고 계시다는 것을 알지 못했습니다. 그리스도께서는 친절하게 그것을 설명하셨습니다.

"죄를 범하는 자마다 죄의 종이니라"(요 8:34).

"종은 영원히 집에 거하지 못하되 아들은 영원히 거하나니"(요 8:35).

이 말씀에서 우리는 두 가지의 위대한 진리를 발견할 수 있습니다. 곧 죄의 종들은 결단코 하나님의 집에 들어갈 수 없다는 것과, 오직 하나님의 아들이신 예수 그리스도와 믿음으로 연합하는 특권을 누리는 하나님의 자녀된 자들만이 그 집에 들어갈 수 있다는 것입니다. 이것을 전제하여 본문인 "아들이 너희를 자유롭게 하면 너희가 참으로 자유로우리라"는 말씀으로 나아가보겠습니다.

본문은 가정과 결과로 이루어져 있습니다. 그리스도께서는 먼저 "아들이 너희를 자유롭게 하면"이라는 가정(假定, supposition)을 제시하시고, 그 가정에 대한 결과로 "너희가 참으로 자유하리라"고 말씀하시고 있는 것입니다. 이 말씀은 그리스도께서 마치 이렇게 말씀하신 것과 같을 것입니다.

'본성의 태(胎)는 너희를 종으로 낳았다. 너희는 죄의 종으로 평생을 정욕을 좇을 신분으로 태어난 것이다. 그러나 너희는 자유할 수 있다. 죄의 속박에서 벗어나는 특권을 누릴 수 있다. 하나님의 아들이 너희를 자유롭게 한다면 말이다.'

그렇습니다. 이것은 믿는 자들에게 주어진 새 언약입니다. 믿는 자들은 새 언약의 자녀인 것입니다. 그들은 하늘에 있는 예루살렘의 거민들입니다. 그들에게 그 예루살렘은 자유의 어머니와도 같습니다(갈 4:26). 그 영광스러운 자유는 하나님의 자녀들만이 소유할 수 있는 영원한 자유입니다(롬 8:21). 원수들의 손에서 백성들을 건져내시는 그리스도를 통하여서만 얻을 수 있는 놀라운 특권인 것입니다(눅 1:74).

그러나 우리는 그리스도로 말미암아 얻어지는 자유를 율법, 즉 도덕법으로부터의 이탈로 이해하지는 말아야 합니다. 물론 우리는 의롭다 하심을 입어 언약적으로 율법 아래 있지 아니한 자들이 되었습니다. 하지만 이 땅을 살아가는 우리에게 있어서 율법은 여전히 우리의 삶을 지도하는 규칙입니다. 이 땅에 선과 악이 존재하는 한, 율법을 결코 폐할 수 없습니다(마 5:17,18). 우리가 복음으로 말미암아 얻는 율법으로부터의 자유는 우리가 의롭다하심을 받아 구원을 얻는 것에 대한 언약의 문제입니다. 우리에게는 여전히, 아니 더 더욱 율법의 규범을 따라 살아가야 마땅한 의무를 가지게 되는 것입니다(엡 6:2).

율법(도덕법)이 거듭나지 못한 이들에게만 구속력이 있다고 말하는 것은 방종주의를 쫓는 사람들의 헛된 주장입니다. 그들은 율법이 부과하는 형벌로부터의 자유를 구실로 방종을 합리화하는 자들입니다. 율법의 자유를 얻은 자들이라 할지라도 여전히 율법의 교훈 아래에서 살아가야 한다는 진리를 그들은 인정하지 않으려고 합니다. 신자들이 더 이상 율법의 저주 아래 있지 않지만 여전히 율법의 통치 아래 있다는 사실을 이해하지 못하고 있는 것입니다. 율법은 의롭다 하심을 위해 우리를 그리스도께로 인도합니다. 그리고 그리스도께서는 의롭다 하심을 받은 우리에게 복종할 것을 요구하시며 다시 율법으로 보내신다는 사실을 기억하십시오. 모든 그리스도인의 마음은 다윗의 거룩한 소망을 본받아야 합니다.

"내 길을 굳게 정하사 주의 율례를 지키게 하소서"(시 119:4,5).

세상 사람들은 자신의 생명을 얻기 위해 율법을 지키려합니다. 그러나 그것은 헛된 일입니다. 율법을 완전히 지킴으로 스스로 구원에 이를 사람은 아무도 없기 때문입니다. 그들은 먼저 생명을 얻고 율법을 순종하는 그리스도인들을 기이하게 여길 것입니다. 여러분도 생각해 보십시오. 이것이 놀랍지 않으십니까? 율법을 지킬 수 없는 자들을 먼저 값없이 의롭다 하심으로 그들을 더욱 율법을 지킬 자들로 삼으신다는 사실이 말입니다. 그리스도인들은 의롭다하심을 받기 위해 율법을 지켜야 할 자들이 아닙니다. 그들이 율법을 지키는 이유는 그들이 그리스도인이 되었기 때문입니다.

우리가 또한 그리스도로 말미암아 누리는 자유에 대해 오해하지 말아야 할 것은, 그 자유가 '사탄의 유혹과 공격'으로부터의 완전한 해방을 뜻하지는 않는다는 것입니다. 물론 그리스도인들은 영혼을 완전히 장악하는 사탄의 권세에서 벗어난 사람들입니다. 하지만 사탄의 훼방으로부터 완전히 자유한 것은 아닙니다. 성경은 "평강의 하나님께서 속히 사탄을 너희 발 아래서 상하게 하시리라"(롬 16:20)고 말씀하고 있지만 사탄은 이 땅을 살아가는 그리스도인들을 상하게 하고 괴롭게 할 능력을 여전히 보유하고 있는 자입니다(고후 12:7). 그는 그리스도의 발꿈치를 상하게 합니다(창 3:15). 유혹과 핍박으로 그리스도의 지체인 신자들을 상하게 하는 것입니다. 물론 사탄은 우리를 다시 영원한 사망으로 끌어내리지는 못합니다. 하지만 고통과 두려움을 일으키는 시험의 불화살을 끊임없이 쏘아 대면서 신자들을 위협합니다(엡 6:16). 그 위협은 성도들이 하늘에 안전하게 도착하기 전까지 중지되지 않을 것입니다. 하늘에 도착한 성도들은 그제서야 이렇게 말할 수 있을 것입니다. '오, 원수여, 이제 나는 너의 불화살이 미치지 못하는 곳에 이르렀도다.'

신자들 가운데 '내주(內住)하는 죄' 역시 마찬가지입니다. 성도들의 내면에 여전히 남아 있는 '옛 사람'의 잔재는 성도들을 괴롭히기 위해 끊임없이 움직입니다(롬 7:21,23,24). 내면에 남아 있는 부패함은 옛 이스라엘 사람들을 끊임없이 괴롭게 했던 가나안 족속들처럼 우리 눈엣 가시로, 우리 옆구리를 찌르는 막대기로 작용합니다. 저는 죄의 활동에서 거의 자유하게 되었다며 자랑하는 이들을 보면 그들이야말로 아직 죄의 지배 아래 있다는 의심을 가집니다. 그리스도인된 자들 중 사도처럼 고백하지 않아도 될 사람은 없습니다.

"오호라 나는 곤고한 사람이로다 이 사망의 몸에서 누가 나를 건져내랴?"(롬 7:24).

이 세상에 사는 동안에 죄로 인한 영혼의 괴로움에서 자유로울 사람은 없습니다. 이는 하나님의 섭리이기도 합니다. 하나님께서는 때로 신자들을 깊은 정죄감 가운데 내버려 두시기도 합니다. 욥과 다윗이 그러하였습니다. 물론 그들은 모두 자유를 얻은 사람들입니다. 그러나 그럼에도 불구하고 자신의 내면에 느껴지는 정죄감으로 심하게 고통을 받아야만 했습니다(욥 7:19,20 ; 시 88:14-16 ; 38:1-11).

여러분, 그리스도로 말미암는 자유를 세상의 모든 고통으로부터의 면제로 이해하지 마십시오. 사도는 오히려 세상이 주는 고통을 그리스도의 종된 자들의 표지로 여겼습니다. 하나님의 징계는 곧 징계를 받는 이가 하나님의 자녀라는 사실을 함축합니다(히 12:7). 하나님의 자녀된 자는 하나님의 징계를 사모합니다. 고통으로 말미암아 여러분이 어떠한 유익을 받을지 생각해 보십시오. 고통을 면제 받는 것만이 복이 아닙니다.

죽음으로부터의 자유 역시 그러합니다. 신자들의 영혼은 분명 죄의 삯인 영원한 사망의 타격으로부터는 자유함을 입지만 육신은 다른 이들과 같은 죽음을 맞이하게 됩니다(롬 8:10 ; 히 9:27). 모든 그리스도인들도 거듭나지 않은 사람들과 똑같은 죽음의 과정을 겪게 되는 것입니다.

이상이 그리스도로 말미암은 자유를 얻었음에도 이 땅에서 자유롭지 못한 범주입니다. 여러분은 저에게 이렇게 묻고 싶을 것입니다. '그렇다면 그리스도로 말미암아 자유를 얻은 신자들의 유익이 무엇이란 말인가?'이제 그 문제를 다루려 합니다.

모든 신자들은 엄격한 율법의 저주로부터 자유를 얻습니다. 신자들은 무거운 율법의 멍에를 벗고 예수 그리스도의 쉽고 가벼운 멍에를 쓰게 되는 것입니다(마 11:28). 율법은 엄격하고 철저한 복종을 요구합니다. 그 요구에 부응하지 못하는 자들에게는 예외 없는 정죄의 고통이 부과됩니다(갈 3:10). 율법은 아주 미세한 부족함도 인정하지 않습니다. 어떠한 노력을 기울였든 그 결과에 대해 조금의 예외도 결코 인정하지 않습니다. 그렇게 엄격한 율법의 요구를 스스로 만족시킬 수 있는 사람이 있을 것 같습니까? 그렇지 않습니다. 그럴 수 있는 사람은 없습니다. 그러니 신자들이 받는 율법의 저주로부터의 자유가 얼마나 참되고 복된 유익입니까? 모든 불완전함에도 불구하고 그리스도로부터 자유를 얻음으로 값없이 율법의 저주에서 벗어나게 되었으니 말입니다.

모든 신자들은 정죄(定罪, condemnation)로부터 자유롭게 된 자들입니다. 물론 죄는 신자에게 큰 고통을 가합니다. 하지만 그 죄가 신자들을 정죄할 수는 없습니다(롬 8:33). 우리를 단죄할 모든 증좌는 그리스도와 함께 십자가에 못 박힘으로 도말되었습니다(골2:14). 인(印)쳐진 증서가 파기되는 순간 채무자가 빚으로부터 완전한 자유를 얻는 것과 같습니다. 신자들은 "모든 일에도 의롭다 하심을" 얻습니다(행 13:39). 신자들은 "심판에 이르지 않습니다"(요 5:24). 이보다 복된 자유가 무엇입니까?

신자들은 또한 죄의 지배로부터의 자유를 얻습니다.

"죄가 너희를 주관치 못하리니 이는 너희가 법아래 있지 아니하고 은혜아래 있음이니라"(롬 6:14).

"그리스도 안에 있는 생명의 법이 죄와 사망의 법에서 너를 해방하였음이라"(롬 8:2).

여러분이 만약 정욕으로 인한 고통이 어떠한지를 안다면 이 자유의 영광이 얼마나 놀라운 것인지 알 수 있을 것입니다. 정욕을 따라 행하는 참기 힘든 고역으로부터 자유롭게 되다니요! 신자들의 영혼에 죄는 더 이상 예전과 같은 권세를 발휘하지 못할 것입니다. 이는 다니엘서에 언급된 말씀과 같습니다.

"그 남은 모든 짐승은 그 권세를 빼앗겼으나 생명은 보존되어 정한 시기가 이르기를 기다리게 되었더라"(단 7:12).

사탄의 권세로부터 자유를 입은 신자들은 흑암에서 그리스도의 나라로 옮겨집니다(골 1:13). 우리 모두는 강력하게 무장한 사탄의 소유로 사로잡힌 자들이었습니다. 그러나 그리스도께서 강한 자를 쫓아내시고 그의 손에 사로잡힌 자들을 건져내시니 어찌 이것을 커다란 복락이 아니라고 말할 수 있겠습니까(눅 11:21,22).

그리스도께서는 우리를 피로 값주고 사셨습니다. 귀한 보배피를 흘리심으로 우리에게 적용될 엄격한 율법의 공의를 만족시키셨습니다. 법적으로 사면(赦免)받은 죄수에 대하여 교도관은 모든 권세를 상실합니다. 더 이상 그를 잡아 둘 근거가 없기 때문입니다. 그와 같습니다. 그리스도께서 피로 사면하신 우리에 대해 사탄은 더 이상 예전과 같은 권세를 부릴 수가 없는 것입니다.

"자녀들은 혈과 육에 속하였으매 그도 또한 같은 모양으로 혈과 육을 함께 지니심은 죽음을 통하여 죽음의 세력을 잡은 자 곧 마귀를 멸하시며"(히 2:14).

몸 값이 치러진 노예를 더 이상 붙잡아 놓을 수가 없는 것과 같은 이치입니다. 그러나 사탄은 매우 뻔뻔한 자입니다. 강하고 악한 손으로 어떻게든 자신의 먹이를 빼앗기지 않으려고 발버둥 칠 것입니다. 그 악하고 강한 손에서 우리가 건짐받은 것은 전적으로 영광스러운 그리스도의 전능한 능력의 소산입니다(행 26:18 ; 고후 10:5). 십자가 위의 그리스도께서 여러분을 구해내시기 위해서 사탄과 어떠한 싸움을 벌이셨는지 기억하십시오(골 2:15).

우리는 모두 죽음을 맞이할 것입니다. 하지만 그 죽음의 쏘는 것이 우리를 해하지는 못할 것입니다.

"사망아 너의 이기는 것이 어디 있느냐 사망아 너의 쏘는 것이 어디 있느냐 사망의 쏘는 것은 죄요 죄의 권능은 율법이라 우리 주 예수 그리스도로 말미암아 우리에게 이김을 주시는 하나님께 감사하노니"(고전 15:55-57).

사망은 죄로 강력히 무장하고 있습니다. 사망의 쏘는 것은 결국 우리를 죄 가운데서 죽게 합니다(요 8:24). 어린 시절부터 뼛속 깊이 우리를 죄로 채워 땅 속에 눕게 합니다(욥 20:11). 마치 용이 먹이를 삼키는 것처럼 말입니다(시 49:14). 죽음의 진정한 위험과 공포는 사실 죄를 품은 채 죽음을 맞이한다는 데에 있는 것입니다. 그리스도께서는 우리를 대신하시어 죽음에 굴복하셨습니다. 가장 영광스러운 분이 가장 저주스러운 죽음을 맞이하셨습니다. 무덤은 그리스도를 가두었지만 그분은 죽은 자 가운데서 부활하신 승리의 첫 열매로 살아나셨습니다. 우리의 머리되신 그리스도께서 사망의 권세를 산산조각 내신 것입니다. 이것으로 우리는 자유를 입었습니다. 우리의 죽음이 그리스도로 말미암아, 그리스도 안에서 잠시 잠드는 것에 불과하게 된 것입니다.

신자들 가운데 간혹 그리스도로 말미암는 자유를 사회의 한 시민으로서 자신들보다 높은 지위에 있는 사람들에 대해 마땅히 행할 의무를 저버리는 것으로 오해하는 경우가 있습니다. 결코 그렇지 않습니다. 사도는 신자들이라 할지라도 육신적인 사회 관계 속에 세워져 있는 질서를 따라 살아야 한다는 것을 말하고 있습니다(엡 6:5). 그들이 사회의 지도층이든, 상관이든, 상전이든 두려움으로 복종해야할 의무를 말하고 있는 것입니다. 법에 있어서도 마찬가지입니다. 그리스도인들도 사회의 규범에 따라 세워진 법에 대한 법관들의 판결에 복종해야 합니다(롬 13:1,4). 기독교 신앙은 사회적 관계들의 끈들을 해체시키지 않습니다. 만약 그러한 시도를 한다면 그것은 신앙을 악행의 구실로 사용하는 것입니다(벧전 2:16). 그리스도께서 우리를 위해 확보하여 놓으신 자유는 영적인 자유입니다. 세상에서 신자들이 가질 수 있는 자유는 장차 누릴 자유의 시작일 뿐입니다. 특히 영적인 원수들로부터의 자유는 상당히 부분적입니다. 하지만 신자들의 자유는 매일 자라나 결국 완성될 것입니다. 그때 신자들은 고통과 시험의 유혹 등 모든 것으로부터의 자유를 누리게 될 것입니다.

예수 그리스도로 말미암아 주어지는 자유는 어떠한 칭송으로도 표현할 수 없을 정도로 놀라운 것입니다. 영원히 고통받는 것으로도 결코 갚을 수 없던 우리의 빚을 하나님께서 그리스도로 말미암아 탕감해 주셨습니다. 우리가 어떤 처지에 있었는지 생각해 보십시오. 우리는 강하게 무장한 사탄의 권세 아래 율법의 그 끔찍한 정죄 아래 있었습니다. 영적인 감옥에서 수많은 사슬에 묶여 있었습니다. 무지의 사슬이 우리의 총명을 묶었고, 완고함의 사슬이 우리의 의지를 묶었습니다. 결코 깨지지 않는 단단한 사슬이 우리의 마음을 단단히 묶어놓았습니다. 그런 우리가 그 감옥의 사슬을 벗어나 자유를 얻게 되었다니요! 이것은 기적 중에서도 가장 경이로운 기적이 아닐 수 없습니다.

이러한 기적을 통해 받는 특별한 자유함은 허다한 사람들이 받을 수 있는 것이 아닙니다. 성경은 신자들을 '남은 자', '작은 부분'으로 묘사하고 있는 것은 그러한 이유 때문입니다. 대다수의 사람들은 여전히 사탄의 속박 가운데 살아가고 있습니다. 그들은 사탄을 따르는 종들입니다. 그래서 사탄이 '세상의 신'으로 불리우는 것입니다(고후 4:4). 세상에서 존귀하게 여김을 받는 사람들과 높은 지혜를 가진 사람들 대부분이 사탄과 자신들의 정욕의 충직한 종으로 살아간다는 것을 생각해보면 섬뜩하기 짝이 없습니다.

여러분이 받은 자유는 그리스도의 피로 산 자유입니다. 사도행전 22장에 등장하는 천부장이 금이나 은으로 살 수 있었던 로마의 시민권 같은 것이 아닙니다. 기억하십시오. 여러분에게 자유를 주시기 위해서 그리스도께서는 당신의 피를 쏟으셨다는 사실을 말입니다(벧전 1:18).

여러분의 자유는 점점 자라날 것입니다. 매일 죄의 권세에서 벗어나려는 노력을 통해 완전한 구원으로 더 가까이 나아갈 것입니다(롬 13:11). 죄의 몸을 죽이십시오. 그리스도와 함께 십자가에 못박으십시오. 십자가에 못박힌 사람이 서서히 죽어가는 것처럼, 죄의 힘은 여러분 속에서 점차 그 힘을 잃어갈 것입니다. 그럴수록 여러분의 영적 자유는 더욱 커져갈 것입니다.

우리에게 있어서 그리스도로 말미암은 자유는 큰 위로가 아닐 수 없습니다. 사도는 낮은 신분의 그리스도인들과 가난한 종들에게 이렇게 위로했습니다.

"주 안에서 부르심 받은 자는 종이라도 주께 속한 자유자요"(고전 7:22).

사도의 마음은 이러하였을 것입니다. '여러분이 가난하고 천대받는 종의 삶을 살아가고 있습니까? 그러나 괴로워하지 마십시오. 여러분은 주님으로부터 자유를 얻은 사람들입니다. 그분의 눈에 여러분은 소중한 사람들입니다.'

그리스도로 말미암아 자유함을 입은 사람들은 마치 노예로 있던 자가 해방증서를 받은것과 같습니다. 해방증서 때문에 누구도 그를 속박할 수 없는 것처럼 죄가 여러분을 다스릴 수 없게 되었습니다. 죄는 여러분을 끊임없이 유혹하여 넘어지게 하려고 할 것입니다. 그러나 결코 이전처럼 여러분을 완전히 다스리지는 못할 것입니다(행 26:18).

여러분은 어떠한 기쁨을 가져야 하겠습니까? 포로되었던 여러분이 자유를 얻었습니다. 아무리 좋은 먹이가 있더라도 새는 새장에 갇히기를 원치 않습니다. 그것은 모든 피조물에게 주어진 본능입니다. 짐승인 새도 그러하다면, 죄의 짐과 속박 가운데 눌려있던 신자들이 영적인 눈을 떠 자신이 처한 위험천만한 상태를 깨닫고 난 후의 신음과 울부짖음은 어떠하겠습니까! 성경은 바벨론에 사로잡혔던 하나님의 백성들의 상태를 잘 말해주고 있습니다. 바벨론으로부터의 해방은 우리 영혼의 구원을 보여주는 그림자입니다.

"네 언약의 피를 인하여 너의 갇힌 자들을 물 없는 구덩이에서 놓았나니"(슥 9:11).

"여호와께서 시온의 포로를 돌리실 때에 우리가 꿈꾸는 것 같았도다. 그때에 우리 입에는 웃음이 가득하고 우리 혀에는 찬양이 찼었도다"(시 126:1,2).

바벨론으로부터 해방된 이스라엘 백성들이 느끼는 기쁨과 놀라움을 생각해 보십시오. 그들은 하나님의 긍휼을 느끼며 감격했을 것입니다. 아버지의 집으로 다시 돌아온 탕자 역시 그러하였을 것입니다. 성경은 그가 아버지의 집에 도착했을 때 그 집에서 음악과 춤과 즐거운 웃음소리와 잔치 소리가 들렸다고 말하고 있습니다(눅 15:24).

하늘의 천사들은 우리 영혼의 구원을 바라보며 기뻐합니다. 그렇다면 그 긍휼을 입은 영혼이 기뻐하는 것은 더욱 마땅한 일이 아닙니까? 그렇습니다. 하나님의 긍휼을 입은 여러분은 주 안에서 기뻐해야 할 사람들입니다.

예수 그리스도를 거절하는 일은 하나님의 긍휼을 업신여기는 변명의 여지가 없는 죄입니다. 그것은 해방된 포로가 스스로 다시 자기 발에 족쇄를 차는 것과 다를 바가 없습니다.

"더러운 귀신이 사람에게서 나갔을 때에 물 없는 곳으로 다니며 쉬기를 구하되 얻지 못하고 이에 가로되 내가 나온 내 집으로 돌아가리라 하고 와 보니 그 집이 비고 소제되고 수리 되었거늘 들어가서 거하니 그 사람의 나중 형편이 전보다 더욱 심하게 되느니라"(마 12:43-45).

오, 여러분이여, 여러분의 이전 상태의 비참함과 위험성을 기억하십시오. 여러분을 짓누르던 양심의 고통을 생각해 보십시오. 그러던 여러분이 이제 예수 그리스도 안에서 이루 말할 수 없는 달콤한 평안을 맛보게 되지 않았습니까? 그런데 어찌 그리스도를 버리고 다시 예전의 그 비극적인 상태로 돌아갈 수 있다는 말입니까?

그리스도께서 여러분을 자유롭게 하셨습니다. 그러니 자유 안에서 기꺼운 마음의 자세를 가지십시오. 하나님을 위해서 여러분들이 하는 모든 일을 기쁨으로 하시기 바랍니다. 젖먹이 아기에게 엄마는 젖을 먹으라고 권하지 않습니다. 본성이 아기를 자극하기 때문에 그럴 필요가 없는 것입니다. 여러분 안에 새롭게 자라나는 본성이 그러합니다. 그것은 기대와 두려움을 이용한 어떠한 설득이나 논증의 개념으로 자라나는 것이 아닙니다. 밀물과 썰물을 보면서 어떠한 논증으로 접근할 필요가 없듯이, 하나님과 교제하려는 영적인 끌림에 합리적인 논증은 필요치 않습니다. 하나님의 명령들로 인해 근심하지 마십시오. 여러분의 마음이 그 안에서 유익을 발견한다면 여러분은 그것들이 가진 논리적 당위성과 씨름하지 않을 것입니다. 영적인 이끌림을 따라 가십시오. 하나님을 위한 모든 일을 기쁨으로 감당하십시오. 설령 그것이 고통스러운 것이라 할지라도 말입니다.

"나는 주 예수의 이름을 위하여 결박 받을 뿐 아니라 예루살렘에서 죽을 것도 각오 하였느니라"(행 21:13).

복음이 가진 가장 주요한 요점은 영혼이 사탄의 권세로부터 건짐을 받는 것입니다(행 26:18). 사람들의 영혼을 어두움에서 빛으로, 사탄의 권세에서 하나님께로 돌이키도록 권고하는 일, 이것이 그리스도의 사역자들이 감당할 몫입니다. 그러나 시기가 가득한 군주인 사탄이 그들의 사역을 그대로 내버려 두지 않습니다. 자신의 통치권 내에 있던 사람들을 그리스도께 인도하려는 자유의 선포를 참아내지 못합니다. 그리스도께 인도하는 영원한 자유의 나팔 소리를 견디지 못하는 것입니다. 그가 복음을 선포하는 사역자들과 신자들에게 앙심을 품는 것은 전혀 이상한 일이 아닙니다. 핍박은 복음이 가는 곳이라면 어디든 그림자처럼 따라다니게 되어 있습니다.

"그리스도께서 우리를 자유케 하려고 자유를 주셨으니 그러므로 굳세게 서서 다시는 종의 멍에를 메지 말라"(갈 5:1).
"너희는 값으로 사신 것이니 사람들의 종이 되지 말라."
그리스도를 통해 자유를 얻게 된 여러분은 이제 그리스도의 권세 아래 놓인 사람들입니다. 그리스도께서 당신 자신의 집에 거하는 자들의 규율을 정하는 특권을 가지는 것은 지극히 당연한 일입니다. 그리스도께서는 다른 누구에게도 여러분을 주관하도록 허락지 않으십니다(고후 1:24). 오직 그리스도의 말씀이 그 집에 거하는 사람들을 주관하도록 하시는 것입니다. 여러분은 그리스도의 통치 아래 들어온 사람들입니다. 그리스도께서 주인이시며, 그리스도께서 입법자이십니다. 세상에서 가장 현명하고 경건해 보이는 사람이라 할지라도 그가 그리스도를 따르는 사람이 아니라면, 단 한 발자국도 그와 함께 가지 마십시오(고전 11:1). 그들은 감히 다른 이들에게 법을 제시하고 스스로 즐거움을 얻으려는 사람들입니다. 기억하십시오. 여러분이 나아가야 할 기준을 제시하시는 분은 오직 그리스도 한 분이십니다.

"수고하고 무거운 짐 진 자들아 다 내게로 오라."(마 11:28)

"내 멍에는 쉽고 내 짐은 가벼움이라."(마 11:30)

이것이 여러분에게 주어진 그리스도의 복된 위로와 격려입니다. 하나님께서 진실로 여러분을 거듭나게 하신다면 여러분은 그리스도의 멍에를 매는 것이 가장 즐겁고 평안한 일이라는 것을 발견하게 될 것입니다. 여러분은 모든 풍요로움에서 뿐 아니라 그분의 계명 안에서 즐거움을 찾게 될 것입니다. 그리스도께 나아가십시오. 복음의 부르심에 여러분의 마음을 여십시오. 여러분은 진실한 자유를 얻게 될 것입니다.

19장

피로써 우리를 하나님께 화목하고 알현하게 하시는 그리스도

"그리스도께서도 단번에 죄를 위하여 죽으사
의인으로서 불의한 자를 대신하셨으니
이는 우리를 하나님 앞으로 인도하려 하심이라"

_벧전 3:18

사도는 고난의 날을 대비하여 그리스도인들을 강하게 준비시키려는 목적을 가지고 있었습니다. 곧 그들이 선한 양심을 가지도록 그리스도의 고난의 본을 따르게 하려는 의도를 가지고 있었던 것입니다. 사도는 무엇보다 그리스도의 고난을 그들의 삶의 강력한 동기로 제시하고 있습니다.

"그리스도께서 단번에 죄를 위하여 죽으사."

우리는 이 말씀 속에서 다음의 몇 가지 요점을 주목할 수 있습니다.

그리스도께서 '단번에' 죽으셨다는 것은 그리스도께서 받으신 고난의 효력이 가지는 충족성과 충분성을 말해 줍니다. 그리스도께서는 그 모든 것을 단번에 이루셨고 더 이상 고난을 받으실 필요가 없게 되셨습니다.

또 우리는 본문을 통해 그리스도께서 고난 당하시게 된 원인, 즉 우리의 죄에 대한 문제를 완전히 해결하셨다는 것을 알게 됩니다. 그리스도께서는 우리의 죄 때문에 고난을 받으셨습니다. 그리고 죽으심으로 단번에 그 모든 문제를 해결하신 것입니다.

본문을 통해서 우리가 발견할 수 있는 또 다른 요점은 그리스도의 놀라운 사랑입니다.

"의인으로서 불의한 자를 대신하셨으니…".

이것은 죄인들을 대신하신 그리스도의 대속(代贖)의 개념을 분명하게 말해주는 표현입니다. 우리를 하나님께 인도하시려는 목적을 이루시기 위해 죄인들을 대신하여 죽으신 주님의 사랑을 확연하게 보여주고 있습니다.

우리가 이 장에서 주요하게 살펴볼 요점이 바로 이것입니다. 그리스도께서 받으신 고난의 궁극적인 대의(大義), 곧 모든 것이 우리를 '하나님께 인도하려 하시는' 목적을 향해 이루어졌다는 사실을 숙고해 보려고 하는 것입니다.

우리가 '하나님께 인도된다'는 것은 우리가 하나님과 화목된 상태, 곧 우리가 영화롭게 된 상태를 의미하는 것입니다. 이는 그리스도의 피로 말미암아 이루어진 일입니다(엡 2:13). 엄위하신 재판장이신 하나님과 우리가 그리스도의 피로 가까워지게 되었습니다(엡 2:13). 영화롭게 된 우리는 하나님의 집으로 옮겨질 것입니다. 우리는 주님과 함께 있게 될 것입니다(살전 4:17).

피조물의 행복은 필연적으로 하나님께 달려 있습니다. 사람이 누릴 수 있는 가장 최고의 행복은 하나님을 즐거워함에 있는 것입니다. 이 점은 "나를 떠나라"는 저주의 말씀 속에 불행의 총합이 있다는 것으로 더욱 분명히 드러납니다. 이 반대적 진술이 하나님을 누리고 그분을 뵈옵는 것의 행복을 더욱 풍성하게 만드는 것입니다(요일 3:2).

하지만 사람은 본래 하나님과 멀리 떨어져 있던 자들입니다. 하나님께 인도된다는 것이 그 점을 분명하게 반증하고 있습니다.

"전에 멀리 있던 너희가 그리스도 예수 안에서 그리스도의 피로 가까워졌느니라"(엡 2:13).

우리는 본성적으로나 기질에 있어서 하나님과 멀리 떨어져 있었습니다. 우리는 길을 잃었으나 하나님께 돌아갈 마음은 갖지 않았습니다. 탕자가 아버지의 집을 뒤로 하고 먼 나라로 떠나버린 것처럼 말입니다(눅 15:13).

그러나 우리에게는 다시 하나님께 돌아갈 능력이 없었습니다. 그리스도의 피로 우리가 하나님께 인도되었다는 사실이 이 점을 함축하고 있습니다. 우리는 그리스도를 통해 하나님께로 돌아가야 합니다. 그 외에 우리에게 주어진 다른 길은 없습니다. '잃은 양'은 잃어버린 죄인의 표상, 즉 죄 가운데 있던 우리를 말합니다(눅 15:5). 잃은 양은 목자의 인도함으로 비로소 돌아올 수밖에 없습니다. 그래서 사도는 "우리가 아직 연약할 때에"라고 말한 것입니다. 우리가 연약할 때, 우리가 '경건치 않았을 때' 그리스도께서 우리를 위하여 죽으신 것입니다(롬 5:6).

우리와 하나님 사이에는 우리가 하나님께 나아갈 수 없도록 가로막고 있는 하나님의 엄중한 공의가 있었습니다. 그 공의를 만족시키지 않는 한 어느 영혼도 하나님께 나아갈 수 없었습니다. 그러나 그 공의는 그리스도의 피로 만족되었습니다.

"그가 죄를 위하여 죽으사 의인으로서 불의한 자를 대신하였으니 이는 우리를 하나님 앞으로 인도하려 하심이라."

우리를 가로막고 있던 장애가 그리스도의 죽음으로 단 번에 제거되었습니다. 그 공의가 그리스도로부터 완전히 만족되었고 그로 인해 우리는 영광을 입게 되었습니다(롬 3:24). 그리스도의 피와 고난으로 말미암아 우리가 하나님께 인도함을 받는 길이 다시 열리게 된 것입니다.

하나님께 인도된다는 것은 신자의 행복이 얼마나 큰 것인지를 말해 주고 있습니다. 신자가 아니라면 누구도 하나님과 화목한 상태에 들어갈 수 없습니다. 그들은 죄에 대한 선고를 받기 위해 하나님께 인도함을 받게 될 것입니다. 오직 신자들만이 그리스도의 손에 이끌려 화목된 자로서 하나님 앞에 인도됨으로 그분을 영원히 누리는 복을 얻게 되는 것입니다. 신자의 죽는 날은 하나님 앞에 인도되는 날입니다(눅 16:22). 그 큰 날 신자 모두는 장엄하신 하나님의 영광 앞에 당당히 서게 될 것입니다(골 1:22). 그 영광의 존전 앞에서 흠 없는 모습으로 말입니다(유 24).

히브리서 12:23에서는 하나님께 인도된 신자들의 총회를 말씀하고 있습니다. 그 날에 모든 세대, 모든 지역의 신자들이 거룩하고 거대한 모임을 이룰 것입니다. 동서남북으로부터 온 그들이 하나님의 나라에 와 앉을 것입니다(눅 13:29). 오, 그 날 구세주의 손에 이끌려 인도되는 무수한 행렬을 상상해 보십시오! 얼마나 영광스러운 광경이겠습니까!

그들 모두는 하나의 흠도, 하나의 점도 없이 하나님 앞에 인도될 것입니다(유 24). "자기 앞에 영광스런 교회로 세우사 티나 주름 잡힌 것이나 이런 것들이 없이 거룩하고 흠이 없게 하려 하심이니라"(엡 5:27).

이것은 온전케 된 의인들의 총회입니다. 죽임이 그들의 몸에서 영혼을 분리해 낼 때, 그들은 죄로부터 완전하게 분리될 것입니다. 그들은 완전한 순결함의 상태가 되어 하나님의 얼굴을 볼 것입니다. 주님의 우편에는 영원한 기쁨이 있을 것입니다(시 16:11). 하나님을 기뻐하는 것은 성도들의 복입니다(시 73:25). 하나님을 볼 것을 소망하는 것이야말로 땅 위에서 누릴 수 있는 성도들의 가장 큰 행복일 것입니다. 그러니 하늘에서 그분의 얼굴과 마주 대하는 그날의 기쁨, 그날의 복락이 어떠하겠습니까(요일 3:2). 이것이 성경이 그토록 자주 말하고 있는 완전한 변화와 성결케 됨에 대한 소망입니다(시 17:15 ; 고전 15:28 ; 계 7:17).

하나님께 인도된다는 것은 완전한 즐거움으로 들어가는 상태를 의미합니다. 시편 45:15은 이 날의 기쁨을 이렇게 묘사하고 있습니다.

"저희가 기쁨과 즐거움으로 인도함을 받고 왕궁에 들어가리라."

성도들이 완전한 상태로 하나님께 인도되는 날은 전 우주적인 기쁨의 날이 될 것입니다. 그리스도께서 당신의 피로 구속하신 소중한 이들을 성부 하나님께서 기뻐하지 않으시겠습니까? 하나님은 그들이 불완전한 연약 가운데 있을 때도 기뻐하신 분이십니다(습 3:17). 하물며 그리스도로 말미암아 티나 주름 잡힌 것이 없이 온전한 모습으로 인도되는 그들을 어찌 더욱 기뻐하지 않으시겠습니까?(엡 5:27)

또 예수 그리스도께서는 얼마나 기뻐하시겠습니까? 그날, 그분의 마음은 기쁨과 흡족함으로 가득 찰 것입니다. 그날은 그리스도께서 신비로운 충만함과 죽으심으로 이루어내신 복된 결과를 보시게 되는 날입니다(골 1:24).

"그가 자기 영혼의 수고한 것을 보고 만족히 여길 것이라"(사 53:11).

성령께서도 기뻐하실 것입니다. 그날은 거룩하게 하시는 성령님의 목적이 완전하게 이루어지는 날이기 때문입니다. 성령께서는 그날을 위해 성도들을 인치셨고 그들의 마음 속에 말로 다 할 수 없이 순전한 소망을 지펴오시지 않았습니까!(엡 4:30 ; 롬 8:26)

그날은 성부, 성자, 성령, 삼위 하나님께서 오랫동안 준비하시고 이루신 계획이 마침내 실현되는 날입니다. 그러니 어찌 삼위 하나님 모두가 기뻐하시지 않을 수 있겠습니까!

천사들 역시 이를 기뻐할 것입니다. 수를 헤아릴 수 없는 천군천사들이 하나님께 인도되는 완전해진 의로운 자들의 거대한 무리와 함께 기쁨을 누릴 것입니다(히 12:22,23). 그리스도로 구속받은 자들을 향한 천사들의 애정은 큽니다. 그들을 위해 그리스도께서 성육신 하신 날 천사들은 기뻐 하나님을 찬미하였습니다(눅 2:13). 천사들에게 있어서 구속의 신비는 즐겁고 놀라운 일입니다(벧전 1:12). 구속받은 이들이 그리스도와 혼인하는 회심의 날 천사들은 누구보다도 더 기뻐하였습니다(눅 15:10). 신자들에 대한 지대한 관심을 가지면서 지상에서부터 그들을 섬겨온 이들입니다(히 1:14). 그러니 마침내 그들 모두가 안전하게 하나님 아버지의 집으로 인도되는 것을 보고 천사들이 어찌 기뻐하지 않을 수 있겠습니까.

인도하심을 받는 당사자인 신자들의 기쁨은 또 어떠하겠습니까. 하나님과 구속자이신 그리스도를 보게 되는 그날은 지상에서부터 그토록 바랐던 모든 열망이 이루어지는 날일테니 말입니다.

우리가 하나님께로 가는 것을 막고 서있던 장애물은 그리스도의 죽으심으로 완전히 제거될 수 있었습니다. 죄책감은 하나님의 은혜로우신 임재를 경험하지 못하도록 방해하던 큰 장애물이었습니다(롬 5:2,3 ; 호 14:2). 그리고 죄의 오염이 우리를 하나님으로부터 한없이 멀어지게 하였습니다(합 1:23 ; 히 12:14). 우리의 본성이 가졌던 하나님께 대한 적대감 역시 그러하였습니다(골 1:21 ; 롬 8:7). 이러한 이유들로 인해 타락한 사람은 감히 하나님께로 나아갈 열망조차 가지지 못하게 되는 것입니다(욥 21:14). 그들 앞에는 두루 도는 화염검과 같이 엄위한 하나님의 공의가 있었습니다. 또 악한 원수 사탄이 그 길에서 웅크리고 있었습니다(벧전 5:8). 우리의 죄된 영혼 앞에 하늘의 문은 얼마나 단단히 잠겨 있었던지요! 그 누구도 그 빗장을 풀 수 없었습니다. 그러나 그 일을 그리스도께서 해내셨습니다. 그리스도로 인해 단단히 잠겨 있던 그 문이 열리게 되었습니다. 그 문으로 들어가는 길은 생명의 길입니다. 결코 걸어갈 수 없던 그 길을 우리가 걸을 수 있게 된 것입니다. 그분의 존귀한 피로 말미암아서 말입니다. 그리스도의 죽으심은 우리로부터 모든 죄책감을 가져갔습니다(벧전 2:24). 죄로 더럽혀진 우리의 영혼을 씻어내셨습니다(요일 5:6). 우리의 본성으로부터 하나님께 대한 적대감을 가져가셨으며(골 1:20,21), 하나님의 공의의 모든 요구를 만족시키심으로(롬 3:25,26), 사탄의 모든 권세를 파하셨습니다(골 2:15 ; 히 2:14) 그리스도께서 신자들을 위한 이 모든 특권을 사시기 위해서 당신 자신의 피를 내어 놓으신 것입니다.

"때가 차매 하나님이 그 아들을 보내사 여자에게서 나게 하시고 율법 아래 나게 하신 것은 율법 아래 있는 자들을 속량하시고 우리로 아들의 명분을 얻게 하려 하심이라"(갈 4:4,5).

그러니 우리가 이 말로 다 할 수 없는 긍휼을 어찌 그리스도의 죽으심의 공로로 인정하지 않을 수 있겠습니까? 신자인 여러분에게 긍휼의 달콤함을 주시기 위해서 그리스도께서는 죽음의 쓰라림을 맛보셔야만 했다는 사실을 기억하십시오.

여러분은 그리스도의 죽으심으로 값주고 사신 영혼입니다. 구속받은 여러분의 영혼은 정말 소중한 가치를 지니고 있다는 것을 아셔야 합니다. 그렇지 않다면 하나님께서 무엇 때문에 당신 자신의 아들을 여러분에게 내어 주시기까지 하셨겠습니까. 누가 하찮은 물건을 사기 위해 큰 돈을 지불하려 한다는 말입니까. 여러분들을 구원하시려는 계획은 영원 전부터 준비하신 일입니다. 그 계획을 위해 그리스도께서 아버지의 품에서 나오셔서 아버지의 버림을 받으셔야만 했습니다. 여러분 스스로의 영혼을 가치 없게 여기지 마십시오.

그러므로 여러분, 소망을 가지고 앞을 바라보십시오. 하나님을 향하여 나아가십시오(벧전 2:4). 하나님께서는 여러분 영혼의 중심이자 안식이 되실 것입니다(히 4:9). 새롭게 된 여러분의 영혼은 하나님의 품 안에 이르러서야 비로소 쉴 수 있습니다. 세상은 끊임없이 여러분이 하나님께 나아가지 못하도록 방해할 것입니다. 환난과 유혹, 그리고 부패가 여러분으로 하여금 하나님과 멀리 떨어지도록 하려 할 것입니다. 그러나 여러분으로부터 환난과 유혹과 부패가 떨어져 나갈지라도 여러분은 완전한 만족을 얻지는 못할 것입니다. 여러분의 영혼이 몸을 떠나기 전까지는 하나님의 얼굴을 완전히 보는 만족은 얻지 못할 것입니다.

"우리가 항상 담대하여 몸에 거할 때에는 주와 따로 거하는 줄을 아노니"(고후 5:6).

그렇습니다. 신자들은 죽은 후에야 완전하게 인도될 것입니다. 그러니 죽음에 대해 괴로워하지 마십시오. 성도들에게 있어서 죽음은 하나님께로 인도되는 열린 문입니다. 그리스도인의 죽음은 곧 하나님의 집에 거하는 것의 시작입니다. 하나님의 존전 앞에서 충만한 기쁨을 맛보는 순간이 될 것입니다.

"떠나서 그리스도와 함께 있을 욕망을 가진 이것이 더욱 좋으나"(빌 1:23).

만약 그리스도인의 죽음이 무엇을 의미하는지 바르게 알고 있는 사람이 있다면, 그는 애통의 눈물을 거두고 그 그리스도인을 생각하며 찬양과 감사를 드릴 것입니다.

모든 믿는 자들은 눈물의 골짜기를 지나 그리스도의 손에 이끌려 하나님께로 인도될 것입니다. 신자들은 모두가 하늘을 향해, 영원한 영광의 안식을 소망하며 살아가는 자들입니다.

"이제 우리의 구원이 처음 믿을 때보다 가까웠음이라"(롬 13:11).

그러니 그 같은 길을 함께 걸어가고 있는 성도들과 누리는 교제와 대화는 참으로 즐겁지 않을 수 없습니다. 머지 않아 다다르게 될 곳에 대해 그들이 나누는 소망의 대화가 얼마나 유쾌하겠습니까? 그들이 장차 한 번도 상상해보지 못한 놀라운 광경을 보게 될 것입니다. 그곳에서 그들은 자신들을 하나님께 인도해 내기 위해 죽으셨던 찬란한 영광으로 빛나시는 예수 그리스도를 만나게 될 것입니다. 이러한 설레임이 세상에서 살아가는 여러분의 시간을 즐겁게 만들지 않습니까? 지치고 낙심한 여러분의 마음에 힘을 주지 않습니까? 이것이 바로 예전의 신자들이 살아온 모습니다.

"믿음으로 저가 외방에 있는 것같이 약속하신 땅에 우거하여 동일한 약속을 유업으로 함께 받은 이삭과 야곱으로 더불어 장막에 거하였으니 이는 하나님의 경영하시고 지으실 터가 있는 성을 바랐음이니라"(히11:9,10).

그러나 안타깝게도 많은 그리스도인들이 세상 일들에 마음을 온전히 빼앗긴 나머지 그리스도와 하늘에 대한 영적 생각을 가질 여유를 가지지 못하고 있습니다. 성도들이 세상의 일을 번민하는 것으로 시간을 보내는 일은 참으로 합당치 못한 일입니다. 세상이 주는 고난과 어려움 역시 마찬가지입니다. 그리스도인이 하나님께로 가는 길에 고난이 있다는 것은 필연적인 사실입니다. 그러나 여러분이 그 고난을 통해서 하나님께 나갈 수 있게 된다면 여러분은 낙심할 필요가 없습니다. 성령의 축복 아래서는 고난도 유익이 됩니다. 그 고난이 여러분들을 하나님께로 인도하시는 큰 계획의 일부로 유용하게 사용될 수 있기 때문입니다. 그러므로 하나님께로 인도함을 받는 길에서 받게되는 고난의 괴로움은 달콤함으로 변할 것입니다. 그 달콤함은 여러분의 고된 여정의 슬픔을 보상하고도 남을만큼 무한한 것입니다. 장차 여러분에게 나타날 영광에 비교한다면 그 고난은 잠시 지나가는 것들에 불과한 것입니다(롬 8:18).

"이 사람들은 여자로 더불어 더럽히지 아니하고 정절이 있는 자라 어린양이 어디로 인도하든지 따라가는 자며 사람 가운데서 구속을 받아 처음 익은 열매로 하나님과 어린양에게 속한 자들이니"(계 14:4).

우리가 그리스도를 따르는 것은 우리의 의무입니다. 우리를 인도하시는 그 어떤 길도 인내하며 따라야 합니다. 그러면 우리는 결국 하나님께 이르게 될 것입니다.

"우리가 시작할 때에 확실한 것을 끝까지 견고히 잡으면 그리스도와 함께 참예한 자가 되리라"(히 3:14).

포기하지 마십시오. 우리가 만약 중도에 포기한다면 우리가 견뎌왔던 모든 것은 즉시 무의미한 것이 됩니다. 죽기까지 충성하십시오. 생명의 면류관은 그런 이들에게만 허락되는 것입니다.

그리스도 외에 아버지께로 갈 수 있는 길이란 없습니다. 우리가 그리스도께로 나아가는 것은 오직 믿음으로만 가능합니다. 그러니 모든 불신자들의 소망은 헛된 것일 수밖에 없는 것입니다. 그들은 가공할 보복의 재판장이신 하나님께로 인도될 것입니나. 그들이 끝까지 그리스도께 나아가지 않는다면 말입니다. 그리스도가 없는 자들에게 소망의 문은 존재하지 않습니다.

"나로 말미암지 않고는 아버지께로 올 자가 없느니라"(요 14:6).

지금 이 시간 하늘로부터 들려오는 주님의 달콤한 목소리를 들으십시오. 여러분이 하나님께 나아가 그 모든 하늘의 복락을 누리려 한다면 그리스도께 나아가십시오. 그의 부르심에 순종하시고 여러분 자신을 그분의 통치에 맡기십시오. 그러면 여러분은 하나님께로 인도될 것입니다.

20장

하나님의 율법의 효력(1)

> "전에 율법을 깨닫지 못했을 때에는 내가 살았더니
> 계명이 이르매 죄는 살아나고 나는 죽었도다"
>
> _롬 7:9

사도는 로마서 7장에서 율법의 용도와 탁월성을 진술하고 있습니다. 사도는 이를 위해 율법만으로 우리가 결코 의롭다하심을 받지 못한다는 것과 율법은 죄의 깨달음을 위해 주신것이라는 사실을 강조하고 있습니다.

그렇습니다. 율법은 우리의 죄를 깨우치고, 우리의 불의함을 인식하게 하는 용도를 가지고 있습니다. 우리를 의롭게 만드는 것은 율법이 가지는 용도에 포함되어 있지 않습니다. 우리는 율법을 통해 죄의 상처를 보게 되지만, 율법으로 그 상처를 치료할 수는 없는 것입니다. 사도는 이를 자신의 경험과 신자들의 일반적인 체험으로 논증하고 있습니다.

"전에 율법을 깨닫지 못했을 때에는 내가 살았더니 계명이 이르매 죄는 살아나고 나는 죽었도다."

사도는 '내가 살았다'라는 표현으로 거듭나지 않은 모든 자들이 일반적으로 가지고 있는 견해를 묘사하고 있습니다. '살았다'라는 말은 자기 자신이 좋은 상태에 있다고 생각하며 스스로 흐뭇해하는 마음의 자세를 가리키는 표현으로 사용된 말입니다. 곧 자기 자신뿐 아니라 많은 사람들이 헛되고 거짓된 소망과 주제넘은 확신을 가지고 있었다는 것을 말해주고 있는 것입니다.

그와는 정반대적인 표현인 '죽었다'라는 말은, 자신의 상태를 깨닫고 느끼는 커다란 공포를 가리키는 말로 사용되고 있습니다. 깨달음으로 느끼는 두려움이 너무 큰 나머지 자신의 모든 것들이 죽는 것과 같은 느낌을 받게 되는 것을 의미하고 있는 것입니다.

사도는 또 '계명이 이르매 죄는 살아나고'라는 표현으로 자신의 상태에 대한 관점이 돌연 변하게 된 결정적인 근거를 말하고 있습니다. 물론 율법은 깨닫기 전부터 있었던 것입니다. 그들 모두가 율법에 대한 문자적인 지식은 가지고 있었습니다. 하지만 그 율법의 의미와 의도는 분명하게 이해하지 못했던 것입니다. 그런데 어느날 그들의 영혼에 죄를 깨닫는 영적 능력이 찾아옵니다. 율법이 그들에게 전혀 새로운 국면으로 다가오기 시작한 것입니다. 이러한 일은 거듭나지 않은 사람들에게는 일어나지 않는 일입니다.

"네가 말하기를 나는 부자라 부요하여 부족한 것이 없다 하나 네 곤고한 것과 가련한 것과 가난한 것과 눈먼 것과 벌거벗은 것을 알지 못하도다"(계 3:17).

이것은 거듭나지 못한 이들이 살아가는 모양입니다. 중생하지 못한 이들 대부분은 자기 나름대로의 '상당한 안도감'을 지니고 있습니다. 그들은 어떤 위험도 두려워하지 않습니다.

"강한 자가 무장을 하고 자기 집을 지킬 때에는 그 소유가 안전하되"(눅 11:21).

그들이 가지는 양심은 놀라운 침묵을 유지합니다. 거듭난 자들이 더 나은 상태에 있으면서도 경각심과 두려움을 가지는 반면, 그들은 매우 편안하게 잠을 잡니다. 그렇게 살고, 그렇게 죽습니다. 그들은 죽을 때마저도 양심의 고통을 느끼지 못합니다(시 73:4). 그들은 양심의 괴로움이 무엇인지 알지 못합니다. 육신적인 평온함과 고요함이 방해받지 않는 한, 그들은 좀처럼 걱정이나 두려움에 사로잡히지 않습니다.

그들은 마음은 과다한 소망으로 가득 차 있습니다. 그 과다한 소망이 그들의 육신적인 안도감의 근거인 것입니다.

"너희가 너희 하나님이라 칭하는 그이시라…너희는 그를 알지 못하되"(요 8:54,55).

세상은 신뢰할 수 없는 소망으로 가득 차 있습니다. 그러한 소망은 거미줄 같을 뿐입니다. 결국 그들은 진실로 소망 없는 자들인 것입니다(엡 2:12). 그들은 확고부동하고 견고한 소망을 가지지 못합니다. 살아있는 소망이 아닌 소망은 곧 소망으로 볼 수 없기 때문입니다(벧전 1:3). 산 소망은 오직 그리스도와 연합함(골 1:27)에 대한 체험과(롬 5:4) 그 근거를 분명하게 가진(벧전 3:15) 것이어야 합니다. 사람들에게 마음을 정결케 하는 소망이(요일 3:3) 참된 소망인 것입니다. 그렇지 않은 모든 것은 하나님 보시기에 하찮은, 소망이라는 이름을 붙일 수 없는 것들에 불과한 것입니다.

또한 그들의 삶은 '거짓 기쁨'이 충만합니다. 이것은 허탄한 소망의 직접적인 소산입니다. 돌짝밭과 같은 마음을 가진 자들을 보십시오. 그들도 기쁨으로 말씀을 받은 자들입니다(마 13:20). 하지만 그들이 느끼는 기쁨의 본질이 무엇입니까? 그저 육신적이며 감정적인, 영적인 일들에 대한 속임수 어린 기쁨이 아닙니까? 그들이 진정으로 기뻐하는 것은 포도주와 기름, 자신들의 토지와 자녀들입니다. 물론 그들도 그리스도와 그 약속들, 하늘과 영광을 인해서 즐거워한다고 말할지 모릅니다. 하지만 그들에게는 그러한 것들은 그저 꿈속에서 누리는 풍성한 연회와 황홀한 음악에 불과합니다.

많은 거듭나지 않는 사람들이 자기 자신의 삶을 스스로 기만하고 있는 모습들을 보십시오. 교회의 여러 특권들을 누리고 있다는 의식, 본성적인 무지, 하나님의 사랑의 표증들로 오인하는 자세, 복음적 역사(役事)의 미미함, 자기 사랑, 자기보다 더 신성모독적인 사람들과 자신을 비교하여 보는 것, 이러한 일들을 잘 관리 운용하여 그들로 영원히 멸망하게 하는 사탄의 간계 등이 그것입니다. 그것들이 그들 거듭나지 않은 이들의 기만적인 삶을 먹이고 지탱하는 많은 샘의 역할을 하고 있습니다. 그것들을 좀 더 자세히 살펴보겠습니다.

교회의 여러 특권들을 누리고 있다는 의식은 거듭나지 않은 사람들에게 있어서 강력한 기만의 초석이 됩니다. 유대인들이 마음으로 믿음과 순종은 배우지 않은 채 자신들의 혈관에 흐르는 피를 가리키며 자신들을 진정한 "아브라함의 후손"이라고 생각하는 것이 그것입니다(마 3:9).

본성적인 무지는 모든 것을 평온하게 유지시키는데 큰 몫을 해냅니다. 보지 못하는 자들은 두려워하지 않기 때문입니다. 영적이고 영원한 일들에 대해 마음을 평온하게 유지하는 방법은 두 가지 밖에 없습니다. 곧 영적인 일들에 대해 확신과 믿음을 가지든지, 무지함으로 전혀 알지 못하든지 둘 중 하나인 것입니다. 전자의 경우 얻어지는 마음의 평온은 바람직합니다. 하지만 후자의 경우는 그렇지 않습니다. 단지 두려움을 느끼지 못할 뿐입니다. 자신들이 큰 위험으로 들어가고 있다는 것을 알지 못하기 때문입니다. 사탄이 그들의 눈을 가리지만 않는다면 그들도 그것이 거짓된 평온이라는 것을 잘 알 수 있을텐데 말입니다.

많은 사람들이 하나님의 사랑에 대한 잘못된 증거들을 가지고 있음에도 불구하고 마음 속에 헛된 소망과 안도감을 가집니다. 이는 거짓된 기쁨을 자라게 하는 또 하나의 샘입니다.

"그 날에 많은 사람이 나더러 이르되 주여 주여 우리가 주의 이름으로 선지자 노릇하며 주의 이름으로 귀신을 쫓아 내며 주의 이름으로 많은 권능을 행치 아니하였나이까 하리니"(마 7:22).

그들은 자신들이 행하는 신앙의 외적인 방편들을 확신의 근거로 삼습니다. 그것을 자신들이 하나님을 사랑하고 있다는 최고의 증거로 삼는 것입니다.

복음으로 인해 미미하고 일시적인 영향을 받은 경험들(히 6:5) 역시 헛된 소망의 뿌리가 됩니다. 영적인 것들에 대한 미약하고 변덕스러운 열망(요 6:34 ; 마 25:8), 그리고 그들의 삶의 방식에 있어서의 외적인 개혁(마 12:43)과 같은 것들이 이에 속합니다.

자기 자신을 사랑하는 것(self-love)도 잘못된 안도감과 소망의 명백한 근거입니다(마 7:3). 자기애는 자신 안에 있는 큰 악은 보지 않고 다른 사람들에게 있는 작은 잘못들을 발견하고 비난하는 데 예리한 작용을 하도록 만듭니다.

다른 사람들과 자신을 비교하며 스스로의 양심을 잠들게 하려는 경우도 그러합니다. 그들은 자신들보다 더 세속적이고 더 악하게 보이는 사람들과 자신들을 비교하며 "오, 하나님, 제가 다른 사람들, 특히 저 세리와 같지 아니함을 감사하나이다"라고 말합니다. 바리새인들이 그러하였습니다. 그들은 겉으로 보기에 그러한 사람들 옆에 서있는 자신들을 바라보며 큰 안도감과 상대적 거룩함을 느꼈을 것입니다.

사탄의 계략은 사람들로 하여금 그토록 큰 위험과 비참함 속에서 안도감을 누리고 살게 하는 가장 큰 이유 중 하나입니다.

"그 중에 이 세상 신이 믿지 아니하는 자들의 마음을 혼미하게 하여 그리스도의 영광의 복음의 광채가 비취지 못하게 함이니"(고후 4:4).

정말 많은 사람들이 그러한 헛된 안도감의 삶을 영위하고 있습니다. 그들이 세상의 일들을 추구하려 보이는 마음의 왕성한 활발함을 보십시오. 그들은 땅위의 계획들을 이루는데 얼마나 왕성한 의욕을 보이는지 모릅니다.

"우리에게 선을 보일 자 누구뇨?"(시 4:6)

그들은 자신들의 마음과 시간, 그리고 정력 모두를 세상을 향해 바칩니다. 조금이라도 자신들의 영혼이 처한 현재의 위험과 비참을 보게 된다면 결코 그러하지 않을텐데 말입니다. 죄의 책망을 받고 있는 사람은 마음에 세상을 향한 계획들을 세울 수 없습니다. 세상 일에 대해 보이는 활발함과 열정은 그 마음이 눈멀어 헛된 안도감으로 삶을 영위하고 있다는 사실을 보여주는 분명한 증거가 아닐 수 없습니다.

그들은 영원한 일들에 대하여 놀랄 만큼 고요합니다. 그들은 의심이나 두려움을 가지지 않습니다. 그들은 "내가 어찌하여야 구원을 얻을 수 있을까요?"라는 질문 따위를 던지지 않습니다. 그들의 입에서 이러한 질문이 나오지 않는다는 것이야말로 그들의 마음이 잘못된 평온에 사로잡혀 있다는 것을 보여주는 증거가 아니고 무엇이겠습니까?

그들은 죽음을 매우 쉽게 여깁니다.

"양같이 저희를 음부에 두기로 작정되었으니"(시 49:14).

죽음을 가벼이 생각하는 것 역시 거짓 안도감을 가진 사람이 보여주는 대표적인 증거입니다. 영원한 지옥의 불과 몇 번의 호흡만을 남겨두었음에도 불구하고, 그들의 양심은 여전히 고요하기만 합니다. 그들이 만약 자신의 죽음 뒤에 무엇이 있는지, 그 청황색 말 뒤에 뒤따르는 것이 무엇인지 알게 된다면(계 6:8), 그가 누워있는 침대는 공포로 떨리지 않을 수 없을 것입니다.

그리스도에 대해 가지는 낮은 평가와 자신들이 마땅히 행해야 할 의무들을 소홀히 하는 것은 거듭나지 않는 사람들의 보편적인 삶의 모습입니다. 자신들의 병이 무엇인지 아는 사람이 오직 유일한 의사이신 그리스도를 그처럼 가볍게 여길 리가 없기 때문입니다(빌 3:8). 만약 그들이 그것을 깨닫는다면, 이 세상의 그 무엇도 그들이 골방에 들어가 무릎 꿇는 것을 막지 못할 것입니다.

끝내 거듭나지 않은 영혼은 결국 영원한 파멸로 들어가게 될 것입니다.

"만일 우리 복음이 가리웠으면 망하는 자들에게 가리운 것이라. 그중에 이 세상 신이 믿지 아니하는 자들의 마음을 혼미케하여"(고후 4:3,4).

그들은 앞을 보지 못하는 사람들입니다.

"여호와께서 가라사대 가서 이 백성에게 이르기를 너희가 듣기는 들어도 깨닫지 못할 것이요 보기는 보아도 알지 못하리라 하여 이 백성의 마음으로 둔하게 하며 그 귀가 막히고 눈이 감기게 하라 염려컨대 그들이 눈으로 보고 귀로 듣고 마음으로 깨닫고 다시 돌아와서 고침을 받을까 하노라"(사 6:9,10).

그들이 미처 깨닫기도 전에 하나님의 진노가 그들에게 임할지 모릅니다. 어떤 두려움을 가지기 시작하기도 전에 모든 소망이 사라져 버린다고 생각해 보십시오. 갑자기 불어닥친 영원한 멸망은 "마치 무너지게 된 높은 담이 불쑥 나와 순식간에 홀연히 무너짐"과 같을 것입니다(사 30:13).

높은 소망과 자신의 안전에 대한 커다란 확신을 가지고 있던 사람이 갑자기 영원한 파멸을 맞는다고 생각해 보십시오. 스스로 천국에 매우 가깝다고 생각했던 사람이 어느 날 지옥에 떨어져 있는 자신을 발견하게 된다면, 그 마음이 어떠하겠습니까? 더 높고, 더 헛된 소망을 가질수록 더욱 두려운 추락이 될 것입니다(마 7:22,23).

이러한 헛된 안도감과 헛된 소망이 얼마나 자주 구원의 수단들을 무력화시켰는지 모릅니다. 구원의 수단은 여전히 유효했습니다. 그러나 그 안도감과 소망이 그때마다 그들의 눈을 가리웠습니다. 그래서 주님은 세리들과 창기들이 그들보다 먼저 천국에 들어갈 것이라고 말씀하셨습니다(마 21:31). 주님께서는 자신의 죄에 대한 책망과 자책을 가진 세리들과 창기들을 그들보다 낫게 여기신 것입니다.

복음이 세상에서 적은 성공 밖에는 거두지 못하는 것은 세상에 그와 같은 삶을 사는 사람들이 너무나 많기 때문입니다.

"우리의 전한 것을 누가 믿었느뇨 여호와의 팔이 뉘게 나타났느뇨?"(사 53:1)

사역자들은 진리를 연구하여 그 진리가 듣는 이들의 양심으로 하여금 깨우치도록 외치지만, 그들의 말은 아무런 열매 없이 다시 되돌아 오는 경우가 허다합니다. 그래서 그들은 애통해 합니다. '우리의 수고는 헛되고 우리의 노력은 아무런 결실을 맺지 못하는구나.' 하지만 이것의 원인은 근거 없는 안도감으로 살아가는 사람들의 삶입니다. 그들 마음의 문은 어찌나 단단히 잠겨 있는지 소망의 대한 모든 설득에도 열리지 않습니다. 그러나 좌우에 날이 선 예리한 검과 같은 말씀으로 영혼이 찔러 쪼개지는 자들이 분명히 있습니다. 그들은 하나님의 능력을 발견한 자들이고, 하나님의 은혜를 더욱 사모하게 되는 자들입니다. 그들은 마음에 하나님의 계명을 온전히 받아들입니다.

그러니 사람들 속에 구원에 대한 헛된 소망을 키우고 견고케 하는 자들은 얼마나 무서운 적들입니까! 그들은 마치 영혼의 깊은 내면을 치료해 줄 것처럼 보이지만 성경은 "평강하다 평강하다 하나 평강이 없도다"라고 말씀합니다(렘 6:14). 또 그것을 가리켜 '방석을 모든 팔뚝에 꿰어 매는 것'이라고(겔 13:18) 말씀하고 있습니다. 그러나 사람들은 이러한 교리를 좋아합니다. 그저 영혼의 겉모습을 만져주는 것으로 편안함과 안락을 누리기 원합니다. 그러나 이러한 교리의 결말이 무엇입니까? 그러한 교리로 사람들을 자신들의 사역 아래 놓아 왔던 사역자들은 자기들로 인해 영원한 불 속으로 던져지는 영혼들의 피에 대해 하나님 앞에서 무슨 변명을 늘어놓으려고 하는 것입니까? 그러한 입에 발린 말들이야말로 가장 잔인한 행위일 것입니다. 자신들의 헛된 가르침으로 인해 지옥에 던져진 자들의 저주를 어찌 들으려 하는 것입니까? 그들은 자신들의 영혼을 그런 자들에게 맡긴 날들을 두고 두고 저주할 것입니다.

근거 없는 안도감의 삶을 살다가 깨우침을 입은 사람은 참으로 큰 긍휼을 입는 자가 아닐 수 없습니다. 여러분 중 누구도 이 특별한 긍휼의 가치를 완전하게 파악할 수 있는 분은 없을 것입니다. 저는 그저 주의 성령께서 말씀의 사역으로 여러분의 영혼을 만지심으로 여러분의 양심을 불러 일으켜 세우시길 바랄 뿐입니다. 다메섹으로 가던 바울에게 그러하신 것처럼 말입니다. 바울은 자신과 함께 여행하던 사람들이 보지 못했던 빛을 보았고, 그와 동행하던 자들이 듣지 못했던 소리를 들었습니다. 그 소리가 바울의 마음에 역사하신 것처럼, 오늘날 여러분에게도 그러한 역사가 있기를 바랍니다. 이 깨우침의 긍휼은 영원까지 뒤따를 다른 모든 긍휼들을 이끌어 내는 긍휼입니다. 여러분에게 이 긍휼이 주어지지 않는다면 여러분은 결코 믿음에, 그리스도에, 그리고 하늘에 이르지 못합니다. 모든 구원하는 행위들은 성령의 이 역사로부터 시작되기 때문입니다. 이 긍휼을 입은 사람은 하나님의 선하심을 영원히 찬양할 이유를 가진 사람입니다.

알 수 없는 허망한 확신을 가진 자들은 구원받을 수 없습니다. 그들이 어떤 종류의 확신을 가지든지 말입니다. 그들은 생명으로 인도하는 좁은 길을 찾으려 하지 않습니다. 그 길을 찾는 사람들이 매우 적은 이유가 바로 그것입니다.

육신적인 안도감에 근거한 위험한 삶을 살고 계신 여러분이여, 제 말씀을 들으십시오. 여러분이 가진 신념이나 확신이 무엇이든지 간에, 그것들을 모두 내려놓고 참된 소망을 위한 진리의 근거를 얻지 않는다면 여러분은 구원받지 못할 것입니다. 여러분이 인정하지 않으려 한다 해도, 여러분이 가진 소망은 구원받는 사람들에게서 나타나는 복음의 원리인 회개(행 5:31)와 중생(요 3:3)에 근거를 두지 않고 있습니다. 아니 여러분은 그 원리와 완전히 정면으로 배치되는 근거를 가지고 있습니다. 여러분이 만일 그러한 소망으로 구원받는 일이 일어난다면 그에 대해 쓰여 있는 성경의 모든 경고들은 고쳐져야 할 것입니다(막 16:16 ; 요 3:16 ; 롬 3:8,9). 하지만 거듭나지 못한 사람에게 주어질 특별한 약속은 성경 어느 곳에도 기록되어 있지 않습니다(마 5:36 ; 시24:4, 84:11 ; 창 17:1). 여러분이 가지고 있는 그 소망이 여러분을 천국으로 인도하는 것이라면, 하나님께서 선택하신 사람들이 가졌던 구원의 소망을 표현한 성경의 말씀은 모두 다 잘못된 것이 됩니다(벧전 1:3). 여러분은 소망의 효력, 소망의 열매를 가지고 있습니까? 여러분들이 가지고 있는 소망이 여러분의 마음에 정결케 하는 효력을 내고 있습니까?(요일 3:3) 만약 그렇지 못하다면 여러분이 가졌다는 소망을 면밀히 살펴보십시오. 그것이 천국의 즐거움에 합당한 소망인지, 그렇지 않은지 말입니다.

21장

하나님의 율법의 효력(2)

"전에 율법을 깨닫지 못했을 때에는 내가 살았더니
계명이 이르매 죄는 살아나고 나는 죽었도다"

_롬 7:9

율법을 바르게 이해하는 은택을 입은 사람들은 모든 헛된 확신을 가차없이 버리게 됩니다. 육신적으로 들떠 세상 가운데서 희희낙락거렸던 모든 가치 없는 마음의 등을 미련 없이 끄게 되는 것입니다.

"우리의 싸우는 병기는 육체에 속한 것이 아니요 오직 하나님 앞에서 견고한 진을 파하는 강력이라 모든 이론을 파하며 하나님 아는 것을 대적하여 높아진 것을 다 파하고 모든 생각을 다 사로잡아 그리스도에게 복종케 하나니"(고후 10:4,5-한글개역).

이것은 분명한 율법, 즉 하나님의 말씀의 효력입니다. 좌우에 날 선 예리한 검과 같은 율법은 모든 지위에 있는 사람들을 막론하고 그 마음과 양심에 커다란 상처를 입힙니다. 이 땅 위에서 가장 높고 존귀함을 입은 자들도 그 말씀 아래서 두려워 떨었습니다(행 17:12 ; 막 6:20 ; 삼상 15:24). 말씀의 효력은 세상에서 가장 지혜롭고 학식있다고 하는 사람들의 무릎도 꿇게 하였습니다. 그들은 말씀 앞에서 겸비함으로 자기 부인의 길을 받아 들였습니다(행 17:34). 가장 어리석고 무지한 사람들도 말씀의 능력에 의해 놀랍도록 변화된 일이 허다합니다. 세상의 지식에는 우둔한 자들이 하늘의 비밀을 이해하는 일들이 일어났습니다. 주의 말씀은 어리석은 자들을 지혜롭게 만들기 때문입니다(마 11:25 ; 고전 1:27). 그렇습니다. 그리스도의 가장 악한 원수들도 예외가 아니었습니다(딤전 1:13 ; 행 16:25). 철저한 우상의 선입견 아래 있었던 사람들이 그 강력한 말씀의 능력의 대상이 되었으며(행 19:26), 가장 방탕한 삶을 살던 자들이 놀라운 변화를 보이게 되었습니다(고전 6:10,11).

하나님의 율법은 사람의 마음과 양심을 꿰뚫는 화살과 같습니다(행 2:37). 빠르게 일어나는 순식간의 변화가 사람의 마음이 감히 제어할 수 없는 놀라운 능력을 가져오는 것입니다(살전 1:5 ; 롬 1:16). 철저한 무시와 편견, 매우 완고한 결심으로 무장한 마음이라도 하나님의 말씀에 의해 관통당하지 않을 수 없습니다.

하나님의 율법, 곧 말씀의 능력은 사람들의 마음과 삶 속에서 신기한 영향력을 발휘하여 마음의 틀과 성품을 완전히 바꿔버립니다. 한 사람의 성품을 전혀 다른 것으로 만들어 놓는 것입니다.

"다만 우리를 핍박하던 자가 전에 잔해하던 그 믿음을 지금 전한다 함을 듣고"(갈 1:23).

호랑이와 같던 마음이 양의 마음처럼 변합니다. 그리스도를 위해 세상에서 가장 사랑했던 부요, 명예, 자기의 의를 버리게 합니다(빌 3:7-9). 수많은 믿음의 선조들이 그리스도를 위해 모욕과 가난과 죽음까지도 즐거이 받아들였던 이유가 그것입니다(살전 1:6). 말씀의 능력을 입은 자들에게 있어서 죄악 가운데 누리던 모든 즐거움은 던져버리고 싶은 혐오스러운 것일 뿐입니다(벧전 4:3,4).

율법의 효력 중 가장 두드러진 것은 무엇보다 나태하고 잠들어 있는 죄인들을 일깨우는 것입니다. 깨어난 양심이 영적인 일에 대한 바른 지각과 분별력을 가지게 되는 것입니다(엡 5:13,14). 이것이 졸고 있는 양심을 깨우는 말씀의 첫 번째 효력인 것입니다. 이는 다른 율법의 효력과 비교하여 시간적인 차원에서 가장 우선되는 효력입니다.

하나님의 율법은 사람들의 마음에 빛을 비추는 효력을 가지고 있습니다. 그 빛은 사람의 심장 안에까지 비춰집니다(고후 4:6). 안질이 생긴 이에게는 안약과도 같습니다(계 3:18). 말씀의 능력이 임하면 모든 것들은 다른 모습으로 나타납니다. 사탄이 가려왔던 우리 영혼의 위험과 죄들이 사람들의 눈 앞에 분명하게 모습을 드러내는 것입니다(엡 5:8).

회개 역시 하나님의 말씀이 가져오는 중요한 효력입니다. 하나님의 말씀은 영혼이 지은 죄들을 눈 앞에 늘어놓습니다(시 50:21). 본성이 행위로 지어 왔던 수많은 죄들이 양심의 눈 앞에서 크고 두려운 군대가 항오를 지어 다가올 것입니다. 말씀의 책망은 분명하고도 충분합니다(고전 14:24). 죄인의 마음 속에 있는 은밀한 죄의 비밀들은 하나도 남김없이 수면 위로 떠오르게 되는 것입니다. 그것을 본 사람은 할 말을 잃습니다. 그의 양심은 죄의 고소와 율법의 선언의 정당성에 수긍할 수밖에 없는 것입니다. 그러면 그 영혼은 양심의 심판대 앞에서 깊은 자책을 가지게 됩니다. 그러한 자책을 가지는 어떠한 영혼도 하나님의 진노에 대해 항변할 말을 찾지 못합니다(롬 3:19).

하나님의 율법은 영혼에 매우 큰 상처를 냅니다. 베드로의 설교를 들은 자들이 그러하였습니다.

"그들이 이 말을 듣고 마음에 찔려 베드로와 다른 사도들에게 물어 이르되 형제들아 우리가 어찌 할꼬 하거늘"(행 2:37).

죄인의 마음에 그러한 깊은 상처를 낼 수 있는 것은 하나님의 말씀 뿐입니다. 어느 곳에서도 위로를 찾지 못합니다. 그리스도의 피 외에 그 어떤 치료제도 이 상처들을 치료할 수 없기 때문입니다. 어떤 외적인 고통이나 수치도 하나님의 말씀처럼 사람의 영혼에 치명적인 급소를 타격하지는 못합니다.

결국 하나님의 말씀은 죄인들로 하여금 마음을 돌이키게 하여 영혼 전체에 변화를 가져옵니다. 하나님의 말씀은 죄를 책망할 뿐 아니라 거듭나게 하시는 것이기 때문입니다(벧전 1:23 ; 살전 1:9). 율법은 상처를 입히지만, 그 상처를 복음이 치유합니다. 율법으로 드러난 죄와 불행들을 통하여 하나님의 성령께서 그 마음을 죄로부터 온전하게 돌아서게 하시는 것입니다.

이러한 율법(말씀)의 여러가지 효력들은 매우 질서있게 작용합니다. 영혼이 깨어나기 위해서는 그 영혼에 빛이 비춰져야 합니다(엡 5:14). 영혼에 빛이 비춰져 영혼이 깨어나기 전에는 죄의 책망을 가질 수가 없는 것입니다(엡 5:13). 죄책을 가진 영혼은 상처를 입습니다(행 2:37). 그 죄의 상처가 그리스도께로 온전히 나아가게 하는 회심의 동기로 작용하는 것입니다.

모든 능력은 성령께로부터 나는 것입니다. 말씀이 그 자체로 능력을 가지고 있는 것은 아닙니다. 만약 말씀이 독립적인 능력을 가지고 있다면 말씀을 듣는 모든 이들에게 동일한 효력이 나타나야 합니다. 이는 베데스다의 경우와 같습니다.

"천사가 가끔 못에 내려와 물을 동하게 하는데 동한 후에 먼저 들어가는 자는 어떤 병에 걸렸든지 낫게 됨이러라"(요 5:4).

말씀의 효력은 성령님의 역사로 말미암는 것입니다. 같은 말씀을 듣고도 그들 모두가 각성받거나 죄책을 느끼지 못하는 이유가 바로 여기에 있는 것입니다.

또한 말씀을 적용하는 수단 역시 마찬가지입니다.

"심는 이나 물 주는 이는 아무것도 아니로되 오직 자라나게 하시는 하나님 뿐이니라"(고전 3:7).

말씀의 방편들이 그러한 능력을 가지고 있는 것이라면 모든 사역자들은 동일한 열매를 얻을 수 있을 것입니다. 물론 그렇다고 해서 사역자들이 쓸모없다는 의미는 아닙니다. 다만 궁극적인 말씀이 효력을 만들어 내는데 있어서 사역자들은 행할 수 있는 범위 이상의 역할을 하지 못한다는 것을 말하고 있는 것입니다. 말씀은 사람의 말로 역사하는 것이 아닙니다(살후 2:13). 이는 베드로가 분명히 말하고 있는 것입니다.

"이스라엘 사람들아, 이 일을 왜 기이히 여기느냐 우리 개인의 권능과 경건으로 이 사람을 걷게 한 것처럼 왜 우리를 주목하느냐"(행 3:12).

설교자가 말씀의 효력을 내는 주체라면 사역자들은 복음 전파에도 불구하고 회개하지 않고 멸망하는 자들의 모든 피에 대한 책임을 져야 할 것입니다.

모든 것은 하나님의 성령께로부터 나오는 것입니다.

"그러므로 우리가 하나님께 쉬지 않고 감사함은 너희가 우리에게 들은 바 하나님의 말씀을 받을 때에 사람의 말로 아니하고 하나님의 말씀으로 받음이니 진실로 그러하다 이 말씀이 또한 너희 믿는 자 속에서 역사하느니라"(살전 2:13).

하나님의 말씀은 성령의 손에 있을 때에라야 비로소 성공적인 도구가 됩니다. 성령님의 영향 없이는 결코 어떤 영혼도 죄를 깨닫거나, 변화하거나,

구원받을 수 없습니다.

성령께서는 말씀에 대한 영광스러운 주권을 가지고 계십니다. 말씀의 성과는 전적으로 그분의 뜻에 달려 있습니다.

"비와 눈이 하늘에서 내려서는 다시 그리로 가지 않고 땅을 적시어 싹이 나게 하며 열매가 맺게 하여 파종하는 자에게 종자를 주며 먹는 자에게 양식을 줌과 같이 내 입에서 나가는 말도 헛되이 내게로 돌아오지 아니하고 나의 기뻐하는 뜻을 이루며 내가 보낸 일에 형통하리라"(사 55:10,11).

하나님의 말씀은 그분의 원하심의 인도를 받습니다. 성령님의 원하시는 바에 따라 말씀의 열매를 주시기도 하고, 반대로 아무런 열매도 없이 지나가게도 하시는 것입니다. 그렇습니다. 말씀 중 가장 작은 부분이라도 성령께서 주장하시는 것입니다. 사역자의 설교가 과녁 정중앙에 명중한 화살과 같은 결과를 얻었다고 합시다. 사역자는 그 설교를 열심을 다해 준비했을 것입니다. 그러나 그렇다 할지라도 그 결과는 온전히 성령님의 역사입니다.

우리의 육신에서 굳은 마음을 녹여 부드럽게 하시는 것은 그분의 특별한 사역입니다(겔 36:26). 설교자가 가장 훌륭한 논리를 구사한다 할지라도 성령님께서 듣는 이들의 마음에 역사하지 않으시면 그들의 마음에는 아무 일도 일어나지 않을 것입니다. 바울의 사역 아래 있던 루디아의 마음을 여신 분은 성령이십니다. 말씀 가운데 그리스도를 받을 수 있도록 마음을 여시는 분이 바로 성령님이신 것입니다. 여러분의 마음이 말씀 가운데서 여전히 죽어 있습니까? 그렇다면 여러분은 마르다가 한 말을 주님께 해야 합니다.

"주께서 여기 계셨더면 내 오라비가 죽지 아니하였겠나이다."

그렇습니다. 회심의 때를 주관하시는 분 역시 성령이십니다. 그래서 영혼들에게 성령께서 역사하시는 날을 일컬어 "권능의 날"(시110:3)이라고 합니다. 아무런 역사가 일어나지 않았다가 그러한 날을 맞이하게 되었다면, 그때가 바로 성령께서 정하신 때입니다. 성령께서 역사하시는 그날에 말씀은 죄인들의 마음을 부술 것입니다. 그날에 성령께서 세상의 죄를 책망하실 것입니다(요 16:9). 그때에 책망받은 자들은 한 마디의 변명도 하지 못할 것입니다. 그들의 모든 죄를 성령께서 밝히 보이실 것이기 때문입니다. "죄가 살아나고"라는 말이 바로 이것입니다. 성령의 역사를 통해 그동안 의식하지 못했던 죄와 악함이 양심의 수면 위로 모두 떠오르게 되는 것입니다. 여러분에게 이러한 날이 올 것입니다. 대수롭지 않게 여겼던 모든 죄들까지 사자 떼처럼 일어나 우리를 향해 달려오는 것을 보게 될 것입니다. 아담이 두려워 떨며 하나님의 음성을 들은 것처럼 여러분도 하나님의 진노의 음성을 듣게 될 것입니다. 하나님의 거룩한 율법, 풍성한 긍휼, 하나님의 오래 참으심, 그리스도의 보배로운 피, 심판에 대한 허다한 경고들이 죄의 삯인 죽음과 함께 어우러져 여러분 앞에 공포스럽게 펼쳐질 것입니다(롬 6:23 ; 1:32, 2:9). 율법으로 말미암아 이렇듯 죄는 살아나는 것입니다.

율법은 엄위한 신적 권위를 가지고 있습니다. 율법은 사람이 고안한 창작물이 아닙니다. 사도는 말했습니다.

"너희가 우리에게 들은 바 하나님의 말씀을 받을 때에 사람의 말로 아니하고 하나님이 말씀으로 받음이니 진실로 그러하다 이 말씀이 또한 너희 믿는 자 속에서 역사하느니라"(살전 2:13).

사람이 만들어 낸 그 어떠한 말이 그토록 양심을 책망하고, 마음을 두렵게 하며, 영혼을 그러한 공포로 몰아갈 수 있겠습니까? 결코 그럴 수 없습니다. 그것은 사람이 가진 능력보다 훨씬 더 탁월한 능력을 요구하는 일입니다. 어느 누가 말로써 소경된 자의 눈을 뜨게 하고 무감각해진 양심을 되살리고 다가오는 심판 앞에 한 죄인의 영혼을 놓을 수 있으며, 누가 한 사람의 마음의 기질을 그토록 변화시키고 좌절한 영혼을 새롭게 위로할 수 있다는 말입니까? 하나님의 능력이 아니고서는 그것은 불가능한 일입니다.

설교자들의 설교가 능력으로 역사하는 힘을 가진다면, 그것은 분명 하나님께서 그러한 능력을 주셨기 때문입니다. 그런 경우라면 하나님의 말씀이야말로 세상을 향한 귀중한 긍휼 중의 긍휼이 아닐 수 없습니다. 그것은 상상을 초월한 복락입니다.

"이 구원의 말씀을 우리에게 보내셨거늘"(행 13:26).

하나님의 능력이 그 설교를 통해 우리에게 나타나는 것입니다(롬 1:16). 말씀 설교는 "생명의 말씀"(빌 2:16)으로 불리워질 가치가 있습니다. 그것은 우리의 생명으로 소중하게 여길 만한 것입니다. 하나님의 사랑 역시 말씀 설교를 통해서입니다. 영원한 생명을 주시기로 작정된 사람들이 말씀의 선포를 통해 믿게 되는 것입니다. 이 보물을 경시하는 이 세대는 하나님의 은혜를 가벼이 여기는 악을 범하고 있습니다. 그에 대해 우리가 회개하지 않는다면, 주님께서 촛대를 옮기시는 가장 큰 슬픔을 당한다 해도 할 말이 없습니다.

설교되는 말씀을 끊임없이 들으면서도 죄를 깨닫고 각성하지 않는 사람들에게 임할 심판은 가공할 만한 것입니다. 오늘날 이런 경우에 해당하는 자들이 얼마나 많은지요. 허다한 말씀의 화살이 그들의 양심을 쏘지만 말씀의 목적에는 미치지 못합니다. 말씀 선포와 가르침이 그토록 여러 번 주어졌음에도 그들 영혼은 깨우침을 받지 못합니다. 오, 여러분, 여러분은 그저 사람의 목소리를 들었을 뿐, 하나님의 목소리는 한 번도 들은 적이 없지 않습니까? 이해를 위한 가르침이었을 뿐 여러분의 양심이 그 가르침을 통해 철저하게 책망을 받은 적이 있습니까?

"우리가 슬피 울어도 너희가 가슴을 치지 아니하였다 함과 같도다"(마 11:17).

"우리의 전한 것을 누가 믿었느뇨? 여호와의 팔이 뉘게 나타났느뇨?"

여러분, 여기에 엄청난 심판이 있다는 것을 어찌 모르십니까?

"땅이 그 위에 자주 내리는 비를 흡수하여 밭가는 자들의 쓰기에 합당한 채소를 내면 하나님께 복을 받고 만일 가시와 엉겅퀴를 내면 버림을 당하고 저주함에 가까워 그 마지막은 불사름이 되리라"(히 6:7,8).

여러분에게 생명의 냄새가 되어야 할 말씀이 사망을 좇는 냄새가 된다면 어찌하시겠습니까?(고후 2:16)

저는 말씀 속에서 어떤 능력도 경험해 보지 못한 사람들에게 묻겠습니다. 여러분이 거부하고 있는 말씀이 누구의 말씀인 줄 아십니까? 여러분의 마음이 거절하고 있는 말씀을 주시는 분이 누구인줄 아십니까? 그분은 하나님이십니다.

"네가 교훈을 미워하고 내 말을 네 뒤로 던지며"(시 50:17).

말씀을 경시하는 것은 하나님을 모욕하는 일입니다. 여러분은 말씀을 대수롭지 않게 여김으로 여러분의 호흡과 영혼을 주관하시는 크고 두려우신 하나님을 업신 여기고 있는 것입니다. 그러한 일의 위험성은 여러분이 상상하는 것 이상이라는 것을 명심하십시오. 여러분에게는 말씀이 아무런 능력이 되지 않을지 모릅니다만 여러분이 무시하는 그 말씀의 놀라운 능력을 지금 이 시간에 체험하고 있는 사람들이 있다는 것을 알아야 합니다. 여러분의 마음은 굳게 닫혀 있지만, 그들은 그렇지 않습니다. 여러분이 헛된 평안 가운데 잠을 자는 동안 그들은 두려워하며 하나님 앞에서 무릎을 끓고 있습니다. 이러한 상반되는 효력을 어찌 태연하게 숙고할 수 있는 것입니까?

말씀에 대해 완고한 마음을 고집하는 것보다 더 큰 하나님의 심판은 없습니다. 말씀에 대하여 마음이 완고하고 양심이 무감각하느니 차라리 하나님의 섭리로 토지소산이 소실되거나 자녀들을 잃거나 건강이 없어지는 편이 낫습니다. 여러분의 영혼이 몸보다 중요하다는 것을 왜 모르십니까? 영원한 세계가 시간의 세계보다 더 중요하다는 것을 왜 깨닫지 못하는 것입니까?

여러분이 자신의 영혼을 사랑한다면, 부디 하나님께서 지금 여러분에게 주고 계시는 기회에 주목하십시오. 전해지는 말씀에 대한 편견, 말씀을 전하는 자의 허물 같은 것들은 이제 내려놓으십시오. 그 말씀을 통해 역사하시는 하나님의 성령의 역사를 발견하십시오. 말씀이 여러분의 영혼 깊은 곳까지 도달하게 해주시기를 기도하십시오. 여러분에게 들려지는 말씀을 진지하게 묵상하십시오. 그리하여 그 말씀이 여러분의 상태를 가리키고 있는지, 여러분이 처한 위험에 대해 경고하고 있는지 상고하시길 바랍니다. 말씀의 역사하심을 통해 여러분의 마음 속에 양심의 가책이 일어나기 시작했다면 그것이 시들지 않도록 주의하시길 바랍니다.

한 때는 복음의 효력을 느꼈으나 이제 거의 느끼지 못할 정도로 그 효력이 사라진 이들에게 말씀드립니다. 여러분은 말씀의 능력을 느꼈던 사람들입니다. 그 말씀의 능력은 때로 두려움으로, 때로는 황홀함으로 다가왔을 것입니다. 그런데 그것도 잠시 뿐이었습니다. 여러분이 느꼈던 말씀의 능력은 아침 안개나 이슬과 같을 뿐이었습니다(호 6:4). 말씀을 인하여 즐거워하였으나 그때 뿐이었던 것입니다(요 5:35 ; 갈 4:14,15).

이것은 사람들의 영혼을 효과적으로 속이고 파괴하는 사탄의 치밀하고 예리한 전략입니다. 때때로 사람들이 말씀 아래서 그들의 양심에 두려움을 느끼거나, 마음 속에서 말씀의 영향을 받으면 그들은 마치 회심에 필요한 모든 것을 다 얻은 것처럼 보이는 나머지, 흡사 성령의 역사처럼 느껴질 때가 있습니다. 새롭게 되지 못했음에도 불구하고 그들의 마음은 마치 신령한 마음처럼 녹아내리는 황홀함을 경험하기도 합니다. 사람들이 스스로 속는 것은 바로 이 부분입니다. 사탄이 그러한 거짓된 모양들을 통하여 경솔한 사람들을 기만하는 것입니다. 그들에게서 나타나는 모습 중 어느 것이 신령한 것이고 어느 것이 본성에서 난 것인지 구별하는 일은 쉽지 않습니다. 육에 속한 사람들도 때로는 신령한 사람들과 같이 마음이 녹고 환희에 차는 모습을 보이기 때문입니다. 말씀의 관한 주제는 내세에 관한 무거운 주제들입니다. 하늘과 지옥에 관한 주제는 누구라도 외경스러운 마음을 가지게 하는 주제인 것입니다. 거듭나지 못한 이들도 이를 거론하며 잠시 마음이 녹을 수 있습니다. 하지만 그것이 본성적인 정서에서 나온 일시적인 반응에 불과하다는 것이 문제인 것입니다.

낙담하게 하는 세상의 영향력 역시 말씀의 효력을 왜곡시키는 원인이 될 수 있습니다(눅 8:12-14). 우리는 젊은 사람이 가졌던 희망적인 정서들이 세상의 삶 속에서 점차 사그러드는 경우를 흔히 보게 됩니다. 세상의 근심거리가 커 갈수록, 구원에 대한 관심은 시들어져갑니다. 그런 경우 그들은 "내가 어찌하여야 구원을 얻을 수 있습니까? 어떻게 그리스도에 대해 더 관심을 가질 수 있습니까?"라고 말하는 대신 "무엇을 먹고 무엇을 마실까? 내가 원하는 것을 어떻게 얻어낼 수 있을까?"라고 말합니다. 현세에 대한 생각이 미래에 대한 생각을 압도하는 것입니다. 그들의 삶은 세상의 일로 끊임없이 바쁜 나머지, 그리스도와 영원한 것들에 관심을 가질 여력이 없습니다.

교만과 자기 사랑 역시 그러합니다. 이것은 사탄에게 길을 터주는 일과 다름이 없습니다. 교만과 자기 사랑은 죄에 대한 각성을 압도해 버립니다. 마음으로 하여금 모든 죄에 대한 병증을 매우 가볍게 취급해 버리도록 하는 것입니다. 결국 말씀의 효력은 힘을 잃게 되는 것입니다.

오! 양심의 가책이 사라지면 영혼의 생명이 위험하다는 사실을 그들이 안다면 얼마나 좋겠습니까? 시들어가고 있는 싹에서 어찌 열매를 기대할 수 있겠습니까? 하나님께서 사람들로 하여금 이에 대한 위험들을 분별할 수 있는 눈을 허락하시길 바랍니다(유 1:12 ; 히 10:38). 그들을 회복시키실 분은 오직 하나님뿐이십니다. 그들은 다시 소생되어야만 합니다. 그래야만 합니다. 영혼에 임한 가장 가공스러운 결과를 가져오지 않게 하려면 말입니다.

마지막으로 말씀이 효과적으로 강력하게 역사한 사람들에게 말씀을 드리려고 합니다. 이들은 두 부류로 나눌 수 있습니다. 성령님의 역사를 처음 받게 된 초심자(初心者, embryos)와 거듭나게 하시는 성령님의 역사가 완수되어 새롭게 된 사람들로 나눌 수가 있습니다.

먼저 초심자들에게 말씀을 드리겠습니다. 여러분 중 혹 성령의 역사하시는 능력을 통해 받게 된 은혜로 말미암아 이전에 가졌던 소망을 상실한 것을 비참하게 여기고 있는 분이 계시다면 결코 그렇게 생각하지 마시길 바랍니다. 만일 여러분이 그런 상태에서 그대로 세상을 떠났다면 여러분은 구원받지 못했을 것입니다. 지옥으로 향하고 있는 여러분을 하나님께서 막으셨습니다. 멸망의 길을 가던 사람 중 자기 스스로 생명의 길을 건지하여 돌아오는 사람은 아무도 없다는 것을 아시길 바랍니다. 여러분이 지금 견디기 힘들 정도로 슬프고 두렵고 괴롭습니까? 하지만 영원히 소망 없이 신음하는 것보다 낫다는 것을 기억하십시오. 여러분이 죄를 발견한 것에 대해 괴로워하지 마십시오. 만약 죄를 드러내는 계명이 여러분에게 오지 않았다면 여러분은 그리스도 안에 있는 치료책을 찾지 않았을 것입니다. 주의 깊게 살 피십시오. 말씀의 효력의 역사에도 불구하고 말씀 아래서 결국 실패로 끝나 버리는 영혼들보다 더 강력하고 깊은 말씀의 역사가 여러분에게 있는지 살 펴보십시오. 율법의 임함으로 여러분이 이러저러한 특정한 죄만이 아니라 마음과 삶의 모든 악함을 다 보게 되었는지 확인해 보십시오. 여러분 본성 의 타락과 여러분의 삶의 죄악들이 보이십니까? 그렇다면 여러분에게 소망 이 있습니다.

어떠한 경우라도 하나님의 율법은 거룩하시고 의로우신 하나님께 대항한 여러분의 악함을 드러내는 것이어야 합니다. 그래서 여러분 스스로가 자초 한 위험 앞에서 마음이 녹아 눈물을 흘리게 하는 것이어야 합니다. 만일 율 법으로 인해 여러분의 죄가 살아나고, 여러분이 가져왔던 모든 허망한 소망 이 죽게 되어, 여러분에게 오직 유일한 소망을 그리스도로 여기게 되었다면, 그로 인해 여러분이 당하는 괴로움들은 여러분 영혼에 임하는 가장 큰 긍휼 이라는 것을 기억하십시오.

하나님의 율법이 온전한 영향력을 행사하여 마침내 회심에 이르게 된 분 들께 말씀드립니다. 이 긍휼에 속한 여러분은 영원히 하나님을 송축해야 할 사람들입니다. 하나님께서는 말씀으로 여러분의 영혼에 책망을 주셨을 뿐 아니라, 여러분을 회심케 하시는 은혜를 베푸셨습니다. 여러분과 동일한 말 씀을 듣고도 아무런 효력을 경험하지 못하는 사람들이 얼마나 많은지 모릅 니다. 그리스도께서는 이에 대해 말씀하셨습니다.

"내가 참으로 너희에게 이르노니 엘리야 시대에 하늘이 삼 년 육개월간 닫히어 온 땅에 큰 흉년이 들었을 때에 이스라엘에 많은 과부가 있었으되 엘리야가 그 중 한 사람에게도 보내심을 받지 않고 오직 시돈 땅에 있는 사렙다의 한 과부에게 뿐이었으며"(눅 4:25, 26).

그렇습니다. 여러분과 같이 있던 회중들이 말씀에 아무런 영향도 받지 못할 때, 여러분에게는 말씀의 책망을 받고 구원케 하는 명령으로 임했습니다. 오, 이는 얼마나 감사한 일입니까? 여러분이 사는 동안 어찌 말씀을 사랑하지 않을 수 있겠습니까?

"내가 주의 법도들을 영원히 잊지 아니하오니 주께서 이것들 때문에 나를 살게 하심이니이다"(시 119:93).

그러나 제가 무엇보다도 여러분께 간청하고 싶은 것은, 어떠한 경우에건 죄악으로 다시 돌아가는 어리석음을 범하지 말라는 것입니다(시 85:8). 여러분의 삶이 죄를 멀리하는 것이야말로 하나님의 계명이 여러분에게 강력한 영향을 끼쳤다는 증거입니다. 여러분은 율법의 잔을 통해 여러분의 죄를 보지 않았습니까? 여러분의 마음은 이로 인해 산산히 깨어지지 않았습니까? 그렇다면 여러분은 사는 날 동안 죄를 멀리 하는 삶을 살아야 합니다. 여러분은 죄의 악함과 죄의 위험성을 알게 된 사람들입니다. 그것이 얼마나 두려운 것인지 잘 알고 있습니다. 세상이 주는 즐거움을 맛보기 위해 다시 양심의 그 쏘는 고통을 자처하시렵니까?

기억하십시오. 여러분은 그리스도의 이끌림을 받은 자들입니다.

22장

하나님의 가르치심(1)

> "선지자의 글에 저희가 다 하나님의 가르치심을 받으이라 기록되었은즉
> 아버지께 듣고 배운 사람마다 내게로 오느니라"
>
> _요 6:45

우리는 앞 강론에서 예수 그리스도와의 연합을 위하여 죄인의 마음에 작용하는 율법의 효력과 그 필요성에 대해 알아보았습니다. 우리는 이제 '위로부터 오는 비췸(照明)'에 대해서 알아 볼 것입니다. 그 비췸 없이는 계명이 우리 마음에 이를 수 없기 때문입니다.

이는 그리스도께서 분명히 말씀하고 계신 바입니다.

"너희는 서로 수군거리지 말라 나를 보내신 아버지께서 이끌지 아니하면 아무라도 내게 올 수 없으니 오는 그를 내가 마지막 날에 다시 살리리라"(요 6:43,44).

이 말씀에서 주님께서는 이렇게 말씀하신 셈입니다.

'너희들이 나를 경시함은 너희들이 나를 알지 못하기 때문이며, 너희들이 나를 알지 못함은 하나님의 가르치심을 받지 않았기 때문이다. 하나님의 가르치심을 받지 아니한 자는 누구도 믿음으로 말미암아 내게 올 수 없다.

만일 내게 오는 자가 있다면 그는 하나님의 가르침을 받은 자일 것이다.'

그리스도께서는 구약 시대 선지자들의 글을 인용하심으로 하나님의 가르침에 대한 필요성을 말씀하고 계십니다.

"선지자의 글에 저희가 다 하나님의 가르치심을 받으리라 기록되었은즉."

그리스도께서는 이사야 54:13에 기록되어 있는 이사야 선지자의 말을 가리키고 계십니다.

"네 모든 자녀는 여호와의 교훈을 받을 것이니"(사 54:13).

예레미야 31:34에는 "그들이 다시는 각기 이웃과 형제를 가리켜 이르기를 너는 여호와를 알라 하지 아니하리니 이는 작은 자로부터 큰 자까지 다 나를 앎이니라 내가 그들의 죄악을 사하고 다시는 그 죄를 기억지 아니하리라 여호와의 말이니라"라고 기록되어 있습니다. 선지자들의 예언은 곧 새 언약, 그리스도를 가리키는 것입니다. 하나님의 가르치심이 그리스도에 관한 복락을 포함하고 있는 것입니다.

그리스도께서는 "아버지께 듣고 배운 사람마다 내게로 오느니라"는 말씀을 주심으로 하나님의 가르치심의 필요성과 그 효력에 대한 교훈을 말씀하고 계십니다. 그 가르치심을 받은 자는 누구도 실패하지 않을 것이라고 분명하게 선언하고 계시는 것입니다.

그렇습니다. 하나님의 가르침은 곧 믿음의 길로 그리스도께 나아가려는 모든 사람에게 절대적으로 필요합니다. 사도는 에베소서 4:20, 21에서 그 필요성을 역설하고 있습니다.

"오직 너희는 그리스도를 이같이 배우지 아니하였느니라 진리가 예수 안에 있는 것 같이 너희가 참으로 그에게서 듣고 또한 그 안에서 가르침을 받았을 진대."

만약 여러분이 가진 믿음이 하나님의 가르침으로 말미암은 것이라면, 그 믿음은 삶 속에서 거룩함을 견지하는 효력을 보일 것입니다.

그러나 우리는 하나님의 가르침을 받는 것을 어떠한 특별한 환상이나 하나님의 직접적인 음성을 통해 배운다는 것으로 이해하지 말아야 합니다. 물론 몇몇 사람들에게는 그러한 방식을 취하셨습니다(민 12:8). 그러나 그러한 방식들은 중지되었습니다(히 1:1,2). 우리는 더 이상 그러한 것들을 기대해서는 안됩니다. 우리가 만약 여전히 그러한 방식들을 기대하고 있다면, 하나님의 조명하심은 커녕 사탄의 미혹에 아주 쉽게 걸려 넘어질 수 있다는 것을 기억하십시오.

저는 게르손(Gerson)이 저에게 해준 말을 기억합니다. 그는 어떤 성도에 대한 이야기를 해주었습니다. 그 성도는 기도하는 도중 하나님으로 위장한 사탄을 만났습니다. 사탄은 그에게 이렇게 말했다고 합니다. '내가 너를 만나기 위해 왔노라. 너는 합당한 자이기 때문이다.' 성도는 사탄에 말에 이렇게 대답했습니다. '나는 여기 지상에서 그리스도의 영광을 보는 것으로 충분하다'라고 말입니다.

우리가 주목해야 할 음성은 오직 '성경에 기록되어 있는 성령의 음성'입니다. 그것은 하늘로부터 들려오는 것과 같은 어떠한 음성보다도 더 확실한 것입니다(벧후 1:19).

또한 하나님의 가르침을 사람들의 가르침을 대적하거나 완전하게 배제시키는 것으로 이해하지 말아야 합니다. 특별한 회심을 한 바울은 하나님께 가르침을 받았습니다(갈 1:12). 그럼에도 그는 아나니아의 사역을 소중하게 여겼습니다(행 9:4,17). 그에게 하나님의 가르침은 인간의 가르침보다 탁월한 것이지만 인간의 가르침도 배제하지는 않았습니다. 예레미야 31:34

의 말씀은 현재 교회에서 진행되고 있는 사역이 더 이상 필요하지 않다고 말하고 있는 것 같이 보입니다.

"그들이 다시는 각기 이웃과 형제를 가리켜 이르기를 너는 여호와를 알라 하지 아니하리니"(렘 31:34).

그러나 이 말씀을 문자적으로 이해하는 것은 하나님께서 친히 세우신 기관을 폐하는 격이 됩니다(고전 12:28). 그리스도께서 맺으신 제일되는 열매를 빼앗아 가는 셈이 되는 것입니다(엡 4:11,12). 이 말씀을 모든 개인적인 가르침들과 권고들을 멸하는 것으로 해석하지 말아야 합니다. 그렇게 되면 선지자들의 말과 사도의 말이 서로 모순됨으로 성경의 통일성과 조화는 깨어지게 됩니다. 이 말씀은 상대적인 방식으로 이해되어야 합니다. 다시 말해 말씀은 사람들의 사역에 비하여 하나님의 가르치심이 상대적으로 탁월하다는 것을 지시하는 것입니다. 부정적인 측면에서 사람들의 사역의 유익을 폐하라는 의미로 받아들여서는 안 되는 것입니다. 성령님의 가르침을 전제로 사람의 사역은 효력을 가지게 됩니다. 성령의 역사가 있을 때에라야 사람의 사역이 존귀하게 되는 것입니다.

하나님의 가르침은 하늘로부터 오는 신령한 빛과 같습니다. 성령께서 그 빛을 사람들의 마음에 비추심으로 "예수 그리스도의 얼굴에 있는 하나님의 영광을 알게" 하시는 것입니다(고후 4:6). 이것이 성령님의 고유한 역사(役事)입니다. 하지만 그럼에도 불구하고 그 역사는 곧 아버지의 가르침입니다. 성령의 가르치심은 하나님 아버지의 보내심을 받아 맡겨진 직무이기 때문입니다(요 14:26).

빛을 비추시는(Illumination) 일은 우리의 회심을 위한 성령님의 첫 번째 행사입니다(골 3:10). 영혼에 빛을 비추심으로 영혼이 신령한 것들에 대한 통찰력을 갖게 되는 것입니다.

"너희는 주께 받은 바 기름 부음이 너희 안에 거하나니 아무도 너희를 가르칠 필요가 없고 오직 그의 기름 부음이 모든 것을 너희에게 가르치며 또 참되고 거짓이 없으니 너희를 가르치신 그대로 주 안에 거하라"(요일 2:27).

이 말씀은 성령님의 거룩하게 하시는 역사로 인해 영혼이 성경에 들어있는 신비한 것들을 체험하는 것에 대해 말하고 있습니다. 그 체험은 성경의 비밀을 이해하는데 있어서 가장 탁월한 열쇠가 됩니다. 어떠한 지식도 마음이 머리에 전달해 주는 것만큼 분명한 것은 없습니다.

"사람이 하나님의 뜻을 행하려 하면 이 교훈이 하나님께로서 왔는지 내가 스스로 말함인지 알리라"(요 7:17).

사랑을 다루고 있는 책들로부터 사랑의 본질을 읽어본 적이 없는 사람이라 할지라도, 실제적인 체험을 통해 그 본질에 대해 더욱 분명하게 느끼고 깨달을 수 있는 이치와 같습니다. 체험을 통한 가르침을 받은 사람은 읽거나 들음으로 아는 사람보다 훨씬 높은 수준의 이해를 가질 수 있는 것입니다. 그렇습니다. 신령한 영적 체험은 성경을 정확히 이해하는 빛이 될 것입니다. 영혼에 일어나는 성화(聖化)는 사람의 마음 판에 새겨지는 하나님 말씀의 선명한 사본과도 같은 것입니다.

"내가 나의 법을 그들의 속에 두며 그 마음에 기록하여"(렘 31:33).

마치 인쇄기의 문자판이 종이에 찍혀진 글자들과 일치하고, 밀랍에 찍힌 문양이 그것을 찍은 도장과 서로 일치하듯이, 신자들의 신령한 체험이 성경의 말씀들과 서로 일치하는 것입니다. 성화된 영혼이 다윗의 시편과 바울의 서신들을 읽으면 아마 놀라 소리치며 이렇게 말할 것입니다. '이 거룩한 사람들이 말하고 있는 것을 내가 느끼고 있다니!'

성령께서는 또한 우리의 필요에 따라 때에 맞는 가르침을 주십니다. 우리가 진리를 잘 이해할 수 있도록, 진리 안에서 우리의 마음이 자라도록 도우실 것입니다.

"그 때에 무슨 말할 것을 주시리니"(마 10:19).

"모든 것을 생각나게 하시리라"(요 14:26).

성령께서 사람들을 비추시는 위대한 진리들은 매우 다양합니다. 물론 그 진리들이 모든 신자들에게 동일한 순서와 정도로 가르쳐 진다고 말할 수는 없지만, 그로 말미암아 우리가 전에 결코 이해하지 못한 교훈들을 하나님께로부터 배운다는 것은 분명합니다.

우리는 하나님께로부터 먼저 우리의 본성과 행동에 우리가 인식했던 것 이상의 악이 있음을 배웁니다. 사람들은 기본적으로 죄에 대한 관념을 가지고 있습니다. 그 관념은 물론 매우 일반적인 수준입니다. 바리새인인 바울도 그랬습니다. 그러나 하나님께서 계명을 그의 마음에 깨닫게 하셨을 때 그가 가지게 된 죄에 대한 이해는 전혀 다른 차원의 수준이었습니다.

사람들이 죄에 대해 가지는 지식은 전통적(traditional) 지식, 그저 막연하게 미루어 짐작하여 가지는 사색적(discursive) 지식, 그리고 직관적(intuitive) 지식으로 나누어 생각할 수 있습니다. 죄에 대한 전통적인 지식은 영적인 차원에서의 죄의 지식과 일단 거리가 있습니다. 이는 영적인 차원에서 세련되고 배움이 모자란 대부분의 사람들이 가지는 죄에 대한 인식입니다. 죄에 대해 막연하게나마 사색적인 지식을 가지는 사람들은 그들보다는 좀더 합리적인 관점을 가진 사람들입니다. 그러나 죄에 대한 직관적인 지식에는 미치지 못합니다. 죄에 대한 직관적인 지식은 오직 하나님께 빛을 받아 배운 자들만이 가질 수 있습니다. 이는 앞의 두 경우와 엄청난 차이를 가지고 있습니다. 마치 벽화속에 그려진 사자를 보는 것과 실제로 으르렁거리는 사자를 만나는 것의 차이와 같은 것입니다. 이는 하나님께서 영혼으로 하여금 신령한 빛 속에서 죄에 대한 정확한 지식을 갖게 하시어 죄의 본질과 악을 분명하게 분별하게 하시는 역사입니다.

죄를 바라보는 직관적인 시각은 보통 사람들이 죄가 그러려니 하고 상상하는 시각과는 전혀 다른 차원을 가지고 있습니다. 그 시각은 사람의 마음을 찌릅니다(행 2:37). 하나님께서 이런 저런 죄의 조각들이 아닌 모든 죄를 하나도 남김없이 낱낱이 드러내 보이시기 때문입니다(시 50:21). 죄를 직관적으로 보게 되는 사람은 죄의 사례들 뿐 아니라, 본성이 가지는 죄성(Sinfulness)을 보게 됩니다. 죄의 뿌리이며 악의 샘인 원죄적 부패(Original corruption)를 보게 되는 것입니다(약 1:14,15). 그들은 결국 자신의 원죄적 부패와 허다한 죄행으로 처할 수밖에 없는 비참의 상태를 봅니다(요 16:9). 그들이 자신들의 죄에 대해 어떠한 변명이나 핑계를 댈 수 있겠습니까? 그들의 '소행과 악행'을 성령께서 낱낱이 보여주셨는데 말입니다(욥 36:8,9). 그들은 성령의 역사로 말미암아 자기 자신이 얼마나 비열하기 짝이 없는 자인지 비로소 깨닫는 것입니다.

그들은 이제 외칠 것입니다. '세상에 나 같은 죄인이 어디 있는가? 내가 용서받을 수 있다는 말인가? 하나님의 크심 앞에서 내 죄가 한없이 크구나. 하나님의 거룩하심 앞에서 내 죄가 측량할 수 없을 정도로 악하구나. 내 죄가 이렇게 무거운 것이었다니. 내게 어찌 긍휼을 베푸시겠는가? 만약 그러한 나에게 긍휼을 베푸신다면 그 긍휼은 세상 누구도 받은적이 없는 큰 은혜일 것이다!'

이것이 죄의 악함을 알게 하시는 하나님의 가르침인 것입니다.

하나님의 가르침을 받기 전까지 그들은 성경에 기록된 경고를 무시한 자들이었습니다. 자신들이 범한 죄를 들추어낼 사람은 없을 거라고 안심했습니다. 죄에 대한 여파가 순간적일 것이라고 생각했던 것입니다. 설령 그 여파가 지속된다고 해도 다른 사람들의 경우 보다는 덜 힘들 것이라고 생각했습니다. 하나님의 긍휼에 대한 설교자의 말씀을 위로로 삼으면서 말입니다. 그러나 하나님의 빛이 그들의 죄의 본질을 비추기 시작했을 때 그들은 깨닫습니다. 자신들의 죄에 대한 하나님의 진노가 정당한 대가라는 사실을 말입니다.

"죄의 삯은 사망이요"(롬 6:23).

그렇습니다. 정죄를 통해서 부과되는 형벌적 불행은 죄가 가진 도덕적 악행에 대한 정당한 대가입니다. 하나님의 진노의 대양(大洋)에는 한 방울의 불공평도 존재하지 않습니다.

하나님의 가르침을 받은 영혼은 하나님께서 예비하신 영원한 형벌 속에서 하나님의 공의를 보게 됩니다. 그리고 그 무시무시한 공의가 하나님의 놀라운 긍휼로 지금까지 집행되지 않고 유예되었다는 사실을 알게 되는 것입니다. 하나님의 경고를 두려워하지도 않고 자신들이 처한 위험천만한 상태를 깨닫지도 못하던 사람이 하나님의 가르침으로 말미암아 하나님의 긍휼을 깨닫기까지 하는 자가 되는 것입니다.

그들은 이제 말합니다.

"내가 어떻게 하여야 구원을 받으리이까?"(행 16:31)

그들의 마음은 죄와 죄를 뒤따르는 진노에 영혼의 삼키움을 당하고 있습니다. 더 이상 그것이 상상 속에 떠다니는 관념이 아니라는 것을 알게 되었기 때문입니다. 그들의 마음은 깊은 근심으로 가득 찹니다. 이제 그들은 그저 학문적인 지식을 가진 학자들 보다 훨씬 더 분명한 지식을 갖게 된 것입니다.

"사람이 만일 온 천하를 얻고도 제 목숨을 잃으면 무엇이 유익하리요 사람이 무엇을 주고 제 목숨을 바꾸겠느냐"(마 16:26).

구원을 향한 그들의 강렬한 마음은 쉬지 않고 근심하는 것으로 나타납니다. 이 땅의 일들이 잠시 그들의 시선을 돌린다 할지라도 그들은 이내 엄중한 이 사안으로 다시 돌아오고 맙니다. 그들은 또 시간을 아끼기 시작합니다. 구원을 위한 일을 위해 촌음(寸陰)도 아낍니다. 세월을 허랑방탕하게 보냈던 그들이 매 순간을 보배롭고 가치있게 사용하려고 애를 쓰는 사람이 된 것입니다.

그들은 그 일에 낭패를 당하지 않으려고 얼마나 간절하고, 얼마나 두려워하는지 모릅니다. 그들의 마음은 언제나 구원을 받는 일에 가 있습니다. 이제 그들은 세상의 고통과 환난들을 가벼이 여기는 사람이 된 것입니다.

하지만 그러한 간절함을 이루시는 분은 하나님이십니다. 그들이 간절함을 가지기는 하나 그 일은 여전히 사람의 본성이 가진 능력을 뛰어넘는 것입니다.

"그런즉 원하는 자로 말미암음도 아니요 달음박질하는 자로 말미암음도 아니요 오직 긍휼히 여기시는 하나님으로 말미암음이니라"(롬 9:16).

영혼이 죄의 극악한 본성과 하나님의 율법의 엄격함을 깨닫고 각성받아 구원 얻기를 간절히 소망하고 열심을 낸다할지라도 실질적인 구원의 문제는 사람의 능력 밖의 일입니다. 힐(Hill) 박사는 모든 사람에게는 알미니안 교리(Arminian Doctrine)를 단 번에 부정할 수 있는 것들이 있다고 말합니다. 곧 전적 타락과 전적 은혜를 믿지 않고 사람의 자유의지로 자신을 구원할 수 있다고 믿는 교리가 사람들이 가지고 있는 본성의 한계로 자연스럽게 부정된다는 것을 말하고 있는 것입니다. 물론 영혼은 있는 힘을 다해 애를 써야 합니다. 그것이 구원받기를 희망하는 영혼의 마땅한 도리일 것입니다. 그러나 그러한 도리를 행하는 것이 구원을 얻어내는 열쇠라고 생각하는 것은 분명한 죄입니다.

하나님은 이를 위해 우리에게 그리스도를 주셨습니다. 그리고 가장 서글픈 영혼도 그리스도께 나아가면 치료받을 수 있다는 사실을 가르쳐 주셨습니다. 두려움에 떨던 영혼에게 여명이 밝아 오는 때가 바로 이 때입니다. 그리스도에 대한 하나님의 가르치심은 영혼에게 있어서 복음의 총체적이고 무한정한 격려와 위로의 소망입니다. 아직 그들이 완전한 안전에 처한 것은 아니지만, 복음의 위로와 격려들이 그들의 영혼을 강력하게 지탱해 주는 것입니다. 자신들에게 여전히 구원의 가능성이 있다는 가르침은 그들에게 큰 버팀목이 됩니다. 그들은 완전히 버림받은 영혼들보다 자신들이 훨씬 더 좋은 상황에 있음을 알게 되는 것입니다.

하나님의 긍휼하신 성품의 진수는 바로 이 부분에서 분명하게 드러납니다. 하나님께서는 곧 죄의 악함을 보여 주시는 동시에 소망의 문까지 열어 보여 주시기 때문입니다. 범죄한 아담에게도 그러하셨습니다. 하나님께서는 아담이 자신의 비참을 알게 하신 후 오래지 않아 그리스도에 대한 첫 번째 약속을 주셨습니다(창 3:15). 그 은혜의 방편은 그분의 선택된 후손들에게 끊임없이 지속되었습니다(갈 3:21,22 ; 롬 3:21,22). 하나님께서는 영혼들에게 소망이 필요함을 아십니다. 만약 그러한 소망을 주시지 않는다면, 음침한 절망 속에서 벗어날 영혼은 하나도 없을 것입니다.

하나님께서는 영혼들에게 소망을 주실 뿐 아니라 구원에 대한 충만한 능력이 그리스도께 있다는 것을 가르쳐 주십니다(히 7:25 ; 골 1:19 ; 마 28:18).
이는 믿는 자가 반드시 배워야 할 부분입니다. 그리스도께서 충만한 구원의
능력을 가지고 계시다는 것을 알거나 믿지 못하는 자가 그리스도께 나아갈
리가 없기 때문입니다. 이 가르치심으로 말미암아 하나님의 선하심은 분명
하게 드러납니다. 구원 받을 가망이 없다는 사탄의 끝없는 암시를 잠재울
것은 그리스도의 완전하신 충족성을 가르치시는 역사 뿐이기 때문입니다.
그 믿음이 주님의 옷자락을 만진 병든 여인처럼 말하게 할 것입니다.

"이는 제 마음에 그 겉옷만 만져도 구원을 받겠다 함이라"(마 9:21).

그리스도께서 흘리신 피의 무한한 존귀함을 인식하고, 그 피가 하나님의
모든 공의를 완전히 만족시켰다는 사실을 아는 사람은, 자신의 커다란 죄책
감에도 불구하고 "자기를 힘입어 하나님께 나아가는 자들을 온전히 구원하
실 수 있다"는 확신으로 힘을 얻을 것입니다.

하나님께서는 또 그리스도와의 연합을 가르치십니다. 그리스도와 연합
하지 않는 어느 누구도 그분의 피의 유익을 입을 수 없다는 것을 알게 하시
는 것입니다(요일 5:12 ; 엡 4:16). 사람들은 그리스도의 죽음이 곧 자기들의
구원이라고 생각하였습니다. 물론 그러합니다. 하지만 하나님께서는 믿음으
로 그리스도와 연합하는 것이 구원을 이룬다는 사실을 가르쳐 주십니다.
그리스도의 죽음은 여전히 우리가 죄인이었을 때 우리 밖에서 행하신 일입
니다. 그러나 믿음으로 그것을 우리 각자에게 적용해야 구원의 역사가 우리
안에서 이루어지는 것입니다(골 1:27). 하나님께서 그리스도를 통해 지불하
신 모든 값의 혜택은 우리 각 개인이 그 사실을 믿는 것으로 적용되는 것입
니다. 육적인 혈통으로 첫 사람이 우리의 머리가 아니었다면 그의 죄가 우리
를 해하지 않았을 것입니다. 그와 마찬가지로 거듭남의 방식으로 그리스도

께서 우리의 머리가 되시지 않는다면 그리스도의 의가 우리를 유익하게 할 수 없는 것입니다. 하나님께서는 이 가르치심으로 당신의 긍휼을 나타내실 뿐만 아니라, 믿음으로 거듭나지 않은 채 그리스도의 십자가의 죽으심으로 구원받으리라고 기대하는 헛된 원리를 일축하고 계십니다.

우리는 기도를 통하여 그리스도와의 연합을 위해 필요한 그 어떤 것도 얻을 수 있다는 사실을 하나님의 가르치심으로부터 배우게 됩니다(겔 36:37). 그 가르침을 받은 영혼은 기도를 통해 성령의 호흡을 느낍니다.

"저가 기도하는 중이라"(행 9:11).

전에 사람들로부터 기도하는 법을 배우던 이들이 이제는 하나님께로부터 기도하는 것을 배웁니다. 그렇습니다. 영원한 행복에 대해 눈을 뜬 사람들은 이제 뜨겁게 기도합니다. 다른 사람들과 함께, 또 은밀한 중에 자신들의 영혼을 주 앞에 쏟아 붓는 것입니다. 그 영혼들은 그리스도께서 완전한 구원으로 자신들에게 오실 때까지 기도를 멈추지 않습니다.

우리는 또 하나님으로부터 죄 가운데서 행하던 이전의 방식들과 친구들에게서 떠나라는 가르치심을 받습니다(사 55:7 ; 고후 5:17). 죄의 도구로 사용되었던 오른손과 오른쪽 눈을 이제는 끊어내야 하는 것입니다. 죄 가운데 사귀었던 동료들은 그들 삶의 주요한 부분이었을 것입니다. 그러나 이제는 끊어야 합니다. 그리스도께서 말씀하셨습니다.

"나를 찾거든 이 사람들의 가는 것을 용납하라"(요 18:8).

우리는 이렇게 말해야 합니다. '악한 자여 나를 떠나라. 내가 주의 증거를 사랑하느니라'(시 119:115)라고 말입니다. 이제 죄 가운데 즐겁게 교제하던 친구들은 영혼의 짐과 부끄러움이 됩니다. 즐거움의 대상이었던 그들이 동정의 대상으로 바뀌게 됩니다. 이 땅에서의 그 어떤 즐거움과 흥미거리들도 더 이상 우리의 영혼을 그리스도로부터 떼어낼 정도로 강하지 못합니다. 우리가 죄의 끈을 모두 끊어 버리는 일은 하나님의 효력 있는 가르침으로 가능한 일입니다.

하나님의 가르치심은 우리로 하여금 그리스도께로 나아가는 자들의 아름다움과 탁월함을 보는 눈을 가지도록 합니다(시 16:3). 하나님의 가르치심으로 눈이 열리기 시작한 사람들은 영혼의 유익을 위하여 사용하시는 하나님의 방편을 판단하는 다른 관점을 가지게 됩니다. 그런 자들만이 그리스도의 신부(新婦)를 가리켜 여자들 중 가장 아름다운 여자라고 부를 수 있습니다(아 5:9). 이제는 의로운 자가 능력 있는 자보다 탁월하게 보입니다. 하나님의 가르치심이 사람들의 판단에 새로운 변화를 가져오는 것입니다. 사도의 상처를 씻어준 간수가 그러하였습니다(행 16:33). 이제 경건한 자들이 사는 곳이 영광스럽게 보입니다. 그들이 떠나면 영광도 사라지는 것처럼 보입니다. 그들과 함께 있는 것을 큰 은혜로 여깁니다.

"하나님이 너희와 함께하심을 들었나니 우리가 너희와 함께 가려 하노라"(슥 8:23).

그들의 눈에는 하나님의 백성들이 가장 훌륭한 자로 보이는 것입니다.

하나님께서는 죄책으로 인한 고통과 세상에서 만날 수 있는 환난에 여러분이 좌절하고 다시 뒤로 돌아키는 어리석음을 행치 않길 바라십니다.

"손에 쟁기를 잡고 뒤를 돌아보는 자는 하나님의 나라에 합당치 아니하니라"(눅 9:62).

쟁기질은 고된 일입니다. 그 일을 위해서는 굳세고 튼튼한 몸을 필요로 합니다. 또한 꾸준하여야 합니다. 단단한 땅이 파헤처지기까지 그 일을 중단하지 않습니다. 신앙은 그와 같습니다. 신앙은 마치 경주와도 같아서(고전 9:24) 상을 얻기 위해서는 멈추거나 뒤로 돌아가는 일을 해서는 안 되는 것입니다.

마귀는 극복하기 힘든 어려움을 이용해 영혼을 낙심시키려고 애를 씁니다. 연약한 신자일수록 그러한 시험에 낙심하기 쉽습니다. 그러나 하나님 아버지의 가르치심이 그들을 격려합니다. 그 모든 낙심거리들을 대항하여 계속 전진할 수 있는 힘을 주십니다. 그러면 영혼은 이러한 결론에 도달할 것입니다. '그리스도가 필요합니다. 우리는 용서를 받아야 합니다. 그리고 우리는 구원을 받아야 합니다. 어려움과 고난들이 우리를 막아서지 않도록 하옵소서.' 여러분, 우리에게 필요한 것은 계속 앞으로 나아가는 일입니다. 단지 살아있는 것만으로는 부족합니다.

하나님께서는 우리 자신을 전적으로 그리스도께 맡기라고 가르치십니다. 우리가 아무리 가치 없고, 용납 받을 만한 가망이 없어 보인다 할지라도 그것이 지혜임을 가르치시는 것입니다. 여러분은 죄와 죄책의 거대함을 알게 되었습니다. 그리고 여러분은 이렇게 생각할 것입니다. '그와 같은 죄인인 내가 어찌 그리스도께 나아갈 수 있다는 말인가?' 여러분은 자신과 다른 이들에게서 발견되는 것을 그리스도의 은혜와 긍휼과 비교하고 대조해 봅니다. 결국 여러분을 낙심케 하는 혼란한 생각들의 무게를 이기지 못하고 그대로 가라앉고 싶어할 것입니다(삼상 24:19).

여러분이 무능력하다는 인식 또한 여러분을 짓누를 수 있습니다. 여러분은 말할 것입니다. '철광석보다 단단한 저의 마음을 어떻게 부숴뜨릴 수 있다는 말입니까? 저의 의지는 완고하고 고집스럽습니다. 영혼의 구조와 기질은 여전히 세속적이고 현세적입니다. 그러나 저에게는 저를 바꿀 힘이 없습니다. 제 안에 있는 어느 하나의 부패도 제압할 능력이 없습니다. 모든 영적인 의무들과 그리스도를 따르는 사람들에게 부과되는 짐들 중 어느 하나도 짊어질 능력이 없습니다.' 이것 역시 믿음의 길에서 만나는 큰 좌절의 요인이 될 수 있는 것입니다.

또한 여러분은 그리스도께 나아가는 여러분 자신을 그리스도께서 영접하시리란 확신을 갖지 못합니다. 이것이 여러분을 낙담케 하는 세 번째 요인입니다. 여러분을 바라보시자마자 긍휼의 문을 닫아버리실 것만 같습니다.

그러나 여러분, 하나님은 여러분께 말씀하십니다. 여러분이 아무리 경건치 못한 자라 할지라도 믿음의 길로 계속 나아가며 예수 그리스도께 자신을 완전하게 맡기라고 말입니다. 이것이 하나님의 가르치심입니다. 하나님께서는 그리스도께 나아가야 할 절대적인 필요성을 여러분에게 제시하십니다. 만약 여러분이 그 필요성을 느낀다면 그리스도께로 나아가지 않고 선택할 다른 방도가 없다는 것을 알게 될 것입니다(행 4:12). 그 일을 위해 하나님께서 그리스도를 제외한 모든 문을 다 닫아 놓으신 것입니다(갈 3:23). 그리스도를 외면하는 것은 저주입니다(히 2:3). 이 점에 있어서 여러분의 영혼은 선택의 여지가 없습니다. 천사들이나 사역자들이나, 종교적인 의무들도 여러분을 구원할 수 없습니다. 그리스도, 오직 그리스도께서만 여러분을 현재의 죄책과 다가올 진노로부터 구원하실 수 있습니다. 여러분은 언제까지 지체하려 하십니까? 그리스도를 외면하는 것이 곧 파멸이라는 것을 안다면 무엇 때문에 망설이는 것입니까?

하나님께서는 여러분에게 긍휼을 베푸실 것이라는 가르치심으로 여러분의 믿음을 격려하시고 계시지 않습니까? 긍휼의 가능성은 누구에게나 열려 있는 것입니다(사 55:1,7 ; 계 22:17). 복음의 조건적인 약속들(요 6:37 ; 마 11:28 ; 사 1:18), 사람들의 모든 생각을 뛰어넘는 광범위한 은혜(사 55:8,9 ; 히 7:25), 여러분만큼 비참한 상태에 있었지만 긍휼을 경험한 다른 죄인들의 고무적인 예들(딤전 1:13 ; 고후 33:13 ; 고후 6:10,11), 그리고 자격이 없고 염치없는 여러분에게 응답하시는 하나님의 명령(요일 3:23)들을 보십시오. 그리고 여러분 마음 속에 이미 일어난 성품의 변화를 보면서 긍휼의 가능성을 모아 보십시오. 여러분은 이런 마음을 가지게 될 것입니다. "나는 죄로 인한 슬픔을 느끼지 않았던 사람이었다. 내가 그리스도를 사모하는 것이나 영적 의무감을 느끼지 못한 것은 당연한 일이었다. 하지만 이제는 그렇지 않다. 나는 나의 극악무도한 죄를 보았고, 나의 마음은 산산히 부서져 내렸다. 이제 나는 예수 그리스도를 사모하기 시작했다. 그리스도 안에 있기 전까지 나는 안식을 누릴 수 없다는 것을 알았다. 이것이 긍휼에 대한 징조가 아닌가. 나는 그리스도께 나아갈 것이다.'

사마리아의 나병환자들이 그러하였습니다.

"만일 우리가 여기서 머무르면 역시 우리가 죽을 것이라"(왕하 7:3,4).

사랑하는 여러분, 여러분을 절망케 하는 것이 무엇입니까? 그것이 무엇이라 할지라도 견뎌내십시오. 그리고 그리스도께 나아가십시오. 여러분은 결코 망하지 않을 것입니다.

23장

하나님의 가르치심(2)

"선지자의 글에 저희가 다 하나님의 가르치심을 받으리라 기록되었은즉
아버지께 듣고 배운 사람마다 내게로 오느니라"

_요 6:45

지난 설교에서 우리는 위대한 진리, 곧 믿음의 길로 그리스도께 나아가는
모든 영혼들에게 하나님의 가르치심이 절대적으로 필요하다는 진리를 배웠
습니다. 저는 이 장에서 그에 대한 또 다른 요점들을 말씀드릴 것입니다.

하나님의 가르치심을 숙고해 보는데 있어서 발견되는 사실 중 가장 일반
적인 것은 인간의 가르침과 비교하여 하나님의 가르치심이 엄청난 탁월함을
가지신다는 사실입니다. 모든 인간의 능력을 뛰어넘으시듯이, 가르침에 있
어서도 하나님의 지혜는 모든 인간의 지혜를 능가합니다.

하나님의 가르치심의 강력함을 보십시오.

"오직 어떠한 진도 무너뜨리는 하나님의 능력이라 모든 이론을 무너뜨리
며…모든 생각을 사로잡아 그리스도에게 복종하게" 합니다(고후 10:4).

복음은 말이 아니라, 능력으로 임합니다(살전 1:4,5). 그 능력이 영혼으로

하여금 말씀 앞에 엎드려 하나님께서 그 말씀 가운데 계심을 인정하게 만드는 것입니다(고전 14:25).

하나님의 가르침들은 달콤합니다. 이는 진리를 배우기 전까지는 결코 맛볼 수 없는 것입니다. 그분의 이름은 부어진 향기름입니다(아 1:3).

"입은 심히 달콤하니"(아 5:16).

오, 하나님의 음성은 얼마나 강력하고도 달콤하게 죄인들의 마음속으로 미끄러져 들어오는지요! 하나님의 교훈에 비해 사람들의 교훈은 맛이 없고 건조하기 짝이 없습니다.

하나님께서는 진리를 열어 이해하게 하실 뿐 아니라, 그 진리를 완전하게 받아들이도록 하십니다. 마음의 베일은 벗겨지고(고후 3:16), 영혼에는 하늘의 빛이 비쳐집니다(눅 24:45). 하나님의 가르치심은 마음 깊은 곳까지 만족을 줍니다. 영혼이 더 이상 의심하거나 주저하지 않고 하나님께서 가르치시는 것을 받아들이도록 하는 것입니다. 깊은 만족을 받은 영혼은 하나님께로부터 받은 진리에 모든 것을 걸려할 것입니다. 어느 순교자의 말처럼 말입니다. '저는 논쟁할 수는 없지만 그리스도를 위해 죽을 수는 있습니다'(잠언 8:8,9 참고).

하나님의 가르침에는 실수가 없습니다. 가장 지혜로운 자라도 실수하지 않는 사람은 없습니다. 잘못된 가르침으로 다른 이들을 이끌 수 있습니다. 그러나 하나님의 가르침은 그렇지 않습니다. 우리가 하나님의 가르치심의 필요성을 바로 알기만 한다면 그분의 가르치심의 진실성을 또한 확신할 수 있을 것입니다. 하나님의 성령께서 우리를 모든 진리 가운데로 인도하실 것입니다(요 16:3).

하나님의 가르침은 영혼에 영원히 지속되는 인상을 남깁니다(시 119:98). 흔적도 없이 사라지는 사람들의 말과는 달리 하나님의 가르치심은 우리의 마음 속에 계속 남아 그 효력을 지속합니다(렘 31:33). 주님께서 마음을 열어주신 이들은 몇 년이 지난 후에도 이런 말들을 하게 될 것입니다. '그때 나에게 주신 말씀, 나를 격려하기 위해 주신 그 약속이 여전히 나에게 힘을 주는구나.'

하나님의 가르침은 영혼을 지혜롭게 하여 영혼으로 하여금 구원에 이르도록 합니다(딤후 3:15). 이 세상에는 사람들을 지옥으로 인도하는 허망한 지식들이 얼마나 많은지요! 그러나 하나님께서 주시는 가르침은 "영생은 곧 유일하신 참 하나님과 그가 보내신 자 예수 그리스도를 아는 것"입니다(요 17:3). 이것은 생명의 빛, 곧 구원으로 인도하는 지식입니다(요 8:12). 이 빛 가운데에서 우리는 영원한 생명을 보게 될 것입니다(시 36:9).

하나님의 가르침은 세상에서 가장 둔하고 가장 연약한 사람들의 마음에도 효력을 발휘합니다.

"조급한 자의 마음이 지식을 깨닫고 어눌한 자의 혀가 민첩하여 말을 분명히 할 것이라"(사 32:4).

그래서 그리스도께서는 "천지의 주재이신 아버지여 이것을 지혜롭고 슬기 있는 자들에게는 숨기시고 어린 아이들에게는 나타내심을 감사하나이다"라고 말씀하셨습니다(마 11:25).

탁월한 능력과 명석한 지성을 가진 사람들도 깨닫지 못하는 그리스도의 비밀과 구원을 가장 연약한 자들이 깨닫는 것은 정말 놀라운 일이 아닐 수 없습니다.

하나님의 가르침은 분명한 변화를 가져옵니다. 그 가르침을 받는 영혼들을 동일한 형상으로 바꾸어 놓는 것입니다(고후 3:18). 하나님의 진리의 틀 속에서 사람들의 영혼은 완전히 새롭게 변화될 것입니다(롬 6:17).

하나님의 성령께서 가르치시고 복돋아주시는 역사가 아니라면 그 어떤 최고의 규례라도 죽은 문자에 불과합니다(고후 3:6). 설사 그리스도의 제자들과 같은 최고의 사역자들이라 해도, 가르치시는 성령님의 역사가 없으면 단 한 영혼도 얻을 수 없습니다. 오직 구원하시는 분은 하나님뿐이십니다(고전 3:7). 그리스도께서 편견으로 사로잡힌 이지를 바로 잡지 않으신다면, 그 어떤 최고의 지성을 지닌 설교자의 강력한 논증이라도 소용이 없습니다. 사람이 가진 이성과 지성의 악함은 아버지의 가르침으로 밖에는 치료될 수 없습니다. 하나님의 가르침을 받기 전까지는 진리 자체를 경시하기 때문입니다. 진리로 가르침을 받은 사람은 그제서야 두려움을 가지게 됩니다. 비로소 그 영혼이 자신의 죄의 진상을 보기 시작하게 되는 것입니다(롬 7:13). 우리가 하나님의 무한한 광대하심과 거룩하심, 그리고 엄위한 공의를 보기까지 어떠하였습니까? 우리는 그분을 그저 우리 정도의 수준으로 생각하지 않았습니까?(시 50:21) 그러나 지금 우리는 어떠합니까? 우리는 '누가 하나님 앞에 설 수 있으리요'라고 소리칠 수밖에 없게 되었습니다.

여러분이 얼마나 위태로운 자리에 있었는지 깨닫기 전까지 여러분 모두는 충분한 시간을 가지고 있다고 생각했을 것입니다. 그러나 우리의 시간이 언제든 끝날 수 있었다는 것을 알게 된 지금은 어떠합니까? 그런 위험천만한 생각을 한 여러분이 놀랍지 않습니까? 우리 모두는 회심하였다고 생각했습니다. 하나님께서 영원한 저주의 고통을 직면하시면서 우리에게 바른 회심의 필요성을 알게 하시기 전까지는 말입니다. 그러면서도 우리는 하나님의 약속들을 받을만한 자격이 있다고 생각습니다. 그러나 하나님께서는 그렇게 뻔뻔한 우리를 바로 잡으셨습니다. 우리의 마음이 변화하지 않는다면 십자가 위에서 흘리신 그리스도의 피가 우리와 상관 없다는 사실을 가르쳐 주셨습니다. 우리로 하여금 그리스도 안에서 하나님의 약속들을 확실하게 붙잡도록 하시는 것입니다.

하나님의 가르침은 그리스도께로 죄인의 의지를 강력하게 이끕니다(호 2:14). 하나님의 가르침 없이는 그리스도께 나아가는 것이 불가능합니다. 왜냐하면 중생하지 못한 사람의 마음 속에 죄가 강력하게 자리를 잡고 있기 때문입니다. 어떠한 인간적인 설득도 사람의 마음으로부터 죄를 분리해 낼 수 없습니다. 거듭나지 않은 영혼에게 죄는 자연스러운 것입니다. 죄는 사람과 함께 태어나고 자라납니다(시 51:4 ; 사 48:8). 본성적으로 타락한 인간이 죄를 짓는 것은 사실 당연한 일입니다.

"구스인이 그의 피부를, 표범이 그의 반점을 변하게 할 수 있느냐 할 수 있을진대 악에 익숙한 너희도 선을 행할 수 있으리라"(렘 13:23).

죄는 죄를 짓는 사람에게 즐거움을 줍니다.

"미련한 자는 행악으로 낙을 삼는 것 같이"(잠 10:23).

육체의 사람은 정욕으로부터 기인하는 것 외에 다른 즐거움을 알지 못합니다. 절제로 자신들의 타락한 행위를 잘라버리는 것은 곧 그들에게서 그들의 삶의 즐거움을 빼앗아 버리는 일입니다. 죄로부터 분리되느니 차라리 그들은 저주를 선택하려 할 것입니다. 그들은 악을 행하는데 있어서 매우 담대합니다(전 8:11). 그래서 그들은 '말이 전쟁터로 달려가는 것처럼' 죄를 향해 달려갑니다(렘 8:6).

세상에는 그런 그들의 마음을 정욕으로부터 분리해 낼 수 있는 것이 없습니다. 하늘에서 떨어지는 번개 같은 하나님의 강력한 가르침 외에 그들의 마음을 깨울 수 있는 것은 없습니다. 하나님의 능력 외에 그 어떤 것도 죄를 향해 달려가는 그들의 의지를 바꿀 수 없는 것입니다.

그들은 마음의 변화를 싫어합니다. 이러한 속성은 하나님의 가르치심이 없이는 그리스도께 결코 나올 수 없다는 것을 증거하는 또 다른 측면의 문제입니다. 육체의 사람은 결코 하나님의 일을 받으려 하지 않기 때문입니다 (고전 2:14).

한 영혼이 그리스도께로 나아오려면 그에게 세 가지의 일이 일어나야 합니다. 먼저 지성이 깨우침을 받아야 하고, 단단한 마음이 깨어져야 하며, 완고한 의지가 정복되어야 하는 것입니다. 물론 이러한 일 모두는 사람이 할 수 있는 일들이 아닙니다. 모든 것은 마음을 조명하시는 하나님의 초자연적인 능력의 결과입니다(고후 4:6 ; 계 3:17 ; 엡 5:8). 지성을 깨우는 일, 굳은 마음을 제거하는 일(겔 36:26), 그리고 사람들에게 회개의 영을 부어주시는 일(슥 12:10) 모두가 주님의 능력의 결과인 것입니다.

그리스도께 나아가는 수단인 믿음은 하나님께서 주시는 특별한 선물입니다(엡 2:8). 믿음은 전적으로 은혜로 주어지는 것입니다(빌 1:29). 사람의 의지나 성실함으로 얻어지는 것이 아닙니다. 신령한 것들을 밝혀주는 믿음의 빛은 오직 하나님으로부터 은혜로 받을 수 있는 것입니다(히 11:1,27). 믿음은 보이지 않는 것들을 보게 하고, 바라지 못할 것을 바라게 함으로 모든 영광을 하나님께 돌리는 것입니다(롬 4:18). 낙심케 하는 모든 이유들을 넘어 그리스도께로 나아가게 하는 근거가 되는 것입니다. 그러므로 믿음에 근거한 자기 부인은 분명 위로부터 오는 것입니다. 오른 손을 잘라버리고, 오른 눈을 빼어버리는 일들에 대한 동기는 위로부터 주어지는 것입니다(마 5:29). 믿음은 외부로부터 찾아 오는 가장 강력한 반대를 이겨내도록 합니다(히 11:33,34). 인간의 내면의 가장 완고하고 뿌리 깊은 부패함을 제거하도록 합니다(행 15:9). 모든 세상의 속임수들을 극복하도록 합니다(요일 5:4).

사람이 가진 이러한 모든 본성적 속성들을 주목해 보십시오. 그리고 그리스도께 나아가기 위해 반드시 필요한 것들을 생각해 보십시오. 그러면 하나님 아버지의 가르침 없이 그리스도께 나아가는 것이 불가능하다는 사실이 더욱 분명해질 것입니다.

그러니 하나님의 은혜를 배제하고도 믿음을 가질 수 있다는 교리가 얼마나 거짓되고 어리석은 것입니까? 아담과 그 후속(後屬)들의 패인(敗因)이 무엇입니까? 자기들 스스로 충분하다는 마음이 아니었습니까? 이러한 교리는 성경의 흐름에 역행할 뿐 아니라(빌 2:13 ; 요 1:13), 신자들의 경험과도 일치하지 않습니다. 교만한 본성을 가진 자들이 그것을 아무리 반박하려고 애를 쓴다고 해도 말입니다.

그들의 주장으로는 그토록 높은 학식이 있는 현자(賢者)들 대신 단순하고 무식한 사람들이 구원받는 것을 설명할 수 없습니다. 하지만 주님께서 말씀하신 바와 같이 이는 매우 단순하고 명확한 원리에 입각한 결과입니다. 어떤 이에게는 하나님의 가르침이 주어졌고, 어떤 이에게는 주어지지 않은 것입니다.

"천국의 비밀을 아는 것이 너희에게는 허락되었으나 그들에게는 아니되었나니"(마 13:11).

높은 지혜와 현명한 판단력, 재치 있는 상상력과 뛰어난 기억력을 가진 육체의 사람들을 보십시오. 지구와 우주의 비밀들을 탐구하던 그들은 결국 지옥에서 자신들의 처소를 발견하게 될 것입니다.

주의 율법은 우둔한 자를 지혜롭게 합니다(시 19:7). 하나님께서 선생이 되시는 한, 제자의 우둔함은 문제가 아닙니다. 공공연히 바보로 불리던 한 사람에 대한 오스틴(Austin)의 말이 기억납니다. 그가 말한 사람은 다른 이들로부터 바보라는 말을 들어야 했지만 오스틴은 그에게서 두 가지의 은혜를 볼 수 있었다고 말했습니다. 곧 그리스도에 대해 배우는 것에 대한 진지함과, 죄에 대한 분노가 그것이었습니다. 회의를 위해 콘스탄스로 가던 두 추기경은 자신의 죄 때문에 근심하는 가난한 목자를 보고 이렇게 말했습니

다. '무식한 자들이 일어나 하늘을 취하고, 지식있는 우리는 지옥으로 내려갈 것이다.'

같은 수고를 하는 사역자들이 서로 다른 열매를 거두는 현상도 하나님의 가르침의 필요성에 대한 증거입니다. 두 개의 수로(水路)가 있다고 상상해 보십시오. 하나는 매우 평범하고, 다른 하나는 매우 아름다운 장식이 새겨져 있습니다. 그러나 물의 성질과 수로는 아무런 상관이 없습니다. 멋지게 장식된 수로에서 더 시원하고 맑은 물이 흘러나오는 것이 아닙니다. 이처럼 사역의 좋은 열매를 결정짓는 것은 사람의 능력에 달려 있는 것이 아닙니다. 물론 이 점이 부주의하고 게으른 사역자들을 두둔하는 것이 되어서는 안될 것입니다. 오히려 더욱 수고하고 그 수고에 열매가 있기를 진실하게 기도해야 할 것입니다. 그러면서 자신의 재능과 능력을 의지하지 않기를 바라는 것입니다.

그러나 하나님께로부터 배우는 한 방울의 지식이, 인간이 가진 지식과 재능의 대양보다 뛰어나다는 사실을 기억하십시오(빌 3:8 ; 요 17:3 ; 고전 2:2). 그러므로 거룩하지 못한 사람들이 가진 지식과 재능을 보며 낙심할 필요가 없습니다. 하나님께서 여러분에게 죄의 악함을 깨닫게 하시고, 그리스도의 가치, 거듭남의 필요성, 믿음의 비밀들을 가르쳐 주셨다면, 그것은 세상의 지식이 결코 알아 낼 수 없는 탁월한 지식을 가지고 있는 것임을 아시기 바랍니다. 여러분이 가지고 있는 지식이 여러분을 하늘로 인도할 것입니다. 구원의 방편을 깨닫는 것이야말로 참된 지혜입니다. 용기를 내시고 하나님께 영광을 돌리십시오.

그러므로 우리는 과연 하나님의 구원하시는 가르침을 받았는지, 또 지금도 그 가르침을 가지고 있는지 마음을 탐사해볼 필요가 있습니다. 이는 물론 어떠한 이론적 지식을 가지고 있는지에 대한 문제는 아닙니다. 하나님께서 우리 마음에 말씀을 주셨는지, 우리를 효과적으로 가르치신 적이 있는지에 대한 문제를 말하고 있는 것입니다. 하나님께로부터 배우는 영적인 지식과 사람들에게 배울 수 있는 사변적이고 전통적인 지식은 엄청난 차이가 있습니다.

인간의 지식은 사람들로 하여금 자신 스스로를 높이려는 경향을 심어줍니다(고전 8:1). 그러나 하나님의 가르침은 영혼으로 하여금 낮고 겸비한 마음을 가지게 합니다.

"내가 주께 대하여 귀로 듣기만 하였사오나 이제는 눈으로 주를 뵈옵나이다 그러므로 내가 스스로 거두어들이고 티끌과 재 가운데에서 회개하나이다"(욥 42:5,6).

하나님의 거룩하심, 공의, 광대하심, 선하심을 알려주는 빛이 인간의 지식이 가진 저속함과 무가치한 속성들을 그대로 드러내기 때문입니다(사 6:5).

하나님의 가르침은 마음 깊은 곳까지 도달합니다.

"그러므로 보라 내가 그를 타일러 거친 들로 데리고 가서 말로 위로하고"(호 2:14).

히브리어 원문에는 "말로 위로하고"라는 표현이 "내가 그의 마음에 말하고"로 되어 있습니다. 하나님께서 죄의 악함을 보이시면, 사람들은 더 이상 피조물의 위로가 소용 없다는 것을 깨닫게 됩니다. 그리스도 안에 있는 의로움과 평안으로 그들은 비로소 위로를 얻습니다. 그리스도에 대한 하나님의 가르침은 어떠한 외적 고통의 영향도 받지 않습니다. 하늘로부터 오는 단 한 방울의 위로가 땅 위의 숱한 괴로움을 달래기에 충분한 것이기 때문입니다.

"내 속에 근심이 많을 때에 주의 위안이 내 영혼을 즐겁게 하시나이다."(시 94:19).

마음 깊은 곳에 자리 잡는 하나님의 가르침은 사람을 변화시킵니다.

"진리가 예수 안에 있는 것 같이 너희가 참으로 그에게서 듣고 또한 그 안에서 가르침을 받았을진대 너희는 유혹의 욕심을 따라 썩어져 가는 구습을 따르는 옛 사람을 벗어 버리고 오직 너희의 심령이 새롭게 되어…"(엡 4:21-23).

하나님께서 그리스도를 통해 당신 자신을 드러내는 방식은 동일한 특성과 동일한 효력을 산출합니다. 모든 종류의 거룩함이 그 가르침의 열매로 나타나는 것입니다(고후 3:18).

하나님의 가르침은 인간들의 가르침과는 달리 추상적이고 비현실적인 불필요한 사색(思索)들을 가르치지 않습니다. 하나님의 가르침은 실제적인 것입니다. 하나님께서 "빛이 있으라" 말씀 하셨을 때 그 말씀의 효력으로 빛이 있게 되었던 것처럼, 하나님께서 우리 영혼에게 "위로를 받으라, 겸손하라"고 말씀하시면 우리가 실제로 위로를 받고(사 66:13) 겸손하게(욥 40:4,5) 되는 것입니다. 하나님께서는 한 마디의 말씀도 헛되이 하시지 않습니다.

하나님께서 사람의 마음에 말씀하시는 것과 성경의 기록된 말씀은 언제나 일치합니다. 하나님과 성령께서는 서로 모순되지 않기 때문입니다.

"그가 내 영광을 나타내리니 내 것을 가지고 너희에게 알리시겠음이라"(요 16:14).

따라서 기록된 성경의 말씀은 하나님의 모든 신적 가르침을 측량하고 시험하는 표준이 됩니다.

"마땅히 율법과 증거의 말씀을 따를지니 그들이 말하는 바가 이 말씀에 맞지 아니하면 그들이 정녕 아침 빛을 보지 못하고"(사 8:20).

성경과 일치하지 않는 모든 가르침은 사탄의 교묘한 기만의 언사로 간주

해야 합니다.

하나님의 가르침만이 사람의 영혼에 참된 만족을 줍니다. 사람의 가르침은 이해에 원리를 제시하는 방식으로만 가르치지만, 하나님의 가르침은 이해에 능력의 빛을 비춥니다(요일 5:20). 이것이 하나님께서 사람에게 이해의 능력을 주신 이유입니다(엡 1:18). 그 능력을 통해 인간의 가르침과 하나님의 가르침을 분별하도록 하게 하시는 것입니다.

여러분은 어떠하십니까? 하나님의 실천적 가르침을 경험하셨습니까? 그분의 음성을 듣고 그리스도께 나오셨습니까?

사실 여러분 중 대부분은 하나님의 음성을 한 번도 들어본 적이 없을 것입니다. 물론 여러분들은 복음의 소리를 들었지만 그것은 그저 혼란스럽고 효력 없는 소리에 불과했을 것입니다. 여러분이 들은 것은 사람의 소리였습니다. 하나님의 소리는 아니었던 것입니다. 설교자들의 재능이 여러분의 이해를 도우며, 가끔씩 여러분의 마음을 움직였을지도 모릅니다. 그러나 그것은 사람이 사람에게 미치는 영향일 뿐입니다. 여러분은 그 이상의 것을 구해야 합니다. 여러분은 왜 단지 인간적인 수준으로 만족하십니까? 왜 더 깊은 진리의 개념을 갈망하지 않는 것입니까? 여러분은 설교자의 재능과 은사를 판단하기 위해 말씀을 듣습니까? 왜 신령한 목적을 가지고 말씀으로 나오지 않는 것입니까? 하나님의 가르치심이 아니면 여러분이 세상에 있는 그 어떤 설교를 통해서도 유익을 얻을 수 없습니다(고전 3:7). 여러분의 영혼을 하늘로 인도하는 수단인 설교가 여러분에게 '사망에 이르게 하는' 사망의 냄새가 될 수도 있음을 기억하십시오. 기도하십시오. 여러분이 듣고 있는 그 설교가 여러분에게 유익이 되도록 하나님과 씨름하십시오. 그 설교를 통해 주의 음성을 듣고 주의 권능을 느끼게 해달라고 울부짖으십시오. 같은 설교를 듣는 다른 이들이 지금 주의 음성을 듣고 있다는 사실을 아십니까? 여러분도 듣기를 간구하십시오. 만약 여러분에게 하나님의 음성이 들리지 않는다면 여러분은 차라리 그 설교를 듣지 않는 것이 나을지도 모릅니다. 그 설교가 여러분에게는 '사망에 이르게 하는' 사망의 냄새가 될 것이기 때문입니다.

끝으로 하나님의 음성을 듣고 그분의 가르침을 통해 그리스도께 나온 모든 이들에게 권고의 말씀을 드리겠습니다. 하나님께 찬송과 영광을 돌리십시오. 하나님께서 여러분을 위해서 자신을 한없이 낮추셨습니다. 여러분께는 말씀하셨지만 다른 사람들에게는 침묵하셨습니다. 그들도 열심히 의식에 참여합니다. 하지만 그들에게는 하나님의 음성을 들을 수 있는 귀와 그 음성에 순종할 마음을 주시지 않으셨습니다(신 29:4).

"천국의 비밀을 아는 것이 너희에게는 허락되었으나 그들에게는 아니되었나니"(마 13:11).

여러분은 하나님께 가르침을 받은 자들입니다. 여러분은 이제 그분의 가르침을 받은 자답게 살아가야 합니다. 사탄이 여러분 안에 있는 욕심을 부추겨 육체적이며 분별없는 세상의 방식으로 살도록 유혹한다면 이 말씀을 기억하십시오.

"오직 너희는 그리스도를 그같이 배우지 아니하였느니라 진리가 예수 안에 있는 것 같이 너희가 참으로 그에게서 듣고 또한 그 안에서 가르침을 받았을진대"(엡 4:20,21).

그리고 더욱 겸비하십시오. 겸손함은 여러분으로 하여금 하나님의 가르침을 받을 자로 계속 유지시킬 것입니다. 그분은 오직 겸손한 자에게 가르치시는 분입니다(시 25:9).

24장

성령의 내주하심

"그의 계명들을 지키는 자는 주 안에 거하고 주는 저 안에 거하시나니
우리에게 주신 성령으로 말미암아 그가 우리 안에 거하시는 줄을 우리가 아느니라"

_요일 3:24

여기서 사도는 매우 예민한 문제를 다루고 있습니다. 사도는 참된 성도
와 그렇지 못한 사람들을 구분해 내는 문제를 다루고 있는 것입니다. 이를
위해 본문에서 그가 제시하는 방편은 성령의 역사의 유무입니다. 사람들의
영적인 상태의 진상에 대한 판단의 기준을 성령의 역사하심으로 삼고 있는
것입니다. 이것은 분명 고백이나 의무의 이행같은 어떠한 외적인 모습을 말
하고 있는 것이 아닙니다. 사도는 사람들의 마음의 품격과 성향(frame and
temper)을 지배하고 있는 원리에 대해 말하고 있는 것입니다. 사도는 이 기
준 하에 성도들을 평가합니다. 그는 성도들에게 자신들의 영혼 속에 일어나
는 성령의 역사하심을 주목하라고 요청하고 있습니다. 마음 속에 있는 성령
의 열매가 예수 그리스도와의 연합을 증명하는 가장 강력한 증거라는 사실
을 그들에게 확신시켜 주면서 말입니다. 그렇습니다. 하나님의 성령께서 주
시는 은혜로운 효력은 성도들이 그리스도와 확실히 연합되었다는 확실성을

증거해주는 결정적인 근거입니다.

　"그가 우리 안에 거하신다", 즉 '그리스도와의 연합'의 문제는 우리가 반드시 검증받아야 할 가장 크고 중대한 문제입니다. 이는 외양적인 그리스도인과 참된 그리스도인을 구별해 내는 시금석과 같습니다. 우리는 죽어 있는 채로 살아 있는 가지에 외양적으로 잠시 붙어 있는 식으로 그리스도와 관계를 맺고 있는지, 아니면 복된 뿌리에서 나오는 살아있는 수액을 받아 살아 있는 가지로서 생명력을 유지하고 있는지 점검해 보아야 합니다. 왜냐하면 주님께서 "나는 포도나무요 너희는 가지니 저가 내 안에, 내가 저 안에 있으면 이 사람은 과실을 많이 맺나니 나를 떠나서는 너희가 아무것도 할 수 없음이라 사람이 내 안에 거하지 아니하면 가지처럼 밖에 버리워 말라지나니"라고 분명하게 말씀하셨기 때문입니다.

　우리 속에 계신 그리스도의 성령님은 예수님과 우리 영혼의 연합에 대한 증거입니다. 하지만 앞에서도 다루었듯이 우리 안에 인격으로 내주하시는 성령께서 그분의 본질적인 신성(神性)의 고유성들을 우리에게 나눠주신다는 의미로 해석하지는 마시기 바랍니다. 그렇게 생각하는 것은 신성모독입니다. 태양 빛이 집에 들어온다고 해서 태양이 집 안으로 들어왔다고 말할 수는 없는 것과도 같습니다. 또한 성령께서 우리 안에 끼치시는 은혜와 감화의 분량이 그리스도께 주어지신 분량과 동일하다고 생각해서도 안됩니다. 그리스도께는 하나님께서 성령을 한령없이 부어주셨습니다(요 3:34). 예수님께서는 완전한 충만으로 성령의 기름부으심을 받으신 분이십니다. 물론 우리에게 주시는 은혜 역시 그리스도를 충만케 하신 동일한 성령님께서 주시는 것입니다. 하지만 은혜의 분량에 있어서는 각 신자마다 차이가 있다는 사실을 알아야 합니다.

우리가 무엇보다 주목해야 할 부분은 그 분량과 정도의 차이를 떠나서, 우리 마음에 나타나신 성령님의 역사하심 자체가 그리스도와 우리의 연합을 확실하게 증명한다는 사실입니다. 접붙임을 받은 가지가 열매를 맺음으로써 접붙여진 나무의 일부분임을 증명하는 것처럼 말입니다.

이 점을 우리가 착념(着念)하는 것은 기만으로부터 우리를 지키는 방편이 될 것입니다. 우리가 이것을 명확하게 하기 위해서는 은혜 안에 있는 사항들을 숙고해 보아야 합니다. 은혜 속에는 은혜가 존재하도록 하는 본질적(essential)인 구성 요소들이 있습니다. 그것이 은혜의 존재를 명백하게 보여주는 표증이 되는 것입니다. 하지만 우리가 가진 본성적인 단순한 관점으로는 은혜의 진수를 직관적으로 알아차릴 수가 없습니다. 우리는 다만 은혜의 효력과 작용을 통해 간접적으로 그 존재를 알 수 있을 뿐입니다. 설령 은혜의 진수를 알아보고 그리스도의 연합을 직관적으로 알았다고 하더라도, 그것은 결국 성령의 효력을 보고 입증받는 이차적 논증일 것입니다. 곧 우리의 마음 속에서 나타난 작용들과 효력들로부터 그 존재의 경로를 유추하는 방법으로 그 사실을 확인하는 것입니다.

하나님께서는 우리들에게 이러한 자기통찰과 자기성찰의 능력을 주셨습니다. 우리에게 주신 그 능력의 범위 안에서 우리 자신의 마음과 행동을 살펴볼 수가 있는 것입니다. 우리의 영혼은 우리 영혼의 활동을 성찰할 수 있는 능력을 지니고 있습니다. 또한 예수 그리스도를 향한 직접적인 믿음의 행위를 수행할 뿐만 아니라 그 행동의 진위(眞僞)를 분별하는 능력도 가지고 있는 것입니다.

따라서 우리는 이와 같은 방식으로 그리스도와의 연합의 실상을 확인할 수 있습니다.

"어느 때나 하나님을 본 사람이 없으되 만일 우리가 서로 사랑하면 하나님이 우리 안에 거하시고 그의 사랑이 우리 안에 온전히 이루느니라 그의 성령을 우리에게 주시므로 우리가 그 안에 거하고 그가 우리 안에 거하시는 줄을 아느니라"(요일 4:12,13)

우리는 하나님을 볼 수 없습니다. 하지만 우리 안에 계신 성령님의 역사하심은 분별할 수 있습니다. 그리스도와의 신비로운 연합은 그 효력의 자각으로 발견되는 것입니다.

하지만 성령의 일반적인 은사들로 이것의 증거를 삼는 것은 타당치 못합니다. 왜냐하면 성령께서 주시는 일반적인 은사는 거듭나지 않은 사람들에게서도 나타나기 때문입니다. 그러한 이유로 이러한 은사를 영혼과 그리스도와의 연합에 대한 증거로 보는 것은 옳지 않습니다. 우리는 성령의 내주하심을 우리에게 그저 오신 것 이상으로 이해해야 합니다. 하나님의 성령께서 거룩한 자들을 도우시기 위해 일시적으로 발람에게 오셨던 것처럼(민 24:2), 거룩하지 않은 사람에게도 임할 때가 있습니다. 그러나 성령님께 있어서 당신 자신을 온전히 주시는 대상은 분명 신자들에게입니다.

"너희가 하나님의 성전인 것과 하나님의 성령이 너희 안에 거하시는 것을 알지 못하느냐?"(고전 3:16)

성령의 도우시는 역사와 내주(內住)하심 사이에는 큰 차이가 있습니다. 도우심은 일시적인 것입니다. 반면에 내주하심은 지속적인 것입니다. 성령님께서 당신 자신을 신자들에게 주신다는 것은 지속적으로 내주하신다는 의미입니다. 따라서 성도들은 '성령 안에서 살고'(갈 5:25). '성령의 인도'를 받는 것입니다(갈 5:18). 성령 안에 거한다는 것은 곧 성령께서 그들 가운데 거하신다는 것입니다(롬 8:9).

신자들 안에 내주하여 계신 성령님은 신자들이 그리스도와 연합했다는 사실에 대한 분명한 증거입니다.

"내게 주신 영광을 내가 저희에게 주었사오니 이는 우리가 하나가 된 것 같이 저희도 하나가 되게 하려 함이니이다 곧 내가 저희 안에, 아버지께서 내 안에 계셔 저희로 온전함을 이루어 하나가 되게 하려 함은 아버지께서 나를 보내신 것과 또 나를 사랑하심 같이 저희도 사랑하신 것을 세상으로 알게 하려 함이로소이다"(요 17:22,23).

그리스도 안에서 하나님과 신자들이 복된 연합을 이루게 된 것은 그리스도의 영광입니다. 또 그리스도와의 연합으로 우리가 그분을 통해 하나님과 연합을 이루게 된 것은 말할 수 없는 우리의 영광입니다. 그러나 이 모든 일은 성령님이 우리에게 주어질 때라야 가능한 일입니다. 우리에게 있어서 '내가 그들 안에'라는 표현이 중요한 이유가 바로 그것입니다. 오직 성령의 역사를 통해 그리스도께서 우리 안에 계실 수 있게 되는 것입니다.

긍정문으로 되어 있는 요한복음 17:22,23과는 달리, 로마서 8:9절과 유다서 19절은 부정문으로 이 점을 선언하고 있습니다.

"누구든지 그리스도의 영이 없으면 그리스도의 사람이 아니라"(롬 8:9).

"…성령은 없는 자니라"(유 19).

그리스도와의 연합을 증거하는 성령의 내주하심은 참된 신자들에게 동일하게 나타납니다. 그 사람이 누구이건 그 사실이 발견되는 사람은 그리스도와 연합한 사람이라고 확실하게 말할 수 있을 것입니다.

우리가 율법이 정한 행위의 언약으로부터 자유를 얻고 모든 은혜의 특권을 누리는 것은 우리가 그리스도와 연합하여 그리스도와 특별한 관계를 가지고 있음을 미루어 짐작케 하는 표징입니다. 그것은 거꾸로 성령께서 내주하신다는 표지가 됩니다.

"너희가 아들이므로 하나님이 그 아들의 영을 우리 마음 가운데 보내사 아빠 아버지라 부르게 하셨느니라 그러므로 네가 이후로는 종이 아니요 아들이니 아들이면 하나님으로 말미암아 유업을 받을 자니라"(갈 4:6,7).

첫 언약의 영은 공포와 속박의 영이었습니다. 그 아래 있던 자들은 종의 신분을 가진 자들이었습니다. 그러나 새 언약의 영이 그들을 하나님의 자녀로 만들었습니다. 그들은 아들의 신분이라는 새 언약의 위대한 선언의 특권과 면책권을 상속받게 되었습니다. 그들은 마음 속에 그리스도와 성령님의 내주하심을 근거로 자신들이 하나님의 유업을 이을 상속자로서 첫 언약의 속박에서 자유케 된 자들이란 확신을 가지게 된 것입니다. 그들은 이제 하나님을 "아바 아버지"라고 부를 수 있게 되었습니다. 그리고 그들은 더 이상 율법에 매인 자들이 아닙니다.

"너희가 만일 성령의 인도하시는 바가 되면 율법 아래 있지 아니하리라"(갈 5:18).

그리스도의 죽으심을 통해 하나님의 사랑의 목적이 영혼에게 적용되는 것은 성령의 역사하심으로 말미암는 것입니다. 그리스도의 피를 우리 각 사람들의 영혼에 적용하시는 것을 은혜의 수단으로하여 역사하시는 것입니다.

"곧 하나님 아버지의 미리 아심을 따라 성령의 거룩하게 하심으로 순종함과 예수 그리스도의 피 뿌림을 얻기 위하여 택하심을 입은 자들에게…"(벧전 1:2).

성삼위께서는 복된 질서를 통해 일하십니다. 각 격위(格位)마다 독특하고 적절한 역할을 수행하십니다. 아버지께서는 선택하시고, 아들은 구속(救贖)하시며, 성령께서 거룩케 하시는 역할을 수행하십니다. 우리를 구원하시는 역사의 마지막 단계에 효력을 발하게 하시는 분은 바로 성령이십니다. 아들이 이루신 아버지의 뜻을 성령께서 우리에게 적용하시는 것입니다. 신자들의 구원이 성령의 역사하심으로 완성되는 것입니다. 많은 신학자들은 성령님을 훼방하는 죄가 용서받지 못하는 이유가 여기에 있다고 말합니다. 성삼위의 역사에 있어서 마지막 집행자가 바로 성령이시기 때문입니다. 만약 사람의 마음이 성령을 대적한다면, 그와 같은 죄를 치료할 처방은 존재하지 않습니다. 그런 경우라면 그리스도의 죽음이나 하나님의 사랑을 되돌아보는 일은 아예 존재할 수 없기 때문입니다. 따라서 성령님을 훼방하는 죄는 구원의 역사가 자기에게 일어나지 못하도록 빗장을 걸어 잠귀버린 것과 다를 바가 없는 것입니다. 그러나 그와 반대로 성령님을 우리 속에 내주하시도록 하여 거룩하게 하는 역사를 수행하시도록 한다면, 그 영혼은 어떠한 방해도 받지 않고 하나님의 영원한 사랑과 값으로 따질 수 없는 그리스도의 피의 은택에 자유롭게 적용받을 수 있습니다. 이를 통해 받는 영혼의 유익은 논박할 여지가 없습니다.

주님께서 성령님을 우리에게 주신 일, 곧 성령께서 우리 안에 내주하시면서 거룩하게 하시는 일은 우리의 구원을 보증하는 확실한 증거입니다. 이는 영혼이 그리스도 안에 참여하였음을 풍성하게 확증하는 일이 아닐 수 없습니다.

"그 안에서 너희도 진리의 말씀 곧 너희의 구원의 복음을 듣고 그 안에서 또한 믿어 약속의 성령으로 인치심을 받았으니 이는 우리의 기업의 보증이 되사 그 얻으신 것을 속량하시고 그의 영광을 찬송하게 하려 하심이라"(엡 1:13,14).

"저가 또한 우리에게 인치시고 보증으로 성령을 우리 마음에 주셨느니라"(고후 1:22).

"우리에게 주신 성령으로 말미암아 그가 우리 안에 거하시는 줄을 우리가 아느니라"(요일 3:24).

이 본문이 가지는 요점은 분명합니다. 본문은 우리가 예수 그리스도께 참여하였는지의 진실성을 검증하고 시험할 수 있는 명확한 기준을 제시하고 있는 것입니다. 하지만 본문의 요점을 우리에게 적용하기에 앞서 몇 가지의 보편적인 법칙을 숙고해 볼 필요가 있습니다.

가장 먼저 숙고해야 할 법칙은 성령께서는 매우 주권적인 방식으로 일하시는 분이라는 사실입니다. 당신께서 기뻐하시는 분량만큼 각 사람에게 다양한 은사와 은혜를 베풀어 주십니다.

"그 뜻대로 각 사람에게 나눠 주시느니라"(고전 12:11).

성령께서 베푸시는 은혜의 분량은 전적으로 당신 자신의 주권적 기쁨에 기인합니다. 당신께서 가지신 주권에 입각하여 은혜의 분량을 조절하시고 사람에 따라, 또 그 사람이 처한 상황에 따라 필요한 만큼의 은혜와 은사를 베푸십니다.

우리가 거듭나기 전에 우리의 영혼 속에 일어나는 움직임은 성령님의 역사에 대한 수동적인 반작용으로 볼 수 있습니다. 하지만 거듭난 후에는 우리 영혼에 능동적인 마음의 역사를 세우십니다. 우리가 일하고 성령께서 도우시는 방식으로 말입니다(롬 8:16). 그러므로 거듭난 이들이 성령님의 자극 없이 자신을 일으켜 분발하려는 시도를 해서는 안 된다고 하는 생각은 매우 위험한 결과를 낳는 오류입니다(사 64:7).

하지만 성령의 역사하심을 받은 영혼이라 할지라도, 성령님의 일하심을 방해하거나 자기들 속에 계신 성령님의 존재 자체를 모호하게 만드는 위험의 가능성을 여전히 가지고 있다는 사실을 잊지 말아야 합니다. 그들 역시 언제라도 성령님을 근심케 할 수 있습니다. 그들 속에 남아 있는 마음의 부패와 정욕들이 성령님의 감동을 소멸할 수 있기 때문입니다. 물론 성화의 영이신 성령께서 그들을 아주 떠나시지는 않을 것입니다. 그러나 그러한 경우 성령께서 위로의 영으로 역사하시는 일을 한동안 중지하실 수도 있다는 사실을 기억하십시오(시 51:11).

또한 우리가 주목해야 할 법칙은 성령께서 신자들 안에 내주하신다는 사실을 드러내는 일은 신자들의 활동 자체가 아닌 그 의무들을 수행하도록 하는 내면적인 힘에서 찾을 수 있다는 사실입니다. 그것은 영혼의 내면적인 지각과 신령한 의도에 관한 문제입니다. 기도 자체나 그 기도를 깔끔한 표현으로 드리기 위해 우아한 말들을 택하거나 말을 꾸미는 문제가 아닌 것입니다. 말이 아둔하고 어법이 제대로 맞지 않는 기도라 할지라도 그 내면에 성령님께 속한 것들이 존재할 수 있습니다. 어설프고 더듬거리는 기도가 오히려 더 많은 성령님의 감동을 소유하고 있을 수도 있기 때문입니다.

성령님의 모든 역사는 기록된 말씀에 근거하여 조화를 이룹니다.

"마땅히 율법과 증거의 말씀을 좇을지니 그들의 말하는 바가 이 말씀에 맞지 아니하면 그들이 정녕히 아침빛을 보지 못하고"(사 8:20).

성경은 성령의 영감으로 기록된 것입니다. 만약 신자들의 마음 가운데서 행하시는 성령의 역사하심이 성경과 일치하지 않는다면 성령의 영감은 그 자체로 모순일 것입니다. 그러나 신자들의 마음에 계시는 성령의 역사는 성경에 기록된 말씀의 복사물과도 같습니다.

"내가 나의 법을 그들의 속에 두며 그 마음에 기록하여"(렘 31:33).

우리 영혼 가운데 일하시는 성령님의 역사하심은 복사본이 원본과 정확히 일치하는 것처럼 성경에 기록된 성령의 인도하심과 조화를 이룹니다.

그러나 성령님께서 거룩한 사람들 가운데 역사하시는 방식은 때에 따라

다를 수 있습니다. 역사하심의 본질은 기록된 말씀과 일치하지만 그 방식에 있어서는 상황에 따라 차이가 날 수 있는 것입니다. 성령께서 바울과 루디아에게 행하신 역사의 방식의 차이가 그러합니다. 죄에 대한 은혜의 역사에 있어서 각 사람마다 적용하시는 방식에 차이가 있습니다. 그래서 어떤 이들에게는 더 큰 공포의 방식이 적용되곤 하는 것입니다.

몇 가지 숙고해야 할 부분들을 살펴보았으니 이제 저는 성령의 내주하심을 분별할 수 있는 특별한 표지들에 대해 말씀드리고자 합니다.

먼저 죄의 지각으로 말미암아 가지게 되는 수치감을 살펴보겠습니다. 죄를 지각하게 하는 일은 분명한 성령님의 역사입니다.

"그가 와서 죄에 대하여, 의에 대하여, 심판에 대하여 세상을 책망하시리라 죄에 대하여라 함은 저희가 나를 믿지 아니함이요"(요 16:8,9).

성령님의 역사 중 가장 먼저 선행되는 부분이 바로 이것입니다. 성령께서는 가장 먼저 죄를 책망하시고, 죄를 깨닫도록 하십니다. 죄를 깨닫도록 하는 것은 거룩을 위한 필연적인 과정입니다. 죄에 대한 각성이 없다면 그리스도를 향한 회심은 있을 수 없기 때문입니다. 자신의 죄에 대한 각성으로 말미암는 양심의 고통이 여러분을 그리스도에 대한 강렬한 소원으로 이끌고 있다면, 그것은 성령님의 내주하심의 분명한 증거입니다.

우리로 하여금 죄를 깨닫게 하시는 성령은 우리 영혼이 그리스도와 연합해야 한다는 영적 생명의 법칙을 세우십니다.

"이는 그리스도 예수 안에 있는 생명의 성령의 법이 죄와 사망의 법에서 너를 해방하였음이라"(롬 8:2).

그분은 생명의 성령이십니다. 이 역사는 성도들의 활발한 영적 활동과 의무들을 통해 나타납니다. 죄의 무거움을 느끼기 시작한 영혼이(롬 7:24) 그리스도와 그분의 법을 갈망하여(벧전 2:2) 이제 영적 생명의 숨을 쉬기 시작한 것입니다(행 9:11). 영적인 생명은 영적인 지각을 전제로 합니다. 죄의 무게를 깨닫지 못하는 이들이 어찌 그리스도를 갈망하고 목말라 할 수 있겠습니까? 그들 안에 어떻게 하나님의 성령께서 거하실 수 있겠습니까? 물론 때때로 영적 생명 안에 거하는 그리스도인들도 자신의 마음이 죽어있는 것과 같은 느낌을 가질 때가 있기는 하지만 말입니다.

그리스도께서 가지시는 관심과 동일한 관심과 애정을 갖는 것은 성령님께서 내주하시는 또 다른 증거입니다. 이는 성령께서 마음에 거하실 때 필연적으로 일어나는 일입니다. 그리스도의 영에 참예하는 자가 그리스도께서 사랑하시는 것을 사랑하고, 그리스도께서 미워하시는 것을 미워하는 것은 당연한 일입니다.

"만일 한 지체가 고통을 받으면 모든 지체도 함께 고통을 받고 한 지체가 영광을 얻으면 모든 지체도 함께 즐거워하나니 너희는 그리스도의 몸이요 지체의 각 부분이라"(고전 12:26,27).

이는 신자들의 머리되시는 그리스도께서 당신의 백성들의 어려움에 동일한 고통을 느끼시는 것과 같습니다. 예수님께서 그들의 핍박을 자신의 핍박으로 여기시는 것과 같은 것입니다(행 9:4). 성령님을 모신 백성들 역시 그러합니다. 그들은 그리스도께서 받으시는 능욕의 고통을 자신들의 고통으로 여기는 것입니다(시 42:10). 성령님을 모신 신자들은 그리스도의 이름이 높아지는 것 이외의 것을 추구하지 않습니다(시 45:3,4). 바울은 고통 가운데서도 그리스도께서 선포되는 것을 가장 귀한 즐거움으로 여겼습니다(빌 1:16-18). 자신이 쇠해지고 그리스도께서 흥하셔야 한다고 고백한 세례 요한도 그러하였습니다. 그것이 그에게 더 큰 기쁨이었던 것입니다(요 3:29).
이렇듯 성령께서 거하시는 심령은 그리스도와 동일한 관심사를 가지게 됩니다. 물론 바룩같은 선인(善人)처럼 성령께서 거하시는 심령을 가진 사람들도 때때로 하나님의 일보다 자신의 일에 더 몰입되는 유혹을 받는 경우가 있기도 하지만 말입니다(렘 45:4,5). 하지만 그것은 단지 유혹이 가져온 일시적인 영향일 뿐입니다. 참된 영혼을 소유한 자는 세상의 악을 보며 슬퍼하고 애통해 하는 자입니다.

"너는 예루살렘 성읍 중에 순행하여 그 가운데서 행하는 모든 가증한 일로 인하여 탄식하며 우는 자의 이마에 표하라"(겔 9:4).

지금 이 시간, 여러분은 어떠합니까? 여러분은 세상을 향한 그리스도의 역사에 동일한 관심을 가지고 있습니까? 여러분은 오직 세상에서의 자신의 영화에만 관심을 가지고 있지는 않습니까?

성령께서는 육체를 거스르시는 분입니다(갈 5:17). 당신께서 거하시는 영혼이 가진 부패의 요소들을 제어하시고 억제하시는 분이십니다. 신자들은 오직 성령을 통해서 육체의 행위들을 제어할 수 있습니다(롬 8:13). 이 역사야말로 성령님의 성화(sanctifying) 사역 중에서도 매우 특별한 국면입니다. 하지만 저는 이 성령님의 사역을 죄로부터의 완전한 자유로 설명하고 있는 것은 아닙니다. 성령의 내주하심으로 신자들이 이 땅에서 더 이상 죄로 더럽혀지는 일이 없을 것이라고 말씀드리고 있는 것은 아닙니다. 그러한 완벽한 상태는 천국에서만이 가능합니다. 이 땅에서의 성령의 내주하심은 전적인 죄의 지배에 대한 억제력으로 작용합니다. 죄는 여전히 영향력을 행사할 수 있습니다. 그들이 이 땅에 사는 동안 죄는 여전히 그들의 삶 속에 존재합니다. 그러나 성령의 내주하심을 받은 영혼은 죄에 대하여 이전과는 매우 다른 태도를 보입니다. 적어도 그들은 거듭나기 전과 같이 죄의 유혹에 기꺼이 동참하려는 의향을 갖지는 않는 것입니다(롬 13:14). 부패한 행위를 경멸하고 이를 제거하려는 신자들의 의도는 전적으로 성령께서 가지신 의도에 기인합니다. 자신들이 가지고 있는 죄를 온전히 제거하길 간절히 원하며 이렇게 울부짖는 것입니다.

"오호라 나는 곤고한 사람이로다 이 사망의 몸에서 누가 나를 건져 내랴?"(롬 7:24)

여러분이 죄에 대한 이러한 고통을 느끼고 계신다면 여러분은 심령 가운데 성령께서 내주하고 계시다는 증거를 가지고 있는 셈입니다.

거룩하게 하시는 역사 속에서 성령님은 기도와 간구의 영으로 존재하십니다.

"이와 같이 성령도 우리 연약함을 도우시나니 우리가 마땅히 빌 바를 알지 못하나 오직 성령이 말할 수 없는 탄식으로 우리를 위하여 친히 간구하시느니라"(롬 8:26).

성령께서는 탄원의 영이십니다(슥 12:10). 신자들의 연약함을 아시는 성령께서 신자들로 하여금 하나님께 무엇을 간구해야 할지를 가르쳐 주십니다. 신자로서 하나님께 가져야 할 적절한 소망의 주제들을 깨닫게 하시는 것입니다. 성령께서는 이를 위해 신자들의 육신적 정욕을 불태워버리도록 도우십니다. 신자들 속에 존재하는 자만심과 굳은 마음을 녹이십니다. 그러나 성령께서는 신자들의 간구를 돕는 것으로 그치지 않으십니다. 기도를 도우시는 성령께서는 그 기도가 응답될 것이라는 확신을 가지도록 해 주십니다. 그것은 곧 믿음과 인내입니다.

독자 여러분, 여러분이 가진 심령의 상태를 살펴 보십시오. 여러분의 심령 가운데 영성(靈性)과 성실, 겸손과 상한 심령, 그리고 하나님 앞에서 합당한 의무를 감당하기 위해서 자신의 욕망을 포기하는 일이 있습니까? 영적인 일들에 관해 여러분은 어떠한 태도를 가지고 있습니까? 여러분의 영혼 가운데 하나님을 향한 갈망과 목마름이 있습니까? 아니면 그저 양심의 고통을 무마하기 위한 정도로만 억지로 그러한 의무들을 수행하는 정도입니까? 만약 여러분이 후자의 경우에 있다면, 여러분의 마음은 육체의 상태 가운데 머물러 있는 것입니다. 그렇다면 여러분은 심령 가운데 성령님을 모시지 않고 있다는 분명한 표지를 가지고 있는 것입니다.

성령의 내주하심을 증거하는 마음의 구조는 분명하게 구분되어 나타납니다.

"육신을 좇는 자는 육신의 일을, 영을 좇는 자는 영의 일을 생각하나니 육신의 생각은 사망이요 영의 생각은 생명과 평안이니라"(롬 8:5,6).

영혼은 마음이 생각하는 것에 종속됩니다. 마음의 구조가 세상적이라면, 그 사람의 영적 구조는 세상적일 수밖에 없습니다. 그러나 회심한 자가 가지는 마음의 구조는 이와 다릅니다. 그들은 세상의 그 어느 것보다 하나님과 그리스도, 천국과 영혼을 중요하게 생각하는 마음의 구조를 가집니다.

"우리의 시민권은 하늘에 있는지라"(빌 3:20).

이러한 마음의 구조는 곧 생명과 평화의 삶을 만들어 냅니다. 그런 삶을 사는 사람들은 세상의 기쁨과 희열을 위해 영적인 것들을 맞바꾸는 어리석은 일들을 행하지 않습니다. 여러분의 마음은 습관적으로 어느 곳을 향해 가고 있습니까? 여러분은 다윗처럼 이렇게 말할 수 있습니까?

"하나님이여 주의 생각이 내게 어찌 그리 보배로우신지요 그 수가 어찌 그리 많은지요 내가 세려고 할찌라도 그 수가 모래보다 많도소이다 내가 깰 때에도 오히려 주와 함께 있나이다"(시 139:17,18).

심령 가운데 성령님을 모신 사람들은 성령님의 인도를 받는 사람들입니다.

"무릇 하나님의 영으로 인도함을 받는 사람은 곧 하나님의 아들이라"(롬 8:14).

성령을 영혼에 모신 이들은 자신의 영혼을 성령의 다스리심에 맡깁니다. 성령의 음성에 순종하고, 성령의 인도하심을 따릅니다. 성령에 대항하는 혈과 육의 강한 유혹을 거부하면서 말입니다(갈 1:16). 이러한 영혼의 성향은 하나님의 아들이라는 것을 나타내는 분명한 증거입니다. 우리를 인도하시는 성령님을 따르는 것은 우리의 가장 큰 의무입니다. 우리는 모든 경우에 있어서 진실하게 성령님의 인도하심을 구해야 합니다.

"여호와여 나의 원수들로 말미암아 주의 의로 나를 인도하시고 주의 길을 내 목전에 곧게 하소서"(시 5:8).

성령께서 거하시는 심령을 가진 하나님의 사람들은 자기 자신의 생각을 의지하지 않습니다. 자신의 생각을 내세우며 영적인 의무를 경시하거나, 자신의 확신과 반하는 죄를 짓지 않습니다. 물론 하나님의 사람들이 걸어가는 마땅한 길에는 고통과 고난이 존재합니다. 하지만 그들은 고난 중에서도 자신의 의무를 놓지 않습니다. 그들은 고난과 타협하지 않고 하나님께 순종하는 것을 택하는 자들입니다.

저는 여러분들이 성령님의 역사하심에 대해 몇 가지 의문들을 제기하려 한다는 것을 알고 있습니다. 왜냐하면 성령님의 역사하심과 임재하심에도 불구하고 그것을 구별할 수 있는 표지들이 없는 경우가 있기 때문입니다. 여러분은 이렇게 말할지 모릅니다.

'저는 제 안에 하나님의 성령께서 계시다는 사실을 확신하지 못하고 있습니다. 저는 두렵습니다. 저는 저의 영혼을 뒤덮는 엄청난 어두움을 봅니다. 성령께서 거하신다는 사실을 영혼에 가르친다는 성경의 말씀이 있지 않습니까?'

"너희는 주께 받은 바 기름 부음이 너희 안에 거하나니 아무도 너희를 가르칠 필요가 없고 오직 그의 기름 부음이 모든 것을 너희에게 가르치며"(요일 2:27).

저는 여러분의 이 반론에 영적 지식에 관한 두 가지, 곧 양적인 부분과 그 효력에 관한 문제로 답을 하려 합니다. 확실한 사실은 지식의 분량과 그 효력은 큰 상관 관계를 가지고 있다는 것입니다. 곧 여러분이 느끼는 영혼에 대한 상태의 실상이 여러분이 가지는 인식에 의해 좌우되지는 않는다는 것입니다. 여러분은 물론 영적 지식을 넓힐 수 있는 도움과 방법들을 원했을 것입니다. 하지만 여러가지 이유로 여러분은 그렇게 하지 못했습니다. 그러나 여러분이 이로 인해 겸비함을 가지고 날마다 여러분을 하나님의 지식으로 인도한다면, 그래서 여러분이 아주 작은 물방울만큼이라도 그리스도와 여러분 자신을 아는 지식을 가지게 되었다면 괜찮습니다. 여러분이 가진 단 한 방울의 영적인 지식이 인간적이고 거룩하지 못한, 또는 매우 세상적이며 도덕적인 사변적 지식의 대해(大海)보다 훨씬 더 가치 있는 것이기 때문입니다.

여러분은 영적인 지식을 많이 가지지 못한 것을 성령께서 아주 적게 임재하신 것으로 해석하십니까? 여러분이 가지고 있는 아주 적은 지식이 여러분으로 하여금 예수님을 알게 할 뿐만 아니라 여러분의 영혼의 상태에 대해서도 알게 할 것입니다. 그 적은 지식의 빛이 마치 "돋는 햇살 같아서 크게 빛나 한낮의 광명에 이르게" 할 것입니다(잠 4:18). 하나님을 아는 여러분의 적은 지식이 정오의 빛같이 빛날 것입니다.

여러분 중에 또 이렇게 말하는 분들이 있을 것입니다.

'저는 때로 영적 의무들을 감당할 때 저의 마음이 고양되고 정서가 녹아드는 것을 발견합니다. 하지만 그것이 하나님의 성령님으로부터 오는 것이 아니라 제 본성적 방식에서 난 것이라는 생각이 듭니다. 그렇지 않다는 확신이 든다면 제게 큰 위로가 될텐데 말입니다.'

이에 대해 여러분에게 하나의 법칙을 제시하겠습니다. 만약 여러분이 생각하고 있는대로라면 여러분이 가진 마음의 고양은 자아 안에서, 자아 이상으로 흘러가지 못합니다. 다시 말해 자아가 원하고 기대하는 의도대로 그 모든 일의 목적이 인간의 찬사를 받는 것에 있다면 그것은 분명 부패하고 위선적인 본성으로부터 파생된 시도일 것입니다. 그러나 여러분의 나약함과 죄악성을 깊이 깨달음에서 비롯된 마음의 고양이라면 그것은 결코 단순한 본성의 열매로 치부될 수는 없습니다. 육체의 뿌리에서는 결코 그와 같은 열매가 맺혀지지 않습니다. 이 법칙에 여러분을 적용해 보십시오. 그리고 잊지 마십시오. 여러분의 영적인 마음을 고양시키시는 것 역시 성령께서 여러분의 본성에 역사하시는 두드러진 방편입니다.

이와는 정반대로, 영적인 일에 대해 무감각하고 별다른 의욕을 가지지 못하는 것을 근거로 자신들 속에 성령께서 계신 것을 믿지 못하는 사람들이 있습니다. 실상 그들이 영적인 영혼들이며 은혜로운 자들임에도 불구하고 말입니다. 그들은 이렇게 말합니다. '어찌 내 마음이 이럴 수 있단 말인가? 영적인 일들에 대해 이렇게 무관심할 수 있다니. 영적인 일들이 내 삶의 즐거움과 기쁨이 될 수만 있다면…'

물론 이는 매우 서글픈 일입니다. 이것은 배탈이 나서 먹고 싶은 것을 앞에 두고도 먹지 못하는 것과 같습니다. 영혼이 가장 원하는 일을 행하지 못함으로 느끼는 슬픔인 것입니다. 그러나 확실한 사실은 그러한 의식에 대해 영혼이 아무런 감각을 느끼지 못하는, 곧 완전히 죽어 있는 상태와 영적으로 둔감한 것 사이에는 분명한 차이가 있다는 것입니다. 의식을 행할 때 어떠한 감각도 없다면 그것은 완전히 죽어 있는, 거듭나지 못한 상태로 보아야 합니다. 그러나 영적인 둔감함을 느끼며 슬퍼하는 것은 이와는 차이가 있습니다. 이는 거듭난 수많은 영혼들이 가지고 있는 질병입니다. 심지어 다윗도 그러하였습니다. 만약 그가 그러한 슬픔을 느끼지 않았다면 한 시편에서 아홉 번이나 "저를 소생시켜 주십시오. 소생시켜 주십시오"라고 부르짖지는 않았을 것입니다. 여러분 중 이러한 슬픔에 잠겨 있는 분들이 계시다면 힘을 내십시오. 여러분의 마음이 언제까지나 이렇지는 않을 것입니다. 하나님께서 마음을 새롭게 하시고 영혼을 자유롭게 하시는 날이 올 것입니다.

여러분 중에는 매일 영혼의 슬픔을 느끼며, 태양이 없는 아침을 맞는 것처럼 성령의 위로하심을 느끼지 못하는 분들이 있을 줄 압니다. 그러한 경우 여러분은 성령의 내주하심을 상상하지 못할 것입니다. 그러나 여러분이 느끼는 편치 않은 마음에도 불구하고 여러분의 영혼의 상태는 안전하다는 것을 기억하십시오. 단지 기쁨 안에서 열매를 거두는 수확의 시기를 맞지 못하고 있는 것뿐입니다. 물론 성령께서는 끊임없이 "의인을 위하여 빛을"뿌리시지만 말입니다. 성령님의 위로하심 이외에도 영혼 가운데 성령께서 내주하신다는 사실을 증거할만한 방편들은 많습니다. 여러분이 가지고 있는 슬픔이 여러분을 겸손하게 하고 정결하게 한다면 어떻게 하시겠습니까?

여러분은 때때로 육신의 정욕으로 혼란스러워하고 굴복당하는 자신을 발견할 수 있을 것입니다. 그럴 때마다 여러분은 성령의 내주하심을 확신하지 못할 수도 있을 것입니다. 사도가 '성령 가운데 행하는 자는 육신의 욕심을 이루지 않는다'(갈 5:16)고 말한 것을 근거로 말입니다.

하지만 이것은 성경 본문의 의미를 잘못 이해한 것입니다. 성도들은 어느 때라도 죄를 발현하지 않는다거나, 어떠한 경우라도 죄에 굴복당하지 않는다라는 의미로 이 말씀을 해석하지는 말아야 합니다. 만약 그러한 해석대로라면 이 말씀은 로마서 7장 23절의 말씀과 정면으로 배치되는 셈이 됩니다.

"내 지체 속에서 한 다른 법이 내 마음의 법과 싸워 내 지체 속에 있는 죄의 법으로 나를 사로잡는 것을 보는도다"(롬 7:23).

갈라디아서 5장에서 사도가 "육체의 욕심을 이루지 아니하리라"라고 한 것은 두 가지의 원리를 함축하고 있습니다. 그 하나는 성도들 속에 있는 은혜의 원리입니다. 여기서 말하는 은혜의 원리란 죄의 활동을 초기에 감지할 수 있게 하는 원리를 말합니다. 적어도 신자들은 이 은혜의 원리로 인해 의지로부터 죄에 대한 완전한 동의를 얻어내지 못한다는 사실을 함축하고 있는 것입니다. 말씀에 함축되어 있는 또 다른 요점은, 많은 노력에도 불구하고 죄를 범하고 난 이후에 찾아오는 죄에 대한 회개의 마음입니다. 이는 신자들이 같은 실수를 다시 반복하지 않도록 하는 경고의 역할을 하게 될 것입니다. 이렇게 신자들은 육체의 욕심을 이루지 않는 자들로 나아가는 것입니다.

여러분, 여러분의 심령의 상태를 점검하길 원하십니까? 주님께서 여러분을 도우실 것입니다. 성령님께서 여러분을 구원하시는 일과, 그리스도께서 여러분을 향하여 기울이시는 관심을 여러분이 분별할 수만 있다면, 여러분은 정말 행복한 사람들입니다. 그것을 발견할 수 있는 사람의 영혼은 기뻐하지 않을 수 없습니다. 지금 이 순간 여러분의 마음의 상태를 이전과 비교해보십시오. 그리고 여전히 변함 없는 세상 사람들의 마음을 보십시오. 그러면 여러분은 자신의 영혼이 충분히 변화되어 있는 사실을 발견하게 될 것입니다. 여러분 속에 나타난 변화는 인간을 위해 일하시는 하나님의 솜씨 가운데 가장 은혜로운 것입니다(엡 2:10). 하나님께서 "내가 그들 가운데 거하며 두루 행하여 나는 그들의 하나님이 되고 그들은 나의 백성이 되리라"(고후 6:16)고 말씀하셨습니다. 성령께서는 하늘로부터 내려오시어 여러분의 영혼을 당신의 거하시는 성전으로 삼기 원하십니다. 이 성령님의 은사야말로 장차 나타날 여러분의 영광에 대한 확실한 보증이며 증거입니다. 여러분의 영혼 가운데 그와 같은 역사가 일어나지 않았던 때를 기억해 보십시오. 그때 영혼의 처한 조건과 욕망, 그리고 그 영혼 속에 존재하는 총체적인 반감(反感)과 뿌리 깊은 증오가 어떠하였는지를 생각해 보십시오. 그러면 여러분의 마음에서 그와 같은 성령님의 역사가 일어났다는 사실이 가장 경이로운 일로 보이게 될 것입니다. 정결하시고 완전무결하게 거룩하신 성령께서 우리 같이 부정하고 불결한 마음에 내주하시는 거처를 마련하신다는 것이 기적 중 기적이 아닙니까? 하나님께서 예루살렘 성전을 보시며 말씀하셨습니다.

"여호와께서 시온을 택하시고 자기 거처를 삼고자 하여 이르시기를 이는 내가 영원히 쉴 곳이라 내가 여기 거주할 것은 이를 원하였음이로다"(시 132:13,14).

지금 이 순간 여러분의 영혼을 향해서도 같은 말씀을 하십니다. 세상에서 여러분보다 더욱 호감 어린 자들을 거처로 삼지 않으시고, 그들을 사탄의 거처가 되도록 내버려두셨다는 사실을 기억하십시오. 만일 하나님께서 여러분 마음이 기대하고 소원하는 것들을 초월하여 역사하지 않으셨다면, 여러분은 지금도 그들과 같은 상태로 머물러 있을 것입니다. 여러분은 하나님께로서 온 영이신 성령님을 받은 사람들입니다. 여러분은 하나님을 찬양해야 합니다. 여러분은 값없이 하나님께 속한 것들을 알게 된 자들이니 말입니다.

25장

새로운 창조(1)

"그런즉 누구든지 그리스도 안에 있으면 새로운 피조물이라
이전 것은 지나갔으니 보라 새것이 되었도다"

_고후 5:17

이 강론에서는 성령의 역사를 통해 우리 영혼에 나타나는 효력들 중 가장 위대하고 고상한 것을 숙고해 보려 합니다. '새롭게 하시는 역사'(work of renovation), 또는 '새 창조의 역사'(work of new creation)가 그것입니다.

"그런즉 누구든지 그리스도 안에 있으면 새로운 피조물이라."

사도는 말씀을 통해 그리스도인들로 하여금 육적이고 죄악적인 편향성을 갖지 못하도록 하려는 의도를 가지고 있었습니다. 사도는 이 점을 두 가지의 논리로 강조하고 있는데 그 중 하나는 그리스도의 죽으심으로부터 끌어내고 있는 논리입니다(고후 5:15). 사도는 그리스도의 죽으심으로부터 세상것들에 대해 그리스도인들의 생각이 분리되어야 한다는 논리를 이끌어내고 있는 것입니다. 또 다른 하나의 논리는 새로운 정신, 새로운 법칙으로부터 끌어낸 논리입니다. 그렇습니다. 그리스도인의 삶은 새로운 법칙의 기준에 입각한 새로운 삶입니다. 그리스도인들은 그리스도 안에서 세상의 낮고

이기적인 정신과 작별을 고한 자들입니다. 그리스도인들은 새로운 법칙으로 판단하고, 새로운 원리에 입각한 행실을 가져야 하며, 더 새롭고 고상한 목적을 설정해야 합니다.

"보라 새 것이 되었도다"라는 말씀 속에서 우리는 확실하게 규명해야 할 문제를 만나게 됩니다. 그것은 과연 우리가 정말로 그리스도 안에 있느냐, 그렇지 않느냐에 대한 문제입니다. 이 문제에 우리의 영원한 조건이 결정되기 때문입니다.

우리는 '그리스도 안에 있다'는 사도의 표현을 단지 기독교에 대한 신앙고백의 문제로 보아서는 안됩니다. 그런 식의 고백으로 사람들로부터 좋은 평판을 얻어 낼 수 있을런지는 모르겠습니다만, 사도는 여기서 그리스도의 인격에 참예(參預)하는 문제를 다루고 있는 것입니다. 그것은 그리스도의 인격과 생명 있는 연합을 하였는지에 대한 문제이며, 그리스도의 은택에 진실로 참여했는지에 대한 문제입니다. 이것이 우리가 검증해야 할 문제입니다. 온 세상을 통틀어 이보다 더 엄숙하고 중요한 문제는 있을 수 없습니다.

본문은 이 문제를 검증하고 규명해 내는 척도로 '새로운 피조물'을 제시하고 있습니다. 우리는 "누구든지 그리스도 안에 있으면 새로운 피조물이라"는 법칙에 자신을 검증해 보아야 합니다. 우리 중 어떤 처지나 조건에 있는 사람이든지, 설령 그리스도 안에 참예한 자처럼 보이는 자라 할지라도 바로 이 기준에 자신을 검증해야 보아야 하는 것입니다. 새로운 피조물이 아니면 그리스도 안에 있는 사람이 아닙니다. 그가 어떠한 재능이나 은사나 확신을 가지고 있든지, 사람들로부터 어떠한 평판을 받고 있든지 간에 말입니다.

'새로운 피조물'이란 육체적(physically) 관점을 말하고 있는 것이 아닙니다. 육체적인 관점에서 사람은 여전히 이전과 동일한 본질을 가집니다. 사도가 말하고 있는 새로운 피조물이란 은혜의 원리들로 말미암아 그 심령이 새롭게 되어 이전에 향하던 방향과는 전혀 다른 목적지로 영혼을 인도하는 변화를 그 내면에 가지는 사람을 가리킵니다. 곧 은혜의 원리로 말미암은 전혀 다른 새로운 존재를 말하고 있는 것입니다. 이 은혜로운 원리들은 사람 속에 원래부터 존재하던 것에서 나온 것이 아닙니다. 은혜로운 원리들은 전적으로 위로부터 주입되는 것입니다. 결론적으로 우리는 하늘로부터 오는 이 은혜로 말미암아 우리의 내면이 과연 새로운 존재로 다시 변화되었는지에 대한 척도에 우리 자신을 검증해야 하는 것입니다.

사도는 이를 위해 보다 구체적으로 새로운 피조물이 가지는 국면을 말하고 있습니다. 바로 '이전 것은 지나갔다'라는 표현과 '새것이 되었다'는 표현으로 새로운 피조물이 가지는 속성을 우리에게 자세히 설명해주고 있는 것입니다. '이전 것'이란 거듭나지 않은 옛 사람, 곧 육적인 원리들과 이기적인 목적들을 말합니다. 사도는 그러한 것들이 지나갔다고 표현하고 있습니다. 물론 그러한 것들은 단 번에 완전히 사라지지는 않을 것입니다. 하지만 사도는 그러기를 소망하는 신자들의 마음이 이전의 것들로부터 떠나있음을 발견했습니다. 그러한 차원에서 이전의 모든 것들이 '지나갔다'라고 말하고 있는 것입니다. 이에 덧붙여 사도는 보다 적극적인 국면에서 그리스도인들을 '새것이 되었다', 즉 '새로이 된 자들'로 말하고 있습니다. 이 표현 역시 육체적 기능들의 변화를 말하는 것은 아닙니다. 그리스도인들의 영혼에 새로운 은혜의 원리들이 주입됨으로 말미암아 그 영혼이 새롭게 되는 것을 가리키고 있는 것입니다.

그리스도인들의 성화(聖化, sanctification)의 본질은 바로 이 두 가지의 내적 변화를 함축하고 있습니다. 성경의 다른 부분에서도 이처럼 옛 사람을 벗고 새 사람을 입는 것으로 성화를 표현하고 있습니다(엡 4:24). 이는 죄에 대하여 죽고 의에 대하여 사는 것으로 표현된 로마서 6:11의 말씀과도 상통합니다.

성화는 사람들에게 일어날 수 있는 일 중에서 가장 영광스럽고 감격스러운 성령님의 역사입니다. 그 이유 때문에 사도가 특별한 관심과 강조로 그것을 역설하고 있는 것입니다.

"보라 새 것이 되었도다."

그리스도인들은 어둠에서 벗어나 하나님의 기이한 빛 가운데로 들어간 자들입니다(벧후 2:9). 그리스도인들은 옛 세계에서 새 세계로 들어간 자들입니다.

"볼지어다 모든 것이 새롭게 되었도다."

따라서 우리는 사람 속에 은혜의 역사로 영혼을 새롭게 창조하시는 하나님의 행사가 있다면, 그것은 그 사람이 예수 그리스도 안에 있는 구원받을 만한 믿음에 참예하고 있다는 것을 보여주는 가장 확실한 증거라는 사실을 알 수 있습니다.

이 교리는 사도 바울이 에베소서 4:20-24에서 한 말과 아주 잘 맞아 들어갑니다.

"오직 너희는 그리스도를 그같이 배우지 아니하였느니라 진리가 예수 안에 있는 것 같이 너희가 참으로 그에게서 듣고 또한 그 안에서 가르침을 받았을 진대 너희는 유혹의 욕심을 따라 썩어져 가는 구습을 따르는 옛 사람을 벗어 버리고 오직 너희의 심령이 새롭게 되어 하나님을 따라 의와 진리의 거룩함으로 지으심을 받은 새 사람을 입으라."

이를 보다 자세히 이해하기 위해서 저는 몇 가지 요점을 향해 보다 깊게 나가보겠습니다. 가장 먼저 생각해볼 것은 어째서 성령님의 거듭나게 하시는 일을 새로운 창조로 부르느냐에 관한 문제입니다.

이를 위해 우리는 하나님의 첫 창조를 생각해 보아야 합니다. 영혼을 거듭나게 하시는 은혜의 역사를 행사하시는 분은 처음 세상을 창조하신 전능하신 하나님이십니다.

"어두운 데에 빛이 비치라 말씀하셨던 그 하나님께서 예수 그리스도의 얼굴에 있는 하나님의 영광을 아는 빛을 우리 마음에 비추셨느니라"(고후 4:6).

자연을 창조하셨던 그 능력의 하나님께서 말씀으로 영적인 빛을 창조하시는 것입니다. 그러므로 자기 스스로 회개하고 믿는다는 말은 마치 '내 스스로 나를 만들어 존재하게 하였다'고 하는 말과 같습니다. 자연의 세계를 창조하실 때 하나님께서 처음 지으신 것은 '빛'이었습니다(창 1:3). 그리고 영혼을 새롭게 지으시는 것도 하나님의 신령한 지식의 빛을 통해서입니다.

"새 사람을 입었으니 이는 자기를 창조하신 이의 형상을 따라 지식에까지 새롭게 하심을 입은 자니라"(골 3:10).

창조는 그 이전에 아무것도 없음을 전제합니다. 기존에 존재하는 것을 활용하여 무엇인가를 만들어 내는 것은 창조가 아닙니다. 아무것도 없는데서 있게 하는 것이 창조입니다.

"그러나 너희는 택하신 족속이요 왕 같은 제사장들이요 거룩한 나라요 그의 소유가 된 백성이니 이는 너희를 어두운 데서 불러내어 그의 기이한 빛에 들어가게 하신 이의 아름다운 덕을 선포하게 하려 하심이라 너희가 전에는 백성이 아니더니 이제는 하나님의 백성이요 전에는 긍휼을 얻지 못하였더니 이제는 긍휼을 얻은 자니라"(벧전 2:9,10).

은혜로 말미암아 영혼이 거듭나 새롭게 되는 일은 순전한 창조의 역사입니다. 인간의 본성 안에는 그러한 열매를 만들어 낼 무엇인가가 전혀 존재하지 않기 때문입니다. 이러한 개념은 이방의 철학자들이 결코 이해할 수 없는 부분입니다. 그들은 세상의 창조도 이해하지 못하는 자들입니다. 그들이 가진 이성적 논리로는 아무것도 없는 데에서는 아무것도 만들어질 수가 없어야 하기 때문입니다. 이러한 잘못된 개념은 스스로 그리스도인들이라 자처하는 자들에게서도 발견됩니다. 그들은 거듭남이 자연의 창조와 동일한 원리로 비롯된다는 사실을 부인하고 인간의 본성 속에 잠재되어 있던 무엇인가를 활용한 결과라고 보는 자들입니다.

영혼을 새롭게 하시는 일은 전적인 성령의 역사입니다. 영혼에 생명을 불어넣으시는 감화가 성령으로부터 나오지 않는 한, 영혼이 새로운 생명을 얻는 일은 결코 일어나지 않습니다.

"성령으로 난 사람도 다 그러하니라"(요 3:8).

"영(성령)으로 난 것은 영이니"(요 3:6).

하나님께서는 말씀으로 이 세상을 지으셨습니다.

"여호와의 말씀으로 하늘이 지음이 되었으며 그 만상을 그의 입 기운으로 이루었도다…그가 말씀하시매 이루어졌으며 명령하시매 견고히 섰도다"(시 33:6,9).

영혼에 새로운 생명을 넣으시는 일 역시 하나님의 말씀으로 비롯되었습니다.

"너희가 거듭난 것은 썩어질 씨로 된 것이 아니요 썩지 아니할 씨로 된 것이니 살아 있고 항상 있는 하나님의 말씀으로 되었느니라"(벧전 1:23).

"그가 그 피조물 중에 우리로 한 첫 열매가 되게 하시려고 자기의 뜻을 따라 진리의 말씀으로 우리를 낳으셨느니라"(약 1:18).

하나님께서는 세상을 창조하셨을 뿐만 아니라 그 창조의 능력으로 세상을 보존하시는 분이십니다. 만약 하나님께서 그 능력으로 세상을 보존하시지 않는다면 세상은 한 순간도 존재할 수 없습니다. 새로운 생명을 얻은 영혼도 마찬가지입니다. 새로운 생명을 창조하신 분의 능력이 그 영혼을 보존하여 주시는 것입니다.

"예수 그리스도를 위하여 지키심을 받은 자들에게 편지하노라"(유 1:1).

"너희는 말세에 나타내기로 예비하신 구원을 얻기 위하여 믿음으로 말미암아 하나님의 능력으로 보호하심을 받았느니라"(벧전 1:5).

"우리가 그를 힘입어 살며 기동하며 존재하느니라"(행 17:28).

우리가 하나님 안에서 믿음을 유지하며 지속적으로 믿음 가운데 살아가는 일은 영혼을 감화하시는 하나님의 능력으로 말미암는 것입니다. 그분의 능력 없이는 믿음과 소망과 사랑같은 영적인 일들을 행사할 수 없습니다.

세상을 창조하시고 기뻐하셨던 것처럼 하나님께서는 당신의 백성들 영혼 안에서 은혜로 새로운 생명이 창조된 것을 큰 기쁨으로 여기십니다. 이것이 하나님을 가장 기쁘시게 해드리는 일이 되는 것입니다.

"할례나 무할례가 아무것도 아니로되 오직 새로 지으심을 받는 것만이 중요하니라"(갈 6:15).

하나님의 지으심을 받은 새 피조물은 그리스도 예수님 안에 있는 구속으로 말미암아 은혜로 값없이 의롭다 하심을 받아 사망에서 생명으로 옮겨진 자들입니다(요일 3:14). 그들은 이전에 율법의 정죄 아래 있던 자들입니다. 첫 언약의 저주 아래 있었던 자들입니다. 그러나 이제 그들은 새 언약의 복락 아래 있게 되었습니다. 하나님께 멀리 있던 그들이 하나님과 가깝게 되었고, 외인이요 원수였던 그들이 이제 하나님의 가족이 되었습니다(엡

2:12,13).

"그러므로 이제 그리스도 예수 안에 있는 자에게는 결코 정죄함이 없나니"(롬 8:1).

그들의 총명은 어두웠습니다. 그들의 양심은 죽어있었습니다. 의지는 패역하여 완고했고, 소욕에 따라 허영을 좇으며 자신을 허비해왔습니다. 자신들을 빠지게 할 세상의 덫을 모른채 그것들을 사랑했고, 그 사소한 것들로 즐거움을 얻었습니다. 그들은 세상의 피조물들에 복종하고 두려워하던 자들이었습니다. 그러한 그들이, 주님 안에서 빛이 되고(엡 5:8), 양심의 평안을 누리며(히 9:11), 하나님의 뜻에 순종하고(시 110:2), 하나님께 대한 소원을 가지게 되고(사 26:8), 그리스도 예수님 안에 있는 것을 가장 큰 즐거움으로 삼으며(빌 3:3), 하나님을 두려움으로 경외하는(행 9:31) 자들이 되었습니다. 이것이 하나님의 은혜의 역사로 새로운 지으심을 받은 영혼에게 일어나는 변화입니다. 그들은 더 이상 불의의 병기가 아닌, 예수 그리스도를 섬기는 도구가 된 것입니다(롬 6:19).

그리스도 안에 있는 이들은 그 실천과 행실에 있어서 완전히 새로운 성질로 변화한 자들입니다. 사람의 행실은 내면에 존재하는 것이 가진 성질을 따르기 마련입니다. 그들은 이제 이전처럼 행동할 수 없습니다.

"허물과 죄로 죽었던 너희를 살리셨도다 그 때에 너희는 그 가운데서 행하여 이 세상 풍조를 따르고 공중의 권세 잡은 자를 따랐으니 곧 지금 불순종의 아들들 가운데서 역사하는 영이라"(엡 2:1,2).

그들은 바람에 밀려 물결이 쓸려 밀려가듯이 자기들의 부패한 본성과 세상 풍습의 영향을 따라 끌려 다녔던 자들입니다. 그러나 이제 상황은 완전히 달라졌습니다. 고린도전서 6:10,11에서 사도는 믿는 그들이 이전에 어떠한 자들이었는지, 그랬던 그들이 이제 어떤 은혜를 입었는지 상기시켜 주고 있습니다.

"도적이나 탐욕을 부리는 자나 술취하는 자나 모욕하는 자나 속여 빼앗는 자들은 하나님의 나라를 유업으로 받지 못하리라 너희 중에 이와 같은 자들이 있더니 주 예수 그리스도의 이름과 우리 하나님의 성령 안에서 씻음과 거룩함과 의롭다 하심을 받았느니라"(고전 6:10,11).

이 놀라운 변화야말로 모든 거듭난 이들 속에서 나타나는 회심 이후의 모습입니다. 세상은 이들을 보고 매우 기이하게 여깁니다.

"이러므로 너희가 그들과 함께 그런 극한 방탕에 달음질하지 아니하는 것을 그들이 이상히 여겨 비방하나"(벧전 4:4).

이것은 마치 암탉이 자기의 알인줄 알고 부화시킨 자고새의 어린 새끼들이 날개를 펴고 날아가는 것을 이상하게 여기고 서서 쳐다보는 모습과도 같습니다. 죄 안에 있던 자신의 동료들이 어느 날 하나님께 기도를 드리면서 하나님과 하늘과 영적인 것들에 대하여 말하는 것을 보면서 기이하게 여기는 모습이 그와 같은 것입니다. 거듭나기 전 그들의 언어는 세상적이고 허망하기 짝이 없는 것이었습니다. 그런 그들이 죄를 가증히 여기게 되다니요. 세상은 이 모습을 보며 그저 놀라고 서서 쳐다보고 있을 뿐입니다.

거듭난 자들의 본질을 판단하는 일은 결코 쉬운 일이 아닙니다. 그들이 어떠한 자들인지, 어떠한 품격을 가지고 있는지에 대한 신비로운 일을 정확하고 면밀하게 설명될 수 있는 것이라고 기대하지는 마십시오. 이것은 하나님의 기이한 역사입니다. 하나님의 모든 역사들 중에서 가장 신비롭고 가장 감탄어린 이 일을 따라 잡을 수 있는 총명은 누구도 가지고 있지 않습니다. 그저 하나님께서 우리에게 허락하신 총명의 한계 내에서 본질이 가진 내용들과 작용들을 살펴볼 수 있을 뿐입니다.

"바람이 임의로 불매 네가 그 소리는 들어도 어디서 와서 어디로 가는지 알지 못하나니 성령으로 난 사람도 다 그러하니라"(요 3:8).

우리는 바람의 소리를 듣고, 바람결을 느낍니다. 그리고 바람이 일으키는 여러가지 효과들을 봅니다. 하지만 바람이 대체 어디로부터 오는지, 어디로 가는지는 알지 못합니다. 성령님의 본질과 역사 역시 그러합니다. 우리는 성령께서 하늘로부터 오셔서 우리 영혼들을 살리시고 감화하시는 것과 그 전능하신 권능으로 우리의 정욕을 부수시고 억제하시는 것(to beat and mortify)을 우리 속에서 체험적으로 느끼고 분간하기는 합니다만, 하나님의 성령께서 어떤 방식으로 우리 영혼에 들어오시는지, 어떤 방식으로 우리 영혼 속에서 그 새로운 피조물을 산출하시는지에 대해서는 알 도리가 없습니다. 성령으로 난 사람이라 할지라도 말입니다. 이는 어머니의 태에서 아기의 뼈가 어떻게 자라나는지를 알아내는 것보다도 더 어려운 일입니다(전 11:5). 이러한 이유로 골로새서 3:3은 새로운 피조물의 생명을 숨기워진 생명으로 말하고 있는 것입니다. 그 생명의 본질은 육적인 이들은 물론 영적인 사람들에게도 감추어져 있는 비밀입니다. 자신들이 그 생명을 부여받은 장본인들임에도 불구하고 말입니다. 그러나 우리가 그 생명의 신비를 모두 알지 못한다고 해도, 우리에게 나타나고 알려진 범주 안에서 새로운 피조물은 하나님께서 지으신 것들 중에서 가장 아름답고 사랑스러운 것임에 틀림 없다는 것은 알 수 있습니다.

"하나님을 따라 의와 진리의 거룩함으로 지으심을 받은 새 사람을 입으라"(엡 4:24).

거룩은 하나님의 아름다우심과 영광입니다. 새로운 피조물은 바로 그 거룩함 안에서 하나님의 형상을 따라 지음 받습니다(골 3:10). 그 지으심에 따라 거듭난 영혼이 거룩하게 되는 것입니다(요일 3:3). 물론 하나님의 형상대로 지으심을 받는다고 해서 새로운 피조물이 실질적으로 하나님과 동등한 본질로서 거룩하게 된다는 것은 아닙니다. 더욱이 거듭났음에도 불구하고 완전한 거룩은 아직 이룩되지 않은 상태입니다. 우리는 피조물의 생명이 하나님의 생명을 닮았다는 점에서 그것을 이해해야 합니다. 새로운 피조물로 거듭난 자들은 하나님께서 당신 자신의 영광을 위해 존재하시는 것처럼, 자신들도 오직 하나님을 위하여 사는 자들로 지으심을 받습니다. 거룩을 사랑하시고 죄를 미워하시는 하나님의 거룩한 성품을 그 새로운 피조물들이 닮는 것을 말하는 것입니다. 새로운 피조물이 하나님의 형상을 따라 지으심을 받는다는 것의 의미가 바로 그러합니다. 하나님의 창조의 역사로 지으심 받은 자를 가리켜 "하나님의 성품에 참여한 자"라고 말하는 이유가 여기에 있는 것입니다(벧후 1:4).

하나님의 새로운 창조 외에 사람의 영혼을 아름답게 장식해주는 것은 없습니다. 그 아무리 고상하고 부요한 자라 할지라도 그가 거룩해지지 않고는 결코 하나님의 성품을 입을 수 없습니다. 그 어떠한 뛰어난 재능이나 재주도 새롭게 지으시는 하나님의 역사처럼 사람의 영혼을 아름답게 장식해 줄 수 없습니다. 새롭게 지으심 받은 사람의 이마에 새겨진 외경스런 위엄자의 자국은 사람들 중에서 가장 큰 자나 가장 악한 자라도 주목하지 않을 수 없습니다(막 6:20). 새로운 창조의 장본인이 그리스도이신데 어찌 아름답지 않을 수 있겠습니까?

"네 눈으로 한 번 보는 것과 네 목의 구슬 한 꿰미로 내 마음을 빼앗았구나"(아 4:9).

사람을 새롭게 지으신 하나님의 계획은, 하나님의 모든 행사들 중 가장 높은 의미를 지니고 있습니다. 그 행사의 목적은 너무나 고상하고 높은 것입니다. 영혼을 구원하시기 위한 새로운 창조, 그것이 그 일 자체와 그 일을 이루신 분의 목적입니다. 이 은혜의 목적은 우리의 영원한 생명에 있습니다. 강들이 대양에 이르는 것 같이 새로운 창조는 그 자체가 가진 고유하고 일관적인 성질의 방향을 따라 새로운 피조물로 하여금 하나님과 하늘로 나아가도록 합니다. 새로운 피조물이 충만을 누리는 장소가 바로 하늘입니다. 따라서 구원이 새로운 창조의 분명한 의도와 목적인 것입니다.

"곧 이것을 우리에게 이루게 하시고 보증으로 성령을 우리에게 주신 이는 하나님이시니라"(고후 5:5).

하나님께서는 우리 영혼을 연마하시고 준비시키심으로써 "빛 가운데서 성도의 기업에 참여하기에 합당한 자로" 만드십니다(고전 1:12). 이는 인간의 영혼에게 있어서 가장 필요한 일입니다. 영혼의 영원한 복락이 바로 그 일에 달려 있기 때문입니다. 그 일이 없이는 하나님을 뵈올 수 없습니다(히 12:14 ; 요 1:3,5).

"사람이 거듭나지 아니하면 하나님의 나라를 볼 수 없느니라"(요 3:3).

새로운 생명을 입지 않은 영혼은 그리스도 안에 동참할 수가 없습니다. 그렇다면 그 영혼이 어찌 그리스도 없이 구원을 받을 수 있겠습니까.

"그런즉 누구든지 그리스도 안에 있으면 새로운 피조물이라."

사랑하는 여러분, 여러분이 이 문제에 대하여 대수롭지 않게 여길지 몰라도, 여러분 자신이 진정 새로운 피조물인지, 아니면 영원히 비참하고 저주받을 존재인지는 반드시 확인하시기 바랍니다. 만약 새로운 창조의 역사 없이도 자신을 스스로 구원할 수 있다면 도덕적으로 세련된 이방인들 모두가 구원받을 것입니다. 구원의 문제가 삶을 스스로 엄격하게 통제하는 것에 달려 있다면, 서기관과 바리새인들이 가장 먼저 구원받을 것입니다. 만약 그렇다면 가룟 유다나 히메니우스나 빌라도도 구원받아야 합니다. 하지만 결코 그렇지 않습니다. 새로운 창조가 없이 하는 회개나 순종이나 자기 부인이나 기도는 사람의 영혼이 구원받는 문제에 대해 아무런 영향도 미치지 못합니다. 그것이 설령 그리스도의 피라고 할지라도 말입니다.

"할례나 무할례가 아무것도 아니로되 오직 새로 지으심을 받는 것만이 중요하니라"(갈 6:15).

하나님의 첫 번째 창조에는 많은 기사(奇事)가 있었습니다. 그러나 그 기이함도 영혼을 새로이 창조하는 일에는 미치지 못합니다.

"여호와께서 행하시는 일들이 크시오니 이를 즐거워하는 자들이 다 기리는도다"(시 111:2).

사람의 낮고 천한 본성이 은혜로 말미암아 기품있게 변화되는 일이야말로 세상에서 가장 큰 기사가 아닙니까?(물론 그리스도의 성육신을 제외하고) 음란한 방탕에 빠졌던 고린도 사람들과 우상숭배에 배어 있던 에베소 사람들이 천상적인 기품을 가진 그리스도인들이 되다니요. 이것이 최대의 기사가 아닙니까. 야수와 같이 잔인하던 핍박자가 그리스도를 영접하고 그분을 위해 고난을 마다하지 않는 모습으로 변화하다니 말입니다(갈 1:23). 온통 세상만을 생각하던 육적인 사람들이 그 정욕을 버리고 하늘에 속한 신령한 것들에 마음을 고정시키는 것을 보십시오. 그것은 죽은 나사로가 무덤에서 나오던 일 못지 않게 큰 이적입니다. 그것이야말로 골짜기의 마른 뼈들이 붙어 살아나는 일 못지 않게 큰 일이 아닙니까?

새로운 창조는 불멸하는 것을 창조하시는 일입니다. 거듭난 자들은 영원한 삶을 보장받은 피조물입니다(요일 4:4). 그들은 본질상 불멸의 존재가 되는 것입니다. 그것은 분명한 창조입니다. 그 영구성은 물론 피조물 자체에서 나오는 것이 아닙니다. 그것은 하나님의 언약과 약속들로부터 흘러나오는 것입니다. 하나님의 언약이 그 피조물들로 하여금 영원한 삶을 누릴 존재가 되게 하시는 것입니다. 사람이 가지고 있던 모든 것들은 그것이 탁월한 것이라 할지라도 죽음과 함께 사라져 버립니다(요 4:21). 그러나 새로운 창조하심으로 주어진 새 생명은 결코 우리를 떠나지 않습니다. 우리 주변의 삶의 모든 것들은 우리를 떠납니다. 그러나 하나님의 은혜는 우리를 결코 떠나가지 않습니다. 몸과 영혼을 떼어내는 죽음마저도 우리를 그 은혜와 분리해 낼 수는 없습니다.

새로운 피조물은 천상적인 피조물입니다.

"이는 혈통으로나 육정으로나 사람의 뜻으로 나지 아니하고 오직 하나님께로부터 난 자들이니라"(요 1:13).

새로운 창조의 일은 하늘에 속한 일입니다. 하늘에 기원을 두고 성령으로 말미암아 행해지는 일인 것입니다(요 3:6). 그 일의 중심은 하늘에 있습니다(시 63:8). 따라서 새로운 피조물은 다른 피조물들과 달리 땅에 속한 것들을 양식으로 삼지 않습니다. 그들의 진정한 양식은 모두 하늘에 속한 것들입니다(시 4:6,7). 그들이 느끼는 기쁨 역시 하늘에 속한 것입니다. 그들의 기쁨의 대상이 바로 하늘에 계시기 때문입니다.

"하늘에서는 주 외에 누가 내게 있으리요?"(시 73:25)

새로운 피조물은 하늘의 소망을 가지고 살아갑니다. 잠시 이 세상에 살아가고 있을 뿐 주님께서 자신들을 유쾌하게 하실 날만을 손꼽아 기다립니다. 그리스도인의 삶은 그 날을 인내로 기다리는 삶입니다. 그들의 모든 소원과 갈망이 하늘에 있습니다(빌 1:23). 육에 속한 자들은 언제나 머뭇거리며 지체하지만 새로운 피조물들은 목적지를 향해 서둘러 발걸음을 옮깁니다. 그들은 자신들이 가야할 곳을 알고 있기 때문입니다(고후 5:2).

그러니 어찌 새로운 피조물이 수동적이고 게으를 수 있겠습니까. 그 영혼은 창조되자마자 활동을 개시합니다.

"우리가 성령으로 살면 또한 성령으로 행할지니"(갈 5:25).

영혼 속에서 일어나는 불같은 작용을 이상히 여기지 마십시오. 순종함으로 능동적인 그들의 성향은 새로운 피조물을 창조하신 분께서 가지신 목적에 포함되어 있는 것입니다.

"우리는 그가 만드신 바라 그리스도 예수 안에서 선한 일을 위하여 지으심을 받은 자니"(엡 2:10).

새로운 성품으로 다시 태어난 이들은 신앙의 여러 의무들에 능동적이며 하나님의 뜻을 준행하는 것 자체를 매우 큰 즐거움으로 여기게 된 자들입니다. 하나님의 계명의 길을 기뻐하고, 마땅한 의무의 길목에서 가장 달콤한 즐거움을 발견하는 자들인 것입니다.

그러므로 그들이 왕성하게 번성하여 능력에서 능력으로 자라는 일은 전혀 이상한 일이 아닙니다(벧전 2:2). 능동적인 영적 갈망이 그들의 영혼을 영광에서 영광으로 변화시키며(고후 3:18), 활력있고 일관적인 영적 열정이 그 영혼을 성숙함에 이르게 하는 것입니다(빌 3:11). 그들은 자기의 소원하는 바를 제한하거나 막는 그 어떤 것도 용납하지 않으려 합니다. 그리고 지속으로 균등한 힘을 유지하며, 더 섬세한 민감성을 증대하여 하늘에 대한 선한 소욕을 더 높이 끌어 올립니다. 이들 새 피조물들이 하나님의 세우신 규례들을 크게 즐거워하며, 신앙의 여러 의무들과 성도의 교제를 기뻐하는 것은 당연한 일입니다. 자신을 새롭게 창조하신 그분의 위대한 목적에 이르기 위하여 자신뿐 아니라 서로를 도우며 진보를 향해 함께 나아가는 것입니다.

새로운 피조물은 자신의 영혼을 보존하려는 놀라운 힘을 가지게 됩니다.

하나님께서 육신적 생명을 보존하기 위해 주신 본성의 섭리보다 훨씬 더 강한 힘을 그들에게 주시는 것입니다. 새로운 피조물들도 혹독한 시험의 시기를 맞이할 수 있습니다(계 3:2). 그래서 모든 생명의 기운과 안위 어린 작용들이 모두 사라진 느낌을 받을 때가 있습니다(계 2:4). 어떤 때는 그 고통이 극에 달한 나머지 새로 지으심을 받는 사실에 대한 내면의 증거조차 희미하게 보이기도 합니다(벧후 2:9). 그러한 경우, 거듭난 영혼들도 스스로 매우 서글픈 결론을 이끌어내곤 합니다. 그들은 자기에게 생명이 있다는 결론을 내리는 일을 하지 못하는 지경에까지 이릅니다. 왜냐하면 그 생명이 완전히 소실된 것 같은 느낌을 지울 수가 없기 때문입니다(시 51:10-12). 그러나 하나님께서는 그들은 그렇게 내버려두지 않으십니다. 하나님께서는 쓰러진 영혼을 소생시키시는 분이십니다.

여러분, 하나님의 새로운 창조는 우리에게 필연적인 것입니다. 우리의 영원한 행복 전체가 바로 이 문제에 달려있습니다.

"진실로 진실로 네게 이르노니 사람이 물과 성령으로 나지 아니하면 하나님의 나라에 들어갈 수 없느니라"(요 3:5).

"거룩함을 따르라 이것이 없이는 아무도 주를 보지 못하리라"(히 12:14).

"할례나 무할례가 아무것도 아니로되 오직 새로 지으심을 받는 것만이 중요하니라"(갈 6:15).

그리스도와 하늘은 하나님의 선물입니다. 하나님께서는 당신 자신이 기뻐하시는 조건과 근거에 의하여 주권적으로 그러한 선물들을 베풀어 주십니다. 이것이 하나님께서 그리스도로 말미암아 사람들을 영광에 이르도록 지정하신 오직 유일한 방식입니다. 우리가 이 방식에 대한 마음의 느낌이 어떠하든지 간에 하나님께서 지정하신 구원의 경로와 방식은 변하지 않습니다. 우리는 그 경로와 방식에 따라 새로운 피조물이 되든지, 여전히 저주받은 존재가 되든지 둘 중 하나의 조건에 처할 수밖에 없습니다.

하나님께서 성령을 통해 역사하시는 이 새로운 창조가 바로 우리가 그리스도로 말미암아 기대하는 큰 구원의 시작이 되는 것입니다. 우리가 구원받는 일에 있어서 새로운 피조물이 되는 일은 결코 생략될 수 없습니다. 새로운 생명이 없이 가지는 모든 구원의 소망은 모두 물거품이 될 것입니다.

하늘에 있는 우리의 영광은 두 요소로 구성되어 있습니다. 그것은 곧 우리가 하나님을 닮는 것(our assimilation to God)과, 하나님께서 우리를 향해 의도하셨던 모든 일에 대한 결실(our fruition of God)입니다. 이 두 가지의 요소는 이 세상에서 우리가 새롭게 되는 일로부터 시작됩니다. 세상에 아직도 살아가고 있는 우리 속에서 새로운 창조를 통해 하나님의 형상대로 변화되는 일이 시작되기 때문입니다(고후 3:18). 성경은 하나님께서 은혜의 역사를 통해 그리스도의 날에 완성될 일을 시작하시는 분으로 말하고 있습니다(빌 1:6). 시작하지 않은 계획이나 일이 마쳐지거나 완성되는 일은 있을 수 없습니다.

그러니 구원을 바라는 우리에게 이 새로운 창조가 얼마나 절실한 것이겠습니까? 우리가 새로운 생명으로 거듭나지 않으면 하늘의 영광은 결코 우리의 영광이 될 수 없습니다. 여전히 우리가 육적인 사람이라면 어찌 하늘에 우리가 어울릴 수 있다는 말입니까?

"육신의 생각은 하나님과 원수가 되나니 이는 하나님의 법에 굴복하지 아니할 뿐 아니라 할 수도 없음이라"(롬 8:7).

우리가 하나님과 원수가 되면 모든 언약과 소망은 우리와 상관이 없게 됩니다. 우리가 하나님 안에서 만족과 안식을 누리기 위해서는 반드시 우리가 하나님의 마음에 합한 자들이 되어야 하는 것입니다. 하나님의 마음에 합한 성품은 오직 새로운 창조를 통하여서만 주어집니다.

"곧 이것을 우리에게 이루게 하시고 보증으로 성령을 우리에게 주신 이는 하나님이시니라"(고후 5:5).

하나님께 순응하지 않으면 하나님 안에서 만족과 즐거움을 누릴 수 없다는 것은 변하지 않는 진리입니다(요일 3:2). 여러분은 혹시 하나님께서 죄악되고 부패한 우리의 마음에 맞추셔야 한다고 생각하십니까? 그것은 하나님을 모독하는 일입니다. 어찌 우리의 낮은 본성에 하나님께서 맞추실 수가 있겠습니까. 우리가 둘 중 하나여야 합니다. 하나님께 합한 사람이 되든지 그렇지 않든지 말입니다.

여러분은 그리스도께 동참하여 장차 올 영광을 고대하고 있습니까? 그렇다면 여러분에게 이 새 창조의 역사가 필연적으로 일어나야 합니다. 여러분이 바라고 있는 모든 것이 바로 그 새로운 창조로부터 취해질 것들이기 때문입니다.

새로운 창조가 있는 곳에는 성령님의 구원하시는 모든 은혜가 있습니다. 곧 새 피조물은 성령님의 모든 은혜를 포괄하고 있는 것입니다.

"오직 성령의 열매는 사랑과 희락과 화평과 오래 참음과 자비와 양선과 충성과 온유와 절제니 이같은 것을 금지할 법이 없느니라"(갈 5:22,23).

성령께서 주시는 구원 받을 만한 특별한 은혜는 우리가 그리스도 안에 동참하였다는 사실에 대한 증거입니다. 새로운 창조 안에 그리스도 안에 참예한 모든 동기와 국면들이 발견됩니다. 하나님의 선택하심에 대한 사랑 역시 그러합니다. 하나님의 선택하신 사랑과 새로운 창조는 서로 분리해서 생각할 수 없습니다(벧전 1:2).

새로운 피조물 안에서 우리는 그리스도 안에 동참한 모든 결과와 요소들을 발견할 수 있습니다. 거기에는 모든 순종의 열매들이 있습니다. 새로운 피조물은 그리스도 예수 안에서 선한 일을 하도록 지으심 받은 자들이기 때문입니다(엡 2:10 ; 롬 7:4). 새 피조물인 그들은 죄를 거스르는 영적 성향을 가집니다.

"하나님께로부터 난자는 다 범죄하지 아니하는 줄을 우리가 아노라 하나님께로부터 나신 자가 그를 지키시매 악한 자가 그를 만지지도 못하느니라"(요일 5:18).

그들 안에는 하나님의 백성들에 대한 사랑이 발견됩니다.

"사랑은 하나님께 속한 것이니 사랑하는 자마다 하나님으로부터 나서 하나님을 알고…"(요일 4:7)

의와 진리의 거룩함 가운데서 하나님을 따라 지으심을 받는 피조물은 하나님께서 주신 십계명의 두 돌판에 기록된 모든 도리들을 존중합니다(엡 4:25). 그들은 모든 시험을 견뎌낼 것입니다. 그들은 세상을 이길 것입니다 (요일 5:4).

26장

새로운 창조(2)

"그런즉 누구든지 그리스도 안에 있으면 새로운 피조물이라
이전 것은 지나갔으니 보라 새것이 되었도다"

_고후 5:17

우리는 지난 장에서 이 본문이 가지고 있는 의미를 자세하게 살펴본 후에 '사람의 영혼 속에서 은혜로 새롭게 창조하시는 하나님의 초자연적인 역사는 사람이 예수 그리스도 안에 구원받을 만한 믿음을 가지고 참여하고 있음을 보여주는 분명하고 틀림없는 증거'라는 교리를 발견하였습니다. 저와 여러분은 거듭나게 하시는 성령님의 역사를 새로운 창조로 일컫는 이유와, 어떠한 국면에서 그리스도 안에 있는 영혼마다 새로워지는지에 대해 숙고해 보았습니다. 또한 새로운 피조물이 가지는 성향과 그 일의 필요성, 그리고 우리가 그리스도 안에 참여한 것을 어떻게 알 수 있는지에 대해서도 살펴 보았습니다. 저는 이제 그러한 요점을 우리에게 적용하여 어떠한 용도로 활용되는지에 대한 문제로 나아갈 것입니다.

우리 속에서 새로운 창조가 있었다는 사실은 우리가 구원받을 만한 믿음

으로 그리스도 안에 동참하였다는 사실을 말해줍니다. 그러한 관점에서 거듭나지 못한 영혼들을 보십시오. 그들은 얼마나 비참하고 참담한 상태에 있는 자들인지 모릅니다. 그들이 여전히 그러한 상태 가운데 있는 한 그들은 그리스도의 은택을 기대할 수 없습니다. 그들은 구원과 아주 동떨어진 곳에 놓여 있는 자들입니다.

오, 독자들이여! 여러분의 영혼이 지금 만약 그러한 상태에 처해 있다면 여러분이 차라리 사람으로 지음받지 말았어야 했다고 생각해야 합니다. 여러분이 끝내 영적으로 새롭게 지으심을 받는 존재가 되지 않을 거라면 말입니다. 하지만 많은 학자들은 이것에 대해 다른 관점을 가지고 있습니다. 그들은 사람으로 존재하다가 지옥에 떨어지는 편을 차라리 더 낫게 여기는 자들입니다. 하지만 그 일은 결코 견뎌낼 수 없는 일입니다. 영원한 저주 아래 거할 것이라면 차라리 태어나지 않는 편이 더 나은 것입니다. 이는 그리스도께서 멸망의 자식인 유다에 대해 말씀하신 바와 같습니다.

"그 사람은 차라리 나지 않았더라면 자기에게 좋을뻔 하였느니라"(막 14:21).

위로가 없는 존재가 과연 무슨 의미가 있습니까? 살아는 있어도 소망과 기쁨이 없다면 그것이 사람에게 무슨 유익이 되겠습니까? 저주 받은 존재에게 주어질 위로는 없습니다. 그들에게는 어둠을 밝히는 어떠한 희미한 빛도 비춰지지 않습니다. 물론 그들도 영광 중에 거하는 성도들의 행복과 기쁨이 무엇인지 알고 있습니다. 그러나 먼 발치에서 그저 바라만 볼 뿐, 그들은 최소한의 위로에도 참여하지 못합니다.

"너희가 아브라함과 이삭과 야곱과 모든 선지자는 하나님 나라에 있고 오직 너희는 밖에 쫓겨난 것을 볼 때 거기서 슬피 울며 이를 갈리라"(눅 13:28).

성도들의 행복을 목격하는 것은 그들의 고통을 더욱 가중시킬 것입니다.

그러니 비참한 상태로 존재하는 것보다 애초에 전혀 존재하지 않는 편이 훨씬 낫습니다. 고통으로 인해 죽고 싶어도 죽지 못한 채 존재하느니 처음부터 존재하지 않는 편이 나은 것입니다(계 4:6).

여러분, 그 점을 유념하시고 여러분 자신의 마음에 새기십시오. 여러분의 어머니가 여러분을 낳은 일이 저주 받을 자의 수를 늘린 것이라면 어찌하시겠습니까?

거듭나지 못한 이들의 처지가 이렇다면 우리 거듭난 영혼들은 얼마나 하나님을 찬미해야 하겠습니까! 새로운 영적 출생은 하나님께서 주시는 놀라운 특권에 대한 영원한 보증입니다. 여러분은 그것이 얼마나 놀라운 일인지 온전히 이해할 수 없을지도 모릅니다. 여러분은 마치 요람에 누워있는 어마어마한 부의 상속자와도 같을 수 있습니다. 자기가 어떤 지위와 영예를 안고 태어났는지 모른 채 누워있는 아기와도 같을 수 있는 것입니다. 그러나 여러분이 이 새로운 영적 출생이 의미하는 놀라운 역사를 제대로 인식하지 못한다 할지라도, 새로운 피조물이 되어 거듭나는 그 날에 여러분은 이미 하나님의 자녀로 가질 수 있는 모든 특권에 대한 확고한 권한을 가지게 됩니다(요 1:12,13).

새로운 영적 출생을 통해 하나님께서 우리의 아버지가 되십니다. 우리의 존재의 측면에서 뿐만 아니라 거듭남을 통해 하나님께서 우리의 아버지가 되시는 것입니다. 우리가 하나님의 자녀가 되는 날 우리의 영혼은 하나님의 형상으로 완전히 회복됩니다(엡 4:24). 우리의 영혼은 살아 있는 소망과 행복을 가지게 되는 것입니다(벧전 1:3). 그것은 죽음의 협곡 가운데 존재하며 세상을 전부 소유하고 있는 행복과는 비교할 수 없는 가치를 지닌 행복입니다. 새로운 피조물은 영원한 생명을 가진 피조물입니다. 이 사실이 저와 여러분을 행복하게 만듭니다. 사람들은 자신이 태어난 날을 축하하고 기념하면서 기쁨을 누립니다. 하지만 그가 거듭나지 못한 자라면 자신의 생일을 즐거워 할 이유가 과연 있는 것입니까?

우리가 거듭나 새로운 피조물이 되는 일은 오직 세상을 존재케 하신 하나님의 능력으로만 가능한 일입니다. 세상을 존재케 하신 이가 새로운 피조물도 존재하도록 하실 수 있는 것입니다. 그래서 성경은 새로운 피조물을 혈과 육으로부터 나거나 사람의 뜻으로 나지 아니하고 하나님께로부터 나는 것으로 말하고 있습니다(요 1:13). 이 '새로운 피조물'이라는 단어 자체에는 그 본질과 기원이 사람이 가진 의지력과 수완 등을 완전히 뛰어넘는다는 사실을 함축하고 있습니다.

하나님께서 여러분에게 '누가 너를 다른 사람으로 만들었느냐? 네가 내게 받지 않고 스스로 가지고 있던 것이 무엇이냐?'라는 질문을 던지신다면, 여러분은 주저하지 말고 겸손과 감사함으로 이렇게 대답하십시오. '주여, 당신 뿐이시옵니다. 주께서 저를 새 사람으로 만드셨나이다. 제가 받은 모든 것은 값없이 주신 주님의 은혜입니다'라고 말입니다.

여러분 주위에 얼마나 많은 이들이 여전히 거듭나지 않은 상태로 살아가고 있습니까. 그들은 여러분의 부모이며, 자녀이며, 친구들입니다. 하지만 전적으로 절망하지는 마십시오. 새로운 창조의 역사는 곧 값없이 주시는 은혜의 역사이기 때문입니다. 여러분은 그들에게서 어떠한 소망도 발견하지 못할 수도 있습니다. 아니 그들은 심지어 하나님과 영적인 것들에 대한 적대감으로 가득 차 있을지도 모릅니다. 하나님을 향한 정감 어린 마음은 커녕, 하나님에 대한 어떠한 지식도 가지고 있지 않을 수도 있을 것입니다. 여러분은 그들을 바라보며 서글픔을 느끼실 것입니다. 그러나 새로운 창조의 역사는 은혜의 역사라는 사실을 기억하십시오. 하나님께서는 원하시는 그 때에 언제든 그들의 마음 속에 빛을 비추시어 예수 그리스도의 얼굴에 있는 하나님의 영광을 아는 지식을 갖게 하실 수 있습니다. 마른 뼈들을 다시 살리신 그분께서 거만하고 완강하게 굳어진 그들의 마음을 녹이실 것입니다. 그 모든 일은 하나님의 말씀 한 마디로 이루어질 것입니다. 가장 서글픈 처지에 놓여 있는 것 같은 여러분의 친척 중 누구를, 여러분 가족의 기쁨의 중심이 되게 하실지 모릅니다. 그때 여러분은 탕자의 아버지처럼 말하게 될 것입니다.

"이 내 아들은 죽었다가 다시 살아났으며 내가 잃었다가 다시 얻었노라 하니 그들이 즐거워하더라"(눅 15:24).

사람에게 이는 어려운 일입니다. 하지만 하나님께는 결코 그렇지 않습니다. 모든 것을 제압할 권능의 힘으로 사람을 회심시키시는 분이 바로 하나님이시기 때문입니다.

그러나 이 세상에서 그리스도께 속한 자들은 그리 많지 않을 것입니다. 이 세상에 거하는 모든 이성 있는 허다한 피조물들 중 새로운 피조물이 되는 자들은 극히 소수에 불과합니다. 브레리우드(Brerewood)는 세상의 6분의 1이 그리스도인일 것이라고 말했습니다. 하지만 거기서 교황주의의 흑암에 덮여 있는 자들과, 위선적이며 외식적인 신앙 고백자들을 제외한다면 그 수는 현저히 줄어들 것입니다. 나라의 도시와 마을에 사는 이들 중 새로운 피조물의 언어와 행실을 나타내는 사람들이 많지 않습니다. 아니 그들 대부분은 새로운 피조물이 되어야 할 필요성조차 깨닫지 못합니다. 그나마 죄의 각성을 받은 사람들도 새로운 영적 탄생으로까지는 나아가지 못하고 멈춰서 버립니다. 그러니 그 수는 적을 수밖에 없습니다. 이는 거듭난 이들이 더 크게 감사해야 하는 이유가 될 것입니다.

새로운 피조물이 되었다 함은, 그 사람들의 상태와 성품에 기이하고 보편적인 변이가 일어났음을 의미합니다. 그들은 흑암의 권세를 벗어나 찬란한 하늘의 빛 속으로 들어간 자들입니다(벧전 2:9 ; 엡 5:8). 그것은 그들의 마음의 조건과 성향, 품행 모두가 새롭게 변화되었다는 것을 말해줍니다. 그러나 이 신비한 변화가 사람의 영혼에 보편적인 변화를 가져온다 할지라도 모든 새로운 피조물이 모두 동일한 정도의 변화를 보이는 것은 아닙니다. 하나님의 은혜의 역사는 여러 새로운 피조물 가운데 다양한 방식과 경로로 작용하기 때문입니다. 악명 높은 신성모독적 삶에서 진지한 경건의 상태로 변화된 자의 경우, 그 변화는 매우 뚜렷하게 드러납니다. 그를 알던 모든 사람들이 그의 변화를 분명하게 감지하게 됩니다. 하지만 어린 시절부터 지속적인 신앙 교육을 받아온 사람의 변화는 겉으로 뚜렷하게 드러나 보이지 않을 수 있습니다.

또한 심령의 변화에도 불구하고 옛 본성은 그들의 삶에 여전히 남아 작용할 수도 있습니다. 새로운 변화와 옛 본성의 부패가 공존한다는 것을 이해하지 못하는 사람은 여전히 두려운 의식을 가질 수 있는 것입니다. 이것은 이해의 부족으로 비롯되는 잘못된 의식입니다. 명료하지 못한 이해와 적절한 판단력을 가지지 못하는 경우, 그들은 거듭났음에도 불구하고 자신의 날들 거의 대부분을 어둠 속에 갇혀 지낼 수도 있습니다.

사탄으로부터 오는 시험 역시 거듭난 심령 속에 있는 은혜의 역사를 어둡게 만듭니다. 어떤 그리스도인들은 다른 그리스도인들보다 더 큰 시련과 연단을 받는 경우가 있습니다.

또한 본성적인 기질이 매우 다양한 차이를 가져오기도 합니다. 다른 이들보다 더 우울한 기질을 가지고 있고, 쉽게 두려워하며, 의심을 잘 하는 사람의 경우 더 많은 기간을 고통 가운데 보내기도 합니다. 하지만 이렇듯 은혜의 역사의 결과가 사람마다 다양한 모습으로 나타난다 할지라도 그들 모두는 심령을 새롭게 하시는 하나님의 은혜의 역사로 새롭게 지으심을 받은 자들임에는 틀림이 없습니다.

그들은 더 이상 이전의 삶으로 즐거워하는 자들이 아닙니다. 전에는 그렇게 즐거웠던 것들이 더 이상 즐겁지 않습니다. 전에는 자유로 느꼈던 행실들이, 이제는 자기들을 얽어매는 사슬이 되었습니다. 영광으로 여겼던 것들이 자기들의 수치가 된 것입니다.

"너희가 그 때 무슨 열매를 얻었느냐 이제는 너희가 그 일을 부끄러워하나니 이는 그 마지막이 사망이니라"(롬 6:21).

그러니 거듭난 여러분, 세상 사람들이 '세상에 참된 기독교는 없다. 참된 신앙을 가졌다고 하는 모든 자들은 다 위선자들이다'라는 결론을 내리지 못하게 하십시오. 여러분의 유익을 위해 존재하는 것이 도리어 여러분을 해하는 일이 되지 않도록 해야 합니다. 다른 이들로부터 '구원의 확신을 가진다는 것이 어찌 가능한가?'라는 말을 들어서는 안됩니다. 이 점에서 거듭난 많은 이들이 스스로 속고 있습니다. 그들은 겉으로 드러나는 도덕적 덕행과 효능을 성령님의 감화의 열매로 단정짓는 실수를 범하고 있는 것입니다. 만약 그러하다면 도덕적이고 겸양의 덕에서 탁월한 이교도들의 모습은 어찌 설명할 수 있다는 말입니까? 새로운 창조에 대해서 문외한 이었던 플라톤(Platon)과 같은 수많은 철학자들이 인간적 정의(正義)와 기풍(氣風)과 인내를 내세우며 삶을 엄격히 절제하고 세상의 오염으로부터 자신들을 지킬 수 있다고 하면서 그리스도를 믿는다고 고백하는 숱한 이들을 무너뜨리지 않았습니까?

　죄에 대한 강력한 후회 역시 마찬가지입니다. 물론 죄의 각성은 새로운 피조물이 되기 위한 선행적이고 예비적인 단계입니다. 나무가 열매를 맺기 전에 먼저 꽃이 피어야 하는 것처럼 말입니다. 하지만 반대로 꽃이 피었다고 해서 거기에 반드시 열매가 맺힌다고는 말할 수 없는 것처럼 죄를 대한 회오(悔悟)감과 그에 대한 고통을 겪는다고 해서 반드시 새로운 피조물로 변화되어 간다고는 볼 수 없는 것입니다. 죄에 대한 뉘우침은 분명한 성령의 역사입니다. 그러나 새로운 창조의 역사는 하나님께서 택한 백성들에게만 나타나는 일입니다. 만약 그렇지 않다면 시간이 지남에 따라 죄에 대한 회오감이 시들해져 사라지곤 하는 일들은 어찌된 것입니까? 이러한 일들로 자신을 속이지 말아야 합니다.

　"개가 그 토하였던 것에 돌아가고 돼지가 씻었다가 더러운 구덩이에 도로 누웠다하는 말이"(벧후 2:22).

　여러분은 하나님의 교회 안에서 탁월한 은사나 재능을 발휘하여 섬기는 사람은 반드시 새로운 피조물일 것이라고 생각하십니까? 아닙니다. 그렇지 않을 수도 있습니다.

　"그날에 많은 사람들이 나더러 이르되 주여 주여 우리가 주의 이름으로 선지자 노릇하며 주의 이름으로 귀신을 쫓아내며 주의 이름으로 많은 권능을 행하지 아니하였나이까 하리니"(마 7:22).

　재능들은 연구와 연마를 통해 얼마든지 얻어질 수 있습니다. 기도하고 설교하는 기술 역시 마찬가지입니다. 하지만 거듭남은 전적으로 초자연적인 일입니다. 거듭나지 않은 상태에서 죄를 원리로 살아가는 자들도 얼마

든지 탁월한 재능을 겸비(兼備)할 수 있습니다. 그런 자들을 새로운 피조물
이라고 볼 수 있습니까? 새로운 피조물이 죄를 지배의 원리로 삼는다는 것이
가당치나 한 것이냐는 말입니다. 본질상 그러한 일을 행하는 것과 새로운 피
조물에 대한 문제는 전혀 별개의 사안입니다. 여러분은 그러한 사람들의 재
능이 성령의 거듭나게 하시는 일을 오히려 방해하는 가장 큰 장애물이 된다
는 사실을 알아야 합니다. 그러므로 여러분 중 어느 누구도 그러한 문제에
있어서 속고 영혼을 허망한 상태에 놓아서는 안됩니다. 재능을 연마하기 위
해 머리를 쓰는 일 자체가 악한 것은 물론 아닙니다. 하지만 여러분이 하나
님의 새로운 피조물이라면 여러분의 죄 때문에 더 마음을 써야 할 것입니다.

　여러가지 허다한 종교적 의무들을 수행하는 것 역시 마찬가지입니다. 모
든 영적 의무들을 수행하면서도 새로운 창조의 역사는 전혀 나타나지 않을
수 있습니다. 신앙의 의무가 새로운 피조물이 수행해야 할 일이라는 것은
분명하지만, 신앙의 의무를 수행하는 모든 자들이 다 새로운 피조물은 아
닌 것입니다. 올바른 영적 의무의 이행은 오로지 거듭남 안에서 그 참된 뿌
리가 존재한다는 것을 명심하십시오.

　"그들이 날마다 나를 찾아 나의 길 알기를 즐거워함이 마치 공의를 행하
여 그의 하나님의 규례를 저버리지 아니하는 나라 같아서 의로운 판단을 내
게 구하며 하나님과 가까이 하기를 즐거워하는도다"(사 58:2).

　이러한 국면에 비추어 저는 여러분이 스스로의 마음 상태를 시험해 보시
라고 권해 드리는 바입니다. 여러분 스스로에게 물어보십시오. '나는 과연
새로운 피조물인가?'라고 말입니다. 이를 위해 가장 먼저 여러분은 새로운
피조물의 선행적 표증들이 여러분에게 나타났는지 살펴보아야 합니다. 그
것은 하나님께서 여러분을 새로운 피조물로 만드시기 위해 미리 예비하신

길에 대한 표증입니다. 이에 관한 여러 질문에 답변해 보십시오.

새로운 피조물을 형성하시는 곳에서 언제나 주님께서는 총명의 눈을 열어 죄와 그리스도를 아는 지식을 알게 하십니다(행 20:18). 여러분은 어떠하십니까? 하나님께서 하늘로부터 여러분 영혼 속에 새 빛을 비추셔서 여러분의 영적 질병과 상태 모두를 보여주셨습니까?

새로운 피조물을 산출하시는 주님의 방식은 말씀의 강한 능력으로 사람의 마음에 역사하시어 죄를 깨닫게 하시고 마음을 겸비케 하십니다(롬 7:9 ; 살전 1:5). 여러분에게 그러한 일이 있었습니까? 이러한 일들로 인해 여러분의 영혼이 죄의 문제에 관심을 기울이며, '우리가 어떻게 하여야 구원을 얻으리이까'하고 울부짖게 되었습니까?

이 모두가 사람을 거듭나게 하시기 위한 선행적인 성령님의 역사입니다. 만약 이러한 일들이 여러분에게 일어나지 않았다면, 여러분 속에 새로운 창조의 역사가 일어났다고 확신할 근거는 없다고 보아야 합니다.

여러분의 심령의 상태를 살펴 보십시오. 허망했던 여러분의 심령이 하늘에 대한 진지함과 영원한 것들에 대한 엄숙함으로 가득 차 있습니까? 이것은 하나님께서 거듭나게 하시는 사람들이 가지는 마음입니다. 허영과 방종과 죄악적 환락 대신 하늘과 지옥, 생명과 죽음의 문제가 여러분 눈 앞에서 정면으로 서 있습니까? 많은 사람들이 이 문제에 대해 그저 낙천적인 기질을 보입니다. 가장 무섭고 가장 엄숙한 이 문제에 대해 말입니다. 그들의 눈이 열린다면 그들은 그 웃음에 관하여 말하기를 '그것은 미친 것이라'고 할 것이며, 희락에 대하여 이르기를 '이것이 무슨 소용이 있는가?(전 2:2)'라고 할 것입니다.

새로운 창조의 역사가 진행된 마음에는 온유하고 겸손한 마음의 태도가 수반하여 나타납니다. 죄로 인한 무거운 짐과(마 11:28) 죄에 대한 회오(悔悟)로 거만하고 높은 마음은 낮아지고 허망한 자만은 버리게 되는 것입니다.

"슬프다 아리엘이여 아리엘이여 다윗이 진 친 성읍이여 해마다 절기가 돌아오려니와…네가 낮아져서 땅에서 말하며 네 말소리가 나직이 티끌에서 날 것이라 네 목소리가 신접한 자의 목소리 같이 땅에서 나며 네 말소리가 티끌에서 지껄이리라"(사 29:1,4).

풍요로웠던 예루살렘이 그러하였습니다. 예루살렘도 다른 도성들을 두려워 떨게 하였던 시절이 있었지만 하나님께서 예루살렘을 심판하시고 낮추셨을 때에 그들은 티끌 속에서 속삭이게 되었습니다. 이러한 일이 새롭게 창조하시는 하나님의 역사를 통해 마음에 동반되어 나타나는 것입니다. 심령의 갈망과 갈증 어린 태도 역시 그러합니다. 새로운 창조의 역사 속에서 영혼은 그리스도를 따라 불타는 소원을 가지게 됩니다. 그들은 더 이상 헛된 사람의 그림자를 쫓아 갈망하지 않습니다.

여러분이 거듭났다고 생각한다 할지라도 이러한 마음들이 여러분 속에 동반되지 않았다면, 여러분은 스스로 속고 있다는 의심을 해볼 이유를 가진 셈입니다.

"너희는 유혹의 욕심을 따라 썩어져가는 구습을 따르는 옛 사람을 벗어버리고 오직 너희의 심령이 새롭게 되어"(엡 4:22,23).

새로운 피조물의 행로와 품행은 완전히 다른 모습을 가집니다. 자신의 옛 행실을 부끄러워하고(롬 6:21) 마음 속에 있는 죄와 끊임없는 싸움을 벌이게 됩니다.

"성령은 육체를 거스리나니"(갈 5:17).

은혜는 더 이상 죄와의 공존을 허용하지 않습니다. 물과 기름의 본질이 다르듯이 두 상반되는 원리가 같은 주제를 공유할 수 없게 되는 것입니다. 여러분 속에 이러한 두 원리의 갈등이 없다면, 그저 양심과 정서 사이에 있는 번민 정도만 일어나고 있다면, 여러분은 자신이 새로운 피조물이 되었다는 것을 말해주는 표증을 가지지 못한 것임을 알아야 합니다.

새로운 피조물의 생각과 정서들은 하늘에 속한 신령한 것들에 집중됩니다(골 3:2 ;엡 4:23 ; 롬 8:5). 여러분은 어떠하십니까? 여러분의 마음이 하늘에 속한 신령한 것들에 집중하고 있습니까? 아니면 전적으로 땅에 있는 것에 집중하며 그것을 여러분 삶의 목적으로 여기고 있습니까? 이는 하나님과의 교제와도 밀접한 연관이 있습니다. 하나님과의 교제는 새로운 피조물이 살아가는 필연적 방식입니다(슥 12;10 ; 행 9:11).

새로운 피조물은 죄의 더러움과 오염의 상태를 참아 내지 못합니다(시 51:8-12). 눈에 티끌이 들어오면 가만히 있을 수 없듯이 새로운 피조물의 양심은 죄에 대하여 견디지 못합니다. 눈에 들어온 티끌을 제거하기 위해 눈을 깜박거리며 눈물을 흘리게 하는 것처럼 새로운 피조물은 하나님의 얼굴이 자기에게 가리워지고 하나님께서 자신을 버려두신 것 같이 느껴지는 것을 가만히 참고 있지 않습니다(아 5:2-8). 여러분은 무거운 죄의식 없이 거듭 죄를 짓지는 않습니까? 지난날 영혼에 비추시던 하나님의 얼굴빛이 다시 비춰 마음이 정하고 평안케 되기를 간구하느라 애를 쓰고 계십니까? 스스로를 속이지 마십시오. 여러분이 진정 새로운 피조물이라면 그에 대한 표증을 가져야만 합니다.

만약 여러분이 그리스도 안에 참여한 새로운 피조물의 건전한 표증을 가지고 있다면, 여러분은 새로운 피조물에 걸맞는 합당한 행실을 통해 이를 증거해야 합니다. 새로운 피조물은 위로부터 나는 것입니다. 그러니 여러분이 가진 모든 성향은 하늘을 향한 것이어야 하며, 여러분의 품행은 천상적인 것이어야 합니다. 만일 여러분이 여전히 땅에 속한 육신적인 삶을 이전과 같이 영위하고 있다면, 여러분은 여러분 속에 있는 새로운 하늘의 성품을 말살하는 셈이 된다는 것을 기억하십시오. 그것은 여러분 심령에 스스로 폭력을 행사하는 것이며 여러분을 새롭게 하시는 성령님을 정면으로 대적하는 일입니다. 세상적인 즐거움과 슬픔은 세상에 있는 거듭나지 못한 육신적인 자들에게나 합당한 것입니다. 만일 여러분이 새로운 피조물의 원리와 본질에 합당하게 행동하려 한다면, 여러분 앞에서 땅에 속한 것들을 복종시키고 두려움과 근심함으로 절제하십시오.

"너희 관용을 모든 사람에게 알게 하라"(빌 4:5).

마음으로 묵상하고, 혀로 하늘에 속한 것들을 말하십시오. 죄에 대하여 민감하고 영적 의무에 대해서 철저하십시오. 그러한 행실로 여러분이 세상을 이기는 사람이라는 것을 보여주도록 하십시오.

새로운 피조물은 진정 기쁜 마음으로 하나님께 감사해야 합니다. 하나님께서 여러분에게 주신 새로운 창조의 역사는 하늘과 땅이 제공할 수 있는 가장 부요하고 가장 큰 역사입니다. 하나님께서 지으신 가장 탁월한 피조물도 언젠가는 사라지고 맙니다. 그러나 사람을 구원하실 목적으로 창조하신 새로운 피조물은 결단코 멸하는 일이 없을 것입니다. 사람을 새롭게 창조하신 하나님의 역사하심은 말로 다 할 수 없는 난관들과 강력한 대적들을 제어하신 전능하심의 산물입니다(엡 1:12). 하나님의 능력의 지극히 크심이 그 일을 이루어 내신 것입니다. 그 전능하신 능력이 아니고서야 어떻게 소경된 마음이 눈을 뜨고, 돌 같은 마음이 부숴지고, 굳어진 의지가 구부러지는 일이 일어날 수 있겠습니까. 새롭게 창조된 피조물의 보존 역시 하나님의 전능하신 능력에 달려 있습니다(벧전 1:5). 새로운 피조물을 만드신 하나님의 긍휼은 그 새로워진 영혼을 보존하는 긍휼로 이어집니다(엡 2:13,14 ; 고전 3:20).

하나님께서는 거듭난 이들을 새 언약으로 인도하십니다(렘 31:33). 우리로 하여금 다시 새로운 소망을 갖게 하십니다(벧 1:8). 그것은 우리에게 새로운 기업을 물려받을 권한이 부여되었다는 것을 의미합니다(요 1:12,13). 또한 우리의 인격과 우리의 행하는 의무들을 하나님께서 받으신다는 것을 말하고 있는 것입니다(갈 6:15). 이것은 정말 놀라운 하나님의 역사가 아닐 수 없습니다. 우리는 그저 찬탄하고 기이하게 여길 뿐입니다.

"이 일은 주 하나님의 행하심이여 우리 눈에 기이하도다."

하나님의 발 앞에 무릎을 꿇으십시오. 그리고 값없이 베푸신 그 측량할 수 없는 부요를 겸비한 마음으로 감복해 하십시오. 그것이 새로운 피조물 된 여러분이 가져야 할 마땅한 자세입니다.

27장

죄 죽이기

"그리스도 예수의 사람들은
육체와 함께 그 정욕과 탐심을 십자가에 못 박았느니라"

_갈 5:24

저는 이제 '죄를 죽이는 일'(mortification of sin)의 측면에서 그리스도와의 참여를 검증하는 단계로 나아가려고 합니다.

"그리스도 예수의 사람들은 육체와 함께 그 정욕과 탐심을 십자가에 못 박았느니라."

사도는 사탄의 선동으로 불화하고 있던 갈라디아 사람들의 그리스도인 답지 못한 행실을 치료하기 위한 의도를 가지고 있었습니다. 그 불화는 그리스도인의 형제애를 깨뜨리는 것이었습니다.

사도는 그들이 하나님의 계명의 입장에서 서로 사랑하기를 바랐습니다. 하나님께서 주신 십계명의 두 번째 돌판에 기록된 의무들은 모두 사랑과 연관되어 있습니다. 이어 사도는 그들에게 악의에 찬 비방과 중상모략을 중단하라고 강력히 권고하고 있습니다. 그것은 서로를 망하게 하는 일이 되기 때문입니다.

사도는 또 형제간의 불화는 하나님의 성령을 모독하는 행위임을 역설하고 있습니다. 성령의 인도하심을 받는 자들로 자처하는 그들이 서로 불화하는 것은 모순임을 지적하고 있는 것입니다. 사도는 그들이 그리스도 안에 참여하는 것이 무엇인지를 상기하길 바랐습니다. 그래서 그들이 증오심과 육체의 탐심으로부터 벗어날 것을 강력하게 설득하였습니다.

"그리스도 예수의 사람들은 육체와 함께 그 정욕과 탐심을 십자가에 못 박았느니라."

사도의 말은 이러한 의미를 가지고 있었을 것입니다.

'너희 모두는 스스로 그리스도의 지체들이요 그를 따르는 제자들이라고 고백하는 자들이 아닌가? 너희들의 행실은 과연 그러한 고백과 어울리는가? 그것이 비둘기 같은 그리스도의 성령님의 열매라고 말할 수 있는가? 너희가 믿음으로 행한 죄 죽이기의 결과가 무엇인가? 그리스도의 양들이 먹잇감을 두고 서로 으르렁거리다니. 이 얼마나 죄 죽이기를 공부하고 있다는 너희들과 어울리지 않는 행동인가!'

본문의 주어부를 보십시오. 주어부에는 그리스도 예수의 사람들이 등장합니다. 그리스도의 사람들이 누구입니까? 그들은 참된 그리스도인들, 그리스도의 지체들입니다. 그리스도 안에서 그리스도의 지배를 받겠다고 자신을 기꺼이 내어 주어 모든 행동을 성령님의 뜻에 준하여 결정해야 하는 사람들인 것입니다.

본문의 술어부는 '육체와 함께 그 정욕과 탐심을 십자가에 못 박았느니라'고 되어 있습니다. 여기에 나오는 '육체'는 육신적 욕망, 부패한 본성의 작용과 활동을 가리킵니다. '정욕'(情慾, affections and lusts)은 '탐심'과 더불어 무절제한 육신적 욕심을 가리키는 말로 이해해야 합니다. 그리스도께서는 자기 속에 있는 사람들의 정서를 바르고 균형있게 통제하시기 때문입니다. 하나님께서는 정서를 완전히 멸하시는 분이 아니십니다. 그러므로 '십자가에 못 박았다'는 말을 인간의 본성을 완전히 도려내거나 제압하였다는 뜻으로 이해하지는 말아야 합니다. 그것은 부패의 본성을 지배하는 힘을 제거하였다는 것을 의미합니다. 본성 자체의 말살을 이야기하고 있는 것이 아닙니다. 본성은 한동안 계속 존속합니다. 십자가에 못 박혀 죽음을 서서히 맞이하는 것처럼 말입니다. 죄를 죽이는 일이 바로 그러합니다. 사도는 갈라디아서에서 그 일을 십자가에 못 박는 것으로 표현하고 있습니다. 곧 그리스도의 죽으심과 죄를 죽이는 것 사이에 유사성이 있다는 사실을 보여주고 있습니다. 수치와 고통 가운데 서서히 죽음이 진행되어가는 면에서 그러하다는 것을 우리에게 말해주려고 했던 것입니다. 사도는 몸의 행실을 죽이는 주도적 방편들을 구체적으로 지시하고 있습니다. 예수 그리스도의 죽으심, 십자가에서 흘리신 그분의 피를 육체의 부패를 죽이는 방편으로 제시하고 있는 것입니다. 죄를 죽이는 일은 그리스도의 고난으로부터 비롯된다는 강력한 논증을 필역하고 있는 것입니다. 사도는 '죄인들이 십자가에 못 박힘으로 그리스도의 사람이 된다'고 말하고 있지 않습니다. 그는 그리스도의 고난의 효력을 통해 자신들의 정욕과 죄악적 정서를 제압하는 능력을 느끼는 자들을 그리스도의 사람들로 말하고 있는 것입니다.

이 요점은 로마서 6:5-8의 말씀에 자세히 기록되어 있습니다.

"만일 우리가 그의 죽으심을 본받아 연합한 자가 되었으면 또한 그의 부활을 본받아 연합한 자가 되리라 우리가 알거니와 우리 옛 사람이 예수와 함께 십자가에 못 박힌 것은 죄의 몸이 멸하여 다시는 우리가 죄에게 종노릇하지 아니하려 함이니 이는 죽은 자가 죄에서 벗어나 의롭다 하심을 얻었음이니라 만일 우리가 그리스도와 함께 죽었으면 또 그와 함께 살 줄을 믿노니"(롬 6:5-8).

이 말씀을 통해 사도가 논증하고 있는 요점을 주목해 보십시오. 사도는 우리가 그리스도의 죽으심을 본받아 접붙인 바 되었다면, 다시 말해 우리의 죄 죽이기가 그리스도의 죽으심의 방식과 유사하다면 우리는 그리스도의 부활에도 동참하게 될 것이라고 말하고 있습니다. '죄 죽이기'는 곧 영혼이 그리스도와 연합하였음을 보여주는 명백한 증거가 된다는 것을 말하고 있는 것입니다.

사도는 또 로마서 6:11에서 이렇게 말하고 있습니다.

"이와 같이 너희도 너희 자신을 죄에 대하여는 죽은 자요 그리스도 예수 안에서 하나님을 대하여는 산 자로 여길지어다."

우리는 이 말씀을 통해 그리스도의 죽으심이 죄를 죽이는 일에 있어서 분명한 영향력을 행사하여 그 일이 장차 우리의 복락이 될 것이라는 표지를 발견할 수 있습니다.

이 일은 하나님께서 그리스도 안에 있는 자들에게만 있게 하십니다. 하나님께서는 그리스도 안에 있는 자들을 그리스도와 함께 영화롭게 하시기로 계획하셨기 때문입니다. 죄 죽이기는 신령한 생명을 소유하고 있음을 보여주는 또 다른 증거입니다. 하나님 나라에서 영생을 누리게 될 것이라는 가장 확실한 증거가 바로 죄 죽이기입니다.

죄 죽이기는 그리스도와의 연합을 증명하는 열매입니다. 따라서 결국 죄 죽이기가 여러분이 장차 영화롭게 될 것에 대한 분명한 근거가 되는 것입니다.

저는 죄 죽이기에 관해 여러분과 더 깊은 숙고를 해 나가기 전에, 여러분이 잘못 이해할 수 있는 몇 가지의 요점을 지적하고자 합니다. 그 중 첫 번째의 요점은 죄 죽이기, 즉 육체를 십자가에 못 박는다는 것은 신자들 안에 있는 죄를 남김없이 발본색원(拔本塞源)한다는 의미를 함축하고 있지는 않다는 말입니다. 신자들 속에 있는 죄의 존재가 완전히 파멸되어 그들이 부패에서 벗어나게 되는 일은 거룩함을 입을 영혼들이 죽을 때라야 가능합니다. 이 세상 가운데 살아가고 있는 한 그러한 거룩의 경지에는 이르지 못합니다. 죄는 거듭난 사람 속에서도 여전히 활동하며 그 정욕을 드러내곤 합니다(갈 5:17). 이러한 관점은 신자들을 어리둥절하게 만들고 매우 실망스럽게 할 수 있습니다(시 65:3 ; 롬 7:23). 그러므로 본문의 표현을 '하나님의 성령께서 죄를 완전히 없이 하신다'는 뜻으로 해석하지는 말아야 하는 것입니다.

또한 죄를 십자가에 못 박는다는 것을 외양적으로 드러나는 죄의 행동적 표현들에만 국한하지 말아야 합니다. 죄는 사람들의 영혼 위에 군림하여 왕 노릇하면서도 그들의 삶 가운데 그것이 전혀 드러나지 않는 경우가 허다하기 때문입니다(벧전 3:21 ; 마 12:43). 그것은 도덕적인 이교도들에게 주로 나타나는 모습니다. 죄의 지배 아래 살아가는 그들의 손은 얼마나 깨끗하고 아름답게 보이는지 모릅니다.

육체를 십자가에 못 박는다는 것을 단순히 죄의 외적 행동들의 중지로 볼 수는 없습니다. 불의의 병기인 몸의 지체들이 나이가 들거나 병이 들어 어쩔 수 없이 더 이상 죄의 도구로 사용될 수 없게 되는 경우를 '육체를 십자가에 못 박는 것'으로 해석할 수는 없기 때문입니다.

어떤 교황주의들은 죄를 죽인다는 명목 하에 채찍으로 자신의 몸을 때리고, 금식하고, 고통스러운 순례의 의식을 행합니다. 하지만 그러한 물리적 방식으로는 육체의 어떤 정욕도 파괴하지 못합니다. 그들은 육체를 십자가에 못 박는다는 것에 대해 매우 잘못된 이해를 가지고 있습니다. 영혼이 가진 영적 부패를 채찍으로 제압할 수 있다니요(골 2:23). 그것은 허망하기 짝이 없는 미신입니다. 영혼의 부패를 십자가에 못 박고 파괴하는 것은 참된 믿음의 능력으로만 가능한 일입니다. 자신의 죄에 치명적인 상처를 내려고 한다면 자기 자신의 몸에서 흐르는 피가 아닌 그리스도의 피가 필요한 것입니다.

죄를 죽이고 십자가에 못 박는 것은 영혼이 그리스도께 이식(移植)되는 것을 의미합니다. 그것은 곧 그리스도와 친밀한 연합을 함축하고 있습니다. 그리스도와의 연합 없이는 어떠한 부패의 요소도 죽이지 못합니다. 그리스도를 배제하고 시도하는 모든 노력은 죄를 죽이는 어떠한 효력도 가지지 못하는 것입니다.

"우리가 육신에 있을 때에는 율법으로 말미암는 죄의 정욕이 우리 지체 중에 역사하여 우리로 사망을 위하여 열매를 맺게 하였더니"(롬 7:5).

영혼이 육신 가운데 있으면 죄는 강력한 지배력을 가집니다. 그런 경우 어떠한 외적 통제도 효과를 발휘하지 못합니다. 어떠한 엄숙한 서약도 죄를 제어하지 못합니다. 신자들은 흔히 자기의 죄를 깨닫고 뉘우친 초기에 스스로 죄를 죽이기 위한 외면적 방편들을 동원하곤 합니다. 그러나 그들은 곧 그것이 삼손을 결박하였던 삼겹줄처럼 아무런 소용이 없다는 것을 깨닫습니다. 그리스도께 이식되는 일이 아니고서는 죄를 결코 십자가에 못박을 수 없다는 것을 알게 되는 것입니다.

죄를 죽이는 일은 성령님의 도움을 전제합니다. 그분의 도움 없이 하는 우리의 모든 수고는 다 수포로 돌아갈 것입니다.

"만군의 여호와께서 말씀하시되 이는 힘으로 되지 아니하며 능력으로 되지 아니하고 오직 나의 영으로 되느니라"(슥 4:6).

"너희가 육신대로 살면 반드시 죽을 것이로되 영으로써 몸의 행실을 죽이면 살리니"(롬 8:13).

물론 죄를 죽이는 일은 우리가 해야 할 일입니다. 그러나 그 일의 실질적인 성과를 내는 문제는 전적으로 하나님의 능력에 달려 있습니다. 성령께서 우리 지체 속에서 우리의 정욕에 대적하여 성공적인 교전을 수행하실 것이기 때문입니다(갈 5:17). 죄를 죽이는 일은 성령님의 능력으로 말미암아 이루어지는 일인 것입니다.

죄를 십자가에 못 박는 일은 영혼 속에 있는 죄의 지배력을 제압하는 것을 말합니다. 그 일을 통해 죄가 더 이상 영혼 속에서 왕 노릇하지 못하도록 하는 것입니다(롬 6:12-14). 죄가 마음을 지배하고 있는 동안 죄의 권능은 영혼 속에서 충만한 상태로 유지됩니다. 곧 죄가 사람의 부패한 마음에 강한 영향력을 행사하고 있는 것입니다. 부패한 영혼은 그 권능에 복종합니다. 그리고 그 권능을 즐거워합니다. 부패한 영혼에게 죄의 권능은 마치 오른손과 오른눈과 같이 쓸모 있어 보입니다(마 5:29). 그러나 죄를 죽인 후의 마음은 이와 매우 반대적인 성향을 가집니다. 죄로 인한 즐거움이 죄와 함께 죽는 것입니다. 그러한 영혼은 더 이상 죄를 통해 즐거움을 얻지 못합니다. 죄를 마음의 짐으로, 고통거리로 여기게 됩니다. 그 영혼에 득세하고 있는 죄의 지배력이 그 권능을 상실했기 때문입니다.

영혼에 득세하고 있던 죄의 세력은 십자가에서의 죽음과 같이 서서히 그 생명력을 잃어갑니다. 그 세력이 쇠약해지는만큼 영혼은 날마다 새로워집니다(고후 4:16). 성화(聖化)는 성령님의 점진적인 역사입니다. 십자가에서 죄가 서서히 죽음을 향해 나아가는 것처럼 그 영혼에 성결이 그 뿌리를 깊게 내리게 됩니다. 결국 죄의 세력은 성결의 뿌리가 자라나는 것과 반비례하여 끝내 삼킨 바 되고 마는 것입니다.

육체를 십자가에 못 박는 일에는 그를 위해 지정된 영적 방편들과 성결의 도구들이 적용되어야 합니다. 죄를 죽여 죄의 지배에서 벗어나는 것을 소원하는 심령의 진지함은 하나님께서 정하신 처방을 매일 적용하는 것으로 드러납니다. 그들은 매일 죄에 빠질 가능성에 자신들이 노출되어 있다는 사실을 유념하고 있는 사람들입니다. 욥이 그러하였습니다.

"내가 내 눈과 약속하였나니"(욥 31:1).

진지한 심령을 가졌던 사람들은 매 순간 일상마다 죄에 대하여 각별하게 경계한 사람들입니다.

"또한 나는 그의 앞에 완전하여 나의 죄악에서 스스로 자신을 지켰나니"(시 18:24).

또 그들은 죄에 빠지지 않는 은혜를 주십사하고 하나님을 향해 간절히 울부짖었던 사람들입니다.

"또 주의 종에게 고의로 죄를 짓지 말게 하사 그 죄가 나를 주장하지 못하게 하소서"(시 19:13).

자신의 지난 죄를 뉘우치며 깊이 겸비해진 영혼은 보다 탁월하게 죄에 대하여 경계심을 가지게 됩니다

"보라 하나님의 뜻대로 하게 된 이 근심이 너희로 얼마나 간절하게 하며"(고후 2:11).

그들은 정욕을 이루고자 호시탐탐 기회를 노리고 있는 육체에 빌미를 제공함으로 죄에 유리한 고지를 내주지 않으려고 항상 조심합니다. 또 자신의 죄를 책망하는 합당한 말을 귀하게 여깁니다.

"의인이 나를 칠지라도 은혜로 여기며 책망할지라도 머리의 기름같이 여겨서 내 머리가 이를 거절하지 아니할지라"(시 141:5).

이것이 하나님께서 지정하신 방편을 통해 매일 같이 죄를 죽여 나가는 거듭난 영혼들의 모습니다.

성경은 죄를 죽이는 일을 십자가에 못 박는 것에 비유하고 있습니다. 십자가에서 진행되는 죽음과 죄를 죽이는 데에 여러 유사성이 발견되기 때문입니다.

죄를 죽이는 일은 십자가에서 당하는 죽음 만큼 고통스러운 일입니다(마 27:46). 성경은 그 일을 오른손을 찍어내고 오른눈을 뽑아내는 것과 같은 고통으로 표현하고 있습니다. 그래서 주님께서는 "그 길은 좁고 협착하여 찾는 이가 적음이니라"고 말씀하셨습니다(마 7:14).

어떤 한 부분의 외적 행실만이 아니라 죄의 전 체계를 멸하는 죄 죽이기의 일은 몸 전체에 고통을 수반하는 십자가의 죽음과 같습니다. 십자가에서 몸의 모든 근육과 신경에 몸서리칠 정도의 강한 고통이 수반되는 것처럼 죄를 죽이는 일 또한 그러한 총체적 고통이 수반되는 것입니다. 하나님의 성령은 어떠한 특정한 정욕에 대해서만 싸움을 벌이시지 않습니다. 성령께서는 죄의 원리, 죄의 뿌리와 전투를 벌이시는 것입니다. 이것은 영혼 전체에 매우 고통스러운 갈등과 고뇌를 가져옵니다. 그 갈등이 영혼의 모든 기능에 영향을 미치는 것입니다.

죽음의 진행 속도에 있어서도 유사성이 발견됩니다. 십자가의 형벌은 빠르게 진행되지 않습니다. 십자가에서 죽임을 당하는 사람은 아주 천천히 죽음을 맞이합니다. 죄를 죽이는 일 또한 그러합니다. 이에 대한 하나님의 경륜에 대해서는 여러가지 해석이 있습니다만, 빨리 끝나버리지 않는 죄에 대한 의식, 즉 죄로 인한 고통이 우리로 하여금 계속 깨어 기도하고 탄식하며 믿도록 하여 우리의 모든 날들 동안 용서하심의 풍성함을 겸비한 마음으로 감탄하게 한다는 것에 대해서는 이견이 없을 것입니다. 십자가의 형벌이 죄인으로 하여금 가능한 한 오랫동안 고통을 맛보게 하려는 의도를 가지고 있는 것처럼 말입니다.

십자가의 죽임은 매우 수치스러운 죽음이라는 측면에서도 죄 죽이기와의 유사성이 존재합니다. 십자가 위에서 죽은 사람들은 그야말로 치욕으로 옷 입혀진 자들입니다. 그들이 저질렀던 범행은 모든 이들에게 공개되어 수치 가운데 죽어가는 것입니다. 신자들의 죄가 죽는 방식도 이러합니다. 죄에 대한 회오감과 수치감으로 인해 그들은 눈물과 탄식으로 자신의 죄악을 슬퍼합니다.

"나의 하나님이여 내가 부끄럽고 낯이 뜨거워서 감히 나의 하나님을 향하여 얼굴을 들지 못하오니"(스 9:6).

다니엘도 신앙 고백을 통해 이렇게 말하고 있습니다.

"주여 공의는 주께로 돌아가고 수치는 우리 얼굴로 돌아옴이 오늘날과 같아서"(단 9:7).

자신의 죄를 깨달은 신자들은 자신의 죄로 인한 송사(訟事)와 정죄(定罪)에 대한 부끄러움을 떨치지 못합니다. 하나님의 영광과 영예와 하나님의 정당성에 비춰진 자신의 죄를 생각할 때마다 말입니다. 그 수치감은 겸손하고 상한 심령으로 하나님의 영광과 이름을 더욱 크게 드러낼 것입니다.

죄는 결코 저절로 죽는 법이 없습니다. 사람이 늙어 그 본성이 약화된다 하더라도 죄는 그 영혼에 그대로 남아 있습니다. 만약 성령께서 죄를 그대로 내버려 두신다면 영구히 타는 불에도 죄는 멸해지지 않을 것입니다. 영원토록 타오르는 하나님의 진노의 화염 속에서도 죄는 마치 불 뱀처럼 살아남을 것입니다. 죄를 죽이는 것을 십자가의 죽음에 비유하는 것은 이때문입니다. 십자가의 죽음은 사람을 인위적으로 죽음에 이르게 하는 것이기 때문입니다. 따라서 죄는 두 가지 중 하나의 처지에 속할 것입니다. 십자가에서의 죽임처럼 성령님의 손에 잔인한 죽임을 당하든지, 영원토록 살아있게 내버려지든지 말입니다.

예수 그리스도께 속해 있는 자들은 반드시 죄에 대하여 못 박혀 죽임을 당해야 합니다. 한 영혼 속에서 죽임 당하지 않은 정욕과 그리스도는 결코 어우러질 수 없기 때문입니다.

"이 둘이 서로 대적하므로…"(갈 5:17).

영혼의 부패와 그리스도 사이에는 격렬한 어긋남이 존재합니다.

"그 안에 거하는 자마다 범죄하지 아니하나니 범죄하는 자마다 그를 보지도 못하였고 그를 알지도 못하였느니라"(요일 3:6).

육체의 정욕에 몰입되는 자는 순전하고 거룩하신 그리스도와 그 어떠한 교제도 가질 수 없습니다. 영혼의 부패는 그리스도의 이름에 결코 걸맞지 않습니다.

"주의 이름을 부르는 자마다 불에서 떠날 지어다"(딤후 2:19).

알렉산더는 자기와 같은 이름을 가진 병사에게 말했습니다. '네 이름이 알렉산더임을 기억하고 그 이름에 걸맞지 않는 행동은 하나도 하지 말거라.'

영혼을 지배하는 국면에 있어서도 죄와 그리스도는 일치하지 않습니다.

"아무든지 나를 따라 오려거든 자기를 부인하고 날마다 제 십자가를 지고 나를 따를 것이니라"(눅 9:23).

그리스도를 섬기는 일은 자기 부인의 차원에서만 참여하도록 허락하신 것입니다. 그렇지 않은 자들은 누구도 그리스도를 주나 선생으로 부르도록 허락하지 않으십니다.

머리되신 그리스도와 그 신비로운 몸의 지체들인 신자들을 생각해 보십시오. 하늘에 속하신 거룩하신 그리스도께서 부정하고 육적이며 정욕적인 지체들을 데리고 다니시다니요!

"나는 마음이 온유하고 겸손하니 나의 멍에를 매고 내게 배우라"(마 11:29).

죽이지 않는 정욕을 가지고 있는 채 그리스도를 자기들의 머리라고 고백하는 것은 사자나 이리의 무리가 순전한 어린 양을 따라다니는 것과 같은 괴이한 일에 지나지 않습니다.

"그의 안에 산다고 하는 자는 그가 행하시는대로 자기도 행할 지니라"(요일 2:6).

행실에 있어서 그리스도를 본받지 않으려 한다면, 감히 그리스도께 속해 있는 척하지 마십시오. 이는 빌립보서에서 사도 바울이 책망하고 있는 바와 같습니다.

"내가 여러 번 너희에게 말하였거니와 이제도 눈물을 흘리며 말하노니 여러 사람들이 그리스도의 십자가의 원수로 행하느니라"(빌 3:18).

그리스도를 믿는다고 하면서 무모한 정욕의 망토를 두르고 다니는 것만큼 그리스도의 이름을 우스꽝스럽게 만드는 일은 없을 것입니다.

죄 죽이기의 필요성은 주께서 분명하게 강조하신 바입니다.

"만일 네 손이나 발이 범죄하게 하거든 찍어내어 버리라 장애인이나 다리 저는 자로 영생에 들어가는 것이 두 손과 두 발을 가지고 영원한 불에 던져지는 것보다 나으니라"(마 18:8).

복음은 죄 죽이기를 위한 진지한 노력이 없는 구원의 소망을 전혀 인정하지 않습니다.

"주를 향하여 이 소망을 가진 자마다 그의 깨끗하심과 같이 자기를 깨끗하게 하느니라"(요일 3:3).

"자기 백성을 그 죄에서 구원하시는 것이" 그리스도께서 세상에 오신 특별한 목적이었습니다(마 1:21). 그분은 정욕의 지배 아래 머물러 있는 어떤 사람에게도 구주 노릇을 하지 아니하실 것입니다.

복음은 이 점을 매우 강하게 말하고 있습니다.

"그러므로 땅에 있는 지체를 죽이라 곧 음란과 부정과 사욕과 악한 정욕과 탐심이니"(골 3:5).

"오직 너희를 부르신 거룩한 이처럼 너희도 모든 행실에 거룩한 자가 되라"(벧전 1:15).

"우리에게 구름같이 둘러싼 허다한 증인들이 있으니 모든 무거운 것과 얽매이기 쉬운 죄를 벗어버리고 인내로써 우리 앞에 당한 경주를 경주하며."(히 12:1).

복음적 위업은 우레와 같은 소리로 죄 죽이기를 강조하고 있습니다.

너희가 육신대로 살면 반드시 죽을 것이로되 영으로써 몸의 행실을 죽이면 살리니"(롬 8:13).

"하나님의 진노가 불의로 진리를 막는 사람들의 모든 경건하지 않음과 불의에 대하여 하늘로부터 나타나나니"(롬 1:18).

복음의 약속들에 나타나는 죄 죽이기의 의도를 보십시오.

"그런즉 사랑하는 자들아 이 약속을 가진 우리는 하나님을 두려워하는 가운데서 거룩함을 온전히 이루어 육과 영의 온갖 더러운 것에서 자신을 깨끗하게 하자"(고후 7:1).

성경에 기록된 모든 교훈과 복음의 약속은 오직 매일 죄 죽이기를 연구하고 실행하는 자들에게만 해당되는 것입니다.

죄 죽이기는 우리의 거듭남이 가지는 분명한 목표입니다. 하나님께서 이 의도를 가지시고 우리 속에 은혜의 원리들을 주입하셨습니다.

"만일 우리가 성령으로 살면 또한 성령으로 행할지니"(갈 5:25).

만약 성결과 죄 죽이기의 열매들이 여러분들로부터 맺혀지지 않는다면, 여러분 마음에 심겨진 은혜의 원리는 쓸모가 없다는 것을 기억하십시오. 죄 죽이기는 우리 성화(聖化)의 의도와 목표이기도 하며, 또 그 자체로 성화의 특별한 부분인 것입니다. 성화의 많은 부분이 그 일에 주어져 있다는 것을 잊지 말아야 합니다.

만약 죄를 죽이는 일에 대한 필요성이 그와 같지 않다면 그리스도께서 하늘로 통하는 길을 그렇게 묘사하셨을리가 없습니다.

"좁은 문으로 들어가라 멸망으로 인도하는 문은 크고 그 길이 넓어 그리로 들어가는 자가 많고 생명으로 인도하는 문은 좁고 길이 협착하여 찾는 이가 적음이라"(마 7:13,14).

주께서 구원의 길이 좁다고 말씀하신 것이 그 일이 가지는 난관과 필연성을 가리키는 것이 아니면 무엇이겠습니까?

죄 죽이기의 필요성을 부인하는 자들은 세상이 교회로 침투해 들어오도록 그 경계를 허물어뜨리는 사람입니다. 그것은 곧 교회가 세상화되는 일을 허용하는 것입니다. 세상의 사람들과 선술집으로 들어가면서 '여기 그리스도의 피로 구속받은 자들이 있도다. 그리스도의 제자들과 추종자들이 여기에 있도다'라고 말하는 것이나 마찬가지입니다. 교회와 세상을 분명하게 구분하는 것이 복음이 가진 위대한 의도라는 것을 명심하십시오(롬 2:7,8 ; 8:1,4,5,6,13).

사람들은 죄 죽이기에 대해서 명료한 개념을 파악하기 위해 여러가지 방식으로 접근해 왔습니다. 그리고 그들은 많은 법칙들을 제시해냈습니다. 하지만 그러한 것들 중 어떤 것들은 매우 낮은 수준의 당치 않은 것이었습니다. 교황주의가 사제들에게 부과한 독신주의가 그 중 하나입니다.

그러나 그러한 여러 법칙들이 무엇을 말하든지 간에 저는 여러분이 분명히 알아야 할 사실을 말씀드리겠습니다. 그것은 곧 '거룩하게 하시는 성령님만이 죄 죽이기의 오직 유일한 원리'라는 것입니다. 그리스도의 성령님이 아니시고는 아무리 큰 결심과 서약을 한다해도, 몸의 소욕을 끊어 버리려는 금욕주의로 자신의 몸을 매질한다 해도 아무 소용이 없습니다. 아무리 작은 한 가지의 죄도 성령님의 역사가 아니고서는 성공적으로 죽일 수 없습니다. 육적 이교도들은 대단해 보이는 여러 원칙들을 주문하며 악을 제어하려는 시도를 합니다. 아리스티데스(Aristides)나 세네카(Seneca)나 케이토(Cato) 같은 사람들도 이 문제에 대하여 나름의 논리를 가지고 있었습니다. 스스로 그리스도인이라 자부하며 자기들의 삶을 개선하기 위해 애를 쓴 자들도 있었습니다. 그러나 그들 중 누구도 참된 죄 죽이기에는 이르지 못하였습니다. 그들은 형식적인 원리에서 악의 결과물들을 제거하려고 했던 사람들입니다. 그러나 그들은 죄의 뿌리는 죽이지 못했습니다. 그런 경우 반드시 원래의 모습으로 돌아오게 되어 있습니다. 그들은 그 전보다 더 나쁜 상태로 퇴보하곤 하였던 것입니다(마 12:43,44 ; 벧후 2:20)

죄 죽이기는 고유하게 하나님의 성령께 속한 일입니다(롬 8:13 ; 갈 5:17). 하나님의 성령께서는 이를 위해 본성이 가지는 것과 정반대되는 본질을 영혼에 심어주십니다. 그 본질은 죄를 파괴하려는 성향과 부패를 정화하려는 성격을 가지고 있습니다(요일 5:4 ; 행 15:9). 이는 물이 불에 대해 가지는 성질과 유사합니다. 물과 불은 서로 상극입니다. 그 작용에 있어서 정반대의 성질을 가지고 있는 것입니다(갈 5:17).

성령께서 주입하시는 은혜의 습성은 사람의 의지와 마음에 신령한 하늘에 속한 일들, 곧 본성과는 정반대되는 성향을 일으킵니다.

"내 속 사람으로는 하나님의 법을 즐거워하되"(롬 7:22).

영혼이 하늘을 향하게 하는 그 은혜는 마치 물을 솟구쳐내는 살아있는 샘과 같습니다(요 4:14). 그 거룩한 샘이 죄를 사랑하고 즐거워하던 마음을 파괴하는 것입니다. 거룩함을 입은 영혼은 죄 가운데서 즐거움을 취할 수가 없습니다. 죄로 말미암아 하나님을 슬프시게 하는 일을 결코 즐겁게 여길 수가 없습니다. 전에 기쁨의 대상이었던 것이 슬픔과 혐오의 대상이 되는 것입니다

"내가 미워하는 것을 행함이라"(롬 7:15).

이러한 마음을 가진 사람들은 죄를 지었을 때 매우 큰 후회를 하게 됩니다. 그 후회감이 다시금 죄를 짓지 않도록 그들의 마음에 각인되는 것입니다. 전쟁 포로들을 보십시오. 그들은 결코 기쁨으로 행진하지 않습니다. 그들은 원수들 가운데서 마지 못해 끌려가는 것입니다.

"내 지체 속에서 한 다른 법이 내 마음의 법과 싸워 내 지체 속에 있는 죄의 법 아래로 나를 사로잡는 것을 보는도다"(롬 7:23).

성령께서는 때를 따라 많은 방면에서 도움을 주십니다. 곤하고 지친 영혼에 활력을 주시어 사탄의 시험에 효과적으로 저항할 마음을 주십니다.

"그런즉 내가 어찌 이 큰 악을 행하여 하나님께 죄를 지으리까"(창 39:9).

성령께서는 또한 영혼 안에 있는 은혜를 강화시키십니다.

"내 은혜가 네게 족하도다. 이는 내 능력이 약한 데서 온전하여짐이라"(고후 12:9).

하나님께로 난 사람은 그렇게 성령님의 은혜로 자신을 지켜 악한 자가 만지지도 못할 정도의 도우심을 입게 됩니다(요일 5:18).

죄를 죽이는 일은 하나님의 성령이 내주하심을 확증하는 강력한 증거입니다. 왜냐하면 죄 죽이기는 성령께서 주시는 원리가 아니고서는 결코 행해질 수 없는 일이기 때문입니다. 죄 죽이기와 성령님은 결코 분리해 생각할 수가 없습니다. 그 연결고리는 성령의 내주하심으로 말미암아 형성된 그리스도와 신자들의 연합을 끊을 수 없는 것과 같은 연관을 가지고 있습니다. 죄 죽이기를 통해 성령의 내주하심을 검증하고, 성령의 내주하심을 통해 그리스도와의 연합을 논증할 수 있습니다. 영혼이 성령의 은혜 아래 있다는 것을 증명하는 일은 그 영혼이 그리스도 안에 동참하였다는 것을 증거하는 것입니다.

죄 죽이기는 영혼이 그리스도의 은혜의 언약 아래 있음을 보여주는 건전한 증거입니다.

"그러므로 너희는 죄가 너희 죽을 몸을 지배하지 못하게 하여 몸의 사욕에 순종하지 말고 또한 너희 지체를 불의의 무기로 죄에게 내주지 말고 오직 너희 자신을 죽은 자 가운데서 다시 살아난 자 같이 하나님께 드리며 너희 지체를 의의 무기로 하나님께 드리라 죄가 너희를 주장하지 못하리니 이는 너희가 법 아래에 있지 아니하고 은혜 아래에 있음이라"(롬 6:12-14).

사도는 말씀을 통해 죄 죽이는 일에 정진할 것을 신자들에게 강권하고 있습니다. 그것을 새 언약에 참여하였다는 것을 보여주는 선한 증거로 말하고 강조하고 있습니다.

죄를 죽이는 일은 그저 율법적인 의도에서 마땅한 도리를 행하는 것으로서 이루어지는 일이 아닙니다. 이 일을 산출해 내실 분은 오직 새 언약 안에 계신 성령님이십니다. 따라서 자기 속의 부패를 죽이는 사람은 그 은혜의 언약에 참여한 사람, 곧 그리스도의 언약에 참여한 사람인 것입니다.

구원받을 만한 믿음의 열매와 증거는 우리가 그리스도 안에 참여한바 되었음을 증거하는 선한 징표입니다. 죄 죽이기가 곧 그 믿음의 열매입니다.

　"믿음으로 그들의 마음을 깨끗이 하사"(행 15:9).

　"무릇 하나님께로 난 자마다 세상을 이기느니라 세상을 이기는 승리는 이것이니 우리의 믿음이니라"(요일 5:4).

　세상에 속한 것들에 대한 마음과 정을 죽임으로써 세상의 유혹을 이기는 믿음의 열매가 곧 죄를 죽이는 일입니다. 죄 죽이기를 실천하는 사람의 마음은 세상의 미끼를 물거나 세상이 주는 고난들에 당황하지 않습니다. 세상의 유혹과 시험에 대한 감각이 점점 둔감해지는 것입니다. 세상을 이겨 승리의 기세를 굳히는 일, 이 모든 일이 믿음을 방편으로 한 죄 죽이기의 열매입니다.

　"이와 같이 너희도 너희 자신을 죄에 대하여는 죽은 자요 그리스도 예수 안에서 하나님께 대하여는 살아있는 자로 여길지어다"(롬 6:11).

28장

죄 죽이기의 실제와 적용

"그리스도 예수의 사람들은
육체와 함께 그 정욕과 탐심을 십자가에 못 박았느니라"
_갈 5:24

지난 장에서 우리는 죄를 죽이는 일의 본질과 필요성에 대해서 살펴 보았습니다. 정욕과 함께 육체를 죽이는 일이 구원받을 만한 믿음으로 그리스도께 참여하였음을 균형있고 강력하게 증명하는 결정적인 증거라는 사실도 알게 되었습니다. 저는 이제 죄 죽이기에 대한 보다 실제적인 적용의 문제를 다루려고 합니다.

성경은 죄를 죽이는 일을 오른팔을 찍어버리고 오른눈을 뽑아버리는 것으로 표현하고 있습니다. 죄를 십자가에 못 박아 죽이는 일이 그만큼 어렵다는 사실을 말하고 있는 것입니다. 하지만 그 일은 그리스도인이 삶의 전과정에서 부단히 감당해야 할 일입니다. 그리스도인에게 있어서 마음의 부패와 싸우지 않아도 될 시간이나 장소는 이 땅에 존재하지 않습니다. 부패는 때와 장소를 가리지 않고 일어나기 때문입니다. 마음의 부패는 심지어 우리가 가장 선한 의무들을 감당하는 그 시간에도 작용합니다(롬 7:23). 그리스도인은 그럴 때마다 그것을 죽이기 위한 싸움을 벌여야 합니다. 부패는 그리스도인들에게 있어서 죄 죽이기의 수고를 멈추지 않게 하는 동기가 됩니다.

신자들에게 있어서 세상과 마귀는 정말 큰 원수입니다. 신자들이 받는 대부분의 시험이 그것으로부터 기인하기 때문입니다. 하지만 그것들보다 더 큰 원수는 자기 자신의 마음 속에 있는 부패입니다. 세상과 마귀는 외부적인 경로를 통해 신자들을 시험하지만, 마음의 부패는 신자들의 내면에서부터 우러납니다. 세상과 마귀는 어떤 특정한 때를 노려 시험하지만, 내면의 부패는 때를 가리지 않습니다. 이러한 차원에서 내면의 부패는 외부로부터 오는 시험의 요소들보다 더 많은 위험성을 지닙니다.

만약 신자의 내면이 부패해 있지 않다면 세상과 사탄의 시험은 효력을 거두기가 어려울 것입니다(요 14:30). 신자들이 자신의 부패를 제거하는, 즉 죄를 죽이는 일을 쉬지 말아야 하는 이유가 여기에 있습니다. 죄는 가장 선한 마음 속에서 마치 죽어 있는 것처럼 존재할 수 있습니다. 오랫동안 죄 죽이기를 연구하며 이 일을 실천해 왔던 자들에게서 그 같은 부패가 여전히 존재하는 것은 그 때문입니다. 따라서 죄가 그 일을 멈추는 날까지 그리스도인은 죄를 죽이는 일을 결코 멈추지 말아야 합니다.

죄를 죽이는 일에 있어서 신자들은 마음의 부패가 살아 작용하도록 기회를 주는 자들을 경계해야 합니다. 그 중에서도 입술로 아첨하여 우리의 교만함을 불러일으키는 자들을 조심하십시오. 그러한 자들은 불을 가진 자입니다. 그들의 아첨하는 입술이 여러분의 교만한 마음과 만나게 되면 그것은 화약에 불을 붙이는 격입니다. 그들은 결코 선한 친구들이 아닙니다. 오히려 여러분을 때에 맞게 책망할 줄 아는 자들을 곁에 두십시오. 그들의 책망이 여러분을 정욕으로부터 더욱 안전하게 지켜줄 것입니다. 그러나 그러한 유익한 책망을 잘 받아 적용할 만한 담대함과 지혜를 가진 자들이 많지 않다는 것이 안타깝습니다. 얼마나 많은 그리스도인들이 자신에 대한 입에 발린 칭찬에 연약함을 보이는지 모릅니다.

알렉산더 대왕은 자기 곁을 오랫동안 지킨 한 철학자에게 자기를 떠나라고 명하며 이렇게 말했습니다. '당신은 이제껏 단 한번도 나를 책망한 적이 없었소. 그것은 나의 책망할 것을 발견하지 못했거나, 감히 책망할 엄두를 내지 못한 것일 것이오. 둘 중 무엇인든지 간에 그것은 당신의 허물이오. 전자는 당신이 무지했다는 것이요, 후자는 나에게 불충한 것이기 때문이오.'

성심을 다해 자신의 정욕을 죽이려는 사람에게 지혜로운 책망을 던질 수 있는 주변인이 있다는 것은 매우 유익한 일입니다. 그가 신실한 사람이든지, 그렇지 않은 사람이든지 간에 말입니다.

이러한 사실을 숙고해보면 우리는 그리스도인에게 일어나는 어느 정도의 환난, 아니 그 이상의 환난이 필요하다는 것을 추론해 볼 수 있습니다.

"그러므로 너희가 이제 여러가지 시험으로 말미암아 잠깐 근심하게 되지 않을 수 없으나"(벧전 1:6).

세상에 대한 애착이 강한 상태에서 세상에 속한 마음을 죽이는 일은 사실상 불가능합니다. 이러한 경우 세상에 대한 애착을 끊어 버릴 어떠한 계기가 필요합니다. 한 두 번의 간헐적인 일들로는 부족할 것입니다. 세상에 대한 애착을 온전히 씻어내려면 그보다 더 견디기 힘든 일을 당해야 할 것입니다. 지혜의 하나님께서는 우리로 하여금 우리 자신의 마음이 얼마나 연약한지를 발견하도록 해주는 것이 필요하다는 것을 아십니다. 그래서 때로는 우리를 대적하는 원수들을 그대로 내버려두시는 섭리를 허락하시는 것입니다.

그러므로 신자인 여러분, 여러분에게 어려운 일이 닥치는 것을 불평하지 마십시오. 기쁨으로 그것을 참아내십시오. 여러분 속에 있는 마음의 교만과 허영은 너무나 견고한 나머지 그저 한 두번의 환난으로는 변화되지 않을 수도 있습니다. 여러분을 괴롭히는 원수의 말들을 달게 받으십시오. 차갑고 매서운 서리 속에서 잡초들이 말라지는 것처럼 그것이 여러분에게 유익을 줄 것입니다. 야생의 황소를 제어하기 위해 코에 코뚜레를 거는 것처럼 여러분의 마음에도 하나님의 제어를 달게 받을 코뚜레가 필요하다는 것을 잊지 마십시오(시 119:67 ; 단 11:35).

만약 외양적으로 겸손하고 온유하여 마치 하늘에 속한 사람처럼 보이는 자들이 모두 참된 그리스도인들이라면 그 수는 매우 클 것입니다. 하지만 실제로 참된 그리스도인들은 매우 적습니다. 정과 욕심과 함께 육체를 십자가에 못 박은 사람들만이 참된 그리스도인이라는 칭호를 받기에 합당하기 때문입니다. 그리스도인이라 행세하면서도 정욕 가운데 살아가며 자기들을 신실하게 책망하는 자들을 미워하는 사람들이 얼마나 많은지 모릅니다. 그들은 자기들을 칭찬하며 높게 여기는 사람들의 말 외에는 듣지 않으려고 합니다. 그들은 자기의 부패를 십자가에 못 박기는 커녕 자신의 육체의 정욕을 채우며 오히려 그 육체를 장려하는 자들입니다. 그들은 정욕의 기회가 주어지기까지 얼마나 온유하고 겸손한 모습을 보이는지 모릅니다. 하지만 그들의 그러한 모습은 그리 오래 가지 않습니다.

저는 그리스도인이라 자부하는 자들 중에서 많은 사람들이 아주 부분적으로만 죄를 죽이려 한다는 사실을 알고 있습니다. 그들은 자신의 부패를 감싸고 방어하고 오히려 장려하며, 자기들을 신실하게 책망하는 사람들을 미워하는 자들입니다.

세상은 육체를 십자가에 못 박는 삶을 살아가려는 그리스도인들을 나라와 시민의 평안을 깨뜨리는 자로 몰아세웁니다. 이는 엘리야의 시대에도 그러하였습니다. 엘리야는 아합에게 "이스라엘을 괴롭게 하는 자는 내가 아니고 당신과 당신의 아버지의 집이니이다"라고 말했습니다. 세상을 진정 혼란케 하는 자들은 하나님을 모독하고 하나님이 없다며 떠들어 대는 자들입니다. 그러나 세상은 늘 그리스도인들의 문 앞에 그러한 비난을 쏟아냅니다. 지난 역사를 통해 우리는 공적 재난의 책임이 얼마나 빈번하게 그리스도인들에게 돌려졌는지를 알고 있습니다. 그들은 그렇게 정죄를 받고 형벌을 받았습니다. 그러나 사도 야고보는 그들에게 이러한 해답을 제시하고 있습니다.

"너희에게 싸움이 어디로부터 다툼이 어디로부터 나느냐 너희 지체 중에서 싸우는 정욕으로부터 나는 것이 아니냐"(약 4:1).

사도는 그들 그리스도인들의 진짜 원수는 그들을 곤경에 빠뜨린 자들이 아닌 그들 속의 부패한 마음과 정욕이라는 사실을 그들에게 알게 하고 싶었던 것입니다. 이러한 일들이 오늘날에도 빈번히 일어나고 있지 않습니까? 여러분 중 지금 그러한 일을 당하고 있는 분이 계십니까? 세상의 송사를 괴로워하지 마십시오. 하나님께서 여러분의 억울함과 무고함을 만천하에 밝히시는 날이 있을 것입니다. 세상은 그때 비로소 깨달을 것입니다. 고요함과 평온을 어지럽히고 깨뜨린 자들이 자신들이었다는 사실을 알게 될 것입니다. 그때까지 여러분이 마땅히 해야 할 일은 여러분의 진짜 원수가 여러분 자신의 부패라는 사실을 견지하고 이를 제거하기 위해 부단한 수고를 아끼지 않는 일일 것입니다.

복음은 본질적으로 죄에 대항하여 달려가는 것입니다. 그리스도의 교훈은 어디에서든지 죄 죽이기를 말하고 있습니다. 그 교훈은 거룩하고 순전하며 천상적인 것입니다. 어떠한 경우에서든지 부패한 본성을 장려하거나 교만을 먹이는 경향을 갖지 않습니다. 그리스도의 피의 공로와 존영을 부패한 교만의 구실로 삼으려는 경향을 갖지 않는 것입니다. 그리스도의 죄 죽이기에 대한 교훈은 그리스도의 죽으심을 죄를 파괴하는 도구로 여깁니다. 만약 그것이 죄를 덮는 망토가 되거나, 본성의 교만을 조장하고 은혜를 얕보게 하고 방종과 육체의 정욕을 격려하는 것이 된다면, 그것은 결코 그리스도께 속한 교훈이 아닙니다. 그러한 관점은 사람의 부패한 본성 아래 사탄이 까놓은 불결한 죄의 소산에 불과한 것입니다.

"곧 헛된 것과 거짓말을 내게서 멀리 하옵시며 나를 가난하게도 마옵시고 부하게도 마옵시고 오직 필요한 양식으로 나를 먹이시옵소서"(잠 30:8).

이 말씀은 어떠한 두 극단 속에 매우 큰 위험이 도사리고 있음을 말하고 있습니다. 풍부와 명예의 절정에서 자신을 제어할 지혜로운 그리스도인이 많지 않습니다. 또 궁핍과 멸시를 대수롭지 않게 이겨낼 그리스도인 역시 적을 것입니다. 곧 양 극단에 빠지지 않은 평범한 조건이 그리스도인에게는 가장 바람직한 조건인 것입니다.

그러나 우리는 마음의 부패와 정욕을 장려하기에 너무나 좋은 조건을 끊임없이 탐하고 바랍니다. 그럴수록 죄를 죽이는 작업은 더욱 어려워집니다. 그러니 우리의 지혜로운 하나님 아버지께서 우리 자신이 모든 것을 결정하도록 내버려두시지 않는 것이 얼마나 큰 은혜입니까! 땅에 속한 세상적 계획을 부수시고 우리가 세상에 기대하는 것들을 좌절케 하심으로 우리가 죄악된 본성 가운데 오래 머물지 않도록 하시는 것은 정말 크게 감사할 일이 아닐 수 없습니다. 만약 그렇지 않으셨다면 우리는 너무나 자주 자신의 손목을 찍어내야 했을 것입니다.

하나님께서는 또 죄 죽이기의 그 위대한 계획을 보다 효과적으로 수행하도록 하시기 위해 성도들 간의 신실한 교제를 허락하셨습니다. 신자들은 그러한 교제를 통해 죄를 죽이는 일에 있어서 다른 이들의 우정어린 도움과 협력을 받게 됩니다.

"형제들아 사람이 만일 무슨 범죄한 일이 드러나거든 신령한 너희는 온유한 심령으로 그러한 자를 바로잡고 너 자신을 살펴보아 너도 시험을 받을까 두려워하라"(갈 6:1).

많은 시험거리들로 인해 더 이상 감당하지 못하고 죄로 떨어지는 일이 형제들의 책망과 권고를 듣는 일을 통해 일어나지 않는다면 그것은 분명 특별한 하나님의 긍휼이 아닐 수 없습니다. 그들의 말로 인해 죄가 우리 속에서 오랫동안 머물지 못하게 되는 것입니다(레 19:17). 성도의 교제는 그리스도인들에게 있어서 자신의 영적 상태를 지킬 수 있는 매우 효과적인 방편으로 작용됩니다. 타인의 겸손함으로 자신의 교만을 죽이고, 다른 이의 활력과 생명력을 보고 더욱 힘을 냅니다. 다른 이의 신중함과 진지함이 또 다른 이의 방종과 허영을 지적하고, 어떤 이의 천상적인 마음이 세상의 빠져 있는 자신의 마음을 돌아보게 합니다. 그렇습니다. 하나보다 둘이 낫습니다. 마귀는 자기에게 유리한 고지가 어디인지를 너무나 잘 알고 있습니다. 원수 마귀가 서로 몸을 이루고 있는 그리스도인들을 공격하여 그들의 관계를 와해시키는 일에 큰 의미를 두는 것은 바로 그러한 이유 때문입니다. 그리스도인들을 서로 분열시킴으로 상호 교제를 통해 얻는 많은 이점들을 상실케 하는 것은 마귀가 즐겨 취하는 대표적인 간계인 것입니다.

하나님께서는 죄를 죽이는 일에 대해 우리에게 많은 도움들을 주셨습니다. 우리에게 성령을 주시며, 우리가 죄를 죽이는데 효과적으로 사용할 도구인 여러 규례들과 의무들을 친히 지정하여 주셨습니다. 이는 거듭난 영혼이 몸을 떠나는 마지막 순간까지 자신을 거룩하게 하기 위해 사용해야할 방편들입니다. 하지만 그럼에도 불구하고 사는 날 동안 완전히 그 일을 해낼 수 있는 사람은 없습니다. 믿음에 있어서 가장 탁월했던 그리스도인들도 죄 때문에 수많은 눈물을 흘려야만 했습니다. 그들은 자신의 내면에 존재하는 죄를 죽이기 위해 수없이 기도를 했지만, 그들은 내면의 부패가 자신들 속에 여전히 남아 있다는 것을 발견합니다. 오, 여러분, 우리 영혼과 몸을 분리시키는 일이 아니고는 우리로부터 그것을 떼어낼 수 있는 것은 아무것도 없습니다. 그러한 관점에서 볼 때 믿는 자가 죽는 날은 그가 태어난 날보다 더 좋습니다. 그날이 오기전까지 우리는 갑옷을 벗지 말아야 합니다. 그날이 오기 전에는 우리의 칼을 거두고 '승리, 승리'라고 외치지 말아야 합니다.

여러분이 육체를 십자가에 못 박은 사람들이라면 그리스도께 참여하는 권리를 활용하여 희망을 가지고 부단히 죄를 죽이는 일에 힘써야 합니다. 죄 죽이기는 그리스도인을 다른 이들과 구분짓는 가장 큰 특성입니다. 그 일은 여러분의 평생의 과제이자 여러분이 하늘의 권리를 얻는다는 것에 대한 커다란 증거입니다.

죄를 죽이는 일에는 놀라운 달콤함이 존재합니다. 죄 죽이기를 통해 자신의 양심 속에서 복된 평온과 활력을 얻을 수 있기 때문입니다. 시험을 이기고 성공적으로 그 부패의 요소들에 저항했을 때 느끼는 복된 고요함을 여러분은 알고 계십니까? 그러한 때에 하나님께서 지으시는 미소를 느껴보셨습니까? 그러한 경우 양심은 그 사람을 격려하고 칭찬합니다. 자신 안에 하늘이 있다는 것을 느낍니다. 자신의 양심의 쓰디쓴 가책과 수치로 덮혀 있는 공포심으로 가득 찬 사람을 생각해 보십시오. 그들은 지옥의 고통을 미리 느끼는 사람들입니다. 그리스도 안에 참여하고 있다는 것을 증거하는 죄 죽이기를 실천한 자들은 지상에서 하늘을 느끼는 사람들입니다.

오, 여러분, 지상에서 하늘을 느낀다는 것이 무엇입니까! 자신이 예수 그리스도 안에 참여하고 있음을 분명하게 알고 그것으로부터 흘러나오는 기쁨과 위안을 소유하기에 충분한 힘을 마음에 소유하고 있는 기쁨이 그것이 아니면 무엇이겠습니까? 여러분의 전 생애에서 평안과 위로를 소유하는 것은 죄를 죽이는 일에 달려 있습니다. 평안과 위로가 없는 삶을 사는 것은 살아도 사는 것이 아닙니다.

"육신대로 살면 반드시 죽을 것이로되 영으로써 몸의 행실을 죽이면 살리니"(롬 8:13).

마음의 부패를 죽이지 않는 한 우리는 하나님를 볼 수 없습니다.

죄를 죽이는 일은 자신의 삶에 평안과 위안을 소유하기 위한 분명한 방편입니다. 하지만 이보다 더 큰 동기는 사실상 그것이 하나님을 섬기기 위한 마땅한 도구라는 것입니다.

"그러므로 누구든지 이런 곳에서 자기를 깨끗하게 하면 귀히 쓰는 그릇이 되어 거룩하고 주인의 쓰심에 합당하며 모든 선한 일에 준비함이 되리라"(딤후 2:21).

만약 자신의 삶이 온전히 하나님의 쓰임을 받음으로 삶 전체가 하나님께 드려지는 일이 없다면 그 삶은 의미가 없습니다. 우리가 사는 칠십여 년의 세월이 그저 먹고 마시고 사고 팔고 웃고 울다가 죽어 흑암의 장소로 내려가기 위한 시간에 불과하다면 그 긴 세월은 아무런 가치가 없습니다. 우리의 삶은 분명 하나님께 쓰임을 받고 하나님을 찬미하고 영예롭게 하기 위해서 자신을 드려 섬기는 삶을 사는 한도 내에서만 의미를 찾을 수 있습니다. 그 쓰심에 합당하게 예비된 존귀한 그릇이 되기 위한 노력을 방편으로 말입니다.

세상에 속한 거만한 마음을 가진 자는 자신의 목적을 위해서 하나님을 섬기는 일을 운용(運用)합니다. 하나님께 돌려야 할 찬양을 자기 자신이 먹어 치워 버리는 것입니다. 그러한 자들은 말합니다. '와서 내 열심을 보라.' 하나님께서는 이사야 선지자를 쓰시기 전에 먼저 이사야의 불의를 씻으셨습니다. 이사야는 그런 후에야 하나님의 일에 쓰임을 받았습니다(사 6:6-8).

죄는 사람의 내면의 힘을 소진시키는 영혼의 병입니다. 세상의 일들에 힘을 빼앗겨 아무런 기운도 남아 있지 않는 사람은 하나님의 일을 위해 채용될 수 없는 부적격한 자입니다. 우리가 하나님을 능히 섬기려 한다면 죄를 죽이는 일로 우리의 영적인 힘을 회복시키는 방법 밖에는 존재하지 않습니다.

시험의 때에 여러분이 견고하고 안전하게 서 있는 문제는 어떠합니까? 그 일 역시 정욕을 죽이려는 열심에 성공 여부가 달려 있습니다. 여러분으로 하여금 영생의 면류관을 얻지 못하게 하려고 여러분을 붙잡고 있는 마귀의 시험의 때에 여러분이 좌로나 우로나 치우치지 않고 똑바로 앞을 쳐다볼 수 있게 하는 일은 분명 죄를 죽이는 일에 달려 있습니다. 시험은 여러분을 사방에서 공격하여 영혼의 성을 함락시키려는 사탄의 수작입니다. 그러한 때에 여러분 안에 있던 부패의 요소들이 밖에 있는 원수들과 내통하여 영혼의 문을 활짝 열어 그들을 들어오게 한다면 어떻게 하시겠습니까? 시험의 때에 넘어진 유다의 마음의 탐심이 그러하지 않았습니까? 우리의 부패가 반역자가 되어 싸움의 날에 우리의 영혼을 사탄에게 내어 주도록 할 것입니다(벧 2:11).

세상의 허영들에 마음이 끌리도록 미끼를 주는 정욕은 우리를 넘어뜨리는 큰 시험거리가 아닐 수 없습니다(요일 4:16). 여러분이 시련의 때에 자신을 지키길 원한다면 먼저 여러분 자신의 부패를 죽여야 합니다. 마음의 부패는 원수에게 있어 매우 유리한 고지라는 사실을 기억해야 합니다. 그것을 잘라 내십시오. 그래야만 하나님으로부터 오는 소망의 끈을 견고히 할 수 있습니다.

여러분은 한치 앞도 내다 볼 수 없는 삶을 살아가고 있다는 것을 잘 알고 있을 것입니다. 지금 남편과 아내를 가진 자들이 내일 홀로 남을 수 있습니다. 여러분이 가지고 있는 재산이 어느 순간 다 사라질지도 모릅니다. 건강하던 여러분의 몸이 언제 질병에 움켜쥠을 당할지 모릅니다. 낮이 지나면 밤이 옵니다. 여러분 중 누구도 죽음을 피해갈 수는 없습니다. 스스로 생각해 보십시오. 그러한 때를 여러분은 과연 참아낼 수 있겠습니까? 여러분은 아무렇지도 않게 그러한 때를 두려움 없이 맞이 할 수 있을거라고 생각하십니까? 여러분이여, 여러분 속에 있는 정욕을 죽이십시오. 그리하면 여러분은 주시는 하나님 뿐만 아니라 가져가시는 하나님도 찬미하게 될 것입니다.

환란의 때에 우리 영혼 속에서 소란을 일으키는 것은 여전히 살아 있는 세상의 잔재들입니다. 바울이 그 모든 고통의 시간들을 어떻게 이겨낼 수 있었겠습니까? 세상을 십자가에 못 박고 누리는 평안과 위로가 아니었다면 무엇이 그를 그처럼 힘있게 견디도록 했겠습니까?

"나는 비천에 처할 줄도 알고 풍부에 처할 줄도 알아 모든 일 곧 배부름과 배고픔과 풍부와 궁핍에도 처할 줄 아는 일체의 비결을 배웠노라"(빌 4:12).

참화의 충격 가운데 있던 욥 또한 그러하였습니다. 그는 인내의 거울이었습니다. 그가 만약 충만하게 누리고 있던 중에서 그 마음의 부패를 죽이지 않았다면 고통의 시간을 그렇게 인내하지는 못했을 것입니다. "만일 재물의 풍부함과 손으로 얻은 것이 많음으로 기뻐하였다면…"(욥 31:25) 말입니다.

사람이 존귀하고 신실한 신앙을 가지고 있는지에 대한 근거는 그 사람의 죄를 죽이는 일에 대한 열심과 깊은 연관이 있습니다. 그가 어떠한 신앙 고백을 하였든지 간에 죄 죽이기를 하지 않는 자들은 자기 스스로 믿음을 부끄럽게 만드는 사람들입니다. 죽임 당하지 않은 부패의 샘을 가진 자들이 얼마나 번번히 그리스도의 이름을 누추하게 만드는지요. 유다와 데마, 후메네오와 빌라도, 아나니아와 삽비라가 그러하지 않았습니까. 그들은 부패한 영혼으로 자신을 파멸시켰을 뿐만 아니라, 그것으로 다른 사람들에게 거치는 돌이 되었습니다.

여러분은 마음을 온통 세상에 두고 있지는 않습니까? 만약 그렇다면 세상의 모든 것과 작별을 고할 그 시간에 여러분은 어찌 그 어려움을 감당하시렵니까? 세상을 떠나는 그 시간은 죄를 죽이는 삶을 살지 않는 사람에게는 정말 끔찍하기 짝이 없는 시간이 될 것입니다. 아교(阿膠)와 같이 붙어 있던 세상에 대한 애착에서 분리되는 그 순간이 여러분에게 얼마나 어려운 시간이 되겠습니까? 육적인 마음이 육적인 것들과 헤어지는 슬픔이 얼마나 크겠습니까. 그러나 여러분, 여러분이 만약 부패를 죽인 삶을 살아왔다면 여러분은 고통 없이 죽음의 사자들을 영접할 수 있을 것입니다. 잠자리에 들기전 옷을 벗듯이 아무렇지 않게 세상에서의 삶을 벗어 던질 것입니다. 그럴 경우 죽음은 여러분을 잡아 끌어당길 필요가 없을 것입니다. 여러분은 언제라도 죽음을 맞이할 준비를 해온 삶을 지금껏 살아온 자들이기 때문입니다.

"내가 그 둘 사이에 끼었으니 차라리 세상을 떠나서 그리스도와 함께 있는 것이 훨씬 더 좋은 일이라…"(빌 1:23).

여러분은 안락하고 편안한 임종의 자리를 맞기 원하십니까? 그렇다면 내면의 부패를 죽이는 삶을 사십시오.

여러분이 죄를 죽이는 삶을 살기를 바라신다면 그 일에는 반드시 믿음이 수반되어야 합니다. 믿음은 죄 죽이기에 있어서 매우 위대한 도구입니다.

"무릇 하나님께로부터 나는 자마다 세상을 이기느니라. 세상을 이기는 승리*는 이것이니 우리의 믿음이니라"(요일 5:4). (*여기서 승리란 승리를 얻는 칼과 도구를 일컬음)

영원한 것들의 실상과 탁월한 영광은 오직 믿음으로만 분별할 수 있는 것들입니다. 여러분에게 노출되는 영원한 것들은 그 무게에 있어서 여러분의 시선을 자기 부인과 정욕을 죽이는 일로 기울어지게 합니다. 잠시 지나갈 것들의 가벼움과 영원한 것들의 무거움을 견주어 봄으로써 효과적으로 그 일을 수행해 나갈 수 있도록 하는 것입니다(벧전 5:8). 믿음은 악한 자의 불화살을 소멸할 것입니다(엡 6:16).

믿음과 더불어 하나님과의 교제도 여러분이 죄를 죽이는 일을 함에 있어서 수반해야 할 부분입니다.

"내가 이르노니 성령을 따라 행하라 그리하면 육체의 욕심을 이루지 아니하리라"(갈 5:16).

영적으로 자주 하나님과 교제하면 죄 죽이기를 위해 이중적인 유익을 얻습니다. 하나님과의 교제는 우리에게 밝은 거울이 되어 하나님의 거룩하심과 죄의 지극히 죄됨을 분명하고 또렷하게 비춥니다. 이는 매우 상반되는 유익입니다. 하나님과의 교제를 통하여 영혼이 하나님의 형상으로 점차 변모하는 동시에 심령의 죄에 대해 예리한 칼을 들이대는 유익을 얻게 되는 것입니다. 하나님과의 교제는 매우 천상적인 풍미(風味)를 영혼에 남깁니다. 모든 것을 능가하는 영광스러운 풍미가 세상에 속한 모든 것들의 광채를 어둡게 남깁니다. 그리하여 성화는 영혼 깊이 뿌리를 내리게 되는 것입니다.

여러분은 죄를 죽이는 일에 있어서 성공하기를 바라십니까? 그렇다면 여러분의 양심이 언제나 하나님을 두려움으로 경외하는 가운데 있게 하십시오. 하나님을 두려워하는 것은 여러분을 죄에 빠지지 않게 지키는 큰 보호대가 될 것입니다.

"여호와를 경외함으로 말미암아 악에서 떠나게 되느니라"(잠 16:6).

주님을 두려움으로 경외하는 것은 은밀한 즐거움과 이익을 미끼로 시험하는 것들을 부숴뜨릴 것입니다. 하나님을 두려워하는 것이 육체와 영의 모든 더러움에서 자신을 깨끗케 하는 효과적인 방편인 것입니다(고후 7:1).

그리고 피조물의 허상을 깨달으십시오. 세상의 모든 피조물이 다 사라져 버릴 것이라는 사실을 염두에 두십시오. 그것이 여러분으로 하여금 피조물에 연연하는 마음의 정을 끊는 훌륭한 방편이 될 것입니다. 피조물에 마음을 빼앗기게 되는 일은 세상에 대한 거짓된 상상을 가지고 있기 때문입니다. 오, 만일 우리가 세상이 가진 헛된 성질을 알기만 한다면 우리는 결코 지금처럼 세상을 좋아하지는 않을 것입니다. 세상은 '사라지고, 더러워지고, 멸하여질' 성질을 가지고 있습니다. 세상에 있는 모든 달콤함은 곧 시들어버릴 꽃이나 말라버릴 풀들과 같을 뿐입니다(사 14:6 ; 약 1:10,11). 피조물은 또 더러워지는 성질을 가지고 있습니다(요일 5:19). 세상의 악함이 온 인류를 오염시키지 않았습니까?(벧후 1:4). 또 세상이 허다한 사람들의 영혼을 멸망에 빠뜨리지 않았습니까?(딤전 6:9). 그들은 차라리 세상의 부요함과 쾌락과 영예를 누리지 않은 것이 나았을 것입니다. 피조물이 가진 허상을 깊이 상고해 보십시오. 그 안에 있는 헛된 성질을 여러분이 안다면, 여러분이 세상을 향해 달려나가는 속도는 현저히 줄어들 것입니다.

죄에게 틈을 보이지 않고 자신을 시험으로부터 최대한 멀리 떨어져 있게 하는 것도 죄를 죽이는 바람직한 방편입니다. 죄가 승리하여 득세하는 일은 영혼을 함정에 빠뜨리는 간교와 책략을 너무나 쉽게 허용하는 일에서 기인한다는 것을 알고 계십니까? 사도는 시험거리들과 최대한 멀리 떨어져 있으라고 권고하고 있습니다.

"악은 어떤 모양이라도 버리라"(살전 5:22).

"네 길을 그에게서 멀리하라 그의 집 문에도 가까이 하지 말라"(잠 5:8).

죄의 언저리에 가까이 다가서는 모험을 하는 사람은 지혜롭지 못한 자입니다. 또 양심에 있어서도 매우 둔감한 자입니다. 죄를 무섭게 여기지 않는 자인 것입니다. 그것이야말로 수치스러운 죄를 향해 스스로 발걸음을 옮겨 실족하게 하는 어리석은 태도입니다.

죄를 죽이는 일에 있어서 여러분의 힘을 의지하지 마십시오.

"끝으로 너희가 주 안에서와 그 힘의 능력으로 강건하여지고"(엡 6:10).

시험의 돌풍 앞에서 여러분은 가녀린 깃털에 불과하다는 사실을 기억하십시오. 베드로는 어떠하였습니까. 그는 "모든 사람들이 주를 버릴지라도 나는 결단코 그리 아니 하겠나이다"라고 말하는 것으로 장담의 극치를 보여주었던 사람입니다. 그가 곧 얼마나 큰 부끄러움과 슬픔에 빠졌는지 여러분은 잘 알고 있을 것입니다. 하나님을 믿음으로 의존하고 은혜로 말미암은 하나님의 지원을 받는 그리스도인은, 그가 가장 연약한 자라 할지라도 능히 시험의 충격을 이겨낼 수 있는 사람입니다. 베드로처럼 장담하며 담대한 확신과 결심을 가진 사람들이 불꽃 앞에 초처럼 녹아내릴 때 말입니다. (영국 역사에 있어서 펜들톤Pendletone과 같은 이들이 그러하였음)

여러분의 부패한 본성을 죽이시려는 하나님의 계획이 있다는 사실을 잊지 말아야 합니다. 신자들이 당하는 환난은 그들의 부패를 씻어내기 위해 지정된 하늘의 처방입니다.

"야곱의 불의가 속함을 얻으며 그의 죄 없이함을 받을 결과는 이로 말미암나니 곧 그가 제단의 모든 돌을 부서진 횟돌 같게 하며 아세라와 태양상이 다시 서지 못하게 함에 있는 것이라"(사 27:7).

그 처방이 세상의 맛을 쓰게 할 것이며, 여러분으로 하여금 세상을 향해 가지는 애착을 가증스럽게 여기도록 만들 것입니다. 하나님의 그 위대한 계획을 받아들이십시오. 여러분이 기도로 그 환난을 받아들인다면 여러분은 하나님께서 주시는 복을 누리게 될 것입니다. 하나님께서는 여러분 속에 있는 부정한 요소를 죽이기 위해서 여러가지 부족함을 허락하십니다. 교만을 죽이시기 위해 궁핍하게 하시고, 헛된 야욕을 무너뜨리시기 위해 여러분을 사람들의 비난 가운데 떨어지게 하십니다. 하나님의 이러한 섭리의 목적을 이해하고 받드는 사람은 분명 복이 있습니다.

여러분은 특히 자주 범해지는 죄를 대항해야 합니다. 본성적인 입장에서 보면 어떤 기능이 다른 기능보다 더 활발하게 작용하는 것을 볼 수 있습니다. 어떠한 토양에서 더 많은 열매를 맺는 것과 같이, 각 신자들마다 더 쉽게 빠져 들어가는 특정한 죄의 원리가 있습니다. 거듭난 사람이 가진 어떠한 은혜가 다른 은혜보다 더 앞서는 것처럼 부패의 요소 중에서도 특별히 더 크게 드러나는 부분이 있기 마련입니다. 그러한 경우 주변 환경이 죄에 대한 기회의 요소들로 작용합니다. 가깝게 지내는 친구들이나, 관습들이나, 종사하는 생업 가운데 주어지는 조건이 죄를 짓는데 힘을 주는 적절한 기회들로 작용하는 것입니다. 따라서 먼저 여러분 자신 속에서 특별히 거듭 일어나는 불의의 근원을 타격하십시오. 그렇게 해야만 여러분을 가장 위험스럽게 만들고 쉽게 넘어지게 하는 그 죄에서 여러분이 안전할 수 있을 것입니다.

여러분의 인생은 경주와도 같습니다. 그 경주의 상급은 영원한 영광입니다. 여러분 속에 일어나는 갈등의 요소 중 얻거나, 사라지는 것이 무엇이냐에 따라 이것이 결정되는 것입니다. 여러분 가운데 은혜와 부패는 서로 적수가 되어 달리고 있습니다. 그 둘 중에 하나는 승리를, 또 다른 하나는 패배를 맛 볼 것입니다.

"운동장에서 달음질 하는 자들이 다 달릴지라도 오직 상을 받는 사람은 한 사람인 줄을 너희가 알지 못하느냐 너희도 상을 받도록 이와 같이 달음질하라"(고전 9:24).

이것이야말로 여러분이 세상에 있는 동안 죄를 죽여야할 할 가장 합리적인 이유가 아닙니까? 하늘을 상실하면서까지 음란한 소욕을 만족시키려고 하십니까?

"내가 내 몸을 쳐 복종하게 함은 내가 남에게 전파한 후에 자신이 도리어 버림을 당할까 두려워함이로다"(고전 9:27).

죄 안에 있는 악한 것들을 생각하십시오. 그리고 그 악한 것에 복종한 자들이 하나님 앞에 서 있는 모습을 상상해 보십시오.

"하나님의 진노가 불의로 진리를 막는 사람들의 모든 경건하지 않음과 불의에 대하여 하늘로부터 나타나나니"(롬 1:18).

"주 예수께서 자기의 능력의 천사들과 함께 하늘로부터 불꽃 가운데 나타나실 때에 하나님을 모르는 자들과 우리 주 예수의 복음에 복종하지 않은 자에게 형벌을 내리시리니 이런 자들은 주의 얼굴과 그의 힘의 영광을 떠나 영원한 멸망의 형벌을 받으리로다"(살후 1:7-9).

죄의 열매가 과연 무엇입니까? 가장 좋게 보였던 죄가 환난의 때에 여러분에게 어떠한 열매로 나타날 것이라고 생각하십니까?

"나귀가 여호와의 사자가 칼을 빼어 손에 들고 길에 선 것을 보고 길에서 벗어나 밭으로 들어간지라…"(민 22:23).

여러분의 죄가 훗날 여러분을 찾아 낼 것입니다. 여러분은 가장 두려운 열매를 얻게 될 것입니다.

"사망의 쏘는 것은 죄요"(고전 15:56).

하나님의 심판대 앞에서 모든 것이 다 드러날 것입니다. 이는 얼마나 섬뜩한 일입니까? 사탄은 기다렸다는 듯이 여러분을 참소할 것이며, 여러분의 양심이 여러분을 무섭게 책망할 것입니다. 그리고 하나님께서는 저주와 함께 영원히 불타오를 불 못에 던지심으로 그 악에 대한 복수를 시행하실 것입니다.

그러니 우리 대신 하나님의 진노를 받아내신 예수 그리스도의 은혜가 얼마나 놀랍도록 귀한 것입니까. 예수님께서 그 진노를 우리 대신 받아내시기 위해서 어떠한 대가를 지불하셨는지 알지 않습니까? 십자가에 못 박히신 그리스도를 묵상하며 여러분의 죄를 십자가에 못 박아 죽이십오(갈 6:14). 그리스도께서는 우리의 죄 때문에 말로 다 할 수 없는 일들을 당하셨습니다. 우리의 죄 때문에 그리스도께서는 아버지이신 하나님의 무서운 진노를 다 받으셔야 했습니다. 여러분은 하나님의 진노를 혹시 가벼이 여기지는 않습니까? 나훔 선지자는 그 진노에 대해서 이렇게 말했습니다.

"그로 말미암아 산들이 진동하며 작은 산들이 녹고 그 앞에서는 땅 곧 세계와 그 가운데에 있는 모든 것들이 솟아 오르는도다. 누가 능히 그의 분노 앞에 서며 누가 능히 그의 진노를 감당하랴 그의 진노가 불처럼 쏟아지니 그로 말미암아 바위들이 깨지는도다"(나 1:5,6)

그리스도께서 그 하나님의 진노를 우리 대신 받으셨습니다. 우리가 어찌 죄를 짓는 일에 쉽게 우리 자신을 내어주어야 하겠습니까. 누가복음 22:44와 마태복음 26:36,37, 그리고 마가복음 14:34의 말씀을 읽어 보십시오. 한 점 흠 없으신 영광의 주께서 얼마나 곤고한 죄를 짊어지셨는지를 보십시오. 그리고 생각해 보십시오. 우리의 죄를 향하신 하나님의 진노가 어떠하였기에 당신 자신의 아들의 목숨을 그 대가로 받으셔야 했는지 말입니다.

신자라고 자부하는 우리는 얼마나 자주 하나님의 성령을 근심하게 하는지 모릅니다(엡 4:30 ; 겔 16:43 ; 사 63:10). 하나님의 성령이 우리의 죄 때문에 얼마나 슬퍼하시고 계시는지 모릅니다. 신자들의 죄만큼 성령님의 성품과 더 반대되는 것이 있습니까?

여호와께서는 "너희는 나의 미워하는 가증한 일을 행치 말라하였어도 그들이 듣지 아니하며 귀를 기울이지 아니하고…"라고 말씀하셨습니다(렘 44:4,5).

우리를 거룩하게 하시려는 성령님의 의도를 우리는 얼마나 저해해왔습니까? 정말 그러한 일은 하나님께서 이 세상에서 이룩하신 가장 희귀하고 탄복할 만한 작품의 새 사람을 흉측하고 더럽게 만드는 일입니다. 아들을 주신 하나님의 사랑을 깨닫게 하시고, 우리 죄를 각성하게 하시고, 양심으로 죄를 미워하게 하시는 성령님의 모든 역사하심과 약속들을 무참히 깨뜨려

버리는 일인 것입니다. 여러분은 이렇게 말해야 합니다.

'내가 주님의 모든 선하심을 죄로 보답하다니…내가 그 은혜를 배반하다니…수를 헤아릴 수 없이 많은 자비를 죄로 열매 맺었구나.'

죄로부터 진정한 무슨 선함이나 유익을 얻을 수 있다는 말입니까? 신자들은 죄를 통해 어떠한 즐거움도 얻을 수 없습니다. 죄는 신자들의 새로운 성품과 완전히 배치되는 것입니다. 거듭나지 아니한 다른 사람들이 죄 가운데서 어떠한 쾌락과 기쁨을 누릴지 모르겠습니다만 그것은 그리 오래 가지 않을 것입니다. 그들이 그러한 즐거움을 설령 후회한다고 해도 크게 달라지는 일은 없습니다. 그들의 후회는 심판의 날에 울부짖음으로 바뀔 것이기 때문입니다. 로마서 6장 21절의 말씀이 여러분의 마음을 찌르지 않습니까?

"너희가 그 때 무슨 열매를 얻었느뇨 이제는 너희가 그 일을 부끄러워하나니 이는 그 마지막이 사망이니라."

신자들은 죄 가운데서 어떠한 즐거움도 기대하지 말아야 합니다. 죄의 열매란 그저 양심의 책망과 하나님의 얼굴을 바라보는 영적 시야를 멀게 하는 것 뿐입니다. 죄를 통해 얻는 다른 열매란 존재하지 않습니다.

죄로 인해 저주 받은 자들이 어떠한 고통을 당하는지 생각해 보십시오. 그들은 마귀에게 모든 선한 유익과(눅 16:25) 모든 선한 영성을 빼앗겨 버린 자들입니다(마 25:41). 그들이 무슨 선한 희망을 기대할 수 있겠습니까? 그들은 영원한 비참 속으로 자신을 빠뜨린 자들이 아닙니까? 그들에게 주어진 하나님의 진노는 그들을 놓치지 않을 것입니다. 양심이 주는 가책에서 오는 마음속의 비참은 그들을 내버려두지 않을 것입니다(시 7:9). 과거의 일들에 대한 기억과 현재 당하는 일에 대한 의식, 그리고 장차 자신들에게 닥칠 일들에 대한 무서운 예감이 끊임없이 그들의 마음을 쏘아댈 것입니다. 저주 받은 그들의 영혼은 무서운 비명을 지를 것입니다. 오, 양심의 가책이여! 순간적인 짐승의 쾌락을 위해 영원한 비참을 무릅쓰는 모험을 하시렵니까?

하나님을 믿는다고 고백하면서 자신의 정욕을 탐닉하고 있는 것이야말로 얼마나 핑계댈 수 없는 위선입니까. 여러분은 거룩을 고백하는 사람들이며 자신이 그리스도의 통치 아래 있다고 고백하는 자들이 아닙니까? 그리스도의 이름을 가슴에 달고 부패와 정욕의 외투를 두르고 있다니요! 그 부패와 정욕을 그리스도께서 얼마나 미워하시는지 여러분은 모르십니까? 그럴 수는 없는 것입니다. 여러분은 매일 죄를 짓지 않게 해달라고 기도하면서 용서와 은혜를 간구하는 사람들이 아닙니까? 여러분은 이 거룩한 믿음의 의무들을 진지하게 견지하고 있는 사람들이라고 자신있게 말할 수 있습니까? 아니면 그저 우스꽝스러운 농담쯤으로 여기고 있습니까? 만약 그렇다면, 그것은 입술로 하나님께 아첨하는 것 밖에는 되지 않습니다. 자신의 영혼을 그렇게 무섭게 속이고 있으면서 다른 이들의 죄를 비판하고 정죄하다니요! 이는 정말 가공할 위선이 아닙니까? 그리스도인들은 죄에 대해 죽은 자들입니다(롬 6:2). 신앙 고백을 통해, 영적인 의무들을 통해, 그리스도와의 관계를 통해 여러분은 죄에 대해 죽은 자들이 아닙니까? 그런데 어찌 죄 가운데서 여전히 살아가고 있는 것입니까? 하나님께서 당신의 백성들이 짓는 죄는 더 가볍게 여기실 거라 생각하고 있습니까? 그렇지 않습니다. 오히려 하나님께서는 백성들의 죄를 더 괘씸히 여길 것입니다.

그리스도인들이 죄를 지음으로 자신을 더럽히는 일보다 더 비참한 일이 무엇입니까? 순간 순간 주어지는 작은 시험들이 여러분의 영혼을 매번 사로잡도록 내버려 두실 작정입니까? 히브리서 11장을 읽어 보십시오. 그들이 죄를 피하기 위해 어떠한 삶을 살았는지 보십시오. 그들은 하나님을 불쾌하게 해드림으로 자신의 양심에 손상을 입히는 것을 가장 크고 무서운 고통으로 여겼습니다. 그리스도인들이여, 여러분으로 하여금 하나님께서 믿음에 합당하게 살도록 지정하신 방편들을 여러분에게 허락하신 일보다 더 큰 은혜가 무엇입니까? 아무런 대가도 없이 그러한 긍휼을 얻어 용서 받은 여러분이 어찌 그러한 은혜를 받지 못한 자들보다 하나님의 성령을 근심시키는 일을 두려워하지 않는다니요! 여러분은 누구보다도 더 죄를 깊이 미워하고, 죄를 짓지 않기 위해 항상 조심하여 죄를 저항하기 위해 온 힘을 기울여야 할 사람들입니다.

여러분, 죄를 죽이는 일은 정말 달콤하고 즐거운 일입니다. 죄 죽이기를 통해 얻을 합당하고 견고한 위로를 생각해 보십시오. 정욕의 채움을 통해 얻을 수 있는 기쁨은 죄를 죽임으로 얻는 즐거움의 1,000분의 1에도 미치지 못합니다. 어느 누구도 이 기쁨과 위로를 온전히 표현해 내지 못할 것입니다(고후 1:12). 여러분은 죽을 병에 걸렸다는 것을 안 히스기야가 하나님께 평안을 얻기 위해 간구했던 것처럼 기도할 수 있어야 합니다.

"이르되 여호와여 구하오니 내가 주 앞에서 진실과 전심으로 행하며 주의 목전에서 선하게 행한 것을 기억하옵소서"(사 38:3).

우리는 우리 자신을 검증해 보아야 합니다. 우리에게 정말 구원얻을 만한 믿음이 있는지, 우리가 과연 정욕과 욕심을 육체와 함께 십자가에 못 박았는지 확인해 보아야 합니다. 저는 이 문제를 다룸에 있어서 신자들이 처해 있는 여러 상태들을 감안할 것입니다. 강한 그리스도인들이 있는가 하면 보다 연약한 그리스도인이 있기 때문입니다.

가장 약한 그리스도인이라도 죄 죽이기가 진실로 진행되고 있다는 것을 보여주는 증거들이 나타납니다. 죄에 대한 반응이 그것입니다.

죄에 대한 양심의 예민한 반응은 영혼 속에 있는 죄의 지배권이 약화되었다는 증거입니다. 이전 같으면 대수롭지 않게 여길 일들이 마음을 치고 상하게 하는 것은 매우 특별한 긍휼의 표증입니다. 남들이 알지 못하는 겉으로 결코 드러나 보이지 않는 죄 때문에 마음이 상한다면 그것은 죄를 미워하고 있다는 좋은 표증인 것입니다. 설사 육체의 연약으로 죄의 올무에 다시금 빠지는 일이 일어난다고 할지라도 말입니다(롬 7:15).

마음을 깨끗하게 하고 죄를 죽이는 은혜에 대해 가지는 간절한 소원 역시 죄를 전혀 사랑하지 않게 되었다는 좋은 조짐입니다. 만일 하나님께서 죄를 버리는 것과 세상이 여러분을 버리는 것중 어느것을 택하겠느냐고 물으신다면 무어라고 대답하시겠습니까? 만약 여러분이 죄를 버리는 것을 택하겠다고 대답한다면, 죄가 그리스도의 십자가에 못 박혔다는 위로 어린 증거입니다.

여러분은 죄를 지을 수 있는 기회를 사전에 차단할 방도를 강구하고 있습니까? 요한 1서 5:18과 욥기 31:1의 말씀을 여러분의 삶에 매일같이 적용하고 있습니까? 그렇다면 여러분은 죄 죽이기의 필요성과 목적을 아는 사람들입니다.

여러분은 여러분의 죄를 막으시는 하나님의 섭리를 진심으로 기뻐하고 찬미합니까? 다윗이 그러하였습니다.

"다윗이 아비가엘에게 이르되 오늘 너를 보내어 나를 영접하게 하신 이스라엘의 하나님 여호와를 찬송할 지어다. 또 네 지혜를 칭찬할지며 또 네게 복이 있을 지로다. 오늘 내가 피를 흘릴 것과 친히 복수하는 것을 네가 막았느니라"(삼상 25:32,33).

죽음을 예전과 같이 두려워 하지 않는 것 또한 죄를 죽이는 삶의 증거 중 하나입니다. 물론 죽음은 누구에게나 두려운 것입니다. 하지만 그럼에도 불구하고 죽음이 죄로부터 자신을 벗어나게 해줄 방편이 된다는 이해를 가지고 기대감과 희망으로 죽음을 바라보게 된다면 그것은 죄 죽이기의 좋은 증거가 아닐 수 없는 것입니다.

보다 성숙하고 안정된 신자들에게서는 연약한 신자들에게서 나타나 보이는 것보다 좀 더 깊고 철저한 죄 죽이기의 표증들이 나타납니다.

성숙한 그리스도인들은 자신을 찌르고 아프게 하는 환난 속에서 하나님의 섭리를 발견하고 그 뜻에 고요히 복종합니다(시 119:61,71 ; 골 1:11).

또 자신의 죄 때문에 받는 책망과 비난을 달게 여깁니다(시 141:5).

그들은 하나님의 부르심을 따라 모든 세상의 위로를 미련 없이 내려놓음으로 죄 죽이기의 높은 수준에 이르렀다는 것을 나타내는 사람들입니다(시 11:7 ; 삼하 10:25).

또한 죄의 움직임을 사전에 감지하고 경계하며 죄가 출몰하자마자 이를 제어합니다(롬 7:23,24).

외적인 조건의 변화에도 그들의 심령은 흔들리지 않습니다. 번영의 때나 역경의 때에 마음을 똑같이 유지하는 것은 죄 죽이기의 진보를 그대로 보여주는 증거입니다(빌 4:11,12).

세상적인 생각에 큰 영향을 받지 않는 것 역시 마찬가지입니다. 마땅히 행할 영적 의무를 위해서 언제나 마음을 하나님께 고정시키는 것은 영혼 속에서 죄 죽이기가 진행되고 있다는 것을 말해줍니다.

여러분, 죄를 죽이는 것은 여러분으로부터 무엇인가를 빼앗아 여러분을 망하게 하는 일이 아닙니다. 여러분을 망하게 하는 것은 바로 여러분 속에서 왕 노릇하려는 죄입니다(롬 8:13). 죄가 죽어야 여러분의 영혼이 삽니다 (롬 6:11). 죄가 여러분 속에서 죽어가야만 그리스도의 죽음이 여러분의 것이 되는 것입니다. 여러분은 성령님의 감화를 힘입어 죄를 죽이고, 저항하고 극복하기 위해 애를 쓰고 계십니까? 그렇다면 여러분은 하늘과 영원한 구원으로 이어지는 직통로에 서 있는 것입니다. 세상에 그러한 자들이 많지 않을 것이지만 말입니다(눅 13:24). 죄를 죽이는 일은 성령께서 그리스도의 죽으심을 여러분의 영혼에 적용하고 계시다는 증거입니다. 죄를 죽이는 여러분이 그리스도 안에 있다는 것은 의심할 여지가 없습니다. 왜냐하면 그리스도의 사람들은 그리스도와 함께 그 정과 욕심과 육체를 십자가에 못 박은 사람들이기 때문입니다. 여러분이 그러하다면, 여러분은 진정한 그리스도인입니다.

29장

그리스도를 본받아

"그의 안에 산다고 하는 자는 그가 행하시는 대로 자기도 행할지니라"

_요일 2:6

본문은 참 그리스도인이 누구인지에 대한 문제를 다루고 있습니다. 사도는 본문을 통해 그리스도 안에 구원받을 만한 믿음으로 참여하고 있음을 보여주는 증거로 '그리스도를 본받느냐'의 여부를 제시하고 있습니다. 어떤 주석가들은 사도가 제시하고 있는 이 표지의 의도를 당시 성행했던 카포크라티안 당(Carpocratians)의 악한 교리를 뒤집기 위한 것이라고 말합니다. 그들은 계명을 지킬 때나 죄 가운데 있을 때나 동일하게 하나님과의 교제가 가능하다고 가르치고 있었기 때문입니다. 그들의 주장하는 것이 무엇이든 간에 사도가 말씀을 통해 우리에게 말하고 있는 분명한 요점은 참된 그리스도인들은 그리스도를 닮은 행실을 보여야 한다는 것입니다.

사도는 사람들이 그리스도께 참여하고 있다고 하는 주장을 일단 받아들이고 있습니다. "그의 안에 거한다 하는 자는…"이란 말씀은 곧 '만일 어떤 사람이 자신을 가리켜 그리스도 안에 거하고 있다고 말한다면'으로 해석할 수 있습니다. 그러나 실제로 '그리스도 안에 거하는 것'은 구원 받을 만한 믿음으로 그리스도께 실질적으로 참여하고, 그리스도와 교제하는 것을 말합니다. 잠시 있다가 사그라지는 효과는 복음이 말하고 있는 바가 아닙니다. 복음은 아침 이슬이나 안개와 같은 효과를 말하고 있지 않습니다. 마태복음 13:21의 말씀이 이를 가리키고 있습니다.

"그 속에 뿌리가 없어 잠시 견디다가 말씀으로 말미암아 환난이나 박해가 일어날 때에는 곧 넘어지는 자요"(마 13:21).

그리스도를 그런 식으로 잠시 영접하는 척 하다 사그라지는 경우를 그리스도 안에 거하는 것으로 말할 수 없습니다. 그리스도 안에 거한다는 것은 성령님의 견고하고 지속적이고 행사가 심령 속에 계속 진행되어 그 영혼을 그리스도께 영구적으로 연합시키는 것을 의미합니다. 사도가 말하는 사람이 누구이든지 간에, 그러한 요소가 배제되어 있는 상태에서 말하는 주장은 아무런 가치를 갖지 못하는 것입니다.

그리스도 안에 거한다는 주장의 정당성을 입증받는 사람은 반드시 그리스도께서 행한대로 행하는 자여야만 합니다. 주님의 말씀을 소유한 자가 그리스도를 본받는 것은 매우 필연적으로 일어나는 일입니다. 물론 그리스도께서 하신 모든 행사를 똑같이 행할만큼의 능력을 닮아 간다는 것은 아닙니다. 그것은 매우 특이하고 이적적인 행사들이며 그 중에서도 중보자적 행사는 더욱 그러합니다. 그러한 국면에서는 그리스도를 따라갈 수 없습니다. 그리스도께서 행하신 것을 따라 능력을 행사할 수는 없는 것입니다. 그리스도 안에 거하는 자가 그리스도께서 행한 대로 행한다는 것은 그리스도에 대한 신앙을 고백하고 그리스도의 말씀에 모든 관심을 기울여 그리스도를 따르는 것을 말합니다.

본문이 말하고자 하는 강조점이 바로 거기에 있습니다. 사도는 그리스도 께 속한 자들이 모든 길에서 성결과 순종을 추구하며 그리스도를 본받고 따르려는 진지한 자세와 열심을 가지기를 바랐을 것입니다. 각 사람마다 받은 은혜의 분량에 따라서 말입니다. 그리스도의 삶은 신자의 삶에 대한 원본(原本)입니다. 신자의 눈은 항상 그 원본을 주목합니다(히 12:2). 그리고 할 수 있는 한도 내에서 그리스도의 삶의 모든 노선들을 따라가려고 애를 씁니다.

복음의 수많은 명령들은 성도들로 하여금 그리스도를 본받을 것을 엄숙하게 선언하고 있습니다.

"오직 너희를 부르신 거룩한 자처럼 너희도 모든 행실에 거룩한 자가 되라. 기록하였으되 내가 거룩하니 너희도 거룩할지어다 하셨느니라"(벧전 1:15,16).

"그러므로 사랑을 받은 자녀같이 너희는 하나님을 본받는 자가 되고 그리스도께서 너희를 사랑하신 것같이 너희도 사랑 가운데서 행하라 그는 우리를 위해서 자신을 버리사 향기로운 제물과 희생 제물로 하나님께 드리셨느니라"(엡 5:1,2).

성도가 그리스도를 본받는 것에는 여러 크고 비중 있는 진리(眞理)들이 함축되어 있습니다. 그 중에서도 가장 먼저 주목해야 할 요점은 어떠한 그리스도인도 그리스도를 본받는 것에 대한 기준을 자기 스스로 정할 수 없다는 것입니다. 그것은 분명한 위선입니다. 자기 자신을 효과적으로 통제할 지혜를 가지고 있는 사람은 없기 때문입니다. 만약 그러한 시도를 한다면 그것은 하나님께서만이 가지시는 주권을 완전히 침범하는 일이 될 것입니다.

"여호와여 내가 알거니와 사람의 길이 자신에게 있지 아니하니 걸음을 지도함이 걷는 자에게 있지 아니하나이다"(렘 10:23).

이 문제를 관찰하던 아퀴나스는 이렇게 말했습니다. '인간의 의지가 자기의 행실을 규제하는 안내자가 될 수 있다면 죄를 짓는 사람은 세상에 단 한 사람도 없을 것이다.'

사도는 이 문제를 로마서 2:14에서 다루고 있습니다.

"이 사람은 율법이 없어도 자기가 자기에게 율법이 되나니"(롬 2:14).

이 말씀은 하나님의 법이 그들의 마음에 새겨졌다는 것을 의미합니다. 그들의 의지가 곧 그들의 법이라는 것으로 해석하지 말아야 하는 것입니다. 곧 그들이 가진 양심이 하나님의 법을 그 빛으로 삼았다는 것을 말하고 있습니다.

다른 이들에 대해서도 마찬가지입니다. 그리스도를 본받는 일에 있어서 아무리 지혜롭고 거룩한 사람이라 할지라도 다른 사람들에게 하나의 법칙으로 제시될 수는 없습니다. 누구도 자신에게는 물론, 다른 사람의 선한 안내자가 될 수 없습니다. 선한 안내자는 오직 그리스도이십니다. 그리스도께서만이 모든 사람의 길과 행함의 법칙이신 것입니다. 지혜와 거룩함의 성령으로 크게 충만했던 사도들도 예외가 될 수 없습니다. 그저 그리스도를 본받는 것에 대한 하나의 예로 자신을 가리키는 정도 이상은 할 수 없는 것입니다. 고린도전서 11:1의 말씀은 그렇게 해석되어야 합니다.

"내가 그리스도를 본받는 자 된 것같이 너희는 나를 본받는 자가 되라."(고전 11:1).

사람들 중에서 최고의 선함이 발견된다 할지라도 그것은 결국 사람들 중에서만 그럴 뿐입니다. 그들도 허물이 있고, 그들도 실수를 범하는 자들입니다. 최상의 성결을 유지하는 것이 모든 신자들에게 주어진 마땅한 의무입니다. 하지만 그 일을 위해 사람의 소맷자락에 우리의 믿음을 묶는 일은 없어야 합니다. 똑같은 피조물이 자신의 소맷자락에 묶여진 자들의 영혼을 어디로 끌고 갈지 누구도 장담할 수 없기 때문입니다.

한 논객(論客)이 '제 말을 들어보십시오. 제 말을 말입니다!'라고 요란하게 소리쳤을 때, 청중 속에 있던 그의 아버지는 '아니다. 그러지 말고 우리 다같이 그리스도의 말씀을 듣자꾸나'라고 외쳤다고 합니다.

그리스도를 본받는 일은 원리에 있어서 그리스도와 거룩의 영이신 성령님을 심령으로 순응하는 것에 의해 좌우됩니다. 에스겔 11:19,20의 말씀을 통해서 그 점은 분명하게 드러납니다.

"내가 그들에게 한 마음을 주고 그 속에 새 영을 주며 그 몸에서 돌 같은 마음을 제거하고 살처럼 부드러운 마음을 주어 내 율례를 따르며 내 규례를 지켜 행하게 하리니 그들은 내 백성이 되고 나는 그들의 하나님이 되리라"(겔 11:19-20).

우리가 하나님의 규례들을 따라 행할 수 있으려면 새로운 마음, 곧 새로운 영이 우리에게 부어져야 합니다. 우리가 성령 안에서 살아야 하는 것입니다.

"만일 우리가 성령으로 살면 성령으로 행할지니"(갈 5:25).

기독교는 매우 엄격한 종교입니다. 어떠한 방면에서도 방종과 정욕을 허락치 않습니다. 무절제하고 느슨한 삶은 기독교가 말하는 삶이 아닙니다. 따라서 그리스도의 거룩한 발자취를 밟으려고 애를 쓰지 않는 사람이 그리스도 안에 거한다고 하는 주장은 결코 인정받을 수 없습니다.

"또 주의 이름을 부르는 자마다 불의에서 떠날지어다 하였느니라"(딤후 2:19).

이는 신앙을 고백하는 모든 사람들에게 주어진 원칙입니다. 그리스도의 이름을 부르는 자는 그리스도의 생명으로 옷 입든지, 그리스도의 이름을 벗어 던지든지 둘 중 하나를 선택해야 합니다. 신자라 고백하는 자들이 성결과 순종의 행사들을 통해서 그리스도인의 본을 보여주는 일을 하지 않는다면, 어떠한 말과 어떠한 어투를 쓴다 할지라도 그는 신용있는 그리스도인이라고 말할 수 없습니다.

세상에 있는 모든 사람은 부족하고 불완전한 자들입니다. 그들 중 누가 매우 선한 사람이라 할지라도 말입니다. 우리 중 누구도 그리스도의 삶을 본으로 삼아 살아가는 일을 위해 마땅히 행해야 할 의무들에 있어서 부족하지 않다고 말할 수 있는 사람은 없습니다. 우리가 따라가야 할 본(本)은 우리를 훨씬 뛰어넘는 것입니다. 그리스도인의 생애와 삶에 비추어 부끄럽지 않은 삶을 살아가고 있는 사람이 우리 중에 누가 있습니까? 정말 그렇습니다. 다른 사람과 자신을 비교하여 교만하고 허망한 마음을 부풀어 오르게 하는 어리석은 실수를 범하지 마십시오. 다른 사람과 자신을 비교하며 스스로를 높게 평가하는 일만큼 미련한 일은 없습니다.

그리스도의 성결하심 앞에 여러분 자신을 놓아보십시오. 여러분은 겸손하지 않을 수 없을 것입니다. 사도 바울을 보십시오. 그는 성결과 순종에 있어서 어느 누구보다도 더 크게 성숙한 사람이었습니다. 그러나 그는 자신이 아직도 산기슭 아래에 서 있는 것으로 여겼습니다. 그는 자기가 감당할 의무의 법칙이 너무나 크고 높다는 것을 알고 있었기 때문입니다.

"내가 이미 얻었다 함도 아니요 온전히 이루었다 함도 아니라 오직 내가 그리스도 예수께 잡힌바 된 그것을 잡으려고 달려가노라"(빌 3:12).

사도는 생각했을 것입니다. '안타깝도다. 내가 아직 멀었구나. 내가 그 완전한 고지에 이를 수만 있다면…하지만 이 세상에서는 이르지 못할 것이다. 나는 그저 계속 달려갈 뿐이다.'

우리가 본받아야 할 그리스도의 거룩은 모든 피조물의 거룩보다 훨씬 더 큰 것입니다. 만약 그렇지 않다면 그리스도의 거룩이 나머지 다른 것들이 따라야 할 법칙이나 척도가 될 수 없을 것입니다. 그리스도께서는 존재에 있어서나 일하심에 있어서 완전함을 가지고 계십니다. 그리스도의 삶은 그 자체로 완전한 법칙인 것입니다. 그리스도의 삶에는 어떠한 흠결(欠缺)이나 오류도 발견되지 않았습니다. 그분은 죄인들을 위해서 거룩하시고 흠 없고 오염없이 구별되신 분이셨기 때문입니다. 히브리서 7:26은 그분만이 우리에게 합당하신 대제사장이심을 말씀하고 있습니다.

신앙 고백자들이 가진 은혜는 그리스도의 본을 따르는 것으로 증명됩니다. 그리스도를 본받는 삶을 사는 것으로 거룩과 순결이신 그리스도께 우리가 참여했다는 것을 보여줄 수 있는 것입니다. 순종 없이는 우리는 구원의 확신을 가질 수 없습니다. 하나님께서 지정하신 규례를 엄격히 준수하지 않고는 어떠한 위로도 받을 수 없기 때문입니다.

"무릇 이 규례를 행하는 자에게와 하나님의 이스라엘에게 평강과 긍휼이 있을지어다"(갈 6:16).

어찌 방종하고 부주의한 행실의 산물이 참된 평안과 위로이겠습니까.

"우리가 세상에서 특별히 너희에 대하여 하나님의 거룩함과 진실함으로 행하되 육체의 지혜로 하지 아니하고 하나님의 은혜로 행함은 우리 양심이 증언하는 바니 이것이 우리의 자랑이라"(고후 1:12).

거룩과 순종을 염두에 두지 않고 성령의 위로를 말하는 자들을 그냥 내버려두십시오. 그들이 어찌 생각하든 간에 거룩과 순종 없이는 결코 주어지는 일이 없을테니 말입니다. 평강과 안식, 영원한 구원의 확신은 의의 열매입니다. 그 열매는 거룩과 순종의 길에서만 얻어지는 것입니다.

그렇다면 과연 그리스도를 본받는 일이 구체적으로 무엇인지를 알아보겠습니다. 수많은 성도들의 삶이 은혜의 본보기가 되었습니다. 그들의 삶은 살아있는 율법이었습니다. 그들의 삶은 지상에서 그리스도의 행실로 빛났으며, 성령님의 모든 은혜와 덕이 그들의 영광이 되었습니다.

"우리가 그의 영광을 보니 아버지의 독생자의 영광이요 은혜와 진리가 충만하더라"(요 1:14).

"오직 너희를 부르신 거룩한 이처럼 너희도 모든 행실에 거룩한 자가 되라"(벧전 1:15).

그리스도 안에는 이중적인 거룩이 있습니다. 그분의 본질이 거룩하시며, 그분의 행실이 거룩하십니다. 이것이 그리스도인들이 견지해야 할 삶의 중대한 요점입니다. 신자들은 마음 속에 거룩의 원리들을 가져야 합니다. 그리고 그 거룩이 모든 삶 가운데 행실로 나타나야 합니다. 거듭 말씀드리는 바입니다만, 그리스도의 거룩을 모든 방면에서 완벽하게 본받을 수 있다고 생각하지는 마십시오. 그리스도께서 가지신 거룩은 본질상 성부께로부터 뿜어져 나오는 거룩의 순전한 광채로 나타나는 것입니다. 그리스도께서는 어떤 오염이나 티도 없이 성육신 하셨습니다.

"이러므로 나실 바 거룩한 이는 하나님의 아들이라 일컬어지리라"(눅 1:35).

생육의 차원에서 우리는 결코 그리스도와 같이 될 수 없습니다. 부정한 데서 어떻게 깨끗한 것이 날 수 있겠습니까? 주님께서 행사하신 거룩의 효력 또한 그러합니다. 그리스도께서는 다른 사람들을 거룩하게 하셨습니다. 그리스도께서는 사람의 영혼을 씻는 샘이십니다(슥 13:1). 이를 우리가 본받는다는 것은 불가능한 일입니다. 어찌 사람이 다른 사람을 거룩하게 만들 수 있겠습니까? 하지만 이는 거만한 성품을 소유하고 있는 자들이 흔히 가지고 있는 생각입니다. 마치 스스로를 존재케 하기라도 한 것처럼 자기 스스로 뿐만 아니라 다른 사람도 거룩하게 할 수 있다는 생각은 그들이 가진 거만함의 극치가 아닐 수 없습니다.

우리는 그리스도를 본받는 일에서 이러한 예외적인 국면들을 제외하고 그리스도의 거룩을 본받기 위하여 다음의 항목들을 숙고해야 합니다.

그리스도께서는 거룩의 진위(眞僞)를 시험하는 가장 큰 시금석이십니다. 그분의 거룩에는 어떠한 꾸밈이나 위선도 없습니다. 그리스도의 거룩은 가장 큰 시험의 공략에도 흠이 나지 않았습니다. 그 순간마저도 그리스도께서는 수정 같은 유리그릇에 있는 순전한 샘과 같으셨습니다. 그리스도 안에는 내면적 아름다움이 있습니다. 그리스도를 따르는 모든 자들도 그러해야 합니다. 그리스도보다 오히려 더 큰 거룩을 가지고 있는 양 떠들어대는 외식자와 같아서는 안될 것입니다. 우리의 거룩은 그리스도의 거룩과 같이 진지하고 참된 것이어야 합니다(엡 4:24). 사람에게 보여지기 위한 거룩이 아닌, 하나님을 향한 아름다움으로서 거룩이 빛나야 하는 것입니다.

그리스도의 거룩은 어느 때에나 일관되게 나타나셨습니다. 언제 어디서든 그리스도께서는 한결 같으신 거룩이셨습니다. 생애의 맨 처음부터 끝까지 그리스도의 거룩은 변함이 없으셨습니다. 우리도 그러해야 합니다. 우리 삶의 모든 방면에서 거룩이 드러나야 합니다. 여기저기 흠있고 얼룩져 있는 거룩이 되어서는 안됩니다. 어떤 부분에서는 매우 순전하다가도 다른 부분에서는 세상적인 모습을 보이거나, 어떨 때는 천상적인 환희로 기뻐하다가도 어느새 육체적인 소란함으로 자신을 잃어버리는 식이 되어서는 안됩니다.

그리스도는 거룩의 모범이시며, 성결의 본이십니다. 사도는 이 점에서 있어서 데살로니가 사람들을 칭찬하였습니다.

"그러므로 너희가 마게도니아와 아가야에 있는 모든 믿는 자의 본이 되었느니라. 주의 말씀이 너희에게로부터 마게도니아와 아가야에만 들릴 뿐 아니라 하나님을 향하는 너희의 믿음의 소문이 각처에 퍼졌음으로 우리는 아무 말도 할 것이 없노라"(살전 1:7,8).

어느 누구라도 확신과 덕을 세우지 않는 사람을 여러분의 부류로 받아들이지 마십시오. 초대 교회의 그리스도인들이 그러하였습니다(빌 3:17).

그리스도의 거룩에서는 한 점의 흠도 발견되지 않았습니다.

"너희 중에 누가 나를 죄로 책 잡겠느냐?"(요 8:46)

그리스도를 대적하는 가장 큰 원수들이 시기 어린 마음으로 하나의 흠집이라도 잡아내려고 기를 썼지만, 그리스도의 말과 행실에는 어떠한 결점도 발견되지 않았습니다. 우리는 또한 이 점을 본받아야 합니다.

"이는 너희가 흠이 없고 순전하여 어그러지고 거스리는 세대 가운데서 하나님의 흠 없는 자녀로 세상에서 그들 가운데 빛들로 나타내며"(빌 1:15).

그리스도를 따르는 사람들이야말로 가장 신중하게 행동해야 할 자들입니다. 그것이 합당한 일입니다.

"곧 선행으로 어리석은 사람들의 무식한 말을 막으시는 것이라 그것이 하나님의 뜻이니라"(벧전 2:15).

그리스도께서는 거룩을 유지하시려고 인내하셨습니다. 그리스도께서는 마지막 호흡을 거두실 때까지 거룩하셨던 분입니다. 마지막까지 삶의 전 생애를 부단한 성결의 경로가 되게 하셨습니다. 이것 역시 우리가 본으로 삼아야 할 부분입니다. 성령으로 시작하고 육체로 마치는 것은 합당치 못한 일입니다. 오히려 처음보다 더 나아야 합니다.

"불의를 행하는 자는 그대로 불의를 행하고 더러운 자는 그대로 더럽고 의로운 그대로 의를 행하고 거룩한 그대로 거룩되게 하라"(계 22:11).

그리스도께서는 거룩한 일들과 거룩한 사람들을 통해서만 기쁨을 얻으셨습니다. 거룩한 사람들은 바로 그리스도께서 택하신 동료들입니다. 하나님의 백성들은 이 점에 있어서도 그리스도를 본받아야 합니다. 그리스도인들은 모든 기쁨을 하나님의 백성들 속에서 찾는 것이 합당합니다.

"땅에 있는 성도들은 존귀한 자들이니 나의 모든 즐거움이 그들에게 있도다"(시 16:3).

그리스도인들이여, 여러분은 그리스도의 거룩을 본받아야 할 사람들입니다. 구원 받을 모든 사람들이 그리스도를 본받는 것은 하나님께서 정하신 뜻입니다(롬 8:29). 하나님께서는 모든 거룩하지 않은 자들을 당신의 은혜로운 존전에서 추방해 버리십니다(고전 6:9 ; 히 12:14). 여러분은 그리스도께서 죽으신 목적이 여러분을 깨끗하고 거룩하게 하시려는 데에 있다는 것을 잊지 말아야 합니다(엡 5:25,26). 그리스도의 사랑을 받는 자녀답게 가장 거룩하신 주 예수 그리스도를 본받는 자가 되십시오.

우리가 또 본받아야 할 것은 그리스도의 순종하심입니다. 히브리서 5:8은 그리스도에 대해 "그가 아들이시면서도 받으신 고난으로 순종함을 배워서…"라고 말씀하고 있습니다. 어떤 이들에게 이 대목에 대해 이러한 의문을 가질지도 모르겠습니다. '그리스도께서 순종을 배우셨다니, 배우기 전에는 알지 못하셨다는 것인가? 그리스도께서는 완전한 지식을 가진 분이 아니신가? 어찌 사도는 그리스도께서 모르고 있던 것을 새로 배워 익숙하게 된 분으로 묘사하고 있는가?'라고 말입니다. 물론 그리스도께서는 지식에 완전한 분이십니다. 그분께서 가지신 지식에는 새로 첨가할 것이 없습니다. 사도가 말하고자 하는 바는 성육신하신 그리스도께서 이 땅에서 여러 고난을 받으시는 가운데 순종을 직접 체험하신 것에 대한 문제인 것입니다.

그리스도의 순종은 자원하시는 순종이었습니다. 강제나 억지로 하신 순종이 아니었습니다. 우리를 위한 구속의 일을 처음 떠맡으실 때부터 그러하셨습니다.

"내가 그 곁에 있어서 창조자가 되어 날마다 그의 기뻐하신 바가 되었으며 항상 그 앞에서 즐거워하였으며 사람이 거처할 땅에서 즐거워하며 인자들을 기뻐하였느니라"(잠 8:30,31).

영원 전부터 내다보시던 그 복된 하나님의 계획이 집행될 시간이 당도했을 때 그리스도께서는 아버지의 부르심에 기뻐하시며 힘차게 반응하셨습니다.

"그때에 내가 말하기를 내가 왔나이다 나를 가리켜 기록한 것이 두루마리 책에 있나이다"(시 40:7).

"나의 하나님이여 내가 주의 뜻 행하기를 즐기나니 주의 법이 나의 심중에 있나이다 하였나이다"(시 40:8).

그러나 그리스도께서는 전투에 임하는 자가 칼을 휘두르며 자신만만한 모습을 보이는 것과 같은 마음을 가지시지 않았습니다. 그리스도께서는 자원하는 마음으로 기꺼이 자기의 목숨을 내려놓을 준비를 하신 것입니다.

"내가 내 목숨을 버리는 것은 그것을 다시 얻기 위함이니 이로 말미암아 아버지께서 나를 사랑하시느니라 이를 내게서 빼앗는 자가 있는 것이 아니라 내가 스스로 버리노라 나는 버릴 권세도 있고 다시 얻을 권세도 있으니"(요 10:17,18).

그리스도의 자원하심은 희생제사의 본질과 형식을 그대로 따르시는 것이었습니다. 모든 희생 제사는 그런 식으로 드려져야 했기 때문입니다(레 1:3). 그리스도는 그 희생제사의 방식을 기꺼운 마음으로 따르셨습니다(엡

5:2).

오, 그리스도인들이여, 여러분은 이 그리스도의 순종의 발자취를 따르고 있습니까? 하나님의 일을 할 때 그저 억지로 마지못해 하고 있지는 않습니까? 무슨 일이든지 하나님을 위하여 자원함으로 하십시오. 그러면 상급을 얻을 것입니다. 억지로 한 일에 대가는 그저 받을 품삯에 불과한 것입니다 (고전 9:7).

그리스도께서는 하나님의 뜻으로 부과된 가장 어려운 임무에 대해서 항변하지 않으셨습니다.

"사람의 모양으로 나타나사 자기를 낮추시고 죽기까지 복종하셨으니 곧 십자가에 죽으심이라"(빌 2:8).

하나님의 진노의 쓴 잔이 임박했을 때, 그리스도의 인성(人性)은 번민하셨습니다. 하지만 곧 이렇게 기도하심으로 완전한 순종을 보이셨습니다.

"나의 원대로 마옵시고 아버지의 원대로 하옵소서"(마 26:39).

이것이 여러분이 따라가야 할 본입니다. 하나님께서 여러분을 쓰시기 위해 가장 고통스러운 일로 부르실 때 만약 여러분이 하나님의 그 뜻으로 충만함을 입었다고 말하며 기꺼이 그 부르심에 응할 수만 있다면, 여러분은 정말 복된 사람들일 것입니다. 바울의 순종이 그러하였습니다.

"나는 주 예수의 이름을 위하여 결박당할 뿐 아니라 예루살렘에서 죽을 것도 각오하였느니라"(행 21:18).

그리스도의 순종은 진지하고 순결하였습니다. 그 순종 뒤에 다른 목적을 숨겨 두지 않으셨습니다. 그리스도의 순종은 오직 하나님의 영광만을 위한 것이었습니다.

"아버지께서 내게 하라고 주신 일을 내가 이루어 아버지를 이 세상에서 영화롭게 하였사오니"(요 17:4).

그리스도께서는 사람들의 영예를 구하지 않으셨습니다. 그리스도의 영혼의 간절한 소원은 오직 하나, '아버지의 이름이 영화롭게 되는 것'이었습니다(요 12:28). 여러분의 순종 역시 그러해야 합니다. 여러분의 순종의 가장 알찬 진수가 진지함과 순결함에 있게 하십시오.

그리스도의 순종은 하나님에 대한 열망어린 사랑으로부터 흘러나온 것이었습니다.

"오직 내가 아버지를 사랑하는 것과 아버지께서 명하신 대로 행하는 것을 세상이 알게 하려 함이로라"(요 14:31).

우리의 순종도 그러해야 합니다. 하나님을 향한 열렬한 사랑으로 순종하십시오. 사랑은 '율법의 완성'입니다(롬 13:10). 율법이 요구하는 그 어떠한 의무도 사랑이 배제된 것이 없다는 것을 명심하십시오. 사랑 안에서 행해지는 순종이 아니라면 그 어떤 것도 받지 않으실 것입니다.

그리스도의 순종은 부단한 순종이었습니다. 죽으시는 순간까지 순종하기를 중단하지 않으셨습니다. 그리스도의 인내어리고 지속적인 순종을 본받으십시오(롬 2:7). 이것이 여러분에게 주어진 그리스도의 희망어린 명령입니다.

"죽도록 충성하라 그리하면 내가 생명의 관을 네게 주리라"(계 2:10).

그리스도의 거룩, 그리스도의 순종과 더불어 신자된 우리가 본받아야 할 본은 그리스도의 자기 부인입니다. 이것이야말로 신자들이 따라야 할 필연적 의무의 진수입니다(빌 2:4-6).

"우리 주 예수 그리스도의 은혜를 너희가 알거니와 부요하신 이로서 너희를 위하여 가난하게 되심은 그의 가난함으로 말미암아 너희를 부요하게 하려 하심이라"(고후 8:9).

하나님의 영광과 택한 백성들을 향하신 사랑 때문에 그리스도는 이 세상의 모든 명예와 풍요로움과 즐거움들을 부인하셨습니다.

"인자가 온 것은 섬김을 받으려 함이 아니라 도리어 섬기려 하고 자기 목숨을 많은 사람의 대속물(代贖物)로 주려 함이니라"(마 20:28).

그리스도께서는 세상에 계시는 동안 수많은 슬픔과 질고를 당하셨습니다(사 53:5). 그리스도께서는 공중의 새나 땅의 들의 짐승들이 가진 거처도 갖지 못하셨습니다.

"여우도 굴이 있고 공중의 새도 집이 있으되 인자는 머리 둘 곳이 없도다"(눅 9:58).

그러나 이러한 빈곤함은 자기를 부인하신 것 중 지극히 작은 부분에 불과했습니다. 그리스도께서 자기를 부인하신 것의 가장 큰 진수는 영원 전부터 아버지 품속에서 누리시던 말로 다 할 수 없는 기쁨과 즐거움을 뒤로하시고 우리를 위해 아버지의 진노의 잔을 기꺼이 마신 것에 있습니다. 그리스도께서 그것을 부인하신 것은, 실로 모든 것을 다 부인하신 것입니다. 그리스도께 속한 우리도 그래야 합니다. 우리의 머리되신 그리스도를 바라보고 우리도 자신을 부인하는 삶을 살아야 합니다.

우리가 가장 먼저 부인해야 할 것은 우리의 '본성적 자아'입니다(눅 14:26). 그리스노의 영광과 경쟁하여 제치려 하는 모든 것을 미워하십시오. 설령 그것이 여러분의 목숨이라 할지라도 말입니다(딛 2:12). '사회적인 자아' 역시 그리스도를 위해 우리가 부인해야 할 것입니다. 그것이 세상을 살아가기 위한 지성의 재능이든지(빌 3:8), 여러분이 가장 소중히 생각하는 사람들과의 관계이든지 말입니다(눅 14:26).

여러분은 그리스도를 위해 여러분 자신이 가지는 '도덕적인 자아'를 부인해야 합니다. 그것은 곧 '자기의 의(義)'입니다(빌 3:10). 모든 종교적인 의무에 대해 가지는 자아, 그것이 여러분이 가진 매우 탁월한 장점이라 할지라도 여러분은 그것을 부인할 준비가 되어 있어야 합니다. 하나님의 부르심에 합당하게 반응하십시오. '의무의 개념'에서가 아니라 '의(義)의 개념'에서 말입니다.

그리스도께서는 여러분을 위해 얼마나 큰 것을 부인하셨습니까? 하지만 우리는 어떠합니까? 우리는 그리스도를 위해 아주 작은 것도 놓치려 하지 않습니다. 그리스도께서는 모든 것을 얼마나 기꺼이 부인하셨습니까? 하나님 아버지의 명하심에 단 한 번도 반론을 제기하지 않으셨습니다. 사실 여러분을 위해 가장 작은 것이라도 부인해야 할 의무가 그리스도께 있다고 생각하십니까? 그럼에도 불구하고 그리스도께서 여러분을 위해 모든 것을 부인하셨다면 여러분은 가장 큰 것이라도 부인해야 할 강력한 당위성을 가진 사람들이라는 것을 기억하십시오. 그리스도를 영접한다는 것은 그 순간부터 그리스도를 위해 자신을 부인해야 당위성이 부여되는 일이라는 것을 잊지 말아야 합니다.

여러분이 그리스도를 위해서 자신을 부인함으로 받게 될 유익을 생각해 보십시오.

"이르시되 내가 진실로 너희에게 이르노니 하나님의 나라를 위하여 집이나 아내나 형제나 부모나 자녀를 버린 자는 현세에 여러 배를 받고 내세에 영생을 받지 못할 자가 없느니라 하시니라"(눅 18:29,30).

이것이 여러분이 자신의 일이 아닌 그리스도의 일을 바라보아야 할 충분한 이유가 아닙니까? 여러분은 빌립보에 대한 사도의 책망을 받지 않도록 주의해야 합니다.

"그들이 다 자기 일을 구하고 그리스도 예수의 일을 구하지 아니하되"(빌 2:21).

그리스도께서는 하나님께서 맡기신 일을 '성실함'으로 이루셨습니다.

"그가 두루 다니시며 선한 일을 행하셨다"고 기록되어 있습니다(행 10:38).

그 짧은 시간 안에 그리스도께서 얼마나 위대하고 영광스러운 일을 성취하셨습니까! 그리스도께서 성실하게 감당하신 일은 구속 받은 자들의 찬미로 영원토록 높여질 일입니다. 아버지께서 맡기신 일을 이루시기 위해서 그리스도께서 어떠한 모습을 보이셨는지 주목해보십시오.

그리스도의 마음은 언제나 하나님 아버지께서 맡기신 일에 가 있었습니다.

"내가 평안히 눕고 자기도 하리니 주의 법이 나의 심중에 있나이다"(시 40:8).

그리스도께서는 아버지께서 맡기신 일을 해 나가심에 있어서 결코 낙심하거나 약해지지 않으셨습니다(사 42:4).

"그는 쇠하지 아니하며 낙담하지 아니하고"(사 42:4).

그리스도께서는 아버지의 뜻을 이루기 위해서 얼마나 부지런하셨는지 모릅니다.

"때가 아직 낮이매 나를 보내신 이의 일을 우리가 하여야 하리라 밤이 오리니 그 때는 아무도 일할 수 없느니라"(요 9:4).

그리스도께서는 또 맡겨지신 일 가운데 주어지는 모든 기회를 그냥 지나쳐 버리지 않으셨습니다(요 4:6,7).

그리스도께서는 하나님의 일을 단념케 하거나 그 의지를 꺾는 일을 가장 불쾌히 여기셨습니다. 베드로에게 예리한 제동을 거신 이유도 바로 이 때문이었습니다.

"사탄아 내 뒤로 물러가라"(마 16:23).

그리스도께서는 하나님의 일이 성공적으로 진척되어가는 것을 가장 큰 즐거움으로 여기셨습니다(눅 10:20,21). 그리스도께서는 제자들이 그 시키신 일을 성공적 감당하였을 때 '성령 안에서 기뻐'하셨습니다. 십자가 상에서 아버지의 맡기신 일을 성취하셨을 때에 그리스도께서는 얼마나 놀라운 승리의 외침을 발하셨습니까!

"다 이루었다"(요 19:30).

그리스도인들이여, 여러분의 삶을 헛된 일로 보내지 마십시오. 그리스도께서 부지런하셨으니 여러분도 그러해야 합니다. 하나님께서 당신을 섬기도록 여러분을 채용하신 것이 얼마나 큰 영예입니까! 여러분은 영예로운 그릇입니다(딤후 2:21). 그 영예는 사도가 간절히 바라던 것이었습니다(롬 15:20). 엘리야김은 그 영광을 보며 박힌 못과 같은 견고함을 입었습니다. 그 영예가 많은 사람들로 하여금 하늘을 향해 경주하는 삶을 살게 하였습니다(사 22:23).

그러한 삶은 유혹의 때에 여러분을 넉넉히 지켜줄 것입니다. 여러분이 부단히 주님과 함께 하는 동안에 주님께서 여러분에게 힘을 주실 것이기 때문입니다(대하 15:2). 많은 신학자들은 '하늘에 있는 성도들의 복락의 진수는 과연 무엇인가'라는 궁금증을 가졌습니다. 그리고 이러한 결론을 내렸습니다. '끊임없이 하나님과 거하는 그들은 죄에서 완전히 자유로운 사람들이다'라고 말합니다. 시험의 때를 능히 이기는 자는 그리스도를 닮고자 부지런히 애를 쓰는 사람입니다. 그런 사람은 은혜를 활용하는데 있어서도 매우 놀라운 힘을 발휘합니다. 왜냐하면 은혜로운 습관들은 금방 얻어지는 것은 아니지만 하면 할수록 그 습관들은 크게 진보하기 때문입니다.

"무릇 있는 자는 받아 풍족하게 되고"(마 25:29).

루터가 '믿음은 순종으로 말미암아 향상된다'라고 말한 것은 매우 좋은 지적입니다.

하나님에 일을 부지런하고 성실하셨던 그리스도를 본받는 일은 하나님의 사랑을 확신하는 가장 빠른 길입니다(벧후 1:19). 이 길이 하늘에서 지상으로 통하는 길이라는 것을 잊지 마십시오. 이 길이 또한 여러분을 침륜(沈淪)에 빠지지 않게 지켜주는 크고 안전한 방책이 될 것입니다. 영적인 의무에 대한 작은 소홀함과 게으름이 반복되면 영혼은 결국 배도의 길에 이르게 됩니다. 여러분의 처음 행위, 처음 사랑을 찾으십시오. 그것이 훗날 여러분의 사망의 밤에 크고 특별한 위안이 될 것입니다(벧후 1:11 ; 왕하 20:3).

우리가 또 주목하고 본받아야 할 그리스도의 탁월한 요점 중 하나는, 하나님과 하나님을 섬기는 일을 누구보다 즐거워하셨다는 것입니다. 신자들은 정말 이 점을 본받아야 합니다.

"이르시되 내게는 너희가 알지 못하는 먹을 양식이 있느니라…나의 양식은 나를 보내신 이의 뜻을 행함이요 그의 일을 온전히 이루는 이것이니라"(요 4:32).

그리스도께서는 모든 즐거움을 하늘에 속한 것으로부터 얻으셨습니다. 그리스도께서는 지상에서 일하실 때에도 마치 하늘에 계신 것처럼 사시며 하나님을 즐거워하셨습니다. 여러분이 참된 그리스도인들이라면 여러분도 그러할 것입니다. 새로움을 입은 마음은 하나님과 하나님께 속한 일들을 통해 선한 즐거움과 만족을 가질 수밖에 없기 때문입니다.

그것이 영적인 것에 대해 가지는 영적 기쁨의 본질입니다. 하나님과 영적인 것들을 통해 마음이 쉼과 만족을 얻는 것이 그 본질의 내용인 것입니다. 그리스도인의 새로워진 마음은 영적인 것들을 향한 경주를 통해 마음에 하나님께 대한 믿음과 소망이 역사할 때 최고조의 만족을 얻습니다. 이는 마치 예민하고 까다로운 미각을 가진 사람이 비로소 최고 맛을 가진 요리를 만나 그 풍미를 맛보고 느끼는 만족과도 같은 것입니다(시 63:5,6 ; 119:14,24 ; 17:15).

영적 기쁨의 대상이 무엇입니까? 그것은 곧 하나님 자신이며, 하나님과 연관된 것들입니다. 하나님께서는 모든 영적 기쁨의 원천이십니다.

"하늘에서는 주 외에 누가 내게 있으리요 땅에서는 주 밖에 내가 사모할 이 없나이다"(시 73:25).

새로움을 입은 마음은 곧 영적 기쁨의 주체입니다. "내 속 사람으로는 하나님의 법을 즐거워하되"(롬 7:22).

새로워지지 않은 마음은 영적인 것으로부터 어떠한 기쁨도 얻지 못합니다. 이는 미각이 마비되어 있는 사람이 훌륭한 요리의 맛을 보지 못하고, 귀가 들리지 않는 사람이 가장 아름다운 선율의 소리도 듣지 못하는 것과 같습니다. 영적인 것 역시 마찬가지입니다.

여러분, 그리스도인의 삶은 하나님 안에서 즐거움을 누리는 삶입니다.

"나의 하나님이여 내가 주의 일 행하기를 즐기오니"(시 40:8).

이는 외식자가 결코 가질 수 없는 부분입니다. 그들은 외적인 부분에 있어서는 다른 사람들과 똑같거나 오히려 더 탁월한 모습을 보입니다. 그러나 그들에게는 하나님과 영적인 이들에 대한 즐거움이 없습니다. 그들을 움직이는 것은 양심의 가책일 뿐입니다. 아니면 자기의 세상적 목적을 이루기 위함일 것입니다.

하나님을 즐거워함은 성도를 견인(堅忍)해 주는 최고의 도움과 방편입니다. 얼마나 많은 사람들이 믿음의 달콤함을 맛보지 못함으로 믿음과 쉽게 결별하는지 모릅니다. 그들은 믿음 생활 속에서 어떠한 즐거움도 가지지 못했기 때문입니다. 하나님의 율법을 즐거워하는 그리스도인은 밤낮으로 그것을 묵상하지 않을 수 없습니다. 그 사람은 결국 물가에 심긴 나무와 같을 것이며, 그 잎은 마르지 않을 것입니다(시 1:2,3).

그리스도인인 여러분이 하나님을 즐거워하는 것은 하나님을 믿는 것에 아직 낯선 사람들에게 믿음을 매우 아름답게 보이도록 하는 가장 효과적인 동기가 됩니다. 여러분이 즐거워하지 않는 것을 어찌 다른 사람에게 권할 수 있겠습니까? 즐거움으로 하나님을 섬기는 자라야만 시편 34:8의 말씀과 같이 말할 수 있는 것입니다.

"너희는 여호와의 선하심을 맛보아 알지어다 그에게 피하는 자는 복이 있도다"(시 34:8).

하나님을 즐거워하는 자만이 하나님의 뜻이 땅에서 이루어지는 일을 기뻐하고 동참합니다. 하지만 여러분은 이러한 의문을 가질 수도 있을 것입니다. '진지한 그리스도인들도 지치지 않겠는가? 어찌 한결같은 즐거움으로 의무를 수행할 수 있겠는가?'라고 말입니다.

물론 그러합니다. 그들도 때론 지칠 수 있다는 것은 의심할 여지가 없습니다. 하지만 그들이 그러한 처지에 놓인다고 해도 마음이 정상적인 궤도를 벗어난 것은 아닙니다. 그들의 경우를 새로움을 전혀 입지 못한 사람의 상태와 비교할 수는 없습니다. 그들이 아무리 지치고 힘들어한다 해도 그들을 올바른 기조에서 완전히 벗어난 자들로 볼 수는 없는 것입니다.

그리스도께서는 지상에 계시면서 단 한번도 사람들에 대한 악의에 찬 마음을 가지신 적이 없었습니다. 이 또한 신자인 우리가 본받아야 할 그리스도의 탁월한 본입니다. 예수님께서는 어떤 사람도 해롭게 하시거나 공격하지 않으셨습니다. 이는 사도가 히브리서 7:26에서 말한 바와 같습니다.

"이러한 대제사장은 우리에게 합당하니 거룩하고 악이 없고 더러움이 없고 죄인에게서 떠나 계시고 하늘보다 높이 되신 자라"(히 7:26).

주님께서는 당신 자신의 자유권을 활용하여 부담을 덜려고 하시지도 않으셨습니다.

"그러나 우리가 그들이 실족하지 않게 하기 위하여 네가 바다에 가서 낚시를 던져 먼저 오르는 고기를 가져 입을 열면 돈 한 세겔을 얻을 것이니 가져다가 나와 너를 위하여 주라 하시니라"(마 17:27).

그리스도를 대적하는 원수들은 그리스도가 넘어지기만을 벼르고 있었지만 그들 중 누구에게도 악의를 나타내신 적이 없었습니다(눅 6:7).

오, 믿음을 고백하는 신앙고백자들이여, 여러분은 그리스도의 삶에 이 은혜로운 탁월성을 본받는 자들이 되어야 합니다.

"이는 너희가 흠이 없고 순전하여 어그러지고 거스르는 세대 가운데서 하나님의 흠 없는 자녀로 세상에서 그들 가운데 빛들로 나타내며"(빌 2:15).

언제나 신중하게 행동하십시오. 어떠한 경우라도 흠이 없도록 애를 쓰십시오.

"너희는 뱀처럼 지혜롭고 비둘기처럼 순결하라"

여러분이 실족하지 말아야 하는 것은 그리스도의 주신 명령입니다(고전 10:32 ; 고후 6:3).

사랑하는 여러분, 여러분은 그리스도의 이름을 붙이고 있는 사람입니다. 그리스도의 명예가 여러분의 행실에 달려 있다는 것을 잊지 마십시오. 만약 여러분이 이 점을 간과하고 불손한 행실을 보인다면 그리스도의 이름이 세상에서 모독을 받을 것입니다(약 2:7). 여러분의 선한 행실만이 비방자들의 입을 막는 오직 유일한 방편입니다(벧전 2:15). 신앙을 고백하는 자들의 느슨하고 수치스러운 삶처럼 음란한 시대 속에 사는 이방인들에게 그리스도를 대적할 기회를 열어 주는 일은 없습니다. 그럴 경우 이방인들은 이렇게 말할 것입니다. '구속받은 자들이라고 스스로 떠벌이고 있는 자들을 보라. 세상에 대하여 죽었다고 뽐내는 그들이 정욕의 삶을 살고 있지 않은가'라고 말입니다. 그러한 삶은 다른 이들의 영혼을 실족하게 하는 삶입니다. 이에 대해 살비안(Salvian)은 이렇게 말하고 있습니다. '그들이 믿는다는 보편적 법은 어디로 사라졌는가? 그들이 배웠다는 경건과 사랑의 실례들은 과연 어디에 있는가?' 오, 그리스도인들이여, 다른 사람들의 영혼이 망하게 된 책임이 여러분 자신에게 있지 않도록 하십시오.

여러분은 성화와 섭리적인 경륜을 위해 일하시는 하나님의 목적에 누구보다 부합하게 살아가야 할 사람들입니다. 여러분이 그러한 삶을 산다면 그리스도께 더 많은 사람들이 나오게 될 것입니다(벧전 3:1). 인간적 덕행을 최고로 여기는 이교도들에게 참된 믿음의 행실이 무엇인지 보여주십시오. 그들도 여러분이 가진 믿음을 매력적으로 인정하게 될 것입니다.

"나는 마음이 온유하고 겸손하니 나의 멍에를 메고 내게 배우라 그리하면 너희 마음이 쉼을 얻으리니"(마 11:29).

그리스도께서는 친히 당신의 백성들에게 자신을 본으로 제시하셨습니다. 당신의 모든 영광을 비우시고(빌 2:5-7) 제자들의 발을 씻기실 정도로 가장 미천한 직무에 자신을 내려뜨리기까지 하시면서 말입니다. 주님께서 예루살렘에 들어오실 때 사람들은 종려나무 가지를 흔들며 '호산나, 다윗의 아들이여, 지극히 높은 곳에서는 호산나'라고 외쳤습니다. 하지만 그리스도께서는 그럼에도 불구하고 얼마나 자신을 낮추시고 겸손해 하셨습니까.

"그는 겸손하여 나귀, 곧 멍에 메는 짐승의 새끼를 탔도다 하라 하였느니라"(마 21:5).

그리스도의 낮아지심은 모든 국면에서 나타났습니다. 어떠한 행동들에서도 높아지시려는 모습을 보이지 않았습니다(요 3:14). 사람들 중에서 가장 악한 자들로 여겨졌던 자들에게 친히 다가가심으로 사람들로부터 '세리와 죄인들의 친구'로 불리움을 당하여셨습니다(마 11:19). 그리스도께서는 하나님의 영광과 우리의 구원을 위해서 가장 낮은 자리를 마다하지 않으셨습니다.

그리스도인들이여! 이것이 우리가 따라야 할 본입니다. 우리는 온유하고 겸손하신 주님의 자취를 따라가야 합니다. 겸손으로 옷 입으십시오(벧전 5:5). 사람들이 세상의 것들을 소유하기 위해 가장 큰 자가 되려는 야심을 가질 때, 여러분은 그리스도께 속한 가장 작은 자가 되기를 바라십시오. 세상으로 하여금 여러분이 하나님을 위하여 자신의 교만을 죽인 사람들이라는 것을 보여주십시오. 여러분이 가진 모든 습관에 겸손이 나타나도록 하십시오(벧전 3;3 ; 딤전 2:9,10). 세상에서 가장 보잘 것 없이 보이는 자라 할지라도 그가 주님을 경외하는 자라면 여러분은 그를 결코 멸시하지 말아야 합니다(시 15:4 ; 롬 12:16). 여러분의 입술에서 나오는 말은 무엇이든지 합당한 것이어야 합니다(엡 3:8). 그리고 모든 성도들 중 가장 작은 자보다 더 작은 자가 되십시오. 하나님 앞에서 여러분 자신을 낮게 평가하고 비천한 자로 여기는 자가 되십시오(딤전 1:15).

교만이 얼마나 비열한 뿌리에서 나오는 것인지 여러분은 알고 계십니까? 하나님을 알지 못하는 무지에서 이러한 죄가 야기됩니다. 겸손할 수 있는 자는 오직 하나님을 아는 자입니다(사 6:5). 하나님을 알고 그 하나님에서 앞에서 자신이 어떤 존재라는 것을 아는 자들은 결코 교만하지 않습니다(롬 7:9).

교만이 어떠한 결과를 산출하는지 생각해 보십시오. 교만은 하나님으로부터 영혼을 떼어냅니다(시 138:6). 교만은 하나님을 격동시키는 일입니다

(욥 40:11, 12). 교만은 멸망과 무서운 넘어짐의 선봉인 것입니다(잠 10:18).

교만은 죄인의 대표적인 표지입니다.

"보라 그의 마음은 교만하며 그 속에서 정직하지 못하나 의인은 그의 믿음으로 말미암아 살리라"(합 2:4).

그리스도인된 여러분과 교만은 결코 어울리지 않습니다. 여러분이 가진 지식과 여러분 자신이 가진 부패와 영적 부족에 대해 탄식하는 것과 교만은 얼마나 모순된 죄입니까? 교만은 예수 그리스도와 정반대되는 속성입니다. 그리스도께서 교만을 가르치신 적이 있습니까? 그리스도부로터 겸손을 배우십시오. 하나님께서 이것을 존귀하게 여기실 것입니다(사 57:15).

이 세상에 오신 주님께 떨어진 몫을 생각해 보십시오. 그것은 가장 깊은 곤궁(困窮)과 경멸의 조건이었습니다. 하지만 그리스도께서는 그럼에도 불구하고 만족하셨습니다.

"내게 줄로 재어 준 구역은 아름다운 곳에 있음이여 나의 기업이 실로 아름답도다"(시 16:6).

그리스도께서는 가장 큰 고난의 때에도 입을 열지 않으셨습니다.

"그가 곤욕을 당하여 괴로울 때에도 그의 입을 열지 아니하였음이여 마치 도수장으로 끌려가는 어린 양과 털 깎는 자 앞에서 잠잠한 양 같이 그의 입을 열지 아니하였도다"(사 53:7).

우리가 이러한 그리스도의 본을 배우기만 한다면 얼마나 좋을지요. 그렇다면 우리의 입에서 하나님을 원망하는 불평과 불만의 말들이 사라질 것입니다. 하나님께서 우리를 매우 협소하고 고통스러운 자리도 인도하신다 할지라도 말입니다.

여러분은 그리스도 안에서 하나님의 용서를 받지 않았습니까? 여러분은 하나님과 화해한 자들이 아닙니까? 그렇다면 불평의 말을 쏟아내기 위해 입을 열지 마십시오(겔 16:63). 하나님께서 여러분을 협착한 곤궁한 상태에 언제까지나 내버려두시지 않을 것이라는 존귀한 약속들이 있지 않습니까?(히 13:5 ; 사 41:17) 여러분의 전 생애를 돌아보십시오. 여러분의 삶 전체는 신실하신 하나님의 약속을 체험하는 삶이지 않았습니까? "이것들이 아침마다 새로우니 주의 성실하심이 크시도소이다"(애 3:23).

신자인 여러분이 당하는 모든 환란은 유익한 은택이라는 사실을 잊지 마십시오. 그 환난이 여러분을 죄에 빠지지 않도록 지켜주고 마음을 세상에 두지 않게 함으로 구원의 유익이 되게 할 것입니다. 불평하지 마십시오. 환난 뒤에 찾아 올 하늘의 복락이 무엇인지 기대하시면서 말입니다.

여러분이 모든 고통에서 벗어나 그 아픔을 온전히 털어낼 때가 멀지 않았습니다. 여러분이 이러한 것들로 염려하는 시간도 얼마 남지 않았습니다(고전 7:26). 땅에 속한 위로의 촛불이 꺼질 때 새로운 날이 밝을 것입니다. 그 때가 오면 여러분에게 더 이상 촛불은 필요 없다는 것을 기억하십시오.

이 땅에서 여러분에게 주어진 몫은 하나님의 경륜에 따라 주어진 것이라는 사실을 잊지 마십시오. 그것이 아무리 나쁘다 한들 이 세상에 계셨던 그리스도께서 처하셨던 조건보다 훨씬 더 쉽고 달콤하다는 것을 알아야 합니다. 그리스도께서는 그러한 궁핍한 처지 가운데서도 만족해 하시지 않았습니까?

그러니 모든 그리스도인들이여, 여러분은 어떤 마음을 가져야 하겠습니까?

30장

그리스도를 본받아야 할 이유

"그의 안에 산다고 하는 자는 그가 행하시는 대로 자기도 행할지니라"

_요일 2:6

지난 강론을 통해 여러분은 '그리스도께 참여하였다고 주장하는 사람은 그 믿음의 진실성을 그리스도를 본받는 것으로 증명해야 한다'는 것을 배웠습니다. 이 요점을 위해 그리스도를 본받는다는 것이 무엇을 의미하는지, 그리스도의 삶 속에서 우리가 본받아야 할 탁월한 요점들이 무엇인가에 대해서 숙고해 보았습니다. 이제 우리는 그리스도를 본받는 일이 우리에게 필요한 이유를 좀 더 자세히 살펴볼 것입니다.

이 문제는 구원의 질서와 관련이 있습니다. 그리스도를 본받는 일은 하나님께서 지정해 놓으신 구원에 이르는 방편들과 순서에 반드시 포함되어야할 확정된 방식이기 때문입니다.

"하나님이 미리 아신 자들을 또한 그 아들의 형상을 본받게 하기 위하여 미리 정하셨으니 이는 그로 많은 형제 중에서 맏아들이 되게 하려 하심이니라"(롬 8:29).

그리스도를 본받는 것은 사람들을 구원하시기로 예정하신 하나님께서 정해 놓으신 일입니다. 하늘의 일은 결코 질서에서 벗어나 돌아가지 않습니다. 구원을 받았음에도 불구하고 그리스도를 본받지 않는 것은, 그리스도 없이 구원을 얻을 소망을 가지는 모순과 다를 바가 없는 것입니다. 그리스도와의 신비로운 연합은 성도가 그리스도의 본에 일치되는 모습을 가지는 것을 요구합니다. 만약 그 조건이 성립되지 않는다면 그리스도의 몸된 지체인 신자들과 머리되신 그리스도는 결국 서로 전혀 다른 존재가 된다는 말이 되는 것입니다. 그 모습을 상상해 보십시오. 얼마나 기괴하기 짝이 없는 모습이겠습니까?

"그 우상의 머리는 순금이요, 가슴과 두 팔은 은이요, 배와 넓적다리는 놋이요, 그 종아리는 철이요, 그 발은 얼마는 철이요 얼마는 진흙이었나이다"(단 2:32,33).

순전하고 거룩한 머리이신 그리스도께서 세상에 속한 성질을 가진 지체들을 가진다는 것이 가당치나 한 일입니까?

"무릇 흙에 속한 자들은 저 흙에 속한 자와 같고 무릇 하늘에 속한 자들은 저 하늘에 속한 이와 같으니 우리가 흙에 속한 자의 형상을 입은 것 같이 또한 하늘에 속한 이의 형상을 입으리라"(고전 15:48,49).

우리는 부활하여 그리스도를 완벽하고 완전하게 닮게 될 것입니다. 하지만 그 밑그림은 지상에 있는 신자들 속에서 드러나기 시작해야 합니다.

신자들은 그리스도를 따르는 자들, 또는 그리스도와 동반하는 자들로 불려집니다(시 14:7). 신자들이 그러한 호칭으로 불리우는 까닭은 신자들이 머리되신 그리스도와 같은 심정을 가져야 마땅한 자들이기 때문입니다(살전 4:8). 하나님께서 그리스도께 한량없이 부어주신 성령과 우리에게 부어주시는 성령은 같은 분이십니다. 같은 성령님의 원리 아래 같은 열매와 같은 역사가 산출되는 것은 당연한 일입니다. 물론 우리에게 주어진 은혜의 분량과 비율은 차이가 있습니다만 우리에게 성령님을 부어주신 하나님의 목적과 의도를 동일합니다(겔 36:67). 성령님을 우리에게 내주(內住)하도록 하신 것은 우리에게 순종과 실천의 원리를 심어주시기 위함입니다. 사람들로 하여금 마음을 고양시켜 정서를 하늘에 속한 것들에 두게 하며, 세상의 찌끼로부터 마음을 정화시켜 성결과 순종의 삶을 살도록 조절하시기 위해 우리에게 성령님을 내주하도록 하시는 것입니다. 성령님의 내주하심은 사람들을 순화하고 변화시켜 자기들의 머리이신 예수 그리스도와 같은 형상으로 동화되도록 작용합니다(고후 3:18).

그리스도께서 친히 육신을 입으시고 세상에 나타나신 목적과 의도는 우리가 그리스도를 본받아야 할 필요성을 입증합니다. 마태복음 20:28은 그리스도의 성육신의 주도적 목적이 그분의 피로 하나님의 공의를 만족시키는 것임을 말하고 있습니다. 그리스도의 성육신은 또 우리가 본받아야 할 성결의 본보기로 세우신 일입니다.

"이를 위하여 너희가 부르심을 받았으니 그리스도도 너희를 위하여 고난을 받으사 너희에게 본을 끼쳐 그 자취를 따라오게 하려 하셨느니라"(벧전 2:21).

그리스도의 본은 그 자체로 신자들이 마땅히 따라야 할 당위성을 가지고 있습니다. 왜냐하면 그리스도는 지체된 신자들의 머리가 되시기 때문입니다.

"너희 안에 이 마음을 품으라 곧 그리스도 예수의 마음이니"(빌 2:5).

그리스도를 본받는 일은 신자들을 향한 엄위(嚴威)하신 요구입니다.

"누구든지 자기 십자가를 지고 나를 따르지 않는 자도 능히 내 제자가 되지 못하고"(눅 14:27).

"사람이 나를 섬기려면 나를 따르라 나 있는 곳에 나를 섬기는 자도 거기 있으리니"(요 12:26).

이는 진지한 신자가 그리스도의 제자, 그리스도의 사람답기 위해 반드시 지켜야 할 조항인 것입니다. 우리는 이 문제에 대한 재가(裁可)를 우리 스스로의 마음으로부터 받아내야만 합니다. 우리의 마음이 그리스도를 따라 그 본을 따르겠다는 결심을 한 적이 단 한 번도 없다면, 우리가 그리스도께 참여했다고 생각하는 것은 우리 스스로를 속이는 외식에 불과합니다. 이는 성경에 제시된 주님의 요구 조건에 전혀 맞지 않는 처사인 것입니다(롬 8:1). 성경은 그리스도의 사람들을 분명하게 묘사하고 있습니다.

"만일 우리가 성령으로 살면 또한 성령으로 행할지니"(갈 5:25).

그리스도께서 존귀한 분이시라는 사실은 그분을 따르는 그리스도인들이 마땅히 그 본을 따라 행할 필연성을 가지고 있다는 것을 함축합니다. 그렇지 않는다면 여러분을 모략하는 사람들의 입을 무슨 수로 막겠으며, 세상의 능욕으로부터 어떻게 그리스도의 이름을 방어할 수 있겠습니까? 그리스도의 본을 따르지 않으면서 어떻게 그리스도의 자녀들로서의 지혜의 정당성을 입증할 수 있겠냐는 말입니다. 때를 따라 일어나는 정욕을 차단할 수 있는 가장 효과적인 방도는 그리스도의 본을 따르는 삶을 사는 것입니다. 세상이 우리를 바라보고 있다는 사실을 기억하십시오. 우리가 무엇을 말하며, 무엇을 실천하는지 말입니다. 우리는 입으로 고백하는 것과 실천하는 것 사이의 일관성을 그들에게 보여주어야 합니다. 그렇지 않는다면 주 예수 그리스도의 이름과 존귀함은 우리로 인해 조금도 변호되지 않을 것입니다.

신앙을 가지고 있다는 자들로 인해 오히려 그 신앙이 세상의 비판을 받게 되는 일이 얼마나 허다합니까. 기독교 신앙에 비판받을만한 것이 없음에도 불구하고 말입니다. 기독교는 신자들의 방종을 엄격히 비판합니다. 신앙을 고백하는 자들의 방종한 행동들은 결단코 기독교의 원리에서 흘러나오는 것이 아닙니다. 오히려 그 정반대입니다.

"모든 사람에게 구원을 주시는 하나님의 은혜가 나타나 우리를 양육하시되 경건하지 않은 것과 이 세상의 정욕을 다 버리고 신중함과 의로움과 경건함으로 이 세상에 살고"(딛 2:11,12).

이것이 기독교의 탁월성에 대한 논증입니다. 이는 악한 사람들도 인정하는 부분입니다. 그들도 기독교의 이름과 신앙 고백자의 반열에 자신이 들고 싶어하는 은근한 마음을 가지기 때문입니다. 물론 악한 자들은 신앙고백이라는 망토 밑에 자기들의 악을 숨기려는 자들입니다. 그들로 인해 탁월한 기독교 신앙은 세상 중에서 크게 모독을 받습니다. 모든 신자들이 세상에 있는 사람들의 양심이 외경스러운 존경심을 가질 수 있는 행실을 보였다면 외식자들이 그런 목적으로 신앙을 모독하는 일은 없었을텐데 말입니다. 신앙을 고백하는 여러분이여, 여러분의 행실로 인해 기독교 신앙의 체면이 깎이는 일이 없도록 하십시오. 그러한 일이야말로 무신론을 향하도록 세상을 가장 부추기는 일이 아닐 수 없습니다.

여러분이 어떠한 고백을 하였든지 간에 그리스도의 거룩한 삶을 본받기 위해 애를 쓰지 않는다면 여러분이 그리스도께 참여하였다고 하는 주장은 결코 인정받을 수 없습니다. 만약 그렇지 않다면 세상은 그리스도인들로 넘쳐났을 것입니다. 그들 대부분이 입으로 신앙을 고백할 뿐 실상 방종하고 형식적인 삶을 살아가는 자들이라 해도 말입니다. 세상에는 그리스도인이란 명찰을 달고 있음에도 불구하고 육체를 따라 살아가는 자들로 가득합니다(롬 8:5). 그들은 세상의 방식에 따라 자기들을 불의의 병기로 죄에 드리는 자들입니다. 그들은 엄격하고 경건한 삶을 속박으로 여깁니다.

신앙을 고백한 그리스도인들여, 하나님께서는 그리스도의 본을 따라 걷지 않는 사람들을 그리스도인으로 결코 인정하지 않으십니다. 그 길은 매우 좁습니다. 그러므로 그 길을 찾는 이가 적습니다. 곧 세상에 참된 그리스도인들이 그리 많지 않다는 것입니다.

참된 기독교 신앙이 세상에서 영향력을 발휘하지 않은 한, 유행병처럼 번지는 세상의 악은 치료될 수 없습니다. 오, 그들이 기독교 신앙의 능력 아래 이끌림을 받아 거룩한 순종으로 그리스도를 따라 행한다면 얼마나 좋겠습니까? 그렇게만 된다면 하루가 멀다하고 들려지는 비참한 소문은 사라지고 말텐데 말입니다.

"젖 먹는 아이가 독사의 구멍에서 장난하며 젖 뗀 어린 아이가 독사의 굴에 손을 넣을 것이라 내 거룩한 산 모든 곳에서 해 됨도 없고 상함도 없을 것이니 이는 물이 바다를 덮음 같이 여호와를 아는 지식이 세상에 충만할 것임이니라"(사 11:8,9).

하늘에 속한 거룩한 심령과 겸손, 자기부인과 순종, 부지런함, 이 모든 것이 그리스도께 있습니다. 이것은 모든 진지한 그리스도인들마다 어느 분량이든지 드러야 할 마땅한 영적 속성입니다. 신자는 그리스도의 덕행을 밖으로 드러내야 하는 사람입니다. 성령님의 은혜를 받은 자들은 그것이 많든 적든 반드시 드러내게 되어 있습니다. 그것은 얼마나 사랑스럽고, 얼마나 달콤하게 보이는 일입니까!

"우리가 보고 들은 바를 너희에게도 전함은 너희로 우리와 사귐이 있게 하려 함이니 우리의 사귐은 아버지와 그의 아들 예수 그리스도와 더불어 누림이라"(요일 1:3).

그리스도 안에 있는 사람들과 교제하는 것은 매우 큰 행복이 아닐 수 없습니다. 성도들과의 교제를 통해 즐거움을 누리십시오. 선한 일에 힘쓰는 사람과 교제하기를 힘쓰십시오.

"땅에 있는 성도들은 존귀한 자들이니 나의 모든 즐거움이 그들에게 있도다"(시 16:3).

하지만 여기서 한 가지 여러분이 염두에 두어야 할 것은, 모두가 같은 그리스도인들이라 해도 각자가 은혜에 있어서 다소간의 차이를 가지고 있다는 사실입니다. 가장 훌륭해 보이는 그리스도인이라 할지라도 이 땅에서는 부분적으로만 성화(聖化)가 된 상태라는 것을 기억하십시오. 영적으로 가장 달콤한 매력을 가진 사람도 쓰고 혐오스러운 것이 있다는 사실을 잊지 마십시오. 여러분의 깊은 사랑을 이끌어내는 충만한 매력을 가진 사람에게 여러분의 인내와 긍휼을 보여야 할 때가 있는 것입니다. 하지만 확실한 것은, 이러한 연약함에도 불구하고 성도는 세상에서 만날 수 있는 가장 훌륭한 동료라는 사실입니다.

이 땅에는 큰 착각 속에 빠져 살아가는 이들이 너무나 많습니다. 그리스도의 행실을 따라 사는 의무를 거절하면서도 자기들이 기독교의 여러 특권에 참여하고 있다고 생각하며 뽐내는 사람들이 그러합니다. 그들은 그리스도께 통제를 받지 않으면서 그리스도로 말미암은 구원을 받았다는 헛된 희망을 가진 자들입니다. 성경 어디를 찾아 보아도 그들의 그러한 주장을 뒷받침해주는 근거는 발견되지 않습니다. 아니 성경은 오히려 그들을 강하게 책망하고 있습니다.

"불의한 자가 하나님의 나라를 유업으로 받지 못할 줄을 알지 못하느냐?"(고전 6:9)

스스로를 기만하지 마십시오. 간사를 행하는 자나, 우상 숭배자나, 음행을 행하는 자나, 남색하는 자나, 사람을 호리는 자들이나, 도적질 하는 자들이나, 탐하는 자들이나, 술취한 자들이나, 후욕하는 자들이나, 착취하는 자는 결단코 하나님의 나라를 유업으로 받을 수 없습니다. 이 한 구절의 말씀만으로도 수많은 사람들이 지옥행을 선고받을 수 있습니다.

기독교 신앙을 고백하는 모든 사람들은 마땅히 그 품행을 견지하는 범위 내에서 그리스도의 은택을 기대할 수 있을 것입니다. 오, 신앙 고백자들이여, 이 세상을 본받지 마십시오. 마음을 새롭게 하고 변화를 받으십시오. 그리스도의 본을 여러분 앞에 놓으시고, 힘써 그 자취를 따라 가려고 애를 쓰십시오. 이것이 여러분에게 주어진 기독교 신앙의 위대한 임무이며, 복음의 본질입니다.

그리스도께서는 여러분을 위해 성육신하심으로 당신 자신을 한없이 낮추셨습니다. 그러니 여러분은 순종과 성화의 방식으로 그리스도께 여러분 자신들을 맞추어야 하지 않겠습니까? 하늘의 찬란한 영광이신 그리스도께서 낮은 피조물에게 가까이 나아오셨는데 여러분이 어찌 그리스도께 가까이 나아가지 않을 수 있겠습니까? 이것은 이치에 매우 합당한 일입니다.

그리스도께서는 우리의 인성을 취하시고(히 2:14) 우리의 연약을 취하셨으며(롬 8:3), 우리가 처한 비참한 조건까지도 취하심으로 스스로 율법 아래로 들어오셨습니다.

"때가 차매 하나님이 그 아들을 보내사 여자에게서 나게 하시고 율법 아래에 나게 하신 것은…"(갈4:4).

무한히 탁월하신 분께서 연약하고 보잘 것 없는 우리에게 자신을 맞추셨습니다. 그렇다면 우리도 그분께 우리 자신을 맞추어야 하지 않겠습니까? 그리스도께 당신의 영광을 비우셔야 할 의무나, 우리를 영광스럽게 하시기 위해 자신을 순응시켜야 할 당위성이 있는 것입니까? 결코 그렇지 않습니다. 하지만 그분은 마치 그러한 의무를 가지신 것처럼 여러분에게 자신을 맞추지 않으셨습니까. 그러니 여러분이 어찌 여러분의 삶을 그분께 맞추지 않을 수가 있습니까?

여러분, 힘을 내십시오. 머지않아 여러분의 영광이 그리스도의 영광 가운데서 빛을 발하게 될 것입니다.

"사랑하는 자들아 우리가 지금은 하나님의 자녀라 장래에 어떻게 될 지는 아직 나타나지 아니하였으나 그가 나타나시면 우리가 그와 같을 줄을 아는 것은 그의 참모습 그대로 볼 것이기 때문이니"(요일 3:2).

그렇습니다. 여러분의 영혼 뿐만 아니라 여러분의 낮은 몸도 변하여 그분의 영광의 형체와 같이 될 것입니다. 이 점을 기억하고 힘을 내십시오. 그리스도를 본받는 여러분의 삶이 곧 영광 속에서 그리스도와 같아질 것에 대한 증거라는 사실을 부여 잡으십시오!(롬 6:5 ; 벧후 3:11)

그리스도를 따라 순응하는 삶을 영위하려고 애를 쓰는 여러분의 모습은, 여러분이 세상에서 보일 수 있는 가장 고상하고 위대한 모습입니다. 은혜의 분량은 바로 이 원칙에 의해서 평가되는 것입니다. 피조물이 자신의 창조의 원천을 깨달아 가까이 나아가는 일은 그 피조물이 큰 탁월성을 가졌다는 사실을 입증하는 일입니다. 은혜 안에서 그리스도를 닮아가려고 애를 쓰십시오. 그러면 그럴수록 여러분의 영혼은 신령한 영광 속에서 더욱 뚜렷하고 눈부시게 빛나게 될 것입니다.

여러분이 만약 그러한 삶을 살아간다면, 여러분은 세상에서 매우 유익한 사람이 될 것입니다. 하나님께서 여러분을 도우심으로 여러분은 많은 사람들을 그리스도 안에서 세우는 자들이 될 것입니다. 그리스도를 따르는 여러분을 세상이 따르게 하는 것, 그것이 복음의 원리입니다.

"내가 그리스도를 본받는 자 된 것같이 너희는 나를 본받는 자가 되라."

삶의 모든 여정을 마치는 순간, 사람들은 그리스도를 본받은 여러분의 삶을 기억할 것입니다.

"이로 말미암아 내가 주 안에서 내 사랑하고 신실한 아들 디모데를 너희에게 보내었으니 그가 너희로 하여금 그리스도 예수 안에서 너희 행사 곧 내가 각처 교회에서 가르치는 것을 생각나게 하리라"(고전 4:17).

그리스도의 삶을 좇는 것은 그리스도인에게 지극히 합당한 행실입니다. 이것이 바로 '주께 합당히 행하는 것'입니다(살전 2:12). 그리스도인으로서의 품격이나 단정한 행실을 보이는 것이 신자들이 마땅히 행해야 할 일인 것입니다. 이것은 세상에서의 원리와도 같지 않습니까? 세상도 자기의 위치와 소명에 부합한 행실을 하는 사람을 합당하게 행하는 자로 여깁니다. 여러분이 그리스도의 본을 따라 행하는 것이 그러합니다. 그것이 신자인 여러분답게 행동하는 것이요, 여러분을 부르신 그 부르심에 조화를 이루는 행동입니다.

"그러므로 주 안에서 갇힌 내가 너희를 권하노니 너희가 부르심을 받은 일에 합당하게 행하며"(엡 4:1).

"그가 모든 사람을 대신하여 죽으심은 살아있는 자들로 하여금 다시는 자신을 위하여 살지 않고 오직 그들을 대신하여 죽었다가 다시 살아나신 이를 위하여 살게 하려 함이라"(고후 5:15).

여러분과 제가 우리를 위해 죽으신 그분을 위해서 사는 것, 이 행실이 우리에게 붙여진 명칭에 걸맞습니다.

"우리는 그가 만드신 바라 그리스도 예수 안에서 선한 일을 위하여 지으심을 받은 자니 이 일은 하나님이 전에 예비하사 우리로 그 가운데서 행하게 하려 하심이니라"(엡 2:10).

그와 같은 행실이 여러분이 기대하는 소망을 합당하게 할 것입니다.

"이 모든 것이 이렇게 풀어지리니 너희가 어떠한 사람이 되어야 마땅하냐 거룩한 행실과 경건함으로 하나님의 날이 이르기를 바라보고 간절히 사모하라"(벧후 3:11,12).

합당하고 근거 있는 소망을 가지게 된 여러분은 삶을 마감하는 자리에서 큰 위로를 받게 될 것입니다. 위로에 찬 죽음이야말로 거룩한 삶의 열매입니다.

"온전한 사람을 살피고 정직한 자를 볼지어다 모든 화평한 자의 미래는 평안이로다"(시 37:37).

여러분 중에 혹, 은혜 안에서 강하지 못하고 연약함으로 인해 시험을 만날 때마다 여러분이 세웠던 거룩한 목적과 의도를 상실하는 분이 있습니까? 그로 인해 큰 슬픔과 낙담에 빠지는 영혼이 있습니까? 저는 여러분이 진실로 거룩을 소원하고 그리스도를 본받는 삶을 살기 원했다는 것을 알고 있습니다. 여러분은 다윗처럼 기도하였을 것입니다.

"내 길을 굳게 정하사 주의 율례를 지키게 하소서"

그리고 바울처럼 결심하였을 것입니다.

"어떻게 해서든지…이르려 하노니"(빌 3:11).

그러나 여러분은 결국 이렇게 말하는 처지에 이르게 되어 애통해하고 있을지 모르겠습니다.

"오호라, 나는 곤고한 사람이로다 이 사망의 몸에서 누가 나를 건져내랴"(롬 7:24).

애통하고 슬퍼하는 여러분이여, 낙심하지 마십시오. 여러분의 순종의 삶에 결함이 있다할지라도 여러분이 의롭다 하심을 받은 사실은 결코 변하지 않습니다. 여러분이 의롭다 하심을 받은 것은 여러분의 순종 위에 세워진 것이 아니라 그리스도의 순종 위에 세워진 것입니다.

"그리스도 예수 안에 있는 속량(贖良)으로 말미암아 하나님의 은혜로 값없이 의롭다 하심을 얻은 자 되었나니라"(롬 3:24).

만일 하나님 앞에서 의롭다하심을 받고 하나님께 열납되는 일이 자신의 순종의 완벽함에 달려 있었다면, 모세나 다윗이나 바울이나, 가장 훌륭했던 성도들도 다 저주를 받았을 것입니다.

순종의 부족을 괴로워하는 것은 성화의 증거입니다. 그러한 괴로움이나 애통함을 가지거나 전혀 느끼지 않는 사람들을 생각해 보십시오. 여러분은 그들이 알지 못하는 것을 알고 있는 사람들입니다. 죄에 대한 깊은 혐오감을 가지는 것은 하나님을 사랑하고 있다는 증거입니다. 가장 탁월한 성도들도 그러하였습니다. 그들도 자신의 부족을 탄식하였던 자들입니다(시 65:3 ; 롬 7:23,24).

주님께서는 여러분의 연약과 실족마저도 여러분을 유익하게 하는 탁월한 방편으로 바꾸시는 분입니다. 그 방편으로 여러분을 다시 제자리로 돌아오게 하시며, 그것으로 여러분을 교만의 자리에 앉지 못하도록 하십니다. 주님의 채찍질은 여러분으로 하여금 다시는 자신을 의뢰하지 않도록 하게 할 것입니다. 그리고 값없이 베풀어주신 하나님의 부요함을 더욱 찬탄(讚嘆)하도록 만드실 것입니다. 하늘을 향한 더욱 강렬한 열망을 주심으로 죽음에 대한 생각들마저 달콤한 것으로 여기도록 만드실 것입니다.

두려워 하지 마십시오. 여러분의 연약함에도 불구하고 언약의 끈은 결코 끊어지지 않습니다. 무엇도 이 언약의 끈을 끊지 못합니다(렘 32:40). 다윗은 시편 63:1에서 "죄악이 나를 이기었사오니"라고 말하지만, 곧 "우리의 허물을 주께서 사하시리이다"라고 말합니다(시 65:3). 하나님께서는 여러분의 결함과 연약함을 아십니다. 하지만 그럼에도 불구하고 하나님은 여전히 여러분의 하나님이요, 아버지이십니다.

성경은 순종의 결함으로 가지는 우리의 슬픔을 하나님께서 기쁘게 받으시는 제사로 말하고 있습니다.

"하나님께서 구하시는 제사는 상한 심령이라. 하나님이여 상하고 통회하는 마음을 주께서 멸시하지 아니 하시리이다"(시 51:17).

에브라임이 자신을 비통하게 여겨 자기 넓적다리를 쳤을 때 하나님께서는 그를 기뻐하는 자식으로 여기셨습니다.

"에브라임은 나의 사랑하는 아들 기뻐하는 자식이 아니냐 내가 그를 책망하여 말할 때 마다 깊이 생각하노라 그러므로 그를 위하여 내 창자가 들끓으니 내가 반드시 그를 불쌍히 여기리라 여호와의 말씀이니라"(렘 31:20).

여러분의 죄는 물론 하나님을 근심시키는 것임에 틀림 없습니다. 그러나 그 죄에 대해 여러분이 가지는 슬픔과 비통함은 하나님을 기쁘시게 해드리는 것입니다.

하나님께서는 여러분을 위해 많은 것을 주셨습니다. 여러분의 영혼이 가지는 하나님께 대한 소원과 그 이름을 기억하는 것이 여러분에게 놀라운 위로가 아닙니까? 여러분이 이제 죄를 기뻐하지 않고 수치와 슬픔으로 여기게 된 것, 그것이 바로 하나님께서 주시는 위로입니다. 여러분이 느끼는 슬픔과 탄식은 새삼스러운 것이 아닙니다. 세상에 살았던 수많은 은혜로운 영혼들도 그러한 탄식과 슬픔을 가졌었습니다. 이 사실이 여러분에게 큰 위로가 되지 않습니까?

하지만 이보다 더 큰 위로가 여러분에게 있습니다. 그것은 이러한 모든 결함과 연약과 넘어짐에서 완전히 자유로워질 날이 올 것이라는 사실입니다.

"온전한 것이 올 때에는 부분적으로 하던 것이 폐하리라"(고전 13:10).

31장

영적 사망의 상태와 그 비참

> "그러므로 이르시기를
> 잠자는 자여 깨어서 죽은 자들 가운데서 일어나라
> 그리스도께서 너에게 비추이시리라 하셨느니라"
>
> _엡 5:14

이 본문은 영적 사망의 권세 아래 있는 거듭나지 못한 사람들의 서글픈 상태를 묘사하고 있습니다. 사도는 그들이 처한 비참한 조건을 들어 신자들로 하여금 신중하고 거룩한 삶을 살도록 강조하고 있습니다. 곧 모든 신자들이 "빛의 자녀들답게 행할" 것을 강조하고 있는 것입니다.

이 권면은 8절의 말씀으로 시작됩니다.

"너희가 전에는 어둠이더니…"(엡 5:8).

이어 사도는 9절과 10절에서 거룩한 원리의 열매와 실천을 논증하고 있습니다.

"빛의 열매는 모든 착함과 의로움과 진실함에 있느니라 주를 기쁘시게 할 것이 무엇인가 시험하여 보라"(엡 5:9-10).

그리고 11~13절에서 실천적 경건의 효력으로 멀리 떨어져 있는 악인들의 양심에 대한 논거를 이끌어내고 있습니다. 경건의 효능이 그들의 양심을 두럽게 하고 그 허물을 깨닫게 한다는 것을 말하고 있습니다.

"너희는 열매 없는 어둠의 일에 참여하지 말고 도리어 책망하라 그들이 은밀히 행하는 것들은 말하기도 부끄러운 것들이라 그러나 책망을 받는 모든 것은 빛으로 말미암아 드러나나니 드러나는 것마다 빛이니라"(엡 5:11-13).

그리고는 본문인 14절의 말씀을 통해 영적인 사망에서 깨어 일어나라는 논증을 펼쳐 나가고 있는 것입니다.

그렇습니다. 성경의 위대한 의도는 거듭남을 통해서 사람들을 일깨우는 것입니다. 죄로 인해 영적인 잠과 영적인 죽음으로 던져진 자들을 말입니다. 이것이 본문이 가진 논증입니다.

사도는 "잠자는 자여 깨어라"고 말하고 있습니다. 이 말씀이 어떤 성경 대목을 참조했느냐는 문제 때문에 약간의 어려움이 있습니다. 어떤 사람들은 이사야 26:19의 말씀, "티끌에 누운 자들아 너희는 깨어 노래하라"(사 26:19)를 인용한 것이라고 말하고, 또 다른 이들은 이사야 60:1의 "일어나라 빛을 발하라 이는 내 빛이 이르렀고"라는 말씀을 가리킨 것이라고 말합니다. 하지만 이 본문이 단순히 그러한 구절을 참조하여 기록된 것으로 보는 견해는 타당하지 않다고 봅니다. 오히려 저는 본문이 성경의 전체가 말하고자 하는 요점을 가리키고 있다고 말씀드리고 싶습니다. 왜냐하면 성경 전체는 바로 이 위대한 목적, 즉 죽어 있는 영혼들을 그 영적 사망의 상태에서 각성시켜 깨어나게 하려는 위대한 계획에 따라 영감(靈感)되어 기록된 것이기 때문입니다.

본문은 세 가지의 요점으로 이루어져 있습니다. 곧 거듭나지 않은 이들의 비참한 상태와, 거듭나지 아니한 자들의 마땅한 도리, 또 그 일을 가능케

하는 능력의 요점을 다루고 있는 것입니다.

거듭나지 않은 자들의 상태는 늘 잠자거나 죽어 있는 모습으로 묘사됩니다. '잠들어 있다'와 '죽어 있다'는 두 표현은 사실상 동일한 상태를 가리키고 있습니다. 사도는 영적으로 잠들어 있거나 죽어 있는 상태를 똑같이 생명의 원리가 없는 것으로 말하고 있는 것입니다. 물론 사람이 잠들어 있는 동안 감각이 제한되어 있고 그 생명의 활동이 일시적으로 중단되어 있을 때도 몸의 생명의 원리는 존재합니다. 하지만 어떤 사람이 불이 난 집에서 깊은 잠을 자고 있다고 상상해 보십시오. 그는 너무 깊이 잠든 나머지 자신이 곧 불에 타거나 질식해 죽을 것이라는 사실을 전혀 인지하지 못하고 있습니다. 그렇다면 그는 이미 죽은 자로 보는 것이 맞지 않습니까? 거듭나지 않는 사람이 그러합니다. 거듭나지 않은 자들은 영원한 하나님의 진노의 불구덩이에 빠질 찰나에 처해있으면서도 나태함과 안일함에 빠져 그것을 전혀 인식하지 못하고 있는 사람들입니다. 그들은 이미 영원한 생명의 원리를 상실한 자들인 것입니다.

사도는 그러한 거듭나지 못한 사람들이 행할 마땅한 도리를 제시하고 있습니다. 그것은 곧 '잠자는데서 깨고, 죽은 자리에서 일어나는' 일입니다. 그들에게 사실상 이보다 더 중차대한 의무는 없습니다. 이것이야말로 그들에게 있어서 가장 큰 과제입니다.

그들은 먼저 깨어야 합니다. 그리고 일어나야 합니다. 이는 매우 자연적인 순서입니다. 그들이 깨고 놀라서 일어나게 하는 각성이 영적 생명을 위한 길을 예비합니다. 자신의 비참을 깨닫지 못하는 사람이 그리스도를 향해 나가도록 설득당하는 일은 없기 때문입니다. 여러분은 이렇게 말할지 모릅니다. '거듭나지 못한 사람들, 곧 죽어 있는 사람이 일어나 서 있으라는 말을 들을 수 있단 말인가? 그것이 가능하다면 그들에게 그 설득을 받아들일 생명의 원리가 있다는 것을 의미하지 않는가? 만약 그렇지 않다면 그들에게 일어나라고 명령하는 것은 헛된 일이다'라고 말입니다. 하지만 이 난제는 "그리스도께서 너에게 비추이시리라"라는 말씀으로 풀립니다. 도리는 우리의 몫이지만 능력은 분명 하나님의 몫입니다. 그들을 일으키실 분은 오직 하나님이신 것입니다.

성경에는 그리스도가 없는 영혼들의 영적 사망의 상태를 빈번히 묘사하고 있습니다.

"그는 허물과 죄로 죽었던 너희를 살리셨도다"(엡 2:1).

"허물로 죽은 우리를 그리스도와 함께 살리셨고"(엡 2:5).

"또 범죄와 육체의 무할례로 죽었던 너희를 하나님이 그와 함께 살리시고 우리의 모든 죄를 사하시고"(골 2:13).

자연적인 죽음은 육체적 생명의 원리가 중지되어 몸에서 영혼이 분리되는 것을 말합니다. 하지만 영적 죽음은 영적 생명의 원리가 영혼 가운데 없는 경우, 또는 영혼 안에 영혼을 살리시는 하나님의 성령님이 계시지 않는 경우를 말합니다. 영혼이 몸의 생명이듯이 그리스도는 영혼의 생명이십니다. 그리스도가 계시지 않는 영혼은 곧 죽은 것입니다. 영원한 죽음은 몸과 영혼이 모두 하나님으로부터 떨어져 나감을 의미합니다. 이것이 저주받은 자들의 비참인 것입니다.

물론 중생하지 못한 사람들은 본성적으로 죽은 자들이 아닙니다. 그들이 영적으로 죽어 있는 상태에 있다고 해도 사는 날 동안 본성적인 의미에서 그들은 여전히 살아 있는 자들입니다. 그들은 아직 하나님의 돌이킬 수 없는 선고를 받아 영원히 하나님과 분리되는 영원한 죽음으로 들어가지는 않은 자들입니다. 다만 그들은 영적으로 죽어 있을 뿐입니다. 하지만 결국은 영적인 죽음이 영원한 죽음의 선봉(fore-runner)이라는 것은 확고한 사실입니다.

성경에서 말하고 있는 영적 사망을 '칭의'와 '성화'의 국면에서 살펴보면 영적인 죽음은 곧 죄로 인해 받게 될 영원한 사망의 선고(Guilt of sin)이며, 죄의 오염과 지배를 의미합니다. 거듭나지 아니한 사람들은 바로 이 두 가지 측면에서 죽은 자들인 것입니다.

앞에서 이미 언급한 바와 같이 영적 죽음은 그 영혼 속에 살리시는 그리스도의 성령께서 계시지 않음을 의미합니다. 그리스도의 성령께서 거듭남의 역사를 일으키지 않으신 영혼은 죽은 영혼입니다. 그러한 영혼이 하는 모든 행사들은 당연히 죽은 행실입니다. 히브리서 9:14에서 말하는 바와 같습니다.

"하물며 영원하신 성령으로 말미암아 흠 없는 자기를 하나님께 드린 그리스도의 피가 어찌 너희 양심을 죽은 행실에서 깨끗하게 하고 살아 계신 하나님을 섬기게 하지 못하겠느냐"(히 9:14).

거듭 나지 않은 사람들을 보십시오. 그들은 분명 살아있습니다. 몸을 움직여 활동하고 느낀다는 점에서 그들은 살아있는 자들입니다. 하지만 그들은 하나님으로부터 영원히 분리되어 있는 자들입니다. 그들을 가리켜 살아 있는 자들이라고 부를 수 없는 이유가 여기에 있습니다. 성경은 그런 생명을 아무런 망설임 없이 '죽음'으로 표기하고 있습니다. 그들이 영위하고 있는 삶을 보십시오. 본성적인 생명을 위해 먹고 마십니다. 또 세상에서 더 좋은 것을 얻기 위해 사고 팔고 말하고 웃으며 기뻐합니다. 그러한 쾌락의 삶이 끝나고 나면 그저 무덤으로 내려갈 뿐입니다. 이것이 그들이 영위하고 있는 생명입니다. 그러나 성경은 그러한 삶을 죽음으로 부릅니다. 왜냐하면 그들에게 하나님이 없기 때문입니다(엡 2:12). 그들은 하나님의 생명에서 완전히 떠나 있는 자들이기 때문입니다(엡 4:18). 그들은 이미 삶 속에서 '사망 가운데 머물러' 있는 자들입니다(요 1:3,4). 살았으나 죽어있는 자들인 것입니다(딤전 5:6).

죽은 자가 아무것도 분별할 수 없는 것처럼, 거듭나지 아니한 사람들은 하나님께 속한 것들을 지각하지 못합니다. 죽은 자들 속에서는 어떤 아름다움이나 바람직한 것도 발견되지 않습니다. 거듭나지 못한 영혼도 그러합니다. 그들에게 어떠한 신령한 아름다움도 찾아 볼 수가 없습니다. 거듭나지 않은 이들이 보이는 도덕적 탁월성에 대한 매력은 죽은 시체를 장식하기 위해 꾸며놓은 꽃들과 같을 뿐입니다.

사람들은 죽은 자들을 불쌍히 여기며 슬퍼하고 눈물을 흘립니다. 그러나 사실 더 불쌍히 여기고 슬퍼해야 할 존재들은 거듭나지 않은 자들입니다. 하나님의 모든 백성들은 그들을 위해 얼마나 염려하며 애통해야 하는지요!

그리스도를 모시지 않고 거룩함을 입지 못한 사람들의 상태는 두 가지 방면에서 여지없이 드러납니다. 곧 영적 생명의 요인들이 그들에게 작용하지 않는 것과 영적인 생명의 효과들과 표증들이 그들로부터 나타나지 않는다는 면에서 그러합니다.

영적 생명의 주도적인 요인은 거듭나게 하시는 그리스도의 성령님이십니다.

"그리스도 예수 안에 있는 생명의 성령의 법이 죄와 사망의 법에서 너를 해방하였음이라"(롬 8:2).

거듭나게 하시는 성령께서 우리를 그리스도와 연합하게 하심으로 영적 생명이 탄생하는 것입니다.

"진실로 진실로 너희에게 이르노니 죽은 자들이 하나님의 아들의 음성을 들을 때가 오나니 곧 이때라 듣는 자는 살아나리라 아버지께서 자기 속에 생명이 있음같이 아들에게도 생명을 주어 그 속에 있게 하셨고"(요 5:25,26).

몸의 지체들의 활동과 지각이 머리와 연합됨으로 말미암아 가능한 것처럼 그리스도의 지체들인 신자들은 모든 영적 생명과 활력을 머리이신 그리스도로부터 공급받는 것입니다(엡 4:15,16). 우리가 그리스도께 나아가 믿음의 방식으로 그리스도와 연합하지 않으면 우리 속에 어떤 생명도 가질 수 없습니다.

"너희가 영생을 얻기 위하여 내게 오기를 원하지 아니하는도다"(요 5:40).

이것이 거듭나지 못한 자들의 내적 모습입니다. 그들에게는 거듭나게 하시어 살리시는 영향력이 행사되지 않았습니다. 그 내면에 구원받을 만한 어떠한 생명의 원리도 생성되지 않았습니다. 성령께서 그들에게 어떠한 천성적 은사를 주셨든지 간에 그리스도의 생명으로 그들을 살리시지는 않으셨습니다. 영적 생명의 외적 방편들, 곧 성령께서 도구로 사용하시는 생명의 말씀으로 그들에게 어떠한 효력도 발휘하지 않으셨습니다(빌 2:16). 물론 말씀이 그들을 깨우쳐 죄를 깨닫는 정도까지 그들의 이지에 작용하였을지는 몰라도, 완전한 회심의 방식으로 마음과 의지에 작용되지는 않은 것입니다.

영적 생명의 효력이나 표지가 나타나는 문제에서 거듭나지 않는 자들이 보이는 모습을 보십시오. 그들은 자기들이 처한 비참과 위험에 대한 어떠한 의식도 가지지 않습니다. 그 의식이란 자신의 비참을 완전히 깨닫고 그리스도를 유일한 치료책으로 받아들일 정도의 지각을 말합니다.

"여호와께서 이르시되 가서 이 백성에게 이르기를 너희가 듣기는 들어도 깨닫지 못할 것이요 보기는 보아도 알지 못하리라 하여 이 백성의 마음을 둔하게 하며 그들의 귀가 막히고 그들의 눈이 감기게 하라"(사 6:9,10).

그들은 그리스도를 향하여 나아가는 어떠한 영적인 몸짓도 보이지 않습니다. 세상의 어떠한 논증도 그들의 의지를 설득시켜 그리스도를 향하여 한 발자국이라도 떼어내게 하지 못할 것입니다. 만일 그들의 영혼 속에 영적 생명의 원리가 있었다면 앞에 계신 주님을 향해 나아가지 않을 수 없었을 것입니다. 하지만 주님께서는 "너희는 내게 오지 않을 것이다"라고 말씀하셨습니다. 그들의 영혼 속에 영적 생명의 원리가 있었다면 그들은 그리스도와 하늘을 향하여 움직였을 것입니다(요 4:14). 그리고 그것이 그들 속에서 영생하도록 솟아나는 샘물이 되었을 것입니다. 영적 생명은 하늘을 향하는 성향을 가지기 때문입니다.

거듭나지 아니한 사람들은 영적 양식에 대한 맛을 느끼지 못합니다. 영적인 것들을 통해 어떠한 냄새도 맡지 못합니다. 하나님과 영혼 사이에는 어떠한 교제도 일어나지 않은 채 시간이 흘러갈 뿐입니다. 그들은 그럴 필요성 조차 느끼지 않습니다. 그들에게는 하늘에 대한 어떠한 주림이나 목마름도 없습니다. 영적 생명의 원소(元素)가 있다면 그럴 수 없습니다. 영적 생명의 씨앗을 가지고 있는 사람들은 그 어떠한 양식보다도 하나님의 입의 말씀을 더 귀하게 여기기 때문입니다. 따라서 거듭나지 않은 사람들이 뜨거운 영적 열기를 가지지 않는 것은 전혀 이상한 일이 아닙니다. 그들은 모든 영적 대상들에 대하여 돌처럼 차가운 마음을 가지고 있습니다. 그들의 마음이 뜨거워지는 경우는 오직 세상과 세상에 속한 것들을 향하여 정욕을 일으킬 때 뿐입니다. 예수 그리스도와 영적 탁월성에 대해서 그들은 얼마나 차갑고 죽어있는지 모릅니다.

그들은 또한 영적인 호흡을 하지 못하는 자들입니다. 그들이 영적 생활을 할 수 없는 이유는 바로 그것입니다. 영적 생명의 원리를 가진 영혼은 신령한 기도 속에서 하나님을 향하여 호흡합니다.

"그가 기도하는 중이니라"(행 9:11).

거듭나지 않은 사람들도 입술을 움직여 기도할 수 있습니다. 그러나 마음의 소원은 하나님을 향하여 호흡하길 바라거나 갈망하지 않습니다.

그들이 가지는 가장 큰 문제는 자신의 생명을 보전하는데 있어서 어떠한 염려나 두려움을 가지지 않는다는 것입니다. 작고 미천하며 분별력 없는 벌레들도 자신의 위험을 알아차리고 즉각적으로 반응하는데 말입니다. 그들은 자신들에게 임할 하나님의 가공할 진노를 전혀 두려워하지 않습니다. 지옥마저도 그들에게는 대수롭지 않은 것에 불과합니다. 영원한 멸망의 벼랑 위에 위태로이 서 있음에도 불구하고 그 위험에서 벗어날 방도를 전혀 강구하지 않습니다. 그들은 스스로 살아있다고 말하고 싶겠지만, 사실상 그들은 죽어 있는 자들인 것입니다.

그러니 그러한 거듭나지 않은 죽은 영혼들과의 교제를 통해 거듭난 그리스도인들이 얻는 즐거움이 무엇이겠습니까. 죽은 자들과 나누는 대화에서 어떠한 유익과 기쁨을 얻을 수 있겠냐는 말입니다. 죽은 자들과 함께 있는 것은 전혀 즐거운 일이 아닙니다. 폭군이었던 메젠티우스(Mezentius)가 산 사람을 죽은 시체에 함께 묶는 고문을 했던 것도 그러한 이유 때문일 것입니다. 교제의 즐거움은 심령의 조화로부터 오는 것입니다. 장차 오는 세상에 대한 같은 소망을 가진 심령들과 함께 교제하는 것이야말로 진정으로 즐거운 일입니다. 물론 우리가 세상에 살면서 경건치 아니한 사람들과 사회적인 교분을 가지는 것은 필요한 일입니다. 사도는 우리가 그리하지 않으려면 세상 밖으로 나가야 한다고 말했습니다. 우리는 거듭나지 아니한 사람들과의 교분을 통해 신실함과 자애로움으로 그 관계를 선하게 감당해야 합니다. 하지만 우리가 하나님의 택한 백성들을 가장 가까운 동료들로 삼지 않는다면 우리가 가질 수 있는 영적 의무에 대한 위로는 부족할 수밖에 없는 것입니다.

현대의 한 작가는 이렇게 말합니다. '당신은 경건한 상전인가? 그렇다면 당신의 종을 선택할 때 자신뿐 아니라 하나님을 위해서 경건한 종을 선택하라.' 경건한 종을 얻는 것은 그 자체로 큰 복락입니다. 그 종은 사소한 의무를 다할 때도 하나님을 마음에 두고 임할 것이기 때문입니다.

"그가 이르되 우리 아브라함의 주인 여호와여 원하건대 오늘 나에게 순조롭게 만나게 하사 내 주인 아브라함에게 은혜를 베푸시옵소서"(창 24:12).

아브라함의 경건한 종은 기도를 통해서 자기의 상전을 섬기는 자였습니다. 다윗은 사울의 궁정에 있을 때 악하고 경건치 않은 종들을 두는 것이 얼마나 큰 손실을 가져오는지 관찰할 수 있었습니다. 악하고 경건치 않은 종들로 가득한 사울의 궁정은 하나님을 알지 못하는 야만적 이교도들의 궁정이나 다름없었습니다. 그곳에서 어찌 많은 악이 발견되지 않을 수 있겠습니까?

"메섹에 머물며 게달의 장막 중에 머무는 것이 내게 화로다"(시 120:5).

다윗은 악을 무섭게 저지르는 자들과 오래 머무르는 것이 화라는 것을 알았습니다. 그렇습니다. 그점은 의심할 여지가 없습니다. 오래전부터 이를 보아왔던 다윗은 결심했습니다.

"거짓을 행하는 자는 내 집안에 거주하지 못하며 거짓말하는 자는 내 목전에 서지 못하리로다"(시 101:7).

여러분은 어떠하십니까? 만약 여러분이 경건한 자들이라면 남편이나 아내를 선택하는 문제에 있어서도 경건의 잣대를 대야 합니다. 이는 매우 중요한 문제입니다. 모든 일 가운데 이러한 문제에 있어서 주밀(周密)한 기준을 가지는 것은 경건을 드러내는 확실한 증표임에 틀림 없습니다. 수많은 은혜의 사람들이 아내나 남편을 선택하는 일에서 많은 연약함을 보입니다. 하나님의 아들들이 사람들의 딸들의 아름다움을 보고(창 6:2) 그들을 취한 것처럼 말입니다. 물론 그들도 외모보다는 마음의 은혜가 중요하다는 것을 알았을 것입니다. 하지만 거기에는 주밀함이 없었습니다. 상대나 자신에게 어떠한 은혜가 거하는지를 알아보는 문제를 매우 가볍게 넘겼던 것입니다.

오, 그리스도인이여, "믿지 않는 자와 멍에를 함께 메지 말라"는 법칙으로 성결의 능력을 견지하는 문제는 결코 가벼이 여길 문제가 아니라는 것을 잊지 마시기 바랍니다.

거듭남은 사망에서 생명으로 옮겨지는 기이하고 놀라운 변화입니다.

"이 내 아들은 죽었다가 다시 살아났으며"(눅 15:24).

거듭나는 것은 죽은 자 가운데서 다시 살아나는 일입니다. 가장 참혹하고 영원히 끝나지 않을 무서운 죽음으로부터 벗어나 가장 탁월한 생명을 얻게 되는 일이 바로 거듭남입니다. 죄의 권세로 말미암아 하나님의 생명에서 멀리 떠나 있던 영혼 속에 다시 하나님의 생명이 불어넣어지는 놀라운 일인 것입니다(엡 4:10). 거듭난 사람들의 영혼에는 두 가지의 엄청난 변화가 일어납니다. 죄에서 은혜로, 은혜에서 영광으로의 변화가 영혼 속에서 일어나는 것입니다.

하나님께서 죄인들을 생명으로 건져내시는 은혜가 정말 기이하지 않습니까? 그들이 전에는 어떠한 자들이었습니까? 그들은 죄 짐을 지고 이 세상에서 매일 신음하고 있던 자들이 아닙니까? 그런 그들을 단 한순간에 완벽하고 흠없는 영혼이 되게 하시고 말로 다 할 수 없는 하나님의 임재를 기뻐하는 영광의 그릇이 되게 하시다니요! 하나님께서는 그들의 탄식을 승리의 개선가로 바꾸셨습니다. 이 은혜를 우리가 어찌 기이하다고 말하지 않을 수 있겠습니까? 경건치 않은 자가 거듭남으로 겪는 변화는 매우 특별한 변화입니다. 어떤 측면에서는 이 변화가 거듭난 영혼이 영화롭게 되는 변화보다 더 탁월하다고 볼 수도 있을 것입니다. 점진적으로 진행되는 성도들의 성화에 비해 이 변화는 단 번에 이루어지는 것이기 때문입니다.

거듭난 자들 속에서 나타나는 이러한 변화는 죄 가운데 죽어있어 죄로 말미암아 저주를 받아 영원한 사망의 권세 아래 있는 자들의 처지를 더욱 비참하게 만듭니다. 그들의 비참을 더하기 위해서 더 이상 무엇을 첨가할 필요가 없습니다. 거듭난 그리스도인들은 죽음을 의연하게 받아들일 수 있는 자들입니다. 그들은 죽음이 건드릴 수 없는 영원한 생명이 자신들에게 있다는 것을 아는 자들입니다.

"또 그리스도께서 너희 안에 계시면 몸은 죄로 말미암아 죽은 것이나 영은 의로 말미암아 살아있는 것이니라"(롬 8:10).

그리스도의 부활에 참예한 복되고 거룩한 자들에게는 사망이 아무런 위력을 발휘하지 못합니다. 그리스도인들에게 있어서 죽음이란 슬픔과 고통 중에서 벗어나 하나님의 얼굴을 바라보게 되고 온전케 된 모든 성도들과 함께 완전한 자유와 충만한 만족의 상태에 이르게 되는 영광스러운 전환점입니다. 그러나 거듭나지 아니한 자들에게 있어서 죽음은 두려운 것입니다. 그것은 육감적인 모든 즐거움의 끝이며, 영원한 고통의 시작을 알리는 종소리일 뿐입니다. 그들을 영원토록 하나님의 면전에서 떠나게 한다는 점만 보더라도, 죽음은 그들에게 공포의 대왕이 아닐 수 없습니다.

이들은 사도 유다가 말한 저주받아 죽어가는 나무들입니다.

"그들은 기탄없이 너희와 함께 먹으니 너희의 애찬에 암초요 자기 몸만 기르는 목자요 바람에 불려가는 물 없는 구름이요 죽고 또 죽어 뿌리까지 뽑힌 열매 없는 가을 나무요"(유 12).

죽어가는 나무는 봄부터 시들시들해져 죽어갑니다. 가지는 점점 말라지고 잎은 변하여 떨어져버립니다. 물론 죽어가는 나무라고 해도 뿌리에 비료나 물을 공급해 주면 잠시 회복되는 모습을 보입니다. 그러나 가을이 되면 그 나무는 결국 시들어져 버립니다. 만약 농부가 그 나무를 보고 더 이상 소생할 가능성을 발견하지 못한다면 더 이상 그 나무에 대해 노력을 기울이지 않을 것입니다. 아니 오히려 뿌리 채 그 나무를 뽑아 땔감으로나 쓸 궁리를 할 것입니다. 거짓되고 위선적인 신앙고백자들의 경우가 그와 같습니다. 영적 죽음의 권세 아래 있던 그들이 신앙 고백 초기에 다시 살아나는 모습을 가집니다. 신앙 고백의 진실성을 나타내는 향기로운 잎사귀를 세상에 보이며 신령한 것들에 대한 희망스러운 싹을 드러내기도 합니다. 그러나 그들에게 중생의 뿌리가 없는 한, 그 모습은 결코 오랫동안 지속되지 못합니다. 결국 말라지기 시작하여 아무런 열매도 얻지 못하게 되는 것입니다. 여러 신앙의 규례들의 도움이나 그들을 깨우치는 각성하게 하는 섭리들이 그들을 다시 회복시키는 것 같지만 사실 아무런 소용이 없습니다. 문제는 그들의 내면에 있기 때문입니다. 그들은 좋은 뿌리를 가지고 있지 못합니다. 진정한 거듭남의 생명의 원리가 없이 죽어 있는 상태 그대로인 것입니다. 끝내 그들의 신앙 고백은 헛된 것이 되어 영혼은 마르고 쇠약집니다. 그들은 다시 죽음의 자리로 돌아가고 맙니다. 다시 소생할 희망이 없는 나무를 땔감으로 쓰듯이, 이들은 가장 맹렬한 지옥의 불길에 태워질 운명에 처한 자들인 것입니다(마 24:51). 거짓 신앙고백자들의 몫은 사망의 자식들 모두에게 주어지는 분깃보다 사실상 가장 서글픕니다.

"만일 그들이 우리 주 되신 구주 예수 그리스도를 앎으로 세상의 더러움을 피한 후에 다시 그 중에 얽매이고 지면 그 나중 형편이 처음보다 더 심하리니 의의 도를 안 후에 받은 거룩한 명령을 저버리는 것보다 알지 못하는 것이 도리어 그들에게 나으니라"(벧후 2:20,21).

거듭나지 아니한 사람들이야말로 가장 큰 슬픔을 가져야 할 사람임에 틀림없습니다. 그러니 우리가 그들에게 어찌 가장 애처로운 연민과 가슴 깊은 슬픔을 가지면서 울지 않을 수 있겠습니까? 여러분의 남편이나 아내, 그리고 자녀들이 지금 영원한 사망을 향해 달려가고 있다면, 여러분의 마음은 얼마나 아프겠습니까? 그들이 우리와 가까운 사람들이 아니라 할지라도 그들의 비참함이 어떠함을 깊이 인식하게 되면 우리는 그들을 향해 커다란 슬픔을 가지지 않을 수 없을 것입니다.

오, 그리스도인들이여, 여러분이 그들을 향해 가지는 사랑이 그들의 몸만을 위한 것입니까? 그들의 영혼은 아무런 가치가 없어 보이십니까? 영적 죽음은 가장 큰 비참입니다. 그들의 영적 죽음을 보면서 여러분은 눈물을 흘려야만 합니다. 주님께서 여러분의 눈을 여시사, 영적 죽음 가운데 있는 자들의 영혼의 비참에 대해 보다 신중한 마음을 가지게 하시길 바랍니다.

물론 하나님께서 받으실만한 조건의 차원에서 그들은 전혀 부합되지 않는 자들입니다(딤후 2:21). 그들은 그리스도 안에 있는 달콤함도 느끼지 못하는 자들입니다. 그들은 그리스도를 위한 마땅한 도리와 그분의 약속들을 전혀 인지하지 못하고 있습니다(롬 8:6). 그들이 자신의 몸을 아무리 아름답게 치장한다 할지라도 그들의 영혼은 어떠한 아름다움도 갖추고 있지 않습니다. 사람의 내면을 아름답게 할 수 있는 것은 은혜뿐입니다(겔 16:6,7). 훗날 죽음 앞에서 그들이 어떤 위로를 받을 수 있겠습니까? 영광 중에 계신 하나님과 함께 있을 것에 대한 소망이 그들에게 전혀 없는데 말입니다. 그들이 묻힐 무덤은 영적으로 죽은 자들을 위해 공의가 파놓은 구덩이인 지옥의 입 구입니다.

여러분의 가족, 친지, 지인들 중 아직 거듭나지 않은 자들이 있습니까? 그렇다면 그들을 불쌍히 여기십시오. 그리고 그들을 위해서 기도하십시오. 영적으로 죽은 자들을 위해서 기도하는 것은 우리의 마땅한 의무입니다. 하나님께 울부짖으십시오. 여러분이 탕자의 아버지처럼 말할 수 있게 되기를 바랍니다.

"이 내 아들은 죽었다가 다시 살아났으며 내가 잃었다가 다시 얻었노라"(눅 15:24).

32장

정죄당한 불신자들의 지위에서 얻는 교훈

"그를 믿는 자는 심판을 받지 아니하는 것이요
믿지 아니하는 자는 하나님의 독생자의 이름을 믿지 아니하므로
벌써 심판을 받은 것이니라"

_요 3:18

요한복음 3장의 초두(初頭)에는 거듭남에 대한 니고데모와 주님의 대화가 기록되어 있습니다. 그리스도께서는 분명하게 말씀하십니다. 거듭남과 믿음이 아니고서는 율법의 저주와 정죄에서 사람을 자유롭게 할 수 있는 길이 없다는 사실을 말입니다.

율법의 저주는 광야의 불 뱀처럼 죄인을 그 사망의 독이빨로 쏘아댑니다. 율법의 저주는 광야에 들려진 놋 뱀처럼 십자가에 들려지신 그리스도가 아니고는 치료될 수 없습니다.

"모세가 광야에서 뱀을 든 것같이"(요 3:14).

본문을 통해 우리는 그리스도께서 오직 자기 영혼에 그리스도를 믿음으로 모셔 들인 자들에게만 치료책이 되신다는 확고한 결론을 발견합니다.

"그를 믿는 자는 심판을 받지 아니하는 것이요 믿지 아니하는 자는 하나님의 독생자의 이름을 믿지 아니하므로 벌써 심판을 받은 것이니라(요 3:18).

본문은 불신앙에 대해 위협적인 경고를 발하고 있습니다. 불신앙이란 복음으로 제공된 예수님을 무시하거나 거절하는 것입니다. 불신앙은 소극적인 불신앙과 적극적인 불신앙으로 나누어 생각해볼 수 있습니다. 곧 그리스도의 복음을 들어본 적이 없는 이교도들이 자연스레 가지는 불신앙과 복음을 듣고도 그것을 무시하고 등한히 여겨 그리스도를 받지 아니하는 불신앙이 있는 것입니다. 하지만 그들이 어떠한 류의 불신앙을 가지고 있든지 간에 그들은 한결같이 자기를 부인함으로 그리스도를 받아들이라는 요청에 결코 찬동하지 않는 자들입니다. 본문은 그들의 불신앙에 정죄(定罪)의 형벌이 부가될 것을 말하고 있습니다. 그것은 벨드사살 앞에 나타났던 손가락이 쓴 경고와도 같습니다(단 5:5). 그 경고가 가진 깊은 의미와 요점은 지옥에 가서야 완전히 이해가 될 것입니다. 정죄는 하나님의 엄중한 선고입니다. 죄에 대한 하나님의 영원한 진노의 형벌을 사람들에게 부과하시는 하나님의 무시무시한 판단인 것입니다. 불신앙은 바로 그 형벌과 즉각적인 연계성을 가집니다. 그들에게 이미 지옥에 수감될 영장(令狀)이 발부되었기 때문입니다.

　　불신앙을 가진 사람들은 율법을 어겼을 뿐만 아니라 제시된 은혜의 복음을 거절한 자들입니다. 그들은 하나님께서 주신 첫 번째 언약과 두 번째 언약 모두를 파기한 자들인 것입니다. 그들은 율법의 언약을 파기한 자신들의 질병을 치료할 오직 유일한 방안인 그리스도를 거절하였습니다. 그렇다면 사실상 그들은 이미 정죄를 받아 훗날 큰 심판대에서 영원한 멸망을 선고받을 자들이 아닙니까?

　　본문이 가지는 불신자들에 대한 요점이 바로 이것입니다. 불신자들 모두는 이미 공의로우신 하나님의 무서운 정죄의 선고를 받은 상태에 처해 있는 것입니다.

"나를 저버리고 내 말을 받지 아니하는 자를 심판할 이가 있으니 곧 내가 한 그 말이 마지막 날에 그를 심판하리라"(요 12:48).

"아들을 믿는 자에게는 영생이 있고 아들을 순종치 아니한 자는 영생을 보지 못하고 도리어 하나님의 진노가 그 위에 머물러 있느니라"(요 3:36).

여러분은 '불신앙'을 단지 하나님의 백성들 속에 여전히 남아있는 연약한 믿음의 잔재 정도로 이해하지는 말아야 합니다. 하나님의 백성들도 불완전한 믿음과 함께 불신앙의 잔재들이 남아 있는 자신의 영혼을 보고 '나의 불신앙을 용서하소서'라고 울부짖을 때가 있습니다. 그러나 그들이 말하는 '불신앙'은 그들의 영혼을 영원한 정죄 아래, 또는 하나님의 가공할 진노를 받는 상태로 들어가게 하지는 않습니다.

본문은 그리스도를 거부하여 구원받을 만한 어떠한 효력도 가지지 않는 불신앙을 말하고 있습니다. 이것은 구원받을 만한 믿음이 완전히 배제되었다는 것을 의미합니다. 구원받을 만한 믿음이란 복음 안에 제시된 그리스도를 받아들이기를 그 영혼이 승낙하는 것이 아닙니까? 불신자들도 그리스도께 대한 복된 약속을 소망합니다. 그러나 그들은 결코 그리스도의 인격 자체는 받아들이지 않습니다. 그리스도를 부분적으로 인정할 의향을 가지고 있을 뿐, 그리스도의 인격과 직무 모두를 다 받아들이려 하지는 않습니다. 그들은 그리스도를 받아들이는 문제에서 결코 자기 자신의 의를 배제하지 않습니다. 그들은 자기를 부인함으로 오직 그리스도의 의만을 의뢰하려는 의지를 가지지 않습니다. 그들도 그리스도의 하늘의 면류관을 원합니다. 그러나 그리스도께서 쓰신 가시 면류관과 십자가를 질 마음을 가지지 않습니다. 하나님께서는 그리스도 외에 그들을 비참의 조건에서 구원하실 다른 어떠한 계획도 제시하신 바가 없으신데도 말입니다.

불신앙은 어떠한 구원받을 만한 열매들이나 효력들도 가지고 있지 못합니다. 그리스도를 받아들이지 않는 자들은 곧 하나님을 사랑하는 자들이 아니기 때문입니다.

"다만 하나님을 사랑하는 것이 너희 속에 없음을 알았노라"(요 5:42).

세상을 따르는 이들이 그리스도의 십자가를 달콤한 것으로 여길리가 없습니다. 그러니 구원받을 만한 믿음을 전적으로 배격하는 그들이 어찌 의롭다 하심으로 하나님과 더불어 화평을 이루는 은택과 구원의 특권들을 입을 수 있겠습니까?

불신앙에 대해 내려지는 정죄는 그 범죄가 저지른 죄에 대한 책임과 그로 인한 형벌에 대한 선고입니다. 하나님의 법정에서 그들은 불신앙의 죄로 인한 영원한 사망을 부과받게 될 것입니다. 이는 의롭다 하시는 선고와 정반대의 개념을 가지고 있습니다(롬 5:16). 정죄로 인한 형벌은 의롭다 하심을 받음으로 얻는 구원과 완전히 배치되는 것입니다.

"믿고 세례를 받는 사람은 구원을 얻을 것이요 믿지 않는 사람은 정죄를 받으리라"(막 16:16).

사람의 법정에서 정죄를 받는 것도 무서운 일일진대 위대하시고 전지전능하시며 지존하신 공평한 재판장이신 하나님의 앞에서의 법정은 어떠하겠습니까? 불신자를 영원한 사망에 처하는 하나님의 선고보다 더 무서운 정죄가 무엇입니까? 하나님의 율법의 심판 아래 영원한 불 못에 들어가는 일에 비하면 교수대에 서서 목에 줄을 감는 일 따위는 아무것도 아닐 것입니다. 하나님의 정죄는 가장 높으신 분의 최종적인 선고입니다. 하늘의 법정에서 불신자들을 위해 존재하는 호소란 없습니다. 오직 죄에 대한 형벌의 집행만이 이루어 질 것입니다(눅 19:27). 하나님의 정죄하심에서 누가 능히 그들을 구원할 수 있겠습니까? 율법의 정죄로부터 사람을 구원하는 그리스도의 복음을 거절하는 자들을 어느 누가 구원할 수 있다는 말입니까?

오, 하나님의 '정죄'는 정말 무시무시한 것입니다. 세상에서 겪을 수 있는 가장 큰 불행과 비참도 하나님의 정죄를 받는 일에 비하면 아무것도 아닙니다. 세상의 모든 환난과 참화와 고난과 비참을 모두 다 합하여 전칭의 한쪽 그릇에 올려놓는다 할지라도 이 하나님의 선고의 무게는 감당하지 못할 것입니다. 그 모든 것들은 하나님의 선고 앞에서 깃털보다도 더 가벼울 것입니다.

불신앙은 하나님의 정죄 앞에 선 사람을 돕거나 구원할 수 있는 모든 것과 그들을 철저히 단절시킵니다. 불신앙이 가장 먼저 그들에게서 빼앗아 가는 것은 '죄의 용서'입니다.

"너희가 만일 내가 그인줄 알지 아니하면 너희 죄 가운데서 죽으리라"(요 8:24).

죄를 용서 받지 않고도 구원받을 수 있다면 믿음이 없이도 구원의 소망이 있다는 말일 것입니다. 그러나 그런 일은 일어나지 않습니다. 자신의 죄를 용서받지 못한 상태에서 모든 죄책 아래 죽은 사람은 영원한 하나님의 진노 가운데 죽을 것입니다. "죄의 삯은 사망"이기 때문입니다(롬 6:23).

두 번째로, 불신앙은 그리스도의 죽으심의 은택으로부터 그들을 완전히 떼어놓습니다. 그리스도의 피의 은택을 영혼에 적용시키는 것은 오직 믿음으로만 가능한 일입니다. 그렇다면 어찌 믿지 않는 자가 그리스도의 은택을 입을 수 있겠습니까? 그리스도의 피가 가지는 구원의 은택의 효력을 얻는 도구인 믿음을 가지지 않는 자가 어찌 그 효력을 자신의 영혼에 적용할 수 있겠냐는 말입니다.

"이 예수를 하나님이 그의 피로써 믿음으로 말미암는 화목제물로 세우셨으니"(롬 3:25).

"너희는 그 은혜에 의하여 믿음으로 말미암아 구원을 받았으니"(엡 2:8).

믿음 없이 그리스도의 죽으심과 희생의 은택을 입는 일은 불가능한 일입니다.

마음을 닫아 복음을 거스르는 것은 불신앙이 가지는 전형적인 태도입니다. 불신앙은 사람들의 마음으로 하여금 구원의 조항들을 대적하도록 만듭니다. 복음은 사람들로 하여금 믿도록 설득하기 위해 제시된 하나님의 은혜임에도 불구하고 말입니다(요일 3;23 ; 막 1:14,15 ; 요 15:26). 복음의 약속들이 가지는 취지가 바로 그러합니다. 복음의 약속은 사람들로 하여금 믿어 구원에 이르게 하기 위한 목적으로 주어진 것이기 때문입니다(요 6:35-37). 불신자들이 정죄를 피하기 위해 선택할 수 있는 다른 길은 존재하지 않습니다. 구원의 길을 걷지 않는 것은 하나님으로부터 이미 설정된 구원의 질서에서 자신을 완전히 이탈시키는 일입니다. 복음의 위대한 명령을 복종치 않는 불신자들이(요일 3:28) 복음의 약속 중 어느 것 하나에도 속하지 않는 것은 전혀 이상한 일이 아닙니다(갈 3:14,22).

불신자들은 결코 그리스도와 연합하지 못하는 자들입니다. 그리스도와의 연합은 오직 믿음으로만 가능한 일이기 때문입니다(엡 3:17). 그러니 그들이 어찌 구원을 기대할 수 있겠습니까? 구원은 믿음으로 그리스도와 연합한 자들만이 누릴 수 있는 특권이니 말입니다.

불신앙의 죄는 하나님께 가장 큰 모독을 보이는 죄입니다.

"하나님의 아들을 믿는 자는 자기 안에 증거가 있고 하나님을 믿지 아니하는 자는 하나님을 거짓말하는 자로 만드나니 이는 하나님께서 그 아들에 대하여 증언하신 증거를 믿지 아니하였음이라"(요일 5:10).

불신앙만큼이나 그리스도를 멸시하는 죄는 없습니다. 그것은 우리를 위해 그리스도를 낮아지게 하신 하나님의 구속의 의도 전체를 깡그리 무시하는 처사이기 때문입니다. 하나님의 영광은 그리스도로 말미암은 구속의 역사 속에 드러났습니다. 사도는 그리스도를 가리켜 '하나님의 지혜와 능력'이라고 하였습니다(고전 1:23,24). 그러니 그리스도에 대해 무관심하거나 거절하는 것은 그리스도로 말미암은 구속의 계획을 세우신 하나님을 무시하는 처사나 다름이 없는 것입니다.

불신앙은 사람의 영혼을 가장 어리석고 무서운 상태에 처하게 합니다. 불신앙으로 그들은 영적으로 눈이 멀고, 그 총명은 어두워집니다(고후 4:4). 내세에서 그들에게 주어질 흑암은 더욱 더 진해질 것입니다.

성경에 기록된 모든 경고의 말씀이 가지는 요점은 전부 불신앙에 관한 것입니다. 그보다 더 노골적이고 가공스러운 위협은 없습니다.

"믿지 않는 사람은 정죄를 받으리라"(막 16:16)

성경은 간결하고 분명하게 말하고 있습니다. 불신앙은 곧 정죄를 불러온다는 사실을 말입니다. 불신앙과 형벌은 누구도 끊을 수 없는 단단한 사슬로 견고히 묶여 있습니다.

정말 서글픈 일입니다. 세상은 하나님의 정죄를 받은 사람들로 넘쳐나고 있습니다. 믿음을 말하고 고백하는 많은 사람들이 그저 입술로만 그러할 뿐, 믿음의 역사를 실제로 이루는 사람은 너무나 적습니다. 그리스도를 진정으로 믿는 것이 이 세상에서 매우 큰 신비와 기이한 일이 되어버렸습니다(딤전 3:16). 세상을 심판하시기 위해 그리스도께서 오시는 날이 얼마나 크고 무서울지 상상해 보십시오. 그때에 수많은 자들이 하늘의 법정에 끌려나와 엄숙한 선고를 받게 될 것입니다. 누가복음 19:27의 성경 말씀은 그대로 이루어질 것입니다.

"그리고 내가 왕 됨을 원치 아니하던 저 원수들을 이리로 끌어가다 내 앞에서 죽이라 하였느니라"(눅 19:27).

여러분, 여러분이 가지게 된 구원 받을 만한 믿음을 감사하십시오. 그것은 얼마나 큰 긍휼입니까!

"그러므로 이제 그리스도 예수 안에 있는 자에게는 결코 정죄함이 없나니"(롬 8:1).

하나님께서는 예수 그리스도 안에 있는 자들은 정죄하시지 않습니다.

"또 모세의 율법으로 너희가 의롭다 하심을 얻지 못하던 모든 일에도 이 사람을 힘입어 믿는 자마다 의롭다하심을 얻는 이것이라"(행 13:39).

아무리 약한 신자라도 그 정죄함에서 자유를 얻게 됩니다. 그리스도의 의는 연약한 자들과 강한 자들을 차별하지 않기 때문입니다.

"곧 예수 그리스도를 믿음으로 말미암아 모든 믿는 자에게 미치는 하나님의 의(義)니 차별이 없느니라"(롬 3:21,22).

거룩에 있어서 사람마다 차이가 있을 수 있습니다. 믿음의 강도 또한 그러합니다. 그러나 믿음의 효력은 모든 신자들에게 동등하게 전가됩니다. 금 한 조각을 누가 들고 있던 간에, 그것의 동등한 가치는 변하지 않는 것처럼 말입니다. 그러니 우리가 어찌 이 구원받을 만한 믿음을 탁월하고 보배로운 긍휼로 감사하지 않을 수 있겠습니까!

그 무엇도 불신앙만큼이나 사람으로 하여금 더 확실한 정죄를 받게 하는 것은 없습니다. 불신앙은 그저 내면의 양심을 찌르는 정도의 죄가 아닙니다. 불신앙은 그 어떠한 죄보다도 더 확실하게 영혼을 죽이는 죄입니다. 왜냐하면 불신앙의 죄만 아니라면 누구라도 다른 모든 정죄에서 벗어날 수 있는 소망을 가질 수 있기 때문입니다. 불신앙의 죄는 모든 다른 죄들의 책임을 우리 인격에 확실하게 박아놓는 일을 합니다. 불신앙은 죄 중의 죄입니다. 하나님의 성령께서 사람들로 하여금 죄를 깨닫고 각성하게 하실 때에 가장 먼저 불신앙의 죄를 깨닫게 하시는 이유가 바로 그것입니다(요 16:9).

우리의 믿음의 대상이 누구이십니까? 그분은 하늘과 땅을 모두 합하여 가장 탁월하고 가장 놀라운 인격이십니다. 불신앙의 악은 그런 분을 경시하고 거절하는 처사입니다. 그리스도가 우리를 위해 어떤 일을 하셨습니까? 우리를 사랑하신 나머지 당신 자신을 그대로 내어주시지 않았습니까? 그토록 사랑스러우신 분을 멸시하다니요! 그것이 불신앙의 가증한 악입니다. 하나님과 사람 사이의 오직 유일한 중보자이신 그리스도를 배척함으로 모든 사랑과 자비를 무시하고 경멸하는 처사가 불신앙의 악인 것입니다.

그리스도께서 이방인에게 전해지셨다는 사실에 비추어 불신앙의 악을 생각해 보십시오. 이방인에게까지 그리스도께서 주어지신 일은 큰 경건의 비밀 중 한 부분입니다(행 13:2). 여러분과 저에게 보내지신 일도 그러하지 않습니까?(행 13:26) 하나님께서는 타락한 천사들에게마저 주지 아니하신 그 자비하심을 우리에게 보이셨습니다. 그런데 그 자비하심을 보이신 분을 배척하다니요! 불신앙의 악함은 정말 상상을 초월할 정도로 큰 것입니다. 그것은 그리스도의 십자가를 쓸모없는 것으로 치부하는 가장 비열한 배은망덕이요, 하나님의 은혜와 지혜를 멸시하는 극악무도한 처사입니다.

그러니 이를 깨닫게 된 자들이 어찌 놀라 비통해하지 않을 수 있겠습니까?

"그들이 이 말을 듣고 마음에 찔려 베드로와 다른 사도들에게 물어 이르되 형제들아 우리가 어찌할꼬 하거늘"(행 2:37).

빌립보의 간수도 그러하였습니다.

"형제들아 내가 어찌하여야 구원을 받으리이까"(행 16:30).

그들이 놀라 눈물을 흘리며 여러 날 밤을 곤비함으로 떠는 것은 이상한 일이 아닙니다.

각성의 빛으로 자기 자신의 비참한 조건을 알게 된 자가 심령에 그토록 깊은 고통을 겪는 일을 세상 사람들은 기이하게 바라보며 그들을 마치 미치 광이처럼 여깁니다. 하지만 이는 매우 자연스러운 일입니다. 누군가 그러한 고통을 당하고 있다면 그대로 내버려 두십시오. 그것은 실로 은혜로운 섭리가 아닐 수 없습니다. 그것은 정말 놀라운 일이 아닙니까?

그들이 느끼는 두려움과 고통에 불신자들이 느끼는 환락과 즐거움을 비교해 보십시오. 그들은 대체 무슨 근거로 즐거워하는 것입니까? 그들이 가진 즐거움이란 정말 근거 없고 비합리적이기 짝이 없는 기쁨입니다. 그들은 마치 감옥 안에서 족쇄가 채워진 채 잔치를 벌이며 춤을 추는 셈입니다. 그들이 느끼는 것은 기쁨이 아니라 광기에 불과합니다. 오, 그들 자신이 지옥의 선고를 받았다는 사실을 안다면 그토록 허망한 삶을 살아가지는 못할 것입니다. 자신들의 처지를 차라리 알지 못하는 것이 그들에게 더 나은 것입니까? 그렇지 않습니다. 그들의 위험은 바로 거기에 있습니다.

그들의 환락에서 여러분은 무엇을 발견하십니까? 아무것도 알지 못한 채 누리는 환락이 그들의 회개를 막고, 그들이 받을 장래의 고통을 더욱 증가시키고 있지 않습니까? 그들이 처할 지옥은 얼마나 더 무서운 지옥이겠습니까?

하나님의 정죄로부터 자유해졌다는 바른 확신을 가진 신자들은 영원토록 주님을 찬미하고 즐거워할 놀라운 이유를 가진 사람들입니다.

"그가 우리를 흑암의 권세에서 건져내사 그의 사랑의 아들의 나라로 옮기셨으니"(골 1:13).

기뻐하고 즐거워하십시오. 정죄함에서 자유롭게 되었다는 것은 여러분이 사탄의 권세에서 벗어나 더 이상 그가 여러분을 주관하지 못하게 되었다는 것이 아닙니까! 여러분이 정죄함에서 벗어나게 되었다는 것은 사망의 쏘는 것이 여러분을 건드리지 못하게 되었다는 이야기입니다. 사망의 쏘는 것은 오직 하나님의 정죄의 선고를 받은 자들의 영혼에만 타격을 가할 수 있는 것이기 때문입니다.

"사망아 너의 승리가 어디 있느냐 사망아 네가 쏘는 것이 어디 있느냐 사망이 쏘는 것은 죄요 죄의 권능은 율법이라"(고전 15:5,6).

하나님의 정죄함에서 벗어나는 사람은 그 큰 날 그리스도의 심판대 앞에서 위로와 담대함을 가지고 설 수 있습니다. 하나님의 사람은 이 일을 통해 온전케 될 것입니다(요일 4:17).

하나님께 말로 할 수 없는 긍휼을 받았다는 사실을 잊지 마십시오. 그 긍휼은 분명한 빛을 발하는 은혜이자 특권입니다. 여러분보다 더 훌륭한 사람들이 여전히 저주 아래 있다는 것을 아십시오(고전 1:26). 여러분과 똑같은 은혜의 방편에 참여하고 외적인 공통점을 가지고 있음에도 불구하고 여전히 정죄의 쇠사슬에 매여 있다는 것을 기억하십시오(고후 2:16). 오, 형제 여러분! 이는 기이한 구원입니다. 여러분을 구속하시기 위해 어떤 속전이 지불되었는지 살펴보십시오. 여러분은 한 푼의 속전도 지불한 적이 없습니다. 아니 그리스도께서 여러분이 조금도 그럴 필요가 없도록 만드셨습니다. 여러분은 온전한 죄 용서를 받았습니다. 여러분이 저지른 죄 중 어느 한 가지도 예외 없이 말입니다. 여러분은 어떻게 그 정죄로부터 자유하게 되었습니까? 여러분의 자유는 그리스도께서 대신 정죄 받으심으로 얻으신 사면이 아닙니까? 여러분이 받은 죄 용서는 그리스도의 피로 인친 바 된 것입니다. 그 효력은 영원히 지속될 것입니다.

"내 말을 듣고 또 나 보내신 이를 믿는 자는 영생을 얻었고 심판에 이르지 아니 하나니 사망에서 생명으로 옮겼느니라"(요 5:24).

여러분에게 주어진 날들을 찬미와 힘 있는 순종으로 보내십시오. 그리고 훗날 죽는 순간에 이렇게 말하십시오. '예수 그리스도로 인하여 하나님께 감사하리로다.'

33장

복음에 비추어 본 불신앙의 극악성

"그 정죄는 이것이니

곧 빛이 세상에 왔으되 사람들이 자기 행위가 악하므로

빛보다 어두움을 더 사랑한 것이니라"

_요 3:19

요한복음 3:18에서 당신을 거절하고 멸시하는 사람들의 비참을 증거하셨던 그리스도께서 19절에서는 복음을 듣고도 믿지 아니하고 거듭나지 못한 상태에 있는 사람들이 다른 이들보다 더 큰 하나님의 진노를 받을 것을 말씀하시고 계십니다.

본문에 기록되어 있는 '빛'은 복음 안에 있는 그리스도를 아는 지식으로 이해할 수 있습니다. 곧 그리스도에 대한 깨달음과 확증과 구속을 가리키고 있는 것입니다.

"돋는 해가 위로부터 우리에게 임하는…"(눅 1:78).

마음에 비춰지는 빛의 효력은 두 가지로 나누어 생각해 볼 수 있습니다. 하나는 일반적이고 지적인 차원에서 효과로, 죄가 나쁘다는 것을 깨닫는 정도의 영향만을 미치는 경우이며, 또 다른 하나는 진정한 회심을 통해 영혼이 그리스도께 인도되는 효력을 발휘하는 경우가 있는 것입니다. 하나님께 서는 두 번째 효력을 내는 빛을 "우리 마음에 비춰신 빛"으로 지칭하고 계신 것입니다(고후 4:6).

빛은 방편을 통해 사람들의 양심을 비춤으로 죄를 깨닫게 합니다. 하지 만 그러한 경우라도 사람들은 여전히 그 빛을 미워하고 어두움을 따라갈 수 있습니다. 본문은 바로 그러한 경우를 말하고 있는 것입니다. 빛은 복음 의 방편으로 사람들 중에 왔습니다. 그리고 그 빛은 많은 사람들의 양심을 비추었습니다. 빛은 그들의 죄를 책망하고 양심을 아프게 하였습니다. 하 지만 사람들은 그것을 싫어했습니다. 그리고 마음 속에 들어온 그 손님을 무참히 쫓아내버렸습니다.

그 빛은 이전부터 있었던 빛입니다. 그리스도께서 오시고, 사도들의 사역 을 통해서 빛이 세상에 반포되기까지 세상에 빛이 없었다는 것으로 해석하지 는 말아야 하는 것입니다. 그리스도께서는 보다 분명하고 확실한 빛의 표증 으로 이 땅에 오신 것입니다. 아브라함은 그리스도의 때를 알았습니다.

"너희 조상 아브라함은 나의 때 볼 것을 즐거워하다가…"(요 8:56).

그리스도께서 오시기 이전의 사람들은 그리스도 안에서 하나님의 약속이 성취될 것을 멀리서 보고 알았습니다(히 11:13). 그들은 지평선 위로 떠오르 는 '의의 태양'이신 그리스도의 완연한 모습을 보기 전 동이 트는 것을 보았 던 것입니다. 그리고 마침내 그리스도의 태양은 완전히 떠오르셨습니다. 이 사실이 복음을 받고도 믿지 않는 사람들이 가진 죄의 무서운 극악성입니다. 그들의 죄는 그리스도께 그 모습을 완전히 드러내심으로 말미암아 더욱 커 지게 되었습니다.

이것이 본문이 강조하고자 하는 요점입니다. 분명한 빛을 대적한 자들의 죄에 대해 더욱 강력한 정죄를 발하고 계시는 것입니다. 이것이 바로 죄 중의 죄요, 모든 판단 중의 판단인 것입니다. 이는 참아낼 수 없는 무서운 판단입니다.

"정죄는 이것이니…".

자신들이 가진 본성적인 빛 이외에 자기들을 도울 구원의 방편을 접해보지 못한 이교도들도 정죄를 당합니다. 그들에게 아무리 적은 방편이 주어졌든지, 아예 아무런 방편도 주어지지 못하였든지 간에 말입니다. 그러니 복음을 듣고도 그와 같은 죄를 짓는 경우야말로 가장 큰 정죄요, 가장 혹독한 형벌의 원인이 되지 않겠습니까!

"하물며 하나님의 아들을 짓밟고 자기를 거룩하게 한 언약의 피를 부정한 것으로 여기고 은혜의 성령을 욕되게 하는 자가 당연히 받을 형벌은 얼마나 더 무겁겠느냐"(히 10:29).

본문은 사람들의 이러한 죄와 비참의 원인을 분명히 말하고 있습니다.

"사람들이 자기 행위가 악하므로…".

사람들은 자신의 양심을 깨닫게 하는 진리의 자극을 참아내지 못합니다. 사람들에게 있어서 양심의 송사와 책망은 정말 지겹고 귀찮은 것들입니다. 이것을 견뎌내느니 그들은 차라리 무지한 편을 택합니다.

빛의 조명(照明)을 받은 양심은 죄악의 활동을 방해합니다. 그들은 더 이상 어둠 속에 있을 때처럼 편안한 마음으로 죄를 지을 수가 없게 된 것입니다. 그들이 그 빛을 미워하는 이유가 바로 그것입니다. 내세에서 이들이 받을 정죄와 비참은 실로 크고 무거울 것입니다. 그들은 분명한 빛이 비추었음에도 불구하고 회개하지 않는 자들이기 때문입니다.

"화 있을진저 고라신아 화 있을진저 벳새다야 너희에게 행한 모든 권능을 두로와 시돈에서 행하였더라면 그들이 벌써 베옷을 입고 재에 앉아 회개하였으리라 내가 너희에게 이르노니 심판 날에 두로와 시돈이 너희보다 견디기 쉬우리라(마 11:21,22).

하나님께서 주시는 빛(특별히 복음적인 빛)은 사람들로 하여금 죄를 짓지 못하게 미연에 방지하도록 주신 탁월한 은혜의 방편입니다. 그 빛은 우리에게 죄에 대한 하나님의 판단하심에 대한 바른 지각을 줍니다. 그 지각을 통해 죄악의 길로 나아가려는 마음의 정서를 제어하는 것입니다. 만약 사람들이 죄에 대해 하나님이 어떤 판단을 하시는지에 대한 바른 이해를 가지고 있었다면 그토록 무모한 지경까지 나아가지 않았을 것입니다.

"이 지혜는 이 세대의 통치자들이 한 사람도 알지 못하였나니 만일 알았더라면 영광의 주를 십자가에 못 박지 아니하였으리라"(고전 2:8).

그들이 그처럼 가공스러운 죄를 서슴지 않고 지었던 것은 빛을 통해 하나님의 판단하심에 대한 올바른 지혜를 얻지 못하였기 때문입니다. 우리 구주께서도 두로와 시돈을 말씀하시며 그들이 벳새다 사람들이 누렸던 빛과 은혜의 방편을 향유하지 못한 것을 그들의 극악한 죄의 원인으로 지적하셨습니다. 빛은 죄에 대한 위험의 진상을 밝히 노출시킴으로써 사람들의 마음에 두려움을 가지게 합니다. 빛을 통해 밝히 보게 된 위험에 자신들을 노출시키지 않도록 제어하려는 마음이 그들 속에 형성되도록 하는 것입니다.

그러니 빛을 받아 하나님의 판단하심이 무엇이며, 죄의 위험이 무엇인지를 알았음에도 불구하고 그 빛을 거스려 죄 짓는 일을 중단하지 않는 것은 무지와 어둠 속에서 죄를 짓는 경우보다 하나님을 더 크게 경멸하고 무시하는 처사가 아니면 무엇이겠습니까? 하나님의 율법을 어기는 자들 가운데 이들만큼이나 하나님의 권위를 멸시하고 만홀히 여기는 자들는 없습니다. 자신들 행위의 악함과 위험을 밝혀주는 빛을 받았음에도 불구하고 감히 그 악을 계속 행한다면 그것이야말로 하나님의 호의를 가장 무참하게 짓밟는 일이 아니면 무엇이겠습니까? 그것은 하나님의 말씀을 등 뒤로 던져버리는 일입니다. 의도적으로 죄를 짓는 것은 하나님을 정면으로 대적하고 경멸하는 죄를 범하는 것이 아닐 수 없습니다(히 10:26). 그것은 하나님의 율법을 매우 하찮은 것으로 평가하는 죄입니다. 경외함과 거룩함으로 가장 존중받아야 할 하나님의 율법이 그들로 하여금 보잘 것 없는 것으로 여겨짐을 받다니요! 이러한 처사야말로 죄를 더욱 극악한 죄로 만드는 일이 아니면 무엇이겠습니까!

빛 아래에서 짓는 죄는 어떠한 경우라도 그 구실을 인정받지 못합니다.

내가 와서 그들에게 말하지 아니하였더라면 죄가 없었으려니와 지금은 그 죄를 핑계할 수 없느니라"(요 15:22).

이 말씀을 인정받을 수 있는 죄의 구실이 존재할 수도 있다는 것으로 해석하지 마십시오. 정당한 구실을 가진 죄는 존재하지 않습니다. 다만 주님께서는 그들에게 차라리 복음의 빛이 비춰지 않았었더라면 그들의 죄가 지금처럼 무겁지 않았을 것임을 말씀하시고 있는 것입니다. 그들은 어떠한 핑계도 댈 수 없는 자들입니다.

우리에게 있어서 복음의 빛은 하나님의 무한하신 자비와 긍휼입니다. 그것은 하나님께로부터 받을 수 있는 가장 훌륭한 선물이지만 세상 모든 사람에게 주어지지는 않았습니다.

"그가 그의 말씀을 야곱에게 보이시며 그의 율례와 규례를 이스라엘에게 보이시는도다 그는 어느 민족에게도 이와 같이 행하지 아니하셨나니 그들은 그의 법도를 알지 못하였도다 할렐루야!"(시 147:19,20)

그들은 곡식과 포도주와 금과 은과 세상의 즐거움과 쾌락들을 충만히 가지고 있던 나라들이 받지 못한 하늘에 속한 광채를 가지고 있었습니다. 그러나 그것을 매우 작은 자비쯤으로 여기는 사람들이 많았습니다.

"내가 그를 위하여 내 율법을 만 가지로 기록하였으나 그들은 이상한 것으로 여기도다"(호 8:12).

기억하십시오. 하나님의 자비하심을 가벼이 여기는 것은, 그 자비하심이 가진 무한한 크기만큼이나 그것을 모독하고 멸시하는 극악한 죄라는 사실을 말입니다.

빛을 거역하면서까지 죄를 짓는 것은, 그만큼 죄를 사랑한다는 뜻입니다. 어떠한 위장이나 덮개도 없이 그 악함이 온전하게 드러났음에도 불구하고 죄를 짓는 일은 죄를 죄로 여기지 않을 때 짓는 죄와는 매우 다른 차원의 극악함을 가지고 있는 것입니다. 죄를 인간이 가질 수 있는 최소한의 자유권으로 인식하는 사람들이 계속 죄를 짓도록 설득하는 일은 사탄에게 있어서 너무나 쉬운 일입니다. 특별한 노력을 기울이지 않아도 그들은 쉽게 속아 넘어갈 수 있는 자들입니다. 그들은 자신의 양심을 비추는 빛의 비춤을 받지 못한 사람들이기 때문입니다. 하지만 그 양심에 빛을 받은 사람의 경우는 다릅니다. 아무런 거리낌 없이 죄를 짓도록 그들을 설득하는 일은 사탄에게도 매우 어려운 일입니다. 그러니 자신의 양심을 비추는 빛이 현재 걸어가고 있는 길이 죄의 길임을 확증해주고 있음에도 불구하고 그 길을 멈추지 않는 것은 죄 자체를 사랑하고 있는 것이 아니면 무엇이겠습니까? 그들은 사탄의 특별한 간계와 상관 없이 스스로 악한 길을 걸어가고 있는 자들입니다. 그들은 죄를 죄로 알게 된 후에도 여전히 죄를 사랑하는 자들입니다. 그들은 자기 자신을 죄인의 반열 중 가장 극악한 자리에 앉히는 자들이 아닐 수 없습니다.

빛 아래에서 지속되는 범죄는 죄인들의 양심에 큰 타격을 입힙니다. 그렇습니다. 양심을 훼손하는 죄는 매우 큰 죄입니다. 양심은 영혼의 눈과도 같습니다. 사람의 눈처럼 고귀하고 민감하여 아주 작은 작은 상처에도 민감하게 반응합니다. 양심의 상처가 곧 눈의 상처입니다. 빛을 대적하는 죄는 양심에 큰 상처를 입힙니다. 양심의 고상한 권세, 곧 영혼 속에 있는 하나님의 대리인을 훼손하는 일과도 같은 것입니다.

복음의 빛을 대적하는 것은 정말 큰 죄입니다. 만약 그렇지 않다면 사도 베드로가 이렇게 말하지 않았을 것입니다.

"의의 도를 안 후에 받은 거룩한 명령을 저버리는 것보다 알지 못하는 것이 도리어 그들에게 나으니라"(벧후 2:21).

온 땅을 판단하시는 의로운 재판장이신 하나님의 입장에서 생각해 보십시오. 하나님은 공의로우신 분이십니다. 모든 사람에게 대해 그들이 행한대로 갚으시는 분이십니다. 그분은 의로 세상을 판단하십니다. 그 의로 죄인들을 판단하시되 그 죄에 따라 형벌의 경중을 달리 부과하시는 것은 의로우신 하나님께 매우 합당한 일입니다. 하나님의 율법을 불순종한 죄에 대한 정죄에는 예외가 없습니다. 본성의 희미한 빛만을 가진 이방인들도 그 마음 속에 기록된 하나님의 율법을 불순종한 것에 대해 정죄받을 것입니다. 그러나 복음의 빛을 받는 자들에게는 더 큰 하나님의 진노가 준비되어 있습니다.

"악을 행하는 각 사람의 영에는 환난과 곤고가 있으리니 먼저는 유대인에게요 그리고 헬라인에게며"(롬 2:9).

회개하지 않은 모든 자들이 하나님의 심판대에서 다 정죄를 받게 될 것이지만 거기에는 차이가 나타날 것입니다. 성경은 유대인들에게 먼저 그 심판이 주어질 것이라고 말씀하고 있습니다. 유대인들은 모든 이방인들보다 더 큰 빛과 자비를 누린 자들입니다.

"범사에 많으니 우선은 그들이 하나님의 말씀을 맡았음이라"(롬 3:2).

그러나 그들이 어떠하였습니까? 그들은 모든 빛을 대적하였습니다. 어떤 나라에 대해서도 그들에게만큼 대하신 적이 없으셨는데도 말입니다. 그러니 하나님 보시기에 그들의 악독함이 이방인들에 비해 얼마나 더 큰 것이겠습니까?

포도원에 늦게 들어온 사람들도 하루 온종일 뜨거운 햇빛과 짐을 감당했던 사람들과 동등한 품삯을 받았습니다. 그 품삯은 순전히 은혜에 속한 것이기 때문입니다. 그러나 불순종의 형벌은 이와 같은 이치에 적용되지 않습니다. 죄에 대한 형벌은 철저하게 공의에 근거를 둡니다. 죄의 분량, 그 야비함과 극악함의 정도에 따라 정확한 형벌을 부과하는 것이 공의인 것입니다.

"그가 얼마나 자기를 영화롭게 하였으며 사치하였던지 그만큼 고통과 애통함으로 갚아주라"(계 18:7).

은혜의 가장 분명한 빛과 방편을 알고도 그것을 거스려 범죄한 자들에게는 무겁고 참아낼 수 없는 고통이 그 분깃으로 주어집니다. 성경은 저주 받은 자들이 받는 고통의 주도적인 부분이 그들 자신의 양심에서 일어난다는 것을 말하고 있습니다. 빛을 거스르는 죄를 지은 사람들에게 가장 큰 고통을 주는 것은 다름아닌 그들 자신 속에 있는 양심인 것입니다. 죄의 악함을 잘 알고 있는 사람이 그 죄를 범하게 되면 양심이 주는 모독과 상처는 커지게 되어 있습니다. 죄를 비추는 빛을 더 많이 받은 사람일 수록 그가 회개하지 않는다면, 그것은 그가 영원한 고문의 장소에서 양심이 그를 더욱 더 질책할 소재를 예비하는 셈입니다. 양심이 그를 어떻게 쏘아 대겠습니까?

"내가 얼마나 많은 경고를 하였느냐! 죄의 길에서 너를 떼어내고 이 진노를 피하도록 하기 위해 얼마나 많이 애를 썼더냐! 네 가슴 속에 '죄의 길을 멈추라'고 얼마나 자주 부르짖었느냐? 그 위험을 얼마나 자주 경고했었느냐? 그러나 너는 내 음성을 듣지 않았다. 나의 모든 경고를 무시하였다. 자, 보아라. 너의 정욕이 너를 어디로 인도했는지를! 안타깝도다! 이젠 너무 늦었도다!"

그렇습니다. 그는 하나님을 아는 지식을 가졌고, 그 지식에 더 많이 이르는 방편들을 가지고 있었습니다. 하지만 그는 그 모든 기회들을 놓쳐버렸습니다. 그에게 풍부한 지식과 기회가 있었다는 사실에 대한 기억은 지옥에서 그를 더욱 고통스럽게 만들것입니다. 그 지식과 그 지식의 방편을 통해서 제공된 하나님의 자비가 크면 클수록, 그것들을 상실한데 대한 회오감의 고통은 말로 할 수 없을 만큼 커질 것입니다.

생각해 보십시오. 여러분이 구원을 위한 복음의 기회들과 하늘을 향해 넓게 열려있는 문을 제공받아 하나님의 나라에 멀지 않았음에도 불구하고 지옥에 간다면, 그 영원한 고통의 시간 가운데 그 사실을 기억하는 일이 여러분의 고통을 얼마나 더 크게 가중시키게 되겠습니까? 지옥은 여러분이 충분히 후회하고, 충분히 고통당하고도 남을 시간을 제공할 것입니다. 여러분은 이렇게 말하지 않겠습니까? '내 양심은 죄의 각성을 받았었고, 내 정서는 복음 아래 녹았었다. 나는 참된 그리스도인이 될 뻔 하였다. 그러나 이제 나는 얼마나 곤고한 자가 되었는가. 내가 결국 영원히 망하게 되었으니. 나는 나의 정욕을 부인할 수 없었다. 그리스도의 엄격한 멍에 아래 살 수가 없었다. 나는 그리스도와 연합한 삶을 살지 않았다. 내가 결국 영원토록 하나님의 가공할 진노 아래 살게 되다니. 하늘에 들어가 하나님과 함께 거하면서 하나님의 성도들과 함께 거한다면 얼마나 좋을 뻔하였는가!'

이것이 복음 아래서 망한 사람들에게 주어지는 특별한 고통입니다. 이러한 측면에서 본다면 차라리 복음의 방편들을 전혀 누리지 못한 이교도들이 더 나은 조건에 있는 자들일 것입니다. 그들에게 적어도 그러한 땅을 치는 회오감이 들지는 않을테니 말입니다. 어떠한 중보자도, 어떠한 조약도 제시받은 바 없는 귀신들도 그들이 겪는 후회의 고통은 당하지 않을 것입니다.

하늘의 빛 자체는 더할 나위 없는 자비입니다. 하지만 하늘에 이르는 지식 자체가 하나님의 진노로부터 우리를 안전하게 지켜주는 것은 아닙니다. 그 자비는 인간 본성의 악함으로 얼마든지 크게 남용될 소지가 있기 때문입니다. 남용된 자비는 커다란 비참을 낳습니다.

사랑하는 여러분, 그렇습니다. 하나님의 자비의 빛이 복되기 위해서는 그 빛에 순종해야 합니다. 빛을 받은 것만으로는 부족합니다. 하나님의 자비를 진노로 바꾸지 마시기 바랍니다.

"너희가 이것을 알고 행하면 복이 있으리라"(요 13:17).

자비의 빛이 여러분에게 비추었다면, 빛으로 알게 된 바를 순종하십시오. 아는 것만으로는 복이 되지 못합니다. 만약 여러분이 그 빛에 순종하지 않는다면 여러분의 빛은 여러분의 슬픔을 더 가중시키는 것 밖에는 되지 않습니다.

"주인의 뜻을 알고도 준비하지 아니하고 그 뜻대로 행하지 아니한 종은 많이 맞을 것이요"(눅 12:47).

"그러므로 사람이 선을 행할 줄 알고도 행치 아니하면 죄니라"(약 4:17).

죄악된 이 세상에 하늘의 영광을 아는 지식이 허락된 것에 대해 크게 감사하십시오. 우리에게는 과거 어떠한 세대보다, 어떠한 족속들보다 탁월한 빛의 방편들이 허락되었습니다. 우리는 크게 기뻐할 이유를 가진 사람들입니다. 하지만 두려워 하십시오. 우리 중 얼마나 많은 사람들이 그 기뻐할만한 이유 때문에 엄청난 비참을 당할지 알 수 없습니다. 우리 중 많은 사람들이 차라리 이 영국 땅을 밟지 않았으면 좋을 뻔하였다고 생각하는 때가 오고 있음이 저는 두렵습니다(당시 얼마나 충만한 복음의 빛이 영국에 비춰었는지를 생각해 보면 이 말이 합당하다. 지금 우리 한국은 어떠한가 -역자 주). 하나님께서는 이 나라를 빛나는 등불로 복되게 하셨습니다. 사람들은 말합니다. '영국 목회는 세계를 감동시키는 성가(聖哥)이다'라고 말입니다. 그러나 이는 한 편으로 매우 두려운 일입니다. 우리가 그러한 빛을 남용하고 그 빛을 거스른다면, 우리의 책임은 더 커질 것입니다. 우리의 빛이 밝으면 밝을 수록, 그 빛에 순종하지 않는 자들이 맞게 될 어두움은 그만큼 짙을 것입니다. 귀신들이 당할 고통이 그러할 것입니다. 그들은 우리보다 더 많은 하늘의 빛을 가지고 있는 자들이기 때문입니다.

"귀신들도 믿고 떠느니라"(약 2:19).

그들의 공포는 그들이 받은 밝은 빛에 비례할 것입니다.

얼마나 많은 사람들이 자신의 눈을 가려 양심에 억지를 부리는지 모릅니다. 플라톤이 그러하였습니다. 그는 하나님의 유일성은 인정했습니다. 그러나 자기 자신이 죄인이라는 사실은 끝내 인정하지 않았습니다. '그 진리는 발견하기도 쉽지 않고, 인정하기도 안전하지 못하다.' 이는 그가 한 말입니다. 명성 높은 도덕주의자였던 세네카 역시 자신의 죄임됨을 인정하는 일을 숨기고 싶은 유혹에 빠졌습니다. 그에 대해 어거스틴은 이렇게 말했습니다. '그는 자신이 비난했던 것을 숭배했고, 자신이 질책했던 것을 행하였도다.'

이처럼 유혹의 때에 양심을 순전하고 평화롭게 지키는 일은 어려운 일입니다. 오늘 이 시대야말로 그리스도와 적그리스도의 전투가 치열한 때가 아닙니까. 불같은 시험이 이 세대의 신앙 고백자들을 위협하고 있습니다. 이러한 때에 얼마나 많은 사람들이 자기들의 육신을 건지기 위해 양심의 각성을 무시할지 생각하는 것은 정말 두려운 일입니다.

여러분, 그저 작은 죄의 각성만을 의지하고 계시지는 않습니까? 여러분에게 아직 죽이지 않은 큰 정욕이 있습니까? 입술로는 그리스도를 고백하지만 마음으로는 세상을 숭배하고 있지는 않습니까? 그렇다면 선지자가 하사엘에게 했던 말을 여러분 스스로에게 하십시오. '나는 네가 그 시험의 날에 무엇을 행할런지 안다'라고 말입니다(왕하 8:12).

여러분, 하늘의 빛을 받은 여러분은 편하게 죄를 지을 수 없는 사람들입니다. 여러분은 믿음과 순종과 죄 죽이기와 자기 부인의 길 속에 있어야 합니다. 글을 전혀 읽을 줄 모르는 사람들보다 여러분이 더 쉽게 구원을 얻으리라고 기대하지 마십시오. 성경은 배우지 못한 사람들이 일어나 하늘을 취할 것을 말하고 있지 않습니까? 탁월한 분깃을 받는 여러분 중 누군가가 정욕의 노예가 되는 일처럼 서글픈 것은 없습니다. 여러분이 가진 학식이 여러분의 영적인 일에 대한 여러분의 눈을 가리지 않도록 하십시오. 만약 그러하다면 여러분이 가진 학식은 여러분의 더 큰 비참을 위해 예비된 것이나 다름이 없습니다.

빛의 깨달음으로 마귀가 사람의 이해의 영역에서 잠시 쫓겨나가는 것에 만족하지 마십시오. 깊은 참호를 구축하고 영혼의 기능들에 강한 요새를 쌓아 그리스도를 대적하고 있던 마귀는 빛의 각성으로 쫓겨 나가곤 합니다. 그러한 경우 사람에게 갑자기 큰 변화가 나타날 수 있습니다. 진지하게 신앙을 고백하고 기독교의 여러가지 영적 의무들을 감당하는데 힘을 씁니다. 누가 봐도 그는 완전히 회심한 사람입니다. 그러나 여러분, 그의 영혼 속에 여전히 사탄이 쌓아 놓은 성채의 가장 중요한 보루가 남아 있을 수 있 다는 사실을 아십니까? 그러한 경우 마음과 의지는 여전히 마귀의 손아귀에 있는 것입니다. 사탄의 진영을 파괴하기 위해서는 보다 어려운 작업이 수행 되어야 합니다. 하나님께서로부터 받은 강력한 무기만이 그의 마음과 생각 을 완전히 그리스도께로 향하게 할 수 있는 것입니다(고후 10:4,5).

빛의 각성으로 이해의 영역은 장악될 수 있습니다. 그러나 마음과 영혼은 여전히 사탄의 소유로 남아있을 수 있는 것입니다.

사람들의 마음이 가지는 정욕은 양심의 각성을 능히 제압할 수 있을만큼 강력합니다. 이 점은 매우 서글프지만 어쩔 수 없는 사실입니다.

"악한 일에 징벌이 속히 시행되지 않음으로 인생들이 악을 행하기에 마음 이 담대하도다"(전 8:11).

얼마나 많은 사람들이 자기의 영혼을 위험에 처하면서까지 자기들의 정 욕을 채우기 위한 일에 열심을 다하는지 모릅니다. 선지자는 그들을 '싸움 터로 돌진해 나가는 말'로 묘사하고 있습니다. 말은 매우 맹렬한 존재입니 다. 자기 앞에 죽음이 놓여있음에도 불구하고 북과 나팔과 군인들의 떠드 는 소리에 용력(勇力)을 얻어 적진을 향해 무모한 돌진도 마다하지 않습니 다. 사람들 속에 있는 정욕의 맹렬함과 무모함이 그러합니다. 그들 앞에 영 원한 양심의 저주가 기다리고 있는데도 말입니다.

하나님께서 여러분에게 총명과 양심을 밝히시는 뜻을 계시해 주셨다면, 거기에 순종하십시오. 그것이 가장 깊은 죄책과 가장 무서운 정죄를 피하는 길입니다. 아직 기회가 있는 동안 복음의 빛에 순종하십시오. 이것은 그리스도께서 주신 권고의 말씀입니다.

"아직 잠시 동안 빛이 너희 중에 있으니 빛이 있을 동안에 다녀 어둠에 붙잡히지 않게 하라 어둠에 다니는 자는 그 가는 곳을 알지 못하느니라 너희에게 아직 빛이 있을 동안에 빛을 믿으라 그리하면 빛의 아들이 되리라 예수께서 이 말씀을 하시고 그들을 떠나가서 숨으시니라"(요 12:35,36).

복음의 빛은 세상을 밝히는 등불입니다. 황금과 같이 보배로운 기름으로 타오르는 등불인 것입니다. 그러나 그 빛은 매우 짧은 기회만을 제공합니다. 하나님께서는 그 등불을 하찮은 것으로 여기는 자들을 위해 값비싼 대가를 지불하시면서까지 오랫동안 그 빛을 비추시지는 않으실 것이기 때문입니다.

여러분에게는 매우 짧은 시간이 주어졌다는 사실을 알아야 합니다. 회개를 위한 매우 짧은 시간만이 여러분에게 허락된 것입니다(계 2:21). 기회는 반복되어 오지 않습니다(겔 24:13). 그리스도께서 예루살렘을 바라보시면서 느끼신 슬픔을 보십시오.

"가까이 오사 성을 보시고 우시며 이르시되 너도 오늘 평화에 관한 일을 알았더라면 좋을 뻔하였거니와 지금 네 눈에 숨겨졌도다"(눅 19:41,42).

그리스도께서 우리로부터 받으신 대접이 무엇입니까? 차가운 냉대말고 그리스도께서 우리에게 반드신 것이 무엇입니까? 오늘날 수천의 사람들이 하나님께 외칩니다. '우리를 떠나소서. 우리는 당신의 길을 아는 지식을 원치 않아요.'(당시 청교도들이 핍박을 받던 영국의 영성을 감안하여 이해할 일 - 역자 주)

두려워하십시오. 그 빛에 순종하십시오. 그리스도께서 그 빛을 끄시고 우리를 흑암에 버려두시지 않기를 바란다면 말입니다.

34장

사탄의 계략

"만일 우리의 복음이 가리었으면 망하는 자들에게 가리어진 것이라
그 중에 이 세상의 신이 믿지 아니하는 자들의 마음을 혼미하게 하여
그리스도의 영광의 복음의 광채가 비치지 못하게 함이니
그리스도는 하나님의 형상이니라"

_고후 5:3,4

사람들의 오직 유일한 구제책인 예수 그리스도에 대한 반감이야말로 슬프고 기이한 현실입니다. 사로잡혔던 포로에게 구원의 소식이 전해진다면 그들은 기뻐 뛰어야 당연하지 않겠습니까? 누가 그들이 기뻐하는 것을 이상하게 여기겠습니까? 하물며 영혼의 구세주의 소식은 어떠해야 겠습니까. 구세주의 소식이야말로 상실된 죄인의 마음을 기뻐 어쩔 줄 모르게 하기에도 남은 것이 아닙니까. 사실 죄인의 벌거벗은 영혼으로 하여금 그리스도의 빛나는 의의 예복을 입도록 하는데 대단한 설득과 웅변은 필요 없어야 마땅합니다. 값없이 주시는 의의 예복이니 더 더욱 그렇습니다. 하나님께서는 굶주림에 허덕이는 영혼이 생명의 떡을 받기만 바라실 뿐 어떠한 대가도 원치 않으시지 않습니까. 이것이 이 책에 수록된 모든 강론의 요점입니다. 저의 모든 강론은 사실상 그것을 중심으로 이루어진 것입니다. 그리스도를 자신에게 적용하고 옷 입도록 사람들을 설득하기 위해 저는 많은 논증을

사용하였습니다. 그러나 저의 노력에도 불구하고 여러분이 값없이 주시는 그리스도께 나올 마음의 확신을 가지지 못한다면 이 강론은 허공을 치는 것에 불과할 것입니다. 이것이 제가 염려하고 안타까워하는 부분입니다. 지금 이순간에도 사탄의 거짓된 논증이 여러분의 눈을 멀게하고 마음을 닫아 제가 의도하는 바와 정반대의 확신을 가지도록 끊임없이 여러분을 종용(慫慂)하고 있을 것이기 때문입니다.

이 세상의 신은 모든 사람들의 마음을 다른 곳으로 향하게 만듭니다. 사람들로 하여금 불신앙의 옷을 입도록 하는 것입니다. 사탄은 시기가 가득한 왕자입니다. 그는 하나님의 형상이신 그리스도의 영광스러운 복음의 빛이 사람들에게 비춰지는 것을 참아내지 못합니다. 하지만 사탄은 서두르지 않습니다. 그는 복음의 빛을 받은 많은 사람들이 죄의 각성과 실천에 있어서 그리 오래가지 않는다는 것을 잘 알고 있기 때문입니다.

사탄이 사용하는 가장 주도적인 정책은 사람들의 눈을 가리는 것입니다. 그렇게 앞을 보지 못하게 된 영혼을 자기에게 묶어놓고 더욱 총명을 어둡게 하여 그들의 의지와 정서 모두를 자신의 의도하는 바대로 확고하고 철저하게 뿌리박혀 있게 하는 것입니다.

사탄의 간계야말로 그리스도를 효과적으로 영혼에 적용시키는 것을 방해하는 커다란 난제입니다. 그의 간계를 이겨낸다는 것은 정말 어렵습니다. 그러니 어찌보면 한 영혼이 사탄의 간계에 속지 않고 그리스도께 온전히 나오는 것은 참으로 기이한 일이 아닐 수 없습니다.

그러나 그러한 어려움에도 불구하고 본문은 주님께서 여전히 한 영혼이라도 더 말씀을 통해 그리스도께 나오기를 여전히 기대하고 계신다는 것을 말하고 있습니다.

　사도는 고린도후서 3장에서 복음의 탁월함을 강조합니다. 복음은 율법을 초월하고 명료함의 차원에 있어서도 율법을 앞서는 것이라는 것을 역설하고 있습니다. 모세의 얼굴과 사람들의 마음에 수건이 덮여 있는 것처럼 희미하고 명료하지 못한 구름 속에 싸여있던 율법의 세대가 끝나고 이제 복음 아래서 우리 모두가 수건을 벗은 얼굴로 거울을 보는 것처럼 주의 영광을 보게 되었다는 사실을 말하고 있는 것입니다.

　사도는 이에 대한 반론을 미리 예상하고 있었습니다. '당신의 복음이 그처럼 명료하다면 복음의 역사(役事)가 진행되고 있는 상황에 살고 있는 사람들(지혜와 총명에 있어서 모자람이 없다는 그 수많은 사람들) 누구나 그 복음 안에 있는 그 영광이나 그 탁월성을 볼 수 있어야 하는 것이 아닌가?'

　본문은 바로 이러한 반론에 대한 사도의 답변입니다.

　"만일 우리의 복음이 가리었으면 망하는 자들에게 가리어진 것이라 그 중에 이 세상의 신이 믿지 아니하는 자들의 마음을 혼미하게 하여 그리스도의 영광의 복음의 광채가 비치지 못하게 함이니…"

　정말 그러하지 않습니까? 지혜있고 총명있는 자들이라 할지라도 그리스도와 그 복음 안에 있는 영광을 전혀 보지 못하고 있는 사람들이 너무나 많습니다. 그러나 그 허물이 어찌 그리스도나 그리스도의 복음에 있겠습니까? 허물은 그것을 믿지 아니하는 자들의 마음 속에 있습니다. 앞을 보지 못하는 사람이 태양의 빛을 느끼지 못하는 이유가 태양이 빛을 발산하지 않기 때문입니까? 그렇지 않습니다. 문제는 그의 눈에 있습니다.

　본문은 사람들의 영혼에 매우 무서운 판단을 부과하고 있습니다. 곧 그들이 영광의 복음을 볼 수 없는 처지에 놓였다는 사실을 말하고 있는 것입니다.

"만일 우리의 복음이 가리었으면…"이라는 표현은 복음이 누군가에 의해 가리었음을 시사하는 표현입니다. 이는 매우 서글픈 일이지만 인정하지 않을 수 없는 사실입니다. 그들은 그리스도 안에 있는 어떠한 아름다움이나 필요성도 볼 수 없게 된 자들인 것입니다. 복음에 분명하고 명료하게 계시되어 있는 그 사실을 말입니다.

사도는 복음을 "우리의 복음"이라고 부르고 있습니다. 이것은 '우리가 전파하고 설교하는 복음'이라는 의미입니다. 곧 전파되도록 '우리에게' 맡겨진 복음이라는 것입니다. 하지만 우리가 성령의 능력 가운데서 모든 명료한 말로써 그 복음을 전파한다 할지라도 우리의 목회 사역 아래 있는 수많은 사람들의 눈에 복음은 여전히 가려져 있습니다. 그들의 총명이 복음을 바로 보지 못하도록 말입니다. 그들은 복음 안에 있는 영광이나 능력을 보지 못합니다. 우리가 어떠한 수고를 하든지 간에 누군가에게는 복음은 여전히 가리어진 상태로 남아있는 것입니다. 여러분, 이것이야말로 가장 무서운 심판입니다.

본문은 이 무서운 심판의 도구로 '세상 신', 곧 사탄을 거론하고 있습니다. 물론 일반적으로 사탄을 그러한 명칭으로 부르지는 않습니다. 다만 자신을 신의 존귀함에 들어갈 자로 여겨 스스로를 부추기고, 광대한 제국을 다스려 멸망으로 인도될 허다한 영혼들을 그가 소유하고 있는 차원에서 그러한 명칭을 부여한 것입니다. 세상의 가장 큰 부분을 장악하여 사람들을 다스리고 복종하게 하려는 그의 야욕을 표현하기 위해서 말입니다.

본문은 믿지 않는 사람들의 마음을 혼미케하여 그들을 지배하고 자기 아래 복종하게 하는 사탄의 간교한 술책을 말하고 있습니다. 그는 자기에게 복종하는 자들의 눈을 막아 마음의 총명과 영혼이 가진 고상한 기능들을 어둡게 만듭니다. 어떤 이들은 그것을 '사람의 영혼을 인도하고 지도하는 기능'의 상실로 묘사합니다. 눈이 몸을 인도하듯이 그러한 기능들이 영혼을 인도하는 것으로 표현하고 있는 것입니다. 에베소서 1:18에서 사도는 그것을 '마음 눈'(이해의 눈, 총명의 눈)이라고 불렀습니다. 그렇습니다. 사탄이 멀게 한 것은 바로 그 눈입니다. 온갖 무지와 오류와 반론들을 동원해 그 마음과 총명을 어둡게 만드는 것입니다. 그래서 마음과 총명이 어두워신 자들은 모든 영적 일들에 대해 '저희가 보기는 보나 깨닫지 못하게' 될 수밖에 없는 것입니다(사 6:9,10).

그것들에 대해 그저 희미한 개념들을 가지고 있을 뿐, 그러한 것들이 가진 독특함과 능력은 전혀 이해하지 못하는 것입니다. 이러한 간계야말로 사람들을 예수 그리스도께로 나아가지 못하게 차단하는 효과적인 방식이 아닐 수 없습니다. 이 보다 더 효력을 발휘하는 방식은 세상에 없을 것입니다. 결국 그들은 그리스도의 구속의 은택을 적용하지 못하게 되는 것입니다. 이들에게 구원이란 없습니다.

세상에 마음이 혼미케 된 자들, 곧 복음이 가리어진 자들은 두 부류가 있습니다. 처음부터 빛을 비춰주는 조명의 방편을 받지 못한 자들과, 방편은 주어졌으나 그 복락과 효력을 부인하는 자들로 나누어 볼 수 있습니다.

전자는 이교도 세계에 있는 사람들의 경우입니다. 그들은 복음 없이 흑암 중에 있는 사람들입니다. 후자는 그리스도의 복음이 전파된 세계에 살고 있는 사람들을 말합니다. 그들은 복음의 소리가 들리는 지역에서 살고 있음에도 불구하고 세상의 신에 의해 눈멀어 있는 자들입니다.

"여호와께서 이르시되 가서 이 백성에게 이르기를 너희가 듣기는 들어도 깨닫지 못할 것이요 보기는 보아도 알지 못하리라 하여 이 백성의 마음을 둔하게 하며 그들의 귀가 막히고 그들의 눈이 감기게 하라 염려하건대 그들이 눈으로 보고 귀로 듣고 마음으로 깨닫고 다시 돌아와 고침을 받을까 하노라"(사 6:9,10).

그들에게 의의 태양이 떠올랐지만 그들은 그 빛을 보지 못했습니다.

"빛이 어둠에 비취되 어둠이 깨닫지 못하더라"(요 1:5).

그들이 욥이 무덤에 대해서 말한 대로의 상태에 처해 있는 사람들입니다.

"땅은 어두워서 흑암 같고 죽음의 그늘이 져서 아무 구별이 없고 광명도 흑암 같으니이다"(욥 10:22).

영적으로 눈멀어 있는 자들이 본성적 지혜가 없는 것은 아닙니다. 그들 중에 어떤 이들은 매우 예리하고 분명한 총명을 가지고 있습니다. 자연의 신비를 분변할 수 있는 독수리 같은 눈을 가지고 있습니다. 이교도의 철학자들처럼 총명하고 기민한 시각을 가진 자들은 많지 않습니다. 그들은 모두 당대에 큰 지혜로 명성을 떨쳤던 자들입니다. 하지만 그들은 복음의 빛을 보지 못했습니다. 그들에게 복음은 그저 미련하게 보였을 뿐입니다. 성 어거스틴(St. Augustine)은 '나는 회심하기 전에는 복음의 단순성을 공격하였고, 경멸하는 마음으로 가득 찼다. 나는 다시 어린 아이가 되는 것을 경멸하였도다'라고 고백하였습니다. 수많은 학식 있는 자들은 이러한 고백을 하곤 합니다. '내가 처음 바울의 서신들을 읽었을 때 나는 그것을 업신여길 수밖에 없었다. 왜냐하면 나는 그 서신들 속에서 내가 기대하였던 형이상학적(形而上學的)인 관념들을 전혀 발견할 수 없었기 때문이다.' 이러한 현상은 택한 백성들에 대한 아버지의 사랑을 말씀하신 주님의 감동어린 희열로 설명 됩니다.

"그 때에 예수께서 대답하여 이르시되 천지의 주재이신 아버지여 이것을 지혜롭고 슬기 있는 자들에게는 숨기시고 어린 아이들에게는 나타내심을 감사하나이다"(마 11:25).

영적으로 눈멀어 있는 자라도 성경에 대한 참된 이해를 가질 수 있습니다. 성경을 바르게 해석할 수도 있고, 그것을 통해 다른 사람들의 마음에 빛을 비추어 줄 수도 있습니다. 하지만 그럼에도 불구하고 정작 자신에게는 그 복음이 가리어질 수 있습니다.

"그 날에 많은 사람이 나더러 이르되 주여 주여 우리가 주의 이름으로 선지자 노릇 하며 주의 이름으로 귀신을 쫓아내며 주의 이름으로 많은 권능을 행하지 아니하였나이까 하리니 그 때에 내가 저희에게 밝히 말하되 내가 너희를 도무지 알지 못하니 불법을 행하는 자들아 내게서 떠나가라 하리라"(마 7:22,23).

그가 설령 로마서 2:19에 기록되어 있는 바와 같이 "맹인의 길을 인도하는 자요 어둠에 있는 자의 빛"이 되어 다른 이들에게 그리스도와 구원의 길을 보여주면서도 정작 자신에게는 그리스도의 구원이 숨겨질 수 있는 것입니다. 정서의 감동 역시 마찬가지입니다. 영적 소경이라고 해도 복음이 정서에 미치는 감동을 전혀 받지 못하는 것은 아닙니다. 왜냐하면 복음 자체에 정서를 감동케 하는 달콤한 감흥과 환희를 느끼게 하는 것이 들어있기 때문입니다. 하지만 이들의 영혼에게 역시 복음은 가리어 있을 수 있는 것입니다 (히 6:5,9).

이처럼 영적인 소경됨에 빠져 있음에도 복음의 빛을 보는 사람들과 공통적인 모습을 띄는 부분이 있습니다. 여러분은 여기서 '그렇다면 복음의 빛을 볼 수 있는 사람들과 이들과 구별되는 특징이 과연 무엇인가?'라는 질문을 던지고 싶을 것입니다.

영적으로 소경된 자들은 성령으로 말미암아 복음 안에서 주어지는 그리스도 예수님의 구원하시는 표증을 발견해 내지 못합니다. 영혼이 거듭나는 것은 복음 안에서 성령님으로 말미암아 그리스도의 구원하시는 효력으로 인해 일어나는 일입니다. 하나님께 대한 진정한 회심은 그것을 통해 일어납니다. 그렇습니다. 복음이 성령과 능력이 영혼에 효력을 발휘하는 것으로 복음이 그 영혼에게 가리어지지 않았다는 사실을 알 수 있는 것입니다. 그러한 영혼들이 복음으로 계시된 영광 모두를 한꺼번에 분명하게 보지는 못한다고 할지라도 말입니다. 그들은 부분적으로 알고, 거울로 보는 것처럼 희미하게나마 그 영광을 봅니다. 하지만 확실한 것은 그들의 영적인 눈이 복음을 볼 수 있다는 사실입니다. 그들에게는 구원의 비밀이 감추어져 있지 않은 것입니다.

복음의 빛이 비춰진 지역에 살고 있는 자들은 분명 행복한 자들입니다. 하지만 그럼에도 불구하고 그들은 가장 불행한 처지 가운데 놓은 자들입니다. 그들은 세상 일에 항상 분주합니다. 그들은 다가올 세계에서 자기들의 영혼이 어떠한 처지에 놓일 것이라는 것에 대해 진지하게 숙고해 볼 시간적 여유를 갖고 있지 않습니다. 이들을 자세히 보십시오. 복음이 전파된 곳에 살고 있으며, 많은 지식과 은사를 가진 이들이 그 은택을 전혀 누리지 못하고 있지 않습니까? 이들의 영혼이 혼미케 된 상태가 아니라면 자기들의 영원한 복락이 걸려 있는 구원의 가장 보배로운 기회들을 낭비하고, 장차 사라질 모든 하찮은 것들을 위해 정신을 파느라 영혼의 문을 닫아버리는 무모한 일은 결코 일어나지 않았을 것입니다. 그들의 시간과 생각과 정서와 힘 모두가 땅에 의해 삼킴을 당하였습니다. 땅이 입을 열어 고라와 그 일당들을 삼킨 것처럼 말입니다. 그들은 자신들에게 주어진 가장 좋은 시간을 세상을 섬기는 일에 써버렸습니다. 심지어 주님 앞에 몸을 맡기고, 예배를 드리고 있는 동안에도 말입니다. 그들의 마음은 온통 허망한 것들을 좇아 배회하고 있습니다. 쉬지 않고 세상의 이익을 좇고 있는 것입니다(겔 33:31). 그들은 세상의 아름다움을 볼 뿐 그리스도 안에 있는 아름다움은 발견하지 못합니다. 세상의 허망한 것들을 좇아 열심을 내지만 정작 자신의 구원에 대해서는 무관심합니다. 이들이 세상 신에 의해 영적으로 눈멀어 있는 자들이 아니면 누구이겠습니까?

이들의 영혼은 복음의 깨우치고 각성시키는 진리 아래에서도 잠잠합니다. 이들이 만약 자기들이 처한 위험천만한 조건을 알고 이해하였다면 어떻게 잠잠히 있을 수 있겠습니까? 이 세상에 있는 어떤 것도 그 양심을 잠잠케 하지 못할 것입니다. 오직 그리스도께서만이 자신들의 양심을 고요하게 하실 분이라는 것을 알게 될 것입니다. 그들의 눈이 열려 자신들의 비참한 조건을 본다면 그들은 이렇게 말하지 않겠습니까? '우리가 어떻게 하여야 구원을 얻으리이까?' 자신이 지옥에 빠질 자라는 것을 아는 사람이 그리스도를 통한 구원의 소망이 지나가는 것을 그저 보기만 하겠습니까? 자비의 날이 다 끝나가고 있음을 그들이 알게 되었음에도 그들이 과연 잠잠할 수 있겠습니까? 그렇지 않을 것입니다. 그 양심은 잠자코 있을 리가 없습니다.

그러나 그들은 잠잠합니다. 그들은 강력하게 무장한 자의 포로된 자들입니다.

"강한 자가 무장을 하고 자기 집을 지켜 그 소유를 안전케 할 때…"(눅 11:21).

포로로 잡혀 있는 한 그들의 양심은 잠잠할 수밖에 없습니다. 그 강한 자가 여러분의 눈이 죄의 각성으로 열리는 것을 가만히 두고 볼 리가 있겠습니까? 그는 이렇게 윽박지를 것입니다. '움직이지 말아! 가만히 앉아 있어! 눈을 감고 귀를 막으란 말이다!'

여러분, 정말 서글픈 일이 아닐 수 없습니다. 자신의 영혼이 영원히 타는 지옥불에 빠지는 것도 모른채 그저 잠잠히 앉아 있는 그들을 보십시오.

거듭나지 않은 본성의 상태에 머물러 있으면서도 구원을 받을거라는 확신을 가지는 사람들 역시 마찬가지입니다. 그들은 무엇을 근거로 그러한 확신을 가지는 것입니까? 그들은 분명 사탄에게 기만 당한 자들입니다. 그들이 가진 주제넘은 확신은 사탄이 사람들의 총명을 기만할 때 사용하는 거짓된 논증 중 하나입니다. 사도는 그 거짓된 논증들을 '자신을 속이는 것'(약 1:22)이라고 말하고 있습니다. 그것은 자기 사랑에서 나온 마귀의 간교한 궤변입니다.

"사람의 행위가 자기 보기에는 모두 정직하여도"(잠 21:2).

그것은 자기 무지에서 비롯되기도 합니다.

"네가 말하기를 나는 부자라 부유하여 부족한 것이 없다 하나 네 곤한 것과 가련한 것과 가난한 것과 눈먼 것과 벌거벗은 것을 알지 못하는도다"(계 3:17).

그들은 자신들의 내세의 상태에 대해 어떤 두려움이나 의심도 가지지 않습니다. 그들은 그것을 바로 볼 수 있는 시력을 가지고 있지 못하기 때문입니다. 눈멀어 있는 그들이 여유로이 거짓된 확신을 가지고 만족하는 모습은 어찌보면 매우 자연스러운 것일 수 있겠습니다.

여러 신앙의 의무들을 하찮은 것으로 여기게 하는 것 역시 사탄의 눈멀게 하는 역사로 말미암는 것임에 틀림 없습니다. 그들이 눈이 열려 있다면 진지하고 엄숙한 규례들을 우습게 여기는 일은 하지 않을 것입니다. 오히려 간절히 기도하고 복음을 듣기 위해서 온 마음을 기울일 것입니다. 사람들이 신령한 빛을 받게 되면 그리스도와 하늘과 지옥의 주제로 자신의 생각을 집중시킵니다. 세례 요한의 사역이 사람들의 마음에 빛을 주었을 때에 주님은 이런 말씀을 선포하셨습니다.

"세례 요한의 때부터 지금까지 천국은 침노를 당하나니 침노하는 자는 빼앗느니라"(마 11:12).

그렇습니다. 천국은 침노하는 자들을 부인하거나 거부하지 않을 것입니다. 여러분은 지금도 수많은 사람들이 천국을 침노하기 위해서 힘을 다해 분주히 움직이고 있다는 사실을 알아야 합니다.

만일 이 세상 신이 여러분의 마음을 눈멀게 하지 않았다면 여러분은 그런 식으로 무심하게 기도하지 않을 것입니다. 나태하고 무관심하게 말씀을 듣는 모습은 찾아 볼 수 없을 것입니다. 눈이 열림으로 복음의 영광을 보게 된 여러분이 어찌 마치 한 번도 기도해 본적이 없는 사람처럼 기도하고, 한 번도 들어본 적이 없는 사람들처럼 말씀을 듣겠습니까? 어떤 사람이 아리스토텔레스 앞에서 멋진 연설을 하고 난 후 아리스토텔레스를 찾아가 물었습니다. '제가 한 연설이 좋았나요?' 그랬더니 그는 이렇게 대답하였습니다. '미안합니다. 당신의 연설을 듣는 내내 다른 문제를 생각하고 있었네요.' 여러분의 눈이 열려 있다면 결코 그와 같은 말을 하는 일은 없을 것입니다.

작은 장애와 고통을 피하기 위해서 큰 죄를 저지르는 것을 두려워하지 않는 것 또한 우리 중 많은 사람들의 눈이 세상 신에 의해 혼미케 되었다는 증거입니다. 하나님의 율법의 거울로 그것이 죄임을 알게 되는 사람은 "도리어 하나님의 백성과 함께 고난 받기를 잠시 죄악의 날을 누리는 것보다 더 좋아"하게 되어 있습니다(히 11:25). 죄의 악 때문에 심령이 깊은 고통을 느끼고 있는 사람들은 사람들로부터 오는 모든 능욕과 모든 손해와 모든 고난을 가벼이 여깁니다.

신앙을 고백하는 수천의 사람들이 보이는 교만과 자만심은 또 어떠합니까? 이 역시도 사탄의 궤변에 영혼이 혼미케 되었음을 드러내는 증거입니다. 분명한 빛 속에서 하나님을 보는 자들은 오히려 자신을 혐오하며 가장 깊은 겸손 가운데 자신을 놓습니다(사 6:5 ; 요 5:43). 그러한 사람이 지금껏 자기를 뽐내기 위해서 달고 다니던 깃털을 얼마나 하찮은 것으로 여기겠습니까? 그는 자신을 세상의 어느 누구보다도 더 낮게 여깁니다.

우리는 영혼을 혼미케 하기 위해 사탄이 사용하는 간교한 술책들을 숙고해 볼 필요가 있습니다. 이는 우리를 바로 세우는 일에 커다란 도움을 줄 것입니다. 불신자들의 마음을 혼미케 하고 그 총명을 어둡게 하기 위해서 사용하는 사탄의 간계는 세 가지로 나누어 생각해 볼 수 있습니다.

첫째, 복음의 빛을 사전에 차단하는 사탄의 술책을 주목해 보십시오. 복음의 빛을 원천적으로 봉쇄함으로 복음의 빛을 받지 못하도록 하는 것은 사탄이 쓰는 주도적인 방편 중 하나입니다. 사탄은 복음의 진리를 흔들어 놓기 위해 복음을 전하는 자들을 이용합니다. 복음의 진리를 바로 전해야 할 자들로 오히려 듣는 사람들의 머리를 혼란케 하는 것이 그것입니다. 사탄은 설교자들이 필요 이상의 지나친 고상한 어투나 용어를 사용하게 하여 듣는 이들의 이해를 어렵게 만드는 계략을 사용합니다. 그리고는 듣는 이들로 하여금 그 설교자를 매우 수준 높은 학자나 훌륭한 웅변가로 추켜세우게 합니다. 사탄은 설교자들의 마음에 교만의 씨앗을 심습니다. 하나님의 복음의 거울을 색칠하여 그 빛이 통과하지 못하도록 부추깁니다. 하나님의 계획보다 자신의 계획을 만족시키려는 쪽으로 설교자들을 유도하는 것입니다. 물론 그리스도의 사신된 그들이 아름답고 고상한 문체를 사용하는 것은 합당한 일입니다. 저급한 어조나 과격한 어투로 영광의 그리스도를 말하는 것은 바르지 못한 일일 것입니다. 하지만 지나친 것이 문제입니다. 말의 재주를 부려 그 자체에 멋을 부리려는 자세는 거만한 영지주의자의 모습입니다.

"이 사람들은 원망하는 자며 불만을 토하는 자며 그 정욕대로 행하는 자라 그 입으로 자랑하는 말을 하며 이익을 위하여 아첨하느니라"(유 16절).

"무지한 말로 이치를 어둡게 하는 자가 누구냐"(욥 38:2).

재미난 이야기로 연약하고 무지한 영혼들을 즐겁게 하는 일은 설교가 가져야 할 목적을 목적과 힘을 무력화시키는 방식입니다. 설교는 그것을 세우신 하나님의 목적이 가장 먼저 우선되어야 합니다. 그 목적이 효과적으로 실현될 때 그것이 훌륭한 방편으로 여겨지는 것입니다. 손잡이가 황금으로 되어 있고 칼자루에 다이아몬드가 박혀 있다 할지라도 그 칼날이 무디다면 그것은 결코 좋은 칼이 아닌 것처럼, 그리스도의 사역자들은 사람들의 영혼을 찌르고 베는 위대한 말씀의 칼이 되어야 하는 것입니다.

듣는 이들 역시 조심하여야 합니다. 만약 설교의 흥미를 따지며 자기들의 목사를 시험한다면 그것은 스스로 복음을 거스르고 대적하는 사탄의 간계의 도구가 된 셈이라는 사실을 기억하십시오. 만약 여러분이 듣는 설교가 평이하고 명료하다면 그 설교는 성공적으로 행해진 가능성이 더 많다는 것을 알아야 합니다. 그러한 군더더기 없는 설교가 사람들을 설득하여 그리스도께 나오게 하는 가장 탁월한 웅변인 것입니다.

사탄은 사람들이 하나님의 세우신 규례대로 예배에 참여하는 동안에도 사람들의 마음에 당치도 않은 일을 생각하게 만듭니다.

"백성이 모이는 것같이 네게 나아오며 내 백성처럼 네 앞에 앉아서 네 말을 들으나 그대로 행치 아니하니 이는 그 입으로는 사랑을 나타내어도 마음은 이욕을 좇음이라 그들이 너를 음악을 잘하며 고운 음성으로 사랑의 노래를 하는 자같이 여겼나니 네 말을 듣고도 준행치 아니하거니와…"(겔 33:31,32).

사람들은 선지자의 음성을 즐거운 소리로 여겼을 뿐, 그들의 생각은 공상(空想)들과 정욕을 따라 이리저리 오갔습니다. 하나님의 말씀을 들을 때 마저도 그들의 마음은 세상적인 구상(構想, project)으로 가득 차 있었습니다.

그뿐만이 아닙니다. 사탄은 사람들로 하여금 성경의 권위에 갖가지 반론을 제시하도록 만듭니다. 그렇게 진리와 싸움을 벌이는 동안 사람들의 총명이 어두워져 결국 그 빛을 따라가지 못하게 되는 것입니다. 그러한 경우 사람들의 마음 속에 하나님의 말씀은 재미있는 동화 한 편 정도의 인상 밖에는 남기지 못하게 됩니다. 그저 꾸며낸 흥미로운 이야기 정도의 영향을 끼치게 되는 것입니다. 하나님이 없다는 사상들로 일관된 무신론이 판치는 이 시대는 사탄에게 있어 그 계획을 이룰 가장 좋은 때가 아닐 수 없습니다. 오늘날 수많은 이들의 신앙의 기초가 흔들리고 있지 않습니까! 마귀는 사람들에게 끊임없이 속삭입니다. '복음? 그것은 그저 꾸며낸 이야기에 불과한 것이야.' 그의 말은 저 신성모독적인 교황이 복음을 '그리스도 우화(寓話)다'라고 말한 것과 너무나 흡사합니다. 천국과 지옥을 하나의 망상에 불과하다고 믿게 한 사탄의 간교한 계략은 오늘날 큰 성공을 거두고 있지 않습니까?

이 고지를 선점한 사탄이 사람들의 영혼의 문을 닫게하는 것은 너무나 쉬운 일이 되어버렸습니다. 사탄의 간계가 얼마나 많은 부패한 교리들을 만들어내어 이 세대 속에서 더욱 기승을 부리는지 모릅니다. 사탄의 간계는 정말 많은 사람들의 믿음을 무너뜨리고 있습니다. 느슨하고 우쭐거리는 식으로 믿음을 가졌다고 떠벌이던 자들의 수치스러운 삶이 오늘날 얼마나 복음을 경멸의 대상으로 만들고 있습니까!

사탄은 위대하고 보배로운 복음의 진리를 왜곡하는데 힘을 쏟습니다. 그로 인해 많은 사람들은 복음에 대한 선입견과 경멸감을 가지게 되었습니다. '선택 교리'(doctrine of election)에 관해 가지는 거짓된 진리가 대표적입니다. 사탄은 사람들의 마음 속에 하나님께서 사람을 택하시는 문제에 대한 잘못된 심리를 심습니다. 그 교리를 방종의 구실로 삼도록 사람들을 부추기는 것입니다. 곧 하나님께서 구원하시기로 작정한 사람은 그들이 어떠한 삶을 살아간다 할지라도 구원받을 거라는 것입니다. 또 반대로 선택받지 못한 사람은 그가 아무리 자신을 부인하는 삶을 산다 할지라도 하나님의 정하신 진노는 피하지 못할 것이라는 결론을 가지게 하는 것입니다.

그는 값없이 주시는 하나님의 은혜를 방종의 도구로 삼게 만듭니다. 은혜에 합당한 삶을 누구보다도 더 부지런히 살아야 할 사람들이 완전히 정반대의 목적으로 그 은혜를 적용하도록 만드는 것입니다. "우리가 내일 죽을 터이니 오늘 먹고 마시자"는 식으로 말입니다.

사탄은 얼마나 집요하게 사람들의 마음에 빛이 들어오지 못하도록 방해하는지 모릅니다. 사탄이 사람을 넘어뜨리는데 가장 효과적인 도구로 즐겨 사용하는 것은 바로 교만입니다. 사람들로 하여금 교만의 마음을 부추겨 자신에게 비춰지는 진리의 빛을 마치 원래부터 알고 있는 것으로 여기도록 만듭니다. 가장 놀라워해야 할 보배로운 하나님의 진리들을 하나의 통속적인 개념으로 여기도록 그들의 교만을 부추기는 것입니다. 그렇게 설득당한 마음의 교만은 결코 하나님의 말씀을 온유함와 겸손함로 받지 않습니다 (약 1:21 ; 시 25:8,9). 교만이 자신들을 가장 깊은 무지 속으로 끌어 내리는 것임에도 불구하고 말입니다(딤전 6:4 ; 고전 8:7). 그는 할 수 있는 한 최대한의 크기로 사람들의 교만과 허영을 부풀립니다. 그 간계의 끝이 무엇인지 잘 알고 있기 때문입니다.

이것이 복음의 빛을 원천적으로 차단하는 사탄의 간계입니다. 그러나 일차적인 이 계획이 성공을 거두지 못하여 사람의 마음 속에 빛이 비춰지는 일이 일어나면, 사탄은 재빨리 다음 단계의 계책을 발동하기 시작합니다.

사탄이 두 번째 단계의 계책에서 심혈을 기울이는 것은 마음 속에 비춰진 빛의 효력과 작용을 방해하는 일입니다. 어떻게든 빛이 이해의 영역 속에만 머물도록 하려는 것입니다. 비춰진 빛이 영혼의 의지와 정서에 감화를 주는 데까지 나아가지 못하도록 방해하는 것입니다. 이 간계를 위해 사탄은 매우 주도면밀한 과정을 진행합니다.

사탄은 최대한 빨리 죄에 대한 깨달음의 싹을 잘라버립니다. 그는 죄에 대한 각성의 마음이 오래 지속되는 일이 자기에게 얼마나 불리한 일인지 잘 알고 있는 자입니다. 이는 주님께서 말씀하신 바와 같습니다.

"아무나 천국 말씀을 듣고 깨닫지 못할 때는 악한 자가 와서 그 마음에 뿌려진 것을 빼앗나니 이는 곧 길 가에 뿌려진 자요"(마 13:19).

말씀에 나오는 공중의 새가 바로 사탄입니다. 씨가 땅에 뿌리를 내리기 전에 물어가버리는 새처럼, 마귀는 사람들의 마음에 진리의 씨가 뿌리를 내리기 전에 이를 제거해버리려고 하는 것입니다. 말씀이 마음에 작용하기 전에 그 말씀을 파괴시키려고 하는 것입니다. 세상의 염려나 헛된 친구들은 이 간계를 위해서 그가 주로 사용하는 도구입니다. 죄의 각성을 최대한 빠른 시간 안에 꺼버리기 위해서는 그것들이 가장 효과적이라는 것을 알기 때문입니다.

만약 죄의 각성이 마음에 뿌리내리는 일이 발생하면 사탄은 그 일이 효과적으로 진행되지 못하도록 최대한 시간을 지체시키는 방법을 동원합니다. 죄를 깨닫게 된 영혼들에게 사탄은 말합니다. '너의 지난 날의 삶을 변화시키려 하는가? 좋다. 하지만 서두를 필요는 없다. 너에게는 충분한 시간이 있지 않은가?' 사탄이 여기서 승기를 잡는다면 그의 일은 결코 실패하지 않을 것입니다(약 1:13,14). 말씀을 듣고 행하는 자가 아니면, 곧 그 일을 행하지 않는 자라면 말씀에 영혼이 신선함을 느낀다고 할지라도 결국 사탄의 말에 자신을 속이는 일이 벌어집니다. 자기 자신은 앞으로 행할 것이기 때문에 말씀이 말하는 행하지 않는 자의 범주에 들어가지 않을 것이라는 결론을 내리게 되는 것입니다. 결국은 그들의 마음에는 말랑말랑한 왁스 위에 도장을 찍는 것과 같은 일이 일어납니다. 눅눅한 왁스 위에 찍힌 도장의 자국이 결국 아무 흔적도 없이 사라져 버리는 것처럼 말입니다. 다윗이 선한 일에 대해 보여준 순발력은 깊은 지혜의 소산이었습니다.

"주의 계명들을 지키기에 '신속히 하고' 지체하지 아니하였나이다"(시 119:60).

얼마나 많은 영혼들이 지체하다가 멸망을 당하였는지 모릅니다. 처음 죄를 깨닫는 이들, 특히 젊은 사람들에게 이러한 경우가 많이 나타납니다. 그들은 마귀의 설득에 쉽게 넘어갑니다. '황금과 같은 시절을 그러한 우울한 주제에 바치다니. 어리석구나. 너의 젊음의 때가 이렇게 가버리도록 놔둘 것인가? 너에게는 충분한 시간이 있지 않은가?'

만약 이러한 사탄의 설득에도 불구하고 죄의 각성이 계속 양심 속에 터를 다지게 되면 마귀는 절망과 고통과 공포로 협박하기 시작합니다. '너의 즐거운 시절은 모두 끝이 났다. 세상으로부터 버림받은 네가 무슨 즐거움과 위로를 얻을 수 있겠는가? 너의 앞에는 고통의 길이 펼쳐져 있도다! 네가 세

상에 다시 돌아오지 않은 한 말이다!'

사탄은 자신의 목적을 달성하기까지 결코 쉬거나 지치지 않습니다. 그는 진리를 깨달은 영혼마저도 포기하지 않습니다. 진리를 영혼에 바르게 적용하지 못하도록 하는 방편들을 동원함으로써 말입니다.

사탄은 사람들이 영적인 진리나 거듭나지 못한 자들에게 관심을 가지지 못하도록 세상의 신성모독적인 부분들을 진리 가운데 교묘히 심는 간계를 부립니다. 바리새인들의 경우가 그러하였습니다. 그들은 스스로를 의롭게 여기면서 자기를 신뢰하였습니다. 라오디게아 교회 사람들은 자기들이야말로 진리에 풍요로운 자들이요 매우 안전하고 훌륭한 조건에 있다고 생각한 자들이었습니다. 그들에게 세상에서 가장 심각한 오염에서 자신들이 온전히 벗어나 있다는 의식을 사탄이 심어 주었기 때문입니다.

"이 모든 것을 내가 어릴 때부터 지켰나이다"(마 19:20).

이것은 침착하고 교양있는 삶을 살아가고 있는 사람들의 양심의 눈을 가리는 가장 효과적인 술책입니다.

또한 사탄은 죄의 각성이 진정한 회심으로 나아가지 못하도록 방해하는 술책을 씁니다. 죄의 각성으로 찾아오는 고통을 부각시켜 죄의 각성이 진정한 회심으로 진행되어 나가지 못하도록 하는 것입니다. 고통을 거쳐 진정한 회심으로 진행되어 나가지 않는 죄의 각성은 의미가 없다는 것을 그는 누구보다 잘 알고 있습니다. 죄에 각성으로 찾아 오는 고통은 필연적인 것입니다. 회심으로 나아가는 길 가운데 고통은 반드시 거쳐야 할 과정입니다. 죄를 깨달은 자들이 끝내 회심으로까지 나아가지 못하는 이유가 여기에 있습니다. 그들은 죄를 깨닫기는 하였으나 고통의 과정을 피하라고 설득하는 마귀의 술책에 걸려 넘어진 자들인 것입니다.

사탄은 사람들이 가지고 있는 은사들과 지식들을 자신의 계책에 교묘히 이용합니다. 자신이 어떠한 처지에 있는지를 알지 못하게 하는 방편으로 은사와 지식을 사용하는 것입니다. 사탄은 사람들이 가진 지식 이상의 지식으로 발전하여 나가는 것을 방해합니다. 유대인들의 경우가 그러하였습니다.

"유대인이라 불리는 네가 율법을 의지하며 하나님을 자랑하며 율법의 교훈을 받아 하나님의 뜻을 알고 지극히 선한 것을 분간하며 맹인의 길을 인도하는 자요 어둠에 있는 자의 빛이요 어린아이의 선생이라고 스스로 믿으니…"(롬 2:18-20).

이것은 특별히 자기 자신이 많은 것을 알고 있다고 생각하는 사람들에게 주어지는 시험이요 기만입니다. 그들은 자신을 눈먼 사람들의 안내자로 알고 있습니다. 사실 자기들보다 더 눈먼 자가 없는데도 말입니다.

외식 또한 마찬가지입니다. 겉으로 회심한 채 행세하고 싶어 하는 마음은 사탄의 세력을 더 강화시킬 뿐입니다(마 12:44). 겉으로 보여지는 행동만 그러할 뿐 마음의 진정한 변화가 그들에게는 일어나지 않습니다(벧후 2:20). 자기 스스로 깨끗하다 자부하며 더러움을 씻지 아니한 세대를 보십시오. 그들은 보이는 손의 더러움을 씻었을 뿐, 자기들 마음에 있는 더러움을 씻는 일에는 눈멀어 있는 자들이었습니다.

영적 의무를 부지런히 이행하는 것 역시 사탄의 술책에 이용당할 수 있습니다. 한 가지 일을 부지런히 함으로 다른 일에 소홀히 하고 있음을 깨닫지 못하게 하는 것이 그러합니다. 말씀을 듣고 기도하고 금식하는 것과 같은 외적인 신앙의 의무들을 부지런히 행하느라 마음으로 믿고 회개하는 더 큰 의무는 하지 못하는 것을 어찌 바람직하다고 말할 수 있겠습니까? 이사야가 책망하던 것이 바로 그것입니다.

"그들이 날마다 나를 찾아 나의 길 알기를 즐거워함이 마치 공의를 행하여 그의 하나님의 규례를 저버리지 아니하는 나라 같아서 의로운 판단을 내게 구하며 하나님과 가까이 하기를 즐거워하는도다 우리가 금식하되 어찌하여 주께서 보지 아니하시오며 우리가 마음을 괴롭게 하되 어찌하여 주께서 알아주지 아니하시나이까 보라 너희가 금식하는 날에 오락을 구하며 온갖 일을 시키는도다"(사 58:2,3).

하나의 도리를 행하면서 다른 마땅한 도리는 행하지 못하는 것, 그것이 영적인 의무를 이용한 사탄의 술책이 아니면 무엇이겠습니까? 신앙의 외적인 일들이 신앙의 내면적 일들을 멀리하도록 하는 것이야말로 가장 치졸한 사탄의 술책이 아닐 수 없습니다.

마귀는 사람들이 자기 자신의 죄에 대항하는데 집중하지 못하도록 자꾸만 다른 곳으로 시선을 유도합니다. 다른 사람의 죄에 대해서는 열정적인 관심을 가지면서 정작 자기 자신의 죄는 바라보지 못하는 경우가 그러합니다. 사도 바울도 그러하였습니다. 그도 한 때 율법을 위한 열심에 눈멀어 있었습니다(행 22:3). 오늘날 많은 사람들이 하나님께 드리는 예배 속에 있는 부패와 다른 사람들의 미신적 행태와 허물을 지적하는 데는 열심을 내면서도 정작 자기 마음 속에 있는 참된 믿음의 역사는 느끼지 못하고 있습니다. 이것도 역시 영혼을 눈멀게 하는 사탄의 간계입니다.

사탄은 또 하나님의 사람들이 다른 이들로부터의 높은 존중과 평가를 받는 것에 집중하도록 합니다. 많은 설교자들이 자신이 가진 큰 의무에 눈을 돌리지 않는 이유가 여기에 있습니다.

"네가 살았다 하는 이름은 가졌으나 죽은 자로다"(계 3:1).

눈먼 사역자들은 회중들 중 많은 사람들이 진정한 성도가 아니라는 사실을 크게 여기지 않습니다. 그저 많은 수의 군중들이 자기 아래 모여드는 것을 만족해 할 뿐입니다. 가능한 한 많은 사람들이 자기들을 좋게 평가해주 기만을 바랍니다.

사탄은 판단의 건전성을 활용하여 마음의 건전성을 방해합니다. 정통의 머리를 가지면서도 정통의 마음과 삶을 대적합니다. 교의적(教義的) 믿음을 가지고 있으면서도 의롭다 하심을 받는 믿음을 대적하는 것입니다. 이것이 앞에서 언급했던 사람들의 경우였습니다(롬 2:18,19). 그들은 건전한 이해력 을 갖추고 있다고 만족했지만 사실 그들의 마음은 썩어 있었습니다. 외모 를 단정하게 하면 그만이라는 식입니다. 자신들의 마음과 삶이 불규칙한 것 에 대해서는 큰 관심을 가지지 않습니다.

사탄의 책략은 하나님의 복락까지도 활용합니다. 하나님께서 주시는 복 락을 이용해 하나님의 복락을 방해하는 것입니다. 사탄은 사람들이 영적 복락에 대해 가지는 필요성을 약화시킵니다. 그러면서 세상에서의 번영만을 하나님의 영혼에 대한 사랑으로 정의 내리게 하는 것입니다. 그러한 번영과 부유함이 자신의 영혼을 속여 진정한 하나님의 복락과 멀어지게 한다는 사 실을 전혀 눈치채지 못하도록 하는 것입니다.

사탄은 헛된 위로를 이용해 진정한 위로를 받지 못하도록 방해합니다. 거짓되고 근거 없는 위로를 말씀에 빗대어 제시함으로써 영혼이 그리스도께 참여함으로 얻는 위로의 진정한 근거들에 접근하지 못하게 하는 간교를 쓰 는 것입니다. 그래서 많은 사람들이 하나님의 말씀의 약속 안에서 대단한 위로를 발견하고서도 눈이 멀어 모든 참된 위로의 오직 유일한 초석이신 그 리스도와의 연합을 추구하지 않게 되는 것입니다(히 6:6,9).

35장

영원히 살겠느냐 영원히 망하겠느냐

> "만일 우리의 복음이 가리었으면 망하는 자들에게 가리어진 것이라
> 그 중에 이 세상의 신이 믿지 아니하는 자들의 마음을 혼미하게 하여
> 그리스도의 영광의 복음의 광채가 비치지 못하게 함이니
> 그리스도는 하나님의 형상이니라"
>
> _고후 5:3,4

우리는 지난 장에서 마음을 혼미케 하는 사탄의 술책을 알아 보았습니다. 그것은 곧 '복음이 가리어지는 것'에 대한 것이었습니다. 많은 사람들의 심령이 복음을 들으면서도 혼미한 상태에 있는 것은 복음이 가리어있기 때문입니다. 사탄의 계책은 복음이 가장 분명하게 비춰지는 곳에서도 영향력을 발휘한다는 것을 숙고해보았습니다. 이제 남아 있는 문제는 하나님께서 사람들의 영혼에 내리시는 판단의 두려움을 다루어보는 것입니다.

이 세상을 살아가는 사람들의 영혼과 몸에 대하여 하나님께서는 여러가지 판단을 가하시지만 영혼이 처하게 될 영원한 결과에 대해 즉각적으로 부과하시는 하나님의 신령한 판단만큼 무서운 것은 없습니다. 그 중에서도 가장 무서운 성질의 귀추(歸趨)를 수반하는 것은 영적으로 소경이 되게 하시는 판단일 것입니다.

영혼은 사람에게 있어서 가장 고귀하고 보배로운 부분입니다. 이지(理智)는 영혼이 가진 능력들 중에서 가장 탁월하고 가장 고상한 것입니다. 이지는 영혼에 있어서 몸의 눈과 같습니다. 영혼이 가야할 방향을 알려주는 역할을 수행하는 것입니다. 눈은 몸의 지체들 가운데 가장 진귀하고 소중한 부분입니다. 어떤 것의 높은 가치를 표현하고자 할 때 흔히 '우리의 눈과 같이 보배롭다'고 말하는 이유가 여기에 있습니다. 눈을 잃는 것은 몸에게 있어서 가장 큰 손실이 아닐 수 없습니다. 몸의 가장 큰 주요한 부분을 상실하는 셈이 되는 것입니다. 그러나 몸의 눈을 잃는 것도 영혼의 시력을 상실하는 것에 비하면 사소한 일에 지나지 않습니다. 몸의 눈이 멀면 세상을 볼 수 없지만 영혼의 눈이 멀면 하나님을 볼 수 없기 때문입니다. 하나님을 보지 못하는 영혼은 죄의 길에서 방황할 수밖에 없습니다(요일 2:11). 결국 그러한 영혼은 사마리아에서 눈이 멀었던 아람 군대처럼 아무것도 보지 못한 상태로 사탄의 인도를 받아 지옥에 갈 수밖에 없습니다(왕하 6:19,20). 그들의 눈이 열릴 때쯤이면 이미 자신이 너무 늦어버렸다는 것을 깨달을 뿐일 것입니다.

"눈은 몸의 등불이니 그러므로 네 눈이 성하면 온 몸이 밝을 것이요 눈이 나쁘면 온 몸이 어두울 것이니 그러므로 네게 있는 빛이 어두우면 그 어둠이 얼마나 더하겠느냐"(마 6:22,23).

주님께서 말씀하고 계신 '눈'은 영혼이 가진 총명을 뜻하는 것입니다. 총명은 모든 행동의 원리들이 자리잡고 있는 처소입니다. 총명이 가지고 있는 행실의 원칙이 무엇이냐에 따라 삶의 방식이 결정되고 행해지는 것입니다. 어두워진 총명은 결국 암울한 결과를 낳을 뿐입니다. 소경이 소경을 인도하여 개울을 건넌다면 그 둘 모두가 결국 도랑에 빠지지 않겠습니까? 눈이 먼 총명이 눈먼 정서를 인도하는 모습이 그러합니다.

앞을 보지 못하는 여러분이 더듬거리며 마귀의 인도함을 받는다고 생각해 보십시오. 마귀가 키를 잡고 있는 배에 앉아 지옥을 향해 항해하고 있다고 생각해 보십시오. 이 얼마나 서글프고 끔찍한 일입니까? 여러분이 가졌던 가장 고상한 기능의 상실로 말미암아 여러분이 가장 처참한 길로 가고 있다면 그보다 슬픈 일이 어디 있겠냐는 말입니다.

그리스도인들을 핍박했던 사람들을 보십시오. 그들은 스스로 하나님을 위한 열심을 가지고 있다고 생각했습니다. 그들의 총명이 흑암 가운데 있었기 때문입니다.

"사람들이 너희를 출교할 뿐 아니라 때가 이르면 무릇 너희를 죽이는 자가 생각하기를 이것이 하나님을 섬기는 일이라 하리라"(요 16:2).

사도 바울도 한 때 '나사렛 예수의 이름과 반대되는 많은 일'들을 하는 것이 하나님을 위한 일이라고 생각하였습니다(행 26:9). 그리스도인들을 감옥에 가두고 핍박하는 일들을 하나님께서 기뻐하실 것이라고 확신하고 있던 것입니다. 이는 오늘날에도 나타나는 일들입니다(이 강론이 주어졌던 청교도 시대에 실제로 그런 일이 있었음 - 역자 주). 어두워진 총명의 원리에 따라 죄의 길을 걷고 있는 자들인 것입니다.

총명의 눈이 먼 사람들은 예수 그리스도와의 연합으로 말미암는 거듭남의 성질이나 필요성을 전혀 알지 못합니다. 물론 총명의 어두워짐이 영혼 전체를 장악하는 것은 아닙니다. 영적인 것들을 보지 못하는 자들도 인간적인 차원에서 매우 도덕적인 원리들을 가질 수 있기 때문입니다. 그러나 총명이 어두워진 사람들은 영적인 일들을 보지 못합니다. 신령한 일들의 외형을 본성적인 방식으로 바라볼 뿐 어떤 영적인 것도 신령하게 분간해 내지 못합니다. 이것은 매우 슬퍼해야 할 혹독한 심판이 아닐 수 없습니다.

"천지의 주재이신 아버지여 이것을 지혜롭고 슬기 있는 자들에게는 숨기시고 어린아이들에게는 나타내심을 감사하나이다"(마 11:25).

높은 학식을 갖춘 자들이 영적인 일에 대해 보여주는 무지함을 보십시오. 그리스도 안에 있는 어린 아이들조차도 알고 있는 것들에 대해서 말입니다. 땅의 일을 경영하는데 있어서 그는 얼마나 지혜롭고 신중합니까? 하지만 정작 자기들의 영혼을 구원할 만한 지식은 가지고 있지 않습니다. 그들도 성경을 읽습니다. 그리고 자신이 가진 본성의 빛으로 성경에 나온 교리들과 진리들을 진지하게 탐사합니다. 그러나 그들은 거듭남의 신비는 보지 못합니다.

여러분 모두는 예수 그리스도와 그 십자가의 죽으심을 아는 지식을 가지고 있습니다. 그러나 거기서 더 나아가 합니다. 그것은 영적으로 눈먼 자들도 알고 있는 지식입니다. 여러분이 만약 구원받을 만한 믿음을, 그리스도께 참여하고 영혼에 그리스도를 적용시키는 일을 알지 못한다면 영적으로 완전히 눈멀어 있는 자들과 다를 바 없다는 사실을 알아야 합니다.

영적인 눈을 멀게 하시는 심판은 하나님께서 오래 참으시는 때를 마치실 때 즉각적으로 일어납니다. 하나님께서 참으시는 때는 구원을 얻을 절호의 때가 아닙니까? 그런데 그 유일한 기회를 놓치다니요. 그들의 눈이 열렸을 때 자신의 비참함을 보게 될 것입니다. 그들은 구원의 기회가 이미 지나갔음을 알게 될 것입니다. 이 얼마나 참담하고 서글픈 일입니까? 그때문에 그리스도께서도 예루살렘을 내려다보시며 우셨습니다.

"너도 오늘날 평화에 관한 일을 알았더면 좋을 뻔하였거니와 지금 네 눈에 숨기웠도다"(눅 19:42).

지금은 은혜의 때입니다. 이 기회는 황금과 같은 시간의 점들로 연결되어 있습니다. 이것을 놓치면 시간이 가진 의미는 사라집니다. 구원받을 만한 때에 눈멀어 있게 되는 것이야말로 심판 중의 심판이요, 사람에게 주어질 수 있는 가장 큰 비참입니다. 눈이 떠진 후 지나가버린 기회의 끝자락을 멀리서 보고 있다고 생각해 보십시오. 그 마음이 얼마나 참담하기 짝이 없겠습니까! 그들의 닫혀진 눈은 '하나님의 법정'에서 열려지게 될 것입니다. 그들은 그제서야 자신들이 가진 질병의 비참함을 보게 될 것입니다.

이 가공스러운 하나님의 판단을 치료하는 것은 매우 어려운 일입니다. 천성적으로 탁월한 재능과 능력을 가졌던 사람들에게 있어서는 더욱 그러합니다.

"바리새인 중에 예수와 함께 있던 자들이 이 말씀을 듣고 가로되 우리도 소경인가 예수께서 가라사대 너희가 소경되었더면 죄가 없으려니와 본다고 하니 너희 죄가 그저 있느니라"(요 9:40,41).

마음의 교만과 완고함이 그 눈멂을 더욱 어렵게 만드는 것입니다. 이들은 "눈이 있어도 보지 못하는 자들"입니다(사 43:8). 눈으로 보지만 깨닫지 못하는 자들인 것입니다. 이런 사람들이 자기들의 죄를 깨닫고 각성한다는 것은 정말 어려운 일이 아닐 수 없습니다. 그들에게 복음이 들려졌음에도 불구하고 영적 눈멂은 해소되지 않습니다.

"그 중에 이 세상의 신이 믿지 아니하는 자들의 마음을 혼미하게 하여 그리스도의 영광의 복음의 광채가 비치지 못하게 함이니 그리스도는 하나님의 형상이니라"(고후 4:4).

이사야 6:10의 말씀이 그대로 응한 것입니다.

"이 백성의 마음으로 둔하게 하며 그 귀가 막히고 눈이 감기게 하라 염려컨대 그들이 눈으로 보고 귀로 듣고 마음으로 깨닫고 다시 돌아와서 고침을 받을까 하노라"(사 6:10).

영적인 눈멂은 멸망의 전주곡입니다. 하만의 얼굴이 가리어진 것처럼 말입니다. 하나님께서 누군가의 영혼에 은혜와 긍휼을 베푸실 의향을 가지시지 않는다면, 다시 말해 그가 멸망 받도록 내버려두실 의향을 가지신다면 그의 눈은 멀지 않을 수 없습니다. 사탄은 그 기회를 놓치지 않습니다. 사람을 영원토록 망하게 할 가장 좋은 조건이 그에게 주어진 것이니 말입니다. 그들은 삶 속에서 눈 먼 안내자들과 거짓 신앙 고백자들을 만나게 됩니다. 그들이 만나는 사역자들은 그저 기분을 맞춰주고 호감을 주는 말만 그들에게 늘어놓을 것입니다. '포도주와 독주에 대해 그대에게 예언하리라'고 말하는 거짓의 영을 가진 자들도 그들 앞에서 선지자 노릇을 할 수 있을 것입니다. 마귀에게 있어서 신앙 고백자들을 넘어뜨리는 소재들이야말로 가장 기분좋은 도구가 아닐 수 없습니다.

"실족하게 하는 일들이 있음으로 말미암아 세상에 화가 있도다"(마 18:7).

실족하게 하는 일들이 많은 신앙고백자들의 마음의 눈을 멀게 하고 진정한 영적 진리에 대해 마음을 닫게 하는 것입니다.

영적인 눈을 멀도록 내버려두시는 하나님의 처단은 영혼의 영원한 멸망을 의미합니다. 그러한 판단을 받은 영혼은 죄를 짓지 못하게 제어하는 어떠한 끈도 갖지 못하기 때문입니다. 이 세상에 이보다 더 큰 참화와 환난은 없습니다. 그것은 하나님께서 주시는 가장 큰 심판입니다. 세상에서 우리의 이름이 능욕 당하고, 우리의 몸이 고통 당하고 , 우리가 가진 모든 재물이 사라진다고 해도 영혼을 눈멀게 하시는 하나님의 심판의 참화에는 미치지 못합니다. 영적 소경됨은 하나님의 진노하심의 결과입니다. 그들이 죄를 씻어 내려고 어떠한 방법을 동원한다고 해도 아무런 소용이 없습니다(사 28:9).

어느 날 갑자기 그들에게 회개의 기회가 찾아 올지도 모릅니다(욥 36:8,9). 그러나 눈먼 영혼은 어떻게 회개해야 하는지를 모릅니다. 고작 자신의 육체에 상처를 내는 일 밖에는 할 수 없는 것입니다.

그들은 신자인 여러분을 비난하고 모략하려고 할 것입니다. 그러나 여러분은 그들을 불쌍히 여겨야 합니다. 그들의 눈이 열리기만 한다면 그 입은 닫혀질 것입니다. 두 번 다시 신앙을 비웃지 않을 것입니다. 사탄이 그들의 마음을 혼미케 하지만 않았더라도 참된 믿음을 가지고 있는 사람들을 비웃는 일을 하지 않았을 것입니다. 그들은 자신도 알지 못하는 것들을 말하고 있는 자들입니다. 마치 눈을 가린 채 화살을 아무데나 쏘아대는 사람과 같은 것입니다. 믿음의 갑옷을 입으십시오. 그러면 그들이 함부로 쏘아대는 화살이 여러분의 몸을 상처내지 못할 것입니다. 그들의 비난을 대적하기 위해 정면으로 돌진할 필요도 없습니다. 그리고 루터가 말한 것처럼 말하십시오. '나는 사람들에게 듣는 나쁜 평판을 나의 자긍심으로 여긴다.'

물론 그리스도인들이 그 행실에 있어서 하나님의 이름이 세상 가운데 모독당할 빌미를 제공하는 일은 없어야 합니다. 적어도 그렇게 하지는 말아야 합니다. 여러분이 그리스도인으로서의 자리를 확고히 지킨다면 문제될 것은 없습니다. 설령 그들이 하나님의 존귀한 이름을 진흙탕 구덩이에 넣고 짓밟는다 할지라도, 하나님께서 친히 당신의 존귀한 이름을 꺼내시어 그 모든 더러운 것들을 씻어내실 것입니다.

혹시 그들이 여러분을 좋게 평가하고 있습니까? 만약 그렇다면 여러분 자신을 점검해 보십시오. 여러분에게서 불의한 세상의 냄새가 나고 있는지도 모릅니다. 만약 그렇다면 그것은 정말 위험천만한 일입니다. 그리스도인들이 눈먼 세상의 본을 따르는 일만큼 무모한 일은 없습니다. 그리스도인인 여러분은 하나님의 빛을 받은 사람들이 아닙니까? 여러분이 어찌 소경의 인도를 따라갈 수 있다는 말입니까? 소경이 소경을 따라가도록 내버려 두십시오. 그들은 여러분을 매우 이상한 눈으로 바라볼 것입니다. 그들에게는 그리스도인들이 가진 거룩과 하늘에 속한 특성이 그저 의아하게 여겨질 뿐입니다. 그들은 그리스도인들이 왜 자기들과 같은 방탕에 빠지지 않는지 이상하게 여깁니다(벧전 4:4). 그러나 그것은 여러분에게 있어서 전혀 이상한 일이 아닙니다. 그것이 얼마나 위험천만한 길인지를 하나님께서 눈 열어 보여주셨기 때문입니다. 그런데, 그럼에도 불구하고 그러한 빛을 받은 여러분이 세상의 동료들과 그 본을 따른다면 그것이야말로 이상하고 기괴한 일이 아닐 수 없는 것입니다.

그리스도인된 여러분이여, 여러분이 아무리 겸손히 자신을 낮추었다고 해도 여러분은 그들과 동료가 될 정도로 천박하지 않습니다. 만약 그들이 하나님의 계명과 거룩의 길에서 여러분과 동행하려 한다면 그것은 정말 기뻐해야할 일입니다. 그들을 두 팔로 안아 환영하십시오. 그들의 가장 가까운 동료가 되십시오. 그러나 여전히 소경된 그들의 길을 여러분이 따라가는 것은 가당치 않은 일입니다. 만약 자신이 걷고 있는 길의 끝이 어디인지 알게 된다면 그들이 그 길을 계속 갈것 같습니까? 그렇지 않을 것입니다. 그런데 그들의 길의 끝을 알고 있는 여러분이 그들과 함께 걸어가려는 무모함을 가질 수 있다는 말입니까?

여러분의 행실로 눈먼 자들 앞에 거침돌을 놓는 일이 일어나도록 하지 마십시오. 그것은 큰 죄악입니다.

"너는 귀먹은 자를 저주하지 말며 소경 앞에 장애물을 놓지 말고 네 하나님을 경외하라"(레 19:14).

사도 역시 이러한 일을 경계하라고 권면하고 있습니다(롬 14:18). 어떠한 그리스도인도 그 형제를 넘어지게 하는 기회를 제공하지 말아야 한다는 것을 말하고 있는 것입니다. 그것은 분명 그리스도의 존귀와 사람들의 영혼을 위해서 합당치 못한 소치입니다.

신앙을 고백하는 여러분, 여러분의 잘못된 발걸음 하나가 사탄의 효과적인 도구가 될 수 있다는 사실을 기억하십시오. 마귀는 경건치 못한 자들의 수천의 죄보다 신앙고백자들의 아주 작은 실수를 더 큰 쓰임새 있는 것으로 여깁니다. 세상은 하나님을 모독하던 자가 저지르는 죄는 대수롭게 여기지 않습니다. 그러나 믿음을 고백하던 여러분이 지은 가장 작은 비행에는 말할 수 없는 관심을 가지는 것입니다.

"의인이 악인 앞에 굴복하는 것은 우물의 흐리어짐과 샘의 더러워짐 같으니라"(잠 25:26).

신자들이 범하는 명예롭지 못한 허물은 마을 사람들 전체를 죽일 수 있는 독극물과도 같습니다. 사탄은 그 독을 담은 주머니를 마을 사람들 전체가 길어 먹는 우물에 던져 넣을 것입니다. 주도면밀하게 자신을 살피십시오. 여러분이 미처 깨닫지 못하는 비행이 여러분들로부터 저질러 질 수 있습니다. 여러분이 대수롭지 않게 여기며 행한 삶의 행실이 수많은 눈먼 사람들을 지옥으로 떨어뜨릴 수 있다는 사실을 명심하십시오.

우리는 영적으로 눈이 멀어 있는 자들이 매우 헛된 열심을 부린다는 것을 알 수 있습니다. 그것은 눈먼 자들이 가지는 전형적인 성향입니다. 그러한 그들의 열심은 정말 위험천만하기 그지 없습니다. 앞을 보지 못하는 자가 칼을 들고 있는 것과 눈먼 말이 내달리는 것과 다를 바가 없는 것입니다. 오늘날 교회가 그들의 그러한 광기로 인한 얼마나 많은 고통을 받고 있는지 모릅니다. 그들의 눈먼 열심은 맹수처럼 사납습니다. 모든 것을 엎어 버리려고 하는 허리케인과도 같습니다. 그들은 자기 스스로를 일종의 양심적인 박해자로 여깁니다. 자신들의 행동이 하나님을 위한 것이라고 생각하는 것입니다. 저는 그들을 보면서 자기들이 하는 일의 진상을 전혀 모르고 있는 편이 낫다고 생각합니다. 그들의 무지를 긍휼의 여지가 남아 있는 것으로 볼 수도 있기 때문입니다(딤전 1:13). 이들은 하나님의 교회의 끔찍하고 무서운 원수였습니다. 사도 바울을 보십시오. 그는 누구보다 열심있는 박해자였습니다. 하나님의 일을 하고 있다는 착각 속에서 말입니다. 지식을 가지지 못한 양심이 그러하듯이, 왜곡된 진리를 가지고 있는 양심 역시 철저하게 앞을 보지 못하도록 합니다. 예후가 말하였습니다. "오라, 만군의 여호와를 위한 나의 열심을 보라."

오, 눈먼 죄인들이여, 화살을 날리기 전에 표적을 확인할지어다. 그대들이 악인을 향해 쏘았다고 한 화살에 하나님의 자녀가 맞아 죽는다면 심판의 보좌 앞에서 그대들은 무슨 말을 하려는가?

이 세상 신에 눈멀어 있는 자들이여, 들으십시오. 여러분이 처해 있는 비참에 대한 지각을 갖기 원합니다. 죄를 깨닫고 각성 받을 때까지 여러분의 눈은 치료될 수 없습니다. 여러분을 구원하는 빛은 다른 빛과 다른 것입니다. 여러분에게 그 빛이 없다면 여러분은 계속 어둠 속에 머물러 있을 수밖에 없습니다. 여러분은 그 빛을 알고 있다고 생각하십니까? 그렇지 않을 것입니다. 그 빛의 지식은 여러분이 가진 지식과 현저하게 다른 것입니다. 저의 말에 동의하지 못하겠다면 여러분은 욥처럼 말하고 있는 것과 다르지 않습니다.

"나의 눈이 이것을 다 보았고 나의 귀가 이것을 듣고 깨달았느니라 너희 아는 것을 나도 아노니 너희만 못하지 않으니라"(욥 13:1,2).

여러분이 가진 지식과 구원받을 만한 지식에는 광대한 차이가 있습니다. 거기에는 단순한 이해의 차원을 훨씬 뛰어 넘는 방식이 존재합니다. 본성적으로 가지고 있는 이성의 빛으로 이해하는 것 이상의 방편이 있는 것입니다. 신자들이 가진 영적 지식은 영적인 조명을 통해 주어진 것입니다. 그것은 또 실제적인 영적 체험으로 얻어진 것입니다.

"너희는 거룩하신 자에게서 기름부음을 받고 모든 것을 아느니라"(요일 2:20).

그러한 지식은 실천의 열매를 맺습니다. 그러나 여러분의 지식은 어떠합니까? 여러분의 영혼을 움직이게 합니까? 그래서 여러분은 여러분들의 구원을 이루어 나가는 일에 열심을 다하고 있습니까?(시 111:10) 결코 그렇지 않을 것입니다. 그리스도를 알지 못하는 사람들이 가진 지식은 아무런 실천적 힘도 발휘할 수 없는 것이기 때문입니다. 신자들이 가진 하나님과 그리스도를 아는 지식은 믿음의 열매들, 순종과 죄 죽임과 천상적 사고방식을 수반하지만 그리스도를 모시지 않는 자들 속에 있는 지식으로는 그러한 열매들을 내지 못합니다. 마음에 아무런 변화도 가져오지 못하는 것입니다. 여러분, 진정한 빛만이 여러분을 하늘로 인도합니다(요 17:3). 믿지 않는 모든 사람들이 가지고 있는 빛은 육신의 죽음과 함께 꺼져버릴 것들입니다(고전 13:8). 그들이 영원한 어둠 속에 처해질 것은 자명한 일입니다. 너무 늦지 않게 여러분의 눈이 열리길 바랍니다. 성령의 기름 부으심으로 말미암아 하나님께서 오래 참고 계시는 동안 그 눈이 열리길 바랍니다.

여러분에게 반드시 치료되어야 할 질병이 있다는 사실을 인식하십시오. 그리고 그 질병이 치료되기를 간구하십시오.

"의를 행하고 죄를 짓지 말라 하나님을 알지 못하는 자가 있기로 내가 너희를 부끄럽게 하기 위하여 말하노라"(고전 15:34).

물론 이러한 일들을 마음에 수용한다는 것이 여러분에게 피하고 싶은 매우 혹독한 일이라는 것을 저는 알고 있습니다. 하지만 그럼에도 불구하고 이 일을 위하여 용기를 내십시오. 더 이상 피하지 마십시오. 여러분의 눈을 여시기 위해 하나님께서는 그리스도를 이 땅에 보내주셨습니다(사 13:6,7). 그 탁월한 의사이신 그리스도께 나아가십시오. 그분께서 여러분의 눈을 고치실 것입니다.

"내가 너를 권하노니 내게서 불로 연단한 금을 사서 부요하게 하고 흰 옷을 사서 입어 벌거벗은 수치를 보이지 않게 하고 안약을 사서 눈에 발라 보게 하라"(계 3:18).

그렇습니다. 지금 하나님의 빛을 충만히 받게 된 그리스도인들 모두는 여러분들과 똑같이 영적인 일에 눈이 멀어 있던 사람들입니다. 그런데 그리스도께서 보지 못하던 그 눈을 치료하신 것입니다.

"너희가 전에는 어둠이더니 이제는 주 안에서 빛이라 빛의 자녀들처럼 행하라"(엡 5:8).

여러분은 누구보다도 복음의 규례들에 부지런히 참여해야 할 사람들입니다. 복음의 규례는 여러분의 총명의 눈을 덮고 있는 백내장을 걷어내기 위해 지정된 하나님의 방편입니다(행 26:28).

묵상을 위해 시간내는 것을 주저하지 마십시오. 여러분의 눈이 진정으로 열려지길 원한다면 말입니다. 묵상은 빛을 받는 문제에 있어서 매우 긴요한 의무입니다. 예수님께 '주여, 제가 볼 수 있게 해 주소서'라고 울부짖었던 그 소경처럼 여러분은 그리스도께 울부짖어야 합니다. 주님께 부르짖으십시오. '주여, 저의 영혼이 보지 못하나이다. 영적인 것을 보지 못하는 저를 불쌍히 여기시옵소서. 저의 눈을 여시어 거룩한 빛을 보게 하소서. 이 혼미함에서 벗어나게 하소서!'

그리고 마침내 밝히 볼 수 있는 은혜를 얻게 되셨다면 하나님을 찬미하십시오.

"빛은 실로 아름다운 것이라 눈으로 해를 보는 것이 즐거운 일이로다"(전 11:7).

신령한 빛은 너무나 달콤합니다. 의의 태양을 바라보는 일은 정말 유쾌한 일이 아닐 수 없습니다. 절망의 암흑에서 벗어나 여러분이 기이한 빛의 인도함을 받게 되다니요! 기뻐하십시오. 지혜롭고 신중한 많은 사람들이 여전히 영적 흑암의 권세 아래 있다는 사실을 생각하면서 말입니다. 이보다 놀라운 은혜가 무엇입니까? 이는 그리스도께서 마음에 크게 기뻐하시는 일입니다(마 11:21).

신령한 빛은 더욱 빛을 발할 것입니다.

"의인의 길은 돋는 햇살 같아서 크게 빛나 한 날의 광명에 이르거니와"(잠 4:18).

아주 작은 한 줄기 빛도 위로가 충만한 빛이거늘, 그 빛이 더욱 빛난다면 우리에게 얼마나 놀라운 위로가 되겠습니까! 여러분이 하나님의 측량할 수 없는 신령함의 깊이를 조금이라도 더 체험하길 원한다면 그 깊은 신령함을 볼 수 있는 수준 높은 영적 시각을 얻기 위해 힘써야 합니다. 계속 나아가십시오. 하나님을 아는 지식에 있어서 계속 자라십시오.

여러분은 눈이 열린 자들입니다. 여러분은 더 이상 흑암 속에 거하는 자들이 아닙니다. 그렇다면 여러분이 어떤 삶을 살아가야 하겠습니까?

"너희가 전에는 어두움이더니 이제는 주 안에서 빛이라 빛의 자녀들처럼 행하라"(엡 5:8).

하나님께 등을 돌렸던 솔로몬의 마음을 하나님께서 얼마나 불쾌하게 여기셨는지 기억하십시오(왕상 11:9). 그 빛을 남용한 자들을 향해 분노하시는 하나님을 기억하십시오(롬 1:21). 보배로운 빛을 남용하는 일이 세상에 얼마나 해로운 영향을 끼치는지 아십니까? 하나님을 인정치 않는 무신론자들이 여러분을 향해 이렇게 말한다면 여러분은 무슨 말을 하시겠습니까?

'그러한 삶을 살면서도 양심의 만족을 가질 수 있다니. 도무지 이해할 수가 없군. 내가 당신이라면 적어도 그렇게 살지는 않을텐데 말이야.'

여러분, 여러분을 구원하려고 길을 예비하신 하나님의 선하심과 긍휼을 기억하십시오.

"크도다 경건의 비밀이여"(딤전 3:16).

이 비밀은 "천사들도 들여다보고 싶어 하던" 것이었습니다(벧전 1:10,12). 이 영광스러운 '구속(救贖)의 비밀' 속에 호기심 어리고 감탄할 만한 하나님의 모든 지혜가 들어있습니다(엡 3:10). 우리를 향하신 하나님의 사랑은 영혼을 구속하기로 하신 하나님의 위대하신 계획으로 영광스럽게 드러났습니다. 이는 인간에게 제시될 수 있는 가장 큰 사랑의 표현입니다.

"우리가 아직 죄인 되었을 때에 그리스도께서 우리를 위하여 죽으심으로 하나님께서 우리에 대한 자기의 사랑을 확증하셨느니라"(롬 5:8).

그렇습니다. 하나님께서는 죄인된 우리를 위해 아들이신 그리스도를 죽게하심으로 그 사랑을 보여주셨습니다. 우리 중 어느 누가 이 놀라운 하나님의 섭리를 이해할 수 있단 말입니까? 우리는 이렇게 밖에는 말할 수 없습니다.

"미쁘다 모든 사람이 받을 만한 이 말이여 그리스도 예수께서 죄인을 구원하시려고 세상에 임하셨다 하였도다"(딤전 1:15).

그러니 이 영광스러운 신비에 대하여 우리가 어떠해야 하겠습니까? 마땅히 우리 모두의 눈이 그리스도를 향해야 하지 않겠습니까? 우리의 마음은 이 복된 소식에 기뻐 어쩔 줄 몰라 해야 합니다. 가장 큰 열심과 부지런함으로 그리스도께 나아가야 합니다.

그러나 그럼에도 불구하고 세상은 완전히 정반대의 방향을 향해 나아가고 있습니다. 세상에 있는 많은 사람들이 자신을 위해 주어진 유일한 치료책을 거부하는 절망적인 악함에 빠져 있습니다.

"그는 멸시를 받아 사람들에게 버림받았으며 간고를 많이 겪었으며 질고를 아는 자라 마치 사람들이 그에게서 얼굴을 가리는 것 같이 멸시를 당하였고 우리도 그를 귀히 여기지 아니하였도다"(사 53:3).

죄인들을 위해 하늘의 모든 영광을 뒤로 하시고 자신을 낮추시사 가장 가난하고 초라하게 오신 그분에게 세상은 어떠하였습니까? 모든 부요를 비우신 그분을 사람들 중 가장 버림받은 자로 여기며 멸시하지 않았습니까?

여전히 어둠 속에서 헤매고 있는 세상에 속한 허다한 사람들을 보십시오. "하나님이 지나간 세대에는 모든 민족으로 자기들의 길들을 가게 방임하셨으나"(행 14:16).

그들은 각가지 방법을 동원해 복된 복음을 비웃고 혐오하면서 그리스도를 배척하고 있습니다. 세상에 퍼져 있는 수많은 모하멧 교도들이 그러합니다. 그들은 기괴하기 짝이 없는 코란으로 하나님을 가장 크게 모독하고 있는 자들입니다. 유대인들은 또 어떠합니까? 마귀의 간계로 눈이 멀어 있는 그들은 가장 귀하게 여겨야 할 그리스도의 이름에 침을 뱉고 있습니다. 그리스도를 가장 존귀하게 여겨야 마땅할 자들이 가장 '저주할 자'로 영광의 그리스도를 치부하다니요!(고전 12:3) 눈먼 열심으로 구주 예수님을 마치 협잡꾼인양 몰아세우고 모독하고 있지 않습니까!

"자기 땅에 오매 자기 백성이 영접치 아니하였으나"(요 1:11).

그리스도의 복음이 들어간 곳에서 그리스도의 이름이 더 크게 멸시당하고 있다는 사실을 여러분은 알고 계십니까? 그리스도의 이름을 따라 칭해지는 수많은 사람들이 그리스도의 다스림에 복종하지 않는 삶을 살아가고 있습니다. 그들은 그리스도의 멍에에 복종하는 것을 달가워하지 않습니다. 의와 생명과 평안의 보화를 위해서 기꺼이 자기들의 정욕과 쾌락을 버리려 하지 않습니다. 그리스도께서 자신들의 생명과 평안을 사시기 위해 피로 값을 지불하셨는데도 불구하고 말입니다. 그들은 그리스도보다 세상의 시궁창과 분토를 더 사랑합니다. 그들은 신앙을 고백한 사람들입니다. 그러나 그리스도를 사랑하지는 않습니다. 그들이 그리스도인으로 칭해지는 오직 유일한 까닭은 기독교를 고백하고 법으로 기독교를 세우는 나라에서 태어났기 때문입니다. 만약 그들의 나라가 다른 종교를 택한다면 그들은 언제라도 그 결정에 따를 준비가 되어 있는 자들인 것입니다.

사랑하는 독자들이여, 여러분은 '하나님의 율법'과 '양심'에 의해 다시는 빠져 나올 수 없는 곳으로 가야할 사람이었음을 기억하십시오. 여러분은 어떠한 소망도 가질 수 없던 사람들이었습니다. 그런데 예수 그리스도께서 여러분에게 오셨습니다. 그 귀한 어린 양께서 하나님의 가공할 진노를 여러분 대신 지셨습니다. 여러분이 결코 갚을 수 없던 율법의 빚을 십자가의 피로 대신 갚으셨습니다.

여러분은 그리스도를 누구보다 더 사랑해야 할 사람들입니다. 그분께서 흘리신 그 귀한 피를 세상의 무엇과 바꾸려 하십니까? 기억하십시오. 세상의 모든 것은 사라질 분토에 불과하다는 것을 말입니다.

주 예수 그리스도로 말미암아 하나님을 찬미하리로다.

은혜의 방식

개정판 1쇄 펴낸날 2025년 3월 7일

지은이   존 플라벨
옮긴이   서문 강
펴낸이   전수빈
펴낸곳   청교도신앙사

주소   서울시 은평구 녹번로 3길 2(녹번동 98-3)]
전화   02-354-6985(Fax겸용)
전자우편   smkline@naver.com
등록   제8-75(2010.7.7)

디자인   백현아
출력,인쇄 예원프린팅

파본이나 잘못된 책은 구입처에서 바꾸어 드립니다.

ISBN 978-89-87472-61-4 93230

값 32,000원